中国电信
CHINA TELECOM

中国电信
CHINA TELECOM

中国电信
CHINA TELECOM

中国移动
China Mobile
5G++
5G网络
开通上网「高速路」
让你拥有更快更流畅的上网体验
中国移动 5G
73%
0
20
40
60
80
100
120
140
160
180
5G++

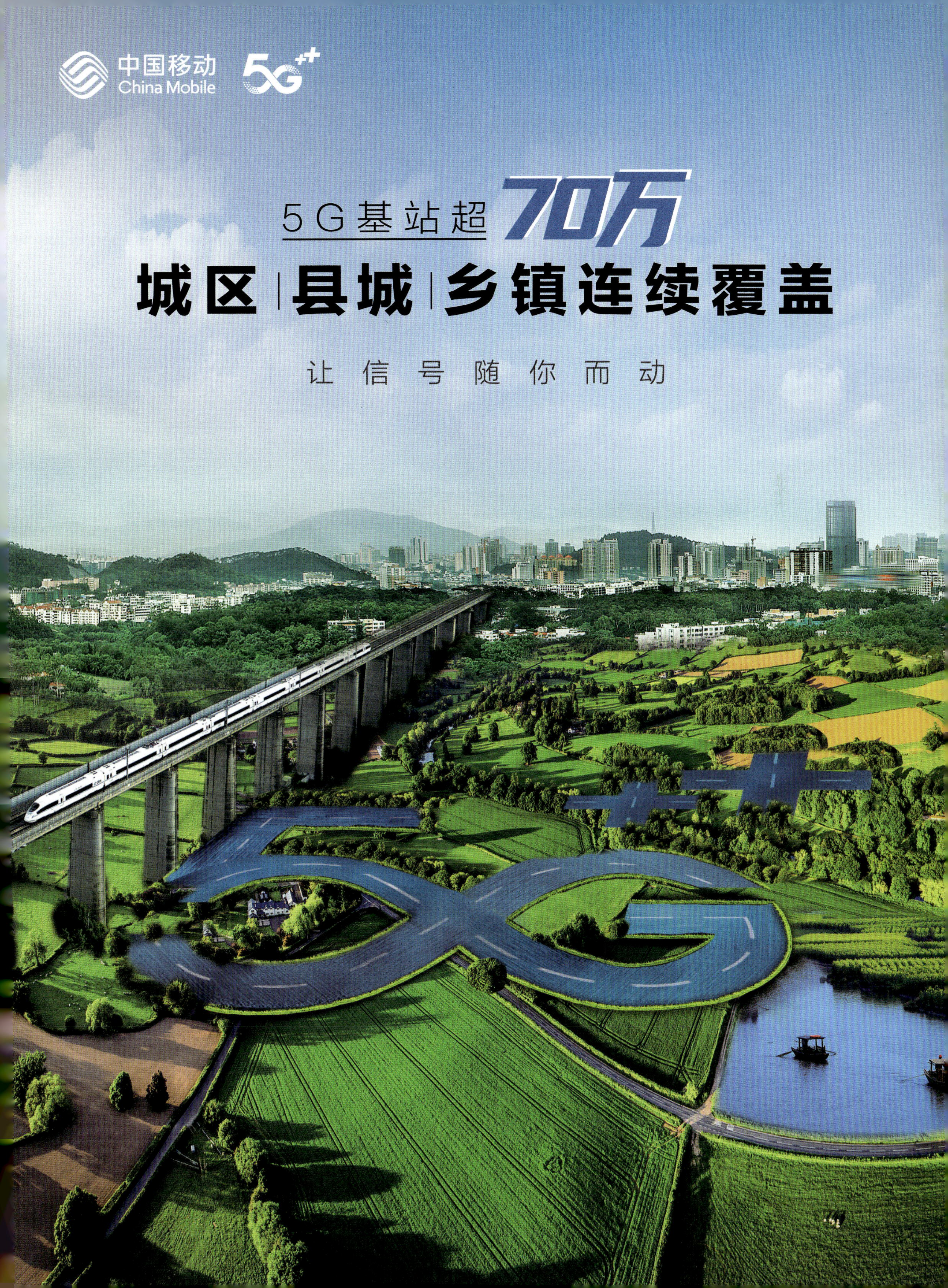

中国移动
China Mobile
5G++

中国移动
China Mobile
5G⁺⁺

和包绘生活

和包品牌焕新升级，全面承载支付、生活、消金、保险等多场景功能，与公司业务发展同频共振，开启美好数智生活新篇章。

- 服务主业场景
- 打造特色场景

和包
金融

- 和包信用购
- 和包号码借
- 和包信用卡

- 保险权益
- 保险商城
- 保险定制

和包
科技

- SIM数字身份
- 数字货币硬件钱包

打开和包 畅想美好数智生活

《2021—2022 中国信息通信业发展分析报告》

《中国信息通信业发展分析报告》由中国通信企业协会主编，人民邮电出版社出版，每年出版一本，旨在反映当年中国通信业的发展变化情况，分析行业发展的趋势，探讨行业热点、难点问题，为政府和相关部门提供行业发展方面的分析与建议。自 2006 年出版以来，其因为客观、中立的视角，翔实丰富的数据，而受到业界的欢迎和认可。

《2020—2021 中国信息通信业发展分析报告》对我国 2021 年信息通信业、互联网、5G、新基建的发展以及新政策、新业务、新技术和由此带来的影响等进行了深度分析，并对我国 2022 年信息通信业的走向做出了预测和展望，内容涵盖了运营、市场、业务、技术、管理等众多方面，以及信息通信和互联网产业链的各个环节。

《2020—2021 中国信息通信业发展分析报告》针对 2021 年信息通信行业的发展重点和 2022 年的趋势走向，以专家的视点，从不同角度对 5G、新基建、低碳节能、网络安全、工业互联网、数字经济等热点问题进行了深度阐述。各单位如需订购，请按以下方式联系。同时，书中还提供了大量全面反映当前信息通信业发展状况的专业统计数据。

联 系 人：李娅绮　刘　婷

联系电话：010-81055492

010-56081121

通信地址：北京市丰台区成寿寺路 11 号邮电出版大厦 810 室

邮政编码：100164

E-mail：378733088@qq.com

2021—2022
中国信息通信业发展分析报告

中国通信企业协会 编

人民邮电出版社
北京

图书在版编目（CIP）数据

2021—2022中国信息通信业发展分析报告 / 中国通信企业协会编. -- 北京 : 人民邮电出版社, 2022.6
ISBN 978-7-115-59228-6

Ⅰ. ①2… Ⅱ. ①中… Ⅲ. ①通信技术－信息产业－产业发展－研究报告－中国－2021-2022 Ⅳ. ①F492.3

中国版本图书馆CIP数据核字(2022)第071071号

内容提要

本书是一部综合反映 2021 年中国信息通信业发展的研究分析报告。对我国 2021 年信息通信业、互联网、5G、新基建的发展以及新政策、新业务、新技术和由此带来的影响等进行了深度分析，并对我国 2022 年信息通信业的走向做出了预测和展望，内容涵盖了运营、市场、业务、技术、管理等众多方面，以及信息通信和互联网产业链的各个环节。附录包含工业和信息化部的重要文件及政策解读、翔实全面的行业数据。

本书适合关心中国信息通信业发展的人士阅读，也可供通信专业的师生和研究机构参考。

◆ 编　　　中国通信企业协会
责任编辑　王建军
责任印制　马振武
◆ 人民邮电出版社出版发行　　北京市丰台区成寿寺路 11 号
邮编　100164　　电子邮件　315@ptpress.com.cn
网址　https://www.ptpress.com.cn
北京隆昌伟业印刷有限公司印刷
◆ 开本：880×1230　1/16　　彩插：86
印张：19　　2022 年 6 月第 1 版
字数：600 千字　　2022 年 6 月北京第 1 次印刷

定价：400.00 元

读者服务热线：(010) 81055493　印装质量热线：(010) 81055316
反盗版热线：(010) 81055315
广告经营许可证：京东市监广登字 20170147 号

顾　　问：吴基传　原邮电部、信息产业部部长
　　　　　朱高峰　原邮电部副部长、中国工程院原副院长、中国工程院院士
　　　　　宋直元　原邮电部副部长、工业和信息化部通信科学技术委员会名誉主任
　　　　　谢高觉　原邮电部副部长、中国通信企业协会原会长

主　　编：奚国华　中国通信企业协会名誉会长
副 主 编：苗建华　中国通信企业协会会长
　　　　　刘华鲁　中国工信出版传媒集团副总经理、北京信通传媒有限责任公司总经理
执行主编：赵中新　中国通信企业协会副会长兼秘书长

专家组
组　　长：赵俊涅　中国通信企业协会副秘书长
成　　员：韦乐平　工业和信息化部通信科学技术委员会常务副主任
　　　　　陈如明　工业和信息化部通信科学技术委员会原副主任
　　　　　赵慧玲　工业和信息化部通信科学技术委员会专职常委
　　　　　王志勤　中国信息通信研究院副院长
　　　　　杨子真　中国信息通信研究院产业与规划研究所副所长
　　　　　何　霞　中国信息通信研究院政策与经济研究所原副总工程师
　　　　　杨培芳　中国信息经济学会原理事长
　　　　　刘　涛　中国移动通信设计院原副院长
　　　　　张云勇　中国联通云南省分公司党委书记、总经理
　　　　　唐雄燕　中国联合网络通信有限公司研究院副院长、首席科学家
　　　　　朱晨鸣　中通服咨询设计研究院有限公司总工程师

编辑组
组　　长：梁海滨
副 组 长：房　桦　刘　婷
成　　员：王建军　赵　娟　李娅绮　韩斯雯　刘亚珍
　　　　　张　迪　李成蹊　于　鹤

前言

2021年，我国通信业全面贯彻党的十九大及十九届历次全会精神，深入落实党中央、国务院决策部署，积极推进网络强国和数字中国建设，5G和千兆光网等新型信息基础设施建设覆盖和应用普及全面加速，为打造数字经济新优势、增强经济发展新动能提供有力支撑。行业发展质量和增长水平进一步提升，实现“十四五”良好开局，为“十四五”发展奠定坚实基础。

《“十四五”信息通信行业发展规划》描绘的信息通信行业五年发展蓝图振奋人心。全行业应沿着规划指引的目标，紧抓数字化发展的历史机遇，直面困难和挑战，汇聚起行业高质量发展的强大合力，一步一个脚印，努力把规划蓝图变为美好现实，为全面建设社会主义现代化国家开好局、起好步做出重要贡献。

多年的发展彰显了信息通信行业的功能和定位，信息通信行业是构建国家新型数字基础设施，提供网络和信息服务，全面支撑经济社会发展的战略性、基础性和先导性行业。随着我国全面建设社会主义现代化国家战略的持续推进，信息通信行业发展将迎来重大机遇和转机。

《2021—2022中国信息通信业发展分析报告》（以下简称“《报告》”）针对2021年信息通信行业的发展重点和2022年的趋势走向，以专家的视点，从不同角度对5G、新基建、低碳节能、网络安全、工业互联网、数字经济等热点问题进行深度阐述。同时，书中还提供了大量全面反映当前信息通信业发展状况的专业统计数据。

《报告》邀请了近百位行业知名学者、专业人士、行业观察家、分析师、媒体人撰写相关稿件，并得到了中国信息通信研究院，中国电信、中国移动、中国联通等电信运营企业，通信院校和人民邮电出版社以及中国通信企业协会各分支机构的大力支持，《报告》在成书过程中，北京信通传媒有限责任公司调动了大量的人力、物力，组织作者团队编写《报告》，并且进行了认真的编辑加工，使本书能够及时出版。

《报告》还存在不足和改进之处，真诚希望业内外人士提出宝贵的意见和建议，以便我们在今后的编写过程中不断改进和提高。

中国通信企业协会

2022年4月

目　录

中国电信集团有限公司 2022 年度工作会议 …… 1
中国移动通信集团有限公司 2022 年工作会议 …… 4
中国联合网络通信集团有限公司召开 2022 年工作会议 …… 7
中国广播电视网络集团有限公司 2022 年度工作会议 …… 9
中国铁塔股份有限公司 2022 年工作会议 …… 11

信息通信综合篇

2022 年 ICT 产业十大趋势预测 …… 17
中国电信集团公司 2021 年发展分析 …… 20
中国移动通信集团公司 2021 年发展分析 …… 29
中国联合网络通信集团有限公司 2021 年发展分析 …… 39
中国铁塔股份有限公司 2021 年发展分析 …… 47
中国广播电视网络集团有限公司 2021 年发展分析 …… 55
我国信息通信业发展分析与展望…… 63
基础电信运营企业 2021 年发展概况及特点 …… 66
通信光缆光纤行业发展与分析…… 73
增值电信业务市场发展与分析…… 77
我国电信业务对外开放情况与发展分析…… 82

大宽带及网络融合篇

千兆时代的宽带光网络发展与建议…… 89
电信运营商互联网网站备案形势分析与对策…… 98
移动认证行业生态价值态势与发展…… 101
云网融合技术的发展趋势及展望…… 107
国内外云行业发展及监管研究…… 112
以金融科技创新承接新时代赋予的新使命…… 118
企业数字化转型中的数据安全管理体系构建…… 121

数字经济篇

“东数西算” 推动算力产业五大变革 …… 129
中国联通 “算网融合” 全面助力新型数字化基础设施建设 …… 132
数字经济发展及分析 …… 134
构建5G网络切片技术：新型智能电力系统 …… 137
“双碳” 背景下：数据中心发展 …… 140
数字经济时代物联网发展现状及趋势分析 …… 145

信息与网络安全篇

工业互联网智能设备网络安全风险分析及应对策略 …… 151
国外工业互联网安全态势简析 …… 156
我国网络安全法律体系的 “四梁八柱” …… 161
美国电网网络安全推进情况与分析 …… 165
国际核工业领域的网络安全形势与相关分析 …… 168
数据科技创新赋能 “通信+支付/金融” 业务 …… 171

5G技术与行业应用发展篇

5G产业发展与展望 …… 177
“5G+工业互联网” 的市场发展态势与路径 …… 181
F5G技术的发展及趋势分析 …… 186
5G驱动国内手机市场呈现强劲发展活力 …… 190
5G在工业企业中的应用 …… 193
提升5G网络分流比的方法与研究 …… 202
5G在挥发性有机物（VOCs）防治中的应用 …… 205
自动驾驶商业化运营探索及前景展望 …… 210
Luneburg透镜天线组网——新业务推广疑难场景解决新方法 …… 215
5G在智慧校园中的应用 …… 219

专家视点与专题研究篇

创新是6G研究的基点 …… 225

中国信息通信领域法治建设发展与展望…………………………………………………………………………228
中国移动算力网络推动“东数西算”工程向纵深发展…………………………………………………………232
F5G 赋能数字经济 ……………………………………………………………………………………………235
海洋光通信网络技术与应用分析………………………………………………………………………………242
2022 年融合通信新业务发展特征及思考 ………………………………………………………………………247
超级 SIM 卡能力概述及应用场景介绍 …………………………………………………………………………251
联通支付赋能金融数字化转型建设………………………………………………………………………………259

附录A

《“十四五”信息通信行业发展规划》解读…………………………………………………………………265
一图读懂《5G 应用“扬帆”行动计划（2021—2023 年）》 ………………………………………………269
一图读懂——工业互联网专项工作组 2021 年工作计划 ………………………………………………………271
一图看懂《“十四五”智能制造发展规划》………………………………………………………………………275
中华人民共和国个人信息保护法…………………………………………………………………………………282
中华人民共和国数据安全法………………………………………………………………………………………290

附录B

2021 年通信业统计公报 …………………………………………………………………………………………297
2021 年 1—12 月通信业主要指标完成情况（一） ……………………………………………………………304
2021 年 1—12 月通信业主要指标完成情况（二） ……………………………………………………………305
2021 年 12 月电话用户分省情况 ………………………………………………………………………………306
2021 年第四季度通信业主要通信能力 …………………………………………………………………………308
2021 年第四季度通信水平分省情况 ……………………………………………………………………………309

附录C

中国通信企业协会团体标准情况表………………………………………………………………………………313
ICT 中国（2021）案例…………………………………………………………………………………………315

中国电信
CHINA TELECOM
满意服务
十分信赖
电信10000号 一万个放心
5G
1000M
宽带
1000M
WiFi6
1000M
welcome
BACK
to
SCHOOL
电信三千兆
上网就是快
网络好 | 服务优 | 应用多 | 更安全

China
unicom中国联通
创新·与智慧同行

百信用心
10分满意

北京2022年冬奥会官方合作伙伴
Official Partner of the Olympic Winter Games Beijing 2022

中国联合网络通信有限公司上海市分公司

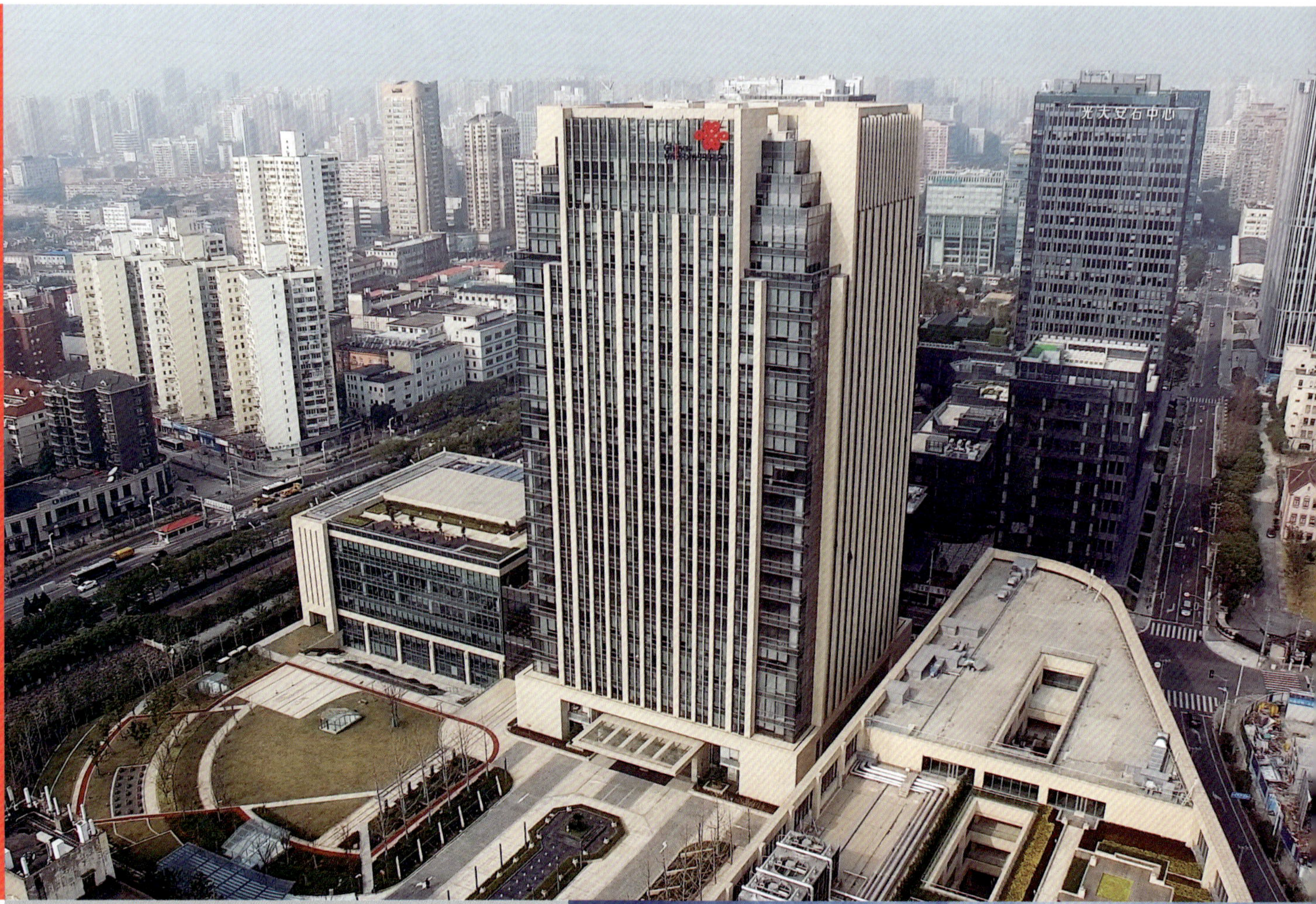

中国联合网络通信集团有限公司（简称“中国联通”）于2009年1月6日由原中国网通和原中国联通合并重组而成，是整体进行混合所有制改革试点的中央企业。

2021年12月6日，在2021中国联通合作伙伴大会上中国联通董事长刘烈宏发布了集团新发展战略，以“强基固本、守正创新、融合开放”新战略为1条主线，明确了中国联通“数字信息基础设施运营服务国家队、网络强国数字中国智慧社会建设主力军、数字技术融合创新排头兵”3个新定位，锚定“大联接、大计算、大数据、大应用、大安全”5大主航道，对新时代中国联通当好国家队、主力军和排头兵，明确了新的定位、布局和路径。

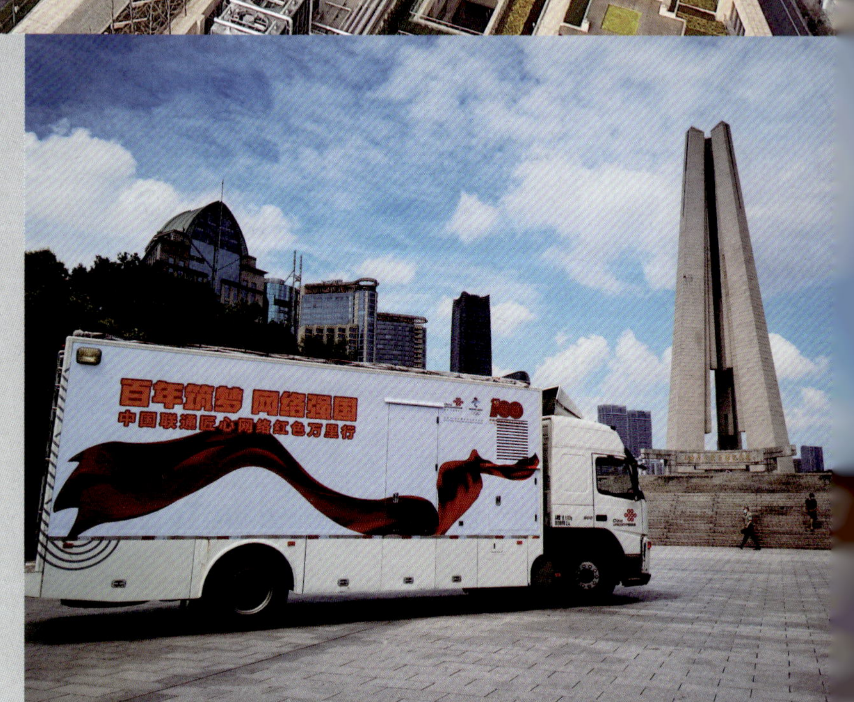

中国联合网络通信有限公司上海市分公司(简称“上海联通”)与中国联通集团同步完成融合重组，是中国联通在上海市的重要分支机构，拥有包括移动和固定通信业务在内的全业务经营能力。按照上海主要行政区划分，上海联通下设13个区分公司，全面服务于对口区域的经济建设和社会发展。近年来，先后设立自贸区临港新片区分公司、张江高新区分公司，服务临港新片区开发建设和浦东高水平改革开放。为服务数字经济，上海联通不断优化组织机构，专门设立智慧城市、智能制造、金融科技、云网生态、现代服务业、交通物流、教育医卫7个事业部，联通(上海)产业互联网有限公司，服务上海城市数字化转型需求，满足各行各业数字化转型需要。设有联通创新创业投资(上海)有限公司、网络AI中心、产业互联网5G+AI应用孵化实验室、长三角办公室/虹桥商务区推进办公室。

融合以来，在集团公司的正确领导下，上海联通基于自身资源禀赋，在5G、云、大、物、智、安等领域加快业务布局，走出了一条以创新为引领的差异化发展道路，打造了商飞5G未来工厂、瑞金医院5G应急救援项目等系列标杆之作，公司科创人才占比达40%，队伍年轻、有活力、创新能力强。“十三五”期间，上海联通收入、利润等关键业绩指标持续改善，效益持续增长，圆满完成混改第一个三年盈利计划目标，由一个紧凑型企业向中等规模企业迈进。

在经济效益稳步增长的同时，上海联通始终坚持党建统领全局，成功探索打造了“融入式”党建，深化推动文明创建工作，先后荣获“全国文明单位”、“全国五一劳动奖状”、上海市文明行业、上海市企业文化建设示范基地等荣誉，蝉联3届全国文明单位称号，蝉联9届上海市文明单位称号。

“十四五”期间，上海联通将按照中国联通的要求，争当开路先锋，加大新技术先行先试，加快新应用领先实践，加速新空间拓展增长，力争打造成为一个创新领域更为领先、数字化运营能力更强、要素配置效率更高、服务质量更优、企业治理效能更好、企业活力更充沛、政治生态更优、员工幸福指数更高、社会各界更为信赖的综合数字服务运营商，成为数字经济建设的主力军，实现上海联通在新征程上的新跨越、新发展，成为中国联通实践新发展新征程的引领区，为上海经济建设和社会发展贡献力量。

神州行
孝心卡

父母省心

子女安心

孝心卡

话费代付

超大流量

安全定位

诈骗理赔

实惠福利

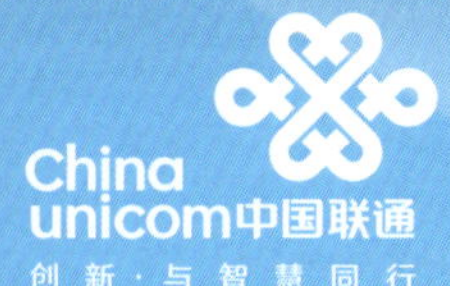

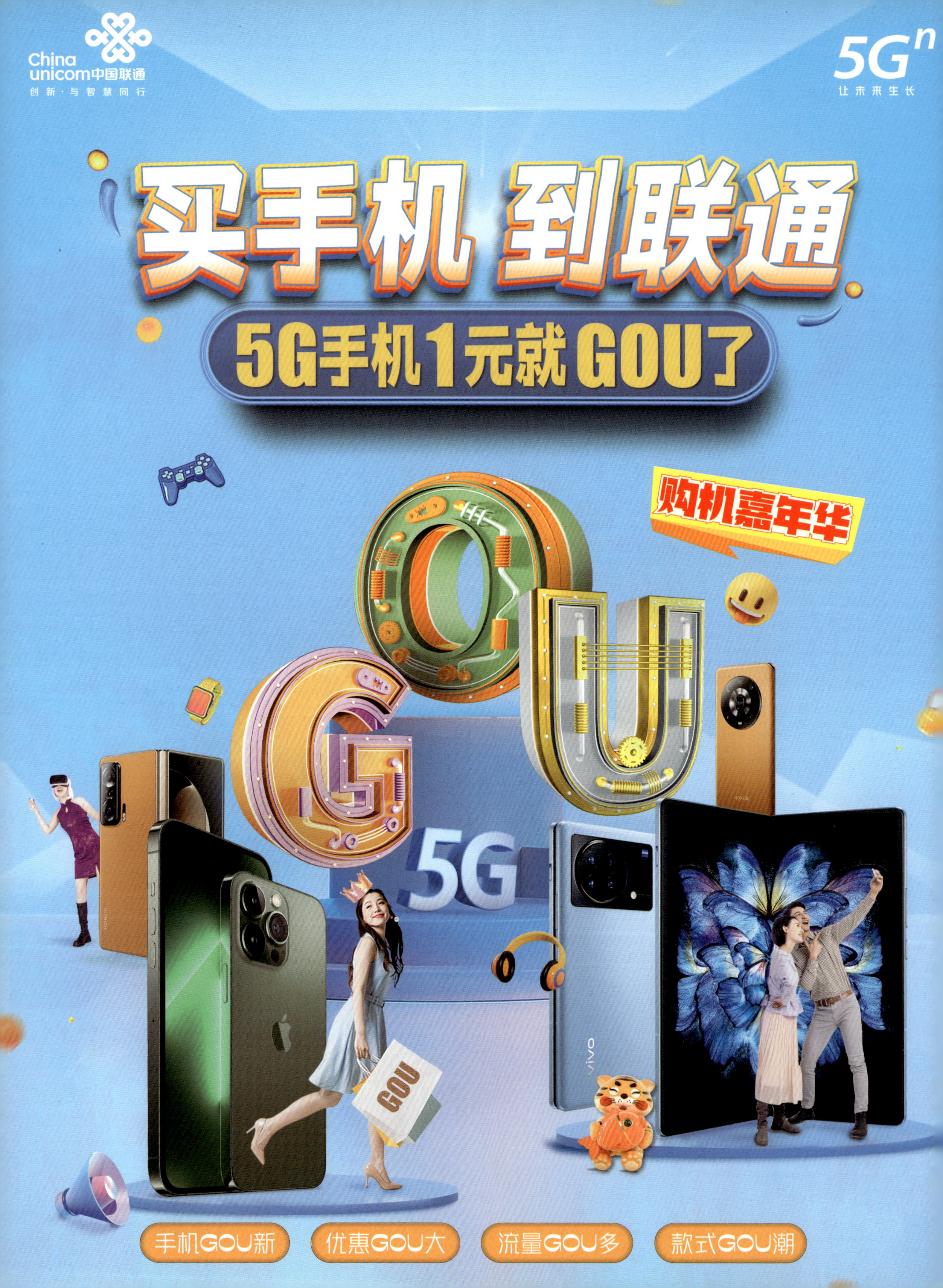
China unicom中国联通
创新·与智慧同行
5Gn
让未来生长
买手机 到联通
5G手机1元就GOU了
购机嘉年华
GOU
5G
GOU
vivo
手机GOU新
优惠GOU大
流量GOU多
款式GOU潮

广东联通数字乡村为乡村振兴注入“智慧基因”共同打造“三农”新样板

正值春耕播种好时节，走进广州马克村，农村一片祥和，乡村治理取得新成效；望眼阳西，荔枝、生蚝产业园即将迎来新一年的增产大丰收；一探云浮通门镇，村民们正忙碌采摘番石榴，为直播备货。这些新“三农”场景，早已组成数字乡村建设中重要拼图。

2月22日，国家有关文件指出，要“以数字技术赋能乡村公共服务”“着眼解决实际问题，拓展农业农村大数据应用场景”。广东联通深入践行央企责任，积极推广联通数字乡村统一云平台（以下简称“数字乡村”平台），加大力度投入数字乡村建设，助力乡村振兴工作落实落地落细，着力推进乡村繁荣发展。

“数字乡村”平台为乡村治理添动能

广州南沙区位于粤港澳大湾区地理几何中心，其农业价值不容小觑。2021年，南沙区农业总产值突破百亿大关。为推动“三农”工作高质量发展，全面推进乡村振兴战略，“数字乡村”平台在南沙区马克村作为试点“第一站”全面启用，以点带面逐渐铺开，助力南沙打造城乡融合高质量发展示范区，点亮“湾区种业创新灯塔”。

通过“数字乡村”平台，马克村村委一键发布即可实现信息传达，大大提升信息传递效率。村民点点屏幕，能立马获取最新涉农政策和办事须知，减少办事负担，少跑“冤枉路”，真正让数字乡村成果普惠于民。不仅如此，村民还可随时在平台里反映日常诉求和建议。这将更好解决群众难题难事，打通为民服务的“末梢神经”。

依托云网资源打造的“数字乡村”平台还将提供疫情防控、党建引领、美丽乡村、三务公开等多个功能模块，为村委和村民提供“一站式”服务，有力促进乡村治理实现新突破。

智慧农业跑出产业发展“加速度”

走进阳西县，科技早已为智慧农业添翼赋能。病虫害预测加上打药适宜性评价，精准为荔枝种植施肥除害提供科学依据；田间地头里的植保无人车、空中的植保无人机纷纷出动，全方位提高植保效率；水质检测设备安插在水中，二十四小时勇当监测水质的“安全卫士”，方便农户根据水质情况及时调整生蚝养殖方式。“之前我们想知道海水的水温、盐度等数据，都需要我们专门开船出去。现在可以通过数字化平台，掌握生蚝养殖环境的信息。”阳西县程村镇的养殖大户说。

以上都是广东联通为阳西数字农业示范县打造的“一馆一云两园”的建设成果。“一馆一云两园”是指数字农业展馆、数字农业云应用、程村蚝农业产业园、荔枝产业园。该项目将优势数字技术与当地农业产业深度融合，带动农业数字化发展。

相比之前全凭经验、靠人力的农事作业模式下，现在的农户可利用大数据分析结果，实时掌握生产环境的情况，提高生产效率。这些新技术能对生产环境进行数据分析，实现生产过程的智能化决策和精准化种植，降低大量的人工成本和用药成本，赋能当地农业发展。

业务员介绍“数字乡村”平台

广东省广州市南沙区马克村

直播带货铺就农民致富新道路

云浮郁南县通门镇依山傍水，生态环境优质。凭借地理环境优势，采用生态种植、山泉水灌溉的通门镇稻米质粒饱满、色泽光亮。当地所产的蔬果味道甜美，口感甚佳。但优美的山水环境也随之带来地处偏远、交通不便等地理劣势，再加上当地缺少宣传渠道、品牌意识等问题，导致通门镇的农产品销路窄、村民收入低。

为打破这一困境，广东联通联合当地政府，结合数字乡村、扶贫惠农的主题，举办“惠农助农促振兴 醉美通门产好物”直播带货活动。该活动通过主播与特邀嘉宾现场展示和试吃，借助联通平台，将通门镇本地种植和生产的番石榴、茶叶、豆干、鸡仔饼等12种商品推向全国，在2小时的直播过程中访客流量达到1.38万人，也为当地取得了良好的经济成效，切实可行地带动当地农户增收。

通门镇乡村振兴服务中心负责人朱家源表示：“对我们商户来说，可以更好地推荐我们的农产品，增加我们的销量。为我们通门的农产品，提高了产品推广度。”

如今，联通数字乡村服务已累计覆盖广东全省两千多村，一幅繁荣昌盛的数字乡村画面在中华大地上徐徐展开。乡村变化日新月异，农业转型蓬勃发展，农民增收致富迈向新阶梯。下一步，广东联通将继续充分发挥国家队、主力军、排头兵的作用，深入践行央企责任担当，为构建数字治理新体系注入强劲动力，为智慧农业插上腾飞的翅膀，为推进乡村振兴贡献联通力量。

直播带货活动开展得热火朝天

用“真知”优化“感知”
广东联通做优网络持续提升客户体验

“提供满意的客户感知与体验”是广东联通的重要职责，长期以来，广东联通紧紧围绕自身主责主业，深度发掘客户需求，聚焦用户使用体验的关键环节开展了一系列专项行动，排查影响用户网络体验的风险隐患，助力广大群众享有高速网络，不断强化网服协同能力，让即刻响应用户诉求成为可能。

“码”上无忧，指尖“点亮”便捷生活

自新冠疫情发生以来，健康码是出入公共场所的通行证。“您好，请出示健康码/行程卡”成为了人们日常出行中最常听到的“问候”。另外，伴随着移动端业务的飞速发展，扫码点餐、亮码支付、内容演示等扫码相关的业务已经渗透在居民生活的方方面面，“亮码”成为了人们日常生活中的一种习惯。扫码亮码的便捷度、及时性、准确性会直接关系到用户的基本生活及出行体验，而这其中也体现了高质量网络的功劳。

为持续保障用户日常网络使用的优良体验，聚焦和解决影响用户感知的根源性问题，自2021年年末，广东联通开展了“码上无忧”专项行动，为用户顺畅亮码保驾护航。“专项行动将对涉及亮码的相关场景开展全方位的测试检查，排查风险隐患，对可能造成亮码扫码卡顿的问题进行集中筛查整治，最大程度解决网络质量的问题。”广东联通网络感知中心工作人员介绍道。

据了解，本次行动将覆盖包括交通枢纽、大型商业区、商业楼宇停车场、高速服务区、星级酒店、政府部门（对公）以及各大口碑场所在内的2639个场景，着力发现移动信号盲点盲区、弱覆盖等问题，从而采取针对性的解决方案。

截止2022年2月底，全省已完成了2295个重点场所测试，其中包括了618个交通枢纽及地铁站，196个旅游景区，637个大型商业购物区以及127个三甲医院，发现并解决了扫码失败问题点94个。

匠心网络，品质升级跑出“千兆加速度”

除了改善移动端业务，宽带网络使用体验的优化是广东联通开展的另一个重心工作。近期，为了适配在数字化时代用户对高速网络的需求，广东联通大力推进千兆网络建设。通过“千兆宽带+千兆5G+千兆Wi-Fi”构建差异化竞争能力，形成领先优势。

在此其础上，广东联通组织开展了楼宇和小区千兆速率达标测试工程，自去年6月份工程启动以来，已累计对已建成的近万个千兆小区和千兆商务楼宇完成感知保障，对照标准逐一检查客户实测速率、排查网络流量带宽、测试光猫设备性能，解决光纤故障，客户回访满意率达100%。

不仅如此，为了真正实现“让千兆宽带走进千家万户”的目标，广东联通还发挥党建优势，组织各党支部、团支部走进社区、贴近群众，免费为市民提供家庭网络测速，开展千兆网络体验活动。截止目前，在广东全省各大居民区陆续组织了1500余场千兆家庭网络检测活动，让广大群众认识、了解千兆网络，切身体验高速网络带来的独特体验，系列活动受到了广大市民的欢迎和好评。

网服联动，打好回应用户诉求的“团体赛”

在深圳某小区，有居民强烈要求改善网络质量。广东联通深圳分公司在接到需求任务后第一时间抵达现场了解情况，经勘查发现该小区为大型高层住宅小区，周边宏站距离过远，无法进行有效覆盖。确定问题后，工作人员加急制定解决方案并调集相关资源，在48小时内高效完成了小区信号的覆盖，圆满实现了小区网络信号质量的改善，在此过程中广东联通的服务意识、快速的反应、高效的施工获得了小区居民的一致认可与好评。

“能够高效地推动问题解决和项目落地，最主要还是得益于网络与客服线条协同能力和工作机制的升级。”相关负责人透露，“为快速回应客户诉求，我们的网络和客服部门组织成立了专项工作组，从派单流程、专业对接、管理统筹等多个维度入手，强化了过程管控，构建起一套前端业务与后端网络运营联动的网业服协同工作机制。”

据了解，为深度推进网服协同工作，未来，广东联通还将强化投诉网格治理，基于历史投诉的分析整合，勾勒出可随时调用的网格谱系。目前已梳理出约7000个集中投诉区域，后续将加大力度聚焦攻坚，确保所有投诉聚集区域100%快速得到解决，真正做到“一点对接、统一调度、集中管控”，打好感知问题高效解决的“团体赛”。

广东联通表示，将全力以赴担起网络强国、数字强国、智慧社会建设的“主力军”责任，在中国联通新战略、新定位的指引下，继续以提升客户满意度、为客户创造价值为中心，让群众畅享高品质服务，分享高品质成果，共享高品质生活！

全球通

创新引领 勇立标杆

福建联通全方位服务和融入“数字福建”建设

福建联通办公大楼
（联通信息广场）

福建，是数字中国的思想源头和实践起点。作为福建省骨干通信运营商，福建联通始终以“国家队、主力军、排头兵”的使命担当，主动服务和融入“数字福建”建设，为福建经济社会高质量发展注智赋能。2021年公司收入70亿元，利润超7亿元；先后荣获“全国五一劳动奖状”“福建省纳税百强”“全国用户满意企业”“福建企业百强”“福建服务百强企业”“全国厂务公开民主管理工作先进单位”等荣誉。

福建联通助力福建凯邦锦纶科技公司打造的“5G+工业互联网”智慧工厂，实现生产全过程大数据操控。

构建创新能力“新体系”，深度服务福建数字经济建设

作为支撑现代信息科技的基础电信运营商，福建联通深知“没有创新，就没有未来”，坚持创新引领，逐年做强创新能力，构建起“两院、两云、一基地、五大技术实验室”的创新能力“新体系”，全面融入和服务福建数字经济建设。

福建联通加快5G网络建设

2018年，福建联通在长乐滨海新城投资创建中国联通东南研究院（以下简称东南研究院），做强科技创新“第一动力”。目前，东南研究院已打造了一支扎根福建的年轻高学历研发团队，拥有技术团队600余人，其中博士6人，硕博占比22%；沉淀了一系列自主可控的核心技术，累计获得软件著作权57项、专利5项；荣获多项殊荣，并先后入选“高新技术企业”、福建数字经济领域未来“独角兽”创新企业，以及“科改示范企业”。东南研究院成立三年产值增长近10倍，2021年创造产值25.1亿元，为福建数字经济持续高速增长贡献联通力量。

2022年，响应福建创新型省份建设以及落实先进制造业强省战略，福建联通加大创新力度，在把东南研究院持续打造为原创技术策源地的同时，下大气力组建中国联通（福建）工业互联网研究院，不断拓展创新平台，提升创新能级，以智能制造为主攻方向，深耕工业互联网领域，在工业互联网标识解析、人才培养以及智能工厂打造等方面形成全面计划，全力推动福建工业产业升级，打造“工业互联网第一品牌”。

与此同时，福建联通正积极打造福州云、厦门云两大智云中心，打造中国联通网络安全（福建）中心“一基地”坚强底座，组建大联接、大计算、大数据、大应用、大安全“五大技术实验室”，持续锻造科技创新“新引擎”，促进高质量发展。

福建联通打造的罗源民族文化数字云平台，将畲族文化、文旅景点、农特产品等信息转化为线上数字资源

新冠肺炎疫情发生以来，福建联通为上千个单位提供超万场云视频服务，全力保障两岸三地重大项目签约及各类重大项目集中开工仪式。

福建联通与福建农垦集团联手打造5G智慧茶园，为乡村振兴和农业农村发展提供强有力的信息化支撑。

中国联通东南研究院落户福州长乐东南大数据产业园，成立三年产值增长近10倍，汇聚600多名创新研发人才，成为福建数字化转型技术要素资源的培育阵地。

打造创新应用“新标杆”，深度赋能产业数字化转型

依托中国联通集团-省两级技术研发优势，福建联通聚焦重点领域，建设了一批具有全国影响力的数字创新应用场景，深度赋能千行百业数字化转型，有力地发挥了“数字信息基础设施国家队、网络强国数字中国智慧社会建设主力军、数字技术融合创新排头兵”作用。

在数字政府领域，福建联通承建了政协云平台、纪委审查调查流程标准化仿真模拟系统、福建工会劳动纠纷多元化解网络平台等信息化平台，全面助力政府治理体系和治理能力现代化。

在智慧城市领域，福建联通打造泉州永春县智慧城市大脑等县域标杆项目，并获得工信部组织首届中国新型智慧城市创新应用大赛三等奖。

在工业互联网领域，福建联通打造凯邦锦纶智慧工厂、马坑矿业-5G矿山无人车等多个行业标杆，赋能福建传统产业转型升级。

在水利领域，福建联通打造省级河湖长制信息管理平台、“智慧河湖”平台，助力海晏河清，为生态文明建设贡献联通智慧。特别是自主研发福建省河长制湖长制综合管理平台，筑起一道坚固的智慧防汛大堤，助力莆田木兰溪走向治理能力现代化，打造出全国生态文明建设的木兰溪样本。

在乡村振兴领域，福建联通自主研发“百户村智慧乡村信息化平台”，在福州长乐市百户村推广应用，为乡村精细化管理提供数字支撑。

……

奋进新征程，福建联通将始终牢记嘱托，坚持创新引领，做大做强做优“两院、两云、一基地、五大技术创新实验室”的创新能力“新体系”，打造更多创新应用“新标杆”，全力服务“数字福建”建设，主动融入新发展格局。

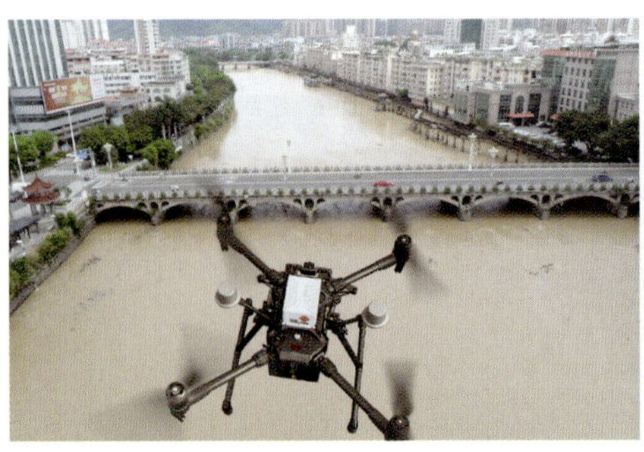

福建联通为泉州永春县水利局打造的5G网联无人机智慧机库系统，开拓数字化监管的新领域。

福建联通与厦门市公安部门共同打造的5G智慧警务机器人“鹭小警”亮相厦门中山路

福建联通与福建省农科院共同打造福州中以农场5G智慧农业应用，借助精准算法帮助技术人员作出科学决策。

北京2022年冬奥会官方合作伙伴
Official Partner of the Olympic Winter Games Beijing 2022

联通千兆宽带 尊享六星服务

星级	六星	五星	四星	三星	二星	一星
速率	1000M入房间	1000M入户	500M入户	300M入户	200M入户	100M入户

六星宽带

冰激凌全家福199套餐
全屋光宽带 千兆到房间

金融0元购万兆主从光猫

- 1000M宽带
- 1000分钟语音
- 2张副卡
- 60GB+10GB流量
- IPTV
- 黄金PLUS会员

五星宽带

冰激凌全家福199套餐
一份套餐全家享 人均66元

万兆双频光猫

- 1000M宽带
- 1000分钟语音
- 2张副卡
- 60GB流量
- IPTV
- 黄金PLUS会员

四星宽带

冰激凌全家福129套餐

- 500M宽带
- 500分钟语音
- 1张副卡
- 30GB流量
- IPTV
- 黄金PLUS会员

三星宽带

冰激凌全家福99套餐

- 300M宽带
- 500分钟语音
- 1张副卡
- 20GB流量
- IPTV

四项承诺	当日通 免费测 慢必赔 终生保
五大专享	专席尊享 专线服务 专区权益 专业设计 专家保障

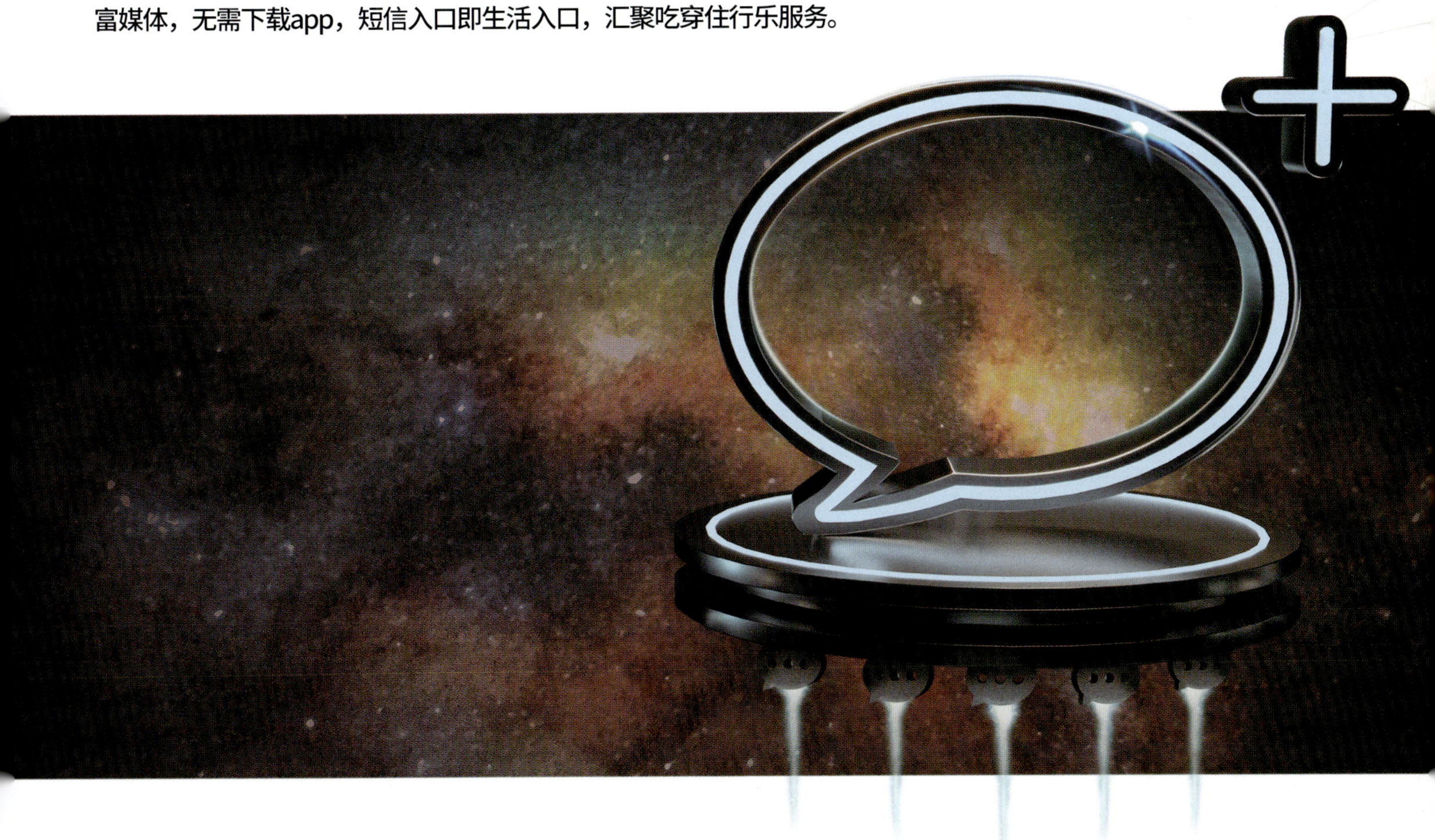

匠心网络贴心服务彰显央企担当 天津联通全面助力智慧天津建设

天津联通在中国联通集团的领导下，充分发挥自身优势，积极参与天津新型智慧城市、数字产业、新基建、工业互联网等领域建设。天津联通立足中国联通"数字信息基础设施运营服务国家队、网络强国数字中国智慧社会建设主力军、数字技术融合创新排头兵"定位，落实"强基固本、守正创新、融合开放"12字方针，全面发力数字经济主航道，做强"大联接、大计算、大数据、大应用、大安全"五大主责主业，持续领航智慧天津，实现全方位转型升级，赋能千行百业智能升级，全力助推智慧天津、数字天津高质量发展。

双千兆网络助力天津市入选全国千兆城市

2021年12月，在山东举行的"千兆城市"高峰论坛上，天津市榜上有名。2021年以来，天津联通率先实现全域双千兆覆盖，在天津乃至全国持续领航，为天津成功入选全国"千兆城市"提供有力支撑。

实现全域双千兆高品质覆盖

2021年9月，天津联通继在全国率先实现千兆宽带全域覆盖、顺利完成5G双频协同组网后，在全国率先完成5G网络及千兆宽带全域双千兆高品质覆盖，让天津市民出门用千兆5G，进门用千兆宽带、千兆WiFi，尽享数字生活！

今年1月，天津联通以"领跑双千兆津城国家队，领衔为人民服务排头兵"为主题，举行"新网络、新品牌、新服务，引领新标杆"发布会，以天津联通新网络助力双千兆城市再升级；以天津联通新服务实现高品质服务升级；天津联通新品牌"联通智家"同时全新出发，全方位助力津城百姓智慧生活进入新时代。全新品牌——"联通智家"，致力于打造"全屋WiFi覆盖"+"全屋智能应用"+"专业上门服务"的全新智慧生活服务模式。天津联通还率先向全社会公开承诺"WiFi速率100%达标、夜间暖心修、不达标慢必赔"，从而树立了通信运营行业的服务新标杆。此外，天津联通还面向全市千行百业招募包括天津市消费者协会代表内的万名"服务监督员"，监督并促进天津联通服务品质再提升。

依托天津联通万兆宽带网络，匹配WiFi6万兆光猫，1300余名专业的智慧家庭工程师为市民提供个性化组网服务。依托天津联通双千兆网络部署的数字乡村平台，涌现了一批像宝坻区王卜庄镇、蓟州区上仓镇的社会主义新农村。天津联通已完成天津市9个涉农区、130余个镇街、近3000个自然村联通数村平台的连接部署，全面加速助推天津三农数字化建设。出门用千兆5G，进门用千兆宽带、千兆WiFi已经成为天津人数字生活新风尚。上班路上在线追剧、重要时刻在线直播、随时随地秒杀抢票尽享顺畅，在家里孩子在线学习、重要视频会议、远程在线办公、VR/AR游戏娱乐畅通无阻以及全屋智能家居，让市民可以随时随地尽享智慧生活。

助力5G+工业互联网

作为天津市信息化建设主力军，天津联通在5G+工业互联网领域持续领航，聚力赋能千行百业网络化、数字化和智能化升级，加速落实5G应用"扬帆"行动，在5G+工业互联网领域取得一个又一个骄人成绩。

天津联通与天津港合作匠心打造5G智慧港口，相继攻克世界性智慧港口建设诸多难题。该项目荣获工业互联网示范项目、世界5G大会一等奖，入选GSMA中国5G垂直行业应用案例，荣获ICT中国优秀案例最佳解决方案、第四届"绽放杯"全国5G应用征集大赛标杆赛金奖，并入选《第二批"5G+工业互联网"十个典型应用场景和五个重点行业实践》，成为向全国推广的"天津方案"。

天津联通聚焦5G+车联网应用，在5G V2X 领域持续领航。天津联通"5G V2X车联网集成创新与融合应用"项目入围"2020-2021年度物联网关键技术与平台创新类、集成创新与融合应用类示范项目名单"，成为天津市车联网项目的标杆示范，在天津举办的第五届世界智能大会分论坛"中国人工智能创新发展高峰论坛暨揭榜优胜成果发布会"上，天津联通作为通信运营商代表获"5G V2X融合智能网络"项目揭榜优胜单位，海教园5G-V2X项目荣获第四届"绽放杯"5G应用征集大赛全国赛二等奖。

天津联通全力建设5G智慧工厂，持续

锻造5G创新标杆。携手长荣集团、天津福臻打造的5G智慧工厂项目荣获第四届“绽放杯”全国5G应用征集大赛全国赛优秀奖;助力荣亨、长城汽车等企业加快引入5G应用,实现企业数字化智能化改造。

作为世界智能大会战略合作伙伴,天津联通成功举办“天津5G行业应用展”和“中国联通5G+工业互联网高峰论坛”,成立了中国联通5G+工业互联网(天津)联合实验室。成功举办第四届“绽放杯”行业虚拟专网赛道决赛和中国联通5G行业应用创新高峰论坛,揭牌中国联通5G+车联网(天津)示范基地,已荣获5G试点示范项目5个,国家新一代人工智能揭榜项目1个,天津市5G试点示范项目10个。下一步,天津联通将继续发挥数据应用的场景优势,构筑5G算网一体底座,赋能工业智能升级,加速推进天津市5G与工业互联网融合发展。

智慧平安社区成全国标杆示范

为提升智慧平安社区的信息系统网络支撑水平,切实推进智慧平安社区建设,天津联通一方面着力优化光纤宽带网络承载和接入水平,实现了全市各居民社区的千兆宽带无差别可接入;另一方面,从提升社区管理的智能化水平出发,提供人工智能摄像头、门禁系统等科技安防设备,并利用优质网络和高技术手段,对接天津市公安系统大数据平台,实现对社区边界的精准管控,真正实现了“科技让民警就在身边,智慧让平安就在身边”。天津联通已完成市管地域16个下辖区2850余个社区的智慧平安社区建设,凭借天津联通的优质网络传输和先进技术支撑,实现对各社区的远程动态监控和相关警情信息预警。

数智赋能助力智慧城市全面升级

天津市向数字化、智能化全面赋能城市发展,推进本市治理体系和治理能力现代化,聚焦“大联接、大计算、大数据、大应用、大安全”主责主业,推进发展路径、方式和模式全方位转变,开辟新的发展空间;推动人工智能、5G基站、数据中心、智能计算中心等新型基础设施建设,以城市感知、网络传输、计算存储等为着力点,打造全域感知、万物互联、智能融合的智慧城市数字基础体系;参与构建掌控全局、协同联动、科学决策的“城市大脑”,精准洞察城市运行态势,全力参与建设更高水平“数字天津”,打造全国智慧低碳的新型智慧城市标杆。

数通全域

天津联通积极参与推进物联感知体系、基础网络、城市部件集约建设。

着力打造物联网平台、人工智能物联网(AIoT)、泛在全面感知的移动物联网络,实现未来道路桥梁、水利、地下管网监测、重点监控场所智能监控全覆盖。努力促进数字资源融合联动,强化数据整合汇聚,完善算力支撑体系,释放数据价值助推中小微企业数字化转型。强化数字平台服务支撑,打造共性技术服务支撑平台及业务协同服务支撑平台。构建以“津产发”“津心办”“津治通”为代表的“城市大脑”智慧中枢,实现“数字驾驶舱,一屏观津门”。参与构建“政府主导+社会参与”的可持续运营模式,聚焦京津冀一体化发展,逐步加强三地跨区域协同联动,为全市智慧城市建设提供有效支撑。

数惠民生

天津联通持续助力政务服务“一次登录、全网通办”,逐步完善智慧养老、智慧教育、智慧医疗、未来社区、数字乡村等民生应用建设,进一步推进政务服务便捷化、智能化、高效化。

深化政务服务迭代升级,推进政务服务场景化新体验,加快推动政务服务流程再造、信息共享、证照互认,强化京津冀政务服务协同。同时,创新教育教学数字模式,构建智慧化现代教育体系,提升教育治理水平,推进智慧教育场景化建设及5G的数字化校园网络提升,推进智慧校园示范建设,打造中小学智慧化校园。构建医疗卫健数治体系,利用“远程会诊、远程影像、远程监护”提升智能健康服务水平。建设数字化社区便民服务中心,“银发”智能服务平台创新智慧养老模式,助力打造未来社区美好生活。建设平安乡村、农村“雪亮工程”,在西青、津南参与设立国家数字乡村试点,推动数字乡村振兴。

数治津城

天津联通依托“城市大脑”,深化信息技术在交通管理、环境监测、治安防控、能源创新等领域应用,逐步实现数据辅助决策向数据驱动决策的升级。

优化城市智慧治理体系,打造移动警务平台、“城市智管”平台等,夯实基层社会治理能力。助力构建数字化应急管理体系,4K超高清和5G超高速回传智能无人机现场监控丰富了智慧应急应用场景。推进交通运行绿色高效,构建智慧化交通管理体系,开展智能网联汽车、交通大数据共享应用、交通执法智慧平台试点示范，提升智慧出行服务水平。推动科技赋能生态建设及智慧能源创新发展等，保障城市环境生态宜居。

数燃经济

天津联通围绕“一基地三区”功能定位，加快推动建设制造强市、质量强市、网络强市、数字强市，持续参与优化产业创新生态环境，赋能城市高质量发展、绿色低碳发展。

加快人工智能、物联网、区块链等数字产业创新发展，吸引在京人工智能优质企业来津投资或延伸业务。全面发展智能制造，参与打造综合型、特色型、专业型以及企业级四类工业互联网平台和“5G+工业互联网”应用试点示范；助力政府大力发展智慧农业，加快推进5G、物联网、大数据、遥感、卫星定位等信息技术在节水、耕种等生产管理环节的应用；参与优化文旅大数据决策分析应用平台，加快发展数字文旅产业。完善企业综合服务、研发创新、金融服务体系，为企业提供全方位信息服务，优化产业创新生态环境。

数铸发展

天津联通加快推动智慧港口、智慧城区、智慧园区等创新建设，推进人工智能、区块链、大数据等新一代信息技术场景应用，助力城市建设，形成一批可复制、可推广的示范样板工程，打造未来全国创新示范策源地。

参与建设天津港智慧物流平台等智能化北方国际航运枢纽，推动天津港无人驾驶电动集装箱卡车示范运行。加快建设中新天津生态城（智慧交通C-V2X车路协同）、海河柳林“设计之都”、国家会展中心（天津）等智慧城市试点示范，推进5G全域示范应用。在滨海新区、武清区、西青区等地参与开展产业园区智慧化建设。紧扣交通、医疗、环保、就业、教育等重点民生问题，推进大数据在智能制造、企业经营管理、市场营销等经济领域的融合应用，加快实现创新应用场景多元融合。

科技抗疫助力打赢抗疫阻击战

疫情就是命令，防控就是责任！1月9日7时起，天津全市范围内开展核酸检测。为有力阻击疫情扩散，天津联通与时间赛跑，勇当抗疫“急先锋”，在全国率先将5G网络切片技术成功应用于核酸检测工作中，以快制快，争分夺秒，以科技抗疫硬实力，为天津核酸检测跑出“加速度”，驶入快车道。

从天津第二轮核酸检测开始，天津市民普遍感到检测速度快了，寒冷的室外等待时间短了，这一变化背后是科技的力量。除了高效科学的组织工作之外，联通大数据、5G、云计算等技术应用于检测海量数据处理，为这一变化提供了强有力的科技支撑。在此次抗击疫情过程中，天津联通率先将应用于工业互联网领域的5G网络切片技术成功应用于天津市核酸检测工作中。一条为天津市民打造的VIP专属高速“新通道”的建成，为天津市多轮核酸筛查，为天津抗击疫情赢得宝贵时间。

天津联通坚决落实“把人民至上、生命至上理念落实于具体行动，分秒必争、以快制快，坚决、果断、迅速处置新发疫情，精准打赢疫情防控围歼战、歼灭战”疫情防控要求。天津联通立足“数字信息基础设施运营服务国家队、网络强国数字中国智慧社会建设主力军、数字技术融合创新排头兵”新定位，落实“强基固本、守正创新、融合开放”新战略，充分发挥自身通信能力、创新能力优势，市、区两级领导班子和中层骨干人员于9日早8点起24小时驻守岗位，全力以赴做好各级政府、全市企业和广大市民的通信服务保障，助力天津市科技抗疫。

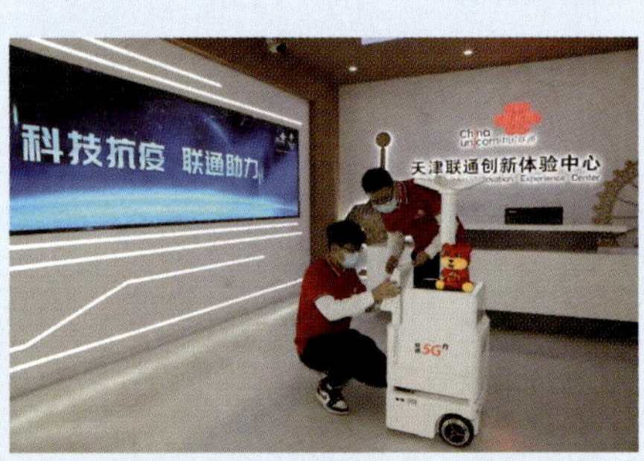

提供高品质网络支撑

天津联通充分发挥各级党组织战斗堡垒作用和党员先锋模范作用，公司242个党支部、2330名党员奋勇争先、冲锋在前，近8000名员工参与抗疫，出动重要通信保障车辆4800余辆次，组织千余名志愿者紧急重保与疫情防控密切相关的基站2700余个、宽带2500余条、固话2800余部，为全市各级疫情防控指挥部、6700余个核酸筛查点、300余个隔离点、50余个方舱、5000余家重要企事业单位提供高品质专用通信网络，为重点区域提供智慧门磁20余万套。

天津联通提供基础通信网络、联通云、大数据、信息化平台等全方位通信服务，全力保障政务云、核酸筛查平台等安全运行，尤其是配合市网信办紧急扩容政务云IDC资源，将出口带宽由10GB升速至20GB；为疫情防控指挥部提供智能语音AI平台，支持政府流调工作；向多个市、区级平台提供联通云解决方案，提升核酸检测等工作效率；抽调客服人员，保障12345市民热线正常服务；配合市通信管理机构发送1亿余条疫情防控等公益短信；为5.8万名抗疫工作者提供免费语音及流量服务。同时，为做好市民通信服务保障，全市170　家（自有）营业厅正常提供服务，累计为76万用户提供免催免停服务，为3500余位用户解决行程卡使用问题，有效保障市民的通信需求。

全力支撑抗疫一线

津南突发的疫情牵动着每一位联通人的心。天津联通举全公司之力向津南区调配人力、物力资源，支撑津南抗疫。公司党委第一时间成立津南抗疫专班，组建“抗疫先锋队”，累计投入479人专职负责津南区通信网络保障工作，出色完成各项任务，成为当地通信服务保障主力军。为专家组、提供基础通信网络、视频会议、流调呼叫平台等服务，有效支撑津南抗疫工作；组织志愿者突击队投入疫情防控排查工作，高效率完成各项排查任务；捐赠了5G防疫雾化消毒机器人，实现无接触智能消毒；向封控区提供10万余套智慧门磁；为抗疫工作者提供500件军大衣以及相关急需防疫物资。

科技抗疫显威力

天津联通按照“要充分利用大数据、云平台等信息技术手段，加快提升检测科学性、精准性”要求，充分发挥自身在5G、云计算、大数据等方面的优势，在全国范围内首次将传统用于工业互联网领域的5G切片技术应用到民用领域中，为核酸筛查点、方舱等密集型场所的5000 多名工作人员手机开通 5G 切片服务（下行网速达 1Gbit/s、上行网速300Mbit/s，较普通用户提升3倍以上），极大提升核酸筛查过程中证件扫描数据上传速度，有效提高核酸筛查效率，减少百姓等候时间。该应用成果得到中央电视台、《人民邮电》报、通信产业网等多家媒体报道。

在本次抗疫过程中，天津联通还向各级政府提供了“抗疫云智呼”人工智能语音平台、数字乡村平台、5G-CPE、智能门磁、大数据舆情监控等科技产品，以科技手段助力我市抗疫工作高效开展。目前该平台已发送各类抗疫通知百万余次，完成流调和核酸检测调查60余万次。

数字乡村平台助力乡村振兴

天津联通携手中国邮政、中国农业发展银行等10余家各领域优秀合作伙伴成立数字乡村产业联盟，共同助推天津乡村振兴。

中国联通着力发挥技术创新的扩散效应，加速千兆连接新基建；着力发挥数字平台的集聚效应，构建乡村治理新平台；着力发挥数字技术的普惠效应，提供数字应用新服务；着力发挥数据信息的溢出效应，打造“三农”合作新生态。通过四新工程，全力助推天津数字乡村建设。会上发布中国联通助力天津乡村振兴行动计划。天津联通结合天津本地特色，重点实施“2＋4”行动计划，为乡村振兴开新局贡献数字力量、联通智慧。天津联通面向数字乡村推出1套数字乡村平台方案、1张感知网络、1套云网平台、1套数据智脑、N维智慧应用。天津联通全力助推乡村振兴，数字乡村产业平台以及基层党建、数字乡村、智慧种植、智慧养殖、智慧监控、智慧生活终端等面向“三农”的联通应用产品越来越受到青睐。

天津联通全面贯彻国家乡村振兴发展战略，深入落实高质量发展与数字化转型工作部署，携手合作伙伴，乘势而上、加快发展，勇当数字乡村建设的主力军，以数字技术持续赋能乡村基础设施建设、治理模式创新、生产方式升级、生活方式改善，全面服务乡村经济社会发展。

未来，天津联通将继续积极贯彻集团公司新战略，积极发挥联通“大联接、大计算、大数据、大应用、大安全”主责主业的能力优势，为我市数字政府、智慧城市、智能制造等领域建设及数字经济发展贡献联通力量，以实际行动践行央企担当，助力天津市实现“双战双赢”。

中国联合网络通信有限公司吉林省分公司

北京2022年冬奥会官方合作伙伴
Official Partner of the Olympic Winter Games Beijing 2022

中国联合网络通信有限公司吉林省分公司（简称吉林联通）是中国联通在吉林省的分支机构，下辖9个市州分公司和40个县（市）分公司，是吉林省通信行业三家主要电信运营商之一。经营范围包括固定通信业务，移动通信业务，通信设施服务业务，各类电信增值业务，与通信信息业务相关的系统集成业务等，拥有覆盖全省、通达世界的现代通信网络和客户服务体系。

吉林联通全面落实集团公司“强基固本、守正创新、融合开放”战略，聚焦“大联接、大计算、大数据、大应用、大安全”作为主责主业，全面发力数字经济主航道。在新定位新战略下，吉林联通立足吉林省作为东北老工业基地的发展实际，秉承“人民邮电为人民”的光荣传统，锻造“重大时刻、从不缺席”的忠诚品质，以移动互联网、云网一体等能力为核心，充分发挥信息通信对产业链和经济社会发展的带动融通作用，积极践行“数字信息基础设施运营服务国家队、网络强国数字中国智慧社会建设主力军、数字技术融合创新排头兵”，持续加强5G网络、千兆光网和创新能力建设，助力产业升级，推进信息惠民，践行央企担当，实现发展动力、路径和方式的全方位转型升级，开辟新发展空间、融入新发展格局。

2021年，吉林联通坚持以政治建设为统领，适应新形势、把握新机遇，奋力开创公司高质量发展新局面。勇担央企社会责任，发挥网络、资源、技术优势，助力地方政府防控疫情，助推数字乡村建设，扎实推进乡村振兴事业。不断推进数字化转型进程，坚持5G引领三千兆规模发展全面提升价值，着力打造匠心网络，经营业绩平稳上升，效益水平持续改善。

不断强“根”固“魂”，坚定不移强化党的领导作用

吉林联通坚持政治建设统领全局，全面提高政治站位，加强理论武装，把增强“四个意识”、坚定“四个自信”、做到“两个维护”要求落实到担当作为、履职尽责的实际行动，以高质量党建引领高质量发展。有效发挥吉林联通党委在重大决策中的把关定向作用，立足新发展阶段、贯彻新发展理念、构建新发展格局，以增长“吉”战略为牵引，持续推动吉林联通全面数字化转型、高质量发展。深入开展“我为群众办实事”实践活动，切实解决群众“急难愁盼”问题，持续提升客户服务质量。

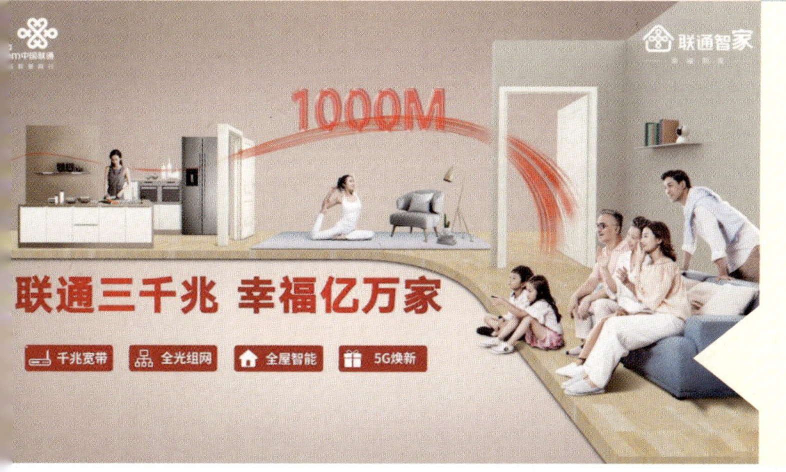

优化网络布局，提升网络能力，发挥好“国家队”“主力军”作用，打造以5G为核心的精品网络

坚定不移履行网络强国、数字中国、智慧社会使命任务，全面加快以5G为核心的通信基础设施建设，切实提升网络能力。累计建设开通5G基站逾万座，实现全省九地市城区和县城热点区域的5G网络连续覆盖。持续完善4G网络覆盖，保持用户感知和速率领先。积极推进千兆宽带网络建设，提升宽带网络覆盖与接入能力。持续完善云网一体数据中心布局，强化区域数据融通能力。同时结合业务需求，提升资源储备能力，机架规模不断扩大。

聚焦五大主责主业，持续深耕重点领域助力千行百业升级，当好助力地方数字经济发展的排头兵

吉林联通坚持创新驱动，不断强化自主创新能力，聚焦智慧城市、工业互联网、生态环境、智慧乡村等重点领域，在联通集团自研产品基础上融合本省自主研发的智慧党建、智慧林长、农村饮用水等产品，相继形成吉牛云、一汽繁荣工厂新能源、白山城市综合管理、大安农村饮用水等重大项目，其中，一汽繁荣工厂新能源项目获第四届“绽放杯”5G应用征集大赛MEC边缘计算专题赛一等奖。

2021年3月，吉林联通与浙江大华技术股份有限公司签署战略合作协议

提升高品质服务水平，以匠心服务不断提升客户感知，打造服务品牌

以客户体验良好、满意度领先为总体目标，健全服务体系，优化服务流程，聚焦10类23项任务开展高品质服务，发布5大服务承诺、10项服务行动，以优质服务获得客户的好评。

履行央企政治责任和社会责任，助力疫情防控和数字乡村建设

新冠肺炎疫情发生以来，吉林联通贯彻落实联通集团党组要求，发挥自身网络和信息技术优势，勇担央企责任，主动投身抗疫一线冲锋在前，为战“疫”斗争贡献联通力量，获得地方各级疫情防控部门的高度评价。

吉林联通强化通信网络保障，全面保障对各级党政机关、防疫指挥部、医院以及重点客户的通信畅通和应急通信需求，全面快速响应并完成方舱医院等多项建设保障任务；发挥数字信息优势，提供大数据信息支撑；发挥创新科技优势，并推广“智能门磁”等10余款适合省情的数字化防控工具，自主研发“智慧社区基层防疫平台”，以科技防疫产品助力各级政府精准防控；积极发挥基层党支部与广大党员先锋模范作用，全省各地联通志愿者队伍走进社区、下到基层，与全省人民一起守护家园。

积极落实全力打造乡村精品网络，推进乡村地区5G和光纤“双千兆”网络协同发展，精准优化补强帮扶点宽带网和移动网覆盖。积极推进中国联通数字乡村平台建设，四个国家试点县域全部完成数字乡村建设。通过“沃家神眼”对接数字乡镇平台，打通“平安乡村”“最后一公里”。引入党建云屏、云章、大喇叭、农村引用水等特色应用，实现创新引领智慧农业。

将吉林省肉牛产业的数字化应用直达基层，为吉林省“秸秆变肉”暨千万头肉牛建设工程贡献力量。“吉牛云”大数据平台依托中国联通强大的技术实力与丰富的通信网络资源，将大数据、云计算、物联网等新一代信息技术与吉林省传统养殖业深度融合，将肉牛数据创新应用于金融、政务、农业循环、流通交易、大数据育种等领域，实现肉牛产业数据实时更新和动态化管理，实现吉林省肉牛全产业链数据深度融合，实现肉牛产业全链条数字赋能，助力传统产业数字化转型。

2021年9月，在第十三届中国东北亚博览会上，吉林联通政企BG领导接受媒体采访，向记者讲解“吉牛云”大数据平台相关内容

吉林联通作为吉林师范大学的战略合作伙伴，基于成熟的5G切片技术，为吉林师大建设专用的5G精品网络，全面提升办公效率和5G体验感知，携手共建5G智慧校园。双方还在“产学研用”方面深入开展校企合作，为吉林师大相关专业学生提供通信专业交流、实习、就业等机会，发挥吉林联通网络、技术优势及产业链聚合优势，在技术咨询、网络规划、系统集成等方面为吉林师大学子创造便利条件。双方还针对吉林师范大学“5G+智慧教育”的应用试点项目进行深度联合推进，推动联通5G技术在教育领域的应用发展。

2021年12月，吉林联通与吉林师范大学在吉林师范大学签署战略合作协议

China unicom中国联通

5G

·24小时实时掌握隔离情况·

智能门磁

开箱即用|功能多样|远程监控|管理灵活

应用场景

政府　公安　养老社区

疫情防控实时报警，“不漏管”“不脱管”！

科技助力抗“疫” 吉林联通在行动

为保证农村饮水安全，实现农村饮水安全工程远程智能化管理，吉林联通协同大安县建设农村饮水安全监管平台，在辖区内各处供水工程部署安防、流量、温度等物联网感知设备，利用物联网络实现供水设施、供水数据、供水安全在线监管，全面提升农村供水管理效率，有效加强政府水利职能部门在农村饮水保障工程中的感知能力、运行维护能力、安全监管能力。推进农村饮用水水源地的保护以及农村饮水持续性保障能力，确保村民可以喝上“放心水”。

为助力疫情防控，吉林联通推出多款创新产品贡献科技防疫力量

智慧“小门神”智能门磁产品能够帮助解决疫情管控中被隔离人员分散广、监管难、工作人员人手短缺等问题，可广泛部署于医院隔离病房、酒店隔离点、居家隔离点等场景，有效助力基层一线防控管理。它集开关门提示、触发告警、远程监测等功能为一体，利用NB-IoT网络进行数据传输，为疫情防控部门提供有利的监控手段，达到实时监测隔离场所人员动态的目的，有效保证“不漏管、不脱管”，已在省内累计部署超过8万套，进一步织牢了疫情防控监管网。

与此同时，吉林联通还推出了5G智能消杀机器人、吉护通等多款创新产品，不断为吉林省疫情防控工作贡献联通科技力量。

中国冰雪
CHINA WINTER SPORTS
中国移动
China Mobile
元力集结
共赴冰雪
中国移动冰雪数智达人
Meet Gu
联合呈现
咪咕视频
魔百和
视频Video彩铃
移起助力
中国冰雪

CHINA
UNICOM
中国联通

中国联通全面承接新时代赋予的新使命

新定位

数字信息基础设施运营服务国家队

网络强国数字中国智慧社会建设主力军

数字技术融合创新排头兵

新战略

强基固本
守正创新
融合开放

五大主责主业

大联接　大计算　大数据
大应用　大安全

联通支付有限公司——专业为根 服务为本 创新为魂 价值为上

构建聚合共享生态
助力市场融通发展

探索前沿科技应用
推动业务模式演进

打造金融跨界平台
创造产融互促价值

提供优质金融产品
服务信息消费升级

中国联通APP—支付金融业务概览

我的—我的钱包

提供话费、积分、余额、电子券等查询服务，满足用户交话费、生活缴费、信用卡还款、理财信贷、商城购物等多元需求。每月28日为联通支付日，交话费、京东购物等场景可享8.8折。

财富页

“一站式”金融信息服务平台，与持牌金融机构合作为用户提供信贷信息服务，实现线上审核便捷服务，保障用户支付环境安全；与国内银行、基金公司合作为用户提供理财信息服务，满足用户财富管理需求。

COMMERCIAL PRODUCTS

商业产品

在联通集团的新定位、新战略引领下，联通支付将充分整合内外资源，深化重点垂直行业、民生、政务应用等各领域，构建为客户创造价值的数字化解决方案，助力千行百业的数字化转型、智能化升级、融合化创新。联通支付目前已形成支付服务、协同服务、融资信贷、财富管理、金融科技的布局。

协同服务

提供电子券、代收付、电子商城等服务，协同通信业务创新发展、提升用户价值。

支付服务

应用沃账户、POS终端、二维码等支付方式，为联通集团内外部企业客户、个人用户提供安全、便捷的支付解决方案。

财富管理

依托沃钱包等互联网信息平台，为用户提供理财、保险等信息服务。

融资信贷

聚合多家金融机构的融资信贷能力，为用户/客户提供消费分期、信用贷、企业融资等信息服务。

金融科技

探索大数据、人工智能等新技术，赋能金融领域创新，打造新能力、新应用、新模式。

中讯邮电咨询设计院有限公司

1952年创建于北京，是一家综合性甲级咨询勘察设计单位。

2006年成为中国联通全资子公司。成立以来，中讯邮电咨询设计院有限公司先后承担了我国几十项通信高新技术工程设计，完成了中国通信骨干网50%以上的咨询设计项目。

业务能力涵盖移动网、宽带接入、传送网、骨干网、信息系统、基础设施等通信领域所有专业，可为运营商、政企客户提供包括技术研究、咨询规划、方案设计、工程建设、网络优化等在内的全系统、全专业、全过程的端到端的通信信息网络解决方案。

新时期，中讯邮电咨询设计院有限公司立足中国联通，把握崭新机遇，不断深化发展，在大数据、电信云、物联网、网络安全、下一代网络、智慧城市、人工智能等诸多新技术、新业务领域积极布局，并参与相关重大网络建设项目，持续为我国信息通信事业的创新发展贡献智慧和力量。

人才结构

“中讯院持续重视人才队伍建设，以价值创造为导向，不断完善人才激励体系、人才发展体系，健全双通道发展路径，加强高素质专业化人才培养，培育了大批优秀的通信专业人才。”

中讯院成立以来，曾先后培养并走出一批具备国际国内行业影响力的技术权威和7位全国工程勘察设计大师，65位享受国家特殊津贴专家，36位教授级高级工程师。现任国际电信联盟秘书长的赵厚麟先生就是从中讯院走出中国，走向世界的。

全国工程勘察设计大师 徐松茂

全国工程勘察设计大师 张农

7位
全国工程勘察设计大师

65位
享受政府特殊津贴专家

36位
教授级高级工程师

全国工程勘察设计大师 张志正

全国工程勘察设计大师 黄三荣

全国工程勘察设计大师 韩志刚

全国工程勘察设计大师 孔力

全国工程勘察设计大师 吕振通

企业奖项

国家科学技术进步二等奖
1个

191个
国家奖

50个
国家优秀设计奖
(特等/金/银/铜奖)

992个
部省奖

197个
行业标准

190个
专利授权

业务布局

通信技术及垂直行业应用解决方案

产品与服务

- ◆通信网络研究/规划/咨询/设计
- ◆招标代理
- ◆工程总包
- ◆软件开发
- ◆工程监理
- ◆检验检测
- ◆系统集成
- ◆基于通信技术的行业应用产品/服务及整体解决方案

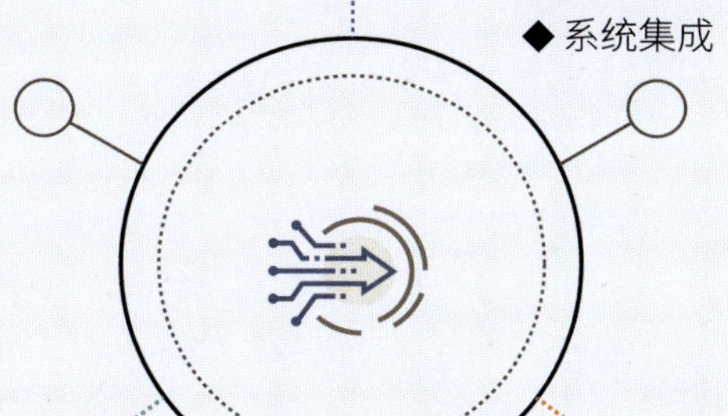

重点技术领域

- ◆5G
- ◆下一代网络
- ◆物联网
- ◆人工智能
- ◆大数据
- ◆网络安全
- ◆通信云
- ◆智慧应用

专业方向

- ◆无线
- ◆宽带接入
- ◆传输
- ◆信息化
- ◆数据
- ◆核心网
- ◆电源
- ◆建筑

安全领域

安全手机

以“安全手机”为载体，“通信密网”为基座，提供“安全业务”价值！

“端”—安全加密手机

物理隔离双硬件架构+自主研发操作系统+内置国密算法芯片的高强安全智能手机，专网的物理隔离做到了终端。

“网”—加密移动通信网络

中国原创、真正高强安全的加密通信网络，提供全球互联、电信运营级安全网信环境，跨境公网成专网。

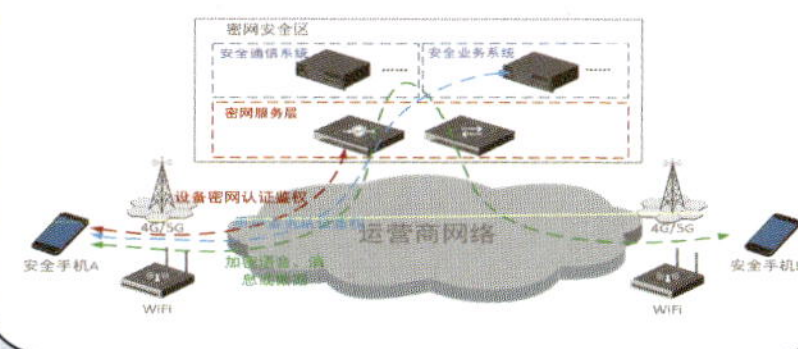

“业”—安全通信业务

由加密通信网络承载，提供通话、消息、文件传输、办公应用端到端加密能力的通信服务与安全业务平台。

密信

密话

设备管控

会议管理

安全OA

既安全又好用，体验流畅：外观和UI体验同普通消费类手机，隐蔽性好；
双系统同时运行，切换自如：双硬件架构安全物理隔离，一键切换；
跨境、跨运营商互联互通：随时随地密话密信沟通；
业务应用灵活部署：支持定制化应用开发、已有应用迁移改造。

物联网安全

面向全行业联网终端，提供标准化开放化的态势感知、高效认证和终端管控一体化的智能网联主动防御能力，聚焦终端数据采集安全、加密安全、传输安全、终端态势感知等精准应用场景，打造集国密数字身份认证、智能网联终端管控、零信任安全防护的一体化安全能力。

物联网标识密码技术

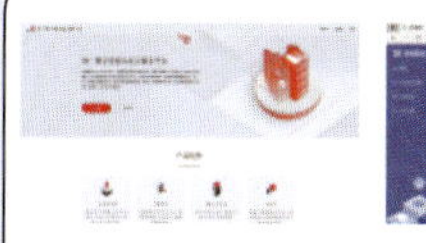
国密数字身份认证中心

智能网联终端管控中心

零信任安全防护中心

感知、认证、管控一体化平台能力

安全接入身份认证网关

安全边缘网关

安全终端产品富形态

安全SIM卡

安全通信模组

安全盾软件

工业互联网

聚焦5G+融合工业内网+边缘设备智能方向，提供融合工业网络规划设计服务，同时以5G边缘工业中台为共享底座，为企业客户提供智能工厂建设所需的工业装备操控、设备健康管理、智能仓储物流、安全环保管控、数字孪生和工业XR等全方位的产品和服务

工业装备操控

针对钢铁、化工、冶金、港口、仓储物流、工业园区等流程型工业行业生产设备智能化程度低、协同生产弱、人员现场操作安全性差、效率低等痛点，以5G网络为基础，打造智能生产，核心是实现“智慧决策-智慧操控-智慧作业”，提高生产率，降低劳动强度，降本增效。

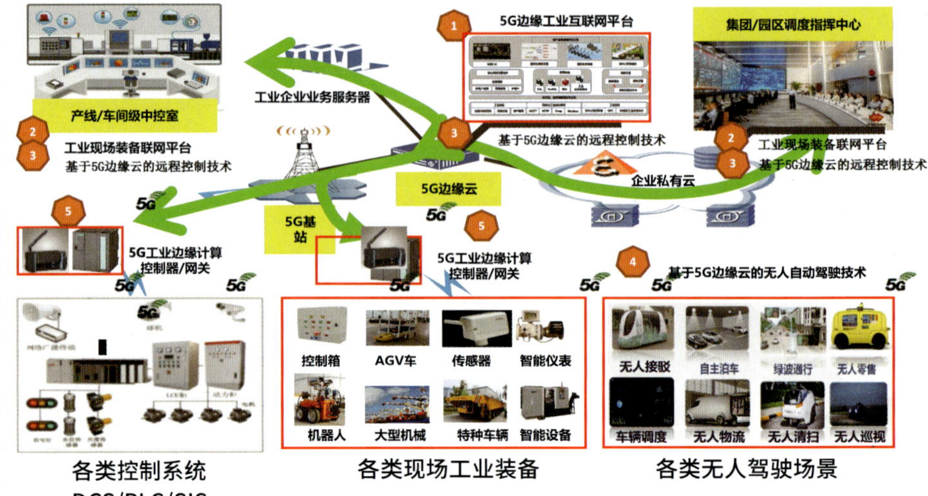

设备健康管理

在设备运行中，即不拆卸、不停机的情况下，通过各种监测技术掌握设备运行状态，依托大数据及设备机理模型判定产生故障部位、原因，并预测故障发展，是数字化工厂的必备应用。

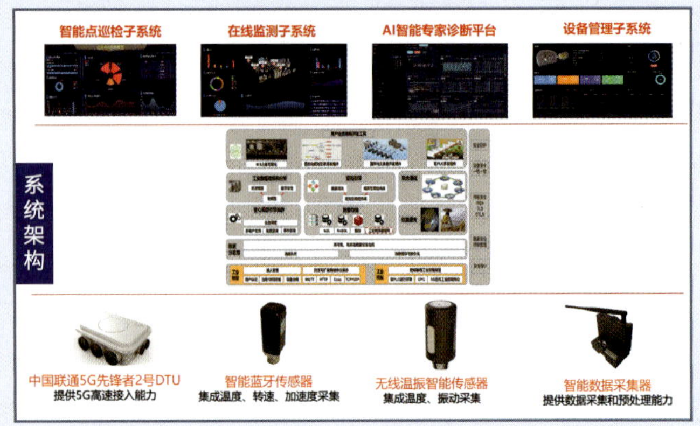

智慧矿山

为矿企提供一张网，一个综合管理平台，N个矿井边缘云节点的“1+1+N”的智慧矿山解决方案”，通过矿用终端、5G专网，边缘云，进行全量数据的采集及处理，打造统一的智慧矿山体系。

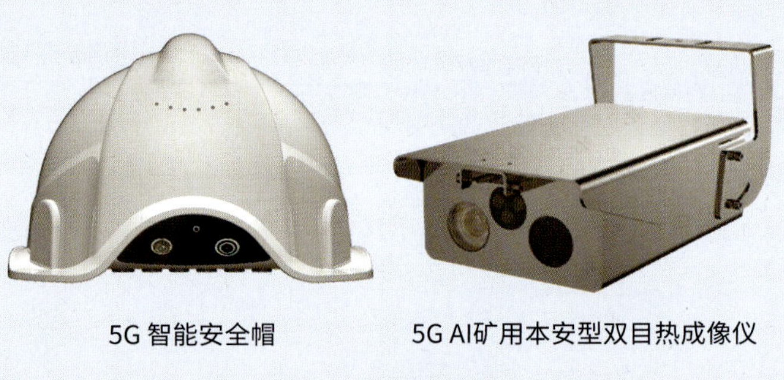

5G 智能安全帽　　5G AI矿用本安型双目热成像仪

行业终端

5G数据传输终端是一种物联网无线通信路由器，利用公用/专用3G、4G、5G网络为用户提供无线长距离大数据传输功能，现有的先锋者系列、领航者系列产品均采用高性能的工业级5G通信芯片，通过嵌入式操作系统实现数据传输、路由等功能。从芯片、结构设计等都达到工业级标准，支持多种安装方式，能满足各种恶劣应用环境需求。

应用场景：

5G+车路协同、5G+智慧急救、5G+智慧油田、5G+智慧工地、5G+智慧水泥厂、5G+智慧港口、教师评测解决方案、5G+智慧矿山、5G+智慧钢铁、5G+AR远程运维、5G医疗安全远程维护、5Gn全息实时交互、5G+智慧电力、5G+智慧煤化工、5G 远程控制

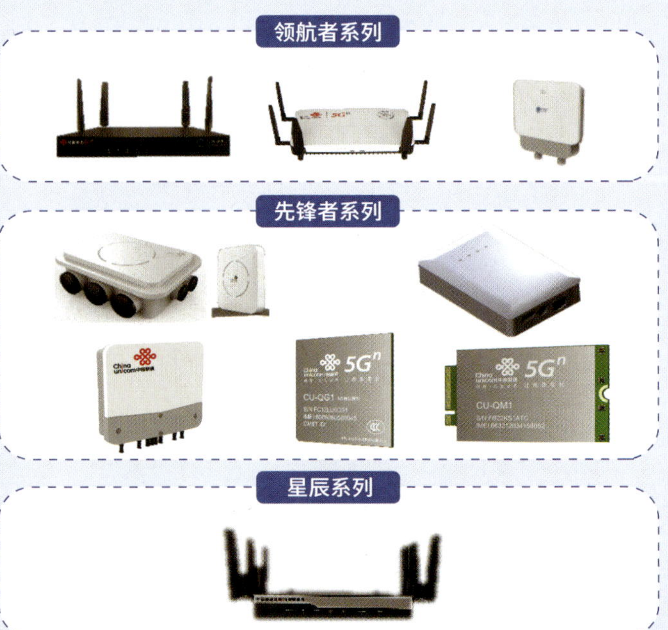

智慧医疗

以患者数据为中心，融合5G、物联网、云计算等技术结合现代医学理念，整合医院的业务流程，优化区域医疗资源，使医疗服务走向真正意义的智能化，推动医疗事业的繁荣发展。

5G智慧急救

5G智慧急救发挥移动医疗车的移动优势，深入应急救灾现场，基于4G与5G融合网络实现“现场—急救车—当地医院—支持医院”的连续、实时、多方协作的远程急救。基于MEC、定制化5G采集传输终端、定制化网络保障等技术实现快速获取病情、及时指导在途救治、提前部署急救资源，为急救病人打开绿色生命通道。基于5G智慧急救云平台实现院前院内远程信息网络无缝连接。

产品优势：

适配性高　　实时性强　　云网一体化服务

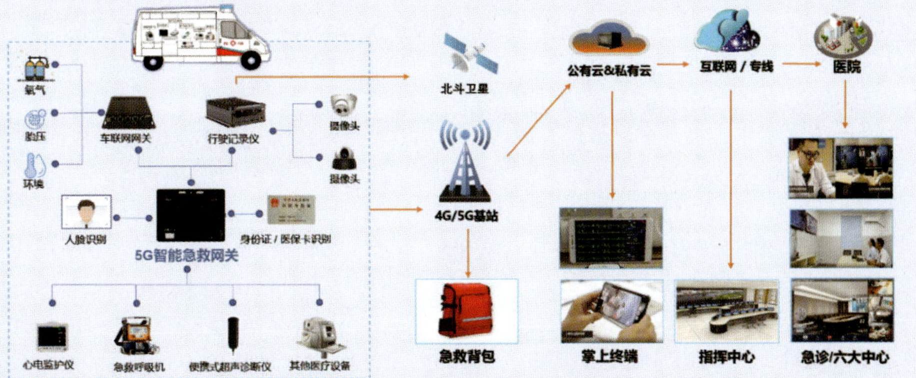

5G远程手术示教

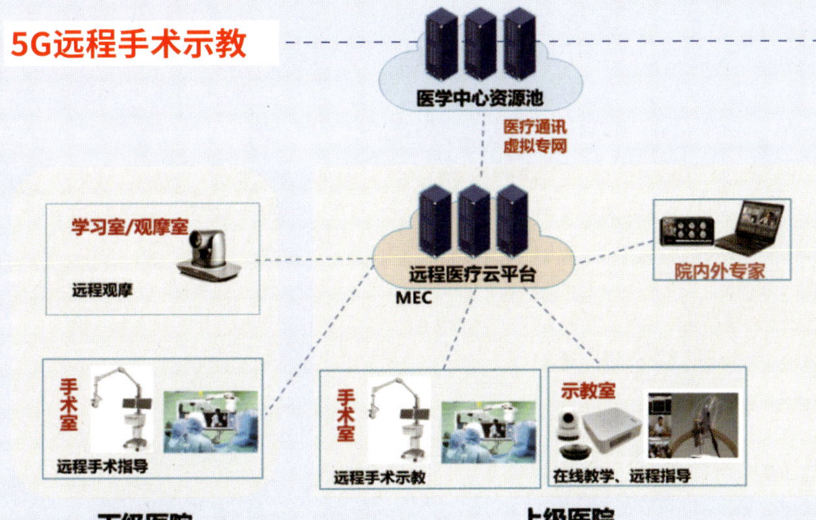

5G远程手术示教平台通过在医疗场所部署远程医疗视讯协同终端配合融合5G医疗通讯虚拟专网，赋能上级医院手术室、示教室和下级医院手术室、学习室之间建立全景协作通路，实现上级医院、多下级医院之间的多点、多向、实时、高清、随时、随地的音视频和手术全景图像传送。

产品优势：

网络稳定业务可靠

手术室信息全覆盖

低碳环保

5G及边缘数据中心基础设施

满足5G基站和边缘数据中心极简建站、高效运营、智能运维的需求，提供交/直流智能配电管理、高效电力变换、太阳能接入、电度计量及自清洁新风等全套解决方案，充分利用绿色能源和自然冷源，实现低PUE运行。

5G户外智能电源

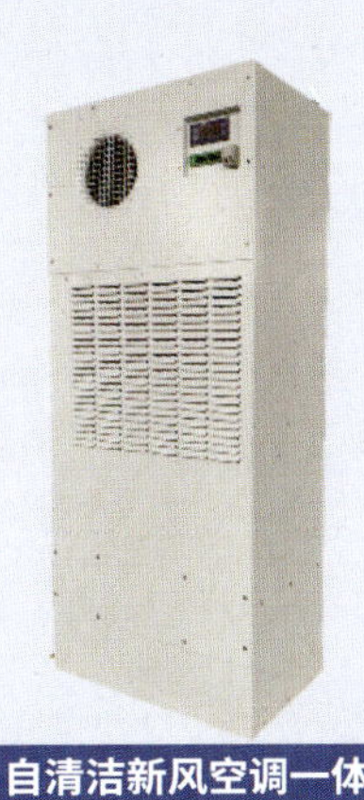

自清洁新风空调一体机

5G户外智能化机柜

单元化智能数据机柜

光纤预制棒、光纤、光缆业务

光纤预制棒

- 自主掌握PCVD、OVD、VAD三种主流预制棒制备技术，成功实现产业化

超低衰减大有效面积光纤

- 与中国联通合作，于“济南-青岛”和“新疆哈密-巴里坤”开展G.654.E光纤的陆地部署实验
- 与中国移动合作建设1539.6km皮长的陆地干线G.654.E光纤线路（京津济宁一级干线）
- 与中国电信合作建设上海金华河源广州干线光缆线路工程，是正式商用G.654.E新型光纤的超长距离省际干线
- 与国家电网合作建设雅中-江西±800KV特高压直流输电线路工程单跨距无中继光传输线路
- 与中国移动研究院、华为完成1100千米800Gbit/s光传输测试

全系列光缆

- 全干式光缆：应用于墨西哥国家宽带等工程项目
- 超大芯数光缆：在行业内实现批量化生产，助力横琴“智能岛”建设
- 气吹微缆：打造气吹微缆干线（武汉-荆门）

相关多元化业务快速发展

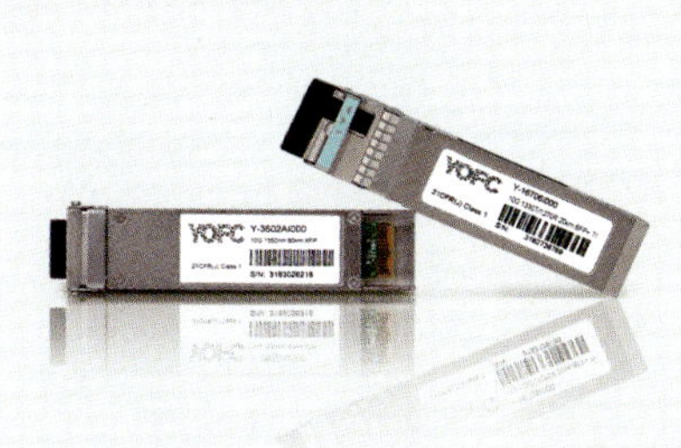

光模块

为通信设备提供高速的光接口互联，针对接入网、传输网、数据中心、无线网等应用为客户提供稳定可靠、高效灵活的光模块解决方案。

系统集成

积极拓展信息技术集成业务及相关产品的开发、研制，在多个5G垂直应用领域，形成基于5G网络的综合集成、智慧园区、智慧旅游、智慧社区、智慧政务、智慧教育等解决方案，赋能千行百业。

特种产品

长飞公司在以特种光纤为核心的特种产品领域精耕细作多年，已实现了特种光纤全系列化，具备完善的特种光纤预制棒及相关原材料—全系列特种光纤—特种光纤组件及系统模块的产业链结构。长飞特种产品已广泛应用于光纤通信、光纤激光、光纤传感、智能工控等不同领域。

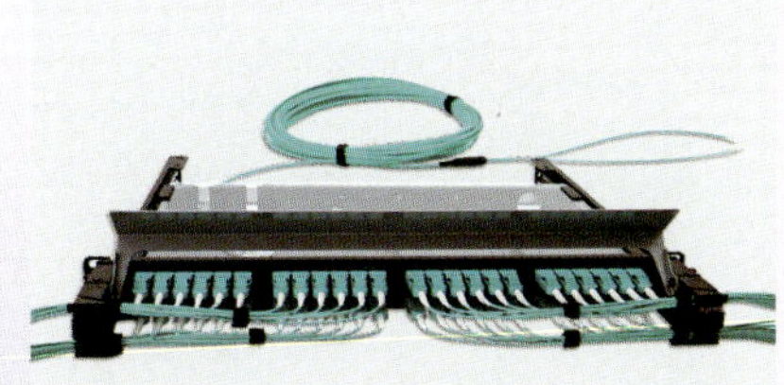

综合布线

iCONEC®综合布线，包含超五类系列、六类系列及超六类系列铜产品和光系统单模，多模(OM3,OM4,OM5)多系列产品，旨在为楼宇及数据中心提供高速互联、高密度、高可靠性的网络基础设施解决方案。

有源光缆

FIBBR品牌有源光缆，采用自研光电转换模组和特种抗弯光纤，可以大带宽、低时延、长距离传输4K/8K以及VR等信号。目前推出HDMI、DP、USB、VR、DVI等多种光纤数据线，广泛应用于影音娱乐、电竞、商用工程、VR等领域。

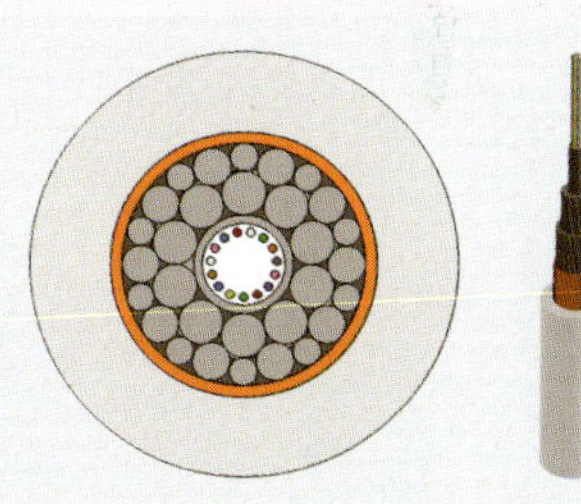

海缆

提供性能优异的海底电缆、光纤复合海底电缆、海底光缆、动态缆、脐带缆以及电缆接头、终端等海缆产品和配件，为海底传输网络保驾护航。

南京邮电大学是国家“双一流”建设高校和江苏高水平大学建设高峰计划A类建设高校，其前身是1942年诞生于山东抗日根据地的八路军战邮干训班，是我党、我军早期系统培养通信人才的学校之一。办学80年来，学校已发展成为一所以工学为主体，以电子信息为特色，理、工、经、管、文、教、艺、法等多学科相互交融，博士后、博士、硕士、本科等多层次教育协调发展的高校。为国家输送了各类优秀人才25万余名，很多成为国内外信息产业和人口计生领域的领军人物、技术精英和管理骨干，享有“华夏IT英才的摇篮”之誉。

承国脉　创未来

聚焦南邮新型研发机构

南京南邮信息产业技术研究院 ▶

南京南邮信息产业技术研究院有限公司于2014年12月成立，注册资本2000万元。入选南京市高质量发展新型研发机构以及平台型新型研发机构。累计拥有各类知识产权100余件，掌握高性能三维GIS与数字孪生技术、人工智能视觉算法、物联网平台及边缘计算等三大核心技术。获国家科技企业孵化器、国家高新技术企业、江苏省研发型企业、江苏省规模以上企业认定。

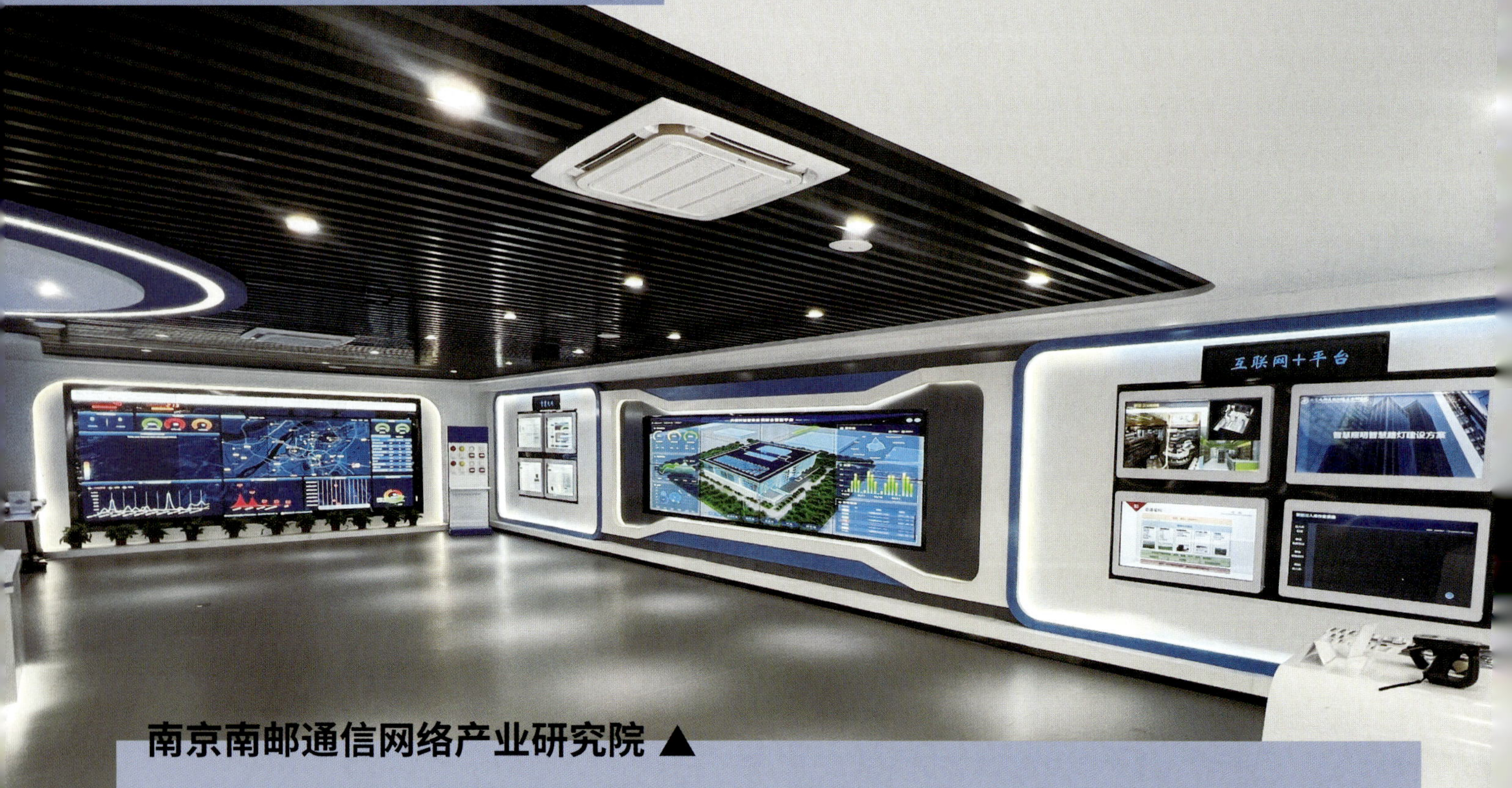

南京南邮通信网络产业研究院 ▲

南京南邮通信网络产业研究院是政、产、学、研用为一体的科技创新平台，是南京栖霞高新区重点推进的新型研发机构。研究院以5G赋能产业创新为引领，结合物联网、云计算、大数据、区块链、VR/AR、人工智能、数字孪生、卫星通信等技术，为信息安全、智慧安防、医疗健康、智能制造、数字金融、现代农业等产业提供信息化、网络化、智能化的科技产品和服务。

南京边缘智能研究院 ▲

南京边缘智能研究院成立于2019年5月，是由南京邮电大学人才团队、南京华脉科技股份有限公司等共建的南京市新型研发机构。研究院依托南京邮电大学泛在网络健康服务系统工程研究中心，致力于大健康产业的核心技术研发和产业化推广。研究院一直以物联网技术创新为核心驱动力，积极探索市场化运作模式，以智慧医疗、智慧养老、智慧护理、智慧康复为主要支柱产业。研究院以学术促进产业，以产业反哺科研，打造了学术链、技术链、产业链“三链”融合发展的新模式。

南京亿浦先进材料研究院 ▲

南京亿浦先进材料研究院依托南京邮电大学有机电子与信息显示国家重点实验室，由国家重点实验室人才团队和南京浦口经济开发区共同投资创建。研究院面向柔性电子、信息显示、新能源等战略性新兴产业方向，开发先进材料高端产品，培育先进材料高科技企业，解决先进材料产业重大技术问题，为江苏省和南京市创新发展提供智力和技术支持。

江苏拓邮信息智能技术研究院 ▲

江苏拓邮信息智能技术研究院依托南京邮电大学宽带无线通信与传感网技术重点实验室成立，由三个研发及中试平台构成，即智能终端和无线通信研发及测试平台、智能计算和大数据处理研发平台，以及工业互联网研发平台。研究院累计孵化引进企业22家。2021年，江苏拓邮信息智能技术研究院已成功培育紫金山英才先锋人才计划2项，已孵化引进国家科技型中小企业10家。

中国电信集团有限公司 2022 年度工作会议

2021 年 12 月 21—23 日，中国电信集团有限公司（以下简称“中国电信”）2022 年度工作会议在北京召开。会议总结了 2021 年工作，分析面临的形势，部署 2022 年重点工作任务，全面实施云改数转战略，全力推进企业高质量发展，以优异成绩迎接党的二十大胜利召开。工业和信息化部总工程师韩夏出席会议并讲话，工业和信息化部、审计署、财政部及国务院国有资产监督管理委员会等相关领导出席会议。

韩夏在讲话中充分肯定了中国电信 2021 年取得的成绩，介绍了 2021 年信息通信业发展情况，分析了行业发展面临的新形势，传达了工业和信息化部对 2022 年信息通信工作的重要部署。她指出，一年来，中国电信以习近平新时代中国特色社会主义思想为指导，牢固树立新发展理念，坚决贯彻落实党中央、国务院决策部署，认真落实工业和信息化部、国务院国有资产监督管理委员会等部门有关工作要求，扎实履行政治责任、经济责任、社会责任，顺利完成全年各项工作目标，为加快网络强国、数字中国建设做出了重要贡献。面对严峻复杂的国际形势和新型冠状病毒肺炎疫情的严重冲击，中国电信做了大量扎实有效的工作，取得了显著成绩，科技创新进展显著，云网建设纵深推进，业务转型成效突出，民生服务不断改善，治理改革逐步深入。对中国电信的下一步工作，韩夏提出“五个加快”：加快科技创新，推动关键技术攻关取得新突破；加快云网融合，推动基础设施建设取得新进展；加快业务转型，推动数字经济发展取得新成果；加快服务升级，推动社会责任落实取得新成效；加快改革步伐，推动企业活力动力取得新提升。韩夏表示，信息通信行业正面临着新机遇新挑战、肩负着新使命新任务，希望中国电信全体干部员工开拓进取、砥砺前行，以实际行动把党中央决策部署落实到位，为新时代建设网络强国、制造强国、数字中国做出新的更大贡献，以优异成绩迎接党的二十大胜利召开。

中国电信党组书记、董事长柯瑞文做了题为《党建统领　守正创新　开拓升级　担当落实　全面实施云改数转战略　推进企业高质量发展》的讲话，回顾了中国电信 2021 年实现“十四五”良好开局的进展情况，以及在推进企业高质量发展中富有成效的探索和实践。他指出，中国电信更加坚决做到“两个维护”，更加坚定捍卫“两个确立”；坚持党建统领，不断强化党的政治建设；坚持守正创新，传承红色电信基因；坚持开拓升级，深化行业协同，推进共建共享，在高效网络覆盖的同时有效降低成本、增强用户体验，加大开放合作力度，主动营造发展大环境，构建互利共赢的生态圈；坚持担当落实，改进作风、深化改革，扎扎实实干出实效；坚持云改数转战略，加快建设“高速泛在、天地一体、云网融合、智能敏捷、绿色低碳、安全可控”的智能化综合性数字信息基础设施，推进高质量发展，重点分析企业当前面临的形势，对做好 2022 年的重点工作提出了明确要求。

中国电信党组副书记、总经理李正茂在会上做工作报告，总结回顾了中国电信 2021 年的主要工作情况，肯定了中国电信全年在党史学习教育、拓展市场、改善服务、加快推进新型基础设施建设、科技创新、企业管理、关心关爱员工、履行央企责任等方面取得的成绩，强调要结合宏观大势、行业趋势和企业实际，准确识变、科学应变、主动求变，明确了 2022 年主要发展目标，并部署了具体工作。

会议指出，2021 年是党和国家历史上具有里程碑意义的一年，是我国现代化进程中具有特殊重要性的一年。2021 年也是中国电信具有里程碑意义的一年，全集团在以习近平同志为核心的党中央的坚强领导下，坚持以习近平新时代中国特色社会主义思想为指导，自觉在思想上、政治上、行动上同党中央保持高度一致，认真贯彻落实党中央重大决策部署，不断统一思想，不惯性重复和简单延续过去，积极践行建设网络强国、数字中国和维护网信安全主力军的初心使命，坚持党建统领、守正创新、开拓升级、担当落实，抓住难得的战略机遇期，实施云改数转战略，全面完成各项任务，实现了“十四五”良好开局。具体体现在坚持党建统领，不断加强党的政治建设；成功完成股份回 A、天翼云建设等具有里程碑意义的工作，呈现新气象，取得新成效；经营发展、客户服务稳中有进；科技创新、生态、AI 等领域的战略性布局初步完成；云网融合、深化改革纵深推进；心怀“国之大者”，践行央企责任，在乡村振兴、通信安全保障任务、疫情防控等方面充分彰显社会责任。

会议认为，当前，新型冠状病毒肺炎疫情持续冲击，百年变局加速演进，与此同时，互联网、大数据、云计算、人工智能、区块链等技术加速创新，数字经济正在成为重组全球要素资源、重塑全球经济结构、改变全球竞争格局的关键力量，发展数字经济是把握新一轮科技革命和产业变革新机遇的战略选择。中国电信正处于大有可为的战略机遇期，要稳中求进，乘势而上，全面实施云改数转战略，以客户为中心，坚持创新驱动，深化改革开放，加快实现从局部突破向规模拓展转变，推动企业高质量发展。

会议强调，中国电信 2022 年要以习近平新时代中国特色社会主义思想为指导，全面贯彻党的十九大、十九届历次全会和中央经济工作会议精神，落实中央企业负责人会议和全国工业和信息化工作会议的要求，坚持稳中求进工作总基调，完整、准确、全面贯彻新发展理念，积极服务和融入新发展格局，统筹发展和安全，坚持党建统领、守正创新、开拓升级、担当落实，全面实施云改数转战略，大力推进科技创新，持续深化企业改革，充分调动广大干部员工的积极性、主动性、创造性，抢抓重大战略机遇，乘势而上，真抓实干，推进企业高质量发展，以优异成绩迎接党的二十大胜利召开。

会议明确了七个方面的重点工作。

一是大力推进科技创新，持续打造科技型企业。加快研发领域重点突破，优化科研机制，建强人才队伍。加大科研资源投入，加快成果产业化，强化科研生态合作，提升行业影响力。

二是坚持以客户为中心，决胜数字经济新航道。筑牢基本盘，实现基础业务规模发展，加快产业数字化业务规模突破。加强主实协同和国内国际双环互促，积极推进生态布局，全面提升客户服务水平。

三是加快构建数字信息基础设施，夯实数字化转型的能力基础。加快建设高速泛在的精品网络，形成天地一体的全业务能力，构建云网融合新型信息基础设施并持续提升智能敏捷能力。坚持绿色低碳发展模式、安全可控目标，全面深化共建共享合作，加快打造集约统一的数字化平台。

四是全面深化企业改革，激发企业动力活力。坚决完成国企改革三年行动任务，推动完善中国特色现代企业制度。加快推进三项制度改革，一体推进政企改革并深化专业公司改革。

五是增强企业治理水平，持续提升企业管理效益效率。优化四位一体管理体系，持续提升资源效能和产业链供应链管理，推进依法治企，积极履行央企社会责任。

六是防范化解各类风险，牢牢守住不发生重大风险的底线。防范投资、财务、云网运营和安全生产等风险，积极应对涉外风险等。

七是加强党的全面领导，切实增强党建引领保障作用。加强政治理论学习，推动基层党建工作提质升级，加强干部员工队伍建设，扎实推进全面从严治党。

“伟大梦想不是等得来、喊得来的，而是拼出来、干出来的”。会议号召全体员工要更加紧密团结在以习近平同志为核心的党中央周围，坚持以习近平新时代中国特色社会主义思想为指导，增强“四个意识”、坚定“四个自信”、做到“两个维护”，不断提高政治判断力、政治领悟力、政治执行力，立足新发展阶段，完整、准确、全面贯彻新发展理念，积极服务和融入新发展格局，弘扬红色电信精神，坚持党建统领、守正创新、开拓升级、担当落实，全面实施云改数转战略，推进企业高质量发展，以优异成绩迎接党的二十大胜利召开。

中国移动通信集团有限公司 2022 年工作会议

2021 年 12 月 26—28 日，中国移动通信集团有限公司（以下简称“中国移动”）深入学习贯彻落实党的十九届六中全会精神暨 2022 年工作会议以线上线下结合方式召开。会议提出，以习近平新时代中国特色社会主义思想为指导，深入贯彻党的十九大、十九届历次全会和中央经济工作会议精神，坚持和加强党的领导，把握新发展阶段，完整、准确、全面贯彻新发展理念，融入新发展格局，推动高质量发展，坚持稳中求进，坚持创新驱动，全力推进新基建、融合新要素、激发新动能，加快构筑创世界一流“力量大厦”，奋勇当先做强做优做大数字经济，以优异成绩迎接党的二十大胜利召开。

中央宣讲团成员、中央党史和文献研究院院长曲青山受邀在会议期间宣讲党的十九届六中全会精神，工业和信息化部总工程师韩夏出席会议并讲话，工业和信息化部、审计署、国务院国有资产监督管理委员会、中央企业党史学习教育第三指导组相关领导出席会议，中国移动党组书记、董事长杨杰讲话，中国移动党组副书记、总经理董昕做工作报告。

韩夏在讲话中介绍了 2021 年信息通信业发展情况，分析了行业发展面临的新形势，通报了 2022 年工业和信息化部相关重点工作考虑，充分肯定了中国移动 2021 年各项工作取得的成绩。她指出，一年来，面对严峻复杂的国际形势和新型冠状病毒肺炎疫情的严重冲击，中国移动以习近平新时代中国特色社会主义思想为指导，牢固树立新发展理念，坚决贯彻落实党中央、国务院决策部署，认真落实工业和信息化部、国务院国有资产监督管理委员会等部门有关工作要求，扎实履行政治责任、经济责任、社会责任，2021 年各项工作目标取得了显著成绩，高质量发展稳步推进，基础设施建设加快提速，产业技术创新取得突破，信息服务供给更加丰富，全面改革纵深推进，为加快网络强国、制造强国和数字中国建设做出了重要贡献。韩夏指出，2022 年将召开党的二十大，这是党和国家政治生活中的一件大事，在这个关键时期，做好 2022 年各项工作意义重大。她希望中国移动立足新发展阶段，完整、准确、全面贯彻新发展理念，加快服务和融入新发展格局，坚持稳字当头、稳中求进的工作总基调，围绕建设网络强国、制造强国和数字中国国家队主力军的责任使命，把握经济社会数字化转型新趋势新特点，助力开启信息通信行业高质量发展新征程。

一是畅通社会信息“大动脉”，增强战略支撑。持续打造 5G 精品网络，优化升级算力设施，切实保障网络安全。二是勇当科技创新“主力军”，增强根本动力。加强关键核心技术攻关，加强融合技术创新，引领产业链整体升级。三是开拓信息服务“新蓝海”，培育增长空间。促进信息消费升级，促进产业数字化转型，提升综合信息服务能力。四是站稳发展为民“落脚点”，提升服务质量。抓实抓好行风建设工作，持续推进电信普遍服务，全面提升服务能力。五是打好改革创新“攻坚战”，焕发机制活力。深化治理变革，强化开放合作，强化人才队伍建设。

杨杰做了题为《推进新基建　融合新要素　激发新动能　奋勇当先做强做优做大数字经济》的讲话，要求公司全员深入学习贯彻党的十九届六中全会精神，凝聚奋进新征程的强大力量。他指出，党的十九届六中全会是在我们党百年华诞的重要历史时刻，站在“两个一百年”奋斗目标的历史交汇点上，召开的一次具有重大里程碑意义的重要会议。全会召开以后，中国移动党组第一时间召开会议传达学习精神，研究贯彻落实举措，对全集团学习贯彻工作做出部署安排、提出明确要求，推动全会精神在公司落地生根、见到实效。

杨杰要求公司全员要深入学习领会总结党的百年奋斗的重大成就和历史经验的重大意义，深入学习领会习近平总书记在全会上的重要讲话精神，深入学习领会党的百年奋斗的初心使命和重大成就，深入学习领会中国特色社会主义进入新时代的历史性成就和历史性变革，深入学习领会党的百年奋斗的历史意义和历史经验，深入学习领会以史为鉴、开创未来的重要要求。杨杰指出，要更加坚定地坚持党的领导、加强党的建设，要更加自觉地牢记初心使命、站稳人民立场，要更加自信地应对风险挑战、推进高质量发展。

杨杰指出，2021年，中国移动围绕庆祝中国共产党成立100周年，以习近平新时代中国特色社会主义思想为指导，深入学习贯彻习近平总书记重要讲话、重要指示批示精神，坚决贯彻落实党中央决策部署，坚持稳中求进，坚持系统观念，统筹疫情防控和改革发展党建，聚力落实“四个三”战略内核，深入实施“5G+”计划，为构筑创世界一流“力量大厦”迈出新步伐，推进数智化转型、加快高质量发展取得新成效。紧紧围绕庆百年、学党史，推动党史学习教育扎实开展；持续深化党建工作融合发展，党的建设质量不断提升；系统优化新型信息基础设施布局，转型升级提挡加速；勇当科技自立自强排头兵，关键核心技术攻关取得突破；深入实施国企改革三年行动，改革效能稳步释放；主动服务支撑国家战略，央企责任扎实履行。中国移动全员一心、奋勇拼搏，克服挑战、开拓创新，实现了“十四五”良好开局，为中央企业稳增长、支撑“六稳”“六保”、服务经济社会发展做出积极贡献。

杨杰指出，要准确认识把握党和国家对国有经济和国有企业的重要部署、推动我国数字经济做强做优做大的系列要求、网信领域科技创新面临的形势任务、信息服务市场环境变化带来的机遇挑战及公司推进数智化转型、实现高质量发展中存在的问题短板。要站在党和国家发展大局的高度系统谋划，推进内涵式发展、外延式发展并重，与时俱进完善创世界一流“力量大厦”发展战略，进一步明晰“创建世界一流信息服务科技创新公司”发展定位，进一步调整“四个三”战略内核，进一步优化战略基石。

杨杰要求，2022年要重点做好以下八个方面工作。一是筑牢转型发展根基，打造新型信息基础设施。构建品质一流的5G网络，构建泛在融合的算力网络，构建业界标杆级智慧中台。二是深化基于规模的价值经营，构建新型信息服务体系。稳固发展基本盘，深入推进CHBN（移动市场、家庭市场、政企市场、新兴市场）全向发力、融合发展，锻造高品质硬核产品，探索价值经营新模式。三是建强科技创新引擎，支撑高水平自立自强。完善“一体四环”创新布局，攻关关键核心技术，放大5G创新联合体价值，全力打造高水平策源地，勇担现代产业链链长。四是系统优化管理体系，不断提升企业运营水平。增强管战建协同合力，扩大高水平开放合作，推进网络数智化运维，提高运营管理效率和水平，充分发挥考核激励作用。五是纵深推进改革落地，加快突破体制机制障碍。动真碰硬深化三项机制改革，迭代升级推进科技创新改革，精准施策创新网格运营模式，固本强基健全人才发展机制。六是大力提升服务质量，打造人心红利竞争优势。深耕网络质量、打造优质网络体验，优化触点质量、提供高效便捷服务，提高产品质量、引领创造客户需求，加强品牌运营、增强发展软实力。七是践行央企职责使命，积极融入国家发展大局。筑牢安全发展屏障，推动行业持续健康发展，服务区域经济社会发展，深入推进“网络+”乡村振兴，落地做实“C^2三能——中国移动碳达峰碳中和行动计划”。八是巩固深化党建成效，以高质量党建引领保障高质量发展。加强党的政治建设、做到“两个维护”，深化党业融合发展、推动优势转化，织密建强基层组织、筑牢战斗堡垒，创新思想政治工作、鼓舞人心士气，锤炼干事创业队伍、激励担当作为，深化全面从严治党、弘扬清风正气。

董昕做了题为《改革创新促转型　稳中求进谋发展　坚定不移走高质量之路》的工作报告，指出2021年中国移动以习近平新时代中国特色社会主义思想为指导，全力推动创世界一流“力量大厦”发展战略实施，公司改革发展党建各项工作迈上新台阶，赢得“十四五”开门红。突出体现在经营业绩继续增长、发展结构继续优化、公司实力继续增强、科研力量继续壮大、产品能力继续提升、改革转型继续推进、内外协同继续加强、履责担当继续彰显、党业融合继续深化。在公司全员共同努力下，顺利完成国务院国有资产监督管理委员会“两利四率”考核目标，集团公司营业收入增速创十年来新高、利润规模创历史新高，31个省（自治区、直辖市）公司收入均实现正增长、CHBN收入均实现正增长，客户规模持续增长，经营成效好于预期，转型升级、融合发展格局正在形成，为中央企业稳增长和服务经济社会发展做出积极贡献。

围绕落实2022年中国移动工作总体要求和目标任务，董昕指出，要继续坚持“三个坚持”“七个强化”“八个聚焦”工作落实体系。

一是始终做到“三个坚持”，确保公司行稳致远。坚持党的领导，要旗帜鲜明讲政治，牢记“央企姓党”的政治属性，加强党的全面领导。坚持战略引领，要坚持“一张蓝图绘到底”，推动战略有效执行。坚持责任担当，要融入和服务新发展格局，主动服务国家战略。

二是持续推进“七个强化”，加快公司转型发展。强化稳中求进，要坚持“存量保天下、增量赢未来”，深化推进稳存拓增。强化队伍建设，要优化队伍结构，做好核心人才选育用留，推进队伍数智化转型。强化创新驱动，要融入国家科技创新体系，激发创新发展活力。强化改革突破，要突出改革重点，确保改革实效。强化科学管理，要构建科学管理体系，推进全域分类、全程精细、全网协同、全面智能的“四全管理”。强化开放合作，要秉持共生共赢的开放心态、坚持以我为主的工作取态，构建数智化生态。强化党业融合，要推动党的政治优势转化为企业创新优势、发展优势、竞争优势。

三是动态调整“八个聚焦”，完成公司经营任务。聚焦主责，稳字当头谋经营，稳固发展优势，精准配置资源，完善考核结算，坚定不移把企业做强做优做大。聚焦主业，进字引领提价值，稳固个人市场根基，深耕智慧家庭价值，扩大政企增收动能，加快新兴领域突破，促进国内国际协同，全力以赴提升信息服务市场地位。聚焦能力，确保5G全面领先，加快提供算力服务，深化智慧运营支撑，锻造核心技术能力，推进队伍能力转型，夯实新型信息服务体系，增强高质量发展本领。聚焦产品，精心打磨产品，规模运营产品，增强高品质信息服务供给，做厚价值经营资本。聚焦质量，强化运营管理，推进降本增效，做好支撑赋能，赢得“人心红利”，提升发展效率和效益。聚焦变革，优化生产关系，深化管战建协同，强化正向激励，激发体制机制内生动力。聚焦安全，坚持总体国家安全观，保障网信安全，深化基础管理，防范经营风险，做实高质量发展保障。聚焦操守，勇于担当作为，重实干、强执行、勇担责，磨砺良好工作作风，凝聚高质量发展动力。

万里征程风正劲，千钧重任再扬帆。会议提出，中国移动将更加紧密地团结在以习近平同志为核心的党中央周围，埋头苦干、勇毅前行，深入实施创世界一流“力量大厦”发展战略，全面完成2022年各项目标任务，奋勇当先做强做优做大数字经济，为全面建设社会主义现代化国家、实现第二个百年奋斗目标做出新的更大贡献，以优异成绩迎接党的二十大胜利召开。

中国联合网络通信集团有限公司召开 2022 年工作会议

2022 年 1 月 6—7 日，中国联合网络通信集团有限公司（以下简称“中国联通”）2022 年工作会议在北京召开。会议以习近平新时代中国特色社会主义思想为指导，全面贯彻党的十九大、十九届历次全会和中央经济工作会议精神，认真落实中央企业负责人会议及全国工业和信息化工作会议的部署，总结 2021 年工作，部署 2022 年任务，全面落实公司战略规划，开创中国联通高质量发展新局面，以优异成绩迎接党的二十大胜利召开。工业和信息化部副部长王江平出席会议并讲话，工业和信息化部、财政部、审计署相关领导出席会议。

王江平在讲话中充分肯定了中国联通 2021 年各项工作取得的成绩，介绍了 2021 年信息通信业发展情况和 2022 年工业和信息化部相关重点工作考虑。他指出，一年来，中国联通以习近平新时代中国特色社会主义思想为指导，牢固树立新发展理念，坚决贯彻落实党中央、国务院决策部署，认真落实工业和信息化部、国务院国有资产监督管理委员会等部门有关工作要求，扎实履行政治责任、经济责任、社会责任，顺利完成全年各项工作目标，为加快制造强国、网络强国和数字中国建设做出了重要贡献。对中国联通下一步工作，他提出五点希望：加快科技创新，增强根本动力；提升网络能力，强化战略支撑；繁荣产业生态，拓展增长空间；优化服务品质，提升品牌形象；深化治理变革，激发机制活力。王江平表示，信息通信业正面临新机遇新挑战、肩负新使命新任务，希望中国联通全员紧密团结在以习近平同志为核心的党中央周围，增强“四个意识”，坚定“四个自信”，做到“两个维护”，开拓进取、砥砺前行，以实际行动把党中央决策部署落实到位，为新时代建设制造强国、网络强国、数字中国做出新的更大贡献，以优异成绩迎接党的二十大胜利召开。

中国联通党组书记、董事长刘烈宏做了题为《坚定履行新使命　全面落实新战略　奋楫数字经济主航道　扬帆中国联通新未来》的讲话。中国联通党组副书记、总经理陈忠岳做了题为《贯彻新战略　奋进新征程　开创中国联通高质量发展新局面》的工作报告。

会议深入总结了中国联通 2021 年工作。2021 年是党和国家历史上具有里程碑意义的一年，也是中国联通厘定战略、开启新征程的重要一年。一年来，中国联通在以习近平同志为核心的党中央坚强领导下，坚决落实党中央、国务院决策部署，勇担政治责任、经济责任、社会责任和科创责任，企业政治生态持续向好，经营发展态势稳中有进，在建党百年大庆之年彰显了新担当，在“十四五”开局之年展现了新作为。一年来，中国联通围绕国之所需，在大庆之年坚定履行政治责任，党建引领凝心铸魂，勇担使命厘定战略，通信重保使命必达，网络强国彰显担当，数字中国贡献力量；围绕企之所责，在开局之年抓稳抓实经济责任，经营发展稳中向好，重点业务稳中有进，改革活力持续焕发，运营效能显著提升；围绕民之所向，在大考之年有力担当社会责任，关键时刻冲锋在前，疫情防控尽锐出战，为民服务突显特色，安全护航成效显著；围绕势之所趋，在变革之年深入践行科技创新责任，核心技术攻关卓有成效，自研产品规模跨越发展，网络智慧运营取得突破，创新投入力度持续加大，创新体制改革不断深入。

会议在深入分析当前形势的基础上提出了 2022 年工作的总体要求：以习近平新时代中国特色社会主义思想为指导，深入贯彻落实习近平总书记关于国有企业改革发展和党的建设重要论述，全面贯彻落实党的十九大和十九届历次全会精神，坚持党的全面领导，坚持稳中求进工作总基调，完整、准确、全面贯彻新发展理念，服务构建新发展格局，推动高质量发展，以“网络强国、数字中国、智慧社会”建设，以贯彻落实“1+8+2”战略规划为工作主线，聚焦“大联接、大计算、大数据、大应用、大安全”五大主业，稳增长、优网络、抓改革、提能力、强协同、防风险，充分发挥党建引领保障作用，全面做好改革发展和党的建设各项工作，奋楫数字经济主航道，扬帆中国联通新未来，以优异成绩迎接党的二十大胜利召开。

会议要求，要深刻理解把握公司新定位新战略，提高服务国家战略能力；要深刻理解把握公司战略规划目标，创建世界一流企业；要深刻理解把握公司五大主责主业，融入构建新发展格局；要深刻理解把握创新改革各方面工作，充分发挥创新改革在构建新发展格局中的关键作用；要深刻理解把握引领保障的各项措施，护航高质量发展；要深刻理解把握公司八大行动计划，全力以赴贯通推进。

会议明确了中国联通 2022 年的七项重点工作：一是更大力度提升规模价值，拓展高质量发展新空间，坚持融合推进五大业务，坚持融通拓展五大市场；二是更强决心建设精品网络，构筑高质量发展新支撑；三是更高品质提升客户服务，塑造高品质发展新口碑；四是更高水平实施创新驱动，打造强劲的高质量发展新引擎；五是更深层次推进改革攻坚，增强高质量发展新活力；六是更高水平深化融合开放，构建高质量发展新生态；七是更实举措提高党建质量，夯实高质量发展新基础。围绕完成 2022 年各项工作，会议要求要稳字当头、稳中求进，深化企业改革，强化能力建设，强化系统观念，加强统筹协调，推进行业高质量协同发展，主动服务融入数字经济发展，从严从实抓好各类风险防范；要坚持“外防输入、内防反弹”的总策略，科学精准做好常态化疫情防控；要高效率建设冬奥场馆通信设施，高标准完成冬奥筹办各项任务，高质量做好冬奥赛事服务保障，全力以赴，决战决胜，助力冬奥盛会圆满成功。

会议强调，要切实增强党建引领保障作用，以优异成绩迎接党的二十大胜利召开：要全面加强政治建设，坚决做到“两个维护”，以高度的政治责任感扎实做好迎接服务保障和学习宣传贯彻党的二十大精神的工作；要坚持不懈用党的创新理论武装头脑、指导实践、推动工作；要把提高政治判断力、政治领悟力、政治执行力体现到贯彻落实党的路线方针政策的实际行动中，体现到推动高质量发展的实际行动中，体现到为党分忧、为国尽责、为民奉献的实际行动中，以钉钉子精神抓部署、抓落实、抓督查，确保习近平总书记重要指示批示和党中央决策部署在中国联通一贯到底、落实落地；要着力锻造高素质专业化干部人才队伍；要统筹推进思想政治和宣传舆论工作，凝聚高质量发展的强大动力；要持续深化党风廉政建设和反腐败工作，营造风清气正的良好政治生态。

百舸争流，奋楫者先。会议指出，中国联通的事业充满希望，中国联通的队伍充满激情。联通人的奋斗、联通人的开拓、联通人的智慧、联通人的创新，正在谱写新时代最美通信人的奋斗之歌，也是做好联通事业的最大底气，奋斗新联通的最强动力。

新征程呼唤新作为，新格局彰显新担当。会议号召，中国联通将更加紧密地团结在以习近平同志为核心的党中央周围，以习近平新时代中国特色社会主义思想为指导，增强“四个意识”、坚定“四个自信”、做到“两个维护”，牢记“国之大者”，坚持强基固本、守正创新、融合开放，确保战略执行落地见效，以奋斗之联通贡献奋斗之中国，以优异成绩迎接党的二十大胜利召开。

中国广播电视网络集团有限公司 2022 年度工作会议

2022 年 1 月 18 日，中国广播电视网络集团有限公司（以下简称“中国广电”）以视频形式召开 2022 年度工作会议，全面贯彻党的十九大和十九届历次全会精神，认真落实中央经济工作会议和全国宣传部长会议、全国广播电视工作会议精神，总结 2021 年工作，部署 2022 年任务。国家广播电视总局党组成员、副局长杨小伟出席会议并传达中央宣传部副部长、国家广播电视总局党组书记、局长聂辰席同志指示要求。国家广播电视总局网络视听节目管理司、媒体融合发展司、规划财务司、科技司、机关党委，财政部科教和文化司有关负责同志出席会议。

杨小伟指出，2021 年，中国广电带领全国网络企业认真贯彻落实中央决策部署，在广电总局党组的领导下，坚持整合改革和经营生产两手抓、两手硬，推动全国有线电视网络整合和广电 5G 建设一体化发展取得新的重大突破。实践证明，广电网络人是一支讲政治、敢担当、善作为的国家队，是一支特别能打仗且能打胜仗的铁军。

杨小伟要求，2022 年全行业要坚持以习近平新时代中国特色社会主义思想为指导，深入贯彻落实习近平总书记关于宣传思想工作的重要思想和关于广电工作的重要指示批示精神，突出迎接宣传贯彻党的二十大工作主线，牢牢把握广电 5G 放号商用的重大机遇，推动网络整合和广电 5G 更快、更好地向前发展。

一要提高政治站位，全力完成党的二十大和冬奥会、冬残奥会安全播出政治任务。要不断增强广电网络作为舆论宣传主阵地、主渠道的责任感使命感，深刻认识做好 2022 年安全播出工作的重要意义，全面提升安全播出保障能力，压实安全播出责任，守住安全播出底线。二要强化规划落实，全力推动全国有线电视网络整合发展再上新台阶。要继续推进“全国一网”和“一省一网”整合，着力提升云网边端综合承载能力，差异化发展广电特色固移融合业务，实现有广电特色的融合发展。三要提升工作效能，全力推动广电 5G 建设运营取得突破性成果。要深化广电 5G 网络共建共享，加快核心网、BOSS 等系统平台建设和网间互联互通，明确广电 5G 市场定位，树立良好品牌形象，尽早实现广电 5G 放号运营，推动 5G 和有线一体化发展。四要深化改革落地，全力提升“全国一网”运营管理能力。要按照现代企业制度构建完善的集团化管控模式，建立灵活高效的市场化经营机制，以互联网思维加快构建“全国一网”大市场，汇聚天下英才建设高素质专业化人才队伍，不断提升企业运营管理质效。五要强化党建工作，全力增强“全国一网”党建和监督运行效果。要加强党的领导，逐步理顺党建管理体制，全面从严治党，强力正风肃纪反腐，为中国广电改革发展提供坚强的思想和组织保证。

会议指出，2021 年是全国有线电视网络整合后起步运行的第一年，在中央宣传部、国家广播电视总局的坚强领导和财政部、工业和信息化部等部委的支持帮助下，中国广电以习近平新时代中国特色社会主义思想为指导，以高质量党建为引领，实施“圆心战略”，建设智慧广电，砥砺奋进“十四五”，乘势而上开新局，各方面工作取得积极成效。庆祝中国共产党成立 100 周年相关安全播出和主题宣传坚强有力，抗疫、抗洪、抗震等应急性广播电视公共服务扎实高效，“全国一网”统一运营管理格局加速构建，广电 5G 建设和业务创新多点突破，总体经营完成目标，企业管理质效显著提升，中国广电集团首次入选全国文化企业三十强，全国有线电视网络整合和广电 5G 建设一体化发展的改革红利逐步转化，极大提振了全行业的信心和决心。

会议要求，2022 年中国广电要顺应媒体、信息、科技融合发展趋势，落实国家广播电视总局党组总体部署，实施四大工程，积极推进融合发展：一是实施 5G 赋能工程，把广电 5G 正式放号列为头号目标，深化共建共享，打造广电 5G 差异化优势，加快形成有线 + 5G 融合发展新格局；二是实施网络筑基工程，基本建成完备管用统一的企业标准体系，体系化建设固移融合、云网协同、可管可控的新型广电网络，持续夯实融合发展新支撑；三是实施业务创新工程，充分发挥广电政策和资源优势，着力解决产业链瓶颈制约，加快形成“手机 + 电视 + 宽带 + 语音 + 卫星 + *X* ”全融合业务体系，精心打造“智慧广电 + 公共服务”模式，努力构筑融合发展新优势；四是实施市场统一工程，围绕品牌、产品、定价、渠道、服务、营销宣传和 BOSS 运营支撑等环节，全面构建统一的市场经营体系，系统塑造融合发展新品牌。

中国铁塔股份有限公司 2022 年工作会议

2022 年 1 月 13—14 日，中国铁塔股份有限公司（以下简称“中国铁塔”）2022 年工作会议在北京召开。会议以习近平新时代中国特色社会主义思想为指导，深入学习贯彻党的十九大、十九届历次全会精神和中央经济工作会议精神，落实全国工业和信息化工作会议和中央企业负责人会议精神，总结 2021 年工作，分析形势与任务，进一步安排部署 2022 年重点工作，团结动员全体员工，踔厉奋发、笃行不怠，以高质量发展的优异成绩迎接党的二十大胜利召开。工业和信息化部党组成员、总工程师田玉龙出席会议并讲话。工业和信息化部相关司局负责人出席会议。

田玉龙在讲话中通报了 2021 年信息通信业发展情况，介绍了 2022 年工业和信息化部相关重点工作考虑，充分肯定了中国铁塔 2021 年各项工作取得的成绩。他指出，一年来，中国铁塔以习近平新时代中国特色社会主义思想为指导，牢固树立新发展理念，坚决贯彻落实党中央、国务院决策部署，积极推进工业和信息化部、国务院国有资产监督管理委员会等部门安排的各项工作，扎实履行政治责任、经济责任、社会责任，顺利完成 2021 年各项工作目标，为加快网络强国、制造强国和数字中国建设做出了重要贡献。他指出，2022 年将召开党的二十大，这是党和国家政治生活中的一件大事。中国铁塔要坚持以习近平新时代中国特色社会主义思想为指导，全面贯彻落实党的十九大和十九届历次全会精神，深入贯彻党中央、国务院决策部署，为新时代建设网络强国、制造强国、数字中国做出新的更大贡献，以优异成绩迎接党的二十大胜利召开。对中国铁塔下一步的工作，田玉龙提出四点希望。一是聚焦网络基础，提升供给能力。进一步发挥资源优势，充分用好存量资源和社会资源，加快 5G 网络建设，推进纵深覆盖。二是坚持创新发展，增强动力源泉。聚焦 5G 杆塔、室分共享、物联网等重点领域，推进产、学、研合作，加强技术攻关和科技创新力度。三是做大共享文章，拓宽发展空间。持续深化行业共享，从传统站址杆塔共享向综合共享转变。四是深化治理变革，激发机制活力。推动完善中国特色现代企业制度，强化人才队伍建设。

中国铁塔党委书记、董事长张志勇做了题为《守正创新　持续奋斗　奋力书写高质量发展新篇章》的讲话，总结了公司在大庆之年、“十四五”开局之年改革发展各项工作取得的重要进展：经营发展取得新成效，深化改革为发展注入新活力，服务国家战略、国计民生彰显新担当，持续打造党建统领新优势。立足公司即将进入一个更高水平、更高层次、更高质量发展的新阶段，深入分析面临的机遇和挑战，要求不断用实际行动回答“中国铁塔是什么、要干什么”这个公司的根本性问题，并对当前和今后一段时期的重点工作任务进行部署。

中国铁塔党委副书记、总经理顾晓敏代表公司管理层以《踔厉奋发　笃行不怠　以高质量发展的优异成绩迎接党的二十大胜利召开》为题做了工作报告，顾晓敏指出，公司积极应对多种困难挑战，矢志做大共享协同文章，加快转方式、提质量、增效益、强管理、防风险，各项工作取得了新的成效，在深入分析公司面临的问题、风险和挑战的基础上，结合高质量发展要求，明确了 2022 年主要发展目标，并对重点工作进行了部署。

会议指出，2021 年是党和国家历史上具有里程碑意义的一年，是“十四五”开局起步之年。中国铁塔深入学习贯彻习近平新时代中国特色社会主义思想和总书记重要指示批示精神，全面落实工业和信息化部、国务院国有资产监督管理委员会的部署要求，持续增强“四个意识”，坚定“四个自信”，做到“两个维护”，牢记“国之大者”，在电信企业的鼎力支持和帮助下，在全员的努力拼搏下，迎难而上，锐意进取，实现良好开局，经营发展稳中有进、稳中向好。坚决贯彻党中央加快 5G 发展决策部署，全力支撑网络强国战略落地，助力我国 5G 新基建走在全球前列。积极发挥通信基础设施建设国家队、5G 新基建主力军作用，经济高效部署 5G 网络，应交付需求完工率达 137%，97% 通过共享存量资源实现。立足主责主业开展网络扶贫，做好重大通信保障，履行国企责任担当。累计建成电信普遍服务站址 5.5 万个，助力全国行政村全面打通信息“高速路”，消除“数字鸿沟”。圆满完成中国共产党成立 100 周年、河南防汛抗洪等重大通信保障任务。深化通信基础设施资源共享，持续释放共享红利。电信企业使用的铁塔站址数量增长 1.35 倍，新建共享率从 14.3% 大幅提升至 81%，相当于少建新塔 92 万座，节约行业投资 1650 亿元，减少碳排放 2492 万吨。协同行业降本增效，服务质量持续改善。以深化市场化变革为抓手，持续转变建设模式和服务模式，持续优化行业建设发展环境，在规范建设的同时降低了行业成本，持续降低社会化成本成效明显，代垫电费节省 12.4 亿元，88 个省级电信企业给予“满意”评价。加快变“通信塔”为“数字塔”，服务国计民生，全面支撑数字中国、美丽中国建设。积极布局网络化、绿色化、智能化换电设施，助力“碳达峰碳中和”，成为全国用户规模最大、市场占有率最高的轻型电动车换电业务运营商。实现铁塔智联和铁塔能源“两翼”业务快速发展，进一步优化了业务结构，增强了发展动能。有效发挥专业化优势，自主选址维系、站址运营、IT 和平台支撑等核心能力持续增强。完成国企改革三年行动任务目标的 80%，围绕发挥国企政治优势、践行“两个一以贯之”、创新动能、激发活力、提高效率、落实综合改革方案、提质增效六方面全面深化改革，基础管理持续夯实。高标准开展党史学习教育，全面加强党的建设，用党百年奋斗的最新理论成果武装头脑、指导实践、推动工作，凝聚起抓高质量发展的强大精神动力。坚持“三个贯穿始终”，积极配合巡视组对公司进行政治体检和把脉会诊，做好巡视“同题共答”，从严管党治党纵深推进。

2022 年是“十四五”承上启下、向第二个百年奋斗目标迈进的关键之年。会议强调，2022 年要以习近平新时代中国特色社会主义思想为指导，贯彻党的十九大、十九届历次全会和中央经济工作会议精神，落实全国工业和信息化工作会议、中央企业负责人会议精神，完整、准确、全面贯彻新发展理念，积极服务和融入新发展格局，坚持稳中求进工作总基调，党建统领，守正创新，以巡视整改为契机，以改革创新为抓手，统筹疫情防控和生产经营，统筹发展和安全，深化实施“一体两翼”战略，立足国际一流的信息通信基础设施综合服务商、具有核心竞争力的信息应用服务商、具有核心竞争力的新能源应用服务商的“三个服务商”定位，决战决胜国企改革三年行动，持续构建专业化、集约化、精益化、高效化、数字化的“五化”运营体系，打造共享型、服务型、科技型、创新型、价值型的“五型”企业，发扬“九个坚持”，持续推动公司高质量发展，持续推动价值创造、企业成长，以优异成绩迎接党的二十大胜利召开。

会议强调，当前和今后一段时期要抓好 10 项重点工作任务，确保“十四五”战略目标顺利完成。一是深化行业共享，巩固服务主导地位。在全面满足需求基础上，精准施策，牢牢把握“高效率、低成本、优服务、固主导”四个关键点，确保 5G 市场主导地位；关注重点场景，加快室分业务发展；抓好重点工程，形成放大效应。二是做精智联业务，加快业务发展，赋能千行百业。持续做深市场、做强平台、做优生态、做好宣传。三是做专能源业务，增强发展动能，助力“双碳”目标。持续做专业务、做强平台、做优服务、做靓品牌、做好安全。四是强化服务能力，打造以客户为中心的运营服务体系。面向运营商业务，坚持客户为根、服务为要，持续创新服务模式、建设模式，持续开展“四个专项行动”为客户降本增效；面向智联业务，建立以客户为中心的“一对一、面对面、全天候、多方位、常态化”线上线下相结合的陪伴式服务体系；面向能源业务，持续打造以线上为主、线下为辅的客户服务体系。五是强化资源统筹能力，夯实发展基础。加强站址资源入规入法，让站址拥有户口本、身份证；建立健全自主选址维系工作模式，提升资源掌控水平。六是强化共享能力，做大共享文章。大力拓展社会共享，推动“通信塔”变“数字塔”，赋能千行百业；持续深化共享内涵，不断拓展共享外延，从实物共享迈向能力共享；深化与合作伙伴协同配合、运营共享。七是强化资产运营能力，提升运营精益化水平。把握资产运营“保住、管细、延寿、用好”四个关键，加强全生命周期的价值管理；划小核算单元，不断提升资产营利水平。八是强化数字化能力，赋能高质量发展。坚持规划引领，要把数字化贯穿始终，重点抓好“十四五”数字化建设规划、强化数据治理、全面推行一码到底、全力推进数智运维、实现电费电子化全覆盖五项工作任务。九是强化科技创新能力，实施科技兴企战略。发挥战略引领作用，建立健全科技创新组织体系、加强机制体制创新，构建“战略性前瞻研究、一体两翼科技创新、通用共性科技创新”三位一体的科技创新布局。十是深化体制机制改革，激发内生动力活力。落实巡视整改要求，深化改革攻坚，在三项制度改革上下功夫，确保国企改革三年任务胜利收官。

会议明确了中国铁塔2022年六个方面的重点工作。一是运营商业务要巩固市场主导地位，保持稳健可持续发展。全力满足客户需求，巩固塔类市场主导地位。把握室分发展契机，加快打造运营商业务发展“第二引擎”。深化转型变革，推动与行业协同发展。深化服务模式创新，积极探索更加灵活、差异化的服务方式；持续组织开展专项行动，为行业争取社会性成本费用减免；持续提升网络维护质量，做好党的二十大、北京冬奥会、杭州亚运会等重要活动的通信服务保障。二是两翼业务要量质并重、做精做专，努力提升规模效益。聚焦重点行业，做精智联业务；聚焦重点产品，做专能源业务。三是能力提升要久久为功，矢志锻造企业核心竞争力。锻造资源统筹能力，强化自主选址维系；锻造创新建设能力，强化低成本优服务；锻造站址运营能力，充分发挥资源价值；锻造客户服务能力，加快建设“服务型”企业；锻造统一的IT系统和平台支撑能力，赋能一线生产运营。四是深化改革创新驱动，切实增强企业发展的动力和活力。决战决胜国企改革三年行动，推进“铁塔能源”混合所有制改革；自主创新与产、学、研合作创新相结合，统筹全局资源推进重点突破。五是着力强管理、防风险，切实统筹好重点风险防范和高质量可持续发展。六是以高质量党建引领高质量发展，实现党建与经营互促双优。

会议强调，要充分发挥党建统领保障作用，以优异成绩迎接党的二十大胜利召开。全面加强党的政治建设，用实际行动拥护“两个确立”、践行“两个维护”。提高政治站位，抓好巡视整改，扎实做好“后半篇文章”。全面贯彻新时期党的组织路线，建设高素质专业化干部人才队伍。推进全面从严治党向纵深发展，压实管党治党两个责任。

信息通信综合篇

2022年ICT产业十大趋势预测

一、“十四五”步入第二年，数字经济稳中求进

近年来，数字经济加速创新，日益融入经济社会各领域发展的全过程。2020年年初暴发的新型冠状病毒肺炎疫情，更是为数字经济发展按下了快进键。中国信息通信研究院测算，2020年，我国数字经济规模达到39.2万亿元，占GDP的38.6%，数字经济在国民经济中的地位不断攀升。

展望2022年，在政策的指引下，数字经济在国民经济中的战略地位将进一步提升。以信息通信行业为引领，在各行各业的通力合作下，数字经济的潜能将进一步释放，新产业、新业态、新模式将不断涌现，实现数字经济做强、做优、做大。在此过程中，数字技术将与实体经济深度融合，赋能传统产业转型升级。可以预见，数字经济将为2022年宏观经济实现“稳字当头、稳中求进”提供支撑，最终助力社会经济实现高质量发展。

二、监管趋严将成常态，企业寻求高质量发展之道

2021年，互联网监管逐步趋严，监管政策体系进一步完善，属地监管能力进一步加强，用户权益保障能力显著提升，这为互联网发展和电信用户权益保障奠定了坚实的基础。

《“十四五”信息通信行业发展规划》指出，我国对互联网市场的监管还将不断加强，从而引领整个互联网生态和数字经济形成良好的竞合态势。展望2022年，在互联网“清朗行动”不断推进的作用下，互联互通、反垄断、杜绝不正当竞争、数据保护、算法治理等仍将是互联网行业主题，监管规范将是长期趋势。互联网企业必将更深入地思考如何在合规经营的前提下，开展技术创新和商业领域创新，以新的模式突破和技术突破作为下一阶段互联网行业增长的主导，深入推进自身转型，以提高用户体验、推动产业升级、提高社会效益，从而实现行业的高质量和长远发展。

三、5G应用深度、广度双突破，工业互联网步入“快车道”

5G商用以来，全球5G应用整体还处于初级阶段，凭借超大规模市场基础，我国5G发展动力持续增强，5G应用正从“试水试航”走向“扬帆远航”。当前，5G应用推广提速，全国5G应用案例过万，数量和创新性均处于全球第一梯队。2022年，我国将不断拓宽5G行业应用的广度，不断加速5G与千行百业深入融合的进程，在各行各业形成多样化的标杆案例。

在5G发展的进程中，“5G+工业互联网”成为产业热情度最高、创新最活跃、成效最显著的领域之一，在建项目超过1500个，覆盖钢铁、电力、矿山等22个国民经济重要行业和领域。当前，我国工业互联网平台发展取得显著进展，平台应用水平得到明显提升，初步形成多层次系统化平台体系。2022年，工业互联网将迎来快速成长，行业发展将呈现通用化、解耦化、智能化、服务化等趋势，产业链上下游企业需着重抓好扩大“5G+工业互联网”应用、激活数据潜能、提升企业数字技术应

用能力等工作。

四、5G 用户规模持续增长，分流比率显著提升

2021 年，我国 5G 建设稳步推进，用户规模持续增长。截至 2021 年 12 月底，我国累计建成开通 5G 基站 142.5 万座，连接的 5G 终端数达 4.97 亿。在用户数量方面，中国移动的 5G 套餐用户数累计达 3.87 亿，中国电信的 5G 套餐用户数累计达 1.878 亿，中国联通的 5G 套餐用户数累计达 1.55 亿。在 5G 网络覆盖不断完善的情况下，5G 分流比显著提升，例如北京移动、太原移动、沈阳移动等多地运营商的 5G 分流比突破 30%。

2022 年，5G 网络覆盖将进一步完善，用户数也将不断增多，到 2022 年年底，累计开通的 5G 基站将超过 200 万座，5G 终端连接数量将达到 6 亿，5G 用户数不断增加，5G 分流比也将实现全面提升，实现 2023 年 5G 个人用户普及率达到 40% 及 5G 分流比超过 50% 的目标，从而实现 5G 在个人消费者领域的全面突破。

五、“高速公路”全面建成，加速推动 IPv6 从“通路”到“通车”

当今世界，如何推动下一代互联网演进升级和创新发展，已经引起各国的高度关注。IPv6 作为下一代互联网的重要创新平台，为 5G、物联网、云计算、大数据、人工智能、工业互联网等新技术的融合创新发展提供坚实支撑，成为万物互联时代的重要基石。

在中国，已全面建成 IPv6“高速公路”。据了解，我国 IPv6 网络基础设施规模全球领先，已申请的 IPv6 地址资源位居全球第一。2021 年，工业和信息化部发布的《“十四五”信息通信行业发展规划》，明确了 IPv6 能力提升是“十四五”时期的重点任务之一。

我国 IPv6 发展虽然取得了长足进步，但发展基础还不够扎实，创新动能还不够强劲，仍存在的短板亟待各方合力推进解决。由此来看，2022 年全行业还需抓住机遇，应对挑战，推动我国 IPv6 创新发展迈上新台阶。应持续加快规模部署，提升服务能力，合力推动 IPv6 发展从“通路”走向“通车”；深化融合应用，赋能行业发展，开展更大范围、更深层次的 IPv6 协同创新；着力创新突破，完善产业生态，加强 IPv6 的技术、标准、产业等多层面的国际合作，实现合作共赢、共同发展。

六、算力网络需求愈发旺盛，供给走向多元、绿色、泛在

新一轮科技革命和产业变革正在重塑全球经济结构，算力作为全新的生产力，是支撑数字经济发展的坚实基础。算力和网络的发展日益呈现一体共生之势，从“网随算动”到“算网融合”再到“算网一体”，网络从支持连接算力，演进为感知算力、承载算力，实现网在算中、算在网中。同时，随着 5G、云服务、物联网等新兴产业快速发展，更多网络设备的接入对于地址扩展的需求和网络可编程的需求均大幅增加，算力网络产业的需求也随之上升。

从产业发展态势来看，多元算力需求将推动算力基础设施规模大幅增长，通用数据中心目前占比最高，超过 90%，未来几年，数据中心规模将保持年均约 20% 的增速；智能计算需求按照 AI 基础架构规模增速来看，未来 AI 算力增速将提高到 60% 以上；边缘计算需求随着 5G、工业互联网建设推进将日益迫切，建设部署将进一步加快。2022 年，算力基础设施将呈现异构计算、算网协同、算力泛在、绿色低碳等重要发展趋势。

七、技术政策“双轮驱动”，“双碳”战略脱虚向实

实现“双碳”目标，是党和国家做出的重大战略决策，也是立足新发展阶段、贯彻新发展理念、构建新发展格局、推动生态文明建设和高质量发展

的内在需求和必然选择。

实现“双碳”目标是一个复杂的系统工程，也是一个科学的转型过程，我们要把握好节奏，汇聚全国力量，科学地应对气候变化和碳排放管理，同时结合全国和地方的实际情况，系统部署，稳妥有序，循序渐进，积极助力“双碳”目标的实现。

从近一年来密集的会议及政策发布可以预见，“双碳”政策目标的落实将是国家“十四五”及中长期的重要考量方向：我国将坚持“全国一盘棋”，政府和市场两手发力，加快绿色低碳科技革命，有效应对绿色低碳转型可能伴随的经济、金融、社会风险，确保安全降碳。

展望2022年，我国降碳过程将进入理性阶段。

八、各国加速潜在技术布局，提前卡位6G“赛道”

当前全球主要国家和地区均已开启6G研发和布局，6G关键需求、潜在关键技术正逐渐清晰。我国计划在技术研发上保持开放思维，秉持共赢理念，积极开展全球6G技术交流与产业合作，加强与国外标准组织合作。另外，我国将大力推进5G商用成熟和技术演进，为发展好6G“架桥铺路”，将通感融合、通信与人工智能融合等新技术在5G中提前导入培育，不断明确业务场景，不断引导6G愿景需求的形成和完善。

九、千兆城市逐步“点亮”，有望超过60个

由千兆光网和5G构成的“双千兆”网络，既是宽带网络演进发展的主要方向，也是新型基础设施的重要组成和承载底座。工业和信息化部在2021年3月出台的《“双千兆”网络协同发展行动计划（2021—2023年）》，为“双千兆”网络发展指明了方向。2022年，我国将稳妥有序地开展5G和千兆光网建设，预计到2022年年底，累计建成开通的5G基站数将超过200座，5G终端连接数将达到6亿，千兆光网将具备覆盖超过4亿户家庭的能力。

《“双千兆”网络协同发展行动计划（2021—2023年）》提出，到2023年年底，我国将建成100个千兆城市。目前已有29个城市获评“千兆城市”，预计到2022年年底，千兆城市将超60个。

目前，5G应用场景相对丰富，千兆光网的业务应用仍处于探索阶段，亟须加快在消费、制造、教育、医疗、金融等领域的应用探索。5G及千兆光网的业务应用探索将成为2022年的重点工作，5G将加速向制造、煤炭、医疗等领域拓展，千兆光网也将逐步从家庭宽带接入向智慧园区、智慧城市、工业互联网等领域扩展。

十、芯片短缺仍将持续，2022年下半年有望缓解

东南亚是全球主要的半导体芯片封装和测试中心，市场占有率为27%。新型冠状病毒肺炎疫情导致该区域国家直接参与一线生产的工厂大规模停工，尽管数月后产能有所恢复，但已经造成的破坏性影响将持续到2022年，在诸多不利因素的影响下，2022年全球芯片供应短缺必将持续。

全球芯片制造业也在积极应对，相关机构认为2022年下半年芯片紧张局势将得到缓解。摩根士丹利在《凛冬将至》的报告中表示“全球芯片短缺导致的大量需求已经开始回落，供应正逐步满足需求，虽然2022年芯片供应仍将全年吃紧，但或将在2022年年底结束”。Gartner也在预测中表达了“全球芯片供应短缺将持续到2022年第二季度，从第三季度开始供应状态逐渐恢复正常”的观点。

（《通信世界》）

中国电信集团公司 2021 年发展分析

中国电信集团公司（以下简称“中国电信”）2021 年发展成绩突出。通信服务收入保持平稳较快增长，行业云、手机上网、宽带接入是目前增收的主要来源，智慧家庭有望在未来 1 ～ 2 年成为新的重要增长点。净利润的规模值及增速均达近 10 年新高，通信服务收入及 5G 手机销量大幅增长是其背后的重要原因。

在移动业务方面，中国电信整体用户规模、5G 用户规模、数据流量规模、每用户平均收入（Average Revenue Per User，ARPU）值、网络资源等重要指标均实现良好增长。在固网业务方面，纵向实现了用户量和客单价齐升，业务发展质量较佳；但从横向比较看，有线宽带业务的竞争开始渐显劣势。在产业数字化业务方面，收入规模和市场份额继续保持行业领先，行业云发展成绩亮眼，天翼视联网发展前景值得期待。

回顾 2021 年，中国电信的特色经验举措包括：积极推进实施“云改数转”战略；促成 A 股成功发行上市，为公司发展注入新动能；加快推进数字化转型升级，显著提升数字化销售及服务能力。

展望 2022 年，建议中国电信坚持创新驱动发展，把科技自立自强作为企业发展的战略支撑；加快全面实施“云改数转”战略，全力以赴推动企业高质量发展。

一、业务发展成绩

（一）通信服务收入：保持平稳较快增长势头，行业云、手机上网、宽带接入是增收的主要来源，智慧家庭未来有望成为重要增长点

2021 年，中国电信经营收入达 4395.52 亿元，同比增长 11.7%。其中，通信服务收入规模达到 4028.27 亿元[1]，继续保持平稳较快增长势头，同比 2020 年规模增量 290.29 亿元，增幅 7.8%，比 2020 年的增幅再有较大提升，提升幅度达 3.3 个百分点；同时，这一增幅与全行业同类收入指标的增幅一致[2]，增速排名行业第二[3]。面对 C 端市场高度饱和、行业竞争激烈及新型冠状病毒肺炎疫情持续冲击等不利挑战，中国电信取得这一增长佳绩殊为不易。中国电信 2013—2021 年通信服务收入规模及增速情况如图 1 所示。

2021 年通信服务收入比 2020 年提高 7.8%，规模增量为 290.29 亿元。其中，移动通信服务、固网及智慧家庭服务和产业数字化服务分别贡献了 85.93 亿元、45.04 亿元和 149.77 亿元的收入增长，各自相应的增幅分别为 4.9%、4.1% 和 17.8%。产业数字化服务成为收入增长的主要贡献来源。在产业数字化服务中，行业云的收入增幅最大，达到 90.9%，贡献了 101.53 亿元的收入增量，成为收入增长的核心动能。

另外，在移动通信服务中，手机上网业务增幅达 7.4%，贡献了 96.15 亿元收入增量。固网及智慧家庭服务中，宽带接入服务的收入增幅为 6.5%，连

1. 人民币，下同。

2. “全行业同类收入指标”的统计对象为：中国电信的通信服务收入、中国移动的主营业务收入以及中国联通的主营业务收入。2021 年，上述三大指标之和比 2020 年增长了 7.8%。

3. 2021 年，中国移动的主营业务收入同比增长 8.0%，中国联通的主营收入同比增长 7.4%。

续2年实现平稳较快增长[4]，贡献了46.76亿元的收入增量；智慧家庭服务的增幅高达25.1%，贡献了27.83亿元的收入增量，该业务2021年的收入贡献偏小，但增速较高，有望在未来1～2年成长为新的重要增长点。中国电信净利润水平的增长除主要受益于通信服务收入的较大幅度上升外，“商品出售收入及其他”项的大幅提升也做出了重要贡献，该项收入2021年达到367.25亿元，增幅85.8%，贡献了169.62亿元的收入增量，主要原因是5G手机等移动终端商品销量大幅增长。

（二）净利润：规模值及增速均达近10年新高，通信服务收入及5G手机销量大幅增长是重要贡献来源

2021年，中国电信的净利润为259.48亿元，同比2020年增长了24.5%，规模值及增速均达到近10年来新高。自2018年以来，中国电信的净利润规模均在200亿元以上，保持了较好的净利润水平，为5G时期的网络建设和市场竞争打下了良好基础。由于中国电信与中国联通开展了网络资源的共建共享共维，双方拥有与中国移动基本相当的5G基站规模，同时，资本性支出没有大幅上升，为净利润的平稳增长提供了有力保障。中国电信2013—2021年净利润规模及增速情况如图2所示。

2021年，中国电信的净利润在行业中的占比

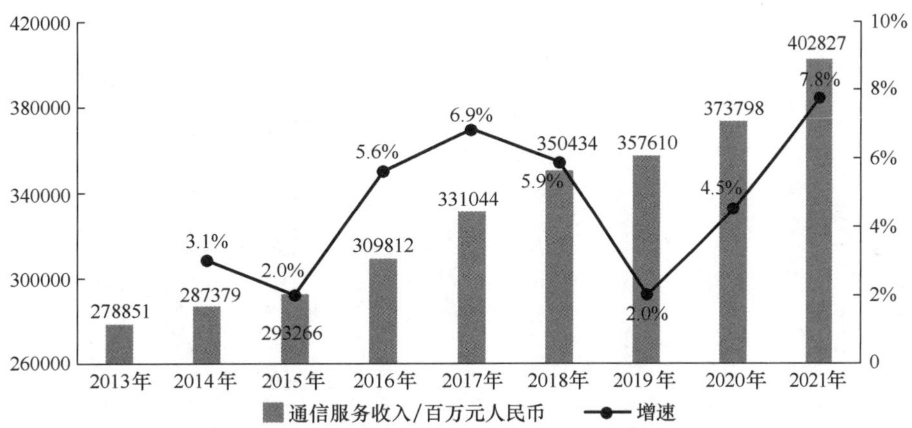

图1　中国电信2013—2021年通信服务收入规模及增速情况

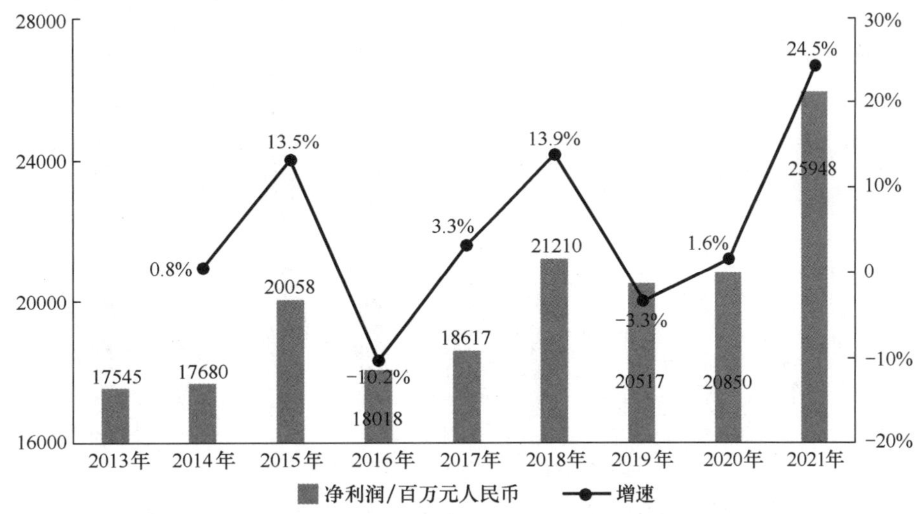

图2　中国电信2013—2021年净利润规模及增速情况

4. 2020年度中国电信固网宽带接入服务收入增幅为5.1%。

为16.6%，这一份额比2020年上升了1.8个百分点，稳居全行业第二位。目前，其降本增效和拓展新增长点的成效突出，展望整个5G阶段，中国电信有望保持净利润份额稳步提升的良好势头。中国电信2013—2021年净利润在全行业中的份额占比情况如图3所示。

（三）移动业务[5]：用户规模、数据流量规模、ARPU值、网络资源等重要指标均实现良好增长

1. 在用户规模方面

2021年，中国电信的移动业务用户规模达到3.72亿户，比2020年增长6.1%，增量规模为2141万户。中国电信2013—2021年移动业务用户规模及增速情况如图4所示。

在全行业的移动业务用户份额中，中国电信2021年达到了22.6%，比2020年提升了0.6个百分点。中国电信2013—2021年移动业务用户规模在全行业中的份额占比情况如图5所示。

目前，手机上网业务重点拓展的5G用户群，其规模2021年接近1.88亿户，比2020年增长了117.1%，增量规模超1亿户；5G套餐用户2021年的渗透率已达到50.4%以上，提升幅度达26个百分点。

2. 在数据流量规模方面

受益于5G用户规模和渗透率的大幅提升，2021年，中国电信的手机上网总流量规模达到46966KTB，比2020年增长了35.4%。同时，中国电信5G用户

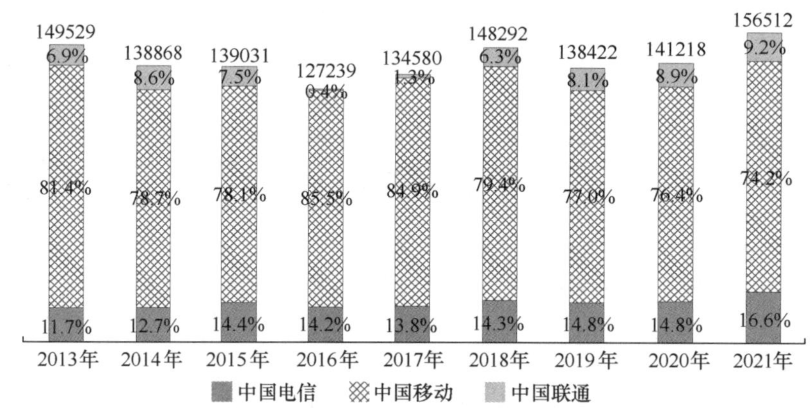

图3 中国电信2013—2020年净利润在全行业中的份额占比情况

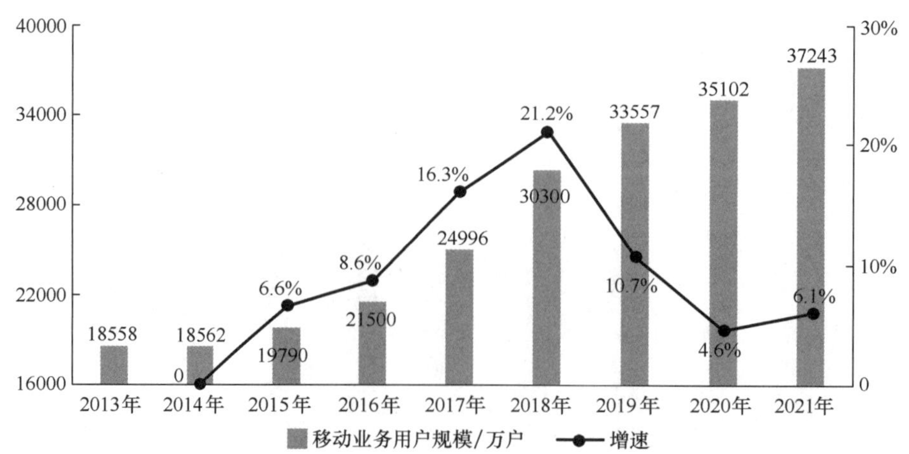

图4 中国电信2013—2021年移动业务用户规模及增速情况

5. 本部分主要就传统的手机数据流量及语音业务展开论述。

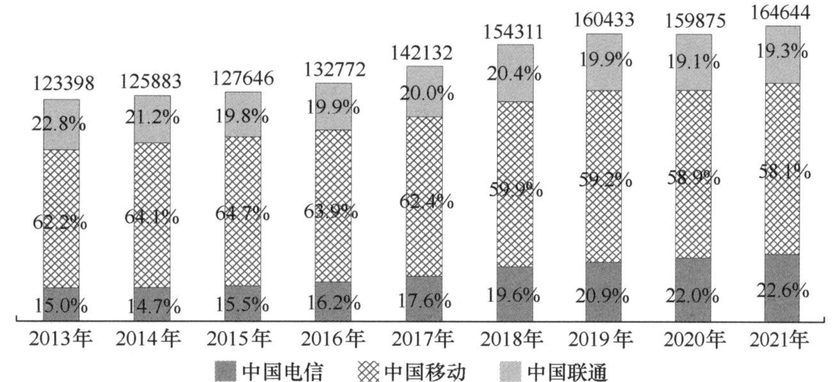

图 5 中国电信 2013—2021 年移动业务用户规模在全行业中的份额占比情况

2021 年的平均每户每月上网流量达到 24.1GB，比 2020 年提升近 80%。

3. *在 ARPU 值方面*

2021 年，5G 用户 ARPU 值为 53.3 元，降幅 18.8%，换来 5G 套餐用户规模增长了 117.1%，助力中国电信高质量拓展移动用户市场。在此带动下，中国电信整体移动业务用户 ARPU 值 2021 年为 45 元，比 2020 年增加 0.9 元，增幅 2%。随着 5G 用户规模和渗透率的持续提升，整体移动业务用户 ARPU 值有望未来 1～2 年保持平稳。

4. *在网络资源方面*

2021 年，中国电信与中国联通深入推进 4G 及 5G 基站的共建共享共维，双方实现可用 5G 基站达 69 万座，比 2020 年增加 31 万座，增幅 81.6%；此外，开通共享 4G 基站约 66 万座，比 2020 年增加 49 万座，增幅超 288%，进一步大幅完善网络覆盖。

（四）固网业务[6]：纵向实现了用户量和客单价齐升，业务发展质量较佳；但从横向比较看，有线宽带业务的竞争开始渐显劣势

1. *在用户规模方面*

有线宽带用户 2021 年接近 1.7 亿户，达到历史新高；同比 2020 年增幅 7.1%，增量规模 1118 万户。

然而，中国电信在有线宽带接入业务的市场竞争上已渐显劣势。2021 年，其用户新增规模及增速远小于中国移动的新增规模和增速[7]。2021 年，中国电信有线宽带用户的份额为 33.6%，比 2020 年下降了 1.2 个百分点。

除有线宽带接入业务外，中国电信 2021 年天翼高清业务的用户超 1.2 亿户，同比 2020 年提升 4.7%；固定电话用户约 1.066 亿户，比 2020 年下降 1.1%，固定电话业务持续萎缩已是大势所趋。

2. *在 ARPU 值方面*

2021 年，中国电信有线宽带用户的 ARPU 值为 38.9 元，同比 2020 年增加了 1.3%，实现了用户量和客单价齐升，业务发展质量较佳；同时，有线宽带综合 ARPU 值为 45.9 元，比 2020 年提升了 3.4%，天翼高清等智慧家庭业务开始有效发挥其价值，逐渐成为促进固网业务增长的一个重要来源。中国电信 2020—2021 年固网业务发展重点指标信息见表 1。

表 1 中国电信 2020—2021 年固网业务发展重点指标信息

指标	单位	2020 年	2021 年	2021 年比 2020 年变动幅度
有线宽带用户数	百万	158.53	169.71	7.1%
有线宽带 ARPU 值	元	38.4	38.9	1.3%
天翼高清用户数	百万	115.92	121.37	4.7%
固定电话用户数	百万	107.88	106.64	−1.1%
有线宽带综合 ARPU 值	元	44.4	45.9	3.4%

6. 本部分主要就传统的宽带接入及语音业务展开论述。

7. 2021 年中国移动固网宽带接入业务新增用户 2979 万户，同比增速 14.2%。

（五）产业数字化业务[8]：收入规模和市场份额继续保持行业领先，行业云发展成绩亮眼，天翼视联网发展前景值得期待

2021年，中国电信产业数字化业务营收规模达989.45亿元，同比2020年增长17.8%，收入规模和市场份额继续保持行业领先[9]。同时，2021年，中国电信产业数字化业务的占收比已达24.6%，同比2020年提升了2.1个百分点，该业务对增量服务收入的贡献已达到51.6%，比2020年度再次提升5.7个百分点。

其中，IDC业务目前仍是产业数字化收入的主要贡献来源，2021年，该细分业务收入达316亿元，同比增长13%，约占产业数字化收入的21.6%，但这一比例与2020年相比已有较大下降，降幅接近12个百分点。数字化平台及大数据业务是产业数字化业务的第二大收入来源，2021年其收入规模为224.02亿元，同比2020年增长5.4%。行业云则是产业数字化业务的第三大收入来源，同时也是收入增长最快的细分业务，其2021年的收入规模达213.28亿元[10]，同比增长90.9%，占到产业数字化收入的21.6%。组网专线业务的收入规模为200.62亿元，随着专线市场竞争的加剧，组网专线业务已进入低速增长阶段，2021年其增速仅为1.6%。物联网业务收入规模较小，仅为28.59亿元，但增速较快，同比2020年增长达31.8%。随着经济社会进一步加速数字化、网络化、智能化转型，未来产业数字化的大部分业务有望保持快速增长态势。

2021年，中国电信基于产业数字化业务持续深耕拓展，实现行业用户规模超1000万户；生态伙伴超3000个；服务中小微企业超1100万家；服务商业综合体超1000家，其中，服务商户超10万家，拉动消费超10亿元。同时，积极推进打造约200个新标杆项目，覆盖化工、钢铁、矿山、港口、制造等行业，并实现5G定制网落地项目超1200个。

此外，还推出了天翼视联网，打造第五张基础网络，夯实发展新动能。天翼视联网具备“海量放装、多模接入，秒级开通、精准定位，云边协同、弹性扩容，一网统管、标准运维，一跳入云、安全可靠”等优点，能全面满足企业、家庭、个人的安防需求，覆盖28类场景。2021年，该业务在企业和个人用户端实现行业用户终端接入63.5万户。

二、特色经验举措

2021年，中国电信积极把握新一轮科技革命和产业变革带来的战略机遇，实施“云改数转”战略，深入推进云网融合，推动体制机制改革，基础业务和产业数字化业务双轮驱动，经营发展显著提速。2021年8月20日，中国电信在上交所主板挂牌上市，实现沪港两地上市，进一步推动资本市场与用户市场紧密结合，科技创新、生态合作等领域战略性布局初步完成。

（一）实施“云改数转”战略，高质量发展取得新成效

2021年，中国电信实施“云改数转”战略，以客户为中心拓展综合智能信息服务，打造科技创新核心能力，构建新型信息基础设施，建立强强联合、开放合作的产业和资本生态，改革体制机制，高质量发展取得新成效。中国电信“云改数转”战略如图6所示。

8. 与2020年相比，中国电信2021年新定义的“产业数字化业务”仍包括行业云、IDC、组网专线、物联网4项业务，但将集成等信息化业务更改为数字化平台及大数据业务，同时删去了互联网金融业务。

9. 2021年，中国联通产业互联网收入为548亿元；中国移动DICT（包括IDC、ICT、移动云、大数据及其他政企应用和信息服务）+IoT的收入为736.84亿元。

10. 中国电信的行业云业务为天翼云的一部分，2021年天翼云业务的收入为279亿元。据中国电信在年报中的介绍，天翼云业务“稳居业界第一阵营，保持政务公有云市场的领先地位”。

图 6　中国电信“云改数转”战略

1. 促进综合智能信息服务开拓升级

一是高度重视 5G 发展，确保用户规模发展行业领先和用户价值持续增长。中国电信持续提升 5G 覆盖和网络质量，创新天翼云手机终端生态，丰富 5G 应用和权益体系，推出 5G 云套餐，以极致融合优化用户业务体验，促进个人新兴信息消费需求升级，持续释放新一轮流量红利，驱动移动用户规模和价值持续提升。此外，推动天翼云 VR、云游戏、超高清、天翼云盘和 5G 视频彩铃等特色应用快速发展。

二是促进智慧家庭用户规模价值双提升，数字生活服务持续延伸拓展。中国电信依托云网融合能力优势，融合“千兆宽带 + 全屋 Wi-Fi+ 天翼高清 + 智慧家居应用”，以智慧家居平台汇聚内容应用和泛智能终端产业生态，推动智能家居产品互联互通，持续丰富数字生活服务内涵，提供全屋智能定制服务方案，促进生活消费品质升级。中国电信大力推动全屋 Wi-Fi、天翼看家等智慧家居业务，用户渗透率快速提升，加快从智慧家居场景向智慧社区、数字乡村拓展，借助物联网、大数据、人工智能等技术，推出社区安防、社区管理、居民服务等产品及应用，推进打造智慧社区；推出乡村治理、农业生产、农村生活等产品及应用，推动建设数字乡村，实现融通互促、联动发展。

三是推动产业数字化业务加速发展。中国电信进一步深度融合数字经济要素与实体经济，以“融云、融安全、融 5G、融数、融智”为抓手，打造综合智能的场景化解决方案，积极赋能传统产业转型升级。中国电信 5G 定制网广泛服务于各垂直行业，创新商业模式；数字化平台加快模块化演进，促成天翼云全面升级为分布式云，显著增强集成业务核心能力，使新增 IT 系统实现 100% 云化，存量 IT 系统 99% 完成云化改造，全部由天翼分布式云承载，推动用户加快“上云用数赋智”。

同时，中国电信 5G 定制网商用项目覆盖 5G 应用“扬帆”行动计划的全部 15 个重点行业，全年落地项目超过 1200 个。“致远、比邻、如翼”3 类定制网充分发挥 5G 广连接、高速率、低时延和数据安全等特性，赋能工业互联网、融媒体、智慧城市、智能采矿等行业。通过各类虚拟定制网，满足社会各类企业的数字化转型升级需求，大幅提升了企业的产品质量和生产效率，有效解决了特定行业网络建设复杂、作业环境艰苦、安全风险大等难题，助力垂直行业数字化和智能化改造升级。

四是持续提升天翼云竞争力，促成收入翻番。随着数字经济繁荣发展，产业转型升级、个人和家庭数字生活激发出旺盛的上云需求，天翼云凭借云网融合、自主可控、属地服务和安全可信的整体优势，市场拓展成效显著。2021 年，天翼云实现核心技术突破，全面升级为分布式云基础设施、操作系统和产品能力，将算力延伸至边缘节点，满足数据驻留和超低时延等新兴应用场景需求，在政务、公共事业、互联网、工业制造等领域，赢得多个亿元以上云业务和 CDN 业务项目订单；天翼云盘打造安全可靠的云存储服务，引入多家头部应用和内容服务伙伴，满足个人和家庭日益丰富的数字生活需求。

五是不断强化网信安全能力，持续拓展安全产品服务。中国电信持续提升云网安全防护能力，规划构建覆盖 31 省（自治区、直辖市）的云网边端的安全能力池，逐步实现安全能力按需随选和弹性部署；规划构建架构统一、逻辑一体的安全中台，逐步实现数据集约、能力集约、管理集约。安全产品和服务持续拓展，通过集合云网、安全和数据资源优势，打造网络安全防护平台，提供业界领先的定制化安全服务，“云堤”系列网络安全防护平台及服务广泛应用于金融、教育、媒体、能源、互联网等10余个行业。同时，中国电信积极拓展天翼安全大脑、等保助手、量子密话、网络反诈等系列产品与服务，打造端到端复合安全投放能力，面向政企用户提供一体化、全场景的安全防护解决方案；充分发挥网络流量调度优化能力，面向个人和家庭市场提供天翼防骚扰和安全管家等产品，营造绿色、安全的通信和上网环境。

2. 完成科技创新布局

中国电信2021年继续以科技创新驱动发展，科技创新能力持续增强，向科技型企业迈出实质步伐。RDO科技创新研发体系布局全面完成，并正在将网络、人工智能、安全、量子等关键核心技术贯通于应用基础研究、应用技术研发和运营式开发。推进核心技术自主掌控，天翼云4.0、5G边缘网络、新一代云网运营系统、VoLTE量子密话等技术创新取得突破，自研5G视频彩铃平台全面部署。加快科技成果转化，33项成果全面转化落地；超80个小微创新成果通过共享平台模式实现共享和复制。全年主导及联合主导完成46项国际标准，国内发明专利和专利合作条约申请数量分别增长2倍和8倍，进一步提升科技影响力。广泛开展产、学、研、用合作创新，联合高校、科研院所等机构开展关键技术研究和创新合作。

3. 加快云网融合新型信息基础设施建设

2021年，中国电信继续紧抓数字经济发展机遇，以用户感知和业务场景驱动云网精准建设，打造高速泛在、天地一体、云网融合、智能敏捷、绿色低碳、安全可控的新型信息基础设施。

一是把握云网融合发展趋势，稳步推进网随云动、云网一体。中国电信深入推进与中国联通的网络共建共享，在用5G基站达到69万座，5G网络覆盖至全国所有市县和部分发达乡镇，持续扩大4G网络整合与资源共享，进一步提升网络质量和资源使用效率，累计节省网络投资超过2100亿元，每年节约网络运营成本200亿元；加快光网建设，强化千兆引领和300Mbit/s普及，持续提升光网能力；协同推进高、中、低速物联网，推出天通物联网，为用户提供天地一体、星网融合、万物互联的智能综合信息服务。融合云、网、AI等能力，建设“1+31+*X*”架构的天翼视联平台，打造覆盖31省的标准化视频能力，面向个人和家庭用户推出天翼看家等标准化产品服务；面向政企用户推出标准化产品叠加行业信息化应用的定制解决方案，满足垂直行业的智能安防需求。

依照网络资源按云所需、网络调度随云而动、网络和云一体部署的原则，中国电信推进优化承载网络架构，建成覆盖全国、全球容量最大的可重构光分插复用器（Reconfigurable Optical Add-Drop Multiplexer，ROADM）全光传送网，围绕业务发展扩大新型城域网部署规模，加快核心节点向大型园区迁移，重点园区一跳直达骨干；随云建设云网POP，实现云网能力标准化、模块化同步上线、开通；加快推动传统网络转控分离和能力云化，推进IT上云，强化业务集中管理和效能提升；建设新一代云网运营系统，提升网络智能化水平，实现“云在哪里，网络部署在哪里”，业务一站受理、一点开通、灵活定制；构建覆盖云、网、边、端的安全态势感知能力体系，筑牢数字信息基础设施安全底座。

二是充分发挥云网融合优势，全力推进“东数西算”工程有效落地。中国电信围绕国家“东数西算”工程和一体化大数据中心布局，全方位部署数据中心、DCI、算力和天翼云，前瞻性布局算力网络。中国电信拥有超过700个数据中心，对外提供服务的机架规模达到47万架，其中近80%部署在京津冀、长三角、粤港澳大湾区、成渝4个重点区域，形成“2+4+31+*X*+*O*”的资源布局，与全国一体化大数据中心布局高度契合；中国电信打造出业界领先的数据中心高速互联网网络，CN2-DCI、政企光传送网覆盖所有八大枢纽节点及全国主要城市数据中心，骨干网带宽超过300Tbit/s，建设总长达32万千米的四区、六轴、八枢纽多通道光缆网大动脉；中国电信把握算力需求爆发性增长趋势，在全国范围部署层次化算力，持续提升“2+4枢纽节点”和31省（自治区、直辖市）的规模算力，不断丰富边缘近场算力和用户现场算力；天翼云升级为分布式云，突破关键核心技术，推出ACS、ECX、iStack等边缘云系列产品，加快全栈技术自研，推出自主可控的天翼云新一代云平台CloudOS4.0和云服务器操作系统CtyunOS、分布式数据库TeleDB，联合技术、应用、服务和渠道生态合作伙伴，打造全栈产品和服务。

4. 全面拓展生态合作

中国电信继续积极构建互利共赢的生态圈，转变发展模式和增长方式。通过强化战略协同，以A股发行为契机，引入20家战略投资者，聚集了产业链上游核心能力企业和下游行业应用企业，覆盖了全国经济最发达的城市区域，在5G行业应用、数字生活、区域协同、云网融合和网信安全等领域，深入开展研发、解决方案、服务和资本等方面的合作。深化网络共建共享，推进行业联合集采，积极维护行业价值，营造良好的发展环境。加强重点业务板块的生态合作，以5G创新联盟、联合创新中心和开放实验室推动5G技术、产业、终端的创新研发。天翼云科技有限公司开展股权多元化改革，中国电信与四家大型国有企业签订增资扩股框架协议，整合云计算生态资源，进一步增强在数字社会、数字政府、垂直行业等产业数字化领域的市场拓展能力。

5. 深化改革创新体制机制

中国电信全面落实国有企业改革三年行动，持续提升下属子公司治理体系和能力的现代化水平，完善现代企业制度。深入推进三项制度改革，实现干部能上能下、收入能增能减、员工能进能出，激发广大员工的创新发展活力，建立市场化的激励机制，薪酬向科技和产业数字化领域倾斜，加大人才引进力度，向近8000名核心骨干员工授予股票增值权。持续深化专业公司改革，成立天翼云科技有限公司，重组数字生活公司，组建安全公司，全面推进系统集成公司“科改”进展，在深圳公司开展授放权改革试点，在成都推进区域性专业公司建设。政企改革推向纵深，优化行业BG的运作模式，推行“揭榜挂帅”用人机制，创新体制机制，充分调动政企团队的活力；打造产业研究院，自主研发数字化平台，汇聚、输出原子能力，提升解决方案和属地化的集成交付能力，显著增强政企市场的运营活力和信息化拓展能力。

（二）促成A股成功发行上市，注入新动能

2021年8月20日，中国电信A股在上海证券交易所正式挂牌上市，阔步迈入新的发展阶段。中国电信以发行A股上市为契机，利用更宽的融资渠道，拓展更广的生态合作，实施更灵活的激励手段，全面实施“云改数转”战略，加快建设智能化综合性数字信息基础设施，持续深化企业改革，增强员工的积极性、主动性和创造性，开展更大范围、更深层次的生态合作，积极构建5G、云计算、网信安全、人工智能、工业智能制造等领域的产业生态，不断强化综合智能信息服务能力，打造服务型、科技型、安全型企业，全力推动企业高质量发展。

（三）加快推进数字化转型升级，显著提升数字化销售及服务能力

中国电信积极推进数字化转型升级，不断提升研发设计数字化、生产运营智能化、经营管理一体化、用户服务敏捷化、产品协同生态化等数字化管理水平。持续加快数字化销售中台建设，实现产品快速加载、用户自主消费和业务跨域受理，为线上线下各类触点赋能。持续推进数智化营销服务能力提升，加强数据标签应用，提升AI驱动数智营销服务能力，构建用户精准画像，显著提升营销成功率、营销资源使用效益和用户感知。加快数智化服务能力升级，构建智能化、在线化用户服务能力，实现服务效率和用户感知双提升，保持综合满意度行业领先。

三、发展策略建议

2022 年，中国电信需继续紧抓数字经济发展的战略机遇，有效防范国际政经局势、自身业务运营及网络信息安全等方面的风险，并结合自身存在的不足，坚持创新驱动发展，把科技自立自强作为企业发展的战略支撑，加快全面实施“云改数转”战略，全力以赴推动企业高质量发展。

（一）坚持创新驱动发展

未来，中国电信应把科技自立自强作为企业发展的战略支撑，加大关键核心技术攻关力度，推进科技布局与技术体系顶层设计，明确未来的技术攻关方向。

一是快速突破云计算、云网运营及云网安全、5G MEC 及云边协同等关键技术，巩固网络基础优势，牢牢掌握云网核心技术。

二是扎实推进产业数字化平台能力，包括面向自动驾驶的车路协同技术、物联网和工业互联网技术研究和平台研发、AI 大数据产业化攻关，实现产业数字化平台自主掌控，提升行业应用创新能力。

三是提前部署 6G、区块链、量子信息等下一代技术，丰富前沿数字技术探索储备。

四是通过科技创新加快构建企业的核心竞争力，将中国电信打造成为关键核心技术自主可控的科技型企业，进入国家科技创新企业第一阵营。

（二）继续全面实施“云改数转”战略

除上述加强科技自立自强外，中国电信 2022 年还应立足新发展阶段，完整、准确、全面贯彻新发展理念，积极服务和融入新发展格局，紧抓当前重要战略机遇期，继续全面实施“云改数转”战略。

一是构建以用户为中心的运营体系，着力打造智慧共享的新型数字生活。

二是全面深化网络共建共享，筑牢“陆海空天”全域网络连接优势，发挥前瞻性资源布局的领先优势，全力推进国家“东数西算”工程，加快构建算力网络，建设智能化综合性数字信息基础设施，赋能传统产业转型升级。

三是将绿色低碳理念贯穿到生产全流程、各环节，提升绿色运营水平，赋能经济社会绿色发展。

四是构建高效安全的运营体系，筑牢数字安全屏障。

五是深入推进体制机制改革，激发员工创新的活力，推动企业提质增效和创新发展。

六是深化资本生态布局，加快转变发展和增长方式。

（北京英维塔科技有限公司　梁张华）

中国移动通信集团公司 2021 年发展分析

中国移动通信集团公司（以下简称”中国移动”）2021 年主营业务收入和净利润均有较大回升，其中前者增幅居行业之首，正逐步形成 CHBN（移动市场、家庭市场、政企市场、新兴市场）全向发力、融合发展的良好局面：个人市场收入、用户规模均稳中有升，5G 用户规模领先，每用户平均收入（Average Revenue Per User，ARPU）值等发展质量指标有明显提升；家庭市场收入及用户规模保持较好增长势头；政企市场 DICT+IoT 业务持续高速增长，其“收入增长新动能、转型升级主力军”的地位进一步巩固；新兴市场总体收入初见起色，各项细分业务均呈现良好发展势头。

回顾 2021 年，中国移动在业务发展、新型信息基础设施建设、强化市场营销、提升用户满意度、人才资源及机制建设等方面贡献了具有较高价值的特色经验。

展望 2022 年，建议中国移动加快推进打造新型信息基础设施；深化基于规模的价值经营，深入推进 CHBN 全向发力、融合发展和新型信息服务体系建设；系统优化管理体系，大力提升服务质量；建强科技创新引擎。

一、业务发展成绩

（一）主营业务收入：增幅居行业之首，正逐步形成 CHBN 全向发力、融合发展的良好局面

2021 年，中国移动营运收入达 8482.58 亿元，比 2020 年增长 10.4%。其中，主营业务收入规模达到 7514.09 亿元[1]，比 2020 年规模增量达 557.17 亿元，为三家基础电信企业中最多的；增幅为 8%，该增幅较 2018 年度的 0.4%、2019 年度的 0.5% 和 2020 年度的 3.2% 有大幅提升，连续 3 年实现加速增长。同时，中国移动主营业务收入增幅高于全行业同类收入指标[2]的增幅（7.8%），排在三家基础电信企业的

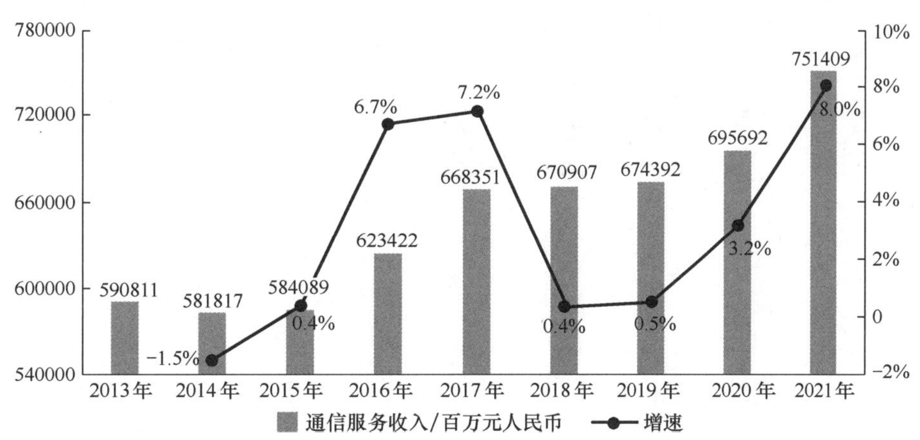

图 1 中国移动 2013—2021 年主营业务收入规模及增速情况

1. 人民币，下同。

2.“全行业同类收入指标”的统计对象为：中国电信的通信服务收入、中国移动的主营业务收入及中国联通的主营业务收入。2021 年，上述三大指标之和比 2020 年增长了 7.8%。

首位[3]。中国移动2021年的发展成绩突出，再次成为引领行业增长的领军者。中国移动2013—2021年主营业务收入规模及增速情况如图1所示。

按可比的同类收入指标计算，中国移动的主营业务收入在行业中的份额有所回升，比2020年上升了0.1个百分点，增至51.8%，扭转了自2018年以来逐年下滑的趋势。中国移动2013—2021年主营业务收入在行业同类收入指标中的份额情况如图2所示。

中国移动2021年的主营业务收入中，个人市场收入为4834.34亿元，占整体主营业务收入的比例达64.3%，仍为主营业务收入的主要部分。同时，该业务收入也同样扭转了自2018年以来的下滑趋势，比2020年有所回升，规模增量为66.7亿元，增幅为1.4%。

家庭市场收入规模为1005.08亿元，占整体主营业务收入的13.3%。该收入规模比2020年增幅13.4%，继续保持了较佳的增长态势；收入规模增量的贡献达173亿元，占到主营业务收入规模增量的31%，为收入增长的主要来源之一。

政企市场收入规模达1371.36亿元，在中国移动CHBN四大业务体系中排第二，占整体主营业务收入的18.3%。该部分业务的收入规模比2020年增长了21.4%，增量规模为242.16亿元，为四大业务体系中对收入增长贡献最大的业务，占主营业务收入规模增量的43.5%，为收入增长的另一主要来源。

新兴市场收入为303.31亿元，占整体主营业务收入的4%，为四大业务体系中体量最小的。但该业务收入比2020年有较大回升，其中，增量规模为77.33亿元，增幅为34.2%，一举扭转了自2019年以来连续2年下滑的趋势。

2021年，政企市场和家庭市场仍是中国移动增收的主要来源；同时，新兴市场增长迅速，已成为第三大收入增长贡献来源。

（二）净利润：有较大幅度回升，预计未来数年净利润仍会保持规模值增长但行业份额缩减的局面

2021年，中国移动的净利润为1159.37亿元，比2020年升幅较大，达到7.5%，净利润连续2年稳步增加。虽然这一增幅在3家基础电信企业中排在最

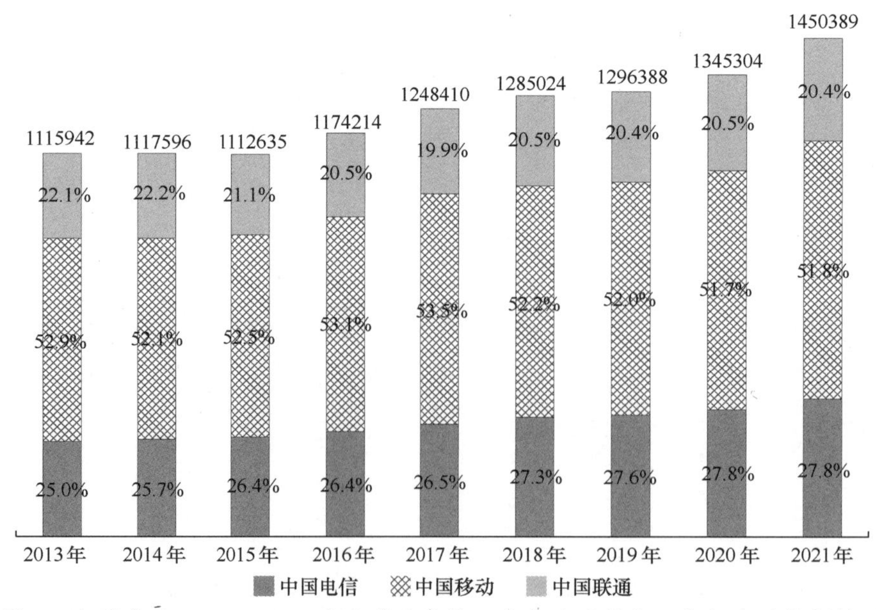

图2 中国移动2013—2021年主营业务收入在行业同类收入指标中的份额情况

3. 2021年，中国电信的通信服务收入同比增长7.8%，中国联通的主营收入同比增长7.4%。

后，但从绝对规模来看，中国移动仍远远领先于竞争对手。实际上，近年来，中国移动的净利润规模均在 1000 亿元以上，保持了较好的净利润规模水平，这为其在 5G 时期进行网络建设和市场竞争打下良好基础。中国移动 2013—2021 年净利润规模及增速情况如图 3 所示。

2021 年，中国移动的净利润在行业中的占比为 74.2%，稳居行业第一，仍远远领先于其他竞争对手。但其份额被蚕食的趋势较为明显，该指标比 2020 年减少了 2.2 个百分点；同时，自 2017 年以来，中国移动的净利润行业份额持续下降，5 年来已累计下降了 11.3 个百分点。随着 5G 商用、“全千兆 + 云生活”服务体系建立及开展网络共建共享，中国移动有可能在家庭市场和政企市场迎来更大发展，带动收入增长，资本性支出也将得到较好控制，确保净利润维持在较高水平。预计未来数年，中国移动的净利润规模仍会保持一定幅度增长，但与此同时，其面临的竞争也将更激烈，净利润行业份额被蚕食的趋势或仍将持续。中国移动 2013—2021 年净利润在全行业中的份额占比情况如图 4 所示。

（三）个人市场：收入、用户规模均稳中有升，5G 用户规模领先，ARPU 值等发展质量指标有明显提升

1. *在业务结构方面*

无线上网业务基本保持稳定，2021 年实现收入 3832.13 亿元，比 2020 年增加 2%，占个人市场收入的 79.3%，该份额比 2020 年上升 0.5 个百分点；同时，该收入占主营业务收入的比例为 51%，仍为整体收入的主要贡献来源，但比 2020 年下降了 3 个百分点，其他业务正加快发力，CHBN 全面发展

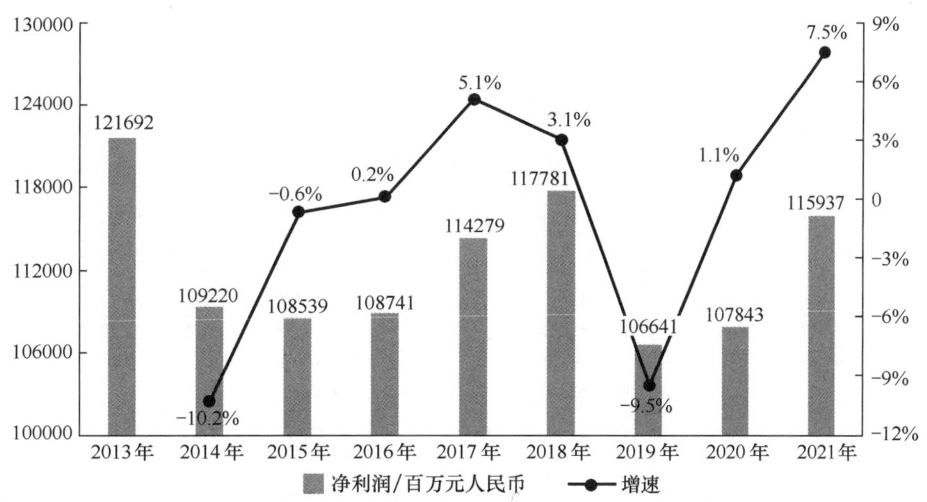

图 3　中国移动 2013—2021 年净利润规模及增速情况

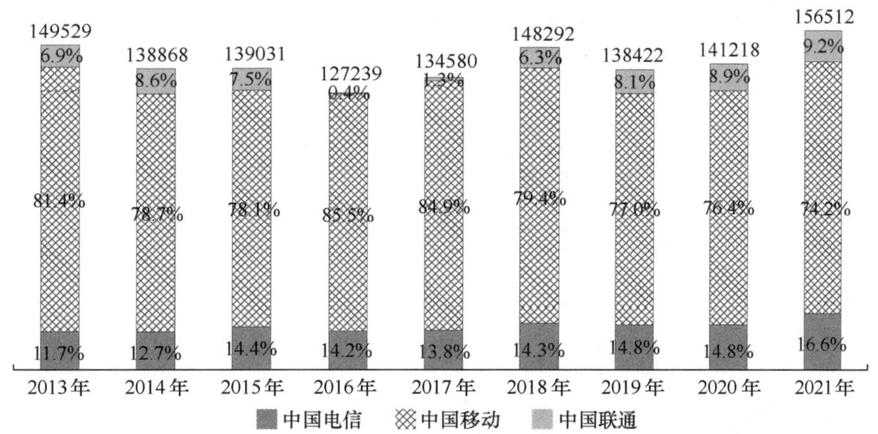

图 4　中国移动 2013—2021 年净利润在全行业中的份额占比情况

的局面正在形成。

2. 在用户规模方面

2021 年，中国移动的移动业务用户规模为 9.57 亿户，比 2020 年有所回升，规模增量 1497 万户，增幅 1.6%，扭转了 2020 年移动业务用户负增长的势头。中国移动 2013—2021 年移动业务用户规模及增速情况如图 5 所示。

3. 在行业用户份额方面

由于移动业务用户增幅为业内最低[4]，规模增量居中[5]，受市场竞争激烈等影响，中国移动 2021 年在全行业的移动业务用户份额进一步降至 58.1%，比 2020 年下降了 0.8 个百分点，已是连续 6 年下跌。中国移动 2013—2021 年移动业务用户规模在全行业中的份额占比情况如图 6 所示。

4. 在用户结构方面

2021 年，中国移动首次公布了其 5G 网络规模，其中，5G 网络用户数为 2.07 亿户，5G 套餐用户数达到 3.87 亿户。以严格标准计算，符合“套餐 + 终端”均为 5G 的用户规模取前值。2021 年，中国移动 5G 网络用户数在行业中的份额是最高的，为 37.6%，比中国电信高出 3.4 个百分点，比中国联通高出 9.4 个百分点。

5. 在手机上网流量规模方面

因 5G 用户规模大幅提升，以及 4G+5G 用户规模保持在高位，2021 年，中国移动手机上网流量规模高达 1248.4 亿 GB，比 2020 年提升了 37.7%，这一增幅与 2020 年的增幅相当。整体移动业务用户平均每户每月上网流量达到 12.6GB，同比增幅高达 34%。其中，5G 网络用户的每户每月上网流量达到

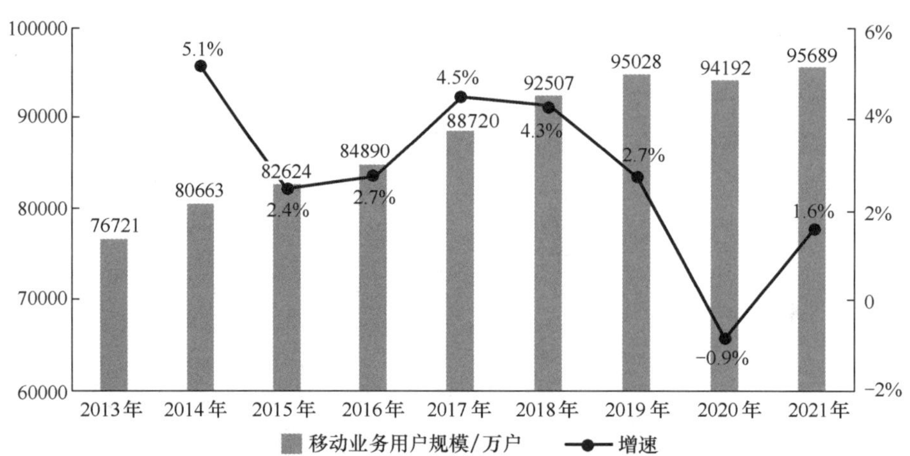

图 5 中国移动 2013—2021 年移动业务用户规模及增速情况

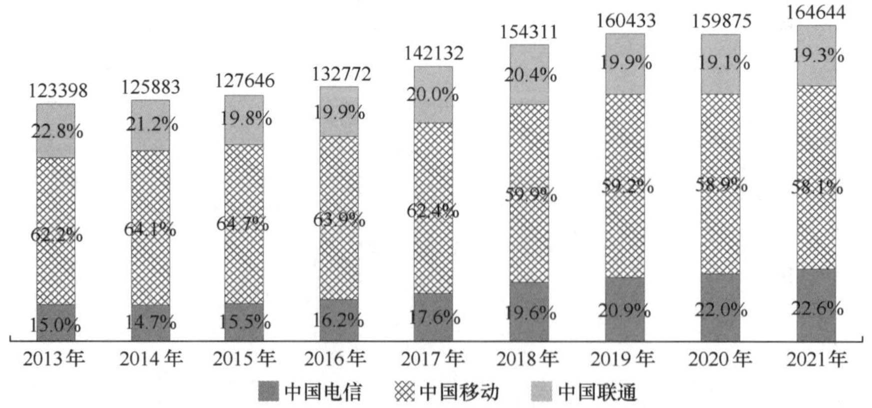

图 6 中国移动 2013—2021 年移动业务用户规模在全行业中的份额占比情况

4. 中国电信 2021 年移动业务用户规模增幅为 6.1%，中国联通为 3.7%。

5. 中国电信 2021 年移动业务用户规模增量为 2141 万户，中国联通为 1131 万户。

22GB，远高出整体水平。

6. 在 ARPU 值方面

中国移动 5G 网络用户的 ARPU 值为 82.8 元。受益于 5G 商用和用户渗透率的持续提升，中国移动整体移动业务用户 ARPU 值有所回升，达到 48.8 元，升幅为 3%。随着 5G 用户规模和渗透率的持续提升，中国移动整体移动业务用户的 ARPU 值或有望在未来 1 ～ 2 年保持平稳回升势头。

（四）家庭市场[6]：收入及用户规模保持较好增长势头，业务发展质量及价值持续向好

1. 收入规模及其份额方面

2021 年，家庭宽带业务作为家庭市场收入的主要贡献来源，收入规模达 942.3 亿元，占整体主营业务收入的 12.5%；该收入规模比 2020 年增长 16.6%，继续保持较佳增长态势；收入规模增量的贡献达 134.22 亿元，占整体主营业务收入规模增量的 24.1%，是促进收入增长的主要动能之一。中国移动 2015—2021 年家庭宽带业务收入规模及增速情况如图 7 所示。

2. 用户规模方面

2020 年，中国移动的有线宽带用户达 2.4 亿户，同比增长 14.2%，保持了较好的增长势头。其用户行业份额进一步提升 1.4 个百分点至 47.6%，比中国电信的份额优势继续扩大，超出的份额从 2019 年的 8 个百分点增至 2021 年的 14 个百分点，在全行业中的领先地位进一步巩固。中国移动 2014—2021 年家庭宽带用户规模及增速情况如图 8 所示。中国移动 2014—2021 年家庭宽带用户规模在全行业中的份额占比情况如图 9 所示。

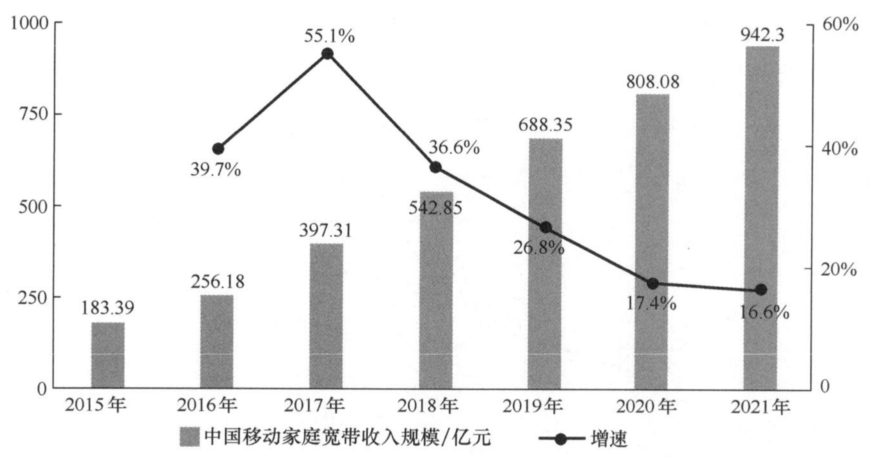

图 7　中国移动 2015—2021 年家庭宽带业务收入规模及增速情况

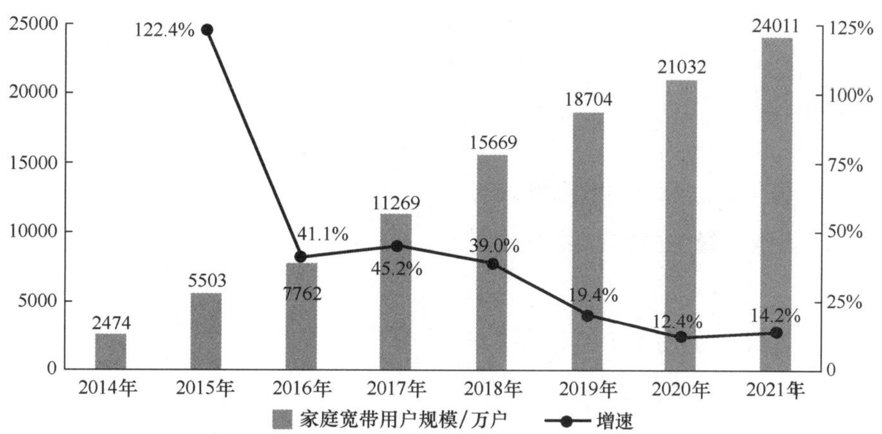

图 8　中国移动 2014—2021 年家庭宽带用户规模及增速情况

6. 中国移动统计的家庭市场收入主要包括家庭用户固话收入、家庭宽带收入、智慧家庭增值业务收入、家庭市场网间结算收入及其他。其中，家庭宽带业务 2020 年的收入达 808.08 亿元，占家庭市场收入的 97.1%。因此，本部分将主要就家庭宽带业务展开分析。

图 9 中国移动 2014—2021 年家庭宽带用户规模在全行业中的份额占比情况

3. 业务发展质量及价值方面

2021 年，中国移动有线宽带用户 ARPU 值为 34.7 元，比 2020 年回升 0.7 元，回升幅度为 2.1%，已基本恢复到 2017 年水平。在此带动下，有线宽带业务的收入增速继续高于用户规模增速，高出幅度 2.4 个百分点，该业务的量收剪刀差得以保持一个较好的态势。中国移动 2017—2021 年有线宽带业务 ARPU 值走势情况如图 10 所示。

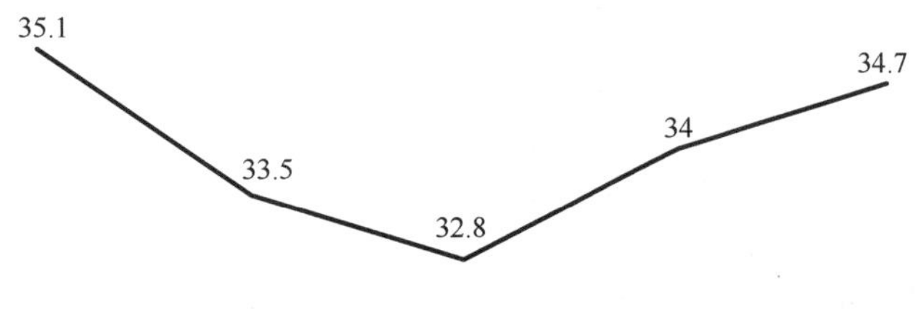

图 10 中国移动 2017—2021 年有线宽带业务 ARPU 值走势情况

（五）政企市场[7]：DICT+IoT 业务持续高速增长，其"收入增长新动能、转型升级主力军"的地位进一步巩固

近年来，被作为业务转型主力的 DICT[8] 和 IoT 业务的收入分别达到 622.84 亿元和 114 亿元，同比分别增长 43.2% 和 21.3%。DICT+IoT 业务的收入占政企市场收入的比例由 2020 年的 46.9% 提升至 2021 年的 53.7%。此外，专线业务实现收入 264 亿元，同比增长 10%，也保持了较快增长。

在 DICT+IoT 的各项细分业务中，2021 年，IDC 实现收入 216 亿元，同比增长 33%，占 DICT+IoT 业务收入的 29.3%；截至 2021 年年底，中国移动的可用机架已达 40.7 万架，实现"4（热点区域中心）+3（跨省中心）+*X*（省级中心 + 业务节点）"资源布局，主要用户包括头部互联网企业、政府机关、金融机构等。ICT 业务实现收入 144 亿元，同比增长 35.2%，继续保持快速发展态势。行业云收入达 192 亿元，同比大幅提升 110%，自研 IaaS、PaaS、SaaS 产品达 230 款以上，引入合作的 SaaS 产品超出 2700 款，资源能力覆盖全国，实现"*N*（中心资源）+31（省级资源池）+*X*（边缘云节点）"布局。物联网业务收入达 114 亿元，同比增幅达 21.3%；连接数 10.49 亿个，规模增量达 1.75 亿个，为拓展其他 DICT 业务打下坚实基础。

此外，截至 2021 年年底，中国移动政企用户数已达 1883 万家，净增 499 万家。

7. 中国移动统计的政企市场收入主要包括政企用户语音收入、政企短信及彩信收入、政企无线上网收入、政企互联网专线收入、政企应用及信息服务收入、政企市场网间结算收入及其他。

8. 中国移动定义的 DICT 业务包括 IDC、ICT、移动云及其他政企应用及信息服务。

（六）新兴市场[9]：总体收入初见起色，各项细分业务均呈现良好发展势头

2021年，中国移动进一步大力深耕新兴市场，整体收入已初见起色，国际业务、股权投资、数字内容、金融科技四大领域均显现出良好发展势头。2021年，国际业务收入达132.88亿元，同比增长20.1%，“牵手计划”实现全球用户覆盖超30亿户，漫游服务覆盖264个方向，5G开通方向51个，保持全球领先，运营商用户合作伙伴达466家；股权投资实现投资收益对净利润的贡献占比达10.1%；在数字内容方面，2021年咪咕视频月活跃用户同比提升45%，初步构建起以体育为核心，内容领先的生态，视频和彩铃订购用户规模突破2.4亿户；在金融科技方面，中国移动积极推进数字货币场景与运营创新，打造集中化产业链金融平台，信用购已成为全国最大线下分期平台，2021年互联网金融收入同比增长102.1%，和包支付的月活跃用户同比提升155.7%。

二、特色经验举措

（一）紧抓5G发展提速及数字经济蓬勃发展带来的新机遇，坚持基于规模的价值经营，持续推动CHBN全向发力、融合发展

1. 个人市场方面

中国移动以5G为引领，进一步完善“连接+应用+权益”统一产品体系，强化三大用户品牌联合运营。一方面，聚焦套餐、终端、网络用户，增强终端卡位，分类精细运营，充分利用市场交叉属性，深化融合拓展，加速4G用户向5G迁转，推动5G用户规模和价值双提升，持续引领个人信息通信消费升级；另一方面，紧抓数字经济新赛道，围绕用户数字消费需求，打造平台经济模式，加强细分用户群体精准运营，以权益产品为载体、以权益超市为统一阵地，充分融通内外部服务触点、优质资源，推广多样化专属产品、应用、权益及升级三大品牌差异化服务等方式。得益于5G快速增长拉动及产品权益融合运营深化，5G发展取得快速突破。此外，继续坚持理性规范竞争，促进行业整体价值的提升。

2. 家庭市场方面

着力宽带品质提升，落实国家“双千兆”要求，推动千兆网络与5G覆盖同步，构建“全千兆+云生活”服务体系，推进智慧家庭向智慧社区延伸，开展高价值小区推广联合运营，持续完善Wi-Fi、FTTR组网方案，推广场景化宽带，助力宽带换挡提速和价值提升。坚持品质驱动宽带领先，加快千兆宽带网络升级，完善端到端服务和质量管理体系；坚持内容驱动电视领先，强化大小屏融合运营，打造“宽带电视+数字院线+垂直内容”的家庭信息服务入口；坚持应用驱动智家领先，完善家庭场景布局，深化基于场景的用户运营和价值运营，聚焦泛安全、家庭教育、健康养老、家庭办公等HDICT（家庭信息化解决方案）应用新场景，持续创新家庭信息服务；把握智慧社区、数字乡村的发展契机，持续提升全家Wi-Fi、移动看家、大屏点播、智能语音等规模业务发展价值。通过持续做大宽带用户规模、树立千兆宽带品牌优势、积极布局HDICT等举措，家庭市场实现快速增长，快速提升用户价值。

3. 政企市场方面

中国移动充分发挥融合创新的算网集成化服务能力和配套完备的全国属地化服务优势，聚焦重点产品、重点行业“政企产品清单”和“解决方案清

9. 中国移动统计的新兴市场收入主要包括以下4种。

① 国际业务收入：国际语音业务收入、国际短信及彩信收入、国际无线上网收入、国际宽带及专线收入、国际应用及信息服务收入、国际漫游来访结算收入。

② 数字内容收入：主要为咪咕5项业务——音乐、视频、游戏、动漫、阅读带来的收入。

③ 金融科技收入：目前主要为和包支付等互联网金融产品带来的收入。

④ 股权投资收入。

单”，一体化推进“网＋云＋DICT”规模拓展。围绕“拓规模、提品质、优服务”，推动专线、物联网、集团短彩信等基础业务提质升级，实现大体量下的持续增长。在移动云方面，构筑云网一体、云数融通、云智融合、云边协同的差异化优势，不断优化产品能力体系。着力打造云引擎领先，加快云资源产品能力建设，强化核心能力，以公有云带动规模发展，以私有云拉动收入增长，云业务实现高速增长。在5G垂直领域方面，树立行业领先形象，5G龙头示范效应持续凸显，专网、应用深度融入行业；持续巩固5G引擎领军，全面打造示范项目，打造200个5G龙头示范项目，签约高品质“商品房”超2800个，拓展5G专网项目1590个，加速5G+AICDE[10]能力产品化，加快细分行业规模拓展，5G深度融入行业数字化转型升级，在智慧矿山、智慧工厂、智慧港口、智慧医院等多个行业实现规模拓展，5G专网收入实现突破。在工业互联网方面，打造“1+1+1+*N*”[11]的产品体系，进一步推动5G+工业互联网深度融合，结合行业用户的差异化需求，建设网随业动、端云融合、可管可控的5G工业专网，助推产业数字化转型升级。

4. 新兴市场方面

进一步拓展国际化经营，不断壮大国际业务规模，国际业务保持良好增长，全球“路、站、岛”网络布局升级，跨境云网、DICT等重点产品能力持续强化，国际业务端到端服务质量不断提升。股权投资发挥直投与基金的联动协同、互补互促效应，纵深拓展直投布局，聚焦产品、网络、中台等数智化转型重点方向，进一步拓展信息服务“亲戚圈”，推进基金投资的专业化、市场化、规模化运营。数字内容立足内容传播者、生产者和聚合者定位，持续打造行业领先内容生态，以体育IP为核心，进一步巩固在体育＋文化数字内容领域的领先地位，积极获取优质资源，推动咪咕视频、云游戏、视频彩铃活跃用户较快增长。北京冬奥会期间，咪咕视频通过超前布局，创新5G+8K超高清、AI智能字幕功能等科技，实现全网最全的530场赛事全场景不间断直播。在金融科技方面，有效发挥大数据优势，布局金融征信领域，持续提升信用购产品水平，成为全国最大线下分期平台；联合工商银行全球首发基于超级SIM卡的数字货币支付产品。

（二）系统优化新型信息基础设施布局

为支撑数字经济不断做强做优做大，中国移动加快建设以5G、算力网络、智慧中台为重点的高速泛在、天地一体、云网融合、智能敏捷、绿色低碳、安全可控的智能化综合性数字信息基础设施，畅通经济社会发展的信息“大动脉”。

一是在5G资源能力建设方面，中国移动深入实施“5G＋”计划，大力推进与中国广电5G网络共建共享，充分发挥2.6GHz/4.9GHz容量优势和700MHz覆盖优势，多频协同、高效部署，持续打造精品5G、好用5G、开放5G、安全5G。2021年，5G相关投资共计人民币1140亿元，累计开通超73万座5G基站，其中700MHz 5G基站20万座，基本实现城区、县城、乡镇连续覆盖，5G网络规模、用户规模位居全球首位。与此同时，中国移动持续保持5G网络技术领先和感知领先，推动R16标准产业成熟，累计牵头47项R17标准项目，位居全球第一阵营，发布《5G Advanced技术网络技术演进白皮书》，推动网络智能化升级，引领R18研究方向；稳步推进网络云化、简化融合，开展5G语音能力升级；针对5G典型行业应用场景，发布智慧港口、智慧矿山等多项网络解决方案；坚持绿色低碳发展，采用基站和终端绿色节能技术，推动研发5G智能节电平台。

二是在算力网络建设方面，中国移动以“算力泛在、算网共生、智能编排、一体服务”为发展目标，

10. AICDE分别指人工智能（AI）、物联网（IoT）、云计算（Cloud Computing）、大数据（Big Data）和边缘计算（Edge Computing）。
11. 1+1+1+N即1类5G工业终端模组，1张5G工业专网（优享/专享/尊享3种服务模式、多租户虚拟专网等），1个工业互联网平台OnePower，以及智慧工厂、智慧电力、智慧冶金、智慧矿山等N个细分行业5G应用场景。

加快构建泛在融合的算力网络，促进算力成为像水、电一样的社会级服务，一点接入、即取即用。在算力供给方面，落实国家“东数西算”工程部署，不断优化数据中心布局和完善云化基础设施。在算力管理方面，加快算网融合，推动网络从连接算力到感知、承载、调配算力；通过融数注智，逐步构建算网大脑体系，推动算网资源、能力的智能编排、统一管理。在算力服务方面，积极探索业务融合创新，北京冬奥会期间，中国移动结合算力网络，融合元宇宙概念，打造了体育明星数智人、XR演播室等多款冰雪科技应用，助力冰雪运动推广普及。

三是在智慧中台建设方面，中国移动着力打造业界标杆级智慧中台，组织大数据、AI、区块链等多个领域的优质能力上台，形成统一能力视图，发布了中国移动智慧中台统一门户和品牌，构建了具有运营商特色、中国移动特点的“业务+数据+技术”智慧中台能力服务体系，推动智慧中台全面运营。智慧中台对内支撑企业数智化转型，在营销、服务、管理、创新等多领域深入推广；对外积极探索全社会数智化应用，为政务、金融、文旅等行业应用提供有力支撑。

（三）强化市场营销，持续提升用户满意度

一是不断优化渠道转型。建立主动、精准的用户触达体系，以渠道转型带动市场体系转型，成效明显。建成泛全联盟直销体系，联合产业链上游5G终端厂商、下游渠道商，构建泛终端全渠道销售联盟，优选终端产品、搭建直营销售体系、提供优质的售后服务，并与5G、智慧家庭、权益等业务深度融合，带动5G终端产业链快速发展。同时，做大线上营销渠道，推进线上触点融通，强化与头部互联网公司合作，重点业务线上销售占比快速提升；积极开展异业泛渠道合作，围绕用户生活、工作场景，建立合作生态体系，用户服务触点延伸至千行百业。此外，深化网格运营，深入推进“质量达标合格行动”，提升网格一线支撑效率，持续推动一线减负，持续提升网格运营效率和一线人员满意度。

二是持续提升品牌运营。中国移动进一步推进品牌认知深化，优化品牌整体架构，开展品牌联合运营，着力打造全球通尊享感、动感地带潮流感、神州行国民感，利用5G加速发展的契机，全力推进三大品牌融入符合用户需求的产品和场景，融合市场运营全生命周期，助力精准运营、精准维系，提高价值、增强黏性。聚焦尊享感，依托价值回馈机制，向全球通等中高端用户推出更稀缺、更高标准、更尊享的礼遇，提升用户获得感。贴合年轻人群兴趣点，创新推出动感地带虚拟代言人，深耕社群社媒运营。依托规模黏性，探索细分客群运营，强化神州行品牌国民感认知。

三是不断做精用户服务。聚焦提供用户满意服务，持续完善全方位、全过程、全员的“三全”服务体系，加速数智服务创新。在“三全”服务体系优化方面，“标准—评测—投诉”全过程服务管理嵌入更加深化，有力支撑CHBN市场发展；聚焦感知短板突破、用户权益保护深化、触点服务改善，显著提升全场景服务能力和用户感知；开展系列全员服务文化活动，全员服务意识进一步深化。在数智服务创新方面，加速管理模式变革，业内首创公司级数智化服务管理运营“大音平台”；加速服务手段创新，10086智能化综合服务门户全面上线，业内率先推出视频客服，加快构建互联网新型服务体系；积极沉淀品牌资产，发布“心级服务”用户服务品牌，推动“心级服务”优质形象深入人心。

（四）持续优化人才资源布局、深化激励机制改革和促进人员能力转型重塑

在优化人才资源布局方面，深入实施队伍结构优化“金刚石计划”，实施用工编制刚性管控，用工资源有保有压，加大转型领域、新兴单元和创新团队的资源投放力度，严控传统领域人员规模。持续实施“十百千”人才工程，构筑全集团集中统一的专家管理体系，全力推进各级专家队伍建设。创新实施校园招聘“金种子计划”，积极引进重点领域优秀高潜质毕业生，为培育高层次人才、打造创新型团队储备骨干力量。持续实施人才交流“活水计划”，有效发挥全公司的人才协同优势。

在深化激励机制改革方面，坚持业绩导向，实施人工成本总量分配“获取分享制”，制定“超额+专项”特别激励计划，鼓励各单位“摸高跳远、超额贡献”，针对重点业务，实施具有针对性、靶向性的专项激励，牵引 CHBN 全向发力。搭建公司科技创新整体激励体系，明确两家“科改”企业及“九天”“梧桐”等转型领域核心团队激励政策，整建制推进建设市场化“特区”激励机制，进一步发挥薪酬资源驱动牵引作用。继续实施核心能力内化、卓越年金等“一揽子”薪酬激励政策，强化核心骨干员工激励。

在促进人员能力转型重塑方面，全面推进“新动能能力提升”一揽子计划，加快培育数智化专业人才。立足通用能力要求，开展 5G+、智慧中台、CHBN 等一系列全员知识赋能行动，形成快融通、低投入、广覆盖、高效益的培养模式。立足核心能力内化，面向云改、5G 等核心技术人才，开展专项培养和技能认证，启动安全、软件开发技能重塑，实施云改、5G 及 DICT 等专业实训。立足一线人员能力提升，建立全集团统一的网格长任职资格体系，开展高级集客经理、智慧家庭工程师等培训。

三、下一阶段发展策略建议

展望下一阶段，建议中国移动锚定新定位、践行新战略、推进新基建、融合新要素、激发新动能，以“推进数智化转型，实现高质量发展”为主线，全力以赴做好以下 4 个方面的工作。

（一）筑牢转型发展根基，打造新型信息基础设施

突出战略布局、夯基固本，系统打造以 5G、算力网络、智慧中台为重点的新型信息基础设施，畅通经济社会发展的信息“大动脉”。构建品质一流、技术引领的 5G 网络，保持领先优势；构建泛在融合的算力网络，加快标准和产业引领；构建业界标杆级智慧中台，一体推进智慧中台的建设和运营。

（二）深化基于规模的价值经营，深入推进 CHBN 全向发力、融合发展和新型信息服务体系建设

突出以稳促进、以进固稳，深入推进基于规模的价值经营，坚持产品在价值经营中的核心地位，锻造高品质“硬核”产品，积极探索价值经营新模式，确保实现质的稳步提升和量的合理增长。深入推进 CHBN 全向发力、融合发展，推进 C 和 H 重点从规模向价值延伸，B 和 N 重点从价值向规模延展。着力构建“连接+算力+能力”新型信息服务体系，推进从“卖连接、卖流量”向“卖算力、卖能力”转变，强化信息服务算力赋能。

（三）系统优化管理体系，大力提升服务质量

突出科学规范、智慧精益，对标世界一流提升运营管理水平，增强管战建协同合力，扩大高水平开放合作，推进网络数智化运维。突出质量至上、追求卓越，打造人心红利竞争优势，深化“三全”服务体系落地，持续提高网络质量、触点质量和产品质量，不断提升用户满意度和获得感。

（四）建强科技创新引擎，纵深推进改革落地

突出科技引领、创新驱动，攻关关键核心技术，推进 5G 创新联合体高效运营，全力打造原创技术“策源地”，践行现代产业链“链长”主体支撑、融通带动职责。突出激发活力、增强动能，不断深化治理机制改革、用人机制改革、激励机制改革，迭代升级推进科技创新改革，精准施策创新网格运营模式，固本强基健全人才发展机制。

（北京英维塔科技有限公司　梁张华）

中国联合网络通信集团有限公司2021年发展分析

中国联合网络通信集团有限公司（以下简称“中国联通”）2021年取得较佳发展成绩。公司主营业务收入的规模及增速，以及净利润的规模值等均创出新高。在移动业务方面，用户规模实现较大幅度回升，5G业务加速发展带动用户价值持续优化，推动移动主营业务收入规模达到1641亿元人民币，同比提升4.8%；在固网宽带接入业务方面，用户规模及全年净增数均创下历史新高，收入规模达448亿元人民币，同比增长5.2%；产业互联网业务延续了近年来的良好发展势头，实现收入规模548亿元，同比增长28.2%，其核心增长动能地位进一步突显，其各细分业务均取得突出发展成绩。与此同时，中国联通也面临着移动业务发展较友商和自身较佳的历史水平仍有较大差距，亟待进一步发力促提升；固网宽带接入业务的市场竞争劣势仍较突出，亟待扭转不利局面等问题。

回顾2021年，中国联通的特色经验举措在于推进“强基固本、守正创新、融合开放”的战略升级，在业务发展上坚持质量为先、规模发展，将价值经营作为业务发展的重中之重；在资源能力建设上，守正创新、融合开放，共建共享拓展新空间、创造新价值；在市场营销上，以智慧为内核加强品牌宣传，打造OMO（Online-Merge-Offline，综合线上与线下的平台型商业模式）新型渠道营销服务体系，针对重点细分市场推行差异化/个性化营销策略。

展望2022年，中国联通应坚定践行发展新战略，聚焦“大联接、大计算、大数据、大应用、大安全”五大主责主业，深入实施“5G发展行动计划”“宽带及智慧家庭发展行动计划”，加速推进智能云网产品和服务升级，推动基础业务创新，在为用户创造价值的过程中提升企业价值。

一、业务发展成绩

（一）主营业务收入规模及增速均创出新高，5G及产业互联网业务保持快速发展势头，进一步突显核心增长动能作用

2021年，中国联通经营态势稳中有进，规模效益持续提升，综合实力再上台阶，实现了“十四五”良好开局。中国联通实现营业收入3278.5亿元[1]，同比增长7.9%。其中，主营业务收入达到2961.5亿元，比2020年增长7.4%，增速创下近8年以来的新高。中国联通2013—2021年主营业务收入规模及增速情况如图1所示。

对主营业务收入进行拆解来看，2021年，中国联通移动主营业务的收入达到1641亿元，同比提升4.8%。固网主营业务收入达1296亿元，同比增长10.9%，其中：固定宽带接入收入为448亿元，同比增长了5.2%；产业互联网业务收入548亿元，同比增幅28.3%。固网主营业务依然是中国联通2021年实现较高增长的主要源头，其中，产业互联网业务延续了近年来的良好发展势头，其占主营业务收入的比例已达到18.5%，在促进增收中进一步突显核心动能作用。在产业互联网业务中，云服务业务发展成绩突出，联通云收入达163亿元，同比增幅高达46.3%。中国联通2016—2021年产业互联网业务收入规模及增速情况如图2所示。

1. 人民币，下同。

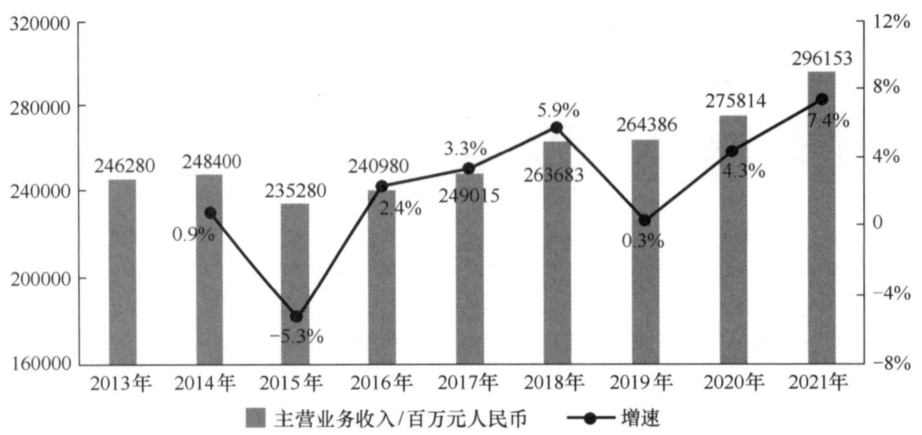

图 1 中国联通 2013—2021 年主营业务收入规模及增速情况

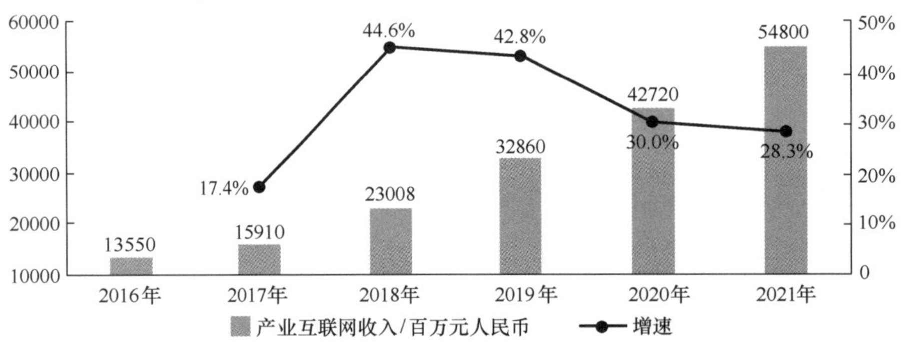

图 2 中国联通 2016—2021 年产业互联网业务收入规模及增速情况

（二）净利润增幅远超主营业务收入增速，规模值达近十年新高，开源和节流均作出重要贡献

2021 年，中国联通的净利润为 144.16 亿元，再次创出自 2013 年 4G 商用以来的新高，比 2020 年增长 15.1%，继续保持了较快的增长势头。同时，也继续保持了远超行业同期净利润总额增速[2]的良好态势。中国联通 2013—2021 年净利润规模及增速情况如图 3 所示。

与此同时，中国联通的净利润在行业中的占比进一步提升至 9.2%，比 2020 年增加了 0.3 个百分点。自 2016 年以来，中国联通净利润占全行业的份额已实现“五连升”，由仅占 0.4% 升至自 2013 年 4G 商用以来的新高位。

除了主营业务收入有可观幅度的增长外，中国联通净利润大幅增长的重要因素还包括“财务费用”项以及“信用减值损失”项比 2020 年大幅下降，分别由 2020 年的近 2.3 亿元和 53.1 亿元下滑至 2021 年的 9671 万元和 28.1 亿元，此两项实现成本费用支出节约 26.3 亿元；同时，“其他收益”项和“投资收益”项有大幅改善，分别由 2020 年的 19.1 亿元和 28.5 亿元提升至 2021 年的近 30 亿元和 43.8 亿元，此两项实现收入规模增加 26.2 亿元。

（三）移动业务[3]：用户规模实现较大幅度回升，5G 业务加速发展带动用户价值持续优化，但对比来看仍有较大提升空间

截至 2021 年年底，中国联通的移动出账用户约 31712 万户，年累计净增达到 1131 万户，增幅 3.7%，大幅优于 2020 年的净减 1266 万户，以及行业 2021

2. 2021 年三大基础电信企业净利润合计同比增速为 10.8%。

3. 本部分主要就传统的手机数据流量及语音业务展开论述。

年的增幅水平（3.0%）。中国联通的移动出账用户规模接近历史高峰值（2019 年为 31848 万户）。其中，5G 业务加速发展，中国联通 5G 套餐用户累计达到 15493 万户，2021 年累计净增 8410 万户，5G 套餐用户渗透率超越行业平均值，达到 48.9%。中国联通 2013—2021 年移动业务用户规模及增速情况如图 4 所示。

同时，中国联通移动业务的用户价值持续优化，2021 年，其移动用户 ARPU（Average Revenue Per User，每用户平均收入）值达到 43.9 元，同比提升 1.8 元，增长 4.3%。流量释放成效显著，手机上网总流量增长 32.2%，手机用户月户均上网流量（Dataflow of Usage，DOU）达到约 12.7GB，同比提升 3GB，增长 31%；同时，语音业务量也有大幅提升，手机用户每用户每月平均通话时间（Minutes of Usage MOU）达到 18.4 分钟，同比提升 27 分钟，升幅 17.2%。中国联通 2020—2021 年移动业务主要经营指标见表 1。

表 1　中国联通 2020—2021 年移动业务主要经营指标

指标	单位	2020 年	2021 年
移动出账用户数	万	30581.1	31711.5
移动出账用户 ARPU 值	元	42.1	43.9
移动手机数据流量	亿 MB	368526	487164
移动手机用户 DOU	GB	9.7	12.7
移动手机用户 MOU	分钟	157	184
5G 套餐用户数	万	7083	15492.8

随着移动业务用户规模的大幅回升，中国联通 2021 年在全行业中的份额占比比 2020 年上升 0.2 百分点至 19.3%。

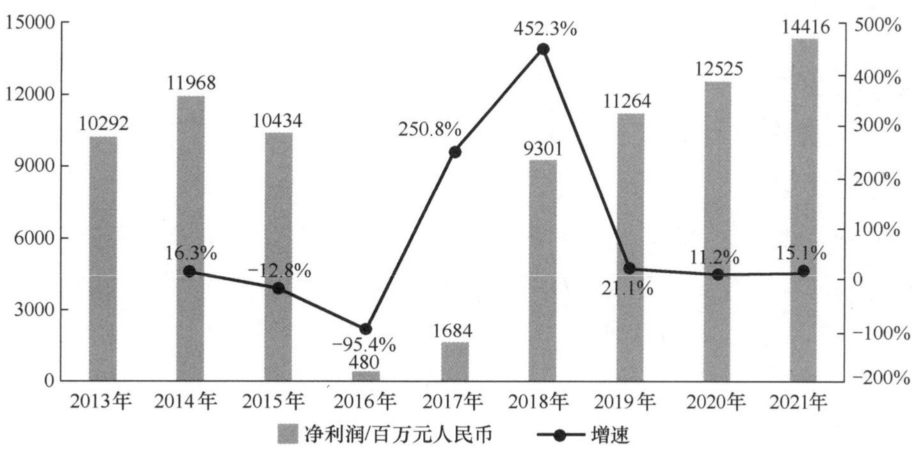

图 3　中国联通 2013—2021 年净利润规模及增速情况

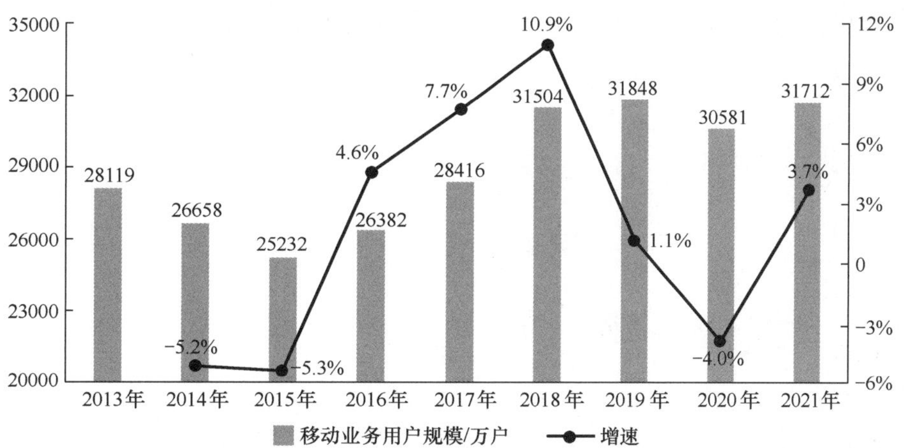

图 4　中国联通 2013—2021 年移动业务用户规模及增速情况

但从横比和纵比来看，中国联通的移动业务发展较友商和自身较佳的历史水平仍有较大差距，亟待进一步发力促提升。

一是中国联通的 5G 用户规模及其行业份额占比相对仍较低，亟待进一步激发用户迁移至 5G 的积极性，以更好地拉动 ARPU 值和 DOU 的提升。2021 年，中国联通 5G 用户规模在全行业的份额比例为 28.2%，远低于中国电信的 34.2% 和中国移动的 37.6%。

二是服务质量问题仍然较为突出。2021 年三季度，中国联通的服务问题申诉量为 8579 人次，占同期全行业申诉量的比例达 24.8%，远高于其移动业务用户占全行业的比例 19.3%，是三大基础电信企业中服务问题申诉量份额超出移动业务用户份额的最多者，高出幅度达 5.5 个百分点[4]，这也显示中国联通的服务质量问题仍较为突出，亟待加以改进和优化。

（四）固网业务[5]：宽带用户规模及全年净增数均创下历史新高，但市场竞争仍劣势突出，亟待扭转不利局面

固网宽带接入用户全年净增 895 万户，增幅 10.4%，总规模数达到 9505 万户，用户规模及全年净增规模均创历史新高，其中，FTTH 用户占比达到 88%。

固网宽带接入用户的 ARPU 值基本维持平稳，为 41.3 元[6]，基于规模的价值经营成效显现。融合业务在固网宽带用户中的渗透率达到 71.5%，同比提升 7.4 个百分点。

与此同时，固网语音业务持续萎缩已是大势所趋，2021 年，固网本地电话业务用户数下降 0.31% 至 4719.3 万户，ARPU 值减少 0.3 元至 10.3 元。

中国联通在固网宽带接入业务的市场竞争上仍然劣势突出。2021 年，其新增用户规模均小于中国电信（新增用户 1118 万户）和中国移动（新增用户 2979 万户）；用户增速低于中国移动（同比增速 14.2%），高于中国电信（同比增速 7.1%）。且用户规模在全行业的占比进一步下降，份额差距被中国移动越拉越大，2021 年中国联通固网宽带用户的份额为 18.8%，比 2020 年下降 0.1 百分点，已连续多年处于下滑状态；双方的用户份额差距已高达 28.8 个百分点，比 2020 年再次扩大了 1.5 个百分点。

（五）产业互联网：核心增长动能地位进一步突显，各细分业务均取得突出发展成绩，“十四五”期间有望维持高速增长态势

中国联通将固网主营业务“其他”项下的 IDC、IT 服务、云计算和大数据业务，以及移动主营业务下的物联网业务归类为产业互联网业务。近年来，各大运营商均已明确，未来创收的重点将更加集中于垂直行业。经济社会将进一步加速数字化、网络化、智能化转型，未来运营商产业互联网业务预计将保持高速发展。

如上所述，2021 年，中国联通产业互联网收入达 548 亿元，比 2020 年增长 28.3%，增长额达 121 亿元，延续了近年来高速增长的良好势头；业务收入占主营业务收入的比例由 2016 年的 5.8% 大幅增加至 2021 年的 18.5%，比 2020 年再提升 3 个百分点；该业务 2021 年对中国联通主营业务收入增长的贡献度达到 59%，已成为中国联通长期发展的重要动力来源。随着中国联通积极培育 5G+ 垂直行业应用创新发展，“十四五”期间，中国联通有望进一步提升产业互联网营收占比。

中国联通产业互联网下的各项细分业务均取得较佳增长成绩，“联通云”2021 年营收规模达 163 亿元，同比增长 46.3%；大数据收入达 26 亿元，同比增长 48.7%，市场份额连续 3 年保持位居电信运营商首位；物联网业务收入达 60 亿元，同比增长约

4. 另一个服务问题申诉量份额高于移动业务用户份额的为中国电信，但高出幅度远较中国联通小，仅为 2 个百分点。

5. 本部分主要就传统的宽带接入及语音业务展开论述。

6. 2020 年中国联通固网宽带业务用户 ARPU 值为 41.5 元。

43%，连接数超 3 亿个；在 IT 服务方面，行业应用收入达 60 亿元，以自研为核心实施的行业应用项目超 8000 个，自研大应用产品超 200 款。未来，以云计算和大数据为基础的 AI、区块链等新兴业务有望迎来快速发展，进一步壮大产业互联网的发展空间。

二、特色经验举措

2021 年，中国联通以“强基固本、守正创新、融合开放”的战略升级，积极主动服务国家战略和融入新发展格局，将“基于规模的价值经营”作为基本导向，坚定基于量质并重原则推动基础业务发展。持续发挥 IT 集约化优势，大力推进数字化转型和服务模式创新；着力打造精品网络，以 5G 业务为引领，以产业互联网业务为重点，强化融合经营，提升用户发展。

（一）业务发展：坚持质量为先、规模发展，将价值经营作为业务发展的重中之重

1. 移动业务方面

中国联通紧扣 5G 消费数字化、线上化、融合化的发展趋势，持续深化 5G 引领，带动移动业务价值、规模双提升。坚持价值为先、体验领先、规模突破，全力实施 5G 引领融合化、群组化发展，以 5G 引领质效规模发展，推进新用户发展，突破重点市场和细分人群 5G 场景化；坚持精细化经营，基于大数据精确分析和场景化深刻洞察，深化用户精准切片和分类施策，推进存量用户 5G 化，特别是中高端用户升迁至 5G 网络；完善数字化运营体系，以创新驱动集约化、平台化智慧运营；不断优化渠道布局，线上线下融合的新型渠道体系更加强健，联通 A 百分点品牌全面焕新，率先实现“一键通办”，实现月活用户超过 1.2 亿户，初步建成 OMO 新型渠道体系；加快基础业务产品的创新迭代，推进“平台 + 网 +*X*”基础创新产品布局，推进 5G 多量纲产品创新，确保资费合约与产品竞争力，推进 5G 套餐对全量用户全覆盖，加强 5G 用户合约化、融合化发展，加强产品内容、权益合作，视频彩铃、通信助理用户数超千万；加强全产品统筹管理与一体化开发运营能力，面向个人、家庭和企业市场，成功推出了联通数村、联通智家、联通云犀等平台；加速健全终端数字化运营和供应链生态，中国联通持续开放了终端运营体系，保障了终端供应稳定，升级了数字化供应链能力；消费金融工具赋能广泛深入，金融受理门店数超过 10 万；协同行业友商及产业链上下游，积极开展 5G 消息友好用户体验，开拓 5G 生态新蓝海。

2. 固网业务方面

中国联通坚持“端网业营服信”全面协同，面对 5G、宽带、Wi-Fi“三千兆”升级机遇期，紧抓技术换代窗口，以连接、平台和应用的“全网融合”为策略主线，以 5G 引领“三千兆”融合化为核心促进宽移融合发展。持续夯实宽移融合底座，满足消费场景化、智能化、多元化需求，体系化推进宽带及智慧家庭业务发展。北方坚持强宽促移，加快 FTTR 推广，有效填充视频、监控等智慧家庭核心应用，拉动提升用户价值，并依托冬奥品牌优势，全面强化千兆宽带发展；南方紧抓发展新契机，强化宽带能力建设，聚焦高价值区域，以移带宽、移宽协同，加快建设和改造千兆小区，持续开展宽带测速提速活动，盘活资源，全面提高网络资源效益，加快突破市场规模，为实现北方全面领先、南方定点超越的经营目标奠定坚实基础。中国联通还以宽带流程全链条优化为抓手，建立了以市场为牵引的端网业服协同联动机制，构建家庭用户“两网一中台”数字化运营体系，全面提升宽带资源接入能力和资源管理能力，实现宽带营销与资源能力协同发展，推进高效能治理。实现联通智家工程师与超 8000 万宽带用户通过 A 百分点一键对接，快捷响应，进一步提升高品质服务竞争力。此外，还将固话纳入家庭套餐，盘活固话码号资源，并推出了固话视频彩铃、企业名片等创新应用。

3. 产业互联网业务方面

中国联通持之以恒发力创新领域，以云大物智

链安基座为五大赛道奠定坚实基础。

（1）IDC 方面

中国联通年内紧抓“东数西算”新机遇，倾力打造“联接 + 感知 + 计算 + 智能”的算网一体化服务，全国打造云网边一体化、分布合理、绿色集约的“5+4+31+*X*”新型数据中心体系。

（2）“联通云”方面

中国联通全面焕新升级为数字化转型和融合创新的底座，形成云原生和虚拟化双引擎，为用户提供包括云资源、云平台、云服务、云集成、云互联、云安全等一体化融合创新解决方案。通过统一技术架构、统一 PaaS 平台提升算力算效，全面布局大计算，通过技术升级、产品升级、服务升级、生态升级全面升级联通云。支持架构开放、双引擎基座和多场景部署，深度融合大物智链安等 PaaS 产品与 IaaS 产品，不断丰富基础产品品类，大幅提升基础产品性能，发布物联感知云、数海存储云、智能视频云等七大场景云产品，助力千行百业数字化转型。

（3）大数据方面

中国联通融合“联通链”及人工智能，升级数据应用服务、数据技术服务、数据安全服务、AI、区块链服务能力，聚焦政务、金融、文旅、交通等领域，优化政务大数据、金融大数据、文旅大数据、行业 AI 产品及“行业 + 区块链”产品体系；持续服务疫情防控与复工复产；支撑 8 项区块链试点成功入选国家区块链创新应用试点。实现大数据平台日处理能力突破 200TB。

（4）物联网方面

中国联通持续做大物联网连接规模，以 5G 为引领加快推动物联网大联接新格局，物联网连接数超过 3 亿个，加快向连接 + 非连接的融合应用转型，物联网市场份额持续提升。加快以平台为核心的自主创新引领，发布国内首款低成本的轻量化雁飞 5G 模组，联合展锐完成全球首个基于 R16 的 eMBB+uRLLC+IIoT 端到端验证，积极推动 5G IoT 产业创新发展。

（5）IT 服务方面

中国联通强化自主创新，实现产品能力平台化、自主产品标准化、产品研发集约化，提升 5G 应用规模化推广能力，提高项目毛利率。同时，积极布局安全市场，安全产品形成规模复制能力。目前，自研应用产品超 200 款，在智慧城市、工业互联网、数字政府、生态环境等领域打造了智慧城市基座、一网统管、工业互联网平台、政务大数据平台等一批明星产品，以自研为核心实施 8000 多个行业应用项目，拉动行业应用收入 60 亿元，形成了集自主能力、自研产品、自主集成交付、持续运营服务于一体的差异化竞争优势，全面服务用户数字化转型。

（二）资源能力建设：守正创新、融合开放，共建共享拓展新空间、创造新价值

1. 网络资源建设方面

中国联通认真落实“网络强国”“新基建”战略部署，围绕以数字化转型打造网络差异化竞争优势为目标，加快打造精品网络，扎稳筑牢数字根基，把加强精品网络建设作为事关战略全局的关键一环。着力打造新型数字信息基础设施能力和技术竞争优势，坚持深化网络创新，强化网络能力保障，骨干网平均时延保持行业领先。完善多云生态，实现产业互联网与沃云、MEC 云网络自动化对接。发布 CUBE-Net 3.0 网络体系，积极构建“联接 + 感知 + 计算 + 智能”新一代数字基础设施。通过网络精简、自主运营、共建共享、AI 应用、精细管理等多措并举，持续提升网络运行效能。发挥云网数一体优势，完成大网态势感知、安全岛链产品标准化，形成网络侧主动安全能力和“云、管、端”信息安全服务能力。

2. 智慧运营建设方面

中国联通坚持创新运营驱动业务发展，持续推进数字化转型。2021 年，中国联通发布“联通智慧大脑”，核心业务系统、用户系统、智慧中台、大数据、数字化底座实现 100% 集约。坚持“平台 + 应用”架构，完成 48 个中心、6 个平台、9 项能力建设，基本建成公众、政企、数据、网络、管理“五大中台”

核心能力。31个省（自治区、直辖市）"10010"热线全量集约，智慧客服完成31省和2基地集约，服务超过4亿用户，通过大数据+AI提供"更懂用户"的个性化服务，智能化服务占比达到80%。中国联通持续强化流程治理，敏捷赋能效果显现，大幅提升全生产场景支撑能力。

3. 研发创新提升方面

中国联通在双碳物联网、5G+车路协同、5G+北斗、智慧法务、智慧养老等领域开展产品孵化。加大在科研方面的投入，研发费用同比增长61.7%；坚定不移向创新人才倾斜资源配置，科技创新人员占比达到22%，授权专利达到1128件，同比大幅增长120%；中国联通主导高精度时频同步芯片首次实现国产化替代，打破了国外对相关技术的垄断，为5G网络提供了可靠、低误差的时间基准精度。加大投入强度，夯实基础能力平台，持续加强在数字政府、智慧城市、工业互联网、医疗健康、生态环境等领域自研产品供给，大幅提升关键核心能力自主化，实现融合应用水平的突破。同时，中国联通整合内外资源，深入实施5G应用"扬帆"行动计划，开展"强基行动、引擎行动、护航行动、共创行动、绽放行动"五大专项行动，以5G应用新产品、新业态、新模式助力千行百业数字化转型和智能化升级。持续打造并迭代5G工业互联网、智慧城市、医疗、教育、文旅等行业基线化解决方案，夯实研制5G行业融合标准。

4. 行业生态建设方面

中国联通坚持做大5G应用创新联盟，优化5G生态开放平台，并以5G等新型数字信息基础设施建设为契机，持续深入推动共建共享，继续与中国电信紧密合作，新开通5G基站31万座，双方累计开通5G基站69万座，建成全球规模最大的5G共建共享网络。进一步突破4G共享规模，双方共享4G基站66万座。通过4G/5G网络共建共享，中国联通积极助力"碳达峰、碳中和"目标，每年预计可节约用电超过175亿度，累计减排二氧化碳超过600万吨，并累计为双方节省投资超过2100亿元人民币。同时，中国联通致力于进一步扩大共建共享的深度和广度，推动科技创新、IDC等云网融合领域的合作共享，推进传输线路、管道光缆、机房天面、分布系统基础设施和重点业务平台的共建共享与共维共优。同时，中国联通主动作为，积极推进与国家部委、地方政府、企事业单位等加强合作，深化开放合作的广度和深度，服务经济社会数字化转型；积极构建与合作伙伴、行业友商、系统厂商、科技公司、社会力量的生态合作圈，共同推进价值创造；加强股权投资管理，采用参股、并购方式通过产投协同延展产业领域，助力主业收入规模增长；依托"直投+基金+孵化"投资者平台在创新领域布局，推动开放合作生态。

（三）市场营销：以智慧为内核加强品牌宣传，打造OMO新型渠道营销服务体系，针对重点细分市场推行差异化/个性化营销策略

1. 品牌营销方面

2021年，中国联通围绕数字化转型，品牌宣传以智慧为内核，以5G为引领、以冬奥为背书，持续倡导打造智慧的体验，致力于打造有温度的智慧品牌。重点宣传5G、三千兆、创新应用、行业应用、高品质服务等业务优势，聚焦家庭、农村、青少年、政企用户等细分市场及重点行业，结合热点和事件、关键节点等进行借势和造势宣传，同时将冬奥差异化优势与品牌及5G紧密结合，强化冬奥合作伙伴身份，彰显品牌实力。不断创新宣传手段和形式，打造立体化传播矩阵，用小切口讲好大故事，不断优化宣传内容及多样化传播手段，强化用户关注，提升品牌价值。品牌整体发展态势良好，实现了美誉度和知晓度双提升。

2. 营销渠道方面

2021年，中国联通打造以用户为中心的"一型三化"OMO新型渠道营销服务体系。一是加快推进线下渠道向目标市场的全面转型，贴近目标市场，优化布局，全面覆盖双优社区和乡镇覆盖；强化“1+N+n”商盟建设，积极构建线下渠道新生态。二是加快提升线上集约化运营能力，拓展流量空间，2I2C（To Internet To Customer）产品和营销模式升级提速，稳固头部合作同时积极拓展本地创新引流；加速打造差异化中国联通A百分点，做大用户连接，提升用户活跃度，构建生态合作平台。三是加快推进线上线下一体化，统一公众中台和业务运营平台，全流程打通和生产调度；深化数字化营业厅建设，扩大相互引流，提升渠道能力。

3. 营销策略方面

中国联通在农村市场顺应农村数字消费升级趋势，贯彻“乡村振兴”战略，以5G为引领，持续升级智慧家庭、平安乡村和数字乡村的产品和服务；面对青少年市场，与头部触点开展合作引流实现规模发展，紧抓秋季开学发展用户的时间，前置营销模式，做好高校宽带、高校信息化、5G专网和K12智慧校园等项目。落实“促换机”“促登网”等计划，推进5G端网业服协同发展；开展“端业匹配”“网业匹配”等计划，持续强化宽带终端、网络、业务匹配，提升千兆网络能力及用户感知。夯实存量经营固本强基作用，提融合、提价值、控流失、控降套，实现了存量收入规模和用户规模的双稳盘，存量经营持续拉动服务收入稳步增长。

三、下一阶段发展策略建议

中国联通应坚决践行国家使命，落实网络强国战略，服务数字中国、智慧社会建设，深刻把握数字化、网络化、智能化方向，全面发力数字经济主航道，聚焦“大联接、大计算、大数据、大应用、大安全”五大主责主业，深化数字技术为千行百业赋能赋智赋值，提升用户的价值，更好服务和融入新发展格局，开创高质量发展新局面。

（一）坚定践行发展新战略

立足新征程，中国联通应积极主动服务和融入国家发展计划，坚决扛起网络强国、数字中国、智慧社会、科技创新的责任，将中国联通定位为“数字信息基础设施运营服务国家队、网络强国数字中国智慧社会建设主力军、数字技术融合创新排头兵”。传承历史，补齐短板，发挥优势，中国联通战略由“聚焦创新合作”升级为“强基固本、守正创新、融合开放”，聚焦“大联接、大计算、大数据、大应用、大安全”主责主业，全方位转变发展路径、方式和模式，开辟新的发展空间。实现到2025年，发展质量新跃升、基础设施新升级、数智服务新突破、科技创新新作为、治理效能新提升，显著增强赋能经济社会数字化转型升级的能力。到2035年，在质量效益、创新能力、治理水平、品牌形象、国际影响力、企业家队伍等方面，达到或接近世界一流水平。

（二）聚焦五大主责主业落实经营计划

2022年是中国联通全面贯彻落实新战略规划的起跑之年，应持续全面贯彻新发展理念，服务构建新发展格局，推动高质量发展，围绕“网络强国、数字中国、智慧社会”建设，以贯彻落实公司“1+8+2”战略规划体系为工作主线，聚焦“大联接、大计算、大数据、大应用、大安全”五大主责主业，稳增长、优网络、抓改革、提能力、强协同、防风险，深化基于规模的价值经营。

一是深入实施“5G发展行动计划”“宽带及智慧家庭发展行动计划”，聚焦重点场景，突出融合业务、家庭和个人应用创新。

二是加速推进智能云网产品和服务升级，通过差异优势推动规模发展，以“平台＋云网＋X”带动移动用户规模上量、价值提升。

三是推动基础业务创新，在为用户创造价值的过程中提升企业价值。推进基于大联接的端网业服协同发展，确保基础业务的联接有价值地做大，充分利用“双千兆”升级的价值红利。创新业务做好扬优势和强弱项方面的重点工作，实现跨越发展。

（北京英维塔科技有限公司　梁张华）

中国铁塔股份有限公司 2021 年发展分析

2021 年，中国铁塔股份有限公司（以下简称“中国铁塔”）在“一体两翼”战略的指导下，发展成效进一步凸显，业务多元化发展步伐稳健有力，营收增速稳中有升，营业成本实现较好控制，净利润水平大幅提升。同时，塔类业务站址及租户数等核心资源稳步增加，室分覆盖范围持续扩大，智联和能源业务用户快速增长，共建共享集约发展水平进一步提升。

2021 年，中国铁塔继续取得优异发展成绩，其重要经验举措在于：在业务发展方面，集约高效助力 5G 建设，推动运营商业务持续稳健增长，同时，着力壮大增长新动能，两翼业务发展初显成效，包括聚焦重点，促进智联业务快速增长，以及深化布局，推动能源业务实现规模发展；在管理提升方面，打造资产数字化管理系统，提升运营效率；在科技创新方面，中国铁塔注重强化创新驱动能力，践行科技兴企战略。

展望未来，建议中国铁塔继续抓住 5G 新基建、数字经济和“双碳”目标战略带来的机遇：一是打造“5G+ 室分”双增长引擎，持续巩固行业主导地位；二是注重提升规模和效益，推动两翼业务更好更快发展，通过聚焦重点行业，做精智联业务以及聚焦重点产品，做专能源业务，构筑起强有力的多元化发展新动能。

一、业务发展成绩

（一）“一体两翼”战略成效进一步凸显，业务多元化发展步伐稳健有力，营收增速稳中有升，营业成本实现较好控制，净利润水平有较大提升

2021 年，中国铁塔实现总营收 865.85 亿元，同比增长 6.8%，增速比 2020 年提升了 0.7 个百分点。在新型冠状病毒肺炎疫情持续冲击、全球产业链 / 供应链安全风险剧增等影响下，增速稳中有升，取得这一成绩殊为不易。其中，作为“一体两翼”[1] 发展战略中“一体”的运营商业务仍是营收贡献的主要来源，但占比在持续下降，2021 年其收入规模占总营收的份额降至 92.6%，降幅 2.2 个百分点。从近年中国铁塔的运营商业务收入占总营收的份额走势情况看，该份额占比将在未来 1 ～ 2 年降至 90% 以下，中国铁塔业务多元化健康发展有望得到进一步落实。中国铁塔 2015—2021 年的总营收和运营商业务收入规模及运营商业务占收比情况如图 1 所示。

在运营商业务中，塔类业务与室分业务的收入规模分别为 758.57 亿元和 43.4 亿元，同比增幅分别为 3.4% 和 23.0%。受益于 5G 规模部署，塔类业务实现了加速增长，增幅提升了 0.6 个百分点，同时，室分业务也维持了高速增长态势。中国铁塔 2015—2021 年塔类业务和室分业务收入规模及同比增速情况如图 2 所示。

近两年，5G 租户收入对运营商业务收入的增量贡献在持续稳步增加，已从 2020 年第一季度的 23.3% 提升至 2021 年第二季度的 74.6%，5G 网络规

1. 中国铁塔对“一体两翼”的界定在 2021 年再次发生改变，由 2019 年表述的“以塔类业务为主体，以室分业务和能源创新为左翼，跨行业站址应用与信息业务和国际市场拓展为右翼”，转变为“一体”即运营商业务，“两翼”分别是智联业务（即此前所称的‘跨行业业务’）和能源业务。根据 2021 年年报及推介材料的相关披露，新的“一体两翼”表述中，作为“一体”的运营商业务包括塔类业务和室分业务。

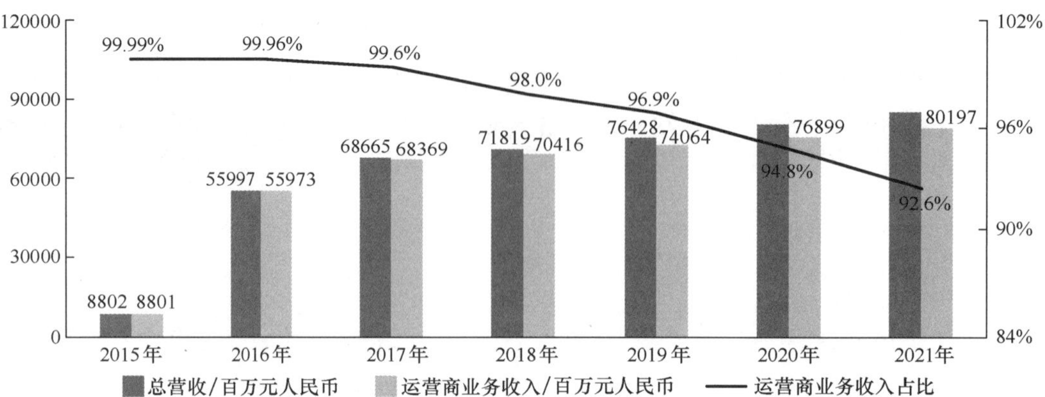

图 1　中国铁塔 2015—2021 年的总营收和运营商业务收入规模及运营商业务占收比情况

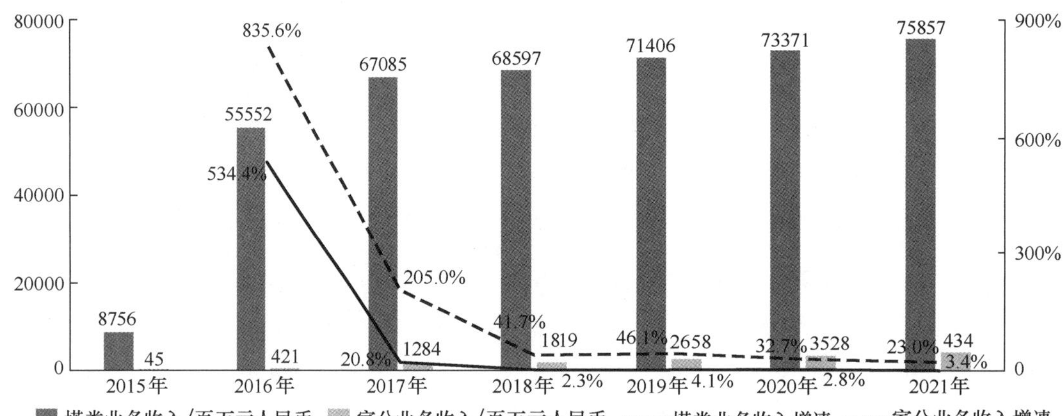

图 2　中国铁塔 2015—2021 年塔类业务和室分业务收入规模及同比增速情况

模部署的发展驱动作用进一步显现。中国铁塔 2020 年第一季度—2021 年第二季度 5G 租户收入对运营商业务收入的增量贡献占比如图 3 所示。

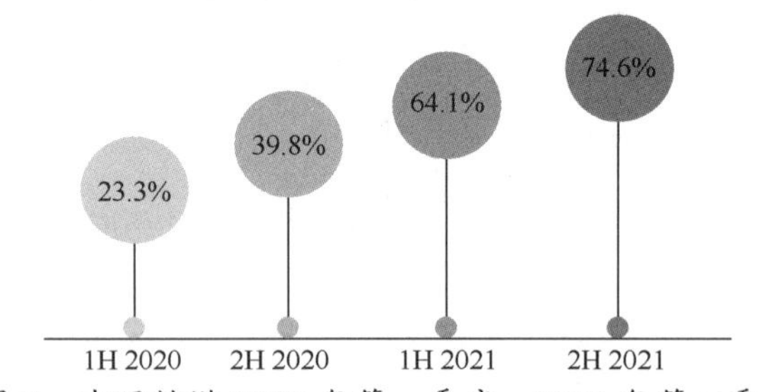

图 3　中国铁塔 2020 年第一季度—2021 年第二季度 5G 租户收入对运营商业务收入的增量贡献占比

2021 年，作为“两翼”的智联业务和能源业务的收入规模合计达 61.31 亿元，同比增长 55.6%。其中，智联业务和能源业务的收入规模分别为 40.6 亿元和 20.71 亿元，二者分别同比增长了 35.2% 和 121.5%，均保持爆发式增长，已成为拉动中国铁塔收入增长的重要贡献来源。在智联业务中，铁塔视联业务收入达 20.96 亿元，占智联业务收入比重的 61.6%。智联业务正进一步从资源租赁向价值更高的数字化应用延展。中国铁塔 2018—2021 年智联业务和能源业务收入规模及同比增速情况如图 4 所示。

上述塔类、室分、智联和能源 4 大业务中，塔类业务收入在整体营收中占比为 87.6%，比 2020 年有较大幅度下降，降幅达 2.9 个百分点。室分、智联和能源 3 大业务占总体营收的比例则分别由 2020 年的 4.3%、3.7% 和 1.2% 进一步升至 5.0%、4.7% 和 2.4%。相关业务结构的变动也进一步印证了中国铁塔“一体两翼”的发展战略正得以有效落地，营收来源多元化迈出坚实步伐，业务体系稳步壮大，抵御风险能力不断增强，长期发展前景乐观。中国铁塔 2010—2021 年各业务收入份额占比情况如图 5 所示。

在“一体两翼”业务体系快速发展的引领下，中国铁塔营业利润达130.35亿元，同比增长8.5%；实现净利润73.29亿元，同比增幅高达14%，二者增速均高于营收增速。中国铁塔2020—2021年营业利润（左）及净利润（右）情况如图6所示。

营业利润及净利润的增幅高于营收增长的其中一个重要原因为：中国铁塔较好地控制营业成本。2021年，中国铁塔的营业成本占收比为84.9%，比2020年下降了0.3个百分点。作为营业成本支出大头的折旧及摊销，其2021年的支出为499.82亿元，比2020年增长5.2%，低于营业成本和营收的增长水平，对成本费用的占收比下降有较大贡献。此外，作为重资产企业，2021年，中国铁塔的资本开支为251.92亿元，比2020年减少了119.3亿元，降幅高达32.1%。这也进一步凸显了中国铁塔的精益管理能力出众，在站址新建及共享投资改造、围绕资产

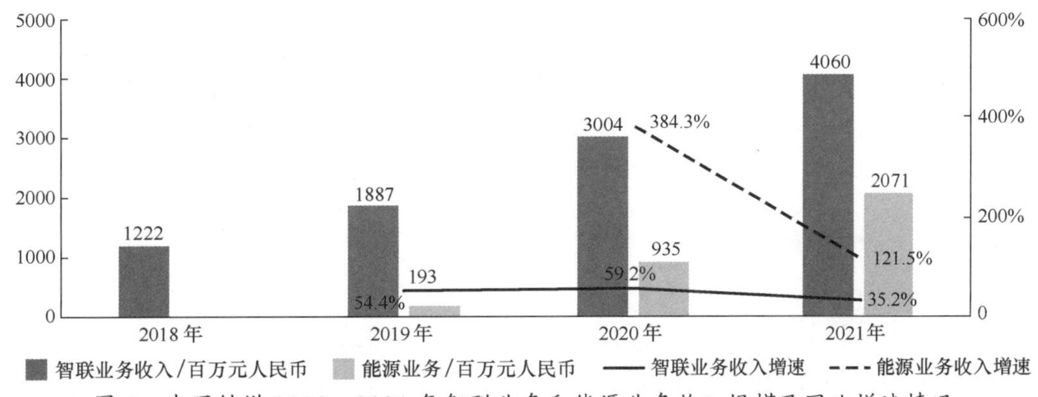

图4 中国铁塔2018—2021年智联业务和能源业务收入规模及同比增速情况

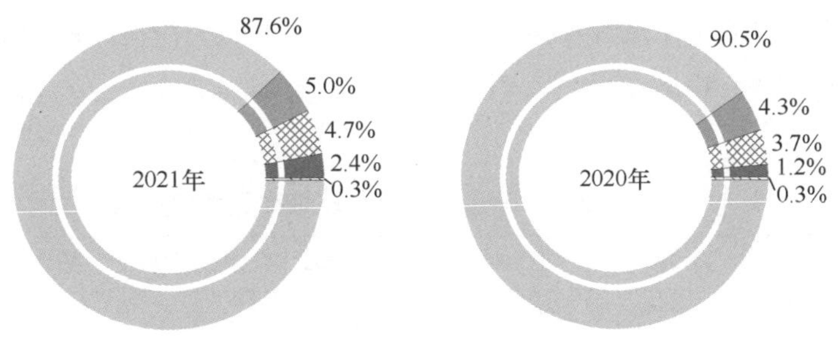

图5 中国铁塔2020—2021年各业务收入份额占比情况

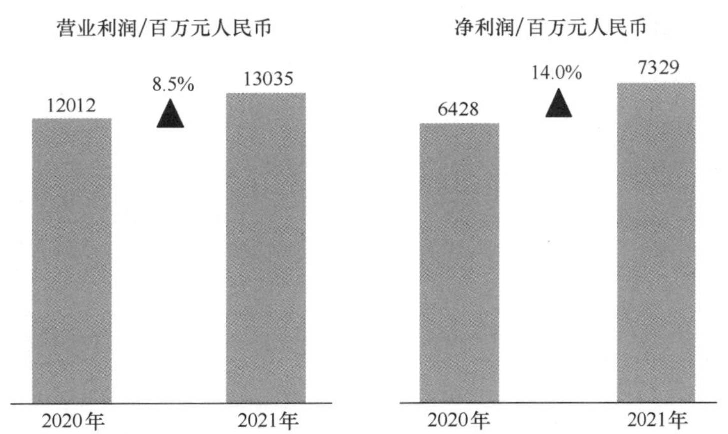

图6 中国铁塔2020—2021年营业利润（左）及净利润（右）情况

质量精准实施更新改造以及项目效益评价等方面表现出色；“共享”理念合乎行业发展逻辑，在边际成本管控、边际收益提升等方面均取得了较佳成绩。截至 2021 年年底，中国铁塔实现每股基本盈利 0.0419 元，同比增长 13.9%；每股末期股息为 0.02624 元，同比增长 17.4%，实现派息率持续提升，积极回报股东。中国铁塔 2020—2021 年每股基本盈利（左）及每股末期股息（右）如图 7 所示。

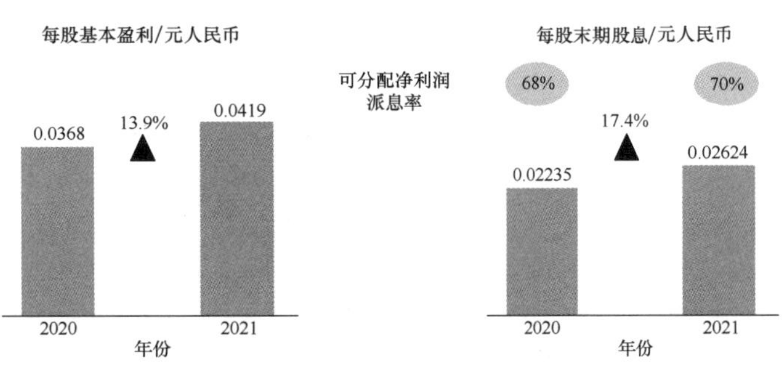

图 7 中国铁塔 2020—2021 年每股基本盈利（左）及每股末期股息（右）

（二）塔类业务站址及租户数等核心资源稳步增加，室分覆盖范围持续快速扩大，智联和能源业务用户快速增长，共建共享集约发展水平进一步提升

2021 年，中国铁塔塔类站址数达 203.8 万，比 2020 年度增加 1.5 万，增幅 0.7%，其中，累计承建的 5G 站址数达 122.6 万，2021 年新增承建 5G 站址数约 46 万，增幅 60.1%。2021 年，塔类租户数达 345.9 万，比 2020 年增加 9.8 万，增幅 2.9%；其中，运营商租户数为 326 万，保持平稳增长势头，比 2020 年增加 2.7%。中国铁塔 2015—2021 年的站址数及租户数情况见表 1。

2021 年，塔类租户数相较塔类站址数实现更快上升，拉动塔类站均租户数达 1.70 户 / 个，比 2020 年上升 0.04 户 / 个，同比增幅为 2.4%，进一步提升铁塔建设的共享化水平。中国铁塔 2015—2021 年塔类站均租户数情况如图 8 所示。

在塔类站址数、塔类租户数稳步增长的同时，室分业务的覆盖范围也在快速扩大。2021 年，室分站点覆盖的楼宇面积、地铁里程和高铁隧道里程分别达 49.9 亿平方米、8007 千米和 8899 千米，同比 2020 年增幅分别高达 22.9%、36.2% 和 30.5%。自中国铁塔成立以来，室分业务保持了高速增长的势头，2017—2021 年，上述 3 项指标的复合年均增长率（Compound Annual Growth Rate，CAGR）分别为

表 1 中国铁塔 2015—2021 年的站址数及租户数情况

	2015 年	2016 年	2017 年	2018 年	2019 年	2020 年	2021 年
塔类业务站址数（万）	**151.8**	**172.3**	**185.5**	**192.5**	**199.4**	**202.3**	**203.8**
室分业务							
—站址数（万）	0.25	1	1.7	2.3	—	—	—
—覆盖楼宇面积（亿平方米）	—	—	9.6	14.6	25.7	40.6	49.9
—覆盖地铁里程（千米）	—	—	1947	2887	3370	5881	8007
—覆盖高铁隧道里程（千米）	—	—	3421	4376	5318	6821	8899
站址总数（万）	152.0	173.3	187.2	194.8	—	—	—
塔类业务租户数（万）	**193.9**	**240.3**	**266.4**	**297.8**	**323.9**	**336.1**	**345.9**
—运营商租户数（万）	—	—	264.5	283.7	306.3	317.5	326.0
—智联业务租户数（万）	—	—	1.9	14.1	17.6	18.6	19.9
室分业务租户数（万）	0.35	1.36	2.36	3.14	—	—	—
租户总数（万）	194.26	241.65	268.74	300.94	—	—	—
塔类站均租户数（户 / 个）	**1.28**	**1.39**	**1.44**	**1.55**	**1.62**	**1.66**	**1.70**
站均租户数（户 / 个）	1.28	1.39	1.44	1.55	—	—	—

图 8 中国铁塔 2015—2021 年塔类站均租户数情况

51.1%、42.4% 和 27.0%。中国铁塔 2017—2021 年室分业务重点场景覆盖情况如图 9 所示。

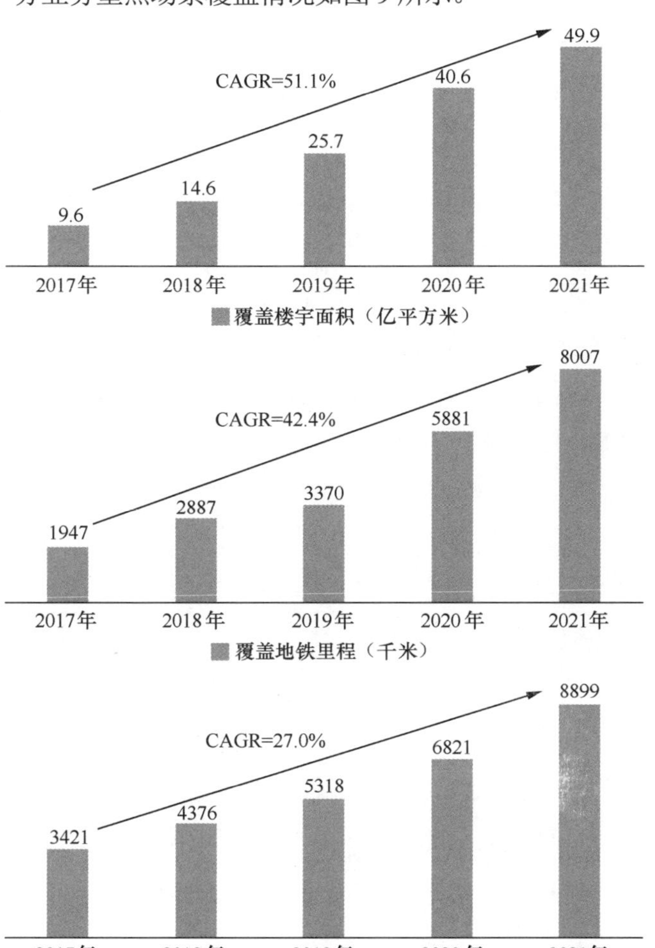

图 9 中国铁塔 2017—2021 年室分业务重点场景覆盖情况

此外，智联业务和能源业务在推动中国铁塔增长方面的重要地位和作用正日益凸显。在智联业务方面，截至 2021 年年底，中国铁塔近 17.5 万站址承载了面向多个行业和领域的智联业务应用；租户达 19.9 万户，同比增长 7%，增速大幅高于运营商租户的增速，且高于自身 2020 年的增速，实现加速增长；智联业务租户在整体租户中的占比节节上升，从 2017 年的 0.7% 上升到 2020 年的 5.5%，在 2021 年再进一步提升至 5.75%。在能源业务方面，截至 2021 年年底，中国铁塔累计发展铁塔换电用户约 61.2 万户，比 2020 年年底增加 31.1 万户，已成为全国规模最大的轻型电动车换电运营商。

二、特色经验举措

（一）集约高效助力 5G 建设，推动运营商业务持续稳健增长

2021 年，面对 5G 网络部署的持续加速和不断深化，中国铁塔坚持共享发展理念，充分把握 5G 网络扩大覆盖和持续规模部署的发展机遇，聚焦建设和服务模式创新，立足共享、协同，围绕 5G 建设新特点，充分发挥资源统筹共享和专业化运营优势，创新推出低成本的产品和技术方案，加快推进移动通信网络覆盖综合解决方案和共享室分方案落地，低成本、高效率、优服务地满足用户网络覆盖的需求。全年完成 5G 站址建设需求约 55.2 万个（含新承建及既有改 / 扩建），集约经济高效助力 5G 网络规模建设，支撑网络强国战略落地实施。运营商业务实现持续稳健发展，其中，5G 进一步成为运营商业务增长的主要动力，推动整体业务持续稳定增长，巩固了中国铁塔在通信基础设施建设运营方面的市场主导地位。

在塔类业务发展上，中国铁塔发挥资源统筹优势，持续推动政府一系列支持政策的出台和落

地，推动公共资源开放、争取 5G 电力支持，推动各级政府出台建筑物移动通信建设规范标准，从政策保障与机制协调上推动解决 5G 基站建设的选址进场难、成本高等突出问题；中国铁塔坚持产品应用和服务模式的持续创新，与用户共商配套设施适配方案，更加集约高效地满足用户需求，有力提升低成本建设的能力。

在室分业务发展上，中国铁塔充分发挥统筹进场优势，聚焦投资效益提升，积极降低场地费、电费等运营成本。针对高铁、地铁、大型场馆、交通枢纽、商务楼宇等不同室分建设场景，强化产品和服务创新，分区域为用户提供差异化、多样化室内覆盖解决方案，并同步提供机房、电力、传输等资源共享和设备安装、工程服务等服务共享，持续锻造低成本、优服务的核心优势，有力提升市场的竞争能力，促进室分业务继续保持快速增长。

此外，在冬奥场馆及周边重要区域建设 5G 网络的过程中，中国铁塔依托资源统筹和专业化建设优势，聚焦重大项目、重点工程通信基础设施建设，有力彰显了国际一流的信息通信基础设施综合服务商的实力和形象。中国铁塔通过统筹三大运营商的建设需求，深化资源共享、集约高效建设，实现信息通信基础设施与主体工程“同步规划、同步设计、同步实施、同步验收”；充分发挥移动通信网络综合覆盖的专业化建设能力，采用宏微结合、室内外协同的建设方式，实现北京、河北赛区场馆以及赛区间连接的京礼高速、京张高铁沿线的 5G 网络全覆盖。中国铁塔积极与运营商用户共商方案，创新推出高性能 5G 共享室分产品，有效解决高铁隧道的 5G 覆盖难的问题，在冬奥高铁场景中实现高铁、5G、超高清视频直播技术三大中国“名片”合为一体。

（二）着力壮大增长新动能，两翼业务发展初显成效

中国铁塔紧抓数字经济发展机遇，积极响应国家“双碳”目标战略，立足自身资源能力禀赋，聚焦产品创新和平台优化，持续锻造核心能力，积极拓展市场空间，继续保持两翼业务规模快速发展，进一步巩固多点支撑发展格局，进一步增强发展新动能，实现对整体营业收入增量贡献达 40.0%。

1. 聚焦重点，促进智联业务快速增长

中国铁塔牢牢把握社会数字化转型带来的发展机遇，依托“遍布全国、点多面广、站高望远”的站址资源优势以及全国最大的铁塔共享平台和实用物联网平台，围绕重点行业、聚焦铁塔视联业务，着力推进中国铁塔从“通信塔”向“数字塔”的转型升级。通过利用“铁塔 +5G+AI”，持续深耕林业、水利、农业、环保等重点行业市场，紧密对接长江大保护、森林草原防火、国家地震烈度速报与预警等重大工程，为各行各业提供中高点位视频信息服务，快速发展业务，树立了服务国计民生、赋能社会治理的良好品牌形象；创新研发了全国统一的铁塔视联平台，围绕算法、云资源、传输和终端，积极打造创新型产业生态，有效整合上百种算法能力，与产业伙伴深化战略合作，形成合力，共同成长。

2. 深化布局，推动能源业务实现规模发展

中国铁塔坚持共享协同，以国家“双碳”目标为指引，发挥资源禀赋和能力优势，以专业化的电力运营保障能力为基础，围绕换电、备电等核心业务，持续推进规模化运营，加快网络化、绿色化、智能化换电设施的经济高效部署；聚焦金融、医疗、交通等重点领域，打造“备电、发电、监控、维护”四位一体的电力保障综合解决方案，用户数量和收入规模快速增长。

一是持续完善产品体系建设。换电产品迭代加速，发布 3.0 换电产品技术标准，实施换电平台同城双活灾备方案，开发应急换电、离线换电等功能，显著提高换电业务的适用性、安全性、可靠性；完善备电产品体系，推出室内、室外多种规格的标准化产品，提升不同场景下的产品适用性；开发金融、交通、医疗行业等监控大屏，提升用户体验。

二是持续强化精细运营能力。强化资产运营，落实电池资产全生命周期管理，持续提升资源利用效率；规范换电业务套餐资费，开展互联网营销，提升自主获客能力；推动能源业务维护体系落地，强化代维管理，促进显著提升故障处理及时率等指标；提升平台服务能力，打造智能客服平台，开发自助服务功能，提升服务效率，进一步优化用户体验。

三是持续加强市场推广力度。与美团、饿了么、邮政、顺丰等用户，以及金融、医疗、交通等行业用户的合作取得突破性进展。强化品牌宣传，开展线上、线下一体化宣传，策划关键节点的营销活动，向用户传递“经济、安全、高效”的品牌内涵，提升品牌形象。

（三）打造资产数字化管理系统提升运营效率

中国铁塔注重加速数字化转型，提升运营效率和效益，强化平台战略，支撑业务协同发展。2021 年，中国铁塔在全国范围内逐步推进提升资产运营能力，提升运营精益化水平。把握资产运营“保住、管细、延寿、用好”四个关键，加强全生命周期的价值管理；划小核算单元，不断提升资产营利水平。以安徽铁塔为例，其 2021 年创新打造资产数字化管理系统，聚焦资产运营的 6 个关键环节，创新打造了从资产入网到资产处置全流程 IT 化的实物资产运营管理平台，实现资产管理可呈现、资产流程可溯源、资产价值可量化，显著提升了运营效率。

其中，在资产入网环节，通过多系统交叉比对，自动校验入网资产的状态，不合格不得入网；在资产在网运行环节，通过智能分析实现预检预修、精准维修及更新改造；在闲置资产退网环节，管控源头全量入库，清单制管理；在资产整合环节，建立待分拣、待整合、可利旧、待报废“四库”，流程化管理；在资产报废环节，系统自动生成待报废清单；在资产处置环节，报废资产 60 天限期处置，降低废旧物资库存占比。

通过全流程 IT 化管理，安徽铁塔有效提升了资产质量和运营效率：2021 年用户反映配套问题同比下降 12%，外市电站均投资同比下降 26%，通过利旧闲置物资节省投资近 6000 万元。

（四）强化创新驱动能力，践行科技兴企战略

中国铁塔重视持续提升自主创新能力、激发基层创新活力，着力打造“科技型、创新型”企业。在体系建设方面，公司持续推进上下联动和内外协同创新机制；在产品创新方面，密切追踪 5G 技术演进及用户建网策略，加快推进产品迭代优化；在技术能力方面，组建新能源等重点实验室，提升核心技术攻关能力，加大室分、算法、终端、平台等技术创新，赋能业务发展；在技术手段方面，顺应数字化时代潮流，借助信息化及数字化手段，持续强化运营维护和平台创新，全面提升铁塔智联产品和能源产品的核心竞争力，加快推进精细化管理进程。此外，为促进产业发展壮大，提高核心竞争力，中国铁塔强化标准制定与技术创新、产品研发、试验应用等工作的统筹推进，积极参与制定行业标准，促进行业发展。

三、下一阶段发展策略建议

展望未来，中国铁塔应继续紧抓 5G 新基建、数字经济和“双碳”目标战略带来的机遇，深化“一体两翼”战略，立足“国际一流的信息通信基础设施综合服务商、具有核心竞争力的信息应用服务商、具有核心竞争力的新能源应用服务商”的定位，构建“专业化、集约化、精益化、高效化、数字化”运营体系，打造“共享型、服务型、创新型、科技型、价值型”企业，保持经营业绩稳健增长，推动价值创造、企业成长，实现高质量发展。

（一）打造“5G+ 室分”双增长引擎，持续巩固行业主导地位

中国铁塔应牢牢把握信息通信基础设施综合服务商的定位，持续强化创新驱动、锻造核心能力，全力打造“5G+ 室分”双增长引擎，在更好服务用户中实现运营商业务高质量可持续发展。运营商业务

是中国铁塔发展的基本面和压舱石。行业仍处于5G网络规模建设的机遇期，5G仍是运营商业务增长的驱动力。中国铁塔应立足共享理念，不断巩固和提升资源的统筹共享能力，持续巩固、强化资源的统筹共享优势，深入挖掘和全面满足用户需求；强化市场导向，积极围绕5G建设特点和用户需求，通过产品方案和服务模式创新，实现资源精准配置，集约高效优质支撑运营商5G网络覆盖向更深、更广推进。

同时，应把握5G网络覆盖向室内延伸的有利契机，聚焦重点场景新建需求和5G改造需求，充分发挥统筹协调、统一进场的优势，打造分场景的、有源无源相结合的多样化室分解决方案，规模部署共享室分创新方案，全面满足5G建设的需求，提升室分业务市场的份额，加快推进室分业务的新发展。面向用户建网策略的需要，进一步强化多样化电源配套设施、共享室分等技术和产品创新，更好适应用户需求，助力用户低成本、绿色低碳发展。

（二）规模效益并重，推动两翼业务更好更快发展

数字经济的蓬勃发展和“双碳”目标战略的不断推进，为中国铁塔两翼业务的发展带来了难得的机遇，中国铁塔应立足“资源共享、能力协同”，不断提升产品的创新能力和平台运营支撑能力，进一步加快两翼业务规模发展，推动提升效益。

1. 聚焦重点行业，做精智联业务

未来，中国铁塔应继续把握有利的发展机遇，依托遍布全国的站址资源优势，进一步加快“通信塔”向“数字塔”转变；围绕环保、林草、农业、国土、水利、交通、应急、乡镇治理八大重点领域，持续做深做透行业市场，推动重点项目转化落地，进一步扩大社会共享范围，围绕国家乡村振兴、数字乡村战略，面向区县、乡镇、农林牧畜渔等中小型监控用户，加快市场的渗透发展；强化集成、应用、平台、算法、存储、终端等领域的自主掌控与创新优势，做优产品，加快面向市场需求的应用产品研发、迭代和优化，强化产品体系建设；做强平台，持续深化平台专业化建设，完善统一标准规则，加快平台赋能业务拓展，支撑智联业务的持续创新和不断发展；构建和完善全国统一的营销运营体系，不断提升品牌的社会影响力；打造以“数字塔”为依托的信息应用服务商，优化“数字塔”产业生态，做精做深重点行业，实现智联业务可持续、高质量发展，成为具有核心竞争力的信息应用服务商。

2. 聚焦重点产品，做专能源业务

积极践行国家“双碳”战略，聚焦换电及备电等重点产品，做专能源业务：一是做专换电业务，深耕外卖快递换电市场，逐步拓展共享电单车、公众电单车换电市场，巩固市场主导地位，通过车电一体、前后向融合经营，拉动用户规模和收入的持续、快速增长；二是做强备电业务，聚焦金融、医疗、交通、教育、通信、石化等重点行业，发挥电力保障的能力优势，提升响应能力，增强用户黏性，逐步形成重点行业的深度覆盖。

同时，中国铁塔还应加大对核心硬件/终端、关键软件/平台等领域的研发投入，做强平台；强化智能客服能力，建立服务监督评价体系，进一步做优服务；强化资产精细化运营，由“快速建网、规模获客”向“规模效益并重”转变，进一步建立差异化竞争优势，打造自身成为具有核心竞争力的新能源应用服务商。

（北京英维塔科技有限公司 梁张华）

中国广播电视网络集团有限公司2021年发展分析

2021年是我国“十四五”规划的开局之年，中国广播电视网络集团有限公司（以下简称“中国广电”）在这一年里基本实现了“全国一网”的整合目标，完成了组织架构搭建、人员配置、战略规划等重要工作，并取得了广电5G建设、5G创新应用探索、视听内容及广电宽带集约化启动、深入参与国家文化大数据体系建设等方面的阶段性成果。

2021年，中国广电紧紧抓住了加快推进“全国一网”整合这一关键核心工作，根据新的发展机遇和竞争形势革新建网思路，并以加快放号为牵引，推动5G应用发展和终端生态建设。

下一阶段，中国广电应坚定围绕行业规划和集团战略合理布局，在发展新业态、培育新视听、建设新平台、重塑新网络、打造新终端和构建新支撑等方面狠抓落实。尤其应体系化建设固移融合、云网协同、可管可控的新型广电网络；持续加大供给侧改革，打造更多具备市场竞争力的业务形态，探索更有生命力的商业模式；坚持有统有分、统分结合，搭建市场运营新体系；着眼新的网络结构和特点，构建网络安全一体防线。

一、中国广电业务发展成绩

（一）“全国一网”整合的目标已基本完成

中国广电成立于2014年，按照最初的设立标准，中国广电是应“中央网络强国、三网融合战略而生”，是“广电网络参与三网融合的市场主体，是全国有线电视网络整合发展的主体，是全国有线电视网络互联互通平台建设和运营的主体，是广电移动通信网的建设运营主体”。2016—2020年，中央多个部委先后发布《关于加快推进全国有线电视网络整合发展的意见》《全国有线电视网络整合发展实施方案》等重要文件，进一步确定了“通过中国广电、各省网公司、战略投资者共同参与组建，形成中国广电主导、按现代企业制度管理的‘全国一网’股份公司”等原则。2020年10月，中国广播电视网络有限公司成功揭牌，正式启动组建“全国性股份公司”。

2021年，中国广电的“全国一网”整合工作已基本完成。2021年7月1日，中国广播电视网络有限公司完成工商变更登记并领取营业执照，正式更名为“中国广播电视网络集团有限公司”。作为大网整合的对接主体，集团公司在成立后加快推进构筑新公司的集约化体系，建立健全相应的财务会计、人力资源、组织架构、综合行政等制度，其架构布局已基本趋于完善，有线电视网络整合推进到新的阶段。截至2021年年底，广电系统内的24家单位中，已有23家完成更名融入广电网络的“全国一网”体系。唯一未完成整合的歌华有线因是上市公司，暂未完成更名及股权变动等手续。中国广电实现“全国一网”仅剩最后一步。

随着全国有线电视网络整合和广电5G建设一体化发展的实质性推进，中国广电有望高效整合利用现有网络与内容资源，融入国家5G网络建设大局，提升有线电视网络乃至整个广电行业的竞争力、传播力和影响力。

（二）视听内容及广电宽带集约化启动

在视听内容集约化方面，2021年4月，中国广电下发了《关于启动视听内容集约化工作的通知》，启动地方省网视听内容的统谈统签协调工作，包括卫视频道、央视 3/5/6/8 频道、互联网点播内容等。同时，全年还进行了 2021—2023 年度全国有线网视听点播基础内容等集采，为推动全国有线网视听点播内容的集中采购和一体化运营，选择若干家符合条件的供应商征集约 20 万小时的优质电影、电视剧、动漫、综艺、纪录片等节目内容，作为全国有线网视听点播业务的基础内容。

在广电宽带集约化方面，中国广电明确由旗下宽带运营专业子公司——中广宽带网络有限公司[1]全力打造“宽带 + 宽带电视 +CP 内容集成”的融合体系，未来将按照资源分布、用户分布和业务发展的诉求，打造“1+7+31”的骨干网节点架构。其中，“1”指“1 个全国中心”，“7”指“7 个全国性的大区域”，“31”指“31 个省（自治区、直辖市）的业务汇聚”。7 个大区域将充分完成用户和网络资源匹配，减少跨大区间的流量调度；“1 个全国中心”则要提供排名前 55 位主流 CP 的内容 + 冷门资源中心的输出，进而辐射到全国。2021 年 10 月，中国广电在北京举行了“全国一网”宽带业务集约化运营辽宁落地签约仪式，辽宁省网成为中国广电宽带集约化运营的首个试点，后又于 2021 年 11 月，中国广电与湖北省广播电视信息网络股份有限公司宣布签署《宽带集约化联合运营协议》。

（三）700MHz 频率迁移工程正式启动，预计 2022 年年中完成

700MHz 频率迁移是中国广电 5G 网络建设、运营的重要基础条件。2021 年 6 月，中国广电全国地面数字电视 700MHz 频率迁移项目工程正式启动，将对全国范围内广播电视发射台站的现有发射机系统及天馈线系统进行改造，共涉及台站 6026 座，频道 12350 个，预算金额 18 亿元，项目总工期约为一年，为中国广电加快 5G 700MHz 网络的建设进度和“边建设、边运营”的实际落地需要铺平了道路。

（四）5G 700MHz 接入网共建共享得到实质性推进

共建共享已成为我国 5G 发展战略的创新实践，中国广电与中国移动继 2020 年签订有关 5G 共建共享的《合作框架协议》后，2021 年 1 月进一步补充签订有关 5G 共建共享的具体协议，即《5G 网络共建共享合作协议》《5G 网络维护合作协议》《市场合作协议》及《网络使用费结算协议》，正式启动 700MHz 5G 网络共建共享。双方明确合作期自协议订立之日起至 2031 年 12 月 31 日，分为第一阶段合作期（协议订立之日起至 2021 年 12 月 31 日）及第二阶段合作期（2022 年 1 月 1 日至 2031 年 12 月 31 日）。在第一阶段合作期，中国广电将向中移通信支付 700MHz 无线网络运行维护费、700MHz 传输承载网使用费，从 700MHz 5G 基站接入中国广电核心网或中国广电指定的传输节点后第二个月开始计算，按照基站数量据实收费；同时，中国广电根据中国广电用户使用中移通信 2G/4G/5G 网络的网络业务量，据实向中移通信结算 2G/4G/5G 网络使用费。在第二阶段合作期的前 5 年，中国广电按照双方协商的价格向中移通信支付网络使用费，包括 700MHz 无线网络运行维护费、700MHz 传输承载网使用费、2.6GHz 网络使用费；此后，双方将根据第二阶段合作期的前 5 年的经营和合作情况，在 2026 年协商确定第二阶段合作期的后 5 年的结算金额。

2021 年 6 月，中国广电委托中国移动完成了 700MHz 无线网主设备和多频道天线产品的集中采购招标工作。双方按照“共建共享”的工作计划，订立了 2021 年年底前完成 20 万座基站部署、2021—2022 两年内建成 48 万座基站的目标。

1. 广电宽带集约化总体规划由中广宽带网络有限公司负责推进，其作为中国广电旗下宽带运营专业子公司，定位为“广电行业内全国性宽带综合业务运 营公司”，主要为全国广电网络运营商宽带业务发展提供技术支持和服务。

（五）5G 核心网部署方向明确，正稳步推进相关建设

在与中国移动积极推进 5G 接入网共建共享的同时，中国广电还明确了将按照大区部署广电 5G 核心网的模式，以北京、南京 / 上海、广州、西安四大区域为中心设置核心网区域中心节点；建网结构按照分布式架构和云化部署方式进行，推动实现全国乡镇以上区域连续覆盖并广泛延伸至行政村。

2021 年 11 月，中国广电启动 5G 核心网及网络云资源池设备采购项目，采购内容涵盖南北两大区、31 个接入省核心网设备及网络云资源池设备等，并同步推进建设广电 5G 核心网大区、互联互通、运营支撑系统和客服中心等。

（六）广电 5G 应用场景不断丰富

在逐步完善 5G 网络基础的过程中，中国广电也在 5G 应用上不断摸索，走出了具有自身特色的 5G 应用之路。

一方面，中国广电持续推进 5G NR 广播应用建设。5G NR 广播的总体目标是建设电视塔和蜂窝基站混合覆盖协同发展的 5G 广播网；打造传统电视频道广播服务新型交互化，视频广播服务融合信息广播服务，持续打造高效敏捷的网络运营和运维能力。因此，2021 年，中国广电一是在开展建设 700MHz 的基站过程中，同步增加了 5G 广播功能；二是针对 3000 个广播电视发射塔也同步构建了 5G 广播业务能力。在建设期间，5G NR 广播持续进行了诸如大小塔混合传输、重要场景活动验证等试验；联合产业合作伙伴深入研究了 5G NR 广播技术与传统广播电视技术的融合，开展 5G NR 广播实现方案验证，在 5G 蜂窝基站和广播电视发射塔上分别实现了 5G 广播。2021 年 12 月，中国广电进一步在五棵松体育馆部署 5G NR 广播系统，完成了“相约北京”冬奥测试赛的场内多视角、全景 VR 视频直播等新型广播服务验证，为现场观众提供了自由视角、超高清、低时延、零卡顿的观赛体验，成为全球首个 5G NR 广播技术在商业场景下的系统能力验证，为广电 5G 广播持续创新发展奠定了实战基础。同时，在终端方面，中国广电推动业界推出可同时接收同频无线资源下传输的 5G 广播信号、用户数量不受限制、能适配各类 5G 标准且能在其上深度连续覆盖各种场景的 5G 通用产品。此外，2021 年，中国广电 5G 广播 App 还完成了视频直播、音频广播、VR 视频、应急广播、360° 全场景视频、互动视频等应用场景的功能开发和性能测试，已能满足商用场景的技术指标要求。App 将支持免流量观看直播频道节目，有望为用户带来更好的视频体验。

另一方面，中国广电 2020—2021 年聚焦媒体、应急、政务、警务、能源、港口、制造、农林等重点领域，在全国范围开展了超过 100 个广电 5G 示范应用。尤其是在抗击疫情、抗洪救灾、复工复产方面，通过抢搭广电 5G 网络，为全国多地抗疫、抗洪的重大活动、重点场所提供 5G 直播传输和公共 Wi-Fi 服务。以“5G + 工业互联网”融合应用为例，中国广电立足云、网、边、端协同，加快推进有线网络升级改造，推动有线、无线、卫星网络协调发展，为打造相关新业态贡献广电力量。在“绽放杯”5G 应用征集大赛上，由中国广电集团牵头申报的“中煤陕西大海则煤矿 5G 700MHz&2.6GHz 融合组网设计与研究”项目荣获总决赛三等奖和最佳人气奖。该项目充分发挥了 5G 700MHz 广覆盖、强穿透的独有优势，通过多个业界首创和井下智能应用，解决了煤矿 5G 建设成本高、工作面全覆盖难的问题，使现有矿山系统有效融合，改变了煤炭行业在大家眼中的“苦、脏、累”的形象，在矿山领域具有广泛的应用推广价值。据了解，该方案后续得到了进一步推广，在陕西、内蒙古等多个区域复制落地。

（七）5G 商用和放号已具备较为坚实的基础

一是经各地广电网络公司与移动公司的高效协同工作，2021 年的 20 万座 5G 700MHz 基站已经部署完成，具备了开通商用的基础条件。

二是中国广电已经搭建 BOSS 及 5G 应用平台，正加快实现地方新 BOSS 升级改造。

三是各地的 5G 专业公司、专业部门、专业人才、专业团队已在过去两年间陆续组建，通过加快内部培训，基础运维人员已具备 5G 运维的专业能力。

四是中国广电在 2021 年 9 月正式启动了广电 5G 内部友好用户“192 号”段放号测试。在测试期间，中国广电 5G 服务信号稳定，音质清晰，视频流畅，体验良好；网络、业务、系统、客服等各方面运转和联动顺畅。

五是中国广电全面完成了与其他运营商的互联互通工作，已能为正式放号和运营提供支持。

（八）行业标准引领能力逐步凸显

中国广电坚持以标准引领产业发展的理念，积极参与 3GPP 国际标准和国内行业标准制定。目前，已有 2 项技术标准获批成为国际标准，3 项技术标准被写入国内标准，在产业伙伴的支持下，700MHz 5G 产业链正走向成熟。其中，被誉为 5G 技术首要落点的手机终端是中国广电推动 700MHz 产业链成熟的着力点，截至 2021 年第三季度，支持 700MHz 频段的手机已超 170 款，新入网的支持 700MHz 频段的 5G 终端占有率已达 95% 以上，覆盖了高、中、低端的消费人群。在广电 5G NR 广播上，由中国广电牵头的基于 3GPP 标准框架的 5G NR 广播系统研发取得重要成果，NR 广播标准已被纳入 3GPP R17，并已完成从核心网到基站、再到终端的 NR 广播业务演示，大塔小塔覆盖，移动性和多厂商互联互通验证。

（九）助力国家文化大数据体系建设稳步推进

国家文化大数据体系是当前文广领域内的“新基建”重点工程项目，中国广电因其“党媒政网”的特殊属性，已成为参与构成整体体系建设不可或缺的一环。2021 年，全国 15 家有线电视省网公司成为中华民族文化基因库（一期）红色基因库试点建设省网单位，另有 8 家省网公司成为国家文化大数据区域中心建设的省网单位，为稳步推进国家文化大数据体系建设贡献了广电力量。

二、特色经验举措

2021 年，中国广电以“全国一网”整合作为关键核心工作之一，并革新建网思路，加快推进 5G 应用发展和终端生态建设。

（一）加快推进“全国一网”整合，将其作为全集团工作的关键核心

一是明确整合发展的思路和战略。中国广电明确提出了“深度整合，实现融合发展”的相关指导性思路，包括：理顺各法人主体的权责边界，提升系统管理效能；推动各省（自治区、直辖市）网络公司积极争取地方政府的支持，加快解决“一省一网”等各项历史遗留问题。同时，还明确提出了全面实施“圆心战略”，围绕“良性发展、形成合力”两大目标，实施“管理体制重构、网络基础重建、业务形态重组、产业生态重塑”四大行动，强化“党建引领、人才支撑、制度护航”三大保障，全力推动全国有线电视网络整合和广电 5G 建设一体化发展实现新突破。

二是从资本、运营管理等维度综合施策，推进“全国一网”整合。2021 年，中国广电一是加快推进资本实缴，按照上市和非上市公司分别制定相应的整合方案，并按照方案稳步推进整合；二是按照“统一建设、统一管理、统一标准、统一品牌”的要求，建立有线电视网络整合和广电 5G 建设统一运营管理体系，全力推动品牌和技术标准的统一。

（二）根据新的发展机遇和竞争形势，革新建网思路

一是革新建设 5G 移动通信网络的模式。建一张 5G 广覆盖的网络是中国广电新业务开展的基础，建设新网络放在中国广电的“三新”之首。在中国广电最新发布的 2021 年规划中，建设 5G 网络扮演着“以移促固”的角色。通过探索与中国移动的合理合作模式，落实国家 5G 战略布局要求，促进 700MHz

的广覆盖优势充分发挥，着力打造覆盖广、好用、精彩的新5G网络。

二是革新固定宽带网络建设思路。加快实施智慧广电战略，在传统广播电视网的基础上，升级建设广电宽带数据网，推进网络双向化、宽带化、智能化，完善有线电视网络转型发展的顶层设计。包括按照"'平台、管道、终端''技术、内容、运营、服务'统筹考虑，整体设计，一体化推进"的思路加快建设步伐；同时，顺应全球媒体信息技术和产业发展趋势，以建设广电宽带数据网为抓手，促进全程全网互联互通，向互联网协议化和融媒体化演进，实现技术的通用性、标准的统一性；不仅如此，还以平台技术和供给的创新，推进规模化下的个性化、个性化下的规模化，提升有线电视全行业的服务能力水平，提供中国广电云服务、云宽带、云移动及受众用户化、经营用户化的网络业务服务新模式；此外，还持续推动建设互联互通平台与全国有线电视网络的整合、全国广电宽带电视业务运营"三位一体"融合发展。

（三）以加快放号为牵引，推动5G应用发展和终端生态建设

一是加快推动广电特色5G应用发展。广电作为电信运营商定位，放号发展用户成为必选项。中国广电提出与三大电信运营商差异化竞争的思路，大力推动NR广播等应用发展。目前，中国广电的5G NR广播技术已可根据实时网络的需求智能、动态切换常规单播服务和广播/组播服务，在保证网络利用效率的同时创新融合单播、组播、广播方式，形成"新广播"，业务形态灵活多样；并可基于位置精准提供新型交互广播组播服务，在创新升级传统广播电视服务以外，还适合拓展公共安全、应急通信、融合高新媒体直播、互联网热门内容直播、车联网、物联网等To C / To B全新多媒体传播业态，成为中国广电差异化业务创新的突破口。

二是加快建设终端生态体系。在与中国移动的合作基础上，中国广电、中国移动还联合产业合作伙伴共同启动了700MHz终端生态共建计划，协同各方携手推进700MHz产业链逐步走向成熟，促进终端生态的繁荣发展。

三、下一阶段发展策略建议

展望未来，中国广电应扎实推进广播电视媒体深度融合发展和智慧广电建设，坚定推进实施中国广电"1359"战略落地。科学合理布局发展新业态、培育新视听、建设新平台、重塑新网络、打造新终端和构建新支撑。尤其应加大资源投入，确保加快推进建设固移融合、云网协同、可管可控的新型广电网络；持续加大供给侧改革，打造更多具备市场竞争力的业务形态，探索更有生命力的商业模式；坚持有统有分、统分结合，搭建市场运营新体系；着眼新的网络结构和特点，构建网络安全的一体防线。

（一）扎实推进广播电视媒体深度融合发展和智慧广电建设

2021年10月，国家广播电视总局组织制定《广播电视和网络视听"十四五"科技发展规划》（以下简称《规划》），明确了广电行业发展的一个核心目标，即"科技创新驱动广播电视和网络视听高质量创新性发展"；两项中心任务，即推进广播电视媒体深度融合发展和智慧广电建设；三个重点突出，即突出做好党和国家战略的贯彻落实，突出体现广播电视和网络视听的科技特色，突出强化规划任务实施的落地支撑；四个深刻认识，即从党中央要求、用户需求、风险挑战和发展机遇4个维度对广播电视和网络视听当前所立足的新发展阶段给出了深刻认识；六项任务举措，即以"六个新"的表述方式，系统性地提出了服务业态、视听内容、媒体平台、网络传播、终端迭代、科技支撑端到端各环节的具体任务举措。相关表述为中国广电指明了发展方向和重点任务。

在发展新业态方面，需进一步深化5G、物联网、云计算、人工智能、大数据、区块链等新一代信息技术在广播电视和网络视听领域的应用，打造即时可取的大众化、个性化新视听业态，提升广电行业综合服务能力，扩大服务新版图，以科技创新强化智慧广电新供给、新模式和新业态。

在培育新视听方面，需加快智慧广电视听节目的技术迭代升级，推进节目内容的形态创新，大力开展超高清视频、多维声、VR、AR、MR、360°全景视频、全息成像等新视听技术研究，建立新视听节目的拍摄、制作、存储、播出、分发、呈现全链条技术体系，向用户提供高品质的视听服务，增强广播电视节目的内容竞争力，引领文化新消费。

在建设新平台方面，要加快智慧广电媒体平台IP化、云化、融合化、智慧化发展，推动建立“一体化资源配置、多媒体内容汇聚、共平台内容生产、多渠道内容分发、多终端精准服务、全流程智能协同”的智慧内容生产体系，增强媒体服务供给能力。

在重塑新网络方面，要加快智慧广电传播体系转型，统筹有线、无线、卫星、互联网资源，构建高速泛在、天地一体、集成互联、智能协同、安全高效的新型广电网络，建成业务运营智慧化、用户服务精准化的主流媒体融合传播网、数字文化传播网、基础战略资源网，增强广电网络的辐射力和传播力。

在打造新终端方面，需加快智慧广电终端用户体验的升级，打造新型智能终端，着力实现智慧化、云端化和软件化，使之成为智慧广电服务的重要入口和智慧家庭的信息中枢，不断增强对智慧广电业务和应用的承载能力。

在构建新支撑方面，应推动建立开放、融合、智慧的新型广播电视和网络视听技术体系，引导多元主体参与建立协同化的科技创新生态，激发科技创新活力，自主创新夯实基础，增强创新驱动发展能力。

（二）坚定推进实施中国广电“1359”战略落地

2022年1月，中国广电印发了《中国广电“十四五”发展战略和2035年远景目标纲要》（以下简称《纲要》）。《纲要》承接国家相关规划，经过深入调研、集思广益和多番论证，为公司未来的科学发展指明了方向。其以“打造现代一流企业，夯实新型基础设施，建设现代传播体系，满足用户美好期待，赋能数字中国建设”为使命，以“建设具有全球竞争力的媒体、信息和科技融合的平台型企业，成为最具公信力的智慧广电网络运营商、领先的数字生活服务提供商和重要的国家级媒体融合传播网”为愿景，提出推进实施中国广电“1359”战略：“1”即实施“圆心战略”，“对外”以用户和市场为圆心，推动公司管理和市场服务的“最短距离”和“最快响应”，“对内”以系统和制度为圆心，推动形成内部管理的“最高效率”和“最优动能”；“3”即秉承“创新、融合、开放”三大发展理念，聚焦有线电视、5G、媒体内容三大业务板块，实现三步走战略目标；“5”即落实创新驱动先行、经营统分结合、资源配置精准、效益统筹兼顾、组织管理领先五大举措，践行重建新网络、重塑新内容、培育新业态、构筑新平台、搭建新体系五新路径；“9”即推进云、网、边、端融合等九大任务，确保“圆心战略”落到实处、见到实效。中国广电“1359”战略如图1所示。

中国广电下一步应围绕《纲要》合理布局工作，狠抓落实。

在网络建设方面，结合《规划》要求，实施网络筑基工程，基本建成完备、管用、统一的企业标准体系，体系化建设固移融合、云网协同、可管可控的新型广电网络，持续夯实融合发展新支撑；坚持移动网络优先、有线网络补短；坚持以IP化、云化、智能化等为发展方向，推动建设全互联、广连接，中国广电和通信技术融合的新型广电网络：一是通过共建共享加速推进建设可覆盖全国的极简5G网络；二是立足云网协同，加快推进有线网络升级改造，重点实施国家干线网扩容升级，指导省网公司执行“双千兆”行动计划，加快推进网络光纤化、传输IP

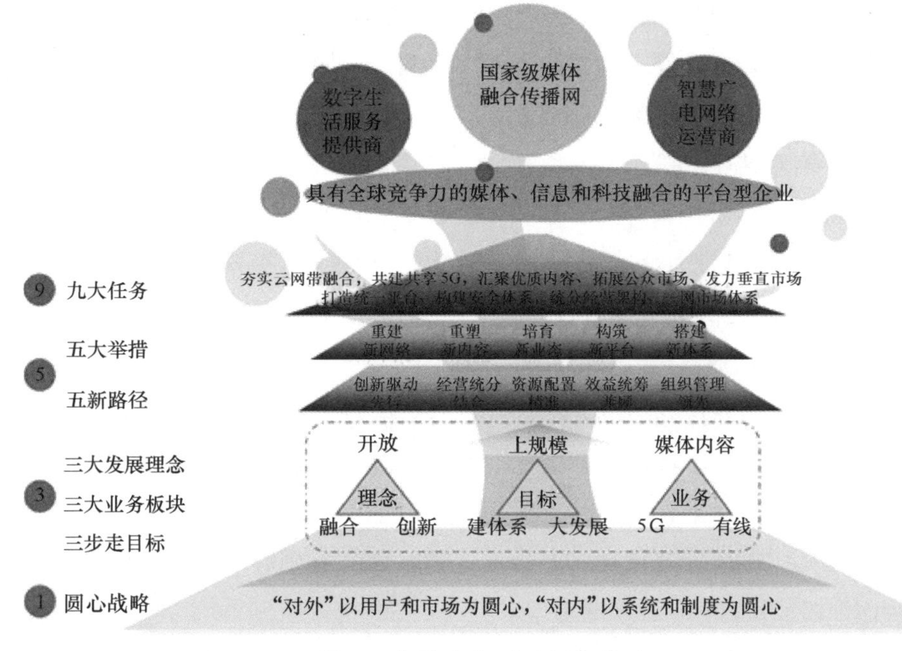

图1 中国广电“1359”战略

化、智能终端化的升级改造；三是建好互联互通平台，实现全国范围的业务整改和业务调度，并与其他电信运营商对等互通，在全国范围内科学规划、合理布局大、中、小型的数据中心，建成层次化的CDN中心，夯实云网协同的基础支撑；四是推进建设业务中台、数据中台、运营和支撑平台，构建技术统一、能力开放、安全有效的智慧中台和智能平台。

在业务探索方面，要持续加大供给侧改革，打造更多具备市场竞争力的业务形态，探索更有生命力的商业模式，在为用户创造价值的基础上发展壮大：一是实施5G赋能工程，把中国广电5G正式放号放在优先位置，加快形成有线+5G融合发展新格局，打造广电5G差异化优势；二是在推动媒体深度融合上创新发展，深度参与各地融媒体生产、制作、存储、分发等各环节的融合创新，合力构建5G+4K/8K、AI的媒体传播新格局，强化内容为王、品质至上，建设全国统一的内容聚合平台，不断汇聚海量优质内容，重点推动台网合作，创新广电5G新高地，在视频、教育、健康、娱乐、游戏等方面的合作，形成面向有线网、宽带网、5G的综合制播能力；三是在引领智慧生活上创新实践，发展智慧家庭等业务，打造“手机+电视+宽带+语音+卫星+*X*”的全媒体全融合的融合业务体系，不断提升广播宽带业务的质量和用户规模，促进固移用户的相互转化，稳步提升广电网络的市场份额。四是在使能千行百业上创新发展，面向智慧政务、智慧城市、智慧社区和各类垂直行业扩大网络的精准覆盖，加强细分行业的能力建设，通过集成或者被集成的合作方式，借助合作伙伴优势资源参与制定政企业务行业标准，共同孵化行业解决方案，并落地实施见效，重点强化与中国广电的战略合作者和国家重点行业进行合作，遴选一批重大项目，聚焦投入，打造一批盈利模式清晰的、可复制的商业标杆；五是在优化公共服务上创新探索，精心打造“智慧广电+公共服务”模式，加快推进5G NR广播系统建设，使之成为广电网络差异化服务的“杀手锏”，积极参与建设新时代融媒体中心，高标准实施智慧广电固边、智慧广电乡村、民族地区有线高清电视数字机顶盒推广普及，应急广播、国家文化大数据体系等重点工程项目，推动城乡公共服务协同发展。

未来，在运营创新方面，中国广电运营的将是一个业务形态多样、用户权益多维、投资和受益主体多元的、复杂的市场体系，需结合实际，科学划分权责，坚持有统有分、统分结合，搭建市场运营新体系，充分调动各方面的积极性和主动性。

一是对全国性业务和核心战略业务坚决坚持“统”。全国性业务要统一架构规划、统一品牌设计、统一流程，推动产品服务标准化和规范化，围绕品牌、产品、定价、渠道、服务、营销宣传和运营支撑等环节，全面构建统一的市场经营体系，系统塑造融合发展新品牌。同时充分发挥“全国一网”的规模效应，逐步推动对重大基础设施统一建设，对大体量器材设备物资、全国性的节目内容、互联网出口、媒体广告等资源的集中招标，分级采购，进一步提高议价能力，降低综合成本。

二是对区域性业务实行科学的“分”。发挥好各省网公司的地域优势，以分省运作模式运营区域化业务，同时对优秀的区域性业务鼓励并支持打造产业基地，以基地运营的模式面向全国市场，以点带面促进行业的共同发展。

三是推动经营渠道实现线上集约化运营，线下属地化分级运营模式。纵深推进营业厅专业升级和联合化运营，打造线上线下一体化的渠道体系，深化融合，挖掘渠道价值，打造业务和渠道的界限，建立业务和渠道的紧耦合关系，创新探索、密切合作，构建渠道与用户共享的营销生态。

四是集中研发对前沿科技、新兴领域的新业务，规模孵化。根据市场需求，充分利用人工智能、大数据、云计算、5G、物联网、区块链等新的技术整合各地研发资源，集中力量开展新业务的研发，建立广电网络和广电 5G 产业项目库，推进新兴业务产业化。

在安全可控方面，需适应广电网络和互联网不断融合的趋势，着眼新的网络结构和特点，构建网络安全一体防线。

一是筑牢技术防线。有线网、电信网、互联网既在物理上互联互通，又在逻辑上隔离和独立运行，提升网络安全的能力，统一建设设备身份的认证体系，建立可溯源的安全管控机制，建设精准式、靶向化的平台监测系统，构建跨业务、跨网络、跨平台的全方位、全过程、全覆盖、全天候的智慧化平台的安全防护新模式。

二是筑牢人才防线。没有专业的网络安全人才就不可能打赢新时代网络安全的攻坚战，中国广电需坚持平战结合和应急应战结合，坚持行业生态的商业联动，协同高校、供应链等各方力量，共同构建网络安全人才培养体系。

三是筑牢制度防线。压实安播责任，落实各级防护要求，形成一级抓一级的责任链条，完善各类安全保障机制，细化安播操作规范，常态化抓实导向、管控和安播管理，对各类事故严肃追责问责，不断强化硬约束。

（北京英维塔科技有限公司　梁张华）

我国信息通信业发展分析与展望

2021年，我国信息通信产业平稳向好发展，产业技术创新突破对国民经济发展的贡献进一步提升，给国内信息通信产业发展带来新机遇。电信行业在5G的带动下进入新一轮增长周期，构建新型信息服务体系，全面深化5G＋垂直行业融合发展；互联网行业在内外部因素的共同作用下“脱虚向实”发展，加快与实体经济深度融合；软件和技术服务业发展态势良好，软件出口同比由负转正，自主研发能力不断增强；电子信息制造业向产业链上游关键环节突破，订单回流，出口收入和利润显著增长。展望2022年，我国全面建设社会主义现代化国家战略持续推进，信息通信行业发展将迎来重大机遇期。双千兆网络全面部署的加快，骨干传输网络承载能力升级的持续演进，进一步夯实了数字化发展底座在经济社会中的支撑作用。新一代信息通信技术的集成创新应用将带动信息通信产业规模持续扩大，相关成果将惠及更多人。

一、2021年信息通信业发展情况

（一）信息通信产业持续快速增长，对GDP贡献持续提升

2021年，我国信息通信产业的收入规模达到26.65万亿元，同比增长14.9%，增速比2020年提高了4.8%。电子信息制造业、软件和信息技术服务业、电信业、互联网业务收入分别为14.13万亿元、9.5万亿元、1.47万亿元、1.55万亿元。从产业结构来看，电信业、互联网服务业、软件业收入占比超过47%，与2020年基本持平，结构保持稳定。

（二）电信业务收入增速回升，开启5G新一轮增长周期

2021年，我国电信业务收入增速明显回升，5G带动移动通信业务进入新一轮增长周期。2021年，按照2020年价格计算的电信业务总量达到1.7万亿元，同比增长27.8%；业务收入累计完成1.47万亿元，比2020年增长8%，增速同比提高4.1个百分点。

数字化服务成为首要增长动力。2021年，固定增值及其他业务拉动电信业务收入增长3.2个百分点，比2020年提升0.3个百分点。包括网络电视、数据中心、云计算、大数据、集成业务等新兴业务在内的固定增值及其他业务是拉动电信业务收入增长的主要动力。5G带动移动通信业务收入增长由负转正，固定宽带接入用户稳步增长，固定数据及互联网业务拉动电信业务收入增长。同时，网络服务供给能力大幅提升，电信普遍服务助力我国农村及偏远地区通信基础设施水平明显提升。

（三）互联网企业营收稳步回升，投融资市场高位缓降

2021年，我国互联网业务收入保持较快增长态势，利润增速保持在两位数，营业成本明显上升，研发费用增长速度稳中有落。我国规模以上互联网和相关服务企业2021年完成业务收入1.55万亿元，同比增长21.2%，增速比2020年提高了8.7个百分点，两年平均增速为16.8%；共实现营业利润1320亿元，同比增长13.3%，增速比2020年提高了0.1个百分点；营业成本同比增长16.1%，增速比2020年提高了13.7个百分点；研发费用为754.2亿元，同比增长5%，增速比2020年回落1个百分点。

从细分领域来看，音视频服务持续呈高增长态势，网络游戏企业的营收增长速度稳中有落，生活服务类平台营收由降转升，网络销售类平台的营收持续快速提升，生活服务、网络销售等平台经营活跃，持续向好。互联网接入服务收入保持增长，互联网数据服务持续快速发展。

2021 年，受外国政治环境变化和经济环境变化的影响，阿里巴巴、京东、腾讯等海外上市的互联网企业市值大幅回调。同时，在网络安全的新规下，赴海外上市面临更加严格的审查，尤其在 2021 年下半年，仅有 1 家企业在美国上市，网络出行、跨境电商等互联网企业赴海外上市的脚步开始放缓。

（四）软件和信息技术服务业发展态势良好，出口额重回正增长

2021 年，我国软件业务收入保持较快增长。2021 年软件和信息技术服务规模以上企业超 40000 家，累计完成软件业务收入 9.5 万亿元，同比增长 17.7%，两年复合增长率为 15.5%；利润总额达 1.2 万亿元，同比增长 7.6%，两年复合增长率为 7.7%。

软件出口业务保持增长。2021 年，我国软件业务出口额为 521 亿美元，同比增长 8.8%，两年复合增长率为 3%。与 2020 年相比，2021 年的出口增速明显回升，但仍低于 2019 年疫情前 2.6 个百分点。

信息技术服务收入增速领先。2021 年，信息技术服务收入为 6 万亿元，同比增长 20%，高出全行业水平 2.3 个百分点，占全行业收入比重为 63.5%。其中，云服务和大数据、集成电路设计、电子商务平台技术服务较 2020 年同期增速较快，分别为 21.2%、21.3%、33%。

（五）电子信息制造业订单回流，出口回暖带来收入和利润上升

2021 年，新型冠状病毒肺炎疫情管控有力，我国电子信息制造业生产保持良好的连续性，国外整机出口订单增加，推动我国整机制造出口数量和金额明显提升，增加值和出口交货值实现两位数增长，我国规模以上电子信息制造业增加值比 2020 年增长 15.7%，增速比 2020 年提高了 8.0 个百分点，增速创下近 10 年新高；出口交货值比 2020 年增长 12.7%，增速比 2020 年提高 6.3 个百分点。2021 年，电子信息制造业的营收和净利润都实现了增长；实现营业收入 14.13 万亿元，比 2020 年增长了 14.7%，增速比 2020 年提高了 6.4 个百分点，两年平均增长 11.5%；实现利润总额 8283 亿元，比 2020 年增长了 38.9%，两年平均增长 27.6%。

在全球集成电路制造产能持续紧张的背景下，近两年，我国集成电路相关领域投资活跃，半导体器件设备、电子元件及电子专用材料制造投资额大幅增长，带动电子信息制造业固定资产投资两年平均增长了 17.3%，远高于制造业两年的平均增长率 5.8%。

二、2022 年信息通信业发展展望

当前，新一轮科技革命与产业变革进入深度拓展期，信息通信技术成为引领创新和驱动数字化转型的先导力量。“十四五”期间，我国开启全面建设社会主义现代化国家新征程，新型基础设施建设将激发和释放潜在经济动力和活力，成为信息通信行业乃至整个社会新的增长引擎。预计 2022 年，我国信息通信产业平稳增长，增速将达到 12%；“十四五”期间，年均增长 11.7%，增速比“十三五”略有提升，高于 GDP 增长速度。其中，电信业、互联网服务业、软件业收入占比将过半。

（一）电信业全面推进新型数字基础设施建设

基础电信运营商加快全面部署双千兆网络，持续升级和演进骨干传输承载网能力，优化数据中心布局，构建数网协同、云边协同的算力体系，夯实经济社会数字化发展底座。同时，进一步拓展和深化电信普遍服务，增强乡村网络设施的供给能力，信息惠民将持续带动提升农村互联网普及率，电信普遍服务的基础性作用和持续性支撑优势愈发明显。

（二）互联网企业加快面向企业服务的布局和转型

业务领域由互联网服务向信息通信技术服务，面向企业市场的业务收入大幅提升，将加速由“模式创新驱动”向“技术创新驱动”转变，不断加大技术创新强度，商业模式向前向收费转变、向价值创造转变。

（三）软件业自主研发能力不断增强

“十四五”期间，以基础软件和工业软件为代表的软件产业将得到更快发展；国产化率较高的产业需求将持续推动核心技术创新，加速突破技术的制约；云计算、大数据、人工智能等新一代信息通信技术将加速推动企业的数字化转型；国产操作系统、数据库、应用软件及平台等产品持续丰富，产业生态逐步完善。

（四）电子信息制造业加速向上游关键环节创新

半导体产线等固定资产投资将持续快速增长，推动电子信息制造业产业规模平稳增长。“十四五”期间，在国内外“双循环”的作用下，半导体制造等高端产业链环节的投资将不断被激发，服务器和个人计算机等细分领域的电子信息制造在全球占据的市场规模将不断提升，我国电子信息制造业营收规模将保持平稳增长。

（中国信息通信研究院　齐永欣　康文斌）

基础电信运营企业 2021 年发展概况及特点

中国电信、中国移动、中国联通 2021 年分别实现通信服务收入 / 主营业务收入 4028.27 亿元、7514.09 亿元和 2961.53 亿元，较 2020 年度分别增长 7.8%、8% 和 7.4%。3 家基础电信运营企业收入的同比增速均较前一年度有明显提升。从整个行业来看，3 家企业共实现通信服务收入 / 主营业务收入 14503.89 亿元，同比增长 7.8%，增幅较上一年度提升多达 4 个百分点，全行业均显示出良好的快速增长势头。三大基础电信运营企业 2013—2021 年通信服务收入 / 主营收入及其增速情况如图 1 所示。

3 家基础电信运营企业的通信服务收入 / 主营业务收入增幅明显回升，其背后的原因既有相同之处，又有所差异。中国电信增收的主要动能来源为行业云、手机上网、宽带接入，同时，智慧家庭业务未来有望成为重要增长点。中国移动正逐步形成 CHBN（移动市场、家庭市场、政企市场、新兴市场）全向发力、融合发展的良好局面。中国联通增收的主要动能来源为 5G 及产业互联网业务。政企业务中的 DICT 和 IoT 业务均为 3 家基础电信运营企业的主要增长动力来源。另外，5G 及其带动的移动业务成为中国电信和中国联通的主要增收来源。家庭固网宽带接入业务则是中国电信和中国移动两家固网资源覆盖相对较好的运营商的主要增收动能，基于其上的智慧家庭业务有望成为未来新的重要增长点。

一、移动业务发展概况及运营策略特点

（一）发展概况：5G 发展势头良好，带动 ARPU 值上升，同时用户规模有较大幅度上升，推动移动业务收入有较大幅度提升

2021 年，中国电信、中国移动、中国联通的 5G 用户规模分别达 1.88 亿户、2.07 亿户和 1.55 亿户，在各自移动业务用户中的渗透率分别达 50.4%、21.6% 和 48.9%。另外，中国电信和中国移动 5G 用户的每用户平均收入（Average Revenue Per User，ARPU）值分别为 53.3 元、82.8 元，在 5G 发展的带动下，两家企业整体移动业务用户的 ARPU 值分别由 2020 年的 44.1 元和 47.4 元上升至 45 元和 48.8 元。

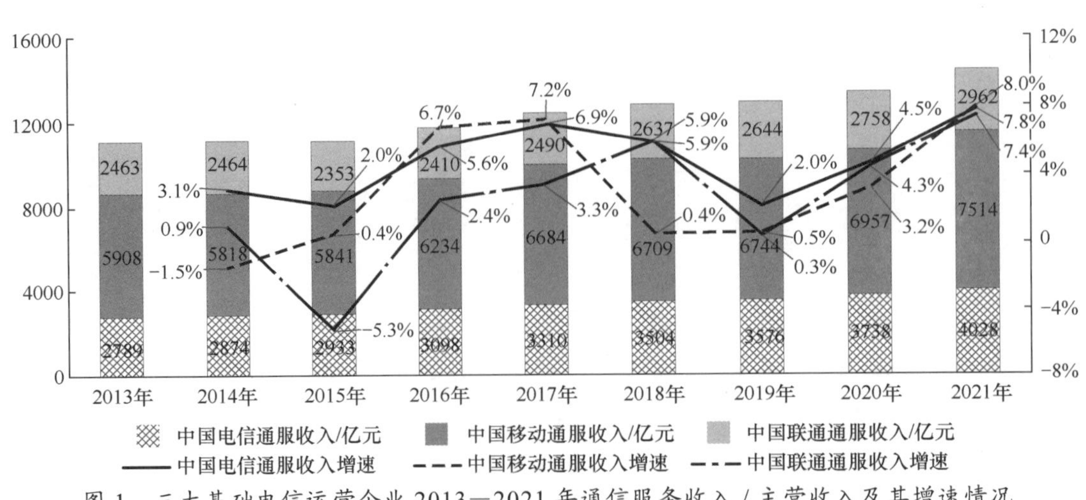

图 1　三大基础电信运营企业 2013—2021 年通信服务收入 / 主营收入及其增速情况

中国联通未披露其5G用户的ARPU值，但其整体移动业务用户的ARPU同样有所上升，由2020年的42.1元升至2021年的43.9元。

同时，中国电信、中国移动、中国联通3家基础电信企业2021年的移动业务用户规模分别为3.72亿户、9.57亿户和3.17亿户，较2020年分别提升了6.1%、1.6%和3.7%。

在ARPU值和用户规模双提升的带动下，中国电信、中国移动、中国联通3家基础电信企业2021年分别实现移动业务收入1841.57亿元、4834.34亿元和1641亿元。三者来自于移动业务的收入增量规模分别为85.93亿元、66.7亿元和74亿元。相对而言，在5G的带动下，移动业务对中国电信和中国联通两家运营商收入的规模增量贡献更大。三大基础电信运营企业2013—2021年移动业务用户规模及其增速情况如图2所示。

（二）运营策略特点：丰富5G应用和权益体系，深化多业融合拓展，强调5G客户规模价值双提升

为保持和提升移动业务的价值，3家基础电信运营企业继续对运营策略进行了优化完善。中国电信持续提升5G覆盖和网络质量，创新天翼云手机终端生态，丰富5G应用和权益体系，推出5G云套餐，以极致融合优化用户业务体验，促进个人新兴信息消费需求升级，持续释放新一轮流量红利，驱动移动用户规模和价值持续提升。此外，推动天翼云VR、云游戏、超高清、天翼云盘和5G视频彩铃等特色应用快速发展，实现价值贡献初步显现。

中国移动以5G为引领，进一步完善“连接＋应用＋权益”统一产品体系，强化三大客户品牌联合运营。一方面，聚焦套餐、终端、网络客户，增强终端卡位，分类精细运营，充分利用市场交叉属性，深化融合拓展，加速4G客户向5G迁转，推动5G客户规模价值双提升，持续引领个人信息通信消费升级；另一方面，紧抓数字经济新赛道，围绕用户数字消费需求，打造平台经济模式，加强细分客户群体精准运营，大力发展会员经济，以权益产品为载体、以权益超市为统一阵地，充分融通内外部服务触点、优质资源，推广多样化专属产品、应用、权益及升级三大品牌差异化服务等方式，深化基于规模的价值经营。得益于5G快速增长拉动及产品权益融合运营深化，5G发展取得快速突破。

中国联通紧跟5G消费数字化、线上化、融合化的发展趋势，持续深化5G引领，带动移动业务价值、规模双提升。坚持价值为先、体验领先、规模突破，全力实施5G引领融合化、群组化发展，以5G引领质效规模发展，推进新用户发展即5G，重点市场和细分人群5G场景化突破；坚持精细化经营，基于大数据精确分析和场景化深刻洞察，深化用户精准切

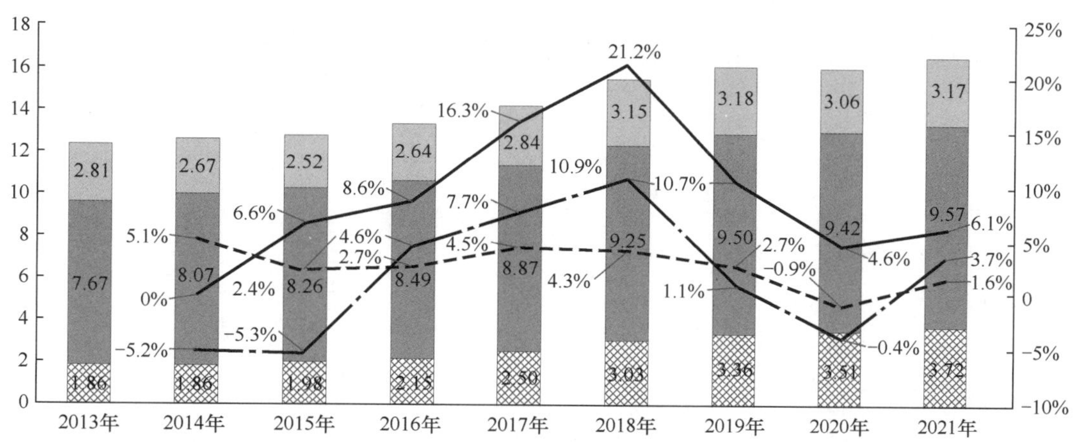

图2　三大基础电信运营企业2013—2021年移动业务用户规模及其增速情况

片和分类施策，推进存量用户 5G 化，特别是中高端用户升迁 5G；完善数字化运营体系，以创新驱动集约化、平台化智慧运营；不断优化渠道布局，线上线下融合的新型渠道体系更加强健，联通 App 品牌全面焕新，率先实现“一键通办”，新型渠道体系行业平台型商业模式初步建成；加快基础业务产品创新迭代，推进“平台 + 网 +X”基础创新产品布局，推进 5G 多量纲产品创新，确保资费合约与产品竞争力，推进 5G 套餐对全量客户全覆盖，加强 5G 用户合约化、融合化发展，加强产品内容、权益合作，视频彩铃、通信助理用户超千万；加强全产品统筹管理与一体化开发运营能力，面向 2C、2H、2B2C 市场，成功推出联通数村、联通智家、联通云犀等平台；终端数字化运营和供应链生态加速健全，公司持续开放了终端运营体系，保障了终端供应稳定，升级了数字化供应链能力；消费金融工具赋能广泛深入，金融受理门店数超过 10 万家；协同行业友商及产业链上下游，积极开展 5G 消息友好用户体验，开拓 5G 生态新蓝海。

二、家庭固网宽带业务发展概况及运营策略特点

（一）发展概况：3 家企业固网宽带业务的收入及用户规模均有较大增幅，行业分化趋势明显，中国电信与中国移动发展质量相对较高

2021 年，中国电信、中国移动、中国联通的家庭固网宽带业务收入分别同比 2020 年增长了 6.5%、16.6% 和 5.2%，并为自身的收入规模增量分别贡献了 46.76 亿元、134.22 亿元和 22.38 亿元，各占自身通信服务收入 / 主营业务收入增量部分的 16.1%、24.1% 和 11%。家庭固网宽带业务是中国电信和中国移动的主要增收动能，而该业务对中国联通的增收拉动作用相对较弱。

截至 2021 年年底，3 家企业的家庭固网宽带用户分别为 1.7 亿户、2.4 亿户和 0.95 亿户，规模合计达 5.05 亿户，同比增长了 11%。3 家基础电信运营企业在固网宽带领域继续保持了分化的态势。中国移动的固网宽带用户规模及增速均稳居行业第一，其用户规模的领先优势有扩大的趋势，用户增速达 14.2%，保持了大幅领先竞争对手的有利优势 [1]。

3 家基础电信运营企业的用户增速均较前一年有所提升，其中，中国移动 2021 年的增速较 2020 年上升了 1.8 个百分点，中国电信和中国联通分别上升了 3.6 个百分点和 7.3 个百分点。需要注意的是，随着家庭固网宽带用户的渗透率持续提升，该业务用户规模的增长有可能在 2 ～ 3 年后接近拐点，未来用户增速或将持续下降，个别运营商甚至可能面临负增长。那时，行业将难以再通过价格战等手段实现大幅拉新和提升业务收入，提供更丰富的内容资源、终端产品、家庭信息服务及用户权益将成为下一阶段市场竞争的重点。三大电信运营企业 2014—2021 年家庭固网宽带业务用户规模及其增速情况如图 3 所示。

（二）运营策略特点：“千兆带宽” + 智慧家庭应用成为 3 家企业的共同卖点

中国电信依托云网融合能力优势，融合“千兆宽带 + 全屋 Wi-Fi+ 天翼高清 + 智家应用”，以智家平台汇聚内容应用和泛智能终端产业生态，推动智能家居产品互联互通，持续丰富数字生活服务内涵，提供全屋智能定制服务方案，促进生活消费品质升级。公司大力推动全屋 Wi-Fi、天翼看家等智家业务用户渗透率快速提升，加快从智家场景向智慧社区、数字乡村拓展，借助物联网、大数据、人工智能等技术，推出社区安防、社区管理、居民服务等产品及应用，推进智慧社区打造；推出乡村治理、农业生产、农村生活等产品及应用，推动数字乡村建设，实现融通互促、联动发展。

中国移动着力宽带品质提升，落实国家“双千兆”要求，推动千兆网络与 5G 覆盖同步，构建

1. 2021 年中国电信和中国联通的固网宽带用户规模的增速分别为 7.1% 和 10.4%，相对中国移动的增速较低。

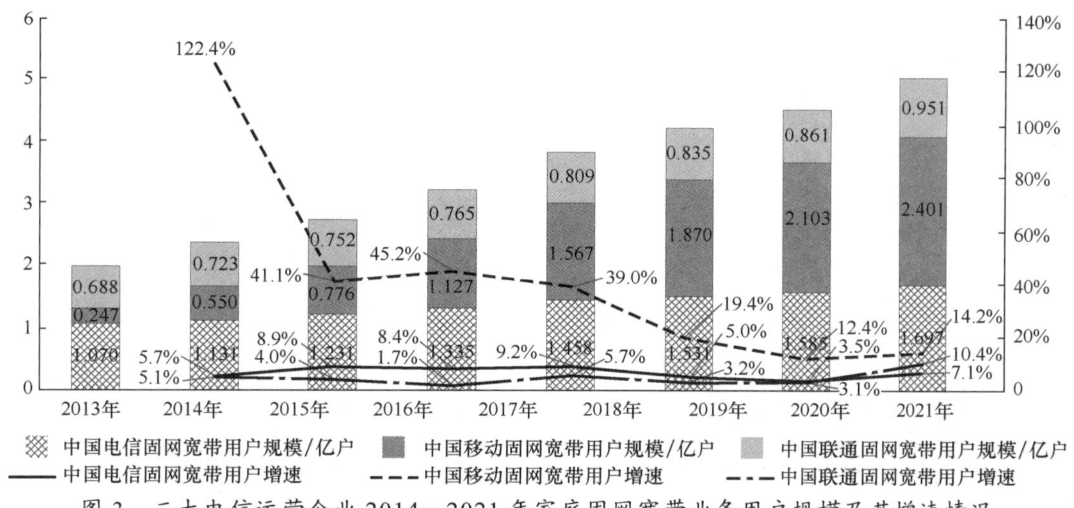

图3 三大电信运营企业2014—2021年家庭固网宽带业务用户规模及其增速情况

"全千兆＋云生活"服务体系，推进智慧家庭向智慧社区延伸，开展高价值小区推广联合运营，持续完善Wi-Fi、FTTR组网方案，推广场景化宽带，助力宽带换挡提速和价值提升。坚持品质驱动宽带领先，加快千兆宽带网络升级，完善端到端服务和质量管理体系；坚持内容驱动电视领先，强化大小屏融合运营，打造"宽带电视＋数字院线＋垂直内容"的家庭信息服务入口；坚持应用驱动智家领先，完善家庭场景布局，深化基于场景的客户运营和价值运营，聚焦泛安全、家庭教育、健康养老、家庭办公等HDICT（家庭信息化解决方案）应用新场景，持续创新家庭信息服务；把握智慧社区、数字乡村发展契机，持续提升全家Wi-Fi、移动看家、智能语音等规模业务发展价值。通过持续做大宽带客户规模、树立千兆宽带品牌优势、积极布局HDICT等举措，家庭市场实现快速增长，客户价值快速提升。

中国联通坚持"端网业营服信"全面协同，面对5G、宽带、Wi-Fi"三千兆"升级机遇期，公司紧抓技术换代窗口，以连接、平台和应用的"全网融合"为策略主线，以5G引领"三千兆"融合化为核心，促进宽移融合发展。持续夯实宽移融合底座，满足消费场景化、智能化、多元化需求，体系化推进宽带及智慧家庭业务发展。北方坚持强宽促移，加快FTTR推广，有效填充视频、监控等智慧家庭核心应用，拉动用户价值提升，依托冬奥品牌优势，全面强化千兆宽带发展；南方紧抓发展新契机，强化宽带能力建设，聚焦高价值区域，以移带宽、移宽协同，加快千兆小区建设改造，持续开展宽带测速提速活动，盘活资源，全面提高网络资源效益，加快市场规模突破，为实现北方全面领先、南方定点超越的经营目标奠定坚实基础。公司还以宽带流程全链条优化为抓手，建立了以市场为牵引的端网业服协同联动机制，构建家庭用户"两网一中台"数字化运营体系，全面提升宽带资源接入能力和资源管理能力，推进高效能治理。实现联通智家工程师与超8000万宽带用户通过App一键对接，快捷响应，进一步提升高品质服务竞争力。此外，还将固话纳入家庭套餐，盘活固话码号资源，并推出了固话视频彩铃、企业名片等创新应用。

三、政企DICT+IoT业务发展概况及运营策略特点

（一）发展概况：DICT+IoT已成为3家基础电信企业收入增长的主要贡献来源，并保持快速增长势头

产业数字化服务是中国电信增收的主要动能来源之一。2021年，中国电信该业务的营收规模达

989.45 亿元，同比 2020 年增长 17.8%，收入规模和市场份额继续保持行业领先。其中，IDC 业务目前仍是产业数字化收入的主要贡献来源，2021 年，该细分业务收入达 316 亿元，同比增长 13%，约占产业数字化收入的 21.6%，但这一比例相较 2020 年已有较大下降，降幅接近 12 个百分点。数字化平台及大数据业务是产业数字化业务的第二大收入来源，2021 年其收入规模为 224.02 亿元，同比 2020 年的增速为 5.4%。行业云是产业数字化业务的第三大收入来源，同时也是收入增长最快的细分业务，其 2021 年的收入规模达 213.28 亿元[2]，同比增长 90.9%，占产业数字化收入的 21.6%。组网专线业务的收入规模为 200.62 亿元，随着专线市场竞争的加剧，此业务已进入低速增长阶段，2021 年其增速仅为 1.6%。物联网业务收入规模较小，仅为 28.59 亿元，但增速较快，同比 2020 年增幅达 31.8%。随着经济社会进一步加速数字化、网络化、智能化转型，未来产业数字化的大部分业务有望保持快速增长态势。中国电信 2019—2021 年产业数字化收入规模及增速情况如图 4 所示。

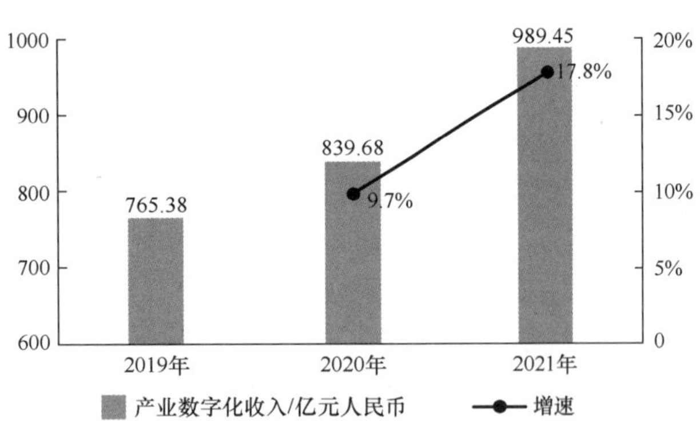

图 4　中国电信 2019—2021 年产业数字化收入规模及增速情况

中国移动 2021 年政企市场收入规模达 1371.36 亿元，同比上一年度增长 21.4%；政企客户数达 1883 万家，净增 499 万家。其中，DICT[3] 和 IoT 业务的收入分别达到 622.84 亿元和 114 亿元，同比分别增长 43.2% 和 21.3%。DICT+IoT 业务的收入占政企市场收入的比例由 2020 年的 46.9% 提升至 2021 年的 53.7%。

在 DICT+IoT 的各项细分业务中，2021 年，IDC 实现收入 216 亿元，同比增长 33%，占 DICT+IoT 业务收入的 29.3%；截至 2021 年底，公司的可用机架已达 40.7 万架，实现“4（热点区域中心）+3（跨省中心）+*X*（省级中心 + 业务节点）”资源布局，主要客户包括头部互联网企业、政府机关、金融机构等。ICT 业务实现收入 144 亿元，同比增长 35.2%，继续保持快速发展态势。行业云收入达 192 亿元，同比继续大幅提升 110%，自研基础设施即服务（Infrastructure as a Service，IaaS）、平台即服务（Platform as a Service，PaaS）、软件即服务（Software as a Service，SaaS）产品达 230 款以上，引入合作的 SaaS 产品超出 2700 款，资源能力全国覆盖，实现“*N*（中心资源）+31（省级资源池）+*X*（边缘云节点）”布局。物联网业务收入达 114 亿元，同比增幅达 21.3%；连接数 10.49 亿个，规模增量达 1.75 亿个，为日后拓展其他 DICT 业务打下了坚实基础。中国移动 2018—2021 年 DICT+IoT 业务收入规模及增速情况如图 5 所示。

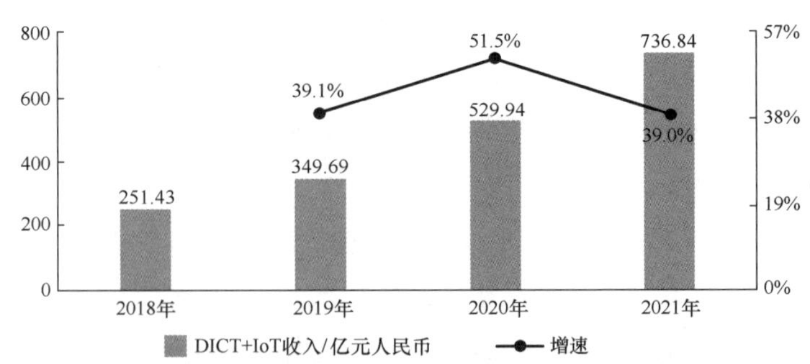

图 5　中国移动 2018—2021 年 DICT+IoT 业务收入规模及增速情况

中国联通 2021 年产业互联网收入达 548 亿元，同比 2020 年增长 28.3%，增长额达 121 亿元，延续了近年来高速增长的良好势头；业务收入占主营业务收入的比例由 2016 年的 5.8% 大幅增加至 2021 年的

2. 中国电信的行业云业务为天翼云的一部分，2021 年天翼云业务的收入为 279 亿元。据中国电信在年报中的介绍，天翼云业务“稳居业界第一阵营，保持政务公有云市场的领先地位”。

3. 中国移动定义的 DICT 业务包括 IDC、ICT、移动云及其他政企应用及信息服务。

18.5%，较2020年再提升3个百分点；该业务2021年对公司主营业务收入增长的贡献度达59%，已成为公司长期发展的重要动力来源。随着公司积极培育5G＋垂直行业应用创新发展，“十四五”期间公司产业互联网营收占比有望进一步提升。

中国联通产业互联网下的各项细分业务均得较佳增长成绩，“联通云”2021年营收规模达163亿元，同比增幅高达46.3%；大数据收入达26亿元，同比增长48.7%，市场份额连续3年位居电信运营商首位；物联网业务收入达60亿元，同比增幅约43%，连接数超3亿个；IT服务方面，行业应用收入达60亿元，以自研为核心实施的行业应用项目超8000个，自研大应用产品超200款。未来，以云计算和大数据为基础的AI、区块链等新兴业务有望迎来快速发展，进一步壮大产业互联网的发展空间。中国联通2016—2021年产业互联网收入规模及增速情况如图6所示。

（二）运营策略特点：云网一体、算网融合及5G项目示范落地/商用成为重点强调的发力点

中国电信2021年进一步深度融合数字经济要素与实体经济，以“融云、融安全、融5G、融数、融智”为抓手，打造综合智能的场景化解决方案，积极赋能传统产业转型升级。公司5G定制网广泛服务于各垂直行业，创新商业模式丰富落地；数字化平台加快模块化演进，促成天翼云全面升级为分布式云，显著增强集成业务核心能力，使公司新增IT系统实现100%云化，存量IT系统99%完成云化改造，全部由天翼分布式云承载，推动客户加快“上云用数赋智”。同时，中国电信的5G定制网商用项目覆盖5G应用“扬帆”行动计划的全部15个重点行业，全年落地项目超过1200个。“致远、比邻、如翼”3类定制网充分发挥5G广连接、高速率、低时延和数据安全等特性，赋能工业互联网、融媒体、智慧城市、智能采矿、车联网、智慧医疗、智慧港口等行业。通过各类虚拟定制网，满足社会各类企业的数字化转型升级需求，大幅提升了企业的产品质量和生产效率，有效解决了特定行业网络建设复杂、作业环境艰苦、安全风险大等难题，助力垂直行业数字化和智能化改造升级。此外，推动天翼云实现核心技术突破，全面升级为分布式云基础设施、操作系统和产品能力，丰富边缘云产品和解决方案，将算力延伸至边缘节点，满足数据驻留和超低时延等新兴应用场景需求，在政务、公共事业、互联网、工业制造等领域，赢得多个亿元以上云业务和CDN业务项目订单。

中国移动充分发挥融合创新的算网集成化服务能力和配套完备的全国属地化服务优势，聚焦重点产品、重点行业“政企产品清单”和“解决方案清单”，一体化推进“网＋云+DICT”规模拓展，持续做大规模，做优价值。围绕“拓规模、提品质、优服务”，推动专线、物联网、集团短彩信等基础业务提质、升级，实现大体量下的持续增长。移动云方面，构筑云网一体、云数融通、云智融合、云边协同的差异化优势，产品能力体系不断优化，加速向

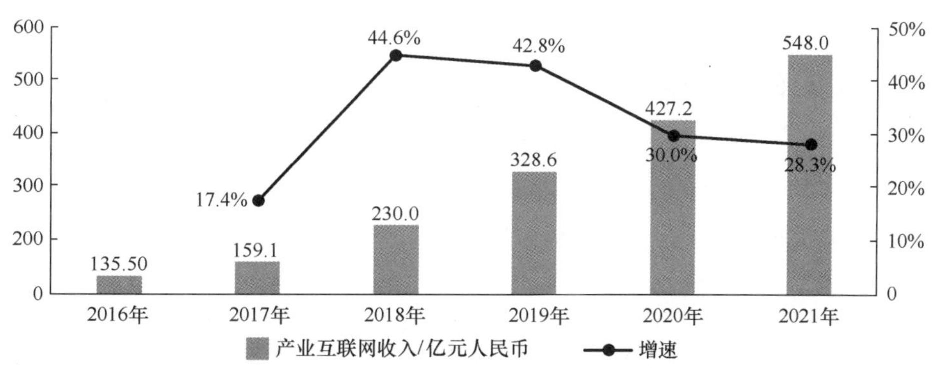

图6 中国联通2016—2021年产业互联网收入规模及增速情况

业界第一阵营冲刺。着力打造云引擎领先，加快云资源产品能力建设，强化核心能力，云主机、云硬盘、弹性公网IP等20多款产品技术能力位于业界前列，以公有云带动规模发展，以私有云拉动收入增长，云业务实现高速增长。5G垂直领域方面，树立行业领先形象，5G龙头示范效应持续凸显，专网、应用深度融入行业，多个细分领域进入规模复制阶段；持续巩固5G引擎领军，全面打造示范项目，打造200个5G龙头示范项目，签约高品质“商品房”超2800个，拓展5G专网项目1590个，加速5G+AICDE[4]能力产品化，加快细分行业规模拓展，5G深度融入行业数字化转型升级，在智慧矿山、智慧工厂、智慧电力、智慧冶金、智慧港口、智慧医院等多个行业实现规模拓展，5G专网收入实现突破。工业互联网方面，打造“1+1+1+*N*”[5]的产品体系，进一步推动5G+工业互联网深度融合，结合行业客户的差异化需求，建设网随业动、端云融合、可管可控的5G工业专网，助推产业数字化转型升级。

中国联通以云大物智链安基座为五大赛道奠定坚实基础。IDC方面，公司紧抓“东数西算”新机遇，倾力打造“联接＋感知＋计算＋智能”的算网一体化服务，打造云网边一体化、分布合理、绿色集约的“5+4+31+*X*”新型数据中心体系。“联通云”方面，全面焕新升级为数字化转型和融合创新的底座，形成云原生和虚拟化双引擎，为客户提供云资源、云平台、云服务、云集成、云互联、云安全等一体化融合创新解决方案。通过统一技术架构、统一PaaS平台，提升算力算效，全面布局大计算，通过技术升级、产品升级、服务升级、生态升级全面升级联通云。支持架构开放、双引擎基座和多场景部署，大物智链安等PaaS产品与IaaS产品深度融合，基础产品品类不断丰富，基础产品性能大幅提升，发布物联感知云、数海存储云、智能视频云等七大场景云产品，助力千行百业数字化转型。大数据方面，融合“联通链”及人工智能，升级数据应用服务、数据技术服务、数据安全服务、AI、区块链服务能力，聚焦政务、金融、文旅、交通等行业，优化政务大数据、金融大数据、文旅大数据、行业AI产品及“行业＋区块链”产品体系；持续服务疫情防控与复工复产；支撑8项区块链试点成功入选国家区块链创新应用试点。实现大数据平台日处理能力突破200TB。物联网方面，持续做大物联网连接规模，以5G为引领，加快推动物联网大连接新格局，物联网连接数超过3亿个，加快向连接＋非连接的融合应用转型，物联网市场份额持续提升。加快以平台为核心的自主创新引领，雁飞智连平台承载连接数突破1.6亿个，成为连接业务的主力承载平台；雁飞格物平台自2021年4月商用以来快速接入近百万个设备数，超过200个物模型、180个OpenAPI，成为联通物联网向“连接＋非连接”融合应用转型的枢纽级平台。发布国内首款低成本的轻量化雁飞5G模组，联合展锐完成全球首个基于R16的eMBB+uRLLC+IIoT端到端验证，积极推动5G IoT产业创新发展。IT服务方面，强化自主创新，实现产品能力平台化、自主产品标准化、产品研发集约化，提升5G应用规模化推广能力，提高项目毛利率。同时，积极布局安全市场，安全产品形成规模复制能力。目前大应用中，自研应用产品超200款，在智慧城市、工业互联网、数字政府、生态环境等领域打造了智慧城市基座、一网统管、工业互联网平台、政务大数据平台、智慧河湖长等一批明星产品，以自研为核心实施8000多个行业应用项目，拉动行业应用收入60亿元，形成了以自主能力、自研产品、自主集成交付、持续运营服务集一体的差异化竞争优势，全面服务客户数字化转型。

（北京英维塔科技有限公司　梁张华）

4. AICDE分别指人工智能（AI），物联网（IoT）、云计算（Cloud Computing）、大数据（Big Data）和边缘计算（Edge Computing）。

5. 1+1+1+*N*即1类5G工业终端模组，1张5G工业专网（优享/专享/尊享三种服务模式、多租户虚拟专网等），1个工业互联网平台OnePower，以及智慧工厂、智慧电力、智慧冶金、智慧矿山等*N*个细分行业5G应用场景。

通信光缆光纤行业发展与分析

作为国家信息通信产业乃至数字经济可持续发展的基石，光纤光缆行业的长期健康发展是至关重要的，在数字化经济的发展过程中发挥着无可替代的基础性战略作用。光缆光纤行业经历了 2019 年、2020 年两年的低迷状态，2021 年在 5G 基站集中大规模部署、“双千兆”等政策驱动下，在以运营商为首的客户和行业企业的多方作用下，光纤光缆行业重回健康发展轨道。随着“十四五”规划的不断推进，长期受益于网络带宽升级和流量增长，光纤光缆行业发展有望持续向好。

一、2021 年光缆光纤行业情况

（一）通信行业：电信业务收入较快增长，实现良好开局

2021 年，我国电信业务收入累计完成 1.47 万亿元，比 2020 年增长 8.0%，实现自 2014 年以来的较高增长水平，增速比 2020 年提高 4.1 个百分点。其中，云计算、大数据、数据中心等面向企业的新兴数字化服务快速发展，收入比 2020 年增长 27.8%，拉动电信业务收入增长 3.6 个百分点，对电信业务收入增长贡献率上升至 44.5%，成为收入增长第一拉动力；固定、移动数据及互联网业务继续发挥稳定器作用，收入占比为 61.5%，对电信业务收入增长贡献率为 39.4%。

按照 2020 年不变单价计算，2021 年电信业务总量完成 1.7 万亿元，比 2020 年增长 27.8%；按电信业务总量和收入测算，电信业综合价格比 2020 年下降 13.6%。2021 年，我国服务消费价格总体上涨 0.9%，电信业综合价格持续下降，对降低生产生活成本、助力数字经济发展发挥了积极作用。

（二）通信线路：网络基础设施优化升级，全光网建设深入推进

2021 年，新建光缆线路长度为 319 万千米，全国光缆线路总长度达 5488 万千米，其中，长途光缆线路、本地网中继光缆线路和接入网光缆线路长度分别达 112.6 万千米、1874 万千米和 3502 万千米，接入网光缆线路长度比 2020 年净增 297 万千米，进一步保障和支撑用户服务质量。截至 2021 年年底，互联网宽带接入端口数达 10.18 亿个，比 2020 年年底净增 7180 万个。其中，光纤到户 / 办公室（Fiber To The Home / Office，FTTH/O）端口达 9.6 亿个，比 2020 年年底净增 8017 万个，占比由 2020 年年底的 93% 提升至 94.3%。2016—2021 年互联网宽带接入端口的发展情况如图 1 所示。

（三）政策助力信息基础设施建设，指引光缆光纤行业向好发展

2021 年，网络建设相关政策频发，具体如下。

①《中共中央　国务院关于全面推进乡村振兴加快农业农村现代化的意见》发布。

② 千兆光网和 5G 被列入政府工作报告。

③ 招投标规范相关文件《关于建立健全招标投标领域优化营商环境长效机制的通知》发布。

④《中华人民共和国国民经济和社会发展第十四个五年规划和 2035 年远景目标纲要》公布。

⑤《“双千兆”网络协同发展行动计划（2021—2023 年）》发布。

⑥《5G 应用“扬帆”行动计划（2021—2023 年）通知》印发。

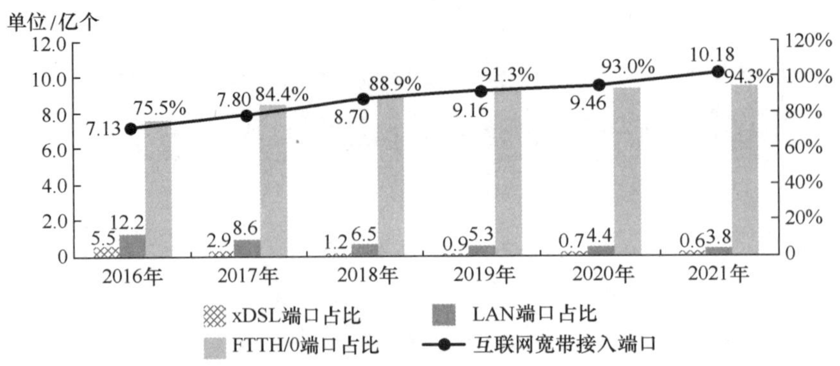

资料来源：工业和信息化部

图 1 2016—2021 年互联网宽带接入端口的发展情况

⑦《“十四五”信息通信行业发展规划》印发。

2021 年，与网络建设相关的政策频现，充分体现了国家对网络基础设施发展的重视。2021 年是“十四五”开启之年，也是信息通信业再迎高速发展的关键节点。支持农村及偏远地区信息通信基础设施建设，无疑将推动相关网络建设；5G 独立组网、千兆光网建设被重点提及，将引发新一轮的建网高潮。对于网络建设的基础光缆光纤来说，其将在政策的指引下迎来需求的增长。

二、光缆光纤的未来发展趋势

展望未来，5G / 云计算 / 物联网 / 人工智能拉动的新一轮流量高增长周期将带动光纤需求新一轮景气，逐步改善未来供求关系，行业有望进入新一轮景气周期。但面对新型冠状病毒肺炎疫情反复、原材料价格 / 运费上涨等不利因素加剧，光缆光纤企业需要考虑如何构建自己的管理、技术、规模、成本优势来应对挑战。可以预见，“十四五”时期，光缆光纤会围绕“高密度、易施工、高性能、绿色环保”加大新产品开发与推广力度。

（一）千兆宽带规模快速提升，光纤光缆行业迈入新的增长周期

市场调研机构十分看好中国光纤宽带及千兆宽带的发展，Omdia 在 2021 年 12 月发布的一份报告显示，截至 2020 年年底，全球的光纤网络用户数不到 6.2 亿，预计 2022 年这一数字增至 7.19 亿。其中，大多数光纤用户增长将出现在中国市场。

2022 年 1 月，国务院印发的《“十四五”数字经济发展规划》中提到，2025 年我国千兆宽带用户将达到 6000 万户。而从目前的发展情况来看，实际用户规模会远超于此。

运营商层面也在继续发力，例如，上海电信在国内率先开展千兆宽带规模商用，其设定的 1000Mbit/s 宽带用户占比在 2022 年年底预计达到 40% 的目标，将远远超过全球和全国平均水平。

“十四五”期间，全球光缆光纤市场规模将超过 6 亿芯千米，年复合增长率超过 5%；中国市场规模接近 3 亿芯千米，年复合增长率接近 4%。光纤光缆行业迈入新一轮上升周期。2018—2026 年全球光缆光纤市场规模及趋势如图 2 所示。

（二）疫情反复、原材料价格 / 运费上涨等不利因素，光缆光纤企业面临挑战

与此同时，疫情反复及各地防控政策影响，电力供应持续紧张导致部分地区暂停工业生产用电，主要原材料价格涨幅超过 20% 和国际物流价格上涨等不利因素不容忽视，只有具备管理、技术、规模、成本优势的光缆光纤企业，才能从容应对各种挑战。2021 年 9 月相比 2020 年 9 月主要原材料价格涨幅情况如图 3 所示。

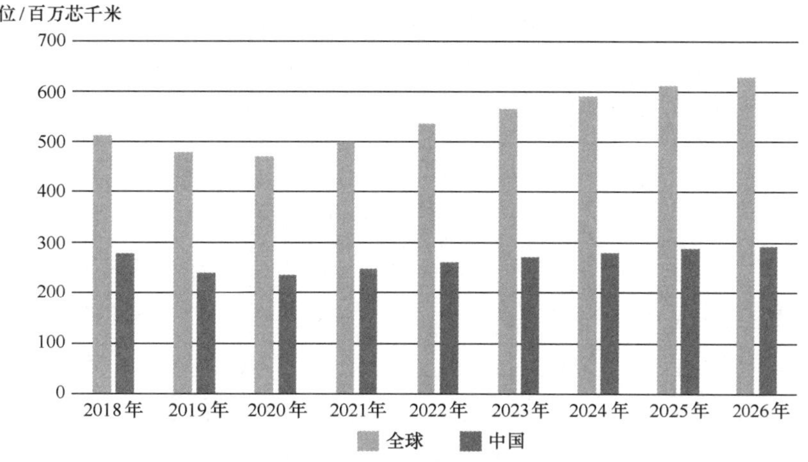

资料来源：CRU

图 2　2018—2026 年全球光缆光纤市场规模及趋势

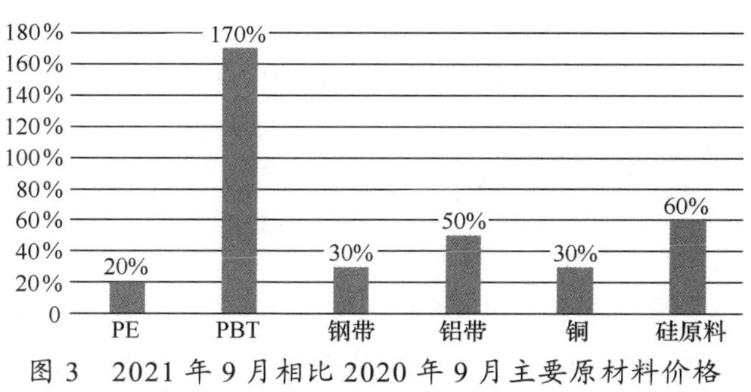

图 3　2021 年 9 月相比 2020 年 9 月主要原材料价格涨幅情况

企业应立足根本，稳步抓好科研、生产、经营，挖掘和发挥自身潜力、优势，推进企业数字化转型，企业智能化、数字化生产不但是制造业的发展趋势，更是企业、行业可持续、高质量发展的关键。在国家政策的助力下，企业通过科技创新、智能化、数字化生产积累资本，再用于新技术、新工艺、新产品研发，形成良性循环。这也是“转型”的意义所在。

（三）围绕“高密度、易施工、高性能、绿色环保”加大新产品开发与推广力度

1. 高密度

移动和固网通信的带宽不断提高及终端不断增加，使通信网络中光纤的需求量不断增加，如何在现有路由中布放更多光纤，是很多地区运营商和网络建设方的迫切需求。目前，部分欧洲大型电信运营商集采招标中已出现 864 芯及更大芯数光缆，美国市场也有 1728 芯光缆的实际需求，同时对光缆最大缆径也有严格的要求。

提高光纤高密度的主要方式有气吹微缆、光纤带光缆和小直径光纤。

2. 易施工

对于较发达的国家和地区，人工成本在网络建设中占比较高，且呈上升趋势，提高施工效率，减少人工劳动强度，降低网络建设的综合成本，是较发达地区客户的持续需求。

提高光缆施工效率的技术主要有气吹微缆（提高布放效率）、光纤带光缆（提高熔接效率）、全干缆（提高开剥效率）。

3. 高性能

不断增长的网络流量和业务需求带动相关网络技术不断向前演进，光缆光纤作为基础物理层，不仅要考虑满足当前应用要求，还要考虑兼容未来发展需要。

（1）骨干传输网

随着核心网及云化数据中心之间传输速率和传输容量的不断增加，400Gbit/s 及超 400Gbit/s 技术将成为城域网核心层、省内外骨干网、云化数据中心互联的主要技术选择。从传输技术角度分析，400Gbit/s 比 100Gbit/s 有更高的频谱效率、更低的单位比特成本和更低的功耗等优势，但也面临高阶调制系统带来的更高光信噪比（Optical Signal Noise Ratio，OSNR）及更低非线性效应方面的要求。相对于传统的 G.652.D 光纤，大有效面积 G.654.E 光纤具有更低的衰减系数和更大的有效面积，可显著降低光纤的非线性效应，提高系统的 OSNR，从而增加系统的无中继传输距离，减少中继站的数量，降低网络时延。

（2）接入网

重点发展方向包括大带宽接入技术、构建以 10Gbit/s 无源光纤网络（Passive Optical Network，PON）为基础的千兆光网，积极试验和探索引入 50Gbit/s PON 技术，提升家庭场景的接入带宽。在接入层部署时，需要考虑弯曲性能对未来 *X*Gbit/s PON 方案中长波长窗口开通的影响。为应对室内外接入段复杂的敷设环境，向上向下技术兼容，提高稳定性，降低故障率，节约维护网络的成本，对室内外接入段的光纤性能提出了更高要求。目前推出的弯曲性能优化的低损耗 G.657.A1 光纤，主要特点有：更低的损耗；更加优异的弯曲性能；光纤完全与 G.652.D 兼容，熔接损耗低；可以制备大芯数、高密度、小型化光缆，帮助客户降低管道建设、租赁和施工的成本。

（3）数据中心互连

在云化数据中心互连方面，需要考虑未来 400Gbit/s 及 Tbit/s 高速系统对非线性和 OSNR 的更高要求，与之对应的新型 G.654.E 光纤除了前述优点，还为数据中心和中继站选址在地理位置上提供了一个更加灵活的选择，从而降低数据中心整体建设的成本。在数据中心内部互连方面，需要考虑光纤跳线进一步密集布线及未来新一代以太网传输技术的演进，新需求和技术的演进对数据中心内部互连的多模光纤提出了新的性能要求：兼容现有以太网标准的同时能满足未来升级至 400Gbit/s、800Gbit/s 甚至更高传输速率的需求；可支持如短波波分复用、BiDi 等多波长复用技术的高带宽性能；可适应数据中心密集布线场景的优异抗弯曲性能。在此背景下，多模光纤及其应用的相关标准持续升级，弯曲不敏感 OM4 和 OM5 多模光纤将是数据中心建设的热点光纤。

4. 绿色环保

较发达国家和地区的安环体系管理比较严格，光缆用户对产品的环保性能要求较高，对供应商生产过程的环保要求也较高，有些运营商还会要求供应商从产品设计和生产制造过程方面考虑，在环保方面制订持续改进的计划。

相关的技术主要有：全干光缆技术，无须使用油膏（石油制品），减小上游原料对环境的不良影响，同时对光缆施工现场不会造成任何污染；气吹微缆技术，减小聚乙烯、聚对苯二甲酸丁二酯等石油制品的用量，减小上游原料对环境的不良影响，同时节省光缆加工过程中的能耗。

综上所述，2022 年，光缆光纤行业所面临的市场环境既有复杂的一面，又存在不少利好因素，总的来说是机遇大于挑战。相信行业相关厂商能够把握机遇，直面挑战，推动行业持续健康发展。

（长飞光纤光缆股份有限公司　张薇）

增值电信业务市场发展与分析

一、我国增值电信业务市场仍然保持较快发展势头

我国增值电信业务持证企业数量迅猛增长，市场规模进一步扩大，同时从业人员有所减少，说明我国增值电信业务的发展主要基于技术进步和资本投入，对人力资源需求降低。

（一）市场主体数量呈持续较快增长

截至2021年12月底，全国增值电信业务经营许可企业共118289家（其中，5130家企业同时持有工业和信息化部及各省通信管理局颁发的增值电信业务经营许可证），比2020年增长25.7%。其中，工业和信息化部许可的跨地区企业为26812家，各省（自治区、直辖市）通信管理局许可的本地企业合计96607家，分别比2020年增长19.4%和26.7%。

（二）市场规模进一步扩大

2020年，全国增值电信业务收入达20588.04亿元（含3家基础电信运营商），同比增长23.26%。其中，3家基础电信运营商的增值电信业务收入达3932.3亿元，占总收入的19.1%，同比增长17.85%；其他企业增值电信业务收入达16555.74亿元，同比增长23.87%。工业和信息化部颁发的增值电信业务经营许可证的电信企业收入为4230.65亿元，同比增长22.39%；各省通信管理局颁发的增值电信业务经营许可证的电信企业收入达12325.07亿元，同比增长24.38%。全国增值电信业务总收入（不含基础电信运营商）如图1所示。

增值电信业务收入增长主要来源于互联网相关业务，包括互联网信息服务、在线数据处理和交易处理及互联网资源协作业务。

（三）从业人员规模数量有所缩减

2020年，增值电信业直接带动就业111.6万人，比2019年减少约20%。其中，信息服务业务（仅限互联网信息服务）发展最快，带动就业人数最多，达46万人；国内呼叫中心业务位列第二位，带动就业人数约27.8万人；在线数据处理与交易处理业务位列第三位，带动就业人数约12.5万人。呼叫中心业务受新型冠状病毒肺炎疫情及技术进步影响，从业人员下降较为明显。

二、行业发展的特点及趋势

（一）行业聚集效应明显

由于信息通信“一点接入、全网服务”的特点，

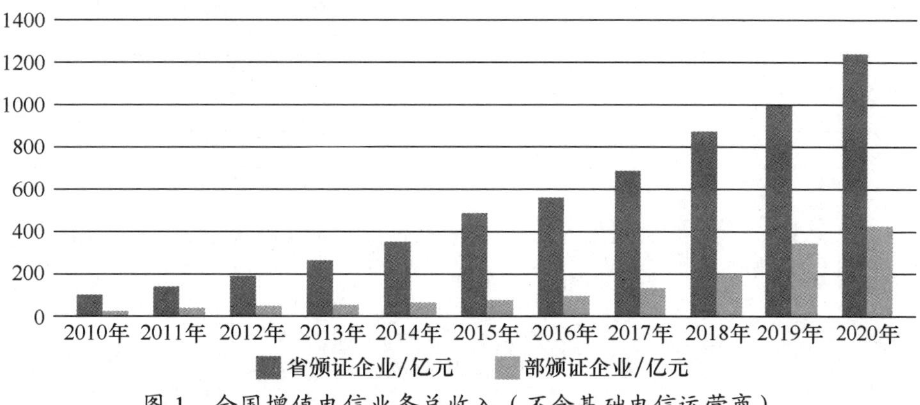

图1 全国增值电信业务总收入（不含基础电信运营商）

整个行业聚集效应明显，主要体现在以下 3 个方面。

1. 地点聚集

我国增值电信业务持证企业分布仍然高度集中，主要集中在东部发达地区的几个省份。发达地区的资金和人才及技术优势都让企业向这些地区聚集。按照注册属地统计，在工业和信息化部颁证企业中，注册地在北京、广东、上海 3 地集中了 52.5% 的跨地区企业。在各省颁证企业中，北京、广东、河南、浙江、江苏、上海 6 地集中了全国 55.5% 的增值电信企业。持证企业按地域分类情况如图 2 所示。

2. 业务聚集

信息服务业务和在线数据处理与交易处理业务许可占许可项目总数的 77%，信息服务业务（仅限互联网信息服务）、在线数据处理与交易处理业务及互联网数据中心业务，占增值业务总收入的 88.02%。

3. 收入聚集

2020 年，增值电信业务收入超过 500 万元的规模以上企业仅占持证企业总数的 8.6%，却取得了增值电信业务收入总额的 97.3%。其中，增值电信收入百亿元以上的企业共有 19 家，数量和 2019 年持平，其总收入占整个增值电信业务收入的 45.5%，19 家企业除中国电信、中国移动、中国联通三大基础电信运营商外，其他企业收入主要来源于信息服务业务、在线数据处理和交易处理及云计算等业务。

（二）业务呈现多元化融合发展

人工智能和大数据的深入应用，促进业务呈现多元化融合发展，增值业务更多呈现服务手段多元化，推出的服务包括多种增值业务，客服服务变成呼叫中心、App 客户端、网站、微信公众号、微博和短信等多种服务模式。融合通信成为未来业务与技术有机结合的重点发展方向。不同类型的增值业务相互促进发展，例如微信等 App 的发展非但没有导致短信业务的消失，反而给短信业务提供了新的市场机遇。

（三）开放水平不断提升

我国电信市场对外开放水平不断提高，世界贸易组织政策、《内地与香港关于建立更紧密经贸关系的安排》《内地与澳门关于建立更紧密经贸关系的安排》（Mainland and Hong Kong Closer Economic Partnership Arrangement&Mainland and Macao Closer Economic Partnership Arrangement，CEPA）政策、自贸区政策有效落地，为港、澳、台及境外企业投资经营电信业务创造了良好条件。2021 年，外商及我国港澳台商投资电信企业共 809 家，同比增长 105%。从业务类型来看，境外企业投资经营在线数据处理与交易处理、信息服务、呼叫中心 3 项业务热情较高，占许可总量的 91%。从地域分布来看，北京、上海、广州 3 地境外企业数量遥遥领先，占企业总量的 66%。电信业务市场在法律规定范围内对境内外企业一视同仁、平等对待，营造了公平、公正、非歧视的营商环境，对稳定境外投资主体预期产生了积极作用。

2020 年，外商投资企业共完成增值电信业务收入 1915.4 亿元，占增值电信业务总收入的 9.3%。其中，部颁证企业增值电信业务收入达 1882.7 亿元，上海自贸区企业增值电信业务收入达 32.7 亿元。

（四）增值电信业对经济增长的贡献作用增强

增值电信业务对国民经济增长作用不断提升，

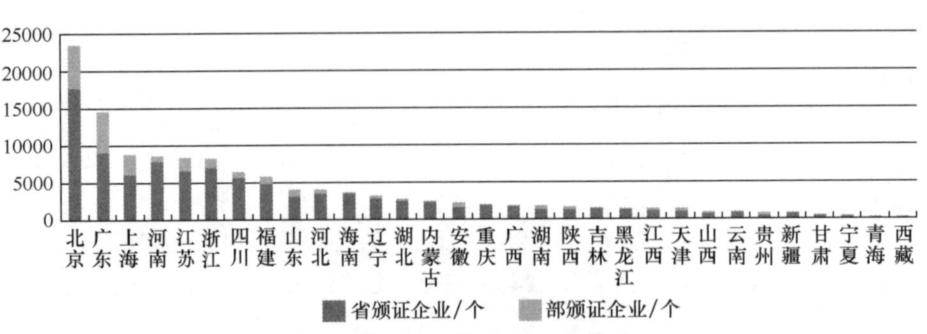

图 2 持证企业按地域分类情况

直接带动的GDP规模从2018年的5956亿元提升至2020年的9282亿元，2020年对国民经济增长贡献度为7.1%，间接带动GDP增长10804亿元，复合增速达25%，对国民经济增长的贡献度为8.3%。横向来看，增值电信业对国民经济的贡献显著高于基础电信业。2020年，我国增值电信业增加值高于基础电信业2021亿元，对经济增长的直接贡献高于基础电信业7.4%。增值电信业相较于基础电信业而言，对经济发展发挥着更大的作用。

（五）有利促进数字经济发展

在增值电信业务中，互联网业务与数字经济发展息息相关，有效促进了数字经济的繁荣发展。一是支撑平台经济稳定发展。信息服务业务许可数量最多，占比57.4%，为网络直播、网约配送等平台经济提供基础支撑，创造了丰富的就业机会，有效应对疫情冲击，为“稳就业”提供了有力保障。二是支撑线上消费快速增长。CNNIC数据显示，截至2021年6月，全国网上零售额达61133亿元，同比增长23.2%。其中，作为电商平台的经营主体，在线数据处理与交易处理业务（占比21.69%）持证企业做出巨大贡献。三是为数字经济发展提供基础支撑。内容分发网络业务许可数量增速最快，达到88%，互联网数据中心增速达55%，为数字经济发展、新基建建设创造了良好的基础条件。四是为新型冠状病毒肺炎疫情常态化下的生产生活提供新路径。在疫情防控常态化新情况下，国内多方通信服务业务有力支撑在家办公、远程会议等，增速达77.6%。

（六）增值电信极大带动其他行业就业

疫情期间，增值电信业为人才就业提供更多的就业选择，成为落实国家自主创业、灵活就业政策的重要途径。增值电信业丰富传统就业模式。增值电信业务为丰富就业形式、增加就业机会、创造新型就业做出较大贡献。增值电信业带动就业人数不断增加。2020年，增值电信业直接带动就业111.6万人，其中，信息服务业务（仅限互联网信息服务）发展最快，带动就业人数最多，达到46万人，间接带动快递员、外卖骑手、网约车司机、主播、菜鸟驿站员工、淘小铺掌柜、小店店主等多种就业岗位。2020年，增值电信业间接带动约346万人就业，是其直接提供就业机会的5.3倍。

三、主要业务发展情况

（一）互联网数据中心业务

截至2020年年底，全国互联网数据中心（Internet Data Center，IDC）业务持证企业共4653家，比2019年增加44.95%。其中，部颁证企业为3539家，省颁证企业为1114家。2020年，全国IDC业务收入约1741.1亿元，同比增长32.5%。IDC业务收入（不含基础电信运营商）如图3所示。

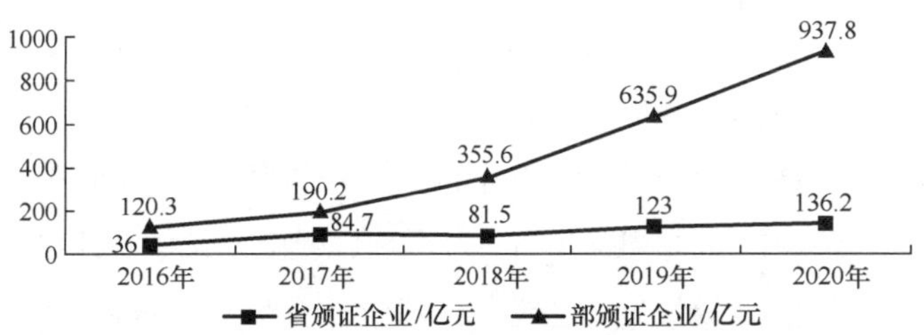

图3 IDC业务收入（不含基础电信运营商）

IDC业务收入主要集中在基础电信运营商和大型云服务企业，国内前十IDC企业总收入占全行业的比例超过67.2%，其中，3家基础电信运营商收入达664.1亿元，阿里云、腾讯云、华为、蓝云、世纪互联等17家企业年度营业收入超10亿元。

全国持有IDC业务许可企业中包含互联网资源协作服务的许可企业共2276家，其中，工业和信息化部颁证企业1970家，各省颁证企业306家。全国互联网资源协作业务收入达656.7亿元。互联网资源协作业务基本形成以阿里云、腾讯云、华为、蓝云、光环新网、金山和百度7家大型企业为主的市场格局，收入总和超过536.8亿元，市场份额占比达81.7%。

IDC基础设施主要分布在骨干网核心节点，以及东部下游用户需求较为集中的地区。受北上广建设指标和政策收窄，以及“双G双提”宽带网络能力不断提升的影响，IDC 产业布局逐步扩展至核心城市周边和西部能源、自然条件优越的地区。新建 IDC 能耗指标已经接近或达到国际领先水平；存量数据中心仍有较大优化升级空间。

（二）互联网接入服务业务

截至 2020 年年底，全国互联网接入服务业务持证企业共 7401 家，比 2019 年增加 27.8%。其中，工业和信息化部颁证的企业 5289 家，各省颁证企业 2112 家。2020 年，全国互联网接入服务业务收入约 316.1 亿元，同比减少 11.8%。

收入主要集中于少数规模较大的企业中。其中，中国电信和中国联通的接入业务收入达 1539.6 亿元；工业和信息化部颁证企业以鹏博士、阿里云业务收入占比 14.5% 占据排名前列。

（三）信息服务业务

1. 互联网信息服务

截至 2020 年年底，全国互联网信息服务业务持证企业数量共 59698 家，同比增加 29.97%。其中部颁证企业数量 192 家，省颁证企业数量 59506 家。2020 年，全国互联网信息服务业务收入共 11448.7 亿元，同比增加 27.94%。部颁证企业业务收入 1156.7 亿元，省颁证企业业务收入 10292.0 亿元。互联网信息服务业务收入如图 4 所示。

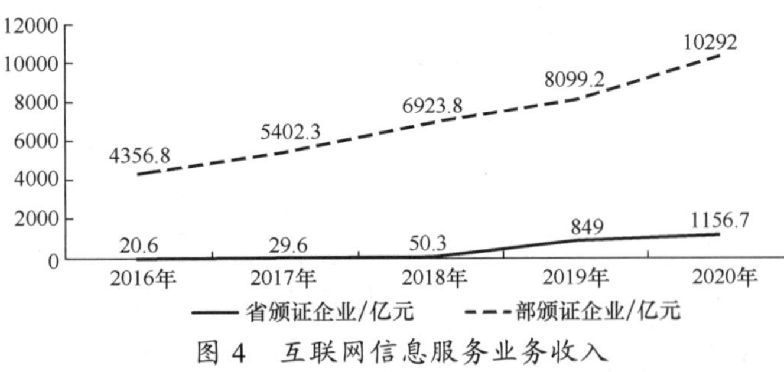

图 4 互联网信息服务业务收入

互联网企业在移动支付、共享经济、生活服务和公共服务平台等方面不断创新，带动互联网信息服务业务收入保持稳步增长态势，主要业务收入来源是在线支付、网络游戏、网络直播、在线教育、在线音视频、互联网广告等服务。

新型冠状病毒肺炎疫情加速了数字化转型步伐，信息产品形态快速更迭，信息服务模式日益丰富，互联网产业与其他产业融合催生新业态，对缓冲疫情冲击、促进经济稳定发挥了重要作用。数字经济融入民生的方方面面，成为经济发展新引擎。

2. 移动信息服务业务

截至 2020 年年底，全国不包含互联网信息服务业务的持证企业数量共 16349 家，同比增加 3.15%；部颁证企业数量 12691 家，同比增加 12.04%；省颁证企业数量 3658 家，同比减少 19.12%。2020 年，全国信息服务业务（不含互联网信息服务）业务收入共 808.8 亿元，同比增加 2.74%：部颁证企业业务收入占了全国总收入的近九成，为 704.3 亿元，同比增加 12.56%；省颁证企业业务收入 104.5 亿元，同比减少 35.3%。

移动信息服务业务经营者提供的服务项目最多的是会员通知代发和验证码，其次是服务订阅或查询，再次是短信充值。

（四）在线数据处理与交易处理业务

截至 2020 年年底，全国在线数据处理与交易处理业务持证企业数量共 23616 家，同比增加 75.18%。其中，部颁证企业数量达 213 家，省颁证企业数量达 23403 家。2020 年，全国在线数据处理与交易处理业务收入共 2050.3 亿元，同比增加 26.00%。部颁证企业业务收入共 526.6 亿元，省颁证企业业务收入共 1523.7 亿元。在线数据处理与交易业务收入如图 5 所示。

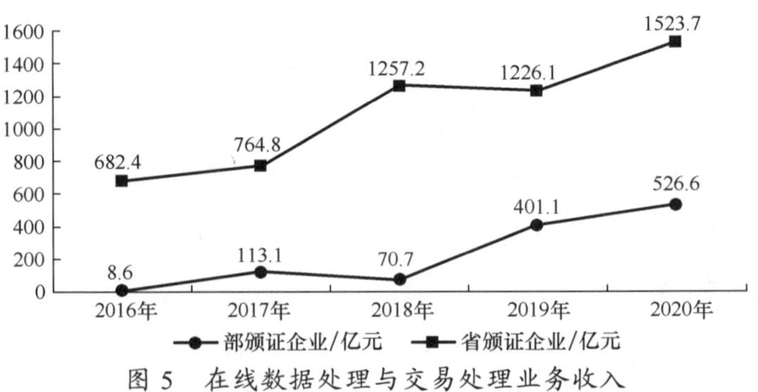

图 5 在线数据处理与交易处理业务收入

在线数据处理与交易处理业务主要服务项目是在线电子商务平台，新型冠状病毒肺炎疫情加速了传统经济数字化转型进程，电子商务平台在助力抗击新型冠状病毒肺炎疫情、拉动消费回补、畅通产业链供应链方面发挥了重要的作用。近些年，电子商务规模持续扩大，创新融合不断加速，对数字经济的引领作用日益凸显。

（五）移动通信转售业务

截至2020年年底，全国移动通信转售业务持证企业数量共39家，全部为部颁证企业，从业人数为1572人。38家企业开通了业务，共实现业务收入30.1亿元，同比减少19.3%。29家企业盈利，苏州蜗牛等10家企业业务收入超过亿元，占据了市场总业务收入的68.4%。

截至2020年年底，全国移动通信转售业务用户数约9467.6万户，同比减少27.2%，其中，预付费用户8189.5万户，占总用户数的86.5%，预付费共计12.2亿元，比2019年增加18.4%。活跃用户仅占3成，每用户平均收入（Average Revenue Per User，ARPU）值为13.2元。通话时长54270.1亿分钟，同比减少22.7%。短信业务量42亿条，同比减少5.8%。

在用户价值方面，移动转售企业还有很大的提升空间。转售企业平均每个用户提供的年度收入为32.8元，月ARUP值2.6元，中国移动2020年的用户月ARUP值为47.4元。相比基础电信运营商，转售企业的用户价值提升空间非常巨大，说明市场还有较大的发展空间。

（中国信息通信研究院　刘在东）

我国电信业务对外开放情况与发展分析

一、我国电信业务对外开放历史进程

我国于2001年加入WTO，正式开启电信业务对外开放的大门。随着《外商投资电信企业管理规定》、《内地与香港关于建立更紧密经贸关系的安排》（CEPA）、《中国（上海）自由贸易试验区外商投资经营增值电信业务试点管理办法》《海南自由贸易港建设总体方案》《海南自由贸易港外商投资准入特别管理措施（负面清单）》等政策相继出台，外商投资电信业务逐步放开。自对外开放以来，市场中已经开放的电信业务种类不断增加，同时外资股权比例呈逐步放宽态势。

从地方层面来看，自贸试验区改革创新深入推进，对外开放试验田作用更加凸显。2013年起，国家率先在上海设立自贸区，先后分6批开放了福建、天津、广东、海南等21个自贸区，已覆盖东部沿海所有省份和中部部分地区。上海先行先试进一步放开部分增值电信业务外资股比，为我国探索电信业务开放及监管积累了宝贵经验。2019年起，上海自贸区的试点政策推广至所有自贸试验区。

二、我国电信业务对外开放现状分析

（一）增值电信业务已逐步放开外资股比限制

近年来，我国不断加快对外开放的步伐，具体到电信业务上，开放的业务种类和外资股比已逐步放开。依据《电信业务分类目录》（2015年版），共有10项增值电信业务，外资企业可分类适用WTO政策、自贸区政策、CEPA等，依据股比开放要求，申请经营电信业务。

其中，WTO政策下已开放6类增值电信业务，B1类业务均未开放，B2类业务均开放，自贸区政策下共开放8类增值电信业务，在WTO政策的基础上进一步开放了国内互联网虚拟专用网业务（外资股比不超过50%），取消互联网接入服务业务（仅限为上网用户提供互联网接入服务）、信息服务业务（仅限应用商店）外资股比限制。CEPA下开放力度最大，10项增值电信业务均已面向港澳服务提供者全面开放，在自贸区政策的基础上进一步放开IDC业务及内容分发网络（Center Delivery Network，CDN）业务，两项业务外资股比均不超过50%。

（二）外商投资电信企业数量呈增长态势

近年来，外商投资电信企业数量呈稳步增长态势。截至2022年1月底，全国获工业和信息化部许可的跨地区企业共27103家，其中，获得批准的外商投资电信企业共779家，占经营者总数的2.9%。从许可数量来看，外商投资电信业务中排名前3的依然是在线数据处理与交易处理业务、信息服务业务和国内呼叫中心业务。外商投资电信企业总体情况如图1所示。

（三）部分外资企业通过CEPA合资或技术合作方式进入我国电信市场

当前对于IDC（含云服务）业务，在WTO及自贸区政策下并未对外资放开。由于部分外资企业希望在全球范围内开展IDC（含云服务）业务，所以按照当前的开放政策，企业可采取两种途径进入我国市场。

第一种途径是满足CEPA政策的方式。外资企业通过其在中国香港的公司（中国香港服务提供者）与

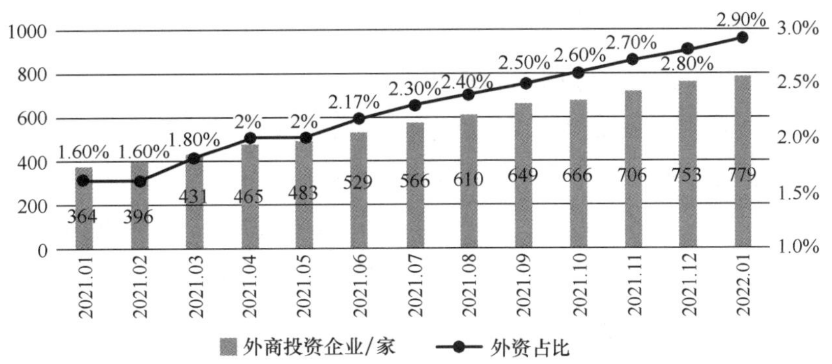

资料来源：中国信息通信研究院

图 1 外商投资电信企业总体情况

内地企业成立合资公司，中国澳门亦同。利用合资公司申请获得 IDC 经营许可，以在我国境内经营 IDC（含云服务）业务。

以中国香港为例，该模式需重点满足以下 5 个方面的监管要求：一是中国中国香港服务提供者的注册地必须在中国香港；二是至少具有 3 年电信行业运营经验；三是中国香港服务提供者应提供中国香港工贸署颁发的《内地与香港关于建立更紧密经贸关系的安排》（中国香港服务提供者证明书）；四是中国香港服务提供者取得 CEPA 中的待遇后，可与内地企业设立合资企业；五是中国香港服务提供者在合资经营增值电信服务业务的企业中拥有的股权不得超过 50%。根据法律法规规定的审核权限，内地审核机关在审核中国香港服务提供者的申请时，一并对中国香港服务提供者的资格进行核证。合资公司通过审核并取得相关经营许可证后，可在我国境内开展相关增值电信业务。

第二种途径是采取技术合作的方式。除了 CEPA，外资企业可通过与国内企业进行技术合作的方式落地中国市场。在技术合作方面，有以下 3 个方面需特别注意：一是在经营主体方面，由内资持证企业作为经营主体，与用户签订合同对客户提供服务，外资企业作为技术提供方，不能与用户直接签订合同；二是在商标和品牌使用方面，需使用内资持证企业的商标和品牌，或者使用内外资双品牌的方式，而不能只使用外资企业的商标和品牌；三是外资企业与内资持证企业开展技术合作，应向电信管理机构书面报告合作事项。

三、我国电信业务对外开放政策分析

（一）外商投资负面清单条目逐年缩减

对外开放是我国的基本国策，我国坚持互利共赢的开放战略，持续推动扩大对外开放，进一步缩减外资准入负面清单，努力营造市场化、法治化、国际化的营商环境，大幅减少外资准入限制，推动经济高质量发展。2017—2021 年，连续 5 年缩减外商投资准入负面清单；2021 年，全国和自贸试验区外资准入负面清单分别缩减至 31 条、27 条，缩减比例分别为 6.1%、10%。2020 年以来，新型冠状病毒肺炎疫情给全球跨境投资造成巨大冲击，在此严峻形势下，我国利用外资仍稳中有增，是全球极少数吸收外资保持增长的主要经济体之一。

关于负面清单中涉及电信领域开放的主要内容如下：《外商投资准入特别管理措施（负面清单）（2021 年版）》提出，限于中国入世承诺开放的电信业务，增值电信业务的外资股比不超过 50%（电子商务、国内多方通信、存储转发类、呼叫中心除外），基础电信业务须由中方控股；禁止投资互联网新闻信息服务、网络出版服务、网络视听节目服务、互联网文化经营（音乐除外）、互联网公众发布信息服务（上述服务中，中国入世承诺中已开放的内容除外）。《自由贸易试验区外商投资准入特别管理措施（负面清单）（2021 年版）》提出：限于中国入世承诺开放的电信业务，增值电信业务的外资股比不超过50%（电子商务、国内多方通信、存储转发类、呼叫中心除外），基础电信业务须由中方控股（且经营者须为依法设立的专门从事基础电信业务的公司）；上海自贸试验区原有区域（28.8平方千米）试点政策推广至所有自贸试验区。

（二）在自贸港等地探索电信业务进一步开放

1. 海南进一步放宽部分电信业务开放股比限制

按照中央部署，在海南全岛建设中国特色自由贸易港，是党中央着眼于国际国内发展大局，深入研究、统筹考虑、科学谋划做出的重大决策。海南自贸港将对标世界最高开放形态，成为中国对外开放的重要窗口，引领更高层次、更高水平开放型经济发展。在电信业务开放方面，2018年9月，国务院发布《关于印发中国（海南）自由贸易试验区总体方案的通知》，将增值电信业务外资准入审批权下放给海南省，取消国内多方通信服务业务、上网用户互联网接入服务业务、存储转发类业务外资股比限制，允许外商投资国内互联网虚拟专用网业务（外资股比不超过50%）。2020年6月，《海南自由贸易港建设总体方案》提出，要有序扩大通信资源和业务开放，开放增值电信业务，逐步取消外资股比等限制；允许实体注册、服务设施在海南自由贸易港内的企业面向自由贸易港全域及国际开展在线数据处理与交易处理等业务，并在安全可控的前提下逐步面向全国开展业务；安全有序开放基础电信业务。2020年年底，海南省发布《海南自由贸易港外商投资准入特别管理措施（负面清单）》，与全国版及其他自贸区负面清单有所不同，其明确提出：增值电信业务除在线数据处理与交易处理外，其他业务按照《自由贸易试验区外商投资准入特别管理措施（负面清单）》执行；允许实体注册、服务设施在海南自由贸易港内的企业面向自由贸易港全域及国际开展IDC、CDN等业务。

2. 北京深化服务业扩大开放，进一步放开部分业务外资股比限制

为深化北京市新一轮服务业扩大开放综合试点、建设国家服务业扩大开放综合示范区，自2019年以来，国务院先后出台多项政策，同意在北京市暂时调整实施《外商投资电信企业管理规定》《外商投资准入特别管理措施（负面清单）》的有关规定，在信息服务、互联网接入服务、IP-VPN业务方面予以一定的放开。2019年提出扩大电信业开放，在北京市服务业扩大开放综合试点示范区和示范园区取消存储转发类业务、国内多方通信服务业务、互联网接入服务业务（仅限为用户提供互联网接入服务）等增值电信业务外资股比限制。2021年10月，国务院提出在中关村国家自主创新示范区海淀园，取消信息服务业务（仅限应用商店）外资股比限制；在北京市服务业扩大开放综合试点示范区和示范园区，取消互联网接入服务业务（仅限为用户提供互联网接入服务）等增值电信业务外资股比限制；向外资开放国内互联网虚拟专用网业务（外资股比不超过50%），吸引海外电信运营商通过设立合资公司，为在京外商投资企业提供国内互联网虚拟专用网业务。

（三）深化“放管服”改革，简化外商投资准入环节，加强事中和事后监管

我国在深化“放管服”改革、优化营商环境方面出台了一系列政策。国务院先后出台《关于在自由贸易试验区开展“证照分离”改革全覆盖试点的通知》《关于取消和下放一批行政许可事项的决定》《关于深化“证照分离”改革进一步激发市场主体发展活力的通知》等一系列政策。工业和信息化部相继出台《开展第二类增值电信业务相关许可事项告知承诺审批试点工作实施方案》《工业和信息化部关于深化“证照分离”改革的通告》等配套政策，在外商投资电信业务方面，采取轻准入、重事中和事后的监管模式。

在事前准入环节，深化“证照分离”改革，进一步激发市场活力。一是直接取消审批。取消核发《外商投资经营电信业务审定意见书》，相应外资审查工作纳入电信业务经营许可审批环节。二是实行

告知承诺。在自贸区范围内，对第二类增值电信业务经营许可实行告知承诺审批试点，对外方投资者基本情况、出资比例、申请经营的业务种类等材料实行告知承诺，当场做出审批决定。三是推行行业综合监管，开展“一业一证”试点。《国务院关于上海市浦东新区开展“一业一证”改革试点大幅降低行业准入成本总体方案的批复》提出，在上海浦东新区试点“一业一证”，将数据中心/云计算、互联网电商纳入首批“一业一证”改革试点的行业目录，将一个行业准入涉及的多张许可证整合为一张行业综合许可证，集成有关单项许可证信息，实行“一枚印章管准入”。

在事中和事后监管环节，依据《国务院关于在自由贸易试验区开展“证照分离”改革全覆盖试点的通知》《国务院关于取消和下放一批行政许可事项的决定》《关于加强外商投资电信企业事中事后监管的通知》等相关政策要求，监管部门将加强事中和事后监管。一是强化信息报送。加强对外商投资电信企业日常经营活动的监测，督促其按要求报送经营信息年报、相应的电信业务市场监测有关信息。二是加强例行检查。加强对外资承诺内容真实性的例行检查。通过“双随机、一公开”监管等方式加强监管，发现违法违规行为要依法查处并向社会公开结果。三是依法实施信用监管。如实记录企业违法失信行为，并依据信用情况实施差异化监管等。

（四）强化国家安全，建立外商投资安全审查机制

在推动高水平对外开放的同时，国家也在稳步推进外商投资管理制度改革。外商投资国家安全审查是国际通行的外资管理制度，旨在确保外商投资领域的国家安全，在平衡经济利益和维护国家安全方面发挥着重要作用。美国、德国、日本、澳大利亚等国家均建立了外商投资安全审查制度。2011 年，我国建立外商投资安全审查制度。2020 年 1 月 1 日起施行的《中华人民共和国外商投资法》规定，国家建立外商投资安全审查制度，对影响或者可能影响国家安全的外商投资进行安全审查，进一步丰富了外商投资安全审查的法律依据。2020 年 12 月，我国出台《外商投资安全审查办法》，根据该办法建立外商投资安全审查工作机制，以进一步健全对外开放安全保障体系，并在积极促进和保护外商投资的同时，有效预防和化解国家安全风险，为更高水平的对外开放保驾护航。

四、“十四五”时期我国电信业务对外开放展望

“十四五”时期，我国进入新发展阶段，开启全面建设现代化国家新征程。建设更高水平开放型经济新体制面临的机遇和挑战将面对新的发展变化，总体而言，机遇大于挑战。

从国内看，我国已转向高质量发展阶段，制度优势明显，经济长期向好，物质基础雄厚，市场空间广阔，发展韧性强劲，建设更高水平开放型经济新体制具备诸多有利条件。从国际来看，世界处于百年未有之大变局，同时新型冠状病毒肺炎疫情影响广泛，世界经济陷入低迷，经济全球化遭遇逆流，单边主义、保护主义抬头，投资贸易自由化、便利化进程受阻，建设开放型经济新体制面临诸多不稳定、不确定因素。

“十四五”时期，要坚持以习近平新时代中国特色社会主义思想为指导，立足新发展阶段，贯彻新发展理念，以共建“一带一路”为引领，建设更高水平开放型经济新体制，电信市场开放也将服务于国内大循环为主体、国内国际“双循环”相互促进的新发展格局，稳步拓展制度型开放，构建与国际通行规则相衔接的制度体系。同时统筹开放和安全，构筑与更高水平开放相匹配的配套监管及风险防控体系。

（中国信息通信研究院　刘芊岑　魏卉）

大宽带及网络融合篇

千兆时代的宽带光网络发展与建议

面对各类新兴业务的不断出现，宽带接入网络技术继续向更高速率、更多波长、更低时延演进，同时结合各类软件定义网络（Software Defined Network，SDN）/网络功能虚拟化（Network Functions Virtualization，NFV）及大数据技术的进展，在规、建、维、优一体化方面取得了长足的进步。运营商正在推动千兆宽带光网向能力充分、运维高效、投资精准的精品宽带接入网转型，主要包括最优化承载4K/8K等超高清视频、增强现实（Augmented Reality，AR）/虚拟现实（Virtual Reality，VR）及5G小微基站等新兴业务。

一、发展概述

（一）宽带网络持续向精品千兆网络发展

2021年3月，工业和信息化部印发《“双千兆”网络协同发展行动计划（2021—2023年）》，提出了以下网络建设目标。用3年时间，基本建成全面覆盖城市地区和有条件乡镇的“双千兆”网络基础设施，实现固定网络和移动网络普遍具备“千兆到户”能力。千兆光网和5G用户加快发展，用户体验持续提升。AR/VR、超高清视频等大带宽应用进一步融入生产、生活，典型行业千兆应用模式形成示范。千兆光网和5G的核心技术研发以及产业竞争力保持国际先进水平，产业链、供应链现代化水平稳步提升。“双千兆”网络的安全保障能力明显增强。

重点城市实现千兆5G网络及千兆宽带网络全域覆盖，现有行政村已全面实现“村村通宽带”（通宽带是指已通光纤或通4G）。截至2021年6月底，我国光纤接入端口数总计达9.2亿个，在所有宽带接入端口中的占比达93.5%，较2020年同期提升1.4个百分点。全国光纤接入能力普遍超过百兆，并进一步向千兆以上速率升级。截至2021年6月底，我国支持千兆光网接入的10G PON[1]及以上端口规模超过360万个，已经具备覆盖1.6亿户家庭的能力，覆盖范围约占全国家庭总数的三分之一。

三大运营商“提速降费”成效显著。过去5年，我国固定宽带单位带宽和移动网络单位流量平均资费降幅超95%，提速降费累计让利超过7000亿元。目前，资费水平仅为国际平均水平的一半左右。人民群众基础通信服务用得上、用得起、用得好的问题已经基本解决，主要矛盾已经转至更高品质的信息通信服务。

根据目前的固定宽带用户数与光纤端口数之比，以及所监测的宽带用户平均流量来分析，固定宽带网络的大规模建设已经基本完成。同时需要关注的是，随着千兆宽带套餐的推出，运营商开始重视宽带及智慧家庭业务在发展新战略中的意义，开始持续强化“双千兆”协同网络的基础能力。目前，运营商开始继续进行一定规模的10G PON建设和“双千兆”小区覆盖，以确保能够顺利开通相关业务，积极参与市场竞争。

后续运营商需要结合具体的市场发展需求推进精准建设，以有效控制资本投入（Capital Expenditure，CAPEX）并提升网络效能。

（二）宽带网络技术继续向超大带宽、多业务承载、智能化、确定性能力等方向探索

下一代PON技术体制的选择涉及现网的平滑

1. G PON（Gigabit Passive Optical Network，吉比特无源光网络）。

演进，关系到对已规模部署的 10G PON 投资的保护。2018 年 1 月，我国运营商推动 50G TDM[2]-PON 在 ITU-T SG15 全会上立项，它具备以下主要参数：能重用现网的光分配网（Optical Distribution Network，ODN）并与 10G PON 共存；单波下行速率 50Gbit/s，上行速率包括单波 12.5Gbit/s/25Gbit/s/50Gbit/s 等多个选项。该立项确保了下一代接入网主力设备能够具备充分的能力提升，届时，10G PON 设备能够共存平滑演进以充分保护投资，并能够积极应对 5G 小微基站、扩展现实（Extended Reality，XR）等新兴业务承载等多种应用场景。IEEE 的 10GE PON 设备可以与 ITU-T 的 50G TDM-PON 通过共用同一光模块的“Combo”方式或单独的分合波器件来实现共存，即不再保留和新部署 10GE PON 光线路终端（Optical Line Termination，OLT）设备，结束接入网产业链 ITU-T 系列和 IEEE 系列长期分化的局面。

50G TDM-PON 关于需求的标准 G.9804.1 已于 2019 年 11 月获得 ITU 的批准。G.9804.1 Amd1（增补项目）、物理层（G.9804.3）和通用协议层标准（G.9804.2）在 2021 年 4 月的 ITU-T SG15 全会上通过并完成第一版，进入 AAP 批准发布阶段。目前，在研项目为 G.9804.1 Amd.2、G.9804.2 Amd.1 和 G.9804.3 Amd.1。

随着各种新型业务的出现与发展，接入网面临多业务承载现状，不同业务所需的业务质量（Quality of Service，QoS）保障及管控需求也各不相同。接入网结合虚拟化技术可为多业务承载提供相应的解决能力。

一是物理网络虚拟切片，可支持多业务承载和差异化服务。引入网络切片技术，将单一物理光线路终端（Optical Line Terminal，OLT）设备在逻辑上分为多个虚拟分片设备，并采用虚拟分片来承载多个独立业务，从而满足多业务在业务规划、运行、维护等场景下的隔离和差异化要求，也可满足特殊客户的差异化要求。

二是虚拟扩展局域网（Virtual Extensible Local Area Network，VxLAN），可保证网络的扩展性与穿透性。接入网和城域网的虚拟化将在网络中引入部署虚拟设备的数量和位置的变化，原有的大二层网络在扩展性和穿透性上可能会遇到问题，VxLAN 可以很好地解决大二层网络遇到的以下问题：虚拟机规模受网络规格限制、受网络隔离能力限制、虚拟机迁移范围受网络架构限制。VxLAN 技术的引入可为客户所需入云相关业务提供支持。

三是接入网控制编排器可实现虚拟集群和统一的网络管理。软件定义的接入网将接入远端 / 终端设备的转发与控制分离，实现用户会话转发可编程。基于统一的 Netconf/YANG 协议模型，面对不同业务的各类新型接入设备及管控需求，可实现海量接入设备与业务的解耦，并加快业务推出的速度，同时实现合理管控。多业务、多接入、各种客户定制化模式都可以统一到虚拟的接入节点，从而归一化各种 FTTx[3] 的控制与管理模式，简化运维，以适应未来接入技术的无缝演进。

在 2021 年的 ITU-T SG15 全会上，中国联通牵头联合中兴公司的“集成 IT 技术的增强光线路终端（OLT）”（G.sup.eOLT：Enhanced optical line termination with IT functions）成功立项，同时立项的还有中国电信牵头联合华为公司的“PON 系统的时延控制和确定性能力（G.Sup.PON Latency：Latency control and deterministic capability over a PON system）”。中国联通还结合业务发展及网络演进、建设、维护的需求，积极主导并推动扩展现实承载等相关立项工作，明确表达中国运营商及产业界诉求。其中，扩展现实包括增强现实、虚拟现实和混合现实（Mix Reality，MR）。

（三）宽带网络支撑大视频业务

在新型冠状病毒肺炎疫情的影响下，视频社交、视频会展等虚拟现实创新应用市场逆势增长，市场

2. TDM（Time Division Multiplexing，时分复用）。
3. FTTx（Fiber To The x，光纤到 x）。

表现出对新型基础设施的需求更加迫切，并对通信基础设施的带宽、时延等网络传输能力，对算力基础设施的计算、存储能力提出了不断进阶支撑的要求。虚拟现实也正在从业务演示向运营发展，为用户带来全景视频和互动体验，主要分为以下 3 个阶段。

一是起步阶段：内容以 4K VR 为代表，终端屏幕分辨率为 2K ～ 4K，用户看到的画面质量相当于在传统 TV 上观看 240P/380P 的效果。

二是舒适体验阶段：内容以 8K VR 为代表，终端屏幕分辨率为 4K ～ 8K，终端芯片性能、人体交互体验有所提升，画面质量相当于传统 TV 上观看 480P 的效果。

三是理想体验阶段：内容以 12K VR 为代表，终端屏幕分辨率为 8K ～ 16K，终端和内容的发展可使用户获得最佳的使用体验。H.266 视频编码标准、视场角（Field Of View，FOV）预计会被广泛应用。

网络质量是影响虚拟现实业务体验的关键因素。产业界不断地探索传输推流、编解码、最低时延路径、大带宽低时延、虚拟现实业务 AI 识别等新的技术路径，实现无卡顿、无花屏、黑边面积小、标清画质 / 高清画质切换无感知等用户体验，采取评估业务质量的方法，加速虚拟现实的规模化发展。

（四）“双千兆”时代承载 5G 小微基站回传

5G 时代室内覆盖具有以下重要性：高价值商用客户主要集中在室内；室内覆盖可以精确控制室内信号的分布，提高业务质量；良好的室内覆盖是吸引新客户、维护老客户的关键。根据 4G 建设经验分析，宏站在完成基础覆盖后建设将趋缓，网络建设进入补盲、吸热阶段，不同类型小站建设规模将呈逐年上升趋势，微宏比（小微站 / 宏站）逐年提升。

5G 室内覆盖是打造精品网络、提升用户体验的重要方向。目前，各家运营商已在机场、火车站等重要场所陆续部署 5G 数字室分系统（Digital Indoor System，DIS）。对 5G 小微基站与室分系统的技术进展、产品能力、发展趋势进行持续研究，实现承载网络能力与建设成本的最优化均衡。这已成为运营商的迫切期望。室内 5G 新业务及传输速率模型见表 1。

表 1　室内 5G 新业务及传输速率模型

5G 新业务	子业务	传输速率
Cloud VR	入门体验级	60 ～ 180Mbit/s
	极致体验级	1 ～ 4Gbit/s
超高清视频全景直播	1080P	6Mbit/s
	2K 视频	10Mbit/s
	8K 视频和云游戏	50 ～ 100Mbit/s
无线医疗	远程内窥镜，360° 4K+ 触觉反馈	50Mbit/s
	远程超声波，AI 视觉辅助，触觉反馈	23Mbit/s
智能制造	无线工业相机	1 ～ 10Gbit/s
	工业可穿戴设备	1Gbit/s
室内定位	精度 5m，（带宽 20MHz）	不依赖
	精度 1m	不依赖

从时延角度来看，支撑智能制造的工业互联网的时延要求较为严格，低时延小于 1ms，高时延为 10ms。室内定位对于时延和抖动要求较高，相位同步精度要求在几个 ns 级别。VR 强交互业务的时延要求为 20ms。

针对以上要求，除了 DIS，目前业内已有多款 5G 小微基站产品和方案陆续问世，并参与各类测试。产业界仍在持续完善相关标准和技术。

（五）光纤到房间技术得到迅速发展

自 2019 年开始，ITU-T Q18/SG15 家庭网络研究组展开了下一代家庭网络架构功能和业务的研究，明确提出家庭光纤组网是继传统铜线（电话线、同轴线）和空口（Wi-Fi 回传）组网方式的下一代组网方案，为家庭网络新兴业务提供用户体验保障的网络能力。光纤介质具备通信容量大、尺寸小、重量轻、环保、寿命长、无辐射、抗电子干扰等优势，基于光纤的组网技术是家庭组网的理想发展方向。2021 年 4 月，ITU-T SG15 全会推动发布家庭光纤组网即光纤到房间（Fiber To The Room，FTTR）的场景和网络需求技术报告。该报告阐述了家庭组网的独特场景和有别于光接入网络的网络需求，初步明确了FTTR的技术方向。同时基于FTTR的系统架构、物理层、数据链路层及网络管理标准均已立项，开启了FTTR标准制定时代。2021年6月，中国通信标准化协会年中会议上也针对FTTR技术进行了5项行业标准立项（包括场景、总体架构、物理层、数据链路层和管理），FTTR技术得到越来越多的认同。

2021年9月，在北京“2021年中国国际信息通信展览会”上，宽带发展联盟发布了《家宽业务体验分级白皮书》。该白皮书从“打造千兆品质家宽业务”的视角，围绕业务体验和网络能力两大要素，提出家宽业务体验的分级和对应的家庭网络承载能力需求。该白皮书指出，当前我们正处在L1、L2级家宽业务体验保障的发展中，FTTR全光房间作为关键网络使能技术可有效保障L1、L2级家宽业务的体验。

目前，国内各家运营商均开始陆续推出FTTR产品。2021年，运营商已开始在各省（自治区、直辖市）进行试点，2022年年底，FTTR产品预计达到一定的数量规模。

（六）千兆 Wi-Fi

Wi-Fi是一种允许电子设备连接到一个无线局域网（Wireless Local Area Network，WLAN）的技术，从1997年第一代Wi-Fi技术产生，至今已有20多年的历史。随着无线技术及智能家居的快速发展，除了智能手机和笔记本电脑，泛终端设备（例如，无线音箱、监控摄像头、恒温器、智能家电灯）也需要加入家庭无线网络。以传统Wi-Fi标准（802.11a / b / g / n / ac）运行的现有无线基础设施难以满足智能家居、大视频、工业互联网等业务需求，具有更高传输速率、更大并发、更低时延的IEEE 802.11ax成为千兆网络时代的选择。

根据国际Wi-Fi联盟组织的命名规则，IEEE 802.11ax标准简称Wi-Fi 6，其主要特点如下。

1. 带宽提升

采用1024 - 正交振幅调制（Quadrature Amplitude Modulation，QAM）方式，Wi-Fi 6的最高理论速度是9.6Gbit/s，Wi-Fi 5的最高理论速度是6.9Gbit/s，单条空间流80MHz下的速度从433Mbit/s提高到600.4Mbit/s。

2. 更窄的子载波间隔

Wi-Fi 6对子载波间隔进行了重新设计，将子载波间隔从Wi-Fi 5的312.5kHz，变成78.125kHz，即在相同信道宽带（MHz）的情况下，Wi-Fi 6的子载波数量是Wi-Fi 5的4倍。

3. 高密度接入

Wi-Fi 6引入了多用户 - 多输入多输出（Multi-User Multiple-Input Multiple-Output，MU-MIMO）和正交频分多址（Orthogonal Frequency Division Multiple Aceess，OFDMA）技术。使用MU-MIMO的接入点可以同时与多台终端并发通信。OFDMA技术在频域上将无线信道划分为多个子信道（子载波），形成一个个射频资源单元，用户传输数据时，数据将承载在每个资源单元上，不再占用整个信道。

4. 更低的时延

OFDMA技术可实现在每个时间段内多个终端同时并行传输，不必依次排队等待、相互竞争，提升了效率，提高了无线接入的密度，降低了排队的等待时延。Wi-Fi 6平均时延降低为20ms，Wi-Fi 5平均时延为30ms。

5. 增强抗干扰能力

基本服务集（Basic Service Set，BSS）着色技术可实现更多同步传输，即接入点可以识别两个距离不远但并不相邻的接入点和终端设备，能够在同一时间内实现无线并发传输但不会相互影响，即对允许接入终端在何时传输数据做出更智能的决策，从而提升传输效率。同时，空间复用技术还可以更快地识别并丢弃接收的干扰报文，从而大幅提升重干扰场景下的性能。

6. 更低的功耗

Wi-Fi 6采用目标唤醒时间（Target Wake Time，

TWT），Wi-Fi 6路由器可以统一调度无线终端休眠和数据传输的时间，不仅可以唤醒协调无线终端发送、接收数据的时机，减少多设备无序竞争信道的情况，还可以将无线终端分组到不同的TWT周期，增加睡眠时间，降低功耗，提高电池使用寿命。

二、面临的问题及挑战

（一）新兴业务对网络能力提出更高要求

虚拟现实交互应用所需的渲染能力导入云端，将有助于降低终端配置的成本。云渲染聚焦云网边端的协同渲染，时延不确定性成为关键的技术挑战。

VR弱交互业务（例如，VR视频）和VR强交互业务（例如，VR游戏）的多种编码和传输方式对网络提出更高的要求，需要综合考虑分辨率、帧率、色深、视场角、编码、传输方式。VR视频对网络的典型需求见表2。

表2 VR视频对网络的典型需求

		起步阶段	舒适阶段	理想阶段
典型视频全景分辨率		4K	8K	12K
典型强交互业务内容分辨率（双目）		3K	4K	8K
主流终端屏幕分辨率		3K	4K	8K
主流终端视场角度		100～110度	100～110度	120度
色深/bit		8	8	10
编码标准		H.264	H.265	H.265/H.266
帧率		30（视频） 50～60（游戏）	30（视频） 60（游戏）	60（视频） 90（游戏）
VR弱交互业务	码率	全视角： ≥40Mbit/s	全视角： ≥120Mbit/s 视角面： ≥80Mbit/s	视角面： ≥280Mbit/s
	带宽要求	全视角： ≥60Mbit/s	全视角： ≥180Mbit/s 视角面： ≥120Mbit/s	视角面： ≥420Mbit/s
	网络双向时延建议	≤30ms	≤20ms	≤20ms
	丢包要求	≤1E-4	≤1E-5	≤1E-6
VR强交互业务	码率	≥40Mbit/s	≥65Mbit/s	≥270Mbit/s
	带宽要求	≥80Mbit/s	≥130Mbit/s	≥540Mbit/s
	网络双向时延要求	≤20ms	≤20ms	≤10ms
	丢包率	≤1E-6	≤1E-6	≤1E-7

由表2可知，4G网络和百兆以下家宽网络可满足起步阶段的VR业务，尚满足舒适阶段虚拟现实业务的规模部署，5G和F5G是虚拟现实业务承载的必然选择。另外，延伸光纤网络部署，打通光纤网络“最后一米”接入，FTTR配合Wi-Fi 6技术，可保障每个房间均实现高质量的虚拟现实体验。

（二）传统网络难以满足业务定制化、差异化需求

目前，接入网网络发展迅猛。针对公众客户，接入网目前主要提供宽带、语音、互联网协议电视（Internet Protocol Television，IPTV）三大类基础服务及其他服务。对于中小型企业客户，接入网可同样提供企业级宽带、语音、虚拟专用网（Virtual Private Network，VPN）、QoS等服务。根据各区域业务发展需求与成本运营现状，公众客户与企业客户的业务存在共享同台OLT的情况。以上情况带来的问题与挑战包括承载客户数量庞大、业务类型复杂、技术架构相对复杂、设备数量庞大。

与此同时，当前由各种智能设备、云服务、光纤网络和无线通信网络共同构成的全球互联网呈爆发式发展，极大地刺激了网络业务的多样化与复杂化。随着用户对综合业务通信需求与日俱增，以及定制化、差异化需求的出现，光网络的数据转发面朝超长距离、超大容量、超高速率的方向发展，控制管理面则朝智能灵活、软件定义、用户交互、安

全可靠、高效节能的方向发展，因此，开放化和低成本已成为未来网络发展的核心目标。

随着互联网 OTT[4] 厂商的兴起，传统网络运营商逐步“被管道化”，面临“剪刀差”困境。与此同时，接入网服务质量直接关系到电信运营商和宽带用户的切身利益。如何实现用户的快速接入、快速故障定位及恢复、方便快捷地进行用户终端的配置、提高用户体验、控制运营成本和提高网络的收益率，也已成为接入网亟须解决的问题。

综上所述，接入网作为用户接入互联网的第一道门户，是用户网络体验的核心，是联系业务与用户的纽带，因此，接入网需要进一步具备智能、开放、服务化等特点。

（三）市场竞争降低了 CAPEX 和 OPEX 的压力

光纤到户（Fiber To The Home，FTTH）发展初期 CAPEX 较高，随着规模应用，运营成本（Operating Expense，OPEX）高的矛盾逐步凸显：安装、建设留下的隐患多，或产品质量差，把矛盾转移到运维；用户分散、数量多，服务到户难度较大；用户知识水平不同，大多数人对 FTTH 技术了解甚少，需要服务的工作量大；点到多点的故障定位难度较大，维护成本较高。

目前，运营商在宽带网络建设、运维、业务和用户发展上面临如何提高宽带网络维护管理质量、建设投资精准性和宽带网络支撑能力的问题。为了从宽带接入网的网络质量、用户体验、工作流程、支撑系统等多个横向维度对宽带网络建设、维护、运营、管理进行全面且综合的评估，需要建立多个评估模型。评估模型输入参数应尽量来自宽带网络常用的系统和平台；评估模型和算法、流程应简单明了，概念和定义应明确，计算方法和软件易处理、易实现，减少人为静态数据输入，便于后续应用于各类支撑系统。

随着网络的大规模扩展，在网络设备和平台的建设工作如何既满足近期业务需要，又能在期望的时间区间内最优化 CAPEX 和 OPEX，已成为影响宽带接入网规划与建设工作的问题。

（四）5G 小微基站承载对光接入网构成多方位挑战

5G 的高速率、高频段等特性对承载网提出了以下关键要求：超高速率（20Gbit/s）、超低延时（ms 级）、高精度同步（100ns 级）、灵活路由、网络切片和低比特成本。面向 5G 的光纤网，除了连接，其网络架构、功能分布、拓扑、设备形态乃至传输媒质都将发生重要的变化。

由于 5G 的标准要求、频谱划分、设备形态尚未完全确定，光接入网可能面临多种形态的集中单元（Centralized Unit，CU）、分布单元（Distributed Unit，DU）、射频 / 远端单元（Remote Unit/Radio Unit，RU）设备承载任务。5G 的巨大容量和新架构特性给光接入网带来了成本压力，主要体现为：光纤与机房资源紧张；运维和熔纤成本高；5G 回传 / 前传容量扩大几十倍，达数十甚至上百 Gbit/s 量级，需引入基于 25Gbit/s/50Gbit/s 的波分复用（Wavelength Division Multiplexing，WDM）技术等，对相关可调激光器和 WDM 等器件需求巨大，价格敏感。

5G 宏站可实现大范围连续覆盖，能够吸纳较均匀分布的用户业务。对于室内和人口密集区域覆盖不均衡、容量不均衡的场景需要进行补盲和吸热（有针对性地实现精准覆盖）。5G 小微基站主要用来实现室内覆盖和固移融合。相同覆盖范围所需的小微基站数量预计远多于宏站数量。小微基站面临的困难包括回传成本高、站点选址难、取电和维护不便、难以接入现有承载网络的末端管线资源。现有回传网络可能难以及时提速来满足小微基站的需求。

（五）千兆网对室内组网方案提出挑战

千兆网络能给用户提供端到端的真千兆品质带宽，保障终端用户的极致体验。在端到端的网络中，

4. OTT：Over The Top，是指互联网公司越过运营商，发展基于开放互联网的各种视频及数据服务业务。

“最后 10 米”的接入一般通过短距无线连接方式（例如，Wi-Fi）。由于家庭的复杂环境，例如，墙体、门窗、邻里间信号干扰、覆盖不足等造成的 Wi-Fi 性能衰减，用户使用支持 Wi-Fi 6 的家用路由器、家庭网关也不一定能体验到千兆速率。

为了实现全屋覆盖、降低干扰，Wi-Fi 中继、Wi-Fi Mesh 的无线组网方案出现。其中，Wi-Fi 中继是一种无线信号桥接放大的方案。该方案与各种路由器的适配性较好、获取容易，但对 Wi-Fi 性能有较大影响，Wi-Fi 中继后 Wi-Fi 性能将折半。Wi-Fi Mesh 组网是另外一种解决 Wi-Fi 覆盖和衰减的方案。相比 Wi-Fi 中继方式，Wi-Fi Mesh 组网方式具有网络拓扑功能，多采用一级或二级接入点（Access Point，AP）级联与主 AP（连接有线网络的 AP）组网，并可根据 AP 信号的强弱选择最优的 AP 建立连接，当网络连接出现故障时，会触发新一轮路径选择，实现网络自愈。该方案的不足在于仍然无法解决信号衰减问题，且需要用户规划频段、信道以减少 AP 间的干扰，对技术要求较高。国际 Wi-Fi 联盟组织已经制定了 Wi-Fi EasyMesh 标准，以实现设备互通。目前，支持 Mesh 协议的产品不多。综上所述，无论是 Wi-Fi 中继组网，还是 Wi-Fi Mesh 无线组网，都难以实现全屋千兆覆盖。

其次，有线组网方式，例如，网线组网、电力线组网等方案可有效避免 Wi-Fi 空口频谱资源在回传链路上的浪费。然而，网线存在代际划分、质量参差不齐的问题，给实施部署、带宽持续演进升级带来不便；电力线组网方案部署便捷但易受大功率电器干扰，其稳定性远不如网线，性能上衰减严重，极大地影响了上网体验。 家庭网络需要更优质的组网方案，其依赖的传输介质本身要具备可靠、巨大的带宽承载能力，不能成为未来带宽的瓶颈；采用的网络设备要能解决全屋 Wi-Fi 覆盖难题，不能因为遮挡、干扰造成性能大幅衰减。

同时，当前组网方案和 Wi-Fi 连接独立工作，无法精准做到对宽带业务的承载保障及不同 AP 的协同。室内组网和 Wi-Fi 连接是构成家庭“一张网”的两个关键技术，充分协同甚至融合形成一个整体工作的电信级网络，是未来保障用户体验的关键。

三、发展建议

（一）推动 ITU-T 50G PON 相关技术及产品研发

标准工作涉及网络设备的功能、性能要求和实现方式，对于器件成本、设备研制成本、运营商 CAPEX 和 OPEX 均有影响，建议国内运营商和设备厂商继续加大宽带接入网标准研究投入力度，紧密关注涉及重大技术路线选择等重要标准的进展。

运营商和系统设备商、芯片和器件生产商等联合业界力量，组织团队引领重大标准走向，包括推动 10GB 对称无源光网络（XGS-PON）、50G PON 的技术发展与器件、设备研究，积极参与系列国际国内标准研究制定；继续深化研究接入网承载 5G 方案，包括 10G PON 和 50G TDM-PON 承载 5G 小微基站中传 / 回传及承载 XR 等新兴业务，积极主导接入网智能化、确定性能力和时延控制技术，并继续积极参与协作动态带宽分配等相关研究。

（二）推动 FTTR 标准技术发展，提升全屋千兆覆盖

FTTR 点到多点解决方案基于光纤介质组网，在家庭配线箱或家庭中心位置部署 FTTR 主网关，以主网关为核心，采用点到多点的方式，基于分光器和单芯双向光纤，构建家庭光纤网络。FTTR 主网关向上接 OLT，向下通过光纤连接多个从网关，从网关支持千兆以太网口、Wi-Fi 6，随光纤进入每一个房间，为每个房间提供有线、无线千兆网络覆盖。

FTTR-P2MP[5] 解决方案由主网关、从网关、家庭光纤网络设施和管理平台 4 个部分组成。

5. P2MP（Point 2 Multiple Point，点对多点主站）。

主网关：新的家庭光宽带设备类型的网络位置在 OLT 与从网关之间，向上通过 XG(S)-PON 或 10GB 以太网无源光网络（10GE PON）连接 OLT，支持千兆入户，向下提供光纤接口连接从网关。

从网关：家庭分布式 Wi-Fi 接入设备，分布到家庭各个房间，向上通过家庭光缆连接 FTTR 主网关，向下提供 Wi-Fi 6 和千兆以太网接口接入各种家庭上网终端。

家庭光纤网络设施：使用专用的工具和辅料部署的由光缆及其他必要的光网络部件等构成的家庭光缆基础设施。

管理平台：FTTR 主网关代理管理从网关，统一采集家庭网络信息上报到管理平台，实现对家庭网络的可视、可管、可维。

（三）推动运营支撑体系向投资精准、运维高效的规、建、维、优一体化发展

为了努力促进支撑系统智能化以提高 CAPEX 效能，同时提升运维效率以降低 OPEX，需要运营支撑体系以规、建、维、优一体化为远期目标，努力完善相关功能，例如，业务质量监测、故障诊断、网络效能及网络承载能力评估和用户行为分析等。

为了提升用户感知，可在原有 IPTV 等业务质量监测系统研究和部署建设工作的基础上，继续完善对新兴业务的质量监测和用户感知监测，以提升业务质量和改善用户感知，增强用户黏性，提升运营的市场竞争力。

国内运营商已在部分省份部署建设了接入网故障端到端自动诊断功能，包括宽带、语音与 IPTV 三大基础业务的故障诊断和质量检测分析能力，可提供全面的接入网故障自动诊断功能和解决方案，对承载网的端到端网络状况和平台的服务能力进行监测，迅速诊断和辅助解决故障，协助平台实现精准派单，提升运维效率，大幅减少 OPEX。建议继续完善相关功能，扩大部署应用范围，减少平台无效派单，进一步降低 OPEX。

为了提升投资和建设准确性，聚焦精准规划的网络承载业务能力评估功能，需要持续加大研究力度。

与传统室外网络相比，5G 小微基站在同一楼宇内部署数量可能较多，室分网络设备的进场部署需要与业主协调，安装和调试过程复杂，进场维护成本较高。因此，网络的快速部署和可视化运营维护成为 5G 室内网络的基本要求。这也推动了相关管理及评测功能需要具备三维（3D）评估验证能力。可结合无线相关管理系统能力，探索未来 PON 统一承载家庭客户及 5G 小微基站的实现方式，对宽带接入网管理系统的能力提升进行预研。

（四）面向新兴业务承载需求，推动接入网智能化

随着全球 5G 网络的建设和应用及扩展现实（XR）行业的发展，2020 年，全球 XR 行业市场规模加速发展，在医疗、工业、教育、消费电子、文娱、旅游等行业领域得到广泛应用。随着视频业务向超高清视频（包括 4K、8K 等）和 XR（包括 VR、AR、MR）的发展，保障用户体验，对驻地网和接入网在带宽、时延 / 时延抖动、丢包率等方面的要求越来越高。当前，驻地网和接入网在承载高品质要求的 XR 等大视频业务中面临网络架构、承载品质、建设成本等诸多挑战。

PON 系统在运营商网络部署中可同时承载多种业务，需要引入虚拟化 / 切片技术，以及云网边协同技术，实现接入网的智能化，来满足不同业务对于速率、时延、抖动等网络指标的不同诉求，具体包括以下两个方面。

一是接入网实现虚拟化、切片技术，这可实现以下效果。

提升接入网资源利用率：实现网络切片之间业务资源、业务规划、业务运行、业务维护和切片管理的独立隔离及差异化设置，通过大数据分析，掌控网络状态，提高网络管理和维护自动化的程度。

实现网络快速自动化部署、灵活调整：通过接入网 SDN 控制器，完成业务的下发和配置，以及城域设备控制面的互联互通；提供按需分流的功能和动态灵活的 QoS 策略部署。

实现能力开放：通过协同编排层的网络能力开放应用程序编程接口（Application Programming Interface，API），将接入网的能力（例如，接入带宽调整、接入网络切片等）开放，或最终用户采取自助服务等。

二是通过云网边协同，将密集型计算任务迁移到网络边缘，降低核心网和传输网的拥塞与负担，减缓网络带宽压力，快速响应用户请求并提升服务质量。以云 VR 应用场景为例，云 VR 业务基于多接入边缘计算（Mutiaccess Edge Computing，MEC）下沉部署，MEC 为应用层提供中央处理器 / 嵌入式神经网络处理器 / 图形处理器（Central Processing Unit/Neural-network Processing Unit/ Graphics Processing Unit，CPU/NPU/GPU）算力和存储等基础设施能力、动态网络路由、精准资源调用，用户感知和网络能力开放及运营商可靠、可信、可达的服务等级协议（Service Level Agreement，SLA）服务能力。我们通过 MEC 边缘服务，进一步降低云 VR 业务对网络的挑战和对终端硬件的门槛，加速 VR 的规模商用。

（中国联通研究院　贾武　程海瑞）

电信运营商互联网网站备案形势分析与对策

在网络强国战略的指引下，互联网行业不断催生各类新应用、新生态、新产业，其发展需要庞大的计算和存储资源设备做支撑，这些设备频繁地新增和更换使互联网网站备案工作备受考验。如何确保网站备案信息可以完整、准确和及时地收集及更新成为安全领域重要的课题。

一、国内互联网发展及网站备案现状

在国家数字化转型发展战略利好的带动下，AI、工业互联网等新一代信息技术应用落地，产业互联网需求进入爆发期。2020—2021 年，中国互联网数据中心（Internet Data Center，IDC）和各类互联网专线业务同比增长超 40%，云计算技术的迅猛发展使云主机等云类平台应用站点越来越多。国内互联网基础设施建设不断优化，各大电信运营商提速降费政策稳步实施，推动了互联网接入量的显著提升，截至 2021 年 12 月，中国网民规模达到 10.32 亿人，较 2020 年同期增长 4296 万人，人均每周上网时长达到 28.5 个小时。另外，伴随出行、金融、医疗、家电、汽车行业与互联网融合程度的不断加深，未来，互联网业务市场规模将持续扩大，越来越多的设备接入互联网并对外提供服务。《互联网信息服务管理办法》中指出，从事互联网信息服务的主体，应当向各省（自治区、直辖市）电信管理机构或者国务院信息产业主管部门办理备案手续。在办理备案时，从事互联网信息服务的主体应当提交主办单位和网站负责人的基本情况，例如，互联网信息服务类型、名称，使用的域名、IP 地址、服务器等。2021 年全国网站总数达 422 万个，其中，天津市已备案的网站主体共 37581 个，备案网站共 49934 个。如此众多的网站如何准确及时地记录、更新备案信息是有效保障网络信息安全的重要环节。

二、网络安全形势分析

互联网技术已经应用到社会的各个领域，成为与国家安全和社会稳定息息相关的重要组成部分。回顾 2021 年，国外发生许多重大的安全事件，数据泄露、非法攻击、网络攻击事件频频发生，网络空间的安全形势不容乐观。世界各国将日益严峻的网络安全问题提升到国家安全的重要战略地位，不断增加网络安全领域的投资预算，完善相关的法律法规和惩罚制度，持续加强对供应链安全、关键信息基础设施安全、数据安全和个人信息安全的保障。我国对网络安全的重视更是上升到一个新的高度，党中央高度重视网络安全工作，多次强调要建设风清气正网络空间、共筑网络安全防线。网站备案无疑是做好网络安全的第一道屏障。

三、传统备案方式分析

工业和信息化部要求互联网接入电信运营商部署互联网信息安全管理系统和互联网网站备案管理系统，用于上报网站信息，工业和信息化部根据系统中备案信息的完整性和准确性对电信运营商进行检查和考核。这两套系统分别部署在不同的网络环境中，备案信息来自业务受理、客户管理、资源管理等多个系统。当有新的网站信息发生改变时，通常采用人工方式从多个系统中提取信息、汇总整理、重新组织，最后由系统管理人员统一汇总更新。该传统备案方式在各环节均顺畅的情况下，每个主体的备案至少需要 1 个小时才能完成，这样做主要有以下 4 个缺点。

第一，收集信息涉及的人员和系统多。由于备案信息保存在多个系统中，每次进行设备维护更新时都需要每个系统的管理人员通过查询的方式拼凑信息，然后传递给下一个环节的人员进行完善，最后上报给备案管理人员，备案管理人员再将其分别更新到两套备案系统中。

第二，备案信息多、字段多，填写时容易出现错误、遗漏。备案信息中需要填写大量的主体信息、IP 地址、机房、机柜位置信息。这些信息并非连续有序，在信息收集、工单流转或最终填写上报时极易出错，易形成网络安全隐患。工业和信息化部会依照公网出口对备案网站进行数据审核，如果发现信息不准确，则会对其进行通报批评。

第三，备案信息发生更变时无法快速更新到备案系统。变更的信息（例如，客户增加 IP 或更换 IP 地址等）无法及时被更新到系统中，这些信息需要人工发起流程并经过多个环节传递，同样会发生信息疏漏和更新延迟，容易出现实际情况与备案信息不符的问题。

第四，无法实现统一的监督和管理。目前，各系统管理人员分别负责从各自系统中提取备案信息，无法实现上一级领导对信息的复核和审批工作的监管，给备案管理工作带来诸多不便。传统备案信息收集流程如图 1 所示。

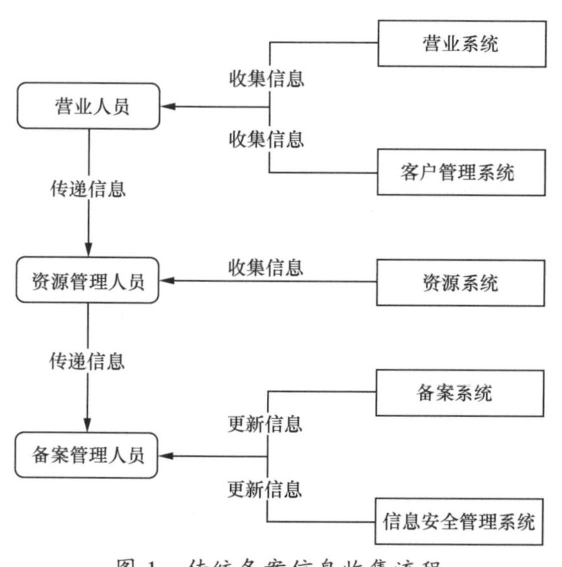

图 1 传统备案信息收集流程

四、智能化网站备案方法的实现

天津联通为了提高备案信息的完整性、准确性和及时性，2021 年组织研发了智能网站备案系统。该系统由自主研发的信息采集器、触发器引擎、信息校对器、信息更新模块等构件组成，可智能化地进行备案信息的收集和传递，可以自动同步到互联网信息安全管理系统和互联网网站备案管理系统，整个流程不需要人工干预，并且可以详细记录流转过程，让各个环节有迹可循，大大提高了信息采集的完整性、准确性和及时性。

智能化网站备案系统流程如图 2 所示。

智能化网站备案系统中触发器引擎、信息采集模块、信息校对模块、信息更新模块的主要功能介绍如下。

触发器引擎的主要功能是实现程序流程的启动，通知信息采集模块开始工作。流程启动可以分为被动性启动和主动性启动。其中，被动性启动由系统管理员手动发起或营业系统进行业务受理后通知触发器开始工作；主动性启动由定时器来控制，按照系统设定的时间间隔定时通知信息采集模块开始工作。

信息采集模块的主要功能是从信息源端查询数据，查询数据量的条目由触发引擎或定时器来指定，可以是某单个主体备案信息或全部主体备案信息。每条数据包括主体的责任人、法人、联系人、联系地址、域名、IP、地理位置等与备案相关的全部数据。

信息校对模块通过信息采集模块传递的数据生成临时数据块一，提取出主体标识信息，从该系统内部建立的数据库中查询出该条备案信息的数据库快照生成数据块二，对比数据块一和数据块二并标记二者的差异。如果系统开启人工审核机制，则通过邮件及短信两种方式通知相关人员对信息进行审核，如果没有开启人工审核机制，则将信息采集模块传递的数据写入该系统内部的数据库中，并将差异部分取出。

信息更新模块接收来自信息校对模块的数据，负责调用需要更新系统的接口，组织需要提交的数

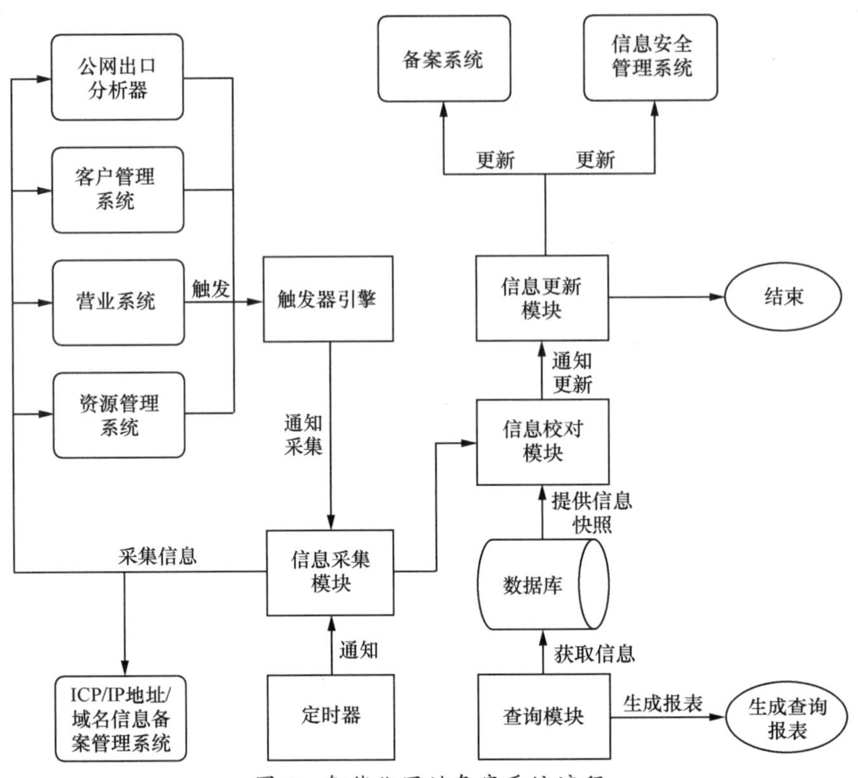

图 2 智能化网站备案系统流程

据进行更新操作，按照接口返回的信息回填到该系统内部数据库中留档，方便审计使用。

五、智能化网站备案系统的应用情况

技术人员采用智能化网站备案系统完成一次天津联通所维护的2000余个备案主体的信息核对仅需30分钟，系统的部署应用使备案信息的及时率和准确率显著提升。与传统的工作方式相比，这种方式大大提高了工作效率，真正减轻了工作人员的负担。该系统中使用的核心算法已申请国家专利。

（中国联合网络通信有限公司天津市分公司　辛祥利）

移动认证行业生态价值态势与发展

一、人类迈向数字化生活，对账号认证方式提出了新的要求

在新一轮科技革命的驱动下，人类社会正大踏步迈入数字生活的历史新阶段。《中华人民共和国国民经济和社会发展第十四个五年规划和2035年远景目标纲要》（以下简称“十四五”规划）也对“加快数字社会建设步伐”提出了具体部署，要“适应数字技术全面融入社会交往和日常生活新趋势，促进公共服务和社会运行方式创新”。在此基础上，人们将以虚拟账号作为载体从而敲开数字世界的大门，因此账号的构建及其认证必将成为数字化生活的关键业务环节。然而，在过往的实践中，各个生态之间独立发展形成诸多封闭、垄断式的账号及认证体系，这无疑加剧了数字化生活中的“信息孤岛”现象，也对“构筑全民畅享的数字生活”构成威胁和挑战。当前我国迫切需要以中立、开放、融合、共生的心态打造一张数字化生活的通行证，承接数字社会建设的美好蓝图并将其转变为现实。

二、账号认证行业发展态势

（一）安全与便捷并重

登录，往往是用户使用互联网业务功能的第一步。在这个过程中，传统的登录方式是用户手动输入账号和密码。然而，账号和密码用作登录方式，存在一定的安全风险。例如，网络攻击者通过互联网已泄露的用户和密码信息，生产对应字典表进行撞库攻击，去尝试批量登录，从而得到一系列可登录的用户；诈骗者利用从非法交易市场获取的各类账号和密码信息盗取当事人在各银行、支付平台的资产。可以说，单纯依靠一段可复制、可传输的字符并不能在任何时候都确保账号认证安全。

从保险的角度出发，不同平台的密码要确保多样性，这就要求用户需要记忆多个密码，提高密码的复杂程度，尽可能地去保护不同账号下的资产安全。然而，事实上，每个用户很难设置和记忆多个密码，这样就给网络攻击者撞库攻击提供了机会；从用户体验来看，每一次在不同客户端登录的时候都要输入不同的复杂密码，是一个冗长、麻烦的操作，有一定比例的用户会在中途退出流程，影响了业务转化率的提升。

总体来说，如何提升账号认证方式的安全性和便捷性，是当前行业内的共同期许。

（二）呼唤开放与共赢

此前，头部企业凭借在行业中的体量优势，争相“跑马圈地”地抢占各类互联网业态的账号入口，实现对移动互联网生态的渗透，并谋求更大的生态价值。这种账号体系的集中化格局在无形之中为后续的行业发展和创新设置了门槛及额外的约束条件，因而在2021年3月，“十四五”规划提出，坚持放管并重，促进发展与规范管理相统一，构建数字规则体系，营造开放、健康、安全的数字生态。2021年9月9日，工业和信息化部牵头，由阿里巴巴、腾讯、字节跳动、百度、华为、小米、陌陌、360、网易等互联网公司参加的会议召开。会议的主题要求各大互联网平台推动即时通信屏蔽网址链接等不同类型的问题，即要求互联网头部企业放开外链，打破互联网平台之间的壁垒，引导目前互联

网巨头从相对孤立式的生态向更加健康且开放的方向发展。

经历了 PC 时代，特别是移动互联网时代发展之后，互联网行业已经形成壁垒林立的发展阶段。这个阶段的竞争活力已经远远不如以前，通过不断的竞争和挑战，存活下来的企业借助规模优势，坐享私域流量的红利，然而，这样的做法是无法促进互联网良性和可持续发展的。只有打破目前平台之间的藩篱，才可以让流量自由的流动。

而打破隔离藩篱，首先需要踏出的一步就是破除账号入口的垄断，业界一直呼唤建立一种开放、中立、公平的账号认证新路径，这样不同平台和不同领域的流量才能够自由地流动、交互，从而激发互联网行业的发展活力。用户规模和私域流量不再是优势，创新的产品和优质的体验才是竞争核心。互联网行业应当回归到为用户创造真正价值的初心，从而在行业竞争中立于不败之地，共同构建开放、融合与共赢的可持续发展的数字生态。

（三）乡村振兴及适老化改革提上日程

2022 年 2 月 25 日，中国互联网络信息中心（CNNIC）发布第 49 次《中国互联网络发展状况统计报告》（以下简称《报告》）。该《报告》显示，截至 2021 年 12 月，我国网民规模达 10.32 亿人，互联网普及率达 73.0%，网民使用手机上网的比例达 99.7%，网民规模稳步增长。网民增长的主体由青年群体向未成年和老年群体转化的趋势尤为明显，农村地区的互联网普及率和网民数量也在持续增长。但是，我国网民数量与结构的差异仍然较大，城镇网民规模是农村网民规模的两倍以上，城镇网络普及率仍然高于农村地区。从地区来看，我国非网民仍以农村地区为主，农村地区非网民占比为 54.9%。从年龄来看，60 岁及以上老年群体是非网民的主要群体，占非网民总体的比例为 39.4%。数字社会呈现多元化和结构差异化。

党的十九大提出实施“乡村振兴”战略，互联网行业响应国家号召，推出各种智慧乡村项目，让互联网成为农村经济社会发展的“助推器”。2022 年，中国移动也顺应国家政策，发布《数智乡村振兴计划白皮书》，聚焦“通信 + 互联网”，着力解决农民、农村、农业需求，充分发挥自身能力资源优势，为乡村发展注智赋能，描绘乡村振兴新图景。

而随着未来中国老龄化社会的加剧和互联网的发展，老龄群体如果被网络科技信息边缘化，将给老年人的生活带来诸多不便。当“数字化”遇上“老龄化”，我们如何让老年人搭上科技发展的列车，更好地融入数字生活、共享信息化发展成果，这是全社会亟须解决的问题。2021 年 11 月，《中共中央、国务院关于加强新时代老龄工作的意见》印发，对加强新时代老龄工作做出全面部署，其中要求“在鼓励推广新技术、新方式的同时，保留老年人熟悉的传统服务方式，加快推进老年人常用的互联网应用和移动终端、App 适老化改造。实施‘智慧助老’行动，加强数字技能教育和培训，提升老年人的数字素养”。

账号认证作为人们进入互联网业务的重要环节，也需要在适老化改造方面做出相应的反馈和回应，帮助老年人融入数字生活。可以说，账号认证适老化，是新时代老龄工作的一项重要任务，也是互联网行业科技向善的重要彰显。

三、移动认证成为数字化生活通行证的理想选项

手机号码作为通信标识，与人们在现实社会中的身份强关联，随着移动终端设备的大力普及及移动互联网的发展，手机号码也已成为信息社会中泛连接层面的账号载体。进一步地，移动认证基于手机号码为核心要素，使用运营商网关认证能力完成账号认证、鉴权，一方面为用户提供了便捷安全的数字业务注册、登录、鉴权方案，另一方面在统一账号的基础上通过分级授权的方式，实现了

不同应用之间的互联互通。移动认证产品体系如图 1 所示。

当前，移动认证对外已初步构建认证生态体系，截至2022年4月，移动认证已接入应用超过40000款，覆盖金融、电商、教育、资讯等多个行业，月活跃用户达 7 亿人，日均认证次数超 18 亿。移动认证发展情况（截至 2022 年 4 月）如图 2 所示。

移动认证日益成为人民群众数字化生活通行证的理想选项，主要有以下 4 点原因。

（一）技术上更安全

移动认证具有端侧防篡改、秘钥安全、Token 签发和校验安全、网络传输安全等特征。通过不断升级创新产品功能，移动认证为互联网企业提供了一套便捷安全的互联网身份认证解决方案，为各行业提供多层融合的安全认证保障。基于运营商“号码 + SIM 卡”的双重认证方式，移动认证可根据不同安全等级及应用场景，提供多安全等级的认证能力，在此基础上推出号卡安全网关解决方案，通过号码账号的在线实名等运营商特色能力，改变信息安全的攻防格局。

同时，移动认证打造标准化的安全基座，解决了行业数据服务中授权和鉴权问题、授权信息存储合规化问题、数据传输和存储安全问题，针对“两假两非”风险，提供“四大安全能力”，实现“五重安全保障”，有效抵御数据风险，实现能力、大数据对外安全输出，助力赋能数智共享的行业良性生态。安全基座产品原理示意如图 3 所示。

（二）使用上更便捷

移动认证具有广覆盖、低时延的技术优势，用户不需要下载 App，不需要操作复杂的注册登录流程，即可使用普适、稳定、安全的账号服务。

5G 时代，手机号码已经成为数字世界的身份通行证，用户可通过移动认证一键登录功能快速登录互联网应用，实现应用、数据、服务的互联互通，享受更便捷、更智能的互联网生活。特别是对于老年人群体，移动认证着力解决老年人运用智能技术的困难，不仅为老年人群体提供了快速登录的通道，释放账号密码记忆压力，还为老年人群体构建了一道安全登录防护网，为“银发族”带来数智生活新体验。

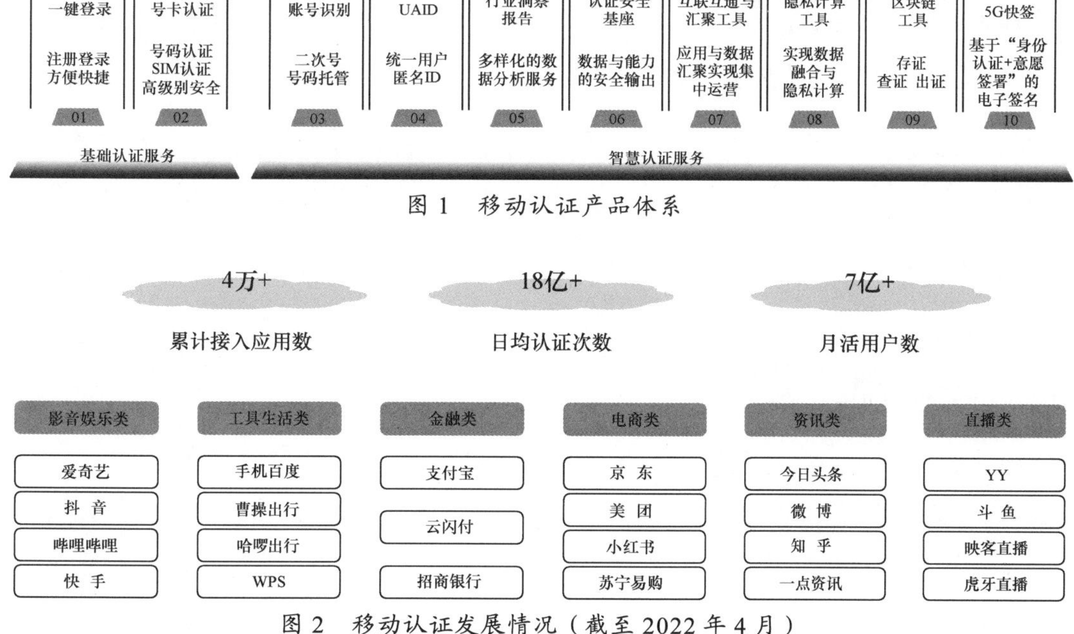

图 1　移动认证产品体系

图 2　移动认证发展情况（截至 2022 年 4 月）

同时，移动认证还通过产品创新，推出 5G 快签等数智化产品，通过数字签名保障消息安全可追溯，实现“一次都不用跑”，助力全社会效率提升。5G 快签产品介绍示意如图 4 所示。

（三）拥有规模优势

移动认证背靠中国移动 10 亿级用户的号码规模优势开展账号体系运营，可实现大网用户向移动认证用户的无缝衔接，帮助行业客户一次接入即可覆盖足够大体量的用户群体。随着越来越多的互联网业务选择接入移动认证，移动认证获得了更广泛的背书及用户教育的机会，移动认证的新生态良性正向发展成为可能。

（四）拥有中立、公平的立场

移动认证作为央企打造的联接与服务平台，融合“号＋卡＋消息”，在互联网生态中具有中立优势：基于手机号为统一账号，提供了更加中立、开放的一键登录服务；基于“App＋认证连接＋H5 应用”的模式，实现 App 向小程序 H5 应用的跳转；基于“短信＋认证连接＋H5 应用”的模式推出了短信小程序，可实现 H5 应用的快速拉起；基于“二维码＋认证连接＋H5 应用”模式，实现了线上线下流量向 H5 应用的跳转，以此营造了更公平、更中立的生态圈。

四、移动认证未来发展方向及愿景展望

（一）打造高频使用场景，形成综合解决方案

为进一步确立数字化生活通行证的定位，移动认证需要在覆盖鉴权类低频登录场景的基础上结合中国移动的优势（大数据、5G 消息、云存储），打造高频使用场景，形成综合解决方案，为行业的数字化转型赋能。

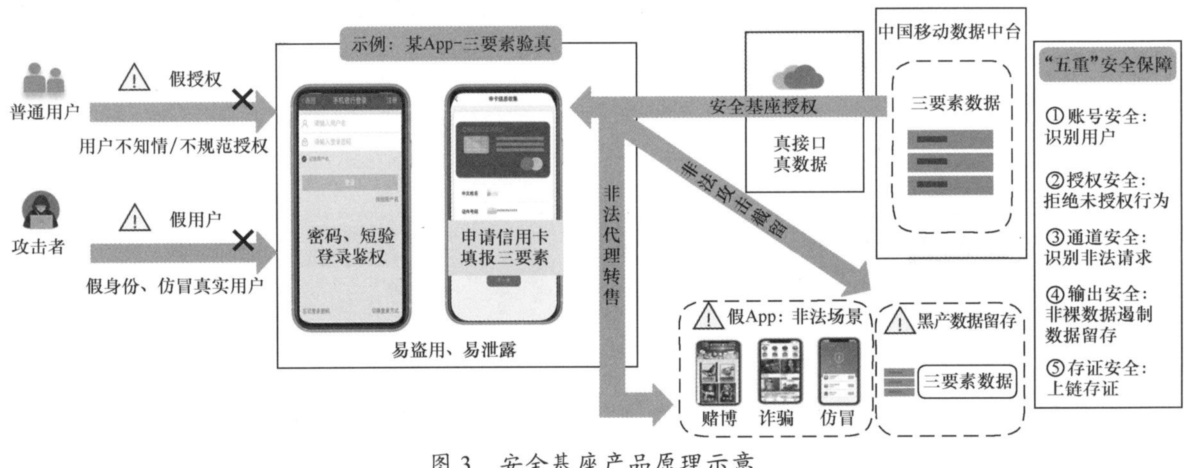

图 3 安全基座产品原理示意

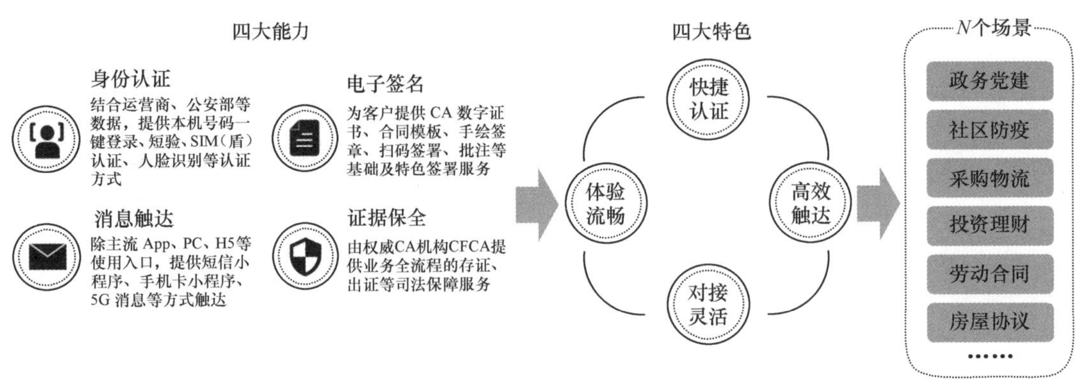

图 4 5G 快签产品介绍示意

一方面，要更深入地研究互联网业务号码更换、密码修改、用户互动、权益领取等场景对账号认证的需求和痛点；另一方面，需要将中国移动优势（大数据、5G 消息、云存储等）等结合到业务场景中来，在基础认证之上形成基于场景的综合解决方案，在提升业务转化率的同时，为行业客户延伸场景价值。

例如，商家可以使用“认证＋位置”，给用户下发 5G 消息 / 短信小程序等可交互信息，也可通过“认证＋大数据”，进行标签化的用户管理和用户触达。此外，商家还能依托“认证＋二次号识别”，识别账号风险，减少二次营销过程中的用户投诉，保护用户隐私，减少数字资产问题引发的纠纷。

（二）助力行业能力合规输出，实现大数据精细化运营

目前，业内开展对外数据合作，数据源侧往往存在“不能输出”和“不敢输出”的问题，主要原因是在以往 ToC（面向个人用户）类大数据服务中，缺乏获取用户授权的有效方式，难以实现数据合规、安全输出。

移动认证 SDK 拥有应用覆盖率高、用户覆盖率高的优势，且具备显性化的授权界面、“号码＋卡”双重认证分层分级保障机制。此外，移动认证具有端侧防篡改、秘钥安全、Token 签发和校验安全、网络传输安全等特征。在产品侧，统一认证的防篡改机制保障了对产品的任何改动都将导致无法运行，并且具备防破解机制。在网络传输侧，终端使用证书保证传输过程无法进行中间人攻击，确保数据对外开放安全合法。

综上所述，移动认证依托应用规模、号卡加固安全性能、便捷显性的授权交互，可为行业能力开放与大数据合作提供统一、安全的解决方案与授权工具。在用户授权的基础上，所有大数据的鉴权、授权、数据交互在统一平台管理，采用 AI 技术对应用效果和数据实际使用情况进行稽核，同步实现外部应用客户行为数据回流，形成数据与账号认证结合、账号认证与用户行为结合的良性闭环，将有助于提升数据价值，实现行业大数据精细化运营。

（三）构建“认证总线”行业生态，实现“组件化”相互赋能

移动认证已接入超 40000 款应用，覆盖金融、电商、教育、资讯等多个行业。移动认证将进一步扩大接入范围，打造认证生态圈，进而建设成可连接用户、应用、能力、内容等网络信息的互联互通的“认证总线”，并能在此基础上整合各行业、各领域原本分散的能力，形成组件化能力，实现行业内相互赋能。

1. 基于“认证总线”，实现行业组件化能力的相互赋能

接入总线的应用可将其能力进行解耦原子化、组件化，也可使用其自身能力对在总线上的其他应用进行赋能。例如，可将 SIM 卡的安全能力、基于 SIM 卡的数字签名能力、云存储能力、大数据能力、实名认证、云存储等能力以组件化的形式接入认证总线，实现组件化能力与行业业务需求的快速对接，降低总线生态合作伙伴的开发成本。

2. 打通手机触点渠道，构建手机小程序生态

手机上所有的入口和渠道触点，例如，短信、二维码、对话中的消息卡片、公众号、5G 消息等，都是背后网页程序的入口。手机上承载的所有这些触点，与其背后的小程序结合即形成手机小程序。

基于“认证总线”平台，移动认证将为手机上触点渠道提供统一账号的认证联接服务，实现从某单一触点的短信小程序、微信小程序演变成手机小程序。这些渠道入口背后的网页程序，都可以基于互联互通的认证总线，互相引流，实现通过认证总线“浏览”任意的网页程序。

五、结束语

当前阶段，行业领域对账号认证方式的安全

性和便捷性较为看重，业界也强烈呼吁打造开放共赢的认证生态格局。此外，国家号召进行适老化改造，也对账号认证的功能和形态提出了新的要求。移动认证具备技术、操作、规模、立场等方面的特点及优势，使之能与当前背景下的账号认证趋势相匹配，足以胜任数字化生活通行证的角色和定位。

值得注意的是，随着移动认证打造高频场景及综合解决方案，实现赋能大数据能力安全、合规输出的目标，基于“认证总线＋X能力”的互联互通新生态愿景，移动认证对数字化生活的赋能将得到更大程度的彰显。

（中移互联网有限公司　官绮婧　叶阳澍　黄伟湘　邱浚漾　张睿　赖燕燕）

云网融合技术的发展趋势及展望

数字经济事关国家发展大局。云网融合的信息基础设施是数字经济的基石，是推动各行各业数字化转型的重要推手。面对数字化转型大潮，海量的数字化应用天然需要云网一体的基础设施和使能平台。《“十四五”数字经济发展规划》提出，推进云网协同和算网融合发展。《“十四五”信息通信行业发展规划》提出，深入推进云网协同，促进云间互联互通，实现计算资源与网络资源优化匹配、有效协同。这标志着云网融合正式成为数字信息基础设施建设的重要内容。

云网融合的核心在于“融”，关键是打破云和网的边界，实现基础架构、底层设施和资源调度多个层面的一体化。在信息世界以云为核心的背景下，改变传统的网络组织模式，构建云网融合的算力网络形态是必然选择。

一、全球云网融合趋势探析

Canalys 公司发布的最新报告显示，2021 年第四季度，全球云基础设施服务支出首次在一个季度内超过 500 亿美元，同比增长了 34%，达到 535 亿美元，较 2020 年同期增长 136 亿美元。整体上，2021 年全球云基础设施服务支出总额增长 35%，达到 1917 亿美元，远高于 2020 年的 1420 亿美元。该报告称，受新型冠状病毒肺炎疫情影响，远程工作和学习、电子商务、游戏和内容流媒体仍然是重要的贡献者。元宇宙等新的沉浸式使用场景的出现，将推动未来的市场对更强大、分布式、智能和可扩展，以及更低时延服务的需要。云服务的广泛采用，推动全球网络服务转向以云为中心。主流国际电信运营商在全球或区域市场的云网业务主要模式有通道模式、一体模式和服务模式 3 种。

（一）通道模式

通道模式是指电信运营商作为网络管道的角色，基于全球网络优势，提供网络和云的连接通道，例如，AT&T、PCCW Global 的全球云网业务策略。云连接服务是电信运营商的核心业务，技术发展使电信运营商面临越来越激烈的市场竞争。基于互联网、多协议标记交换（Multi-Protocol Label Switching，MPLS）或以太网等不同的接入方式，网络服务提供商、电信运营商、数据中心提供商、云服务提供商、系统集成商都参与云连接市场的竞争，这使电信运营商在云连接市场面临越来越激烈的市场竞争。

主流国际电信运营商积极提供云网协同业务，以拓展云连接能力。针对企业入云，AT&T 提供 MPLS VPN 与云的对接，在全球 31 个城市提供与 12 家云服务提供商的直连。NTT 通过 196 个国家的闭环网络，在全球 48 个城市提供与 7 个云服务提供商的连接。PCCW Global 在亚太、北美和欧洲的 17 个城市提供与 7 个云服务提供商的连接。法国电信在 15 个城市提供与 9 家云服务提供商的连接。Telstra 提供入网点（Point of Presence，PoP）间带宽按需服务以及网络功能虚拟化（Network Functions Virtualization，NFV）服务，提供专属私有网络与公有云的对接，与 AWS、Azure、谷歌直连，并且通过云交换平台与其他云服务提供商连接。

数据中心运营商通过提供基于托管服务的云连接参与竞争。云生态圈中的各类企业大多托管于数据中心，例如，云服务提供商、电信运营商、IT 服务提供商、企业客户。数据中心间通常拥有私有的、大带宽的连接，数据中心提供商利用数据中心之间的连接为企业客户提供全球云连接服务。例如，全球最大的数据中心和托管服务提供商 Equinix 提供支持 SDN 的互联服务。全球领先的数据中心、托管和互联解决方案供应商 Digital Realty 与 AWS、Azure、谷歌等多个云服务提供商、电信运营商及全球其他客户建立连接。

软件定义网络服务提供商基于软件定义的全球网络提供云连接服务。通过软件定义的网络建立与各主流云服务提供商的直接连接，企业客户可以通过软件定义网络服务提供商的全球网络快速可靠地连接到其合作的云服务提供商，这类企业包括 Masergy、PCCW Global、Megaport 等。

大型云服务提供商也提供全球组网服务。大型云服务提供商（例如，AWS、Azure、谷歌）都已构建全球骨干网络，同时通过 VPN 将内部的云资源连接起来，为客户提供全球网络服务。大型云服务提供商全球骨干网的网络边缘节点分布在世界各地，企业可以通过 MPLS 或 Internet 服务连接到这些边缘节点。

（二）一体模式

一体模式是指电信运营商凭借全球网络、数据中心、客户及 IT 服务能力等综合优势，提供云网统一的解决方案，在全球或区域市场参与云服务市场的竞争。一体模式对电信运营商来说，全球资源布局投资巨大，大部分电信运营商已经退出这一市场，NTT 和法国电信是为数不多的提供全球公共云服务的电信运营商。NTT 在全球拥有 140 多个数据中心，数据中心面积超过 45 万平方米，分布在全球 20 多个国家，在全球范围内运营着超过 75 个交付节点，用以支持其基于云的管理式网络服务。法国电信在全球也拥有 70 多个数据中心。提供全球云服务还需要电信运营商拥有强大的实施和集成能力，NTT 和法国电信收购了多家云服务公司以提升云服务能力。

（三）服务模式

服务模式是指电信运营商凭借全球客户优势、全球组网能力，整合云服务能力，提供“云管理服务”，围绕 AWS、Azure、谷歌这类大规模公共云构建服务，为跨国企业客户提供端到端的管理云服务，包括应用程序和工作负载管理、性能管理、安全服务和服务编排等，帮助客户实现云转型。Telstra、TATA、BT 在全球市场更多采用服务模式。

全球云管理服务需求快速增长，据 Gartner 公司的报告预测，到 2024 年，云管理服务市场将达到 800 亿美元，5 年复合年增长率为 17.5%。目前，电信运营商在管理云服务市场占有份额很小，占比不到 10%。国际电信运营商看到这一机遇，Century Link、英国电信、法国电信、西班牙电信和 T-Systems 都积极参与这一市场竞争。

二、我国云网融合发展现状

（一）基础电信企业大力推进云网融合

中国电信是云网融合的全球引领者。2016 年中国电信开启云网融合的数字化转型之路，2020 年发布《云网融合 2030 白皮书》。该白皮书提出，“网是基础，云为核心，网随云动，云网一体”的发展原则，并明确了“云网协同、云网融合、云网一体化”的三阶段发展路线，全面实施“云改数转”战略，以 5G 和云为核心打造云网融合的新型信息基础设施。天翼云稳居国内 IaaS 第一阵营，政务云市场排名第一，在大型国企云、医疗云、教育云等泛政务云市场差异化优势显著，2021 年上半年，天翼云收入达到 140 亿元，同比增幅达 109.3%。

中国移动全力发展云网一体的“移动云”。中国移动在 2007 年启动云自主研发创新，2019 年实施“云改”战略，将“移动云”作为全集团最重要的战略性业务，强化云计算统筹规划，加大云能力建设力度，努力打造云网一体新型基础设施，积极推动网络云化、智能化转型。截至 2021 年 6 月末，移动云形成

“N+31+X”属地化资源池支撑，收入达到92亿元，同比增长353.8%，增速领先行业其他企业。

中国联通推动云网融合向算网一体技术演进。中国联通在2016年开始构建基于SDN的中国联通产业互联网，将“IP承载A网”升级为面向混合云场景（含公有云、私有云及数据中心托管）的云联网平台，解决不同地域、不同网络环境间多云互联的问题，实现异构混合云组网。目前，中国联通产业互联网已全面完成SDN化改造，云联网平台已纳管中国联通自有的140个数据中心，覆盖30个省（自治区、直辖市）的主要数据中心，并纳入阿里云、腾讯云、AWS、华为云、京东云、百度云、青云等主流云厂商，成为与中国联通公众互联网China169并列、专注于服务政企客户的高等级互联网基础设施。2021年8月，联通沃云升级为联通云，打造5G时代数字化转型新基座。IDC发布的《中国公有云服务市场（2021第三季度）跟踪报告》显示，2021年第三季度中国公有云服务整体市场规模达到71.88亿美元（约为465.11亿元人民币）。其中，联通云第三季度公有云IaaS+PaaS收入同比增速达296.35%，市场份额同比增长167.67%，市场份额和收入同比增速均位列所有厂商之首。

（二）以互联网云服务商为主的OTT企业构建Overlay云网络

以国内最大的公有云服务商阿里云为例，早期阿里云的云上基础网络采用传统大二层网络构建，租户之间的隔离基于安全组实现。随着上云用户增多，尤其是大型互联网企业和传统企业的上云，用户对云上网络管理需求也与日俱增。2012年，阿里云率先放弃传统的大二层网络架构，设计新的网络虚拟化（Overlay）技术方案，开启了云网络的新篇章。云网络并不是要重建一张新的网络来取代现有的网络基础设施，而是在现有网络的基础上通过网络虚拟化等技术重构一张面向企业租户和应用的虚拟网络。互联网云服务商主导的Overlay网络建立在基础电信企业Underlay网络之上，实际上无法和Overlay网络形成高效协同，因此，无法提供与云资源动态弹性、按需服务、按量计费等相匹配的网络能力。

三、云网络的特征和关键技术

（一）云网络的特征

传统的组网模式需要适应现在及未来业务和应用在云上部署的模式，网络的组织和构成模式需要调整为“随云而动、应云而生”，即构建云网融合的云网络，这种云网络具有以下4个本质特征。

1. 网络组织以云为核心

网络的布局和架构充分匹配云计算和云业务所需的灵活性，具有高度弹性，能够提供不同等级应用的差异化QoS。

2. 网络资源云化部署

网络的节点、带宽、流量等打破了与地理位置和物理形态绑定的局面。以网元为主要载体可实现虚拟化、云化部署，能够实现按需提供和调整。

3. 网络边界深入云内

网络连接的端点需要与云业务相关联，以实现信息传送的深度直达，即让信息的“包裹”能够送到用户手中。

4. 网络服务与云融合

从最终用户的角度来看，今后大量的应用直接调用的是数据和算力。承载这些数据和算力的载体是云计算和云资源。而网络是作为更加底层的连接支撑存在的。从感知的角度来看，理想的网络模式应该是“见云不见网”。网络自动化提供服务，但“隐藏”在云的后面。

（二）云网络的构成和关键技术

云网络的架构包括基础网络层、业务网络层、网络导航层。

基础网络层的作用是构筑一个泛在的高速连接基础，类似于高速公路，但需要具备一定的弹性能力和快速调整能力，同时也需要提供一定的差异化QoS和网络开放能力。基础网络层的布局要实现去行政区域化，并应该根据云资源的布局（例如，数据中心分布）来设计。基础网络层主要解决网络组织以云为核心、网络资源云化部署的问题，需要从网络拓扑、路由组织、协议选择等多个维度更新传统网络的设计理念。基础网络层可以称为Underlay网络层。

业务网络层在基础网络层上，根据云计算的需要，实时建立或拆除网络连接，按需提供网络带宽和质量保障。同时这种连接深入应用和最终用户，是真正端到端的连接。相对于基础网络层提供的连接能力，业务网络层实现的网络连接更细粒度、更精准化，具有高并发、高时效性。业务网络层主要解决的是网络资源云化部署、网络边界深入云内的问题。业务网络层可以称为Overlay网络层。

网络导航层是上述两个网络层的集中控制层，其作用在于让云网连接的准确性和可靠性得到提升，使信息物流的效率达到最大。网络导航层主要解决的是网络服务与云融合的问题，需要形成多维度的全域资源视图，为不同的应用和业务制定相应的网络策略，并结合实际资源效能形成最优的调度和配置。网络导航层也可以称为控制编排层。

上述各层次的功能定位需要不同的技术支撑，基础网络层要实现比传统的Underlay网络更好的灵活性和差异化性能，这需要在协议层进一步简化，方便基础网络实现端到端的可管可控，最有代表性的是基于IPv6的段路由（SRv6）协议和以太网虚拟专用网（EVPN）技术，同时基础网络层还需要考虑IP和光网络融合的问题，能够形成“服务器（计算和存储）+传输+路由”的统一调度能力，以实现算力和网络的协同。业务网络层需要建立一端入云，另一端连接最终用户的海量信息分发能力，需要具有面向应用的高度定制化能力和快速连接处理能力。因此，简化的SRv6协议栈、快速用户数据报协议（User Datagram Protocol，UDP）和网络连接（QUIC）协议可用来满足相关要求。其中，SRv6提供的是Overlay网络层的精细化连接能力。网络导航层需要充分借助软件定义网络（SDN）、Telemetry等技术来实现对各种网络资源信息的实时采集，并结合人工智能和大数据技术，利用机器学习等手段来实现智能化的信息处理和闭环控制，让云网络真正具有“大脑”功能。

SD-WAN是云网络的一种形态。业界最近几年如火如荼发展的SD-WAN采用云化部署的方式，不局限于传统的专用物理设备，采用的组网拓扑和局端部署呈现典型的“去中心化”特征。SD-WAN的Underlay部分可以是目前的互联网专线、互联网宽带，也可以是传输专线（例如，OTN、PTN），甚至可以是5G无线接入。SD-WAN的Overlay部分，通过在客户侧的网关和服务侧的网关建立安全封装后的隧道，可实现点到点、点到多点的灵活组网。结合SDN控制器和编排器，SD-WAN能够实时感知底层资源的变化，根据业务的QoS要求来智能选择最佳路径并实施差异化保障手段，使业务的开通与变更，以及服务保障更灵活、性价比更高。不过SD-WAN的监管形势还不明确，相关业务形态仍存在一定的风险。

四、云网融合发展趋势展望

基础电信企业作为网络基础设施的建设者和运营者，是云网融合的主要推动力量。为了更加便捷高效地提供云服务，互联网云服务商努力构建自己的Overlay云网络。毋庸置疑，在云网融合的大趋势下，传统网络需要升级变革为云网络。这种云网络不仅是一种新型的网络形态或云网载体，还是一种云网能力服务化的创新模式。在技术上，云网络本质上既打破了传统网络和业务的界限，又打破了传统通信技术（CT）和信息技术（IT）的界限，是云网融合能力和服务的供给侧结构性改革体现。未来，云网络将如何发展呢？目前来看，主要有以下4个方面。

1. 云网络向云原生网络演进

通用计算形态从虚拟机向容器化转变，引入以容器、微服务、DevOps为代表的云原生技术，轻量级高效率虚拟化技术逐渐普及，云计算正向云原生的方向发展。云原生对云网络带来巨大影响。云原生网络的基本目标是满足云原生服务的网络端点和服务间的互通性、安全性和负载均衡要求。云网络需要对用户屏蔽不同类型容器的差异，并支持容器与虚拟机间的互通，需要支持跨多个中心云，云边一体的通信。云原生网络带来了网络管理运维监控的负载度，需要提供面向应用视角的网络监控与故障恢复能力。

2. 云网络向专用计算高性能网络演进

算力从通用计算走向专用计算，承载高性能。人工智能对算力的要求，需要不同服务器相互协同，高性能远程访问数据成为对网络的核心需求。远程直接内存访问（Remote Direct Memory Access，RDMA）是目前业内最受欢迎的高性能网络技术，可以大大节约数据的传输时间，被认为是提高人工智能、超算等效率的关键。专用计算带来的高性能、低时延的要求改变了云网络的业务范围，使网络的构建更加贴近应用的需求。云网络需要在低时延特性上实现面向应用的网络虚拟化。

3. 云网络向分布式云网络演进

边缘节点在云计算初期更多的是承载CDN业务，对网站/视频的静态内容进行缓存分发，减少网络传输成本。随着云计算的深入，对于需要即时处理和分析由物联网设备、联网汽车和其他数字平台生成或即将生成的数据，这时边缘计算发挥了神经中枢的作用。边缘节点的计算容量比较小，通用计算支持容器或者ServiceLess计算成为必然，云原生网络会从中心云计算拓展到边缘。边缘云对云原生网络的分布式能力提出挑战，需要向应用底层屏蔽负载的组网拓扑。基于人工智能驱动的物联网设备，需要在边缘部署推理NPU或进行视频处理的GPU，边缘节点同样需要高性能组网能力。为了实现云边协同、边边协同，需要构建一张遍布全球的分布式云网络。

4. 云网融合的下一步是构建算网一体

中国电信正在建设云网融合新型信息基础设施，实现网络资源按云所需、网络调度随云而动、网络和云一体化部署。2021年11月，中国电信发布了分布式的天翼云4.0，并在业界率先提出了算力网络的理念并在ITU率先牵头制定了算力网络标准框架。对于云网融合，网络是以云为中心的。从云的视角来看，一云多网对网络的主要需求是连通性、开放性，对服务质量的要求是尽力而为，网络起到支撑作用。对于算网一体，网络是以用户为中心的。从用户的视角来看，一网多云需要网络支持低时延、安全可信通信，对服务质量的要求是确定性，网络成为价值中心。这两个阶段是相辅相成的，云网融合为算网一体提供必要的云网基础能力，算网一体是云网融合的升级。

（中国信息通信研究院　李治民　刘芊岑）

国内外云行业发展及监管研究

一、云计算监管背景

随着互联网飞速发展，越来越多的企业运用云计算技术，企业上云成为大势所趋，全球云计算市场持续处于上升发展期。从云计算市场格局来看，美国云计算企业占据云计算的半壁江山，中国的市场份额排名全球第二。从监管政策来看，云计算监管分为两种：一种是强产业、弱监管，以美国为代表的国家，云计算产业实力较强，因此，政府对云计算行业没有制定特殊的监管机制，与互联网业务同等对待，但是在垂直行业设有较高的门槛；另一种是弱产业、强监管，例如，中国、欧盟等国家和地区都将云计算纳入关键基础设施范畴，加大对云计算的监管力度。

本文在梳理各国云计算发展战略及全球云计算市场概况的基础上，对国内外的云计算监管政策从云计算的分类及准入、数据安全管理、云服务商的主体责任 3 个方面进行分析，得出了云计算监管政策的异同。

二、各国云计算战略

近年来，各国政府从国家层面重视云计算的发展，美国、英国、日本等国家积极推进政府云战略，推动企业上云，例如，美国政府发布《联邦云计算战略》，借助云计算降低政府信息化开支，带动美国云计算服务业，2018 年新一届美国政府重新校正“云优先”（Cloud First）战略，制定“云敏捷”（Cloud Smart）战略，“云敏捷”战略为美国政府提供必要的工具，使其能够根据需求做出信息技术决策，并利用私营部门的解决方案为美国民众提供服务。英国提出建立统一的政务云，并制定“G-Cloud”战略，政府和公共部门必须在 G-Cloud 上采购云服务产品。日本为中央政府直属机关建立电子行政云（“霞光云”）。世界主要国家云计算产业战略如图 1 所示。

英国：
- 2009 年，英国提出建立统一的政务云
- 2017 年，再次强调公共部门应首先并充分评估潜在的云计算方案
- 制定“G-Cloud”战略，并在国内设立 G-Cloud（私人政府云计算基础设施），在云计算方面走在了欧洲各国的前列

俄罗斯：
- 俄罗斯政府批准许多国家计划和行业计划，以促进数字化转型，刺激国内云计算服务的使用并确保数据处理能力的增长

日本：
- 2009 年，日本发布 i-Japan2015 计划，包含对云计算基础设施的大规模建设计划
- 2010 年，日本总务省发布《智能云研究会报告书》，提出了“智能云战略”鼓励重点行业加速上云
- 为中央政府直属机关建立电子行政云（“霞光云”）

美国：
- 2009 年，美国联邦信息委员会宣布政府云计算发展计划
- 2010 年，提出“云优先”(Cloud First) 战略
- 2011 年，美国政府发布了《联邦云计算战略》
- 2014 年，美国国家标准与技术研究所发布了《美国政府云计算技术路线图》
- 2018 年，新一届美国政府重新制定了“云敏捷”(Cloud Smart) 战略，并制订关键行动计划
- 2019 年，提出“国防部上云”的战略

印度：
- 2014 年，印度以国家信息中心为发力点，提出以国家为名的私有云战略

韩国：
- 2009 年，韩国政府出台《“云计算综活性化”综合规划》
- 2011 年，韩国发布了《云计算扩散和加强竞争力的战略计划》《云计算全面振兴计划》，核心是政府率先引进并提供云计算服务
- 2013 年，韩国开始在政府综合计算机中心内引入云系统
- 2014 年，韩国允许公共服务部门采购由私企提供的云计算服务

图 1　世界主要国家云计算产业战略

三、云计算市场概况

（一）美国云计算规模遥遥领先，阿里巴巴、华为市场份额明显提升

全球云计算市场日趋成熟，整体增速放缓，但市场竞争加剧。据 Gartner 统计，2020 年全球经济萎缩，全球云计算市场总体增速放缓至 13.1%，市场规模达到 2083 亿美元。全球云计算市场规模及增速如图 2 所示。

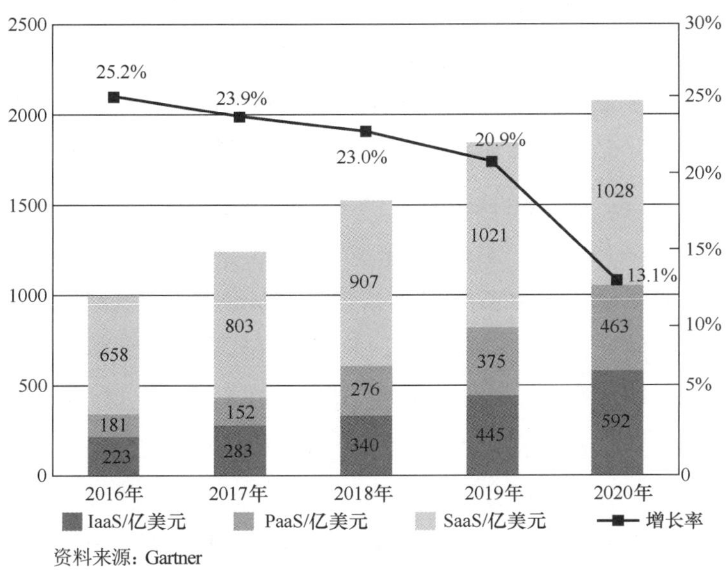

资料来源：Gartner

图 2　全球云计算市场规模及增速

Gartner 数据显示，2020 年全球基础设施即服务（Infrastructure as a Service，IaaS）市场规模增长 33.0%，达到 592 亿美元，高于 2019 年的 445 亿美元。平台即服务（Platform as a Service，PaaS）的市场规模为 463 亿美元，增速为 23.5%，软件即服务（Software as a Service，SaaS）的市场规模为 1028 亿美元，增速为 0.7%。

从具体企业来看，Gartner 数据显示，IaaS 排名前五的企业分别为亚马逊、微软、阿里巴巴、谷歌、华为。其中，我国的阿里巴巴和华为成功跻身前五。阿里巴巴在 2020 年的云服务市场占有率达到 9.5%。而华为的市场占比达到 4.2%，份额相比 2019 年均实现了明显提升。2019—2020 年全球 IaaS 公有云服务市场份额如图 3 所示。

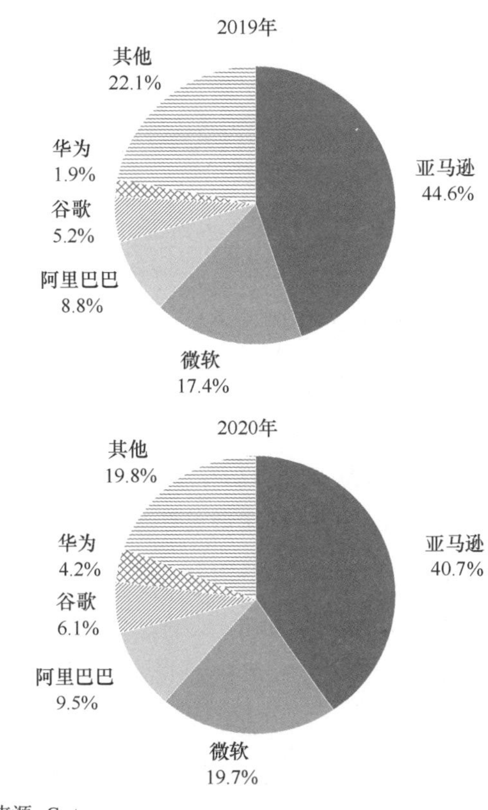

资料来源：Gartner

图 3　2019—2020 年全球 IaaS 公有云服务市场份额

从不同地区来看，Gartner 数据显示，2020 年北美、欧洲、亚太地区的云计算市场发展较为成熟。其中，美国企业云计算市场规模占全球比重超过 40%，2020 年约为 44%；欧洲地区占比在 19% 左右；亚太地区为全球云计算市场增速最快的地区，2020 年中国和日本占比分别达到 16% 和 4%。2020 年全球云计算市场区域分布情况（主要国家和地区）如图 4 所示。

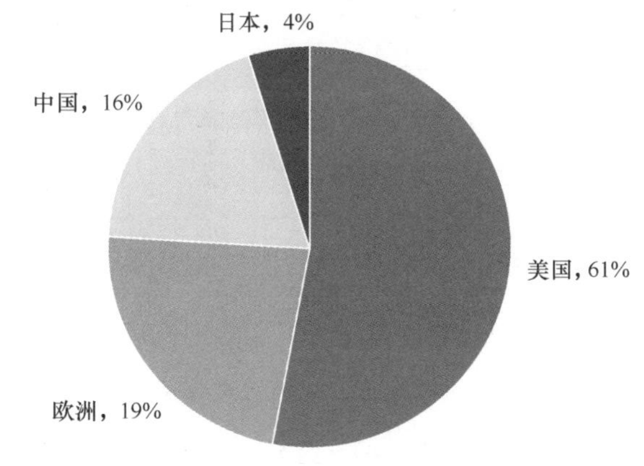

资料来源：Gartner，前瞻研究院

图4　2020年全球云计算市场区域分布情况（主要国家和地区）

（二）我国云计算市场爆发式增长，公有云 IaaS 市场增速最快

我国云计算市场呈爆发式增长，公有云市场增速显著。据中国信息通信研究院统计，2020 年，我国经济稳步回升，云计算整体规模达到 2091亿元，增速为 56.6%。其中，公有云市场规模达到 1277 亿元，占比为 61.07%，较 2019 年增长 85.2%；私有云市场规模达到 814 亿元，占比为 38.93%，较 2019 年增长 26.1%。

在公有云细分市场情况方面，2020 年，我国公有云 SaaS 市场规模达到 278 亿元，占比为 21.8%，较 2019 年增长 43.1%，受新型冠状病毒肺炎疫情对线上业务的刺激，SaaS 市场有望在未来几年迎来增长高峰；公有云 PaaS 市场规模突破 100 亿元，占比为 8.1%，较 2019 年提升 145.3%。随着数据库、中间件、微服务等服务的日益成熟，PaaS 市场仍将保持较高的增速；公有云 IaaS 市场规模达到 895 亿元，占比为 70.1%，较 2019 年增长为 97.8%，随着云计算在企业数字化转型过程中扮演越来越重要的角色，预计短期内企业将继续加大基础设施投入，市场需求依然保持旺盛。中国公有云细分市场规模及增速如图 5 所示。

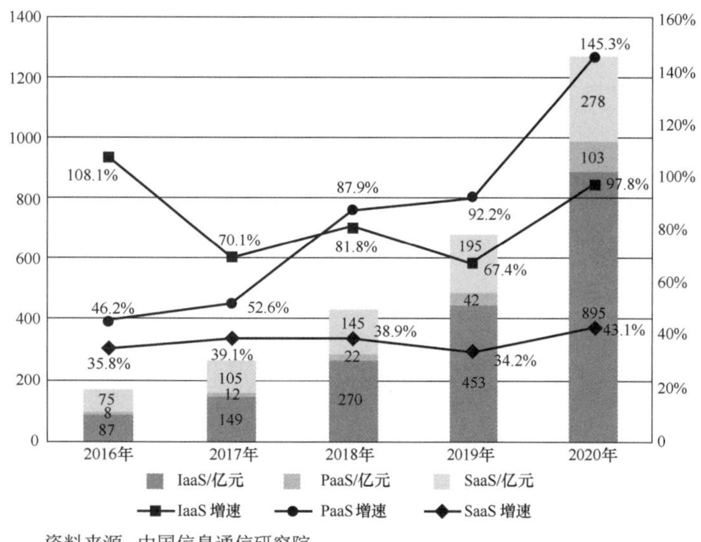

资料来源：中国信息通信研究院

图 5　中国公有云细分市场规模及增速

在厂商市场份额方面，据中国信息通信研究院统计，阿里云、天翼云、腾讯云、华为云、移动云占据公有云 IaaS 市场份额前五；阿里云、腾讯云、百度云、华为云仍位于公有云 PaaS 市场前列。

四、国内外云计算政策分析

云计算作为一种新型服务模式，拥有便利性、低成本的优势，但是从云计算服务爆发的安全事件可以看出，云计算服务既存在传统的安全威胁，又面临新的安全威胁。因为当企业或个人将其敏感数据和文档迁移到云计算系统后，数据所有者与控制者分离，这些用户数据统一由云计算服务商管理，而用户将不再知道自己的数据存储在什么地方、以何种方式存储、谁在处理、有没有备份等信息。

云计算服务的传统安全威胁包括传统的网络 IP 攻击、操作系统与软件漏洞、病毒、蠕虫、木马，以及“僵尸”网络、拒绝服务攻击、物理安全威胁。面临新的安全威胁包括数据安全威胁（方位控制、存储安全、备份和恢复、数据迁移安全、剩余数据的非法恢复）、应用威胁（认证、代码安全）、网络安全威胁、虚拟化安全威胁（虚拟化软件安全威胁、虚拟机安全威胁）、安全管理威胁。

以政务云为例，美国、英国、澳大利亚等国家纷纷出台相关发展政策，有计划地促进政府部门信息系统向云计算平台迁移。但是政府部门采用云计算服务也给其敏感数据和重要业务的安全带来了一定的安全挑战。美国作为云计算服务应用的倡导者，一方面推出“云优先战略”，要求大量美国政府信息系统迁移到“云端”；另一方面，为确保数据安全，要求为美国政府提供的云计算服务必须通过安全审查。

由于云计算服务面临诸多安全威胁，尤其在数据方面的安全问题突出，所以需要对云计算服务进行监管，云计算服务的监管主要从云计算的分类和准入、数据安全及主体责任 3 个方面入手。

在云计算的分类和准入方面，美国、欧盟倡导将云计算服务作为计算机服务进行管理，降低准入条件。大部分发展中国家将云计算服务作为电信服务进行监管，需获得许可。在数据安全管理方面，主要包括个

人数据保护和跨境数据流动。在云服务商的主体责任方面，责任的类型包括运行安全维护、个人数据保护、事故应急机制、三方审计认证、客户权益保障、属地司法管辖。

（一）国内外云计算的分类及准入

美国是云计算市场发展领先的国家，产业实力较强，美国政府将云计算服务视为计算机服务进行监管，并且坚持云计算应当属于计算机及相关服务，不应归入电信服务，并于2011年和2014年两次向世界贸易组织提交相关提案。虽然美国对云计算业务不设电信牌照，但是在特定条件下由美国海外投资委员会启动对外资的安全审查，启动条件有两个：一个是对会导致外国“控制”美国企业的并购、收购、接管交易进行审查；另一个是外资股比10%或更少即可形成“控制”。另外，对于未实现通报的交易，美国海外投资委员会可保留事后启动审查的权利，并可以强制剥离资产。

英国仅对频谱采取许可制度，对电子通信网络与服务，以及大多数增值业务取消了事前许可，采用一般授权方式，但是需要提前告知英国信息通信管理局进行登记，少数对用户影响较大的增值业务需要获得批准。英国《电信法》第33条规定：在提供网络、服务或设施之前，必须提前通知英国信息通信管理局。

大部分发展中国家对云计算服务按其业务形态进行分类管理，属于电信服务的，严格准入。例如，马来西亚、南非等国家将云计算的IaaS视为电信服务，部分SaaS也被视为内容服务要求许可。2015年3月，韩国国会正式通过并颁布了“世界首部”云计算法律——《云计算发展与用户保护法》，并于2015年9月28日起施行。该部法律将云计算纳入增值服务进行管理，韩国政府委托韩国云服务协会对云服务进行认证。同时要求在韩国提供云计算服务的企业必须向韩国政府提交一份报告，以作为提供服务的条件之一。

依据《电信业务分类目录（2015年版）》和《电信业务经营许可证管理办法》，我国云计算服务的IaaS、PaaS归入增值电信业务，需申请B11互联网数据中心（仅限互联网资源协作服务）电信业务经营许可证，并要求在提供云服务前通过包括用户和网站备案、信息安全管理、机房管理、接入资源管理在内的4项评测。

（二）国内外云计算的数据安全管理

国内外云计算的数据安全管理主要涉及个人数据保护和跨境数据流动两个方面。其中，在个人数据保护方面，个人数据保护的监管对象包括数据控制者，即客户（数据占有者）和云服务商（SaaS为主），数据处理者，即云服务商（IaaS、PaaS为主）。数据控制者和数据处理者具体承担的义务包括4个方面的内容：一是需要保障数据主体权利，采取适当合理的手段，保障个人的知情权、获取权、反对权、被遗忘权、数据可携带权等；二是落实相关主体责任，数据控制者通过严格的审核，确保数据处理者采取相同的保护措施；三是完善安全管理措施，根据引发的风险程度采取相应的措施，例如，进行数据保护影响评估（Data Protection Impact Assessment，DPIA），数据泄露通报等；四是通过监管实施相应处罚。在跨境数据流动方面，白名单、数据分类分级管理是目前国际上主流的数据出境管理模式。欧盟制定《通用数据保护条例》，通过白名单、标准合同、风险评估、协议控制等方式进行个人信息出境安全管理。美国对重要数据采取严格出境管理，对政府信息出境也制定具体要求，严格控制敏感个人信息和人工智能等关键技术的外商投资。俄罗斯与欧盟均建立白名单制度，规定白名单内的国家或地区出境个人信息不受限制，并制定个人信息境内存储的通用规则。相关国家及地区发布的信息存储和数据跨境流动政策见表1。

表1　相关国家及地区发布的信息存储和数据跨境流动政策

国家及地区	信息存储和数据跨境流动政策
欧盟	• 制定《通用数据保护条例》，规定个人信息出境的安全要求，通过白名单、标准合同、风险评估、协议控制等方式进行个人信息出境安全管理 • 欧盟委员会以《数据保护指令》为法律依据，起草制定了3款《标准合同》。企业之间签订数据出境流动合同如果包含《标准合同》条款，则可以进行个人数据出境转移

（续表）

国家及地区	信息存储和数据跨境流动政策
欧盟	• 欧盟在《通用数据保护条例》框架内推出《约束性公司规则》（BCR），专门针对跨国集团内部自由进行数据出境转移建立白名单制度，将认定为具有充足个人信息保护水平的国家或地区纳入白名单，规定白名单内的国家或地区出境个人信息不受限制
美国	• 制定出台《出口管理条例》（EAR）和《国际武器贸易条例》（ITAR），将重要数据出境与出口管理相结合，EAR 梳理汇编形成“受管控非秘数据列表”，将国家经济数据、政府管理数据、敏感技术数据等视为重要数据，并采取严格出境管理 • 出台《联邦信息安全管理法案》（FISMA）对美国政府信息出境提出具体要求 • 制定《2019 年美国国家安全和个人数据保护法案》等 • 制定《外国投资风险审查现代化法案》，严控敏感个人信息和人工智能等关键技术的外商投资，防止敏感个人信息和尖端技术数据外泄
俄罗斯	• 制定出台《个人资料法》，规定个人信息境内存储的通用规则，建立白名单制度，将认定为具有充足个人信息保护水平的国家或地区纳入白名单，规定向白名单内的国家或地区出境个人信息不受限制

我国云服务在数据管理方面，云服务提供商应当遵循我国个人信息保护、跨境数据流动及网络安全管理的相关法律规定。在个人信息保护方面，全国人民代表大会常务委员会《关于加强网络信息保护的决定》规定事前收集个人信息应当合法、正当、必要、规则透明，保证用户知情同意。《电信和互联网用户个人信息保护规定》提出，事中需采取安全保障措施，事后需按用户要求删除信息。《中华人民共和国个人信息保护法》第 47 条在沿用《中华人民共和国网络安全法》第 43 条的基础上，对个人信息的删除权进行了补充和完善，即个人信息处理者应当主动删除个人信息，个人信息处理者未删除的，个人有权在本条规定的 5 种情形下请求删除。在数据跨境流动方面，《中华人民共和国网络安全法》《中华人民共和国数据安全法》《中华人民共和国个人信息保护法》这 3 部与大数据相关的法律明确了企业进行数据出境的合规途径，包括出境安全评估、数据保护能力认证、跨境传输标准合同条款、风险自评估、跨国机构有约束组织规则、充分性认定等。《中华人民共和国网络安全法》第 37 条明确规定我国数据出境安全评估要求，保障我国国家安全以及个人信息主体权益。国家标准《数据出境安全评估指南》，构建了数据出境安全评估框架，提出数据出境评估方法和指标体系。公民个人信息和重要数据存储在境内，这些信息包括金融、征信、人口健康信息，确实需要向境外提供的，要进行安全评估。在网络安全管理方面，要事前进行信息记录；事中采取安全保障措施；事后发现问题及时补救、通知；为侦查犯罪提供技术支持。我国个人信息保护、数据跨境流动、网络安全管理相关政策及标准见表 2。

表 2 我国个人信息保护、数据跨境流动、网络安全管理相关政策及标准

个人信息保护	数据跨境流动	网络安全管理
《中华人民共和国个人信息保护法》	《中华人民共和国网络安全法》	《中华人民共和国网络安全法》
《全国人民代表大会常务委员会关于加强网络信息保护的决定》	《中华人民共和国数据安全法》	《互联网信息服务管理办法》
《电信和互联网用户个人信息保护规定》	《中华人民共和国个人信息保护法》	《中华人民共和国计算机信息系统安全保护条例》
	《个人信息和重要数据出境安全评估办法（征求意见稿）》	
	国家标准《数据出境安全评估指南》	
	《征信业管理条例》	
	《中国人民银行关于银行业金融机构做好个人金融信息保护工作的通知》	

（三）云服务商的主体责任

云服务商的主体责任类型包括运行安全维护、个人数据保护、事故应急机制、三方审计认证、客户权益保障、属地司法管辖。

在运行安全维护方面，云服务商应采取与引发风险程度相当的技术和组织措施，管理网络安全风险。

在个人数据保护方面，云服务商应保障用户的知情、获取、反对等权利；用户个人数据非经合法授权不得传输至境外等。

在事故应急机制方面，云服务商应履行数据泄露通报义务等。

在三方审计认证方面，例如，美国政府采购的云计算服务，需要云服务商通过联邦风险和授权管理计划（Fed RAMP）进行认证，需要通过第三方认证并经过多部门联合委员会的审定等。与多国类似，英国政府推出G-Cloud认证，英国政府机构和公共部门采购云服务，主要通过英国政府云服务项目（G-Cloud）的在线云服务商店（Cloud Store）进行。

在客户权益保障方面，例如，客户可以要求云服务商披露用户信息存储所在的国家。

在属地司法管辖方面，例如，客户数据的司法管辖权不因云计算服务而改变，凡向欧盟用户提供服务的均适用规制欧盟各成员国的国际条约。

五、总结

面对国际云计算整体市场增速放缓，国内云计算市场呈爆发式增长，阿里巴巴、华为等企业跻身世界总体市场规模前五强，市场份额明显提升的发展态势，云计算服务市场如何实现管理国际一体化成为当前世界各国关注的热点。总体来看，典型代表国家的云计算服务的管理政策主要围绕云计算分类和准入、数据安全管理及云服务商的主体责任3个方面入手。其中，数据安全管理是云计算服务监管最为重要的方面，包括个人信息保护和跨境数据流动，世界上的主要国家和地区（例如美国、欧盟等）均制定了跨境数据流动的相关法律政策以保障数据的安全有序流动。我国在2021年密集出台了《中华人民共和国反外国制裁法》《中华人民共和国个人信息保护法》《中华人民共和国数据安全法》《关键信息基础设施安全保护条例》等相关法律、行政法规和规章制度，旨在通过法律法规及规章制度为云服务企业提供一个安全、稳定、有序、公平的发展环境。我国云服务企业无论是在国内还是国外经营，都需要严格按照相关要求提供服务，打造中国强云的企业品牌。

（中国信息通信研究院　魏卉　马思宇）

以金融科技创新承接新时代赋予的新使命

自2010年起，在网络购物、社交红包、线下扫码支付等不同时期不同推动力的作用下，数字支付迅猛发展。2010年，中国人民银行发布了《非金融机构支付服务管理办法》，并向符合条件的机构颁发支付业务许可证，通过将其纳入监管规范了企业经营，保障行业长期有序发展。

现如今，数字支付已经深度融入日常生活中，从就餐、购物、看电影、菜市场买菜到搭公交地铁，你能想到的消费场景，基本都可以用移动数字支付来解决。第三方支付凭借其便捷、高效、安全的支付体验，使中国的支付市场成为国际领先的支付市场之一。

根据Statista发布的《2021年金融科技报告——数字支付》显示，2020年全球最大的数字支付市场是中国，交易规模达24965亿美元。基于庞大的人口基数，中国在数字支付用户规模及支付平台活跃用户数量上都占据优势，全球移动支付市场逐渐被中国的科技公司主导。

联通支付有限公司（简称“联通支付”）坚持差异化创新发展，从传统支付业务向金融信息服务、数据科技业务演进，目前商业产品已形成支付服务、协同服务、融资信贷、财富管理、金融科技的布局。

十年来，联通支付始终以用户需求为中心，以提升服务品质为重要抓手，致力于为企业客户、金融机构及个人用户提供安全可靠、贴心便利的支付解决方案。通过打造“通信+支付/金融”创新业务模式，联通支付的用户数量近3亿人，交易规模日创新高，获得了市场与用户的高度赞誉与一致认可。

一、创新金融科技

随着市场经济和现代化信息技术日新月异的发展，互联网运营和消费模式已然进入了蓬勃发展的阶段，消费服务的全面线上化使非现金交易迅猛增长。无论是商家还是个人用户，对于更加方便快捷的交易模式的需求日益凸显。

作为中国联通旗下的第三方支付平台，联通支付统筹中国联通支付业务的发展，建立统一的支付网关和金融能力平台，致力于提供“安心、便捷”的支付解决方案。立足于前景广阔的金融科技领域，联通支付以沃支付为企业品牌，通过沃钱包客户端为个人用户提供综合性的民生支付应用与金融信息服务。

以联通支付打造的“沃钱包App”为例，沃钱包App是融合了支付、生活服务、政务服务、金融信息服务等多个场景与行业的开放性平台。除了提供便捷的支付、转账、收款等基础功能，沃钱包App还能快速完成充话费、缴水电燃气费，还信用卡、外卖点餐、商城购物、购买火车/汽车/飞机票、电影票等生活服务，涵盖超50项生活服务场景。用户在沃钱包App上不仅能享受消费打折，还能轻松理财，累积信用，享受消费信贷、保险等金融信息服务。

受中国人民银行委托，中国联通作为首批数字人民币参研机构，全面参与数字人民币研发和试点。早在2020年3月，“沃钱包客户端”率先实现从数字人民币钱包一键开立、实名认证、绑定银行卡、兑换数字人民币、收付款码到使用数字人民币交话费、交党费、商城购物全流程功能。此外，它还支持开立SIM卡数字人民币硬件钱包，在手机黑屏状态下可实现比“扫一扫”更加便捷的“碰一碰”完成支付，还可以在没有网络的情况下完成支付，满足全天候支付需求，适用于多种极端场景。

在北京冬奥组委园区内，立足科技冬奥、智慧冬奥建设，中国联通试点部署加载了物联网数字人民币模组的自助售货机、冬奥特许商品售卖机等创新应用场景，并推出支付手套、支付徽章、冬奥支付服装等可穿戴设备，满足冬季运动时便捷支付的需求，在滑雪场或滑冰场，运动员、工作人员戴着手套或徽章，轻轻一碰就可完成数字人民币支付。这些试点项目作为数字人民币研发成果的代表，向党和国家领导人汇报演示，并录入《中国数字人民币的研发进展白皮书》，在冬奥测试赛、服贸会、数字中国、国际通信展等一系列重要活动中亮相。

在2022年冬季奥运会的开、闭幕式上，中国人民银行为更好地宣传介绍数字人民币，在鸟巢观众通道区特别设置了4个数字人民币展示区。受中国人民银行委托，中国联通提供了智能SIM卡、支付手套、物联网数币模组、支付手表等展示产品，并进行现场支撑，展示效果获得了中国人民银行好评。

二、延伸服务能力

基于在第三方支付行业的深厚积淀，联通支付通过金融科技的创新不断强化自身服务的延伸，以支付为基础、科技为驱动、场景为依托，加速金融行业向信息化和智慧化演进。“沃钱包客户端”不仅为个人用户提供综合性的民生支付应用与金融信息服务，而且联合服务商共同推动行业客户数字化升级和产业链融合，在价值互联的数字产业生态网络中实现多方共赢。

凭借对行业及终端用户需求的深刻洞察，沃支付为政企类客户提供了一体化支付金融解决方案，致力于打造基于行业场景的综合支付服务体系和基于支付的金融科技服务生态。联通支付已与主流金融机构建立起全面合作关系，建成以“沃账户”为核心的统一支付平台和集团金融一级接入平台，签约商户覆盖线上线下、城市乡村。

近年来，联通支付聚焦“专精特新”产品能力的打造，已为中国联通2000万以上的用户提供通信+金融的信用购机解决方案，为3亿多用户提供方便快捷的电子券应用服务。在中国联通新战略的牵引下，联通支付联合行业内优秀金融合作伙伴，为更多的小微商户、用户提供高品质的服务。

2022年，联通支付将发挥网络与数字化转型优势，结合小微企业客户金融解决方案经验，面向国内上亿家小微企业创新打造“通信+支付/金融”应用解决方案，并计划在未来3年内，推动千万家小微企业应用。此外，联通支付还通过“沃钱包”客户端“助农商城”架起消费者与农商户的桥梁，接入全国各地更多的供应商，并借助自身平台的流量为“助农”做贡献。

联通支付依托中国联通强大的数字化信息系统和庞大的服务网络，全面提升“支付+”平台能力，为用户提供“通信+金融+终端+X”的一揽子解决方案。联通支付通过“商企贷”“沃掌柜”“沃开店”“商户收款”“政企账本”等丰富的应用，发挥金融力量“稳就业、振乡村、兴科创”。可以看到，联通支付正全面承接新时代赋予的新使命，努力实现发展动力、路径和方式的全方位转型升级，更好地开辟新发展空间、融入新发展格局。

三、筑牢安全合规

金融科技新产品、新技术、新服务加速应用，在大幅提升服务效率、有效促进服务数字化的同时，也产生了诸多合规、安全等方面的新问题、新风险，对合规工作及品牌声誉管理提出了新挑战、新要求。

中国银保监会消费者权益保护局发布2022年第2期消费者风险提示，提醒消费者远离过度借贷营销陷阱，防范过度信贷风险。2022 年“两会”期间，数据安全问题再次作为重要议题被提出，在 2022 年《政府工作报告》中提到，要推进社会治理，强化网络安全、数据安全和个人信息保护。

联通支付高度重视合规工作，并严格落实监管机构的各项要求，切实履行自身责任，不仅加强业务风险管理工作，牢固树立业务开展红线意识，而且踊跃参与各类金融安全知识普及宣传推广活动，为营造更加健康、安全的金融环境贡献自身力量。

2022 年，联通支付将继续落实监管要求，严格执行反洗钱、反恐怖融资等规定；积极配合各机构做好风险联防联控工作，合力打击治理跨境赌博、电信网络诈骗等违法违规活动，切实履行自身责任，净化支付市场环境，提高人民群众对各类欺诈活动的警惕意识，提供更加合规、安全的“支付 +”金融科技服务。

四、讲好品牌故事

在当今复杂的经济环境和竞争激烈的金融市场中，产品和服务的口碑不仅反映了客户最真实的心声，更关乎企业长期可持续健康成长。客户感知和口碑提升需要全企业各部门共同推进与不懈努力。联通支付坚持以优质卓越的服务赢得客户满意，弘扬支付行业服务标杆力量，将联通支付高品质服务口碑根植客户内心。

自 2021 年 4 月以来，联通支付正式启动“服务标兵”争创活动，以本次服务标兵争创活动为契机，全面营造学习标兵、争当标兵的良好氛围，持续打造一支本领高强、作风优良、口碑过硬的服务队伍。通过树立模范，厚植服务文化，以榜样的力量鼓舞身边人，传播正能量。活动宣传也将持续 2022 年全年，并邀约广大客户共同参与，见证联通支付一线服务人员为提升服务所做出的长期努力，宣传诸多不为人知的感动故事，彰显联通支付打造高品质服务的决心和行动。

联通支付积极倾听客户的声音，并及时有效地通过沟通来提高服务品质，实现品牌价值持续保温，使质量、服务与信誉相结合。同时，联通支付全体工作人员树立声誉风险意识，健全企业舆情风险管理体系，通过“前、中、后台”通力协作，以科学化、系统化的工作方法论，应对声誉风险，弘扬品牌精神。2021 年，联通支付在 230 家金融机构报送的 423 个案例中脱颖而出，三次蝉联中国金融年度品牌案例大赛——声誉管理年度案例奖。

倾听客户声音，提升服务品质，讲好品牌故事。联通支付坚持以客户为中心，从客户角度出发，深耕行业，用专业服务为客户创造价值，努力实现联通支付与客户双赢。同时，着力提升客户对联通支付金融服务的获得感和满意度，让金融科技体验不仅更智能、更便捷，同时也更加安全、更有温度。

（联通支付有限公司　杨扬）

企业数字化转型中的数据安全管理体系构建

近年来，以人工智能、5G、云计算等为代表的数字基础设施不断建设完善，数字孪生、区块链、元宇宙等新型技术崛起，我国数字经济蓬勃发展。从互联网的崛起到移动互联网的广泛应用，再到人工智能的初见端倪，数字化能力和技术对各行各业都带来了巨大的冲击，企业的核心竞争力取决于获取和利用数据的能力，以完善产品功能和优化产品体验，从而满足客户需求。但数据安全和隐私保护等问题也日益凸显，并上升到国家战略层面，如何在保护用户隐私、数据安全和遵守法规的前提下，进行跨组织的高效数据应用成为企业面临的一大难题。

一、数据安全面临的挑战

（一）数据安全问题和法律政策背景

自数据产生以来，数据安全和隐私管理就是一个非常重要和复杂的话题。数据大量汇聚、不受物理空间限制、易复制、易携带和易传输，又在网络节点间实时流动，如果让网络攻击者得手一次，就会造成较大损失，极大地降低了攻击成本。数据如果出现安全问题，则会对个人安全、企业安全、组织安全、公共安全、国家安全等造成损害。

为维护国家安全、社会公共利益，保护公民、法人和其他组织在网络空间的合法权益，保障个人信息和重要数据安全，我国制定了《中华人民共和国网络安全法》《中华人民共和国个人信息保护法》《中华人民共和国数据安全法》等法律法规，另外，在《数据安全管理办法》中系统规定了网络运营者数据收集、数据处理使用、数据安全监督管理等覆盖数据全生命周期的综合合规要求，解决了强制捆绑授权、网络爬虫、定向推送、自动化洗稿、算法歧视、大数据杀熟等新型数据安全问题，对违反安全数据的行为进行了有效约束。在机构设计方面，我国设立国家互联网信息办公室、中央网络安全和信息化委员会。数据安全管理已成为国家层面的重大课题。

在国际上，美国政府先后制定了《联邦信息安全管理法案》《加强网络安全法》《公共网络安全法》《计算机安全法》等一系列法案，对大数据时代隐私保护提出《消费者隐私权利法案》。欧盟的《通用数据安全条例》被称为史上最严苛的隐私数据保护法。

总体而言，当今世界已进入数字经济的新时代，如何保护数据安全，平衡国家安全、公共利益和个人权利是世界性的重大课题，同时各国和组织从法律和政策等方面进行了引导和约束。

（二）数据安全面临多维度技术挑战

1. 数据平台安全维度

从大数据技术发展趋势看，基于 Hadoop 生态系统的大数据平台持续优化、改进，功能不断增强，已逐渐成为大数据平台建设标准产品。由于分布式系统没有设计安全机制，也没有安全模型和整体的安全规划，所以 Hadoop 最初关注的是数据的处理能力。分布式系统可承载丰富应用，集中海量数据，如何管理保存这些数据是一项具有挑战性的任务。大数据平台是数据资源的基础平台，平台安全是保障安全可靠利用数据资源的基础。因此，保障必须是整体性的，以确保大数据服务的可用性和连续性。

2. 数据服务安全维度

为了更好地利用大数据价值，越来越多的平台开始对外提供基于大数据的服务能力。大数据场景下，数据多个渠道汇聚，数据类型、用户角色和应用需求更加多样化，访问控制面临诸多问题。一是，多源数据汇聚增加了访问控制策略制定及授权管理的难度，过度授权和授权不足现象严重。二是，数据多样性、用户角色和需求细化增加了客体的描述困难，传统访问控制方案中采用数据属性来描述访问控制策略中的客体，非结构化和半结构化数据无法采取同样的方式进行精细化描述，导致无法准确为用户指定其可以访问的数据范围，难以满足最小授权原则。大数据复杂的数据存储和流动场景使数据加密的实现变得异常困难，海量数据的密钥管理也是亟须解决的难题。

3. 数据自身安全维度

企业在开展业务和对大数据进行开发利用的同时，保障自身数据安全也至关重要，数据安全涉及数据生命周期的各个阶段，包括数据采集、数据传输、数据存储、数据处理、数据交换、数据销毁等。行业间及行业内数据交换共享时的数据安全是大数据资源实现开放共享的关键。

全球数字化趋势下，数据已被社会公认为是有价值的资产，数据价值愈发凸显，数据面临更高的泄露风险，数据可变现、易变现的特点使接触到数据的人员窃取数据的动机、可能性增加。数据不占体积，易被复制、携带、传输，再加上数据本身的流动性，让数据安全管理难度极大，数据一旦在获得、使用和管理环节“失控”，不仅给个人隐私保护和企业信息安全带来威胁，还有可能触犯法律。

4. 网络攻击手段呈现新特点

大数据存储、计算、分析等技术的发展，催生了新型网络攻击手段，使传统的检测、防御技术暴露出严重不足，无法有效抵御外界的入侵攻击。传统检测基于单个时间点进行基于威胁特征的实时匹配检测，而针对大数据的高级持续攻击（Advanced Persistent Threat，APT）采用长期隐蔽的攻击实施方式，并不具有能够被实时检测的明显特征，发现难度较大。另外，大数据的价值低密度性，使安全分析工具难以聚焦在价值点上，网络攻击者将攻击隐藏在大数据中，传统安全策略检测困难较大。因此，APT 时有发生，大数据平台遭受的大规模分布式拒绝服务（Distributed Denial of Service，DDoS）攻击屡见不鲜。研究表明，48% 的数据泄露与网络攻击者攻击有关，其中，分布式拒绝服务攻击、钓鱼攻击及特权滥用是主要的网络攻击者攻击方式。

二、贯穿数据全生命周期的数据安全管理体系构建

广义上的数据安全管理涵盖监管主体、监管方式、监管对象、国家立法、互联网信息安全、个人隐私保护等。狭义上的数据安全管理侧重于企业或组织内部。数据安全管理既是数据资产管理中的一部分，又是信息安全管理的重要组成部分。

（一）数据生命周期

传统数据基本都在某个组织内部，使用人员相对固定可控，可变现程度低，仅需要做好网络安全和系统安全，就可以规避数据安全风险。但是进入大数据时代，数据具有高流动性、高价值、可衍生性等特点，每个环节均需要做好安全管理，数据安全必须贯穿数据全生命周期，包括数据产生、数据存储、数据传输、数据使用、数据共享和数据销毁等。

（二）数据安全管理体系

数据安全管理体系通过分层建设、分级防护，利用平台能力及应用的成长性、扩充性，创造面向数据的安全管理体系系统架构，形成完整的数据安全管理体系。数据安全管理体系应包括安全战略、安全组织管理、安全过程管理、安全技术保障、数据运行能力保障、数据生命周期安全保障。

三、数据平台的安全管理技术手段

（一）统一安全认证和权限管理

数据安全管理除了政策理论支撑、管控措施，还需要通过技术方式实现落地。提到 Hadoop 集群安全，首先想到业界通用的解决方案——Kerberos，它是一种网络认证协议，设计目标是通过密钥系统为客户机 / 服务器应用程序提供强大的认证服务，其不依赖于主机操作系统的认证，不需要主机地址信任，不要求网络上主机的物理安全，并假定网络传送的数据可被任意读取、修改和插入数据。Kerberos 作为第三方认证服务，通过传统的密码技术执行认证服务。Kerberos 通常与轻型目录访问协议（Lightweight Directory Access Protocol，LDAP）配合使用。LDAP 是一个开放的、中立的、工业标准的应用协议，通过 IP 提供访问控制和维护分布式信息的目录信息，其优点是快速响应用户查找需求。如果密码匹配，则通过认证，即可进行其他操作。

除了统一认证，在数据传输过程中，数据安全管理可通过合适的安全套接字协议（Secure Socket Layer，SSL）证书，对敏感数据进行加密。SSL 证书加密隐私数据后，网络攻击者无法截取敏感信息的明文数据，部署 SSL 证书是网络安全的基础防护措施之一。SSL 证书包括公钥加密和私钥解密。SSL 加密过程会启动一个保证消息隐私性和完整性的安全会话。

在数据操作应用过程中，可通过权限管理，控制不同角色操作的数据权限。可从两个维度控制角色权限：一是控制粒度，例如，控制到字段级权限；二是控制动作，例如，不同角色对应不同的操作。

（二）技术隔离

在数据资源隔离层面，可通过不同租户，对不同权限的数据资源进行隔离。多租户技术是一种软件架构技术，可实现在多用户环境下共用相同的系统或程序组件，且可确保各用户间数据的隔离性。多租户数据隔离技术按隔离程度从高到低，可分为独立数据库、共享数据库隔离数据架构、共享数据库共享数据架构。

除了统一安全认证、SSL 证书数据加密、多租户技术，数据安全管理还会用到其他技术，例如，数据访问日志审计、数据服务管控等。

（三）数据加密

数据加密是指通过加密算法和加密密钥将明文转变为密文，相对应的解密则是通过解密算法和解密密钥将密文恢复为明文，其核心是密码学。数据加密是计算机系统对信息进行保护的一种可靠的办法。它利用密码技术对信息进行加密，实现信息隐蔽，从而起到保护信息安全的作用。

大数据环境下，数据多源、异构、量大且种类众多，对所有数据制定同样的加密策略，会大大降低数据的机密性和可用性。因此，企业要进行数据资产安全分类分级，对不同类型和安全等级的数据制定不同的加密要求和加密强度。特别是非结构化数据涉及文档、图像、声音等多种类型，其加密等级和加密实现技术不尽相同。

1. 根据数据流动性可分为数据存储加密和传输加密

数据存储加密为了防止存储环节上的数据失密，分为密文存储和存取控制两种。前者一般是通过加密算法转换、附加密码、加密模块等方法实现；后者则是对用户资格、权限加以审查和限制，防止非法用户存取数据或合法用户越权存取数据。

传输加密是指传输中的数据流加密，通常包括线路加密和“端到端”加密。线路加密侧重于在线路上而不考虑信源与信宿，对保密信息通过各线路采用不同的加密密钥提供安全保护。“端到端”加密是指信息由发送端自动加密，并由传输控制协议 / 互联网协议（Transmission Control Protocol / Internet Protocol，TCP/IP）进行数据包封装，然后作为不可阅读和不可识别的数据穿过互联网，当这些信息到达目的地，将被自动重组、解密，成为可读的数据。

2. 根据密钥类型分为对称密钥加密系统和非对称密钥加密系统

对称密钥加密系统的加密和解密均采用一把密钥，并且通信双方必须获得这把钥匙，且保持钥匙的私密性。非对称密钥加密系统采用的加密钥匙（公钥）和解密钥匙（私钥）不同。

用户应根据操作的数据特点确定具体使用哪个系统。例如，当非对称密钥加密系统的运算速度比对称密钥加密系统速度慢，需要加密大量数据时，建议采用对称密钥加密系统，提高加解密速度。对称算法不能实现签名，要想实现签名只能采用非对称密钥加密系统，同时如果数据量小，则可以考虑采用非对称密钥加密系统。

（四）数据脱敏

在数据传输、共享、展现等环节，往往需要对数据中台的敏感数据进行脱敏操作，以防止用户隐私信息、商业机密信息和企业内部数据泄露。大数据脱敏功能包括敏感数据识别和敏感数据脱敏两种。

1. 敏感数据识别

通过设置敏感数据的发现机制，计算机自动识别敏感数据，并在发现敏感数据后自动为该敏感数据打上相应的标签。

（1）建立敏感数据规则

防止敏感数据泄露的第一步是定义企业敏感数据，建立敏感信息样本库，定义具体特征，包括但不限于身份证号码、手机号码、生日、信用卡号码、家庭住址、职业、家庭住址等信息。相关规则应支持用户自定义敏感信息规则，以便在不同应用场景中允许用户进行规则扩充。

（2）敏感数据检测

脱敏系统需要支持大数据平台存储结构化或半结构化数据、表，以便进行敏感数据扫描检测，并对数据进行抽样匹配，基于敏感数据库对存储的敏感数据进行检测。脱敏数据将数据库中敏感信息的表、字段标记出来，实现各类高级数据安全功能。数据检测可在给定数据行的任意列组合的基础上，灵活、方便地进行敏感数据检测。用户管理人员采用内容描述辅助建立敏感数据样本库，描述内容应具有高度准确性，这对结构化和半结构化数据同样适用，通过输入关键字、模式匹配、文件类型、文件大小、发送人、接收人、用户名，以及网络协议等各类条件，实现敏感数据信息检测。

2. 敏感数据脱敏

动态敏感数据脱敏，可保障敏感数据访问安全，基于大数据安全分析技术，发现访问敏感数据的异常行为，并在可能的情况下进行追踪。数据脱敏方法可根据用户需求进行不同形式的定制。常见形式有数据替换，即用虚构数据替代数据的真实性，截断、加密、隐藏或使之无效；随机化方式替代数据的真实性，偏移即通过随机移位改变数字型的数据。

（五）共享安全

数据对外共享技术可分为两种方式：接口和文件。其中，接口方式包括数据接口、流式数据等多种数据访问方式。应用程序接口（Application Programing Interface，API）操作权限管理、API 流量管控、API 认证管理等方式可实现接口管控。文件方式主要通过文件传输协议、安全文件传送协议、邮件等对外共享数据，通过数字暗水印进行安全防护，达到事后安全保护的目的，解决数据泄露无法追踪、难定责、难以避免再发生等问题。

（六）容灾备份

服务器出现硬件故障、软件故障、网络故障等，这些故障都可能导致数据丢失、错误或损坏。另外，人员操作失误、自然灾害、战争等因素也可能导致不可预估的后果，给用户造成巨大的损失。企业为更好地应对此种情况，必须考虑数据的容灾备份，确保在任何情况下，都不会影响重要业务活动持续开展。用户可根据恢复目标的关键等级划分为核心业务系统、重要业务系统和一般业务系统 3 个级别，根据不同的等级分别制定容灾备份方案。

（七）其他技术

数据安全管理技术手段除了上述的统一安全认证和权限管理、资源隔离、数据加密、数据脱敏、数据共享安全、数据容灾备份，还包括其他一些数据安全技术，应用广泛，例如，数据匿名处理、人工加干扰，应对数据共享、发布时的隐私保护，以及数据可信销毁、数据水印、数据溯源、角色挖掘等技术。

四、总结

当前，数据已成为国家基础性资源、重要的生产要素。数据安全面临的考验和挑战越来越严峻，数据泄露对国家各层面会产生重大影响，但现实中数据安全的管理工作通常又容易被忽视。对数据安全问题的挑战持续深入认识，在管理层面，强化人员安全意识，健全规章制度；在技术层面，随着大数据的治理体系不断完善、迭代强化，跟随安全新技术，做好数据全生命周期各环节管控，推进数据安全管理体系的完善，保障数据的安全和个人信息隐私，在使用和保护之间做好平衡，适应业务和 IT 环境变化，最大限度地发挥数据价值。

近年来，天津联通全面启动企业数字化转型工作，在具体实践中，从管理、市场、网络、信息安全等方面，通过顶层设计、多线条协同，公司层面成立了统一领导的数字化转型推进、数据安全管理跨域协作机构。在实际开展工作中，平台构建按照同步建设、同步验收、同步运行的“三同步”要求，安全防护方案与系统平台构建方案一体化考虑、安全同步考虑建设。依据安全防护要求，天津联通采取适度超前的安全技术和管理措施进行安全防护实施。通过持续发力，数字化驱动力磅礴呈现，不断释放数字化转型红利，天津联通市场份额持续稳居前列，客户服务口碑体验卓越，网络质量名列集团前茅，用实际行动践行了“国家队、主力军、排头兵”的新定位。在数字化转型与数据安全保障方面，天津联通做到了效益、效率提升与安全防护的统筹兼顾。

（中国联合网络通信有限公司天津市分公司　李文其）

数字经济篇

“东数西算”推动算力产业五大变革

“东数西算”工程是国家一项重要的发展工程，支撑“东数西算”的算力网络将成为国家重要的算力基础设施。中国信息通信研究院联合开放数据中心委员会数据显示，我国目前约有500万个标准机架的数据中心，但是我国东西部地区的使用情况差距巨大。

如何通过以算力为中心的网络将全国的各类异构算力融合协同，为国家的数字化发展提供源动力，成为新的研究课题。“东数西算”工程的实施将为我国数据中心的产业布局、算力结构、技术创新、绿色低碳和算力赋能等带来深刻变革。

一、“东数西算”为数据中心带来新机遇

在“东数西算”的概念中，“数”是指东西走向的数据资源，“算”是指快速增长的算力规模，“东”是指东部地区，即京津冀枢纽、长三角枢纽、粤港澳大湾区枢纽、成渝枢纽，“西”是指西部地区，即贵州枢纽、内蒙古枢纽、甘肃枢纽、宁夏枢纽。“东数西算”是指通过构建数据中心、云计算、大数据一体化的新型算力网络，在枢纽外部，利用西部地区算力资源承接东部地区算力外溢需求；在枢纽内部，推动数据中心从一线城市迁往资源充裕的周边地区，在满足网络时延要求的同时保证算力与资源的可持续协调发展。

“东数西算”的本质是因地制宜、扬长避短，充分发挥西部地区自然资源丰富、建设条件适宜、运营成本较低的优势，规避基础薄弱、需求不高、供给过剩的劣势；同时，东部地区发挥建设需求旺盛、发展模式成熟、算力增长快速的优势，规避东部地区需求外溢、资源紧张、供给不足的劣势。“东数西算”实现东部和西部的有效对接，算力和资源的高效调度，供给和需求动态均衡的良性发展，激发数据中心全生命周期、全产业链条的发展活力。

由此可见，多种因素为新型数据中心建设迎来了新机遇，获得新动能。“东数西算”工程为新型数据中心集群奠定了坚实的发展根基，将加速提升算力供给能力、服务品质和利用效率，加快实现新型数据中心布局优化、网络提质、算力赋能、稳链强链、绿色高效、安全可靠的建设目标。

二、“东数西算”带来五大变革

（一）变革一：产业布局渐趋均衡，算网协同优化发展

算力产业的大发展始于2010年前后，此后进入了“白热化”发展时期。为了引导全国数据中心的优化配置，2013年，工业和信息化部发布了《关于数据建设布局的指导意见》，并取得了不错的成效。但是由于数据中心的最终用户集中在东部发达地区，该地区算力需求旺盛，吸引了大量数据中心聚集发展，因此数据中心总体呈现“东多西少、东密西疏”的特征。

在这个发展过程中，东部地区尤其是一线城市受土地、电力等资源的限制，各类政策规范对数据中心建设要求越来越高；西部地区自然环境、资源条件相对较好，但用户需求较少。这是一个长期形成的需求和供给之间、消耗与资源之间的矛盾，单靠市场手段很难在短期内有所改善。相信“东数西算”工程的实施，能够逐步缓解上述矛盾并进一步推动

我国算力产业的优化布局。

（二）变革二：异构算力需求渐增，算力算效愈发重要

工业和信息化部于 2021 年 7 月发布的《新型数据中心发展三年行动计划（2021—2023 年）》提出，截至 2023 年年底，全国总算力将超过 200EFLOPS（exa FLOPS，百亿亿次级计算），高性能算力占比达到 10%，国家枢纽节点算力规模占比超过 70%。随着各类人工智能应用的发展，各行业对智能算力和超算算力的需求与日俱增，算力和算效成为业界重点关注的问题。

同时，xPU、ASIC、FPGA 等异构 AI 算力芯片层出不穷，算力基础设施面临异构化挑战。如何搭建智能异构算力平台，突破异构算力适配、异构算力网络调度等关键技术，支撑业界多样化异构算力应用等问题日益突出。“东数西算”工程的推进，不仅将有效推动东西部地区算力资源的调度和优化配置，也将对东西部地区各类算力资源的配比进行优化，实现异构算力的高效供给，保障各类人工智能高性能应用的发展。

（三）变革三：创新成果应用加速，技术创新更加活跃

数据中心一直是技术创新的活跃点，“东数西算”工程对算力集群提出了较高的技术指标及能效指标要求，需要更多新技术成果的应用，以支撑产业的高质量发展。在“东数西算”工程的引导下，储能技术、液冷技术、算力调度、智能运维等技术将加速应用于数据中心，推动数据中心向大型化、智能化、绿色化方向发展，数据中心服务能力、可靠性、安全性等均将同步提升。

同时，随着“东数西算”工程的实施，各个地区政策要求将不断提升，市场规模也将持续增长，更为严格的技术要求、不断扩大的市场规模、愈加精细化的管理要求都将共同推动技术创新，以解决在此发展过程中面临的问题和挑战。数据中心作为一个庞大而复杂的系统，其技术创新也将呈现全方位、体系化的特征，数据中心也将成为技术创新的制高点。

（四）变革四：能效水平不断提升，绿色低碳 4A 目标

“双碳”实施的持续深化，对数据中心产业绿色低碳水平提出了更高的要求，电源使用效率（Power Usage Effectiveness，PUE）、碳使用效率（Carbon Usage Effectveness，CUE）等能效指标限制更为严格。2021 年 11 月，国家发展和改革委员会、工业和信息化部等四部门联合印发《贯彻落实碳达峰碳中和目标要求　推动数据中心和 5G 等新型基础设施绿色高质量发展实施方案》，明确提出“全国新建大型、超大型数据中心平均 PUE 降到 1.3 以下，国家枢纽节点进一步降到 1.25 以下，绿色低碳等级达到 4A 级以上”的发展目标。这对数据中心的 CUE 也提出了更高的要求。

“东数西算”涉及的西部地区 4 个算力枢纽都是“十四五”规划的清洁能源基地，具备得天独厚的自然条件优势，为算力基础设施的绿色发展提供了资源支撑。中国信息通信研究院联合开放数据中心委员会，以及算力产业界头部企业开展数据中心绿色等级评估已近十年，将继续为国家的绿色低碳发展目标助力。

（五）变革五：算力赋能不断深化，全面助力数字经济发展

中国信息通信研究院报告显示，我国 2020 年数字经济规模为 39.2 万亿元人民币，数字经济占 GDP 的比重为 38.60%。数字经济产业链上游主要为基础设施等底层架构，例如数据中心、5G 等；数字经济中游围绕数字产业化展开，例如电信业、互联网行业、电子信息制造业等；数字经济下游围绕产业数字化展开，例如数字政府、智慧城市、数字化治理、智能制造等。基于上游的基础设施，通过中游的各类应用，为下游的各类场景提供全面的数字化服务。

2020 年，数据中心成为与 5G 同等重要的新型

基础设施，但是长期以来，社会却总认为数据中心是耗电大户。殊不知，如果离开数据中心对数据的计算、存储和转发，各类App的使用及更多上层的智慧城市、智慧民生应用也就无从谈起。

“东数西算”工程的实施将助力新型数据中心步入发展“快车道”，加快实现高技术、高算力、高能效、高安全的建设目标。为把握好“东数西算”带来的市场机遇、政策利好和发展空间，产业界应以技术创新为核心，以绿色低碳、异构算力为两翼，推动新型数据中心的布局优化，实现“东数西算”工程高质量落地，赋能数字经济发展和数字社会建设。

（中国信息通信研究院　郭亮）

中国联通“算网融合”全面助力新型数字化基础设施建设

2020 年 4 月，国家发展和改革委员会首次就“新基建”概念做出解释，新基建包含信息基础设施、融合基础设施和创新基础设施 3 个部分。随着新一代信息技术的发展，云计算、大数据、物联网、人工智能、区块链、虚拟现实等新兴技术将全面应用于“新基建”的逐步建设过程中。中国联通聚焦“数字信息基础设施运营服务国家队、网络强国数字中国智慧社会建设主力军、数字技术融合排头兵”的新定位，践行“强基固本　守正创新　融合开发”的新战略，全面助力国家“十四五”规划，加快推动数字中国建设。中国联通将视频智能技术及数据智能技术运用在新一代基础设施的建设中，全面提升智慧城市网络算力能力，构建智慧城市新格局。

一、我国视频传输网的现状及发展趋势

我国在过去十几年的视频监控系统建设中受到技术等各方面因素的制约，造成统筹规划不到位、联网共享不规范、管理机制不健全、“信息孤岛”出现等问题，系统各自为政、缺乏统一规划；系统数量繁多、标准不统一；管理不力、缺乏有效的监督手段；共享不足、视频图像信息利用率低。这些问题严重制约了城市综合管理的建设与发展。

视频智能技术对传统摄像头乃至视觉计算架构进行演进与革新，通过算力网络实现云 + 网 + 视频智能技术的结合，改变目前摄像头只能看或者单一链路识别的功能。该技术让摄像头本身拥有一定的 AI 处理能力，对识别到的车、人、场景主动提取特征，从而让摄像头上传到云端的视频数据，一路通过高效编码作为数据进行存储，另一路经过特征提取直接作为智能大脑的“可读物”。“云大脑”与摄像头的结合，就像是给智慧城市安装了一层新的“数字视网膜”，从而能够更加智能地支持“城市大脑”，服务智能安防、城市精细管理等智能应用。

二、我国视频传输网建设面临的主要问题

本节从前端、网络、平台与数据、存储 4 个维度分析我国视频传输网建设中存在的问题，具体分析如下。

1. 前端数据采集单一

目前，智慧城市前端设备主要通过高清网络摄像机采集视频，大多数设备只能采集到视频，无法有效采集到音频信息。

2. 网络依赖性过大

目前，智慧城市大多使用光纤网络传输数据，光纤是否有故障决定了前端传输的成功与否。另外，随着摄像机分辨率的提高，视频数据量激增对网络的压力有增无减，网络传输速率的提升明显满足不了数据传输的需求。

3. 平台与数据量大但效率低下

智慧城市的安防监控平台的主要功能依旧是视频预览与录像回放，在智慧城市海量的视频数据面前，仍需用户自行甄别，尚不能有效获取视频监控中的有用信息。

4. 存储空间不足

智慧城市中海量的视频数据需要大量的存储空间，一个城市一天所产生的视频存储数据量是十分庞大的。

三、中国联通“算网融合”能力助力视频传输网改造升级

算力网络结合了云 + 网 + 视频智能技术，对视频数据在传输层面进行无损压缩进行结构化处理，在不改变帧率、不改变视频分辨率、不改变时长、不损失特征点、不影响后续人工智能分析等条件下，实现了高清视频的无损压缩，解决了我国视频传输网在前端、网络、平台与数据、存储 4 个维度的现状问题，为智慧城市治理提供了有效的视频信息数据。

在行业生态方面，中国联通引导数据智能传输网络与行业内各品牌系统全面兼容，以提供更多的增值服务并逐步形成智能传输网生态，最大限度地节省带宽和存储资源。

（联通数字科技有限公司天津市分公司　魏强）

数字经济发展及分析

数字经济是以数字化的知识和信息作为关键生产要素，以数字技术为核心驱动力量，以现代信息网络为重要载体，通过数字技术与实体经济深度融合，不断提高经济社会的数字化、网络化和智能化水平，加速重构经济发展与治理模式的新型经济形态。《中华人民共和国国民经济和社会发展第十四个五年规划和2035年远景目标纲要》（以下简称“十四五”规划）明确提出“打造数字经济新优势”，到2025年，数字经济核心产业增加值占GDP比重将达到10%。数字经济正在成为我国未来经济工作的重要着力点。

一、全球数字经济发展现状

面对经济恢复、国际格局重塑等挑战，主要国家纷纷加快政策调整，更加聚焦科技创新、数字基础设施建设、数字产业链重塑、中小企业数字化转型、数字化促进绿色化发展等，全球数字经济正向全面化、智能化和绿色化的方向加速前进。

全球数字经济在逆势中实现平稳发展。2020年，中国信息通信研究院测算的47个国家数字经济增加值规模达到32.6万亿美元，同比名义增长3.0%，占GDP比重为43.7%，产业数字化仍然是数字经济发展的主引擎，占数字经济的比重为84.4%，其中，第三产业引领行业数字化融合渗透，第一、第二、第三产业数字经济占行业增加值比重分别为8%、24.1%、43.9%。

发达国家数字经济应对突发风险的能力更强。2020年，从规模来看，发达国家数字经济规模达到24.4万亿美元，占全球总量的74.7%，约是发展中国家的3倍。从占比来看，发达国家数字经济占GDP的比重为54.3%，远超发展中国家27.6%的水平。从增速来看，发展中国家数字经济同比名义增长3.1%，略高于发达国家数字经济3.0%的增速。

美国、德国、日本、英国数字经济快速发展。2020年，从规模来看，美国数字经济规模位居世界第一，投资金额达到13.6万亿美元。从占比来看，德国、英国、美国数字经济在国民经济中占据主导地位，占GDP的比重超过60%。从增速来看，爱尔兰、保加利亚等国家的数字经济实现快速增长。

部分国家和组织依托自身优势形成特色数字经济发展道路。美国依托持续领先的技术创新，巩固本国在数字经济领域的全球竞争力；欧盟以数字治理规则的领先探索，打造统一的数字化生态；德国依托强大的制造优势，打造全球制造业数字化转型标杆；英国完善数字经济整体布局，以数字政府建设引领数字化发展。

二、我国数字经济发展现状

我国立足产业基础并发挥市场优势，走有效市场和有为政府相互促进的数字经济发展道路。中国信息通信研究院的数据显示，2020年我国数字经济在逆势中加速发展，呈现出以下特征。

（一）数字经济保持蓬勃发展态势

2020年，我国数字经济规模达到39.2万亿元，比2019年增加3.3万亿元，占GDP比重为38.6%，同比提升2.4个百分点，有效地支撑新型冠状病毒肺炎疫情防控和经济社会发展。在新型冠状病毒肺炎疫情冲击和全球经济下行的影响下，我国数字经济依然保持9.7%的高位增长，增速位居全球第一，成为稳定经济增长的关键动力。

（二）数字经济内部结构按照“二八”比例分布

2020年，我国数字产业化规模达到7.5万亿元，占数字经济的19.1%，占GDP的7.3%，产业数字化规模达到31.7万亿元，占数字经济的比重达到80.9%，占GDP的比重为31.2%，产业数字化在成为数字经济发展强大引擎的同时，也缓解了新型冠状病毒肺炎疫情对我国实体经济的冲击。

（三）各地数字经济发展步伐加快

在新型冠状病毒肺炎疫情的影响下，各地政府纷纷将数字经济作为经济发展的稳定器。从规模来看，2020年，广东、江苏、山东等13个省（自治区、直辖市）的数字经济规模超过1万亿元；从占比来看，北京、上海的数字经济GDP占比超过50%；从增速来看，贵州、重庆、福建的数字经济增长速度仍领跑全国。

三、我国数字经济发展重点分析

“十四五”规划指出，要推动数字经济和实体经济深度融合，加快构建以国内大循环为主体、国内国际双循环相互促进的新发展格局；加快数字化发展，打造数字经济新优势，以“双融合”全面支撑“双循环”，为构建新发展格局提供强大支撑；首次提出“数字化”在我国现代化建设全局中的重要地位，提出加快建设数字经济、数字社会、数字政府等13个总体目标，描绘了建设数字中国的宏伟蓝图。数字经济正在成为我国实现2035年远景目标及第二个百年奋斗目标的新动能。

2022年1月12日，国务院发布《关于印发“十四五”数字经济发展规划的通知》（以下简称“《规划》”）。《规划》指出，数字经济是继农业经济、工业经济之后的主要经济形态，是以数据资源为关键要素，以现代信息网络为主要载体，以信息通信技术融合应用、全要素数字化转型为重要推动力，促进公平与效率更加统一的新经济形态。

《规划》设计了优化升级数字基础设施、充分发挥数据要素作用、大力推进产业数字化转型、加快推动数字产业化、持续提升公共服务数字化水平、健全完善数字经济治理体系、着力强化数字经济安全体系、有效拓展数字经济国际合作8个重点任务，结合聚焦统筹建设数字基础设施、培育数据要素市场、深入推进产业数字化转型等重点领域，部署了优化升级信息网络基础设施、提升数据质量、培育数据要素市场试点、重点行业数字化转型提升、支撑培育服务生态、数字技术创新突破、培育数字经济新业态、社会服务数字化提升、新型智慧城市和数字乡村建设、提升数字经济治理能力和提升多元协同治理能力11项重点工程，构成了推动数字经济发展各项任务落地推进的重要抓手。《规划》作为指导“十四五”时期各地区、各部门推进数字经济发展的行动指南，为助力我国数字经济健康发展，不断提升广大人民群众对数字化发展的获得感、幸福感和满意度指明了方向。

四、数字经济发展趋势展望

2021年，我国GDP比2020年增长8.1%，达到114.4万亿元，按年平均汇率折算达到17.7万亿美元，稳居世界第二位。由此可见，数字经济在未来较长一段时间会保持快速增长，并呈现以下趋势。

（一）规划引领，逐步构建完善数字经济发展良好生态

“十四五”时期，国家和31个省（自治区、直辖市）陆续发布数字经济相关的发展规划，逐步形成国家—省—市3级数字经济发展规划布局和具体任务部署。接下来，我国将进一步加强数字经济发展的产业融合与区域协同，加快推进数字经济相关标准规范的制定，加强数字经济发展水平的统计核算和评估评价，统筹数字经济发展要素，推动数字经济蓬勃发展。各级政府应综合利用数字经济试验区等试点示

范项目开展先行先试工作，在数字经济新型生产关系、新型监管手段、新型工作机制、新型营商环境等领域开展探索。

（二）数据驱动，充分发挥数据要素的引领带动作用

我国应培育数据流通服务业主体，围绕数据治理、价值评估、能力提升，突出资源共享、价值共创，创新发展数据要素相关新业态，支撑数据高效有序流动，鼓励示范性应用场景建设。在产业数据方面，以工业互联网为支撑，搭建产业大脑，推动工业数据融合汇聚，实现产业链末梢资源汇聚，以未来工厂、智能工厂等为载体，推动消费互联网与产业互联网连通。

（三）场景导向，深入推进全要素数字化转型

在基础设施领域，加快城市更新和传统基础设施的智能化升级改造，推动从万物互联向万物智联的转变。在产业领域，既要聚焦技术短板，从基础科学到前沿应用领域开展创新突破，超前布局未来产业；又要推动传统产业开展数字化转型，创新提供多元数字化转型政策工具，优化产业数字化转型需求与集成技术、解决方案的供需配置。在公共领域，以数字化改革为引领，推动政府治理体系和治理能力现代化建设，从经验治理到整体智治，推动政府管理体制机制改革，提升政府效能。值得一提的是，随着元宇宙的兴起，数字经济将得到更高维度的发展。元宇宙中多元化的应用场景，将为打造数字经济新优势和壮大经济发展新引擎提供新的成长空间、关键着力点和重要支撑。元宇宙不仅可以应用于远程办公、新型文创、数字社交、在线教育、在线医疗、金融科技等领域，也可以在智慧城市、产业互联、供应链管理等领域发挥重要作用。

（四）规范有序，不断加强信息安全与平台治理体系建设

以《中华人民共和国数据安全法》和地方性数据保护细则的先后出台为契机，强化数据安全保护，保护国家安全、商业秘密和个人隐私。统筹发展云安全，夯实网络空间安全底座。完善平台经济治理体系，构建鼓励创新和风险控制的双重机制，引导平台企业、新业态加强行业自律，落实互联网平台企业主体责任，反对市场垄断和不正当竞争，防范社会负外部性和系统性风险，推动平台经济合规健康发展，实现有效监管和包容发展之间的平衡。

五、总结

“十四五”时期是我国全面建成小康社会、实现第一个百年奋斗目标之后，乘势而上开启全面建设社会主义现代化国家新征程、向第二个百年奋斗目标进军的第一个五年。在全球“百年未有之大变局”下，党中央、国务院高度重视数字经济发展，国家—省—市 3 级政府协同构建数字经济发展生态，不断夯实数字基础设施，各行各业应积极响应深入推进数字化转型，发挥数据要素的巨大价值，防范数据和网络安全风险，进一步凸显数字经济在支撑中华民族伟大复兴进程中的作用。

（中国信息通信研究院　李治民）

构建 5G 网络切片技术：新型智能电力系统

我国力争 2030 年年前实现碳达峰、2060 年年前实现碳中和的目标（简称“双碳”目标）。作为能源电力领域的骨干央企，国家电网大力推动能源转型，深入贯彻“四个革命、一个合作”能源安全新战略和“双碳”工作部署，加快推动构建以新能源为主体的新型电力系统，为全面建设社会主义现代化国家提供清洁低碳、安全高效的电力保障。

步入“十四五”时期，国网湖北省电力有限公司（以下简称“国网湖北电力”）全面落实国家电网深入学习贯彻习近平总书记“七一”重要讲话精神，加快推动新型电力系统建设研讨会要求，以“敢为人先、敢于奋斗”的精神，锚定“华中区域领先、公司第一方阵”的目标，在新的赶考路上，加快推动构建新型电力系统。

当前，国网湖北电力顺应数字化浪潮，积极探索湖北电力 5G 切片专网的建设方案，通过搭建省域“专属”网络平台，挖掘电能在“发、输、配、用”各个环节中的数字属性，推动电网向能源互联网转型升级，促进与电信运营商等电力生态的融通发展，以支撑湖北新型电力系统的建设和发展。

一、5G 发力推动电网向能源互联网转型升级

近年来，国家电网积极建设“坚强智能电网”，全面提升电网安全运行水平和信息化、智能化水平，充分利用现代信息通信技术、控制技术实现电网安全、清洁、协调和智能发展，为经济社会发展提供可靠的电力保障。

随着用电信息采集、配电自动化、分布式能源接入、电动汽车服务、用户双向互动等业务的快速发展，各类电网设备、电力终端、用电客户的通信需求呈爆发式增长，迫切需要适应新型电力系统实时、稳定、可靠、高效、分散分布等特点的新型通信系统支撑。

以低时延、高可靠性，大连接性，大带宽性三大技术特性为主的 5G 通信技术脱颖而出，成为支撑新型电力系统能源转型的重要发展战略资源和新型基础设施。5G 通信技术可广泛应用于电力行业场景中，在电力系统的发电、输电、变电、配电、用电、调度及应急通信各个环节均可发挥重要作用。

5G 通信技术凭借低时延、高可靠性，应用于电力业务中的精准负荷控制系统，主要解决电网故障初期频率快速跌落、主干通道潮流越限、省际联络线功率超用等问题。电力通信系统需要实现从秒级到毫秒级的响应，同时需要具备极高的可靠性。因此，国网湖北电力可将系统控制信号承载在 5G 网络中，并通过网络切片的方式进一步增强网络的可靠性和可控性。

5G 通信技术凭借大连接性，应用于电力通信系统中涵盖的输电、变电、配电、用电及经营管理等业务场景。电力通信系统中存在成千上万的电力设备，在用户侧也存在大量业务感知设备，目前“最后一公里”的电力通信设备接入比较困难。如果通过有线传输的方式来承载、汇聚这些感知信息，将大大增加电力通信系统的投资和网络维护的难度。因为 4G 承载能力有限，所以在用户密集的城区会导致现网部分数据出现丢弃的情况，从而降低电力系统的感知能力。5G 技术具备海量的连接特性，同时

可依托网络切片的虚拟隔离模式，更加适应新形势下及未来电网泛在感知、智能互联发展，从而为不同性能要求的业务提供差异化的网络服务。

5G 通信技术凭借大宽带性，应用于包括无人机巡检、机器人巡检、视频监控等业务场景。无人机巡检、机器人巡检可代替人工进行 7×24 小时不间断的巡检工作，并搭载视觉检测、红外测温、远程控制等业务功能，特别适合在复杂地形、恶劣环境及应急抢险的现场获取数据信息。该类业务对网络带宽的要求可达 2Mbit/s ～ 20Mbit/s，网络时延一般要求小于 200ms。

二、5G 切片高度匹配新型电力系统通信需求

2020 年 3 月，工业和信息化部与国家发展和改革委员会印发《关于组织实施 2020 年新型基础设施建设工程（宽带网络和 5G 领域）的通知》，明确提出重点支持面向智能电网的 5G 新技术规模化应用等七大领域基础设施建设的 5G 创新应用，并指出，在面向智能电网的 5G 新技术规模化应用方面，将基于 5G 新型网络架构及智能电网场景，开展 5G 端到端网络切片及资源调度系统研发，研制网络关键设备和原型系统，提供融合 5G 技术的智能电网整体解决方案。

在以新能源为主体的新型电力系统场景下，大部分的电力场景将搭建在能源互联网之上，电力像信息一样在网络中随时随地地产生与共享。新型电力系统的发展将呈现新的趋势和特征：电源点随机泛空间分布，融合多种分布式电源，具备清洁低碳、源网协同、灵活高效等特点；输变电安全高效，具备态势感知、柔性可靠、协调优化等特点；配电灵活可靠，具备可观可控、开放兼容、经济适用等特点；用电形式多样互动，具备多元友好、双向互动、灵活多样、节约高效等特点。这些特点决定了信息通信技术是各项数字技术在电网应用的基础，是发展新型电力系统的技术支撑。目前，电网可以通过不同类型的通信网络进行互联，但日益多样化的电力行业需要一个更精密、更具时空包容性和创新性的系统。

以 5G 切片通信技术构建公网专享模式，电信运营商将部分“切片”的商业模式划分给电网企业专属使用，电网企业拥有 5G 切片专网的独立网管权，自主控制 5G 切片专网的通信安全，同时拥有建立在相应切片之上的号段经营权，这种模式既是建立新型电力系统必需的通信技术支撑手段，也是调动电网企业拓展 5G 应用积极性的有效途径。电信企业发挥行业优势，专业人做专业事，降低了 5G 网络的运维成本。在此基础上，偏远地区实现 5G 切片与 4G 网络 VPN 虚拟通道在数据层的打通融合，在偏远地区安全性能要求稍低的状态下，作为过渡措施，可扩大电网终端设备接入的广域覆盖面。

5G 切片技术的特点与电力通信网络需求高度契合，与智能电网性能高度匹配。基于 5G 的智能电网将充分支持分布式新能源、分布式储能、电动汽车、大功率电动智能机器等各种新型电器进入家庭、商业建筑物、工厂和园区，为满足个性化、多样化、市场化的能源供应服务提供连接的桥梁。5G 为电力终端接入网提供了泛在、灵活、低成本、高质量的全新技术选择，为打造更加安全、可靠、绿色、高效的智能电网提供了强大的基础能力。

“5G＋智能电网”不仅能够大幅降低用户平均停电时间，有效提升供电可靠性和管理效率，还可以极大地丰富和扩展电网应用场景，降本增效，助力电网向综合能源服务商转型，为用户提供更好的电力综合服务。

当前，5G 切片技术与电力系统转型升级的相关研究和应用落地仍处于发展阶段，主要体现在传统电力业务优化和数据驱动的价值创造上，通过业务模式的智能化应用，形成面向智能电网的 5G 安全防护体系，并逐渐走向商业模式。

三、积极探索 5G 切片在新型电网构建中的应用

中国电力科学研究院于 2020 年 4 月成功加入 3GPP 国际标准化组织，标志着电力企业在参与 5G 国际标准制定方面迈出了重要的一步。2020 年 8 月，国家电网等 28 家成员单位提交的 5G 智能电网研究项目在 3GPP R18（第 18 版）标准中成功立项。该项目的研究范围包括传统能源系统服务、远程控制、远程保护、计量及高级计量基础设施、分布式发电、分布式自动化、需求响应、能源管理系统和配电管理系统等智能电网服务，率先定义了“5G＋智能电网”端到端的标准体系架构，为“5G＋智能电网”的快速发展奠定了标准框架。

电网公司是 5G 智能电网技术攻关及工程实践的引领者和主导者。国家电网开展了广泛的 5G 业务研究和应用实践，主要聚焦 5G 智能电网架设、控制类业务（例如配网差动保护）、移动巡检类业务（例如视频交互）等方面。

在国家政策的指引下，各地纷纷提出了 5G 智能电网建设计划，雄安新区、内蒙古自治区、云南省、海南省等地纷纷启动了 5G 智能电网建设。国网湖北电力一直积极探索 5G 网络在新型电网构建中的应用，在武汉智能楼宇、荆州开闭所防误闭锁、孝感智能配电等方面取得成果。目前，国网湖北电力正积极谋划电力 5G 切片专网的建设。在以往 230MHz、1.8GB 电力专网的建设经验之上，国网湖北电力贯彻“搭建平台、引入竞争、互为支撑、共谋发展”的十六字方针，开展与电信运营商合作模式的探索。

当前阶段，电力企业与电信运营商深化 5G 网络切片技术合作是“双碳”目标下构建新型电力系统的最优途径。自建专网将导致电网公司增加大量的资产投资，需要储备相当数量的技术力量，同时，国家大力建设的公共基础设施也将被浪费。而与电信运营商进行 5G 切片网络的合作，电网公司仅需要搭建切片核心网、用户界面功能（User Plane Function，UPF）等平台，既保障了数据安全性和网络可靠性，同时又减少了资产投资。

与此同时，基于各家电信运营商的网络覆盖情况、服务质量、商务成本，电网公司可引入竞争机制，择优选取。电网公司与电信运营商可以充分利用双方的基础设施，例如数据中心机房、杆塔、光缆等，进行共享共建，使公共基础设施资源得到最大程度的使用，从而谋求与电信运营商等电力生态的共同发展。

目前，国网湖北电力与电信运营商积极探索湖北电力 5G 切片专网的建设方案，以便更好地支撑新型电力系统的建设。未来，国网湖北电力将打造一张分层分级、共享资源、4G/5G 融合的切片专网。

为保障电网数据的安全性、网络的可靠性，国网湖北电力将在湖北省侧部署专用核心网，同时考虑核心网的高可用和备份，将在各地市公司部署 UPF，各地市公司的终端将通过电信运营商共享基站就近接入地市 UPF，地市 UPF 将通过电力传输网与省公司核心网连接。

基于电信运营商 5G 网络的覆盖情况，部分没有 5G 覆盖的区域将采用 4G 公网或 4G 电力专网接入电力专用核心网，实现 5G 切片网络与 4G 网络的融合组网，同时实现了国网湖北电力 5G 切片专网覆盖面的延伸与过渡。

四、总结

总而言之，5G 切片技术在电力通信系统中的应用是顺应时代发展趋势的必然选择。在实际工作中，我们应从 5G 技术应用的优势出发，其高可靠、低时延、稳定能力强的优势，打造更加贴合市场需求的应用方案。相应地，电网公司需要加强 5G 切片技术的分析研究和战略合作，充分发挥 5G 切片技术的优势、价值，进一步推动新型电力系统的构建，基于 5G 切片技术的电网公司与电信运营商之间的战略合作是构建新型电力系统的有效途径。

（国网湖北省电力有限公司 周想凌）

“双碳”背景下：数据中心发展

一、碳中和背景

2020 年 9 月，在《巴黎协定》签署 5 周年之际，中国向世界宣布了 2030 年年前实现碳达峰，2060 年年前力争实现碳中和的目标。碳达峰是指二氧化碳排放（以年为单位）在一段时间内达到峰值，之后进入平台期并可能在一定范围内波动，然后进入平稳下降阶段。碳中和是指国家、区域、公司、团体、个人等在一定时间（一般是一年）内直接和间接排放的 CO_2 与其通过植树造林、碳捕获与封存（Carbon Capture and Storage，CCS）等方式清除的 CO_2 相互抵消，实现 CO_2 “净零排放”。

经测算，截至 2020 年年底，全国数据中心总机架数约为 428.6 万架。预计 2035 年，全国数据中心总机架数约为 1491.1 万架。2016—2035 年中国数据中心机架数增长情况如图 1 所示。

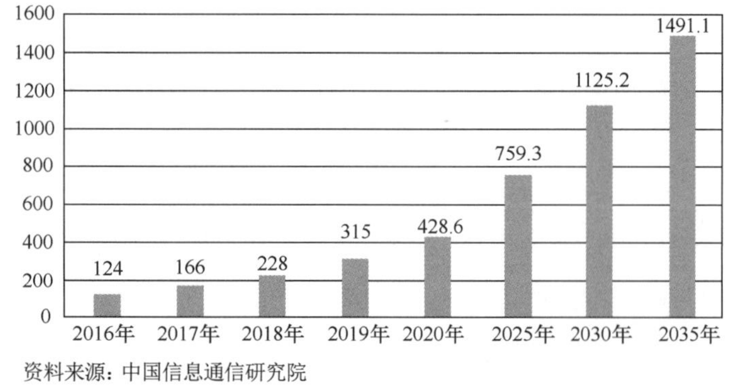

资料来源：中国信息通信研究院

图 1　2016—2035 年中国数据中心机架数增长情况

根据 2020 年年初《科学》杂志刊登的文章《重新校准全球数据中心能耗估算》，2018 年全球数据中心总耗电量达到 205 亿千瓦时，占当年全球总用电量的 1%，ICT Research 数据显示，2019 年互联网数据中心（Internet Data Center，IDC）耗电量已达社会总用电量的 1.5% ～ 2%，未来占比有望进一步提升。加拿大麦克马斯特大学的研究显示，2020 年 ICT 产业占全球温室气体排放量的 3% ～ 3.6%。2020 年中国数据中心年耗电量超过 2500 亿千瓦时，占全部用电量的 3%，预计仍会以 15%～20% 的速率持续增长。IDC 作为高耗能行业，在“双碳”目标下，碳中和将成为大众重要的关注方向。

二、全国及北上广数据中心能耗政策

随着数据中心在全国的逐步建设，我国对数据中心的建设提出了节能环保的要求与规划，《关于加强绿色数据中心建设的指导意见》中明确提出，到 2022 年，我国数据中心平均能耗基本达到国际先进水平，新建大型、超大型数据中心的电能使用效率（Power Usage Effectiveness，PUE）值达到 1.4 以下。地方政府也纷纷对数据中心能耗问题提出了相应的要求，例如，北京和上海提出了数据中心建设 PUE 的相关规定。

（一）国家对数据中心的能耗政策

随着数据中心建设项目的不断增加，国家逐渐意识到数据中心建设对环境与资源造成影响的问题。将建设绿色数据中心作为构建新一代信息基础设施的重要任务，这是保障资源可持续的基本要求。因此，国家在数据中心建设政策上逐渐转向鼓励建设节能减排的绿色数据中心，对数据中心的能耗和环保提出了更高的要求。国家的数据中心节能减排政策汇总见表 1。

表 1　国家的数据中心节能减排政策汇总

时间	政策	主要内容
2012 年 2 月	《工业节能“十二五”规划》	明确提出重点推广绿色数据中心、绿色基站、绿色电源，统筹数据中心布局、服务器、空调等设备和管理软件的应用，选址考虑能源和水源丰富的地区，利用自然冷源等降低能源消耗，选用高密度、高性能、低功耗主设备，积极引入虚拟化、云计算等新技术，优化机房的冷热气流布局，采用精确送风、热源快速冷却等措施
2012 年 5 月	《2012 年工业节能与综合利用工作要点》	提出推动信息技术促进节能降耗
2013 年 1 月	《关于数据中心建设布局的指导意见》	提出根据标准机架数对数据中心的规模进行划分；根据地质灾害能源富集程度和气候等因素对我国地区进行分类
2013 年 2 月	《工业和信息化部关于进一步加强通信业节能减排工作的指导意见》	促进数据中心选址统筹考虑资源和环境因素，推进资源集约利用，提升节能减排水平，出台适应新一代绿色数据中心要求的相关标准，优化机房的冷热气流布局，采用精确送风、热源快速冷却等措施，从机房建设、主设备选型等方面降低运营成本，确保新建大型数据中心的 PUE 值达到 1.5 以下，力争改造后数据中心的 PUE 值下降到 2 以下
2015 年 3 月	《国家绿色数据中心试点工作方案》	提出到 2017 年，围绕重点领域创建百个绿色数据中心试点，试点数据中心能效平均提高 8% 以上，制定绿色数据中心相关国家标准 4 项，推广绿色数据中心先进适用技术、产品和运维管理最佳实践40项，制定绿色数据中心建设指南
2016 年 6 月	《公共机构节约能源资源“十三五”规划》	加强机房节能管理，建设机房能耗与环境计量监控系统，监控数据中心机房运行状态及 PUE、运行环境参数，提高数据中心节能管理水平。开展绿色数据中心试点，实施数据中心节能改造，改造后机房能耗平均降低 8% 以上，平均 PUE 值达到 1.5 以下
2016 年 7 月	《工业绿色发展规划（2016—2020 年）》	明确提出要加快绿色数据中心建设
2016 年 12 月	《“十三五”国家信息化规划》	指出积极推广节能减排新技术在信息通信行业的应用，加快推进数据中心、基站等高耗能信息载体的绿色节能改造
2017 年 1 月	《“十三五”节能减排综合工作方案》	进一步推广云计算技术应用，新建大型云计算数据中心 PUE 值优于 1.5
2017 年 4 月	《关于加强“十三五”信息通信业节能减排工作的指导意见》	提出要着力推动国家绿色数据中心试点建设，新建大型、超大型数据中心的 PUE 值达到 1.4 以下，新能源和可再生能源的应用比例大幅提升
2017 年 4 月	《云计算发展三年行动计划（2017—2019 年）》	提出云计算数据中心布局要得到优化，显著提升使用率和集约化水平，不断提高绿色节能水平，新建数据中心 PUE 值普遍优于 1.4
2019 年 2 月	《关于加强绿色数据中心建设的指导意见》	明确到 2022 年全国新建大型、超大型数据中心的 PUE 值不得高于 1.4
2021 年 10 月	《关于严格能效约束推动重点领域节能降碳的若干意见》	鼓励重点行业利用绿色数据中心等新型基础设施实现节能降耗。新建大型、超大型数据中心的 PUE 值不超过1.3。到 2025 年，数据中心的 PUE 值普遍不超过 1.5。加快优化数据中心建设布局，新建大型、超大型数据中心原则上布局在国家枢纽节点数据中心集群范围内。各地要统筹好在建和拟建数据中心项目，设置合理过渡期，确保平稳有序发展。对于在国家枢纽节点之外新建的数据中心，地方政府不得给予土地、财税等方面的优惠政策
2021 年 10 月	《2030 年前碳达峰行动方案》	优化新型基础设施空间布局，统筹谋划、科学配置数据中心等新型基础设施，避免低水平重复建设。优化新型基础设施用能结构，采用直流供电、分布式储能、“光伏 + 储能”等模式，探索多样化能源供应，提高非化石能源消费比重，加强新型基础设施用能管理，将年综合能耗超过 1 万吨标准煤的数据中心全部纳入重点用能单位能耗在线监测系统，开展能源计量审查。推动既有设施绿色升级改造，积极推广使用高效制冷、先进通风、余热利用、智能化用能控制等技术，提高设施能效水平
2022 年 1 月	《“十四五”数字经济发展规划》	指出按照绿色、低碳、集约、高效的原则，持续推进绿色数字中心建设，加快推进数据中心节能改造，持续提升数据中心可再生能源的利用水平

（二）北京市、上海市和广东省数据中心的能耗政策

近年来，我国各地方政府也在加强对数据中心节能环保的管控，例如，全国数据中心较为密集的北京市、上海市和广东省均对数据中心的建设做出了关于 PUE 值的规定。北京市、上海市和广东省数据中心的能耗政策见表 2。

表 2 北京市、上海市和广东省数据中心的能耗政策

地方	时间	政策	主要内容
北京市	2016 年 12 日	《北京市“十三五”时期信息化发展规划》	推进京津冀云计算数据中心统筹规划布局和共建共享，鼓励开展异地容灾备份
	2018 年 8 日	《北京市新增产业的禁止和限制目录（2018 年版）》	明确规定北京市禁止新建和扩建互联网数据服务、信息处理和储存支持服务中的数据中心，PUE 值在 1.4 以下的云计算数据中心除外；中心城区全面禁止新建和扩建数据中心
	2021 年 4 月	关于公开征集《关于进一步加强数据中心项目节能审查的若干规定》意见的通知	建成运行后年能源消费量达到 5000 吨标准煤及以上（电力按等价值计算）的项目，应当建设能耗在线监测系统，并按照相关标准要求接入北京市节能监测服务平台。对于 PUE 值在 1.4 ～ 1.8 的项目（单位电耗超过限额标准一倍以内），执行的电价加价标准为每度电加价 0.2 元；对于 PUE 值高于 1.8 的项目（单位电耗超过限额标准一倍以上），每度电加价 0.5 元
	2021 年 5 月	《北京市数据中心统筹发展实施方案（2021—2023 年）》	对年均 PUE 值高于 2.0 或平均单机架功率低于 2.5 千瓦或平均上架率低于 30% 的功能落后的备份存储类数据中心要逐步关闭。加快改造平均 PUE 值高于 1.8 或平均单机架功率低于 3 千瓦的数据中心，改造后的计算型云数据中心的 PUE 值不应高于 1.3，改造后的边缘计算中心的 PUE 值不高于 1.6，机架数不多于 100
	2021 年 7 月	《关于进一步加强数据中心项目节能审查的若干规定》	新建、扩建数据中心，年能源消费量小于 1 万吨标准煤（电力按等价值计算，下同）的项目 PUE 值不应高于 1.3；年能源消费量大于等于 1 万吨标准煤且小于 2 万吨标准煤的项目，PUE 值不应高于 1.25；年能源消费量大于等于 2 万吨标准煤且小于 3 万吨标准煤的项目，PUE 值不应高于 1.2；年能源消费量大于等于 3 万吨标准煤的项目，PUE 值不应高于 1.15。 数据中心应当充分利用自然冷源，通过自用、对外供热等方式加强余热资源利用。鼓励采用工业和信息化部《绿色数据中心先进适用技术产品目录》中的技术产品。制冷设备、通风设备、变压器等通用用能设备的能效水平应当达到或超过一级能效标准，禁止新增以消耗臭氧层物质为工质的设备设施，鼓励采用以二氧化碳等自然工质为介质的制冷设备
	2021 年 11 月	《北京市进一步强化节能实施方案》	提出严控数据中心能耗
上海市	2016 年 9 月	《上海市大数据发展实施意见》	做好空间、规模、用能的统筹，重点打造若干保障城市基础功能及战略地位的数据中心集群。做好规划、建设、管理的统筹，严格控制政府部门新增数据中心建设，引导规范重点行业、大型企业数据中心建设
	2017 年 3 月	《上海市节能和应对气候变化“十三五”规划》	严格控制新建数据中心，确有必要建设的，必须确保绿色节能
	2018 年 11 月	《上海市推进新一代信息基础设施建设助力提升城市能级和核心竞争力三年行动计划（2018—2020 年）》	新增机架数量控制 6 万架，总规模控制在 16 万架，存量改造数据中心 PUE 值不高于 1.4，新建数据中心 PUE 值限制在 1.3 以下
	2019 年 .1 月	《关于加强上海互联网数据中心统筹建设的指导意见》	上海市互联网数据中心新增机架数严格控制在 6 万架以内，坚持用能限额，新建互联网数据中心 PUE 值严格控制在 1.3 以下，改建互联网数据中心 PUE 值控制在 1.4 以下
	2021 年 4 月	《上海市数据中心建设导则（2021 年版）》	新建大型数据中心综合 PUE 值严格控制不超过 1.3，并对于利用可再生能源、储能技术的项目给予引导和支持

（续表）

地方	时间	政策	主要内容
广东省	2016 年 4 月	《广东省促进大数据发展行动计划（2016—2020 年）》	建成广东省统一的电子政务数据中心，以及 10 个左右地市级政务数据中心，形成布局合理、规模适度、保障有力、绿色集约的政务数据中心体系
	2019 年 4 月	《深圳市发展和改革委员会关于数据中心节能审查有关事项的通知》	PUE 值高于 1.4 的数据中心不享有能源消费的支持，而 PUE 值低于 1.25 的数据中心则可享有能源消费量40% 以上的支持
	2021 年 4 月	《广东省能源局关于明确全省数据中心能耗保障相关要求的通知》	2021—2022 年，除了支持对现有资源进行整合及企业建设有边缘计算自用需求的项目（1000 个标准机柜以下的小型数据中心），原则上广东省不再新增数据中心机柜。2023—2025 年，如果广东省已建数据中心上架率达到 70% 以上，根据供需情况，在确保广东省能耗强度下降目标可完成的前提下，再考虑支持新建及扩建数据中心项目节能审查
	2021 年 8 月	《深圳市工业和信息化局支持绿色发展促进工业“碳达峰”扶持计划操作规程》	明确以直接资助、奖励两种事后资助形式，对符合条件的绿色、节能项目给予资助和奖励。其中绿色数据中心的扶持标准为：①事后直接资助，资助金额不超过审计核定的项目总投资的 30%，单个项目资助金额不超过 1000 万元；②奖励，奖励金额不超过 100 万元

（三）能耗政策的演进

国家层面对数据中心 PUE 值的要求越来越严格：2013 年要求新建大型数据中心的 PUE 值达到 1.5 以下，力争改造后的数据中心的 PUE 值下降到 2 以下；2016年要求改造后机房平均PUE值达到1.5以下；2017 年要求新建大型、超大型数据中心的 PUE 值达到 1.4 以下；2021 年，要求新建大型、超大型数据中心 PUE 值不超过 1.3。到 2025 年，数据中心 PUE 值普遍不超过 1.5。

在数据中心的区域位置建设方面，由原来的粗放式建设改变为后来的限制建设及优化集群建设。2021 年，国家层面出台政策，提出加快优化数据中心建设布局，新建大型、超大型数据中心原则上布局在国家枢纽节点数据中心集群范围内。对于在国家枢纽节点之外新建的数据中心，地方政府不得给予土地、财税等方面的优惠政策。地方层面，例如北京于 2018 年明确规定全市禁止新建和扩建互联网数据服务、信息处理和储存支持服务中的数据中心，PUE 值在 1.4 以下的云计算数据中心除外；中心城区全面禁止新建和扩建数据中心。上海市于 2016 年出台政策，提出严格控制政府部门新增数据中心，引导规范重点行业、大型企业数据中心建设。广东省也于 2021 年出台政策，提出 2021—2022 年除了支持对现有资源进行整合及企业建设有边缘计算自用需求的项目（1000 个标准机柜以下的小型数据中心），原则上全省不再新增数据中心机柜。

在绿色数据中心建设方面，国家层面早在 2012 年就提出重点推广绿色数据中心、绿色基站、绿色电源。随后出台的政策中均有提到绿色数据中心的建设，绿色数据中心试点的创建，绿色数据中心相关国家标准的制定，绿色数据中心先进适用技术、产品和运维管理最佳实践的推广，绿色数据中心建设指南的制定。在地方层面，例如北京、上海等地也出台政策，严格控制数据中心能耗。

三、数据中心实现碳中和的途径

“双碳”目标对于数据中心产业发展的影响有：在短期内，“双碳”目标会制约数据中心的规模发展，提高数据中心的建设成本；从长期来看，“双碳”目标将提高数据中心的发展质量和技术水平，淘汰落后产能，实现行业整体水平的提高。数据中心减排技术路径主要有三大途径：一是采用数据中心液冷技术；二是采用可再生能源应用技术；三是采用余热回收技术。

（一）使用液冷等冷却方式

评价数据中心能源效率的重要指标是 PUE，它是数据中心消耗的所有能源与 IT 负载消耗能源的比值；PUE 值越接近 1，表示一个数据中心的绿色化程度越高。数据中心总设备能耗包含 IT 设备能耗、制冷系统能耗、供配电系统能耗、照明及其他能耗 4 个部分。在数据中心总设备能耗结构中，冷却系统能耗占比高达 40%，成为数据中心能耗优化的重要因素。

传统的冷却方式主要为风冷型和集中冷冻水型：前者主要依靠空调末端实现数据中心温控，整体能耗较高；后者主要通过冷冻水、冷却水双循环系统进行冷却控温。新型的冷却系统主要分为直接蒸发冷却型、间接蒸发冷却型及液冷型。新型的冷却系统能够明显地降低数据中心的 PUE 值。间接蒸发冷却、直接蒸发冷却、液冷系统可以分别降低 PUE 值至 1.2、1.15、1.08 以下，比传统的冷却方式有明显改善。

目前，数据中心液冷技术包括浸没式、冷板式、喷淋式等。浸没式液冷系统主要由冷却液、腔体结构、换热模块及相关的连接管道等设施构成。浸没式液冷的散热方式可将散热能耗降低 90% ～ 95%、设备能耗降低 10% ～ 20%，有效降低数据中心的总体能耗占比。冷板式液冷系统主要由换热冷板、热交换单元和循环管路、冷源等部件构成。冷板式液冷系统将热量传递给循环管道中的冷却液体，通过液体本身的制冷特性将服务器产生的热量带走，提高冷板的冷却效率，大幅降低数据中心的能耗。喷淋式液冷系统一般不需要大幅度地改动数据中心的基础设施，只需要在喷淋模块调整喷淋头，实现喷淋设备与服务器的精准对应。喷淋式液冷服务器是整个喷淋式液冷系统的主要内部器件，凭借其高性能、低能耗、高可靠运行的特点，可以有效降低数据中心的能耗。

（二）加大清洁能源的使用

数据中心要实现“零碳”，就必须从源头降低碳排放，加大清洁能源的使用。数据中心利用可再生能源的方式有以下 3 种：第一种是在数据中心楼顶自建分布式光伏发电系统，调节白天高峰期间电网均衡，补充高峰时期用电量；第二种是对于大型数据中心，可通过建设集中式光伏发电系统，从源头上降低碳的排放；第三种是对于一线城市等地方，数据中心不具备建设大型光伏发电厂的条件，可以通过购买绿电（绿证）的方式使用绿色能源。

此外，新建的数据中心在选址时要选择可再生能源充沛的地区，充分利用当地的风能和太阳能发电。例如，优刻得（UCloud）云计算中心选址在风电、光电资源丰富、气温低的乌兰察布，助力新能源消纳，同时降低数据中心的 PUE 值和耗电量。

（三）采用余热回收技术

我国在数据中心余热回收方面的成熟案例较少，尚未形成规模。目前，余热回收利用系统应用案例仅有阿里巴巴千岛湖数据中心、腾讯天津数据中心和中国电信重庆云计算基地等。

2019 年年初，工业和信息化部等 3 个部门在联合发布的《加快构建绿色数据中心的指导意见》（以下简称“《指导意见》”）中提出，应“鼓励数据中心在自有场所建设自有系统余热回收利用等清洁能源利用系统”。我国现在大约有 8 万座数据中心，数据中心多数余热直接排向大气，浪费巨大。基于此，为实现我国 2060 年碳中和的目标，积极推进数据中心的余热利用，引导数据中心走高效、低碳、集约、循环的绿色发展道路成为必然。

在北方地区，热泵技术可以将数据中心余热回收并用于区域供暖，既可以帮助人们降低用热成本，也可以间接减少因使用化石燃料产生的 CO_2。此外，余热回收的耗电量不计入数据中心总电耗，也会相应减少数据中心制冷系统的散热负荷，从而有效降低 PUE 值，有益于数据中心提升品牌价值。

（中国信息通信研究院　魏卉　刘芊岑）

数字经济时代物联网发展现状及趋势分析

数字经济是继农业经济、工业经济之后的主要经济形态，是以数据资源为关键要素，以现代信息网络为主要载体，以信息通信技术融合应用、全要素数字化转型为重要推动力，促进公平与效率更加统一的新经济形态。数字经济正在推动生产方式、生活方式和治理方式深刻变革，成为重组全球要素资源、重塑全球经济结构、改变全球竞争格局的关键力量。

“十四五”时期，我国数字经济转向深化应用、规范发展、普惠共享的新阶段。

物联网作为新基建的重要组成部分，成为数字经济发展的重要基础，是数字经济时代必备底座，对加快经济结构调整步伐，推动经济高质量发展，促进新模式、新业态，促进内需释放，加速传统产业数字化转型发挥重要的作用。近年来，在政策推动及应用融合的背景下，物联网新型基础设施建设快速发展，综合生态体系逐步建立，数字化场景深度融合，安全标准不断规范和完善，产业生态朝着协同共赢的方向发展。

一、全球物联网网络市场发展现状分析

根据全球移动通信系统协会（Global System for Mobile Communication Association，GSMA）发布的《2021 年移动经济》报告，2020 年全球物联网总连接数为 131 亿个，预计到 2025 年，全球物联网总连接数规模达到 240 亿个。

（一）从网络接入技术来看，物联网窄带技术和 LoRa 成为 LPWA 主流接入技术

长距离无线接入市场主要包括授权频率的蜂窝技术[1]以及 LoRa 和 SigFox 等非授权频率 LPWA 无线接入技术。

1. 授权频率蜂窝技术市场发展

IoT Analytics 统计数据表明，截至 2021 年，NB-IoT（Narrow Band Internet of Things，NB-IoT）蜂窝授权市场份额占比较大，近 40%，且未来占比会持续增长；LTE-Cat1 的 4G 物联网市场占比排名第二，约占 20% 的市场份额；5G 占比约为 3%，但 2025 年有望达到 30%。2018—2025 年蜂窝物联网模组出货量规模统计分析如图 1 所示。

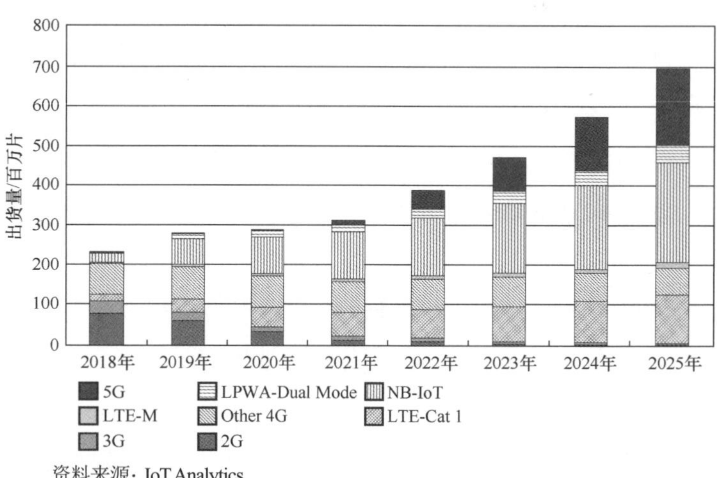

资料来源：IoT Analytics

图 1　2018—2025 年蜂窝物联网模组出货量规模统计分析

2. 非授权频率无线接入市场稳步增长

占市场主流的 LoRa 技术于 2021 年 11 月 29 日在标准领域有里程碑的突破，LoRaWAN 被国际电

1. 蜂窝技术包括 2G、3G、4G、5G 等蜂窝移动通信技术和授权频率低功耗广域技术（Low Power Wide Area，LPWA）的 NB-IoT、Cat1 和 LTE-M 等技术。

信联盟正式批准成为低功耗广域网络（Low Power Wide Area Network，LPWAN）的通信标准，即《ITU-T Y.4480 建议书：广域无线网络的低功率协议》。官网发布的市场统计数据显示，截至 2021 年 12 月，全球超过 155 家主要移动网络运营商部署 LoRaWAN 标准，覆盖范围超过 170 个国家，部署超过 270 万个 LoRa 网关，LoRa 终端节点规模超过 2.25 亿个。在国内，产业链企业数量已超过 2000 家，聚焦于智能表计、智慧园区及楼宇、智慧农业、工业控制、物流及资产追踪众多领域。2022 年 1 月，Semtech 与腾讯云合作推出 LoRa Edge 地理定位服务，该服务集成在腾讯云物联网开发平台，中国用户将基于 LoRa Edge 的物联网设备连接到云端，并结合腾讯地图为中国的企业及开发者提供地理定位服务方案。

在近距离无线接入市场中，以 Wi-Fi 6 和 Bluetooth LE 为典型代表的近距离无线接入市场稳步发展。以下是相关联盟公开发布的数据显示结果，供读者参考。

1. Wi-Fi

2021 年，Wi-Fi 终端年度出货量达到 42 亿台，累计出货量达到 375 亿台（Wi-Fi 6 终端累计出货量超 20 亿台，Wi-Fi 6E 终端累计出货量达 3.38 亿台）；增强的性能、低时延和更高的功率效率使 Wi-Fi 6 和 Wi-Fi 6E 在企业和家庭环境中进一步应用，全球范围内 6GHz 的可用性不断提高，加上 Wi-Fi 6E 的互操作性认证，为 Wi-Fi 6E 多样化的生态系统奠定了基础，6GHz 的监管审批、远程混合工作场景及家庭、企业的物联网环境中的复杂连接系统，将会继续推动对高容量、低时延 Wi-Fi 的需求。Wi-Fi 联盟最新统计的数据显示，2022 年累计终端出货量为 390 亿台，激活终端设备 180 亿台。其中，Wi-Fi 6 的终端出货量为 23 亿台，Wi-Fi 6E 终端出货量为 3.5 亿台，公共接入点达 5.4 亿个，Wi-Fi 6E 接入点达 5800 万个。

2. 蓝牙

2021 年，蓝牙终端出货量达到 45 亿个，预计 2025 年出货量达到 64 亿个（其中，低功耗产品以 3 倍速迅猛增长），主要应用场景为可穿戴设备和定位终端。受新型冠状病毒肺炎疫情的影响，其在医疗领域出货量增速迅猛，预计到 2025 年增长 5 倍。另外，居家办公促发 PC 端外接设备市场规模增长 10%，达到 1.53 亿台，与健康相关的可穿戴设备规模达到 2.05 亿台。蓝牙设备年度总出货量如图 2 所示。

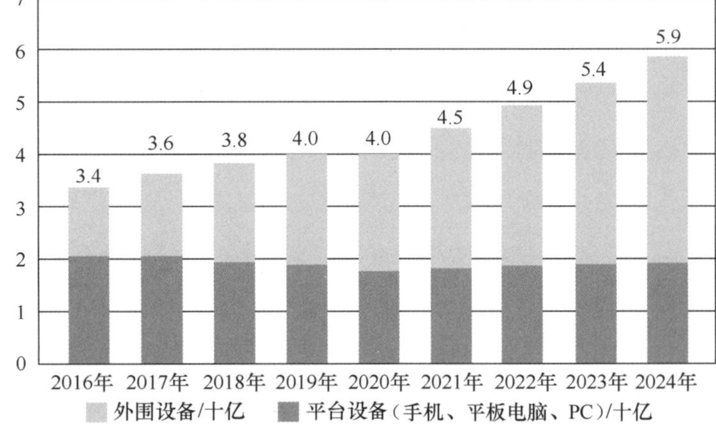

资料来源：蓝牙联盟

图 2 蓝牙设备年度总出货量

（二）从企业网络部署来看，NB–IoT 成为多数国际电信运营商选择的蜂窝物联网部署方式

经过市场的选择，NB-IoT 成为国际授权蜂窝的主流技术，根据 GSMA 公开发布的数据，截至 2022 年 2 月，全球采用 LPWA 技术部署物联网的运营商数量达到 170 家，采用 LTE-M 技术部署蜂窝物联网的运营商数量为 60 家，采用 NB-IoT 技术部署蜂窝物联网的运营商数量为 110 家。其中，同时采用 NB-IoT 和 LTE-M 技术部署蜂窝物联网的运营商数量达到 43 家，仅采用 LTE-M 的电信企业有 17 家。

二、我国物联网产业发展特征分析

（一）政策推动物联网新型基础设施建设快速发展

“十四五”时期是物联网新型基础设施建设发展的关键期，多部门发文共同推动物联网发展。2021 年 9 月，工业和信息化部联合中央网络安全和信息化委员会办公室等八部门联合发布《物联网新型基础设施建设三年行动计划（2021—2023年）》，提出“打造系统完备、高效实用、智能绿色、安全可靠的现代化基础设施体系，推进物联网新型基础设施建设，充分发挥物联网在推动数字经济发展、赋能传统产业转型升级方面的重要作用”。明确到2023年年底，在国内主要城市初步建成物联网新型基础设施，物联网连接数突破20亿个。目前，NB-IoT已在水表、燃气表、消防烟感和电动自行车防盗4个行业实现千万级规模连接，智能井盖、智能门锁、追踪定位和智慧路灯等10余个行业实现超过百万级连接，未来还将更多地应用到工业互联网、车联网、远程医疗等领域。

2021年12月，国务院印发《“十四五”数字经济发展规划》，计划到2025年数字经济核心产业增加值占GDP比重达到10%。其中，千兆宽带用户数由2020年的640万户提升至6000万户，工业互联网平台应用普及率由2020年的14.7%提升至45%。针对物联网提出“提高物联网在工业制造、农业生产、公共服务、应急管理等领域的覆盖水平，增强固移融合、宽窄结合的物联接入能力”。

（二）物联网市场规模位居世界前列

截至2021年年底，我国已建成全球最大5G网络，累计建成并开通5G基站142.5万座，5G用户达3.55亿。在模组方面，移远通信、日海智能持续居于全球出货量前列，占全球超一半的市场份额，移远通信目前有近30款5G模组，支持全球1000多家企业进行终端开发和商用。在5G芯片方面，华为、紫光展锐、联发科取得全球市场优势，NB-IoT和LTE-Cat1等蜂窝物联网通信芯片国产化率较高。

（三）移动物联网综合生态体系逐步建立

2020年5月，工业和信息化部发布《关于深入推进移动物联网全面发展的通知》。该通知指出，准确把握全球移动物联网技术标准和产业格局的演进趋势，推动2G/3G物联网业务迁移转网，在深化4G网络覆盖、加快5G网络建设的基础上，以NB-IoT满足大部分低速率场景需求，以LTE-Cat1满足中等速率物联需求和话音需求，以5G技术满足更高速率、低时延联网需求，逐步建立NB-IoT、4G和5G协同发展的移动物联网综合生态体系。

作为数字化场景必备的核心底座，数字化应用场景的实现离不开物联网技术。当前，NB-IoT已实现全国主要城市乡镇以上区域连续覆盖，4G网络实现全国城乡普遍覆盖，5G网络覆盖全国所有地市、97%以上的县城和40%的乡镇，有力地支撑了各应用场景的实现。

我国物联网市场规模稳定增长，用户规模持续扩大。工业和信息化部《2021年通信业统计公报》显示，截至2021年年底，3家基础电信企业发展蜂窝物联网用户为13.99亿户，2021年净增2.64亿户。其用户规模快速逼近移动电话用户规模，其中，应用于智慧公共事业、智能制造、智慧交通的终端用户占比分别为22.4%、18.1%、15.6%。运营商公开资料显示，中国电信NB-IoT市场占有率较高，NB-IoT连接数全球第一；中国移动物联网智能硬件涉及智能家居、智能抄表、智慧停车、智能穿戴、车联网等。截至2021年10月底，中国移动物联网连接数超10亿个，中国联通凭借其连接管理平台承载众多规模用户。

（四）物联网应用场景不断与数字化场景深度融合

总体来看，物联网应用场景较为分散，以智能家居、智能安防、智能穿戴、智能网联汽车等为代表的新应用场景持续爆发。例如，在智能家居场景下，蓝牙和Wi-Fi等技术的运用，可以适配不同的终端与应用，不断推动场景下不同系统间的互联。另外，随着产品种类的丰富，智能家居逐步向全屋智能化发展。

同时，借助区块链、边缘计算等，物联网在金融、农业等领域的价值逐渐凸显，推动各行业数字化进程。在金融领域，物联网不断助力金融机构管理运维的智能化，推动其设备运维、远程管理、实物管理等数字化管理及金融产品的不断创新。在农业领域，物联网与区块链的结合有助于减少费用，节约成本，同时提升农业物联网的智能化和规模化水平。

（五）物联网基础安全标准不断规范和完善

2021 年 9 月，工业和信息化部办公厅印发《物联网基础安全标准体系建设指南（2021 年版）》（以下简称“《建设指南》”），进一步发挥标准对物联网基础安全的规范和保障作用。《建设指南》指出，到 2022 年，初步建立物联网基础安全标准体系，研制重点行业标准 10 项以上，明确物联网终端、网关、平台等关键基础环节安全要求；到 2025 年，推动形成较为完善的物联网基础安全标准体系，研制行业标准 30 项以上，提升标准在细分行业及领域的覆盖程度，提高跨行业物联网应用安全水平，保障消费者安全使用。

《建设指南》中物联网基础安全标准体系包括总体安全、终端安全、网关安全、平台安全、安全管理五大类标准。当前，物联网安全建设逐步与相关业务场景结合，通过安全架构模型的设计，明确各个角色所承担的责任及边界，针对不同场景，细化安全规范。对物联网基础安全进行分级分类及采用安全的通信协议，有利于保障物联网的安全性及可靠性。

三、我国物联网发展展望

随着数字经济建设提速，在政策加持及市场需求等因素的驱动下，物联网逐步向融合、创新、规模化发展。物联网安全、标准、应用等工作持续推动，生态链的各方朝着协同共赢的方向发展。

（一）物联网安全推进力度加强

安全问题是影响物联网规模化应用的关键要素。近年来，各家企业不断布局物联网终端安全产业，积极参与安全生态建设，打造物联网终端安全连接平台，提升安全能力。

（二）物联网标准体系不断完善

国内外企业、协会、标准化机构等逐步开展物联网基础安全标准的国际交流合作，推动形成较为完善的物联网基础安全标准体系。

（三）物联网融合应用加速落地

伴随数字技术的融合升级，车联网逐渐规模化部署，5G + V2X[2] 逐步落地。智能家居逐步从单品智能向全屋智能演进。5G + 工业互联网化加速融合，工厂数字化转型和智能化改造已提上日程。

（中国信息通信研究院　姬彬　马思宇）

2. V2X：Vehicle to X，车用无线通信技术。

烽火通信科技股份有限公司始终专注于全球信息通信事业的进步与发展，公司主营业务立足于光通信，深入拓展至信息技术与通信技术融合而生的广泛领域，并成为我国智慧城市、行业信息化、智能化应用等领域的核心企业。

面向5G时代，烽火通信以数字连接价值造福人类社会为使命、提振产业经济为己任，瞄准世界领先技术、提升核心竞争力、加速国际化进程，以更开放的胸怀和更有远见的视野，贡献烽火智慧和烽火方案，让社会共享信息通信带来的美好生活。

传承红色基因 加快云改数转

——中国电信四川公司助力数字经济高质量发展

中国电信股份有限公司四川分公司（以下简称中国电信四川公司）是中国电信集团有限公司在四川设立的分公司，辖21个市（州）分公司、207个区县分公司、2个直属单位，3个专业分公司、1个控股子公司。公司承担了省内普遍电信服务、公众通信及信息服务、党政机要通信、国防通信、保密通信、应急通信等任务，在抢险救灾、大型会议活动等关键时刻发挥了重要通信保障作用。

作为四川省信息化建设主力军，中国电信四川公司始终深入落实“一干多支、五区协同”“四向拓展、全域开放”战略部署，承接集团“云改数转”战略，围绕“成为受人尊敬的企业”目标，坚持党建统领，聚焦云改数转，深化五力统战的总体思路，积极推进“网络强省 数字四川”建设，打造建设数字经济创新发展实验区、抢抓成渝地区双城经济圈新机遇，全力推动新时代治蜀兴川再上新台阶。先后荣获“四川省优秀服务业企业”“四川省脱贫攻坚先进集体”“维护稳定工作先进集体”“四川省诚信企业”“全国扶贫创新奖”“全国工人先锋号”“社会扶贫突出贡献奖”“社会责任担当品牌”“创新领航品牌”“行业突出贡献奖”“年度科技推动奖”“优秀运营商”等多项荣誉。

传承红色基因，不断夯实高质量发展的基础

中国电信四川公司坚持“听党指挥、信念坚定、一心为民、变革创新、崇尚科技、安全畅通”的红色电信精神，全省电信员工在党委书记、总经理郑成渝的带领下，始终坚持把企业各项工作放在省工作大局中考虑和部署，在全国率先启动“网络强省”行动计划、“数字四川”行动计划、四川数字经济创新驱动发展行动计划，助力四川的“网络强国”“数字中国”“智慧社会”建设及维护网络信息安全等重点工作。截至目前，全省县城以上城区及大型乡镇均具备千兆接入能力，4G网络乡村及以上覆盖率100%，实现县县通5G，5G网络实现全省县城以上区域连续覆盖，全省重要风景区、交通枢纽、重点乡镇等重点区域的热点覆盖。

企业经营发展走上快车道。近年来，中国电信四川公司持续保持高速增长，收入结构不断优化，创新业务收入占比达40%以上。2021年，四川电信收同比增幅9.22%，连续8年超集团目标。

加快推进云改数转，打造云网融合信息基础设施

中国电信四川公司立足新发展阶段，全面贯彻新发展理念，融入新发展格局，积极推进云改数转战略，以创新驱动高质量发展，按照“高速泛在、天地一体、云网融合、智能敏捷、绿色低碳、安全可控”的总体要求，加快建设智能化综合性数字信息基础设施。

近年来，中国电信四川公司加快数字信息基础设施建设，助力数字经济发展。建成全光网省和综合智能信息服务精品网络，打造以云锦天府为品牌的大数据和云计算集群，加大网络重构力度，不断夯实云网融合的网络基础。积极承接国家“东数西算”工程，助力建设国家算力成渝枢纽节点，将进一步建设完善云锦天府“2+5+X”算力中心战略布局，重点在成都算力中心节点完成中国电信西部信息中心二期建设，启动中国电信空港数据中心建设，绵阳、南充、宜宾布局浅边缘算力中心，承载低延时弱属地化算力业务。打造川渝区域内低时延通道，实现区域内IDC群间一跳直达。

目前，中国电信四川公司已建设完成省级政务云，并在成都、自贡、雅安、宜宾、达州等十余个市州推进大数据中心建设，初步形成省市一体的大数据网络。同时在智慧政务、智慧民生和智慧产业三个领域积极配合省级相关部门，成功培育出电子政务、智慧天网、居家养老等多个应用，助力经济社会发展和民生改善。

加快推进5G网络建设。建成大规模5G示范网，三年来累计建设5G基站3.75万套，实现全省城区、发达乡镇连续覆盖，重要景区、交通枢纽等热点区域重点覆盖。

积极推进5G创新应用落地。打造5G+工业互联网，快速推进5G+工业互联网行业赋能，先后与泸州老窖、通威太阳能等60余家省内头部企业达成战略合作协议，打造5G+AGV、5G+AI质检和5G+AR智能运维等应用。打造5G+旅游，推出三九大"5G+8K"慢直播、三星堆5G机器人巡检、大熊猫5G智慧饲养管理等应用，在数字中国建设峰会和西博会上精彩亮相。打造5G+医疗，打造全国5G+新冠肺炎远程会诊系统，联合四川大学华西医院等单位打造的"四川大学华西医院5G+远程重症监护项目"荣获"绽放杯"5G应用大赛一等奖。

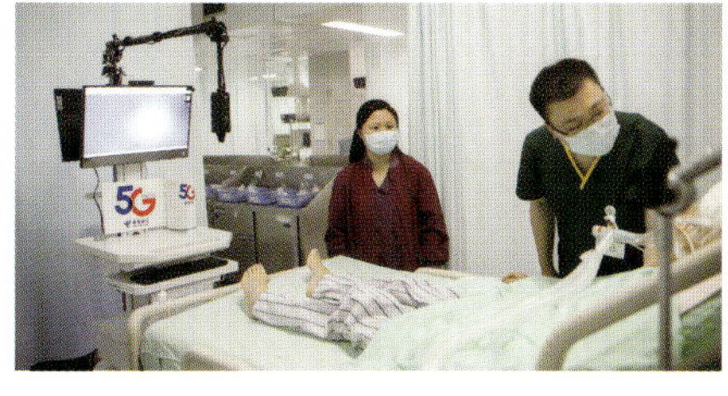

中国电信四川公司创新打造互联网金融生态圈、云锦生态圈、物联网生态圈、智慧家庭生态圈、魔系生态圈，促进经济社会发展。搭建"魔方""魔镜"聚合平台，创新"慧眼工程"，打通农村治安防控"最后一公里"。"魔镜""慧眼"逐渐成为政府社会治理的"大脑"，百姓看家护院的"好帮手"，数字经济发展的"助推器"。"魔方""魔镜"平台被列入国家数字经济创新发展试验区（四川）建设方案。"8K超高清终端与业务创新"荣获最佳创新产品与解决方案奖。以翼支付为核心，打造数字生活、数字金融和科技服务三大业务板块，为客户提供安全、便捷的金融和科技产品，让百姓畅享数智新生活。

坚持以人民为中心，不断增强人民获得感

持续巩固拓展脱贫攻坚成果，推进与乡村振兴有效衔接。中国电信四川公司全面完成全省175个定点帮扶村，34681名贫困人口的脱贫任务。打通"悬崖村"信息天路入选国家"砥砺奋进的五年"大型成就展和"伟大的变革——庆祝改革开放40周年"大型展览。承接——全国信息进村入户总平台（益农社）在全国范围内的运营，打造益农社3.7万家。打造电商扶贫模式，通过天虎云商累计完成以购代捐1.1亿元，贫困户资费减免近1.3亿元，扶贫捐赠专项资金1022万元，解决406名贫困人口就业。2021年，荣获四川省脱贫攻坚先进集体荣誉，扎实推进反诈防诈攻坚专项工作，以雷霆手段打击通信诈骗，维护全省网络信息安全。落实"六稳""六保"任务，积极推动碳达峰碳中和工作。圆满完成国家重大活动及疫情防控、抢险救灾等通信保障任务，彰显"关键时刻要靠中国电信"的央企担当。

中国电信四川公司心系公益，在全省21个市州营业厅开通"户外工作者驿站"，为广大户外工作者提供安全、暖心、便捷的休息场所，积极传递正能量；实现成渝地区通信资费一体化，助力成渝地区双城经济圈建设。开通10000藏语彝语专席，为四川省内160余万藏族同胞、330余万彝族同胞提供热线服务，拉近心与心的距离；联合设立"四川省慈善总会•点心关爱基金"，为阿尔兹海默症患者和自闭症儿童送上爱心，让生活更有爱，社会更和谐。中国电信四川公司有6家单位荣获"全国文明单位"表彰。3个青年集体荣获"四川省青年文明号"荣誉称号。

作为第31届世界大学生夏季运动会官方合作伙伴，中国电信四川公司凭借领先的综合智能信息服务能力和强大的网络保障能力，充分运用5G 双千兆+、大数据、云计算、物联网、高清视频新技术，从智慧场馆、智慧赛事、智慧观赛等全方位助力、多角度赋能"智慧大运"，提升成都国际影响力。

持续推进转型发展，以员工的成长推动企业发展

围绕"成为受人尊敬的企业"志向目标，坚持以员工的成长推动企业发展，秉承"自信、平等、开放、包容"的文化理念，完善创新组织体系，形成了"人人皆可创新、人人都能创新"的良好氛围。传递"尊重劳动、尊重知识、尊重人才、尊重创新"的理念，打造"人才与创新"文化节，营造爱才、敬才、识才、用才的良好氛围。

近年来，先后荣获全国厂务公开民主管理示范单位、全国五一劳动奖状、全国模范职工之家和四川省十佳模范职工之家荣誉。中国电信四川公司系统维护工程师胡杰当选为四川省总工会第十四届委员会兼职副主席；2名员工荣获全国劳动模范荣誉称号，8名员工荣获四川省劳动模范荣誉，充分体现了四川公司在"数字四川"建设主力军的地位和数字经济领域人才培养方面取得的卓越成效。

四川电信积极响应国家"一带一路"倡议和"走出去"号召，充分发挥中国电信网络、技术、服务及人才优势，以"迎接新挑战、开辟新领域、培养新人才、打造新生态、创造新价值"为目标，全面培养海拓人才队伍，创新拓展海外业务，以数字化创新助力"一带一路"建设，取得显著成效。通过"装维技术顾问国际咨询合作"，将四川宽带建设发展经验惠及阿尔及利亚百姓，同时与泰国、埃及、南非、肯尼亚、菲律宾、摩洛哥等多国运营商在建设、运营、培训、咨询等方面开展合作，输出中国经验，被授予"海外拓展支撑基地"称号。

擘画蓝图启新程，乘势奋进谱新篇。锚定新目标，启航新征程。"十四五"规划锚定新目标，伟大梦想的铸就，来自每一份坚定前行的力量。立足新时代，践行新理念，构建新格局。中国电信四川公司将围绕中心、服务大局，全力承接落实国家"网络强国""数字中国"战略，坚持党建统领，推进"云改数转"，深化五力统战，推动企业高质量发展，为治蜀兴川再上新台阶做出新的贡献！

中国移动四川公司助力经济社会高质量发展

中国移动通信集团四川有限公司（以下简称四川移动）是中西部网络规模大、服务客户多、综合实力强、社会口碑优的主导通信运营商。公司全力推进新基建、融合新要素、激发新动能，以“做网络强国、数字中国、智慧社会主力军”为目标。现有员工超2万人，主营业务包括移动语音、数据、宽带、IP电话、云业务和多媒体业务等。近年来，四川移动个人客户规模超5300万（其中5G客户超2000万），家庭宽带与互联网电视客户双双超1400万户（全省大部分家庭客户使用四川移动宽带及互联网电视），服务集团客户单位超240万家，基站总数超23万，5G基站突破4万个（已实现全省县城及以上区域连续覆盖，重点乡镇区域良好覆盖），宽带端口近3200万，年运营收入近380亿元，已累计在川投资超2000亿元、累计纳税超335亿元，带动就业岗位近50万个，被评为2021年度四川省“诚信企业”；并充分发挥四川5G产业联盟理事长所在单位作用，在医疗、教育、交通等多领域实现突破，多个合作项目成为全国优秀案例。

发力新基建全速开展5G建设

公司党委带头服务进万家，倾听客户心声

移动网络工程师保障人民群众欢度中秋佳节

围绕“践行党的宗旨、履行央企责任、融入四川战略、服务治蜀兴川”，四川移动在保持自身良好发展态势的同时，全力服务于数字经济发展、服务于乡村振兴、服务于成渝地区双城经济圈建设，在服务地方经济社会发展中更好推动自身发展。疫情防控保障有力，广大干部员工积极投身抗疫一线，全力做好疫情防控“三个保障”，高效保障了疫情防控和复工复产。信息扶贫获得肯定，完成电信普遍服务五期工程、积极推进六期建设，获得相关单位通报嘉奖。网信事业扎实推进，积极配合“断卡”行动，公安部门转发《四川移动公司坚持问题导向采取强有力措施深入推进“断卡”行动》经验，供全国学习借鉴。坚决落实新基建、提速降费、携号转网等要求，社会责任全面彰显。

四川移动紧密围绕争做省内数字化创新发展的引领者、争做集团内高质量发展先行者定位，扎实履行央企的政治责任、经济责任和社会责任，在持续提升基础能力上下功夫、在促进融合发展上做文章，并充分发挥四川5G产业联盟理事长所在单位的引领作用，加快实施“5G+”计划，全力推动四川5G在“网络建设、产业发展、惠民应用、成渝赋能、社会贡献”五个方面走在前列，以新技术新产业更好支撑四川经济社会高质量发展，努力为推动治蜀兴川事业再上新台阶担当更大责任、贡献更大力量、发挥更大作用，为“十四五”开好局、起好步。

联合天府七中用5G助山区学生“走进”名校课堂

开展“我为群众办实事”之“蓝马甲”助老公益行动

5G+吊车调度系统实现调度人员“足不出户”即可远程随时查看吊车运行情况

公司“和生活”平台“直供专区”打开凉山盐源苹果新销路

China unicom中国联通
创新·与智慧同行
BEIJING 2022
北京2022年冬奥会官方合作伙伴

5G
让未来生长

中国移动
China Mobile

共筑未来

在中国香港、新加坡、伦敦、法兰克福
设自有数据中心

30 分支机构

为全球客户提供专业服务支撑

8 云网一体产品

赋能行业数字化转型

50+ 国际海缆系统

构建全球高速传输网络

130+ 全球业务接入点

增强国际业务疏通能力

通道

中国电信福建公司

云改数转助力福建数字经济升级

随着数字福建快速发展，福建省产业数字化和数字产业化转型取得积极成效，各行业“上云用数赋智”需求日趋旺盛。作为福建信息化建设主力军，中国电信福建公司一直以来坚持践行云改数转战略，优化云网架构、稳步推进新基建、开拓数字化应用场景，打造丰富多样的信息化标杆产品和示范案例，满足人民群众对美好生活的需求，助力福建数字经济发展再升级。

数字新基建加速提档。近年来，公司持续推进以5G与天翼云为引领的新型信息基础设施，夯实产业数字化转型发展底座，已建成5G基站2万多个，实现所有市区、县城的基本连续覆盖和发达乡镇的5G热点覆盖和重点楼宇的5G室内覆盖。提速升级宽带网络，实现千兆光网全面覆盖城区，政企OTN（光传送网）精品专网覆盖市区、县城以及重要乡镇节点。优化云网算力资源布局，启用东南信息园数据中心，在全省范围内建成20座星级云数据中心，1.2万个机柜，数据中心总出口带宽达27T，为各级政府重点网站提供云存储、云备份服务，全面满足政企用户上云赋能需求。

5G标杆应用不断涌现。联合产业合作伙伴，公司深入推动5G技术在工业、农业、港口、旅游等十余个领域的创新应用，以标杆案例带动数字产业化发展。如助力打造厦门海润5G+智慧码头，实现码头装卸全流程自动化、生产管理智能化，全面提升码头工作效率和安全性。助力打造武夷山燕子窠5G生态茶园，实现对茶叶生长、加工、销售全流程质量监控。助力打造泉州九牧5G智慧园区，促进园区产品生产效率提升35%，能源用量减少7%，运营成本降低8%。助力打造全省全域5G+智慧景区——“5G+平安鼓岭”，帮助鼓岭景区搭建全方位、智能化的安全预防体系。

东南信息园云数据中心机房

安装海边5G基站

鼓岭5G可视化综合管理平台

海润码头5G+智能化桥吊驾驶舱

智慧应用助力千行百业创新发展。面对旺盛的社会数字化治理需求，公司以科技创新驱动发展，推出了一系列差异化的综合智能信息服务，助力福建建设“数字应用”。在智慧社区领域，打造福州军门社区、福州苍霞新城社区、漳州龙文社区等数个典型案例，落地视频监控、高空抛物检测、智能门禁等应用，服务基层治理能力现代化。在智慧海洋领域，联合福建省海洋与渔业局，以泉州为试点，为大中型渔船配备天通卫星，提升海洋渔业安全生产水平。在智慧交通领域，与福州华榕集团共同搭建智慧停车云平台，智能调度城区内3万多个公共停车泊位资源，为市民提供停车位实时查询、路线导航、在线支付等服务。

漳州龙文区市域治理平台

为渔船安装天通卫星天线

做好乡村振兴有效衔接。公司积极通过党建助力、通信助力、数字化助力、产业助力、消费助力“五大行动”助力乡村振兴，激发乡村潜在生产力，提高乡村居民的数字经济意识。目前，公司已累计投入近亿元，稳步推进农村地区通信基础设施建设与升级，实现5G网络覆盖906个发达乡镇中心区域。大力建设福建省乡村振兴平台，覆盖全省4262个行政村，打造了泉州惠安海门村、福州永泰协星村、三明大田阳春村等一批数字乡村示范点，受到政府和群众的认可。利用翼支付等电商平台，助销脱贫地区特色农产品，累计采购挂钩帮扶贫困地区农产品超1200万元。

开展乡村线路巡检

福州永泰协星村乡村振兴平台

守初心，担使命。中国电信福建公司将牢牢把握住国有企业的战略定位和历史使命，继续深化实施云改数转战略，为推动福建数字经济发展提供新动能、展现新活力，为全面建设社会主义现代化国家福建篇章作出新的更大贡献。

中国联通河南省分公司践行央企责任担当 助力经济社会高质量发展

2021年，中国联通河南省分公司（以下简称：河南联通）深入贯彻中国联通新发展战略，充分发挥央企政治责任、经济责任、社会责任、科技创新责任，强基固本、守正创新、融合开放，在服务经济社会发展上交出优异成绩单，展示出数字信息基础设施运营服务国家队、网络强国数字中国智慧社会建设主力军、数字技术融合创新排头兵的昂扬风貌，实现了“十四五”迈好第一步、见到新气象。公司全年收入、利润、现金流等主要业绩目标全部超预算完成，在联通集团排名前列，进一步体现大省地位与贡献担当。

一、服务数字经济，构建数字社会新基石

河南联通积极顺应“新基建”发展趋势，围绕“大联接、大计算、大数据、大应用、大安全”五大主责主业，全力打造河南信息社会发展的主动脉和产业转型升级的加速器，构建河南数字社会新基石。

（一）加快5G网络建设

积极配合乡村振兴同步启动5G建设大决战，在广大乡镇区域开展5G网络精准建设，逐个消除覆盖盲点，提前超额完成中国联通集团下达的5G网络建设任务，实现5G乡乡通、镇镇通，惠及河南6000万农村群众。

（二）5G行业应用持续突破

打造“智慧水利”“智慧黄河”，助推国家水资源管理调控和科学治水能力提升。打造智能制造生产链，以郑州海尔、中国一拖、平煤神马集团5G典型工业场景应用为“样板间”，加快河南省制造业基础设施集群网络化、数字化、智能化转型。携手合作伙伴建成国内商业化应用自动驾驶公交线、特高压变电站5G+MEC智能应用、5G泛在低空测试中心等一系列5G典型应用，为服务河南经济社会高质量发展提供新动能。加大科技创新力度，备案研发项目406个，科技成果获得软件著作权登记证书共计172项，充分展现了5G应用的联通力量，打造了5G行业应用新标杆。

（三）加快推进农村网络信息惠民工程

有效运营“互联网+智慧党建”融平台，目前共接入5.2万个远程教育终端站点。依托“5G+物联网”，在全省农村地区推广“乡村大喇叭”“大棚宝”等应用，打造了新基建服务“智慧农业”的全国样板。持续开展资费扶贫专项工作，惠及建档立卡贫困户34.34万户，年度减免让利金额1091万元，累计让利金额2.2亿元。

河南联通推动信息技术融入千行百业

黄河水利委员会与中国联通战略合作协议签约仪式

河南联通Wi-Fi网速服务承诺发布会

河南联通“智慧助老，乐享重阳”启动会现场

河南联通发布“数字乡村”及生态建设平台

二、聚焦群众关切，激活服务人民新动能

河南联通坚持以人民为中心，创新运营差异化服务品牌，社会美誉度与用户感知不断提升。

（一）开展Wi-Fi测速进万家活动

召开宽带Wi-Fi网速服务承诺发布会，公开“速率承诺、暖心夜修、不达必赔”承诺，推出“宽带Wi-Fi提速专家”品牌。动员全省7千多名智慧家庭工程师和20000多名一线服务人员组成小分队，为广大用户提供宽带Wi-Fi上门测速助务，并根据用户需求提供9大类、28个场景的专业化宽带Wi-Fi组网服务，为用户分级推荐优质终端、量身定制FTTR解决方案、组织力量设计施工，使用户感受到“五星宽带Wi-Fi真快”。累计面向全网客户测速271.8万次，实现用户口碑提升。

（二）推出“智慧助老沃相伴”服务品牌

全省统一开展主题为“智慧助老乐享重阳”的大型公益活动，推出“河南联通您身边的智慧助老服务专家”服务品牌和“老年人想学智能手机找联通”服务承诺，缩小“数字鸿沟”，助力老年人等群体融入信息化社会。全年开展智慧助老活动1.4万场，惠及老年人超19万人，18个地市及111个县成立了“智慧助老体验中心”；中央、集团及省市级内外宣传媒体共计发布报道超60次，宣传覆盖超4600万人次，阅读量超500万。

（三）创建“五心”服务

把“落实高品质服务、提升客户满意度”摆在首要位置，创建全省信息通信行业“五心”服务明星品牌，持续推动服务工作上台阶。2021年，河南联通“五心”服务筑牢织密通信服务网，高标准推进“五心”服务，使“五心”服务在非常时期发挥出重要作用，赢得广大用户一致称赞。

一座城致敬通信英雄：
郑州礼宾车队护送7.20通信抢险救灾支援队

郑州北龙湖无人驾驶汽车

为格力工厂提供5G支持

5G赋能制造业

三、全力以赴防汛救灾，保障应急通信大动脉

面对“7·20”特大暴雨，公司党委按照集团公司部署，在积极开展生产自救的同时，有序科学开展防汛救灾工作。

在最危急的时刻，公司领导班子靠前指挥，科学调度，果断决策，为保核心通信设施和恢复通信赢得了宝贵的第一时间，广大干部和员工一起战斗在抢险一线，舍生忘死，筑起通信堤坝；在生死攸关之际，集团公司第一时间统筹调度15个省公司鼎力相助，全省11个市公司紧急驰援郑州，累计出动人员5.4万人次、车辆2.4万台次、发电机1.1万台次、发送短信1亿余条，展示了全网一盘棋的联通力量；在极端困难面前，化危为机，发布新闻信息1000余篇，阅读量超千万，被授予“防汛救灾新闻宣传突出贡献单位”。在一次次重大考验面前，创造了灾后两天抢通郑州主城区通信网络的“郑州速度”、九天九夜核心机房被水围困从未中断的“卫辉奇迹”，成为新时代“永不消失的电波”，孕育了“困难时刻拉得出、危急时刻顶得上、关键时刻靠得住、决战时刻打得赢”的河南联通防汛救灾精神，被人民群众亲切地称为“网坚强”“生命线”。河南郑州市民扶老携幼，自发到抢险现场慰问联通突击队员，送别通信行业抢险队员，沿途群众洒泪相送，展现了新时代通信铁军人民至上的精神谱系，通信英雄与人民群众水乳交融的动人画面，用生命向党和人民交出了联通答卷！

浙江联通用科技引擎助推数字浙江高质量发展

全力打造5G精品网，助力杭州、宁波成为全国“千兆城市”，“5G切片与MEC医疗行业边缘云数据中心项目”入选国家新型数据中心典型案例。

作为“数字浙江”建设国家队，中国联通浙江省分公司(以下简称“浙江联通”)聚焦“大联接、大计算、大数据、大应用、大安全”五大主责主业，全面发力数字经济主航道，为浙江省经济社会高质量发展打造了“智慧底座”。

聚力打造5G精品网

5G作为支撑经济社会数字化、网络化、智能化转型的关键新型基础设施，在智慧城市建设、助力疫情防控等方面作用突出。

由于5G网络建设资金投入较大，因此加快5G网络建设，共建共享是必由之路。浙江联通秉承合作共赢的发展思路，主动与浙江电信开展深度合作，共同打造5G精品网。此外，浙江联通积极跟进技术演进步伐，充分发挥联通电信5G频率共享优势，实现带宽翻倍、速率翻倍。

目前，浙江联通5G基站规模(含共建共享)达到4.7万个.2022年，浙江联通将推进固移一体化，打造覆盖相当、体验领先、能力领先、效能领先的5G精品网，预计2022年底5G人口覆盖率达到90%以上。

杭州2022年亚运会将于9月举行，因此打造“智能亚运”成为浙江省一项重点筹备工作。然而向世界呈现一场科技、智慧的体育盛会，离不开5G等新一代信息技术的支撑。

身在全国数字经济强省，浙江联通和亚运筹委会紧密沟通，以高标准、高效率、高品质的建设要求，打造让用户满意的亚运精品网络。

在网络覆盖保障上，浙江联通将以亚运赛事场馆为支点，铺开建设交通线路和热点区域网络，构建点线面相结合的保障区域；在网络容量支撑上，应用大数据构建赛事保障话务模型，热点区域预置扩容，突出5G大带宽优势，采用200M载波聚合方式，为用户打造极致的互联体验。

截至2022年3月，浙江联通已建成亚运相关4G/5G基站947座，开通运行915座，剩余站点将紧跟相关单位建设节奏，及时完成开通验证。基于联通优质的5G网络，“5G自动微公交”等创新应用将亮相亚运会，打造智慧出行新场景。

浙江联通充分发挥5G、大数据等数字技术已形成的突出优势，优化疫情防控信息系统，为健康码、行程码等正常运行提供保障，全力支撑疫情防控更加精准有效，为疫情防控贡献“联通智慧”。

助力打造“千兆城市”

2021年12月，29个城市建成全国“千兆城市”，杭州市、宁波市榜上有名。

近年来，杭州联通聚焦5G"新基建”布局，全力打造数字化服务能力底座，为杭州各行各业智能化发展提供支撑。

截至2022年3月，杭州联通5G基站规模达到1.3万站(含共建共享)，实现重点乡镇以上5G网络连续覆盖，核心城区5G下载速率达700Mbit/s.千兆光网，又被称为F5G，涵盖了10GPON、Wi-Fi6为基础的千兆宽带接入网络和200G/400G、NGOTN、OXC等为基础的全光(传送)网络，与千兆5G共同构建“双千兆”时代。

在此契机下，杭州联通积极探索F5G创新，加快布局“双5G”网络能力，目前在杭州市已完成重点区域核心光网络传输节点布局，价值区域覆盖率达到100%。

“双千兆”网络正在为传统产业装上“智慧大脑”。在工业制造领域，杭州联通为半导体头部企业打造了“大和热磁5G全连接工厂”；在能源领域，打造了“国网电力5G虚拟专网-零碳亚运”“杭州国际中心5G智慧工地监测”等项目，推动了5G应用从“样板间”到“商品房”的加速转变。

此外，杭州联通以千兆网络能力持续赋能基层治理现代化，打造了5G+三村村智慧社区、瓶窑数字乡村、太阳镇数字畜乡、大径镇开放式智慧旅游数字平台等项目，全面盘活乡村资源，让数字红利惠及更多群众。

5G网络一直是宁波联通全力攻克的重中之重。宁波联通积极推动5G独立组网规模部署，加快中心城区、重点区域、重点行业的5G网络覆盖，并采用宏基站、微小基站等多种组网方式，推进5G网络在交通枢纽、大型体育场馆、景点等流量密集区域的深度覆盖。

截至2022年3月，宁波联通已建成5G基站（含共建共享）8000余座，实现宁波市区、县城及部分重点乡镇5G全覆盖，市区、县城、部分重要乡镇覆盖率达到99%。

千兆宽带是千兆光网的重要组成部分，因此宁波联通进一步加快千兆宽带普及应用的步伐，通过聚焦千兆高速端口需求密集区域，及时根据用户需求将宽带接口升级为10GPON.在2019年7月完成第一台10GPON设备调测开通并成功接入千兆用户后，宁波联通已累计新增10GPON局点160个、10GPON口10000个。

为充分满足“十四五”规划重大工程项目的通信需求和助力宁波市数字化改革，宁波联通正全力建设核心网NFV化、承载网SDN化的全云化5G网络，支持实现网络切片、MEC等5G核心功能，全面支撑5G高带宽、低时延、广连接三大应用场景。

据悉，宁波联通5G创新大楼也在火热建设中，预计2022年年底竣工并投入使用，将带来优质的大数据和云计算等服务。

后续，浙江联通将筑牢“千兆城市”数字底座，助力浙江省打造更多“千兆城市”。

“大计算”赋能千行百业数字化转型

算力已成为数字经济发展新引擎，中国联通积极整合网络与计算资源，构建了云网一体、安全可信、专属定制、多云协同的“联通云”。

当前，浙江省重大项目建设如火如荼。浙江联通瞄准省内云计算市场发展契机，以“联通云”全面助力千行百业数字化转型。

在义乌，浙江联通基于云计算、大数据平台融合技术和云联网能力，打造了以“联通云”为核心的义乌国际商贸城多云服务平台。该平台以贸易数据整合为核心驱动，对接供需双方在生产设计、展示交易、市场管理、物流仓储、金融信贷等环节的需求，实现了市场资源有效、精准配置，为义乌小商品市场的7.5万个商铺和20万经营户提供了数字化底座，连接起全球200万家中小微企业、3800万采购商，切实助力“一带一路”。

“联通云”也不断赋能乡村、社区教育数字化智能化。在台州市仙居县，浙江联通通过建设专有云平台，共建共享智能数字中心，整合“学在浙江”资源，建立可信学习档案，提供教育便民服务集成；依托浙里办App，开设“仙学汇”数字学习专区，建设具有数字乡村特质的数字社区学校，在一定程度上解决了当地教育资源分散的局面。

大型数据中心的加快建设，也为传统行业数字化转型以及数字经济注入了强劲动力。

据了解，“联通云”已部署在中国联通德清云数据中心、金华骨干云池和政企行业云池（杭州、宁波），打造了浙江政务一朵云，为恒生电子、海宁市应急管理局等提供了云服务，并通过联通自研云盾产品为浙商银行、杭州银行等多家银行提供专属服务。

边缘计算是云计算的有力补充，而浙江联通联合合作伙伴为浙江省新昌县人民医院打造的“5G切片+”医共体示范点就是边缘计算服务应用场景的案例。

长期以来，医疗行业面临着医疗资源分布不均衡等问题。随着数字化时代的到来，5G、边缘计算等技术为医疗插上了“智慧羽翼”。

近期，浙江联通“5G切片与MEC医疗行业边缘云数据中心项目”成功入选国家新型数据中心典型案例名单（2021年）。该项目作为浙江联通切片应用测试项目，由浙江联通联合合作伙伴在新昌县人民医院搭建5GSA端到端网络环境，并验证SA网络和切片配置功能，同时搭建边缘云计算环境，进行业务软件、应用终端、切片订购的部署，已实现基于“5G+MEC+切片”网络承载的“三维影像重建、MR辅助手术规划和AR远程手术指导”业务。

本项目成功探索了5G+MEC+切片技术在医疗行业的应用，构建的5G端到端网络切片对不同业务类型提供不同的QoS保障，确保公众通信和医院医护人员/医疗设备通信分开，保障了医疗业务大带宽、低时延、实时计算的SLA业务需求。通过采用边缘计算手段，医院的诊断效率和准确性明显提高，医护人员的救治能力也有所增强。

浙江联通相关负责人表示，下一步将加大投入以算力网络与云为代表的产业数字化方面，全力支撑不同维度、不同层次全面多样的数字化需求，为数字经济打造“优质算力引擎”。

5G
1000M
宽带
1000M

北京2022年冬奥会官方合作伙伴

中国联合网络通信有限公司湖南省分公司

一、湖南联通AKTD工程为网络安全提供有力保障

湖南省某AKTD工程项目是基础网络全面改造的项目。该项目依托原有网络建设基础，采用全国产的基础软硬件产品，建成一个以“安全可靠信息系统”为核心、信息安全保护建设为保障、安全管理及运维管理系统为支撑的安全可靠网络。

该项目完成客户单位各类应用平台的改造且为客户单位的信息化发展铺平了道路。湖南联通数科技术人员在交付过程中表现出来的专业、认真的态度曾多次得到客户单位领导的高度赞扬。此项目的顺利开展，为湖南联通在该领域项目建设树立了标杆、提供了重要案例支撑，也为后续其他项目拓展提供了可靠的技术和有力的客情保障。

二、湖南联通智慧文旅为全省文旅工作提质增效

湖南省文旅厅指挥中心项目是湖南联通结合国内成熟的智慧文旅建设步骤，以“一个中心、一个平台、N个应用”为建设架构，为整合全省文旅资源，进行统一管理、统一服务提供决策化能力，以促进全省文旅工作提质增效。一个中心即湖南文旅大数据中心，一个平台即湖南省文化和旅游厅指挥中心平台，N个应用包括多功能视频会议系统、视频监测与应急指挥系统、数据展示与分析系统和数据安全防护系统等。通过接入联通信令数据、全省4A级以上景区和县级以上公共文化场馆的视频监控数据、12301数据、舆情监测数据、文旅系统电子行程单数据等，实现客流数据监测、游客基础画像、游客评价等舆情数据的跟踪处理、实时地掌握全省的文旅行业运行现状和文旅场所的现场情况，当发生应急事件时，平台还可以实现自动预警，结合视频会议系统、监控视频数据、AI智能分析等手段可准确地调度相应资源，实现应急事件的快速处理和闭环。

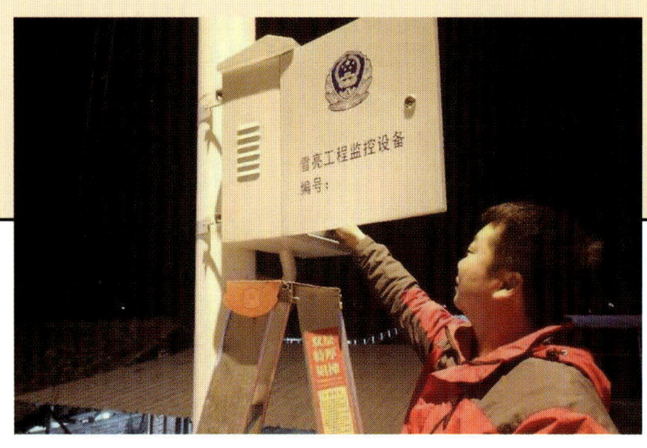

三、湖南联通雪亮工程项目实现治安防控“全覆盖、无死角”

“雪亮工程”是以县、乡、村三级综治中心为指挥平台、以综治信息化为支撑、以网格化管理为基础、以公共安全视频监控联网应用为重点的“群众性治安防控工程”。它通过三级综治中心建设把治安防范措施延伸到群众身边，发动社会力量和广大群众共同监看视频监控，共同参与治安防范，从而真正实现治安防控“全覆盖、无死角”。

如永州市雪亮工程项目，通过对各类视频监控资源的联网汇聚和安全共享促进点位互补、网络互联、平台互通，最大限度实现公共区域视频图像资源的联网共享，运用互联网、大数据等现代科技手段实现视频图像数据与社会综合治理深度融合，构建立体化的社会综合治理联动体系，提升社会综合治理的“预测、预警、预防”能力，从而实现“全域覆盖、全网共享、全时可用、全程可控”目标。可大大提升全市智能化防控、城乡社会治理、智能交通、服务民生、乡村振兴、生态建设与保护等能力水平，促进经济高质量发展，提升人民群众的安全感、获得感和幸福感。

四、湖南联通工业互联网平台助力中小企业数字化转型

望城经开区工业互联网平台是湖南联通为望城经开区搭建的一个通用型的区域级工业互联网示范平台。通过工业互联网平台原生应用、以及整合第三方生态优秀解决方案，助力望城经开区中小企业数字化转型。工业互联网平台布署在华为鲲鹏云底座上，采用“三横一纵”的方式进行系统部署。依托系统的建设与推广，整合地方制造资源，实现跨企业、跨行业、跨区域的产业链协同共享、优化资源配置能力及生产制造能力优化。

望城经开区已全境纳入湖南湘江新区、长株潭“两型社会”综合配套改革试验区、国家自主创新示范区和环洞庭湖生态经济圈四大国家发展范畴，是长沙市具有特色、有发展潜力的园区。该平台将面向望城企业上下游供应链，构建工业互联网的产业生态体系，推进跨领域跨行业协同创新、推动工业化和信息化的深度融合，为园区提供一个行业引领、区域资源优势的企业数字化转型应用推广公共服务平台。

百年征程 世纪辉煌
海南联通党史教育学习有温度更有深度

2021 年是建党 100 周年，也是海南全面深化改革和自由贸易港建设关键之年，更是海南联通开启“十四五”规划、加快推进全面数字化转型、开启二次创业和高质量发展新征程的关键之年。海南联通党委严格按照联通集团关于党史学习教育的工作部署，结合海南联通实际，进行党史学习教育工作谋划部署。通过党史学习教育，从党的百年伟大奋斗历程中汲取智慧和力量，全体党员干部理想信念进一步坚定、为民宗旨进一步树牢，切实把学习教育成果转化为引领海南联通全局工作的治企方略和兴企举措，确保公司各项工作部署落地落实。

全面系统部署，统筹高效推进

自集团公司召开党史学习教育动员部署会议后，海南联通第一时间成立领导机构，全面系统部署，将党史学习教育和庆祝活动的各项工作以及公司部分重点工作相结合，列明党史学习教育55项重点任务安排清单、“我为群众办实事”清单、巡回指导任务清单三张清单，按照工作内容、责任单位和时间要求一体化高要求高质量推进落实。

五指山分公司积极打造5G农旅融合项目

用活学习载体，促进党史学习入脑入心

2021年以来，海南联通贯彻落实集团党组党史学习教育工作，以“阅读一本党史书籍”“观看一场红色影片”“参观一处革命圣地”“分享一段红色故事”活动，精心谋划党史学习教育，确保党史学习教育“有温度、有深度”。据统计，共1561人次参与了党史书籍阅读、1070人次参与了红色观影、742人次参观了革命圣地、共开展86次红色故事分享。

2021年9月，海南联通到遵义开展党史学习现场体验教育，重走长征路，领会遵义会议精神。

依托“沃在琼崖”公众号等线上平台，开展党史天天学。开辟党史学习教育专栏，定时推送党史学习教育内容天天学。除此之外，公司还通过开展自学、集中研讨、专题读书班、现场学习和主题党日活动等多种方式，在学懂、弄通、做实上下功夫。省公司党委组织集中自学7次，专题研讨5次，专题学习16次，举办专题读书班1次，举办专题讲座2次，组织专题培训班29期。

广泛研讨宣讲，学习氛围浓厚

广泛开展群众喜闻乐见的“四史”宣传教育。开展“奋斗百年路 启航新征程”唱红歌比赛和“我身边的党史故事”演讲比赛，开展“我是党史宣讲员”“党课开讲啦”等活动。党委书记带头参加“党课开讲啦”活动，带动省公司党委成员讲专题党课6次，支部书记讲党课96次。

开展“七一”讲话精神学习，基层党组织书记谈体会活动。52个基层党组织书记结合工作就如何深入贯彻落实“七一”讲话精神谈体会。除此之外，作为主题党日活动规定动作，各基层党支部广泛开展普通党员讲红色故事活动。全体党员积极参与“沃在琼崖”、闯关答题、干部网络学院等多种方式开展线上党史学习教育。广泛开展活动宣传，营造党史学习浓厚氛围。截至12月16日，党史宣传文稿400多篇，党史宣传视频14条。

海口联通开展助老公益大讲堂

以“我为群众办实事”满意度检验党史学习教育成效

以“晒清单”和“亮承诺”行动抓手紧密推动“我为群众办实事”，全省52个基层党组织共面向群众承诺事项392件。开展“我为群众办实事，联通小椰在行动”活动，在全省面向客户郑重承诺三项服务：助老服务、5G科普、免费测速服务。作出五项服务承诺：“营业厅一站全结”“10010热线一号通解”“中国联通App一屏速办”“家庭宽带极速服务”“政企专线精品服务”。通过党团员亮身份，不断增强内外部服务意识。截至12月15日，开展“联通小椰适老助残”活动共147场，服务4千多人次；面向VIP客户开展了4场科普活动；上门进行网络检测23408次，测速总体达标率从1月份的95.5%提升到98.9%，300Mbit/s及以上测速达标率从77.6%提升到98.5%，以实际行动切实解决老百姓名智慧家庭网络使用与体验感知。

开展“手拉手，助营服”活动。公众、政企两条专业线设立共计130个综合支撑小组，三级管理干部46人、员工371人共417人参加帮扶活动，每月组织小CEO对帮扶支撑活动效果进行满意度评价，满意率均超过90%以上。开展“一对一”专项帮扶。4位党委成员帮扶8个市县分公司，5位退二线管理人员分别跟5个市县分公司建立“一对一”帮扶，通过帮扶，助力市县分公司生产经营活动的快速部署。落实“五个一”行动方案。16个问题细化成57项具体举措，以“解剖式”研究、“清单式”压责、“项目式”推进落地落实。开展“穿透一个流程”全过程体验，全省99名三级管理干部深入场景参与，共查找堵点111项，提出改进建议95项，所有建议已确定流程整改计划和完成时限。

党的历史是最生动、最有说服力的教科书。历史认知是历史自信的重要基础，我们要持之以恒推进党史总结、学习、教育、宣传，让正确史观更深入、更广泛树立起来，让正确史观成为全体党员和全社会的共识，教育广大党员、干部坚定历史自信、筑牢历史记忆，从百年党史中汲取营养，增加历史自信、增进团结统一、增强斗争精神，实现学史明理、学史增信、学史崇德、学史力行。

“五个一”行动之“一条线穿透”——匠心网络、贴心服务

海南联通发挥新技术优势 助力智慧海南建设

(一)博鳌东屿岛车联网项目

项目于2022年1月份开始启动建设，3月15日完成交付。本项目提供了车路协同的解决方案，是海南省在公众路段实施的第一个商用性车联网应用案例。

利用5G网络切片技术，将沿途物理无线网络划分出一个专用、隔离、按需定制的虚拟网络，确保无人车辆对沿途5G网络信道资源的占用，保证了车辆行驶状态监控和远程驾驶的安全。

(二)琼海市博鳌镇中心学校5G全息课堂项目

本项目基于5G+全息技术，将5G移动大带宽和低时延技术特性用于远程互动教学，通过全息与虚拟技术的叠加，将远端教师输送到课堂现场，打破了传统的教育方式，实现了优质教育资源的共享和下沉，可以有效解决教育资源不均衡的问题。先进的5G+全息技术，现场教学图像逼真、视频流畅，给现场学生带来良好的临场感，同时可实现1对1、1对多教学，满足多地同时教学的需求。

(三)中国人民大学附属中学三亚学校5G全息投影+同步课堂项目

项目包括同步课堂建设、5G全息投影。

同步课堂建设：利用5G+VR进行超清视频全景课堂录播和直播，实现三亚人大附中初中部与三亚林旺中学、三亚藤桥中学、三亚进士中学五所学校，三亚人大附中小学部与三亚林旺小学、三亚丰塘小学的互动教学。

5G+全息教学：在北京市人民大学附中部署讲课课堂一间，安装采集端设备一套，在三亚市人民大学附中部署听课教室一间，成像端设备一套，实现主校区与三亚学校之间的远程全息教学。

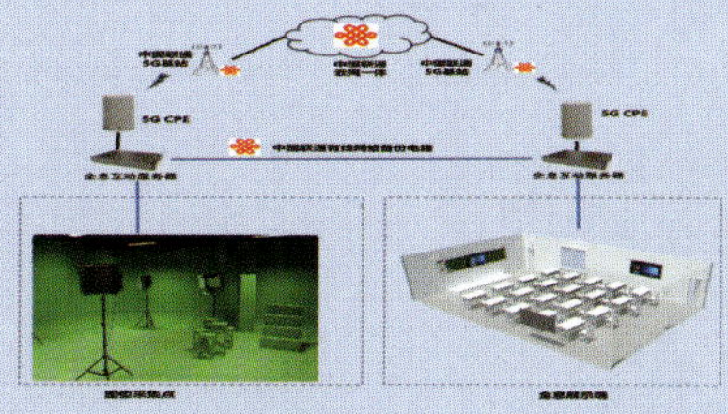

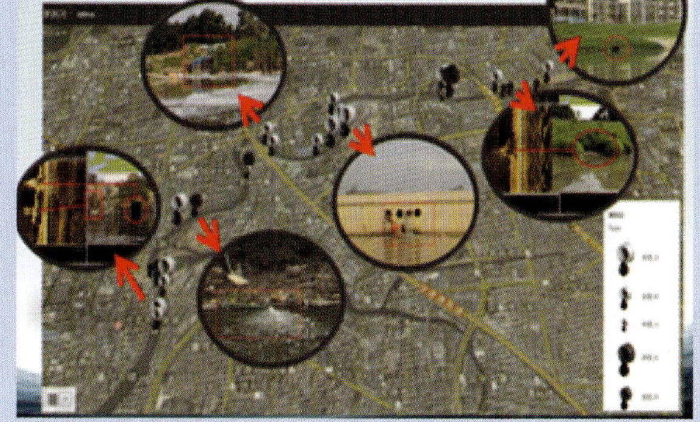

(四)崖州湾科技城宁远河5G+无人船水质监测及暗管排查项目

本项目利用海南联通的无人船和5G网络，在宁远河段定期进行水质抽样测试和水下排污暗管的排查。

水质监测：每月1次对宁远河段24公里河段和省市区监控重点现场综合水质采样监测。

暗管排查：每年2次对宁远河流域两侧水下排污暗管进行声纳探测工作，对两岸实况(含明管)进行拍摄取证。并记录实际工作中无人船航行轨迹。

5G+无人船应用于水质检测，利用5G移动大带宽、低时延特性进行水质采样和监测并自动生成采样报告，可以极大提高工作效率、降低劳动强度，同时可有效避免人为操作的失误和弄虚作假，从而保证数据的真实性。5G+无人船应用于暗管排查，可以快速及时发现排污源，极大降低人工操作的危险，从源头控制河湖的污染，提高生态环境的质量。

(五)临高角解放公园5G+智慧旅游项目

本项目包括信息发布系统、导游导览系统、VR720°全景体验、活动直播和景区分时预约系统建设。

信息发布系统：用于景区概况等各类信息发布。

导游导览系统：通过微信与H5页面结合的方式为游客提供导游导览服务，为游客提供景区导视功能，轻松实现自助导游导览。

VR720°全景体验系统：基于虚拟旅游展示实现，将各个景区的三维全景信息导入微信营销系统，用户通过回复关键字或触发底部菜单进行查看。

景区分时预约系统：建设景区预约系统，实现分时段游览预约功能。

5G+游记助手：通过5G高清摄像头自动识别记录游客观展路线，结合抓拍和游客上传的自拍照片，可自动生成游记文案，发送游客进行网上社交分享。

5G+AI社交分享

智联万物，共赢未来，携手共创数智美好世界

——中移物联网致力于成为值得信赖的物联网科技企业

中移物联网总部大楼

一、公司基本情况

中移物联网有限公司（简称中移物联网）是中国移动通信集团有限公司出资成立的全资子公司。公司于2012年在重庆成立，注册资金33亿元。公司按照中国移动整体战略布局，坚持“物联网核心能力的锻造者、物联网专业市场的引领者、全网物联网业务的支撑者、科技型企业改革的示范者”的战略定位，围绕5G时代的物联网产品体系（简称“4331”）进行业务布局，即“四大入口做卡位（芯片、模组、操作系统、物联网硬件）、三大平台做头部（OneLink连接管理平台、OneNET产业使能平台、OneCyber5G专网平台）、三大应用做深耕（视频物联网、智能物联网、产业物联网）、一个商城做闭环（IoT应用商城）”，形成了物联网全产业链覆盖。

二、公司业务能力

中移物联网积极响应国家战略部署，在物联网芯片、模组、操作系统等领域加大研发投入，助力核心技术国有化。自主研发RISC-V内核芯片多项技术指标已达到国际领先水平；OneMO模组市场份额进入全球前七；自研操作系统OneOS综合性能达到国内领先水平；打造了融合网关、云视讯、和对讲、千里眼等数款亿级产品。公司打造的OneLink物联网连接管理平台已服务超过10亿物联网连接用户；OneNET平台面向产业使能，瞄准城市物联网感知基台，集成了全域感知、数据治理、数字孪生等能力，打造了雄安新区、招商局集团物联网平台等标杆项目；OneCyber5G专网运营平台，打造5G+数智底座，强化5G产业布局，已打造工厂版、冶金版、矿山版行业平台，赋能产业转型。

千里眼实景检测系统

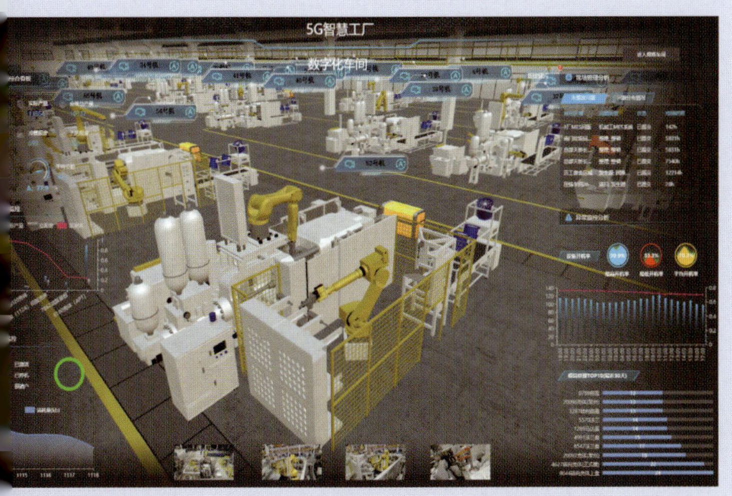

5G智慧工厂

作为国企改革“科改示范行动”企业，公司聚焦于物联网与5G、视频、AI、区块链等技术的深度融合，正在进行三方面布局：一是视频物联网方面(VIOT)，打造全国"视频一张网"。基于视频监控、视频对讲、视频会议、视频直播等基础能力，融合5G、AI、4K/8K等前沿技术，以高清化、智能化、融合化、行业化为发展方向，支持多元化行业应用场景，在政府监管、指挥调度、移动执法、远程教育、智慧医疗、乡村振兴等领域已实现规模化应用。二是智能物联网方面(AIoT)，打造城市物联网新型基础设施，实现从物联到数联到智联。以OneNET城市物联网平台为底座，融入智慧园区、智慧社区、智慧乡村等六大场景，聚焦智能抄表、市政设施等九大中低速行业。以感知为基础，助力城市平台连通、数据贯通、生态融通，打破城市“信息孤岛”，构建数字孪生城市。三是产业物联网方面(IIoT)，以OneCyber专网运营平台为基础，整合5G专网、边缘计算、网络数字孪生等能力，打造5G+数智底座，发挥运营商“连接+算力+能力”的体系化优势，与产业链伙伴共同打造行业解决方案，助力传统制造业数智化转型。

此外，公司还围绕客户需求，聚合生态资源，打造了集IoT产品、服务、体验为一体，面向各类客户的物联网业务一站式展销服务平台IoT应用商城，建立前店后厂生态闭环。目前IoT应用商城已实现全国23省线上销售，助力行业生态实现自循环。

近年来，公司积极响，助力区域经济建设。公司与重庆市合作共同建设“五个一流”工程（全国一流的物联网展示中心、一流的物联网战训中心、一流的物联网开放实验室、一流的物联网研发中心和一流的物联网产业园），打造集展示、战训、测试、研发、产业园为一体的全国物联网产业基地。

公司坚持拓展连接边界，锻造核心能力，赋能垂直行业，奋力开启高质量创新发展新征程。立足当下，面向未来，我们期待与您携手共创数智美好世界。

中国移动通信集团设计院有限公司

中国移动通信集团设计院有限公司（简称“设计院”），是中国移动通信集团有限公司的直属设计企业，中国移动研发机构之一的“网络规划与设计优化研发中心”。设计院是国家甲级咨询勘察设计单位，具有承担各种规模信息通信工程、通信信息网络集成、通信局房建筑及民用建筑工程的规划、可行性研究、评估、勘察、设计、咨询、项目总承包和工程监理任务的资质；持有电子通信广电行业（通信工程）甲级、电子系统工程专业甲级和建筑行业（建筑工程）甲级资质；具有信息系统集成及服务一级资质；具有承担委托投资咨询评估资格；业已通过ISO9001国际质量体系认证；持有《对外承包工程经营资格证书》，可承接对外承包工程业务。

设计院技术力量雄厚，设计手段先进，服务质量优良。公司聚焦网络领域规划、设计、优化“三大”基础业务能力，先后完成了一大批全国性的通信骨干网工程和新技术首例工程的设计任务，为中国通信网络的建设发展提供了强有力的技术支持和保障。公司在信息能源、数据中心、网管、DICT（垂直行业）、软件工作量评估、采购咨询（招标代理）等新业务领域持续发力，研究成果有力支撑国家“十四五”大数据中心规划布局，数字能源机柜不断助力数据中心降本增效，各项新业务均取得显著成效。同时面向AaaS咨询服务、专网、软硬件集成等战略业务开展研发创新，为中国通信行业“数智化”转型提供了强有力的技术支持和保障。

中移咨询产品体系

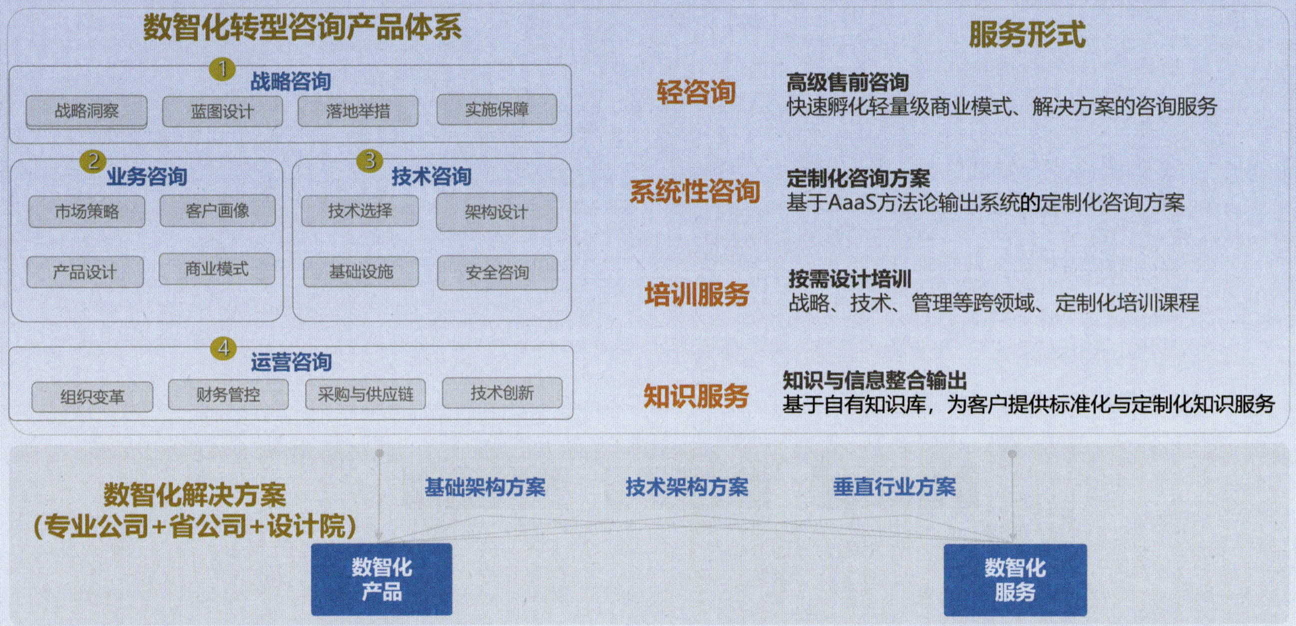

中移咨询数智化转型咨询赋能平台

5G基站一体化节能柜

产品介绍：一体化节能柜系统由机柜单元和制冷单元构成，并预留BBU、PTN、多输入多输出（MIMO）电源、磷酸铁锂电池等设备安装空间，是业界具备多类型设备收容能力及高效制冷功能的新型综合机柜。根据使用场景，系统分为室内机柜、室外机柜。

产品功能：基于"高密收容、极致节能"理念，提出一体化节能柜产品。

极强收容：支持多种类型ICT设备共柜安装，提升机房空间利用率。

极准制冷：集成高效制冷单元，有效解决高功耗设备过热问题。

极致节能：充分利用自然冷源，显著降低制冷能耗。

与传统方案相比，一体化节能柜解决方案将运行能效提升50%，占用空间减少60%，运维工作量降低40%。

工业化数据中心整体解决方案

产品介绍：

工业化数据中心通过产品预制化、交付总成化、运维智能化三项创新技术措施，将传统数据中心建设模式转换为工业化大生产模式，更好地控制数据中心建设成本和质量，建设周期较传统模式缩短约50%，PUE值最低可达1.2以下，优于国家PUE控制在1.3以下的要求，节能效果明显。按单机柜5kW考虑，每万架年均节省电费约2000万元，减少碳排放1600 t。

目前已在辽宁、内蒙古、湖北和北京等地部署实施，其中，辽宁铁岭大数据中心利用电厂的老旧厂房，实现"变废为宝"，六个月打造一个数据中心，创造业界建造速度和节能标杆。

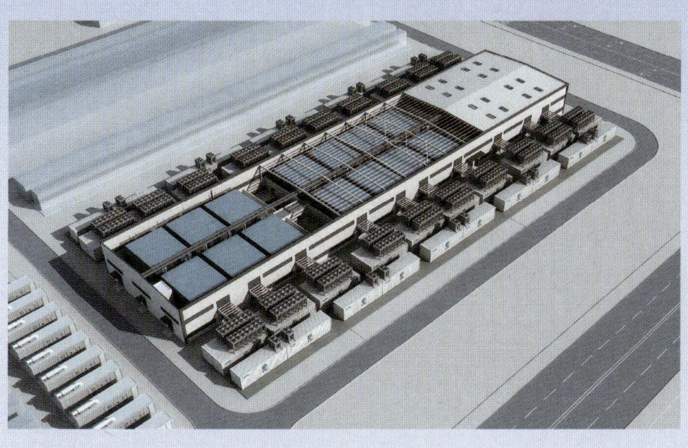

产品功能：

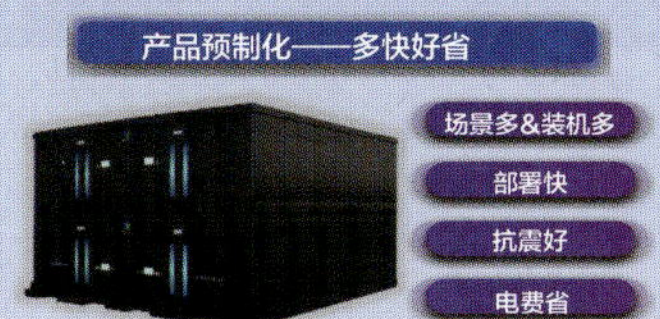

工业化数据中心机房单元采用中国移动自主研发的双层双联微模方产品，该产品为国内外首创，拥有10项专利并多次获奖，具有多、快、好、省四大特点。

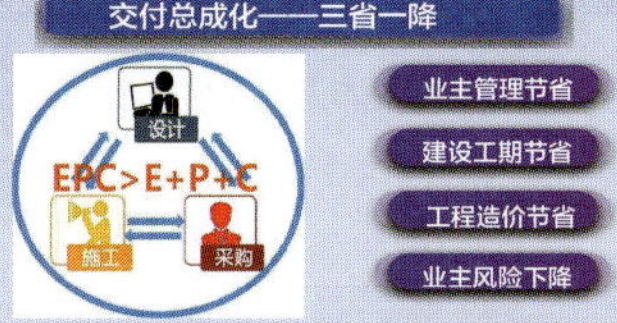

工业化数据中心依托微模方产品，采用工程总承包组织模式，打造"工程服务＋产品"端到端的构建能力，实现设计、采购、施工一体化交付，工期缩短30%以上。

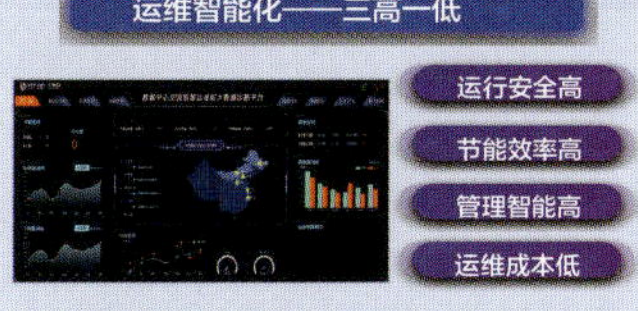

工业化数据中心运用数据中心智慧运维AIR平台，具有节能诊断、健康诊断、预警诊断、故障诊断四大功能，可使空调节能效率提升20%以上。

软件工作量评估服务（FPA）

产品介绍

◆是基于"服务+平台"的产品

◆依据国际标准（ISO/IEC）功能点分析方法，国家标准（GB/T36964—2018）软件开发成本度量规范，结合中国软件行业基准数据库和中国移动软件度量基准数据库

◆使用FPA软件度量智能平台

◆提供定制化软件的成本评估服务

◆助力软件项目管理能力提升、降本增效、避免开支风险。

产品优势

技术领先：开展软件评估应用化研究单位，产品迭代属于行业领先；

核心资源：已连续六年入围中国移动核心能力清单目录，拥有中国移动基准数据库；

权威发布：严格遵循国标，保障客观、详尽、全面的第三方评估报告；

专业团队：设立设计院软件评估中心，整合我院高端和专业资源，服务全国；

信誉度高：央企背景，以追求公有利益和客户利益最大化为己任，保密安全性好。

产品功能

第三方软件工作量评估服务

投资估算：合理估算、降低估算偏差

变更管理：过程管控、变更心中有数

商务谈判：降低成本、谈判有据可依

归档审计：避免风险、审计合理合规

FPA软件度量智能评估平台

权威：依据ISO、GB/T、SJ/T标准

便捷：响应及时，助力管理效能提高

保障：智能化提升评估效率，保障评估结果的客观性、公正性

软件度量体系建设咨询服务

体系建设：建设匹配企业管理的软件评估体系

基准数据库建设：建设企业自身的基准数据库

软件度量应用技术培训服务

方法培训：

提高员工软件评估业务水平

实施培训：

提高员工项目管理实施水平

产品效用 助力企业在软件项目管理上降本增效，合理开支

助力企业项目管控，合理合规应对审计风险

中时讯通信建设有限公司

China Eracom Contracting and Engineering Co.,Ltd

关于中时讯

中时讯通信建设有限公司是中国通信服务股份有限公司（00552HK）旗下具有独立法人资格的全资成员企业。中时讯（前身“广州市内电话局工程队”）创立于1956年，是中国领先的ICT（信息与通信）基础网络建设及综合智慧服务商，我们致力于把数字信息智慧化服务带给每个组织和企业，构建万物互联的智能世界。

中时讯现有员工约3000人，业务遍及中国全境及海外8个国家区域，服务客户超千。公司业务涵盖通信网络建设、信息系统集成、装维、ICT服务、运营支撑等各个领域，公司立足信息化行业，推行跨界经营，为电力、广电、交通、水利、机电、信息安全、智慧建筑、智慧产业园、智慧教育、智慧云、智慧安防、智慧城市、智慧政务等提供全方位一站式解决方案。

中时讯公司是政府、企事业可信赖的合作伙伴。

Potevio 中国普天

中国普天信息产业集团有限公司

中国普天信息产业集团有限公司(以下简称“中国普天”)是中央企业,其前身源于中国邮电工业总公司,1999年9月更名为中国普天信息产业集团公司,2017年12月更名为中国普天信息产业集团有限公司。

中国普天通过不懈努力,逐步建立了新中国完整的邮电通信工业制造体系,在不同历史阶段为国家信息通信产业的发展壮大做出了贡献,不断推进从传统通信设备制造商向智慧化整体解决方案提供商转型,业务覆盖信息通信与网络安全、智能装备与终端、智慧应用、创新创业园区服务、新能源汽车充电服务等领域。

作为国家创新型高新技术骨干企业,中国普天拥有上市公司5家,员工约2万人。集团在京津冀经济圈、长江三角洲、珠江三角洲、中西部地区和国外均建立了研发和产业基地,产品和服务遍及全球100多个国家和地区。

面向未来,中国普天将坚持“以市场为导向、以客户为中心”,提升集团核心竞争力,致力于发展信息通信产业,创新在政府和电信、金融、能源、交通、物流等行业的智慧应用服务,持续为各行各业提供具有自主知识产权的产品和解决方案,完善信息通信领域的业务布局,优化数字化渠道平台,培育产业技术和服务能力的全球竞争力,持续推动集团产业做强做优做大。

信息通信与网络安全

中国普天作为信息通信产业重点企业,提供从系统设备、终端配套到工程服务的系列公网和专网通信产品。

通信配套光纤产品生产线

普天TETRA(PDT)集群系列产品

普天智慧物流服务于现代物流中心

智能装备和终端

中国普天融合新一代信息通信技术与现代制造业、生产性服务业，服务于现代物流、轨道交通、政务金融等智慧社会建设。

智能家居面板产品

智慧应用

中国普天积极推动“互联网+”与传统行业交互融合，实现“互联网+政务”“互联网+行业”“互联网+民生”等广泛应用。

互联网政务和商超结合的“服务公社”

园区平台

中国普天积极开展全国双创示范基地的建设，盘活存量资产，获取政策性资源，为产业链上下游提供市场、技术潜在合作伙伴，为企业发展提供资源保障。

普天在杭科技产业园区

《2021—2022 中国信息通信业发展分析报告》
征订单（复印有效）

<table>
<tr><td>书　　名</td><td colspan="5">《2021—2022 中国信息通信业发展分析报告》</td></tr>
<tr><td>书　　号</td><td colspan="5">ISBN 978-7-115-59228-6</td></tr>
<tr><td>开　　本</td><td colspan="2">大 16 开</td><td colspan="2">定价</td><td>400 元/册</td></tr>
<tr><td>订阅单位</td><td colspan="5"></td></tr>
<tr><td>邮寄地址</td><td colspan="5">（邮编：　　　　　　　　）</td></tr>
<tr><td>联系电话</td><td colspan="2"></td><td colspan="2">联 系 人</td><td></td></tr>
<tr><td>订阅册数</td><td colspan="2"></td><td colspan="2">金　　额</td><td></td></tr>
<tr><td>邮箱</td><td colspan="2"></td><td colspan="2">传　　真</td><td></td></tr>
<tr><td rowspan="3">银行汇款</td><td>户名</td><td>北京信通传媒有限责任公司</td><td rowspan="3">专票信息</td><td>税号</td><td></td></tr>
<tr><td>开户行</td><td>中国工商银行北京体育馆路支行</td><td>公司地址及电话</td><td></td></tr>
<tr><td>账号</td><td>0200008109200044661</td><td>开户行及账号</td><td></td></tr>
<tr><td>是否需要发票</td><td></td><td>发票抬头</td><td colspan="3"></td></tr>
</table>

信息与网络安全篇

工业互联网智能设备网络安全风险分析及应对策略

近年来，有关工业互联网智能设备的安全事件时有发生，网络安全形势不容乐观，亟须引起高度重视。本文简要分析了工业互联网智能设备网络安全风险，从顶层设计、标准研制、技术保障、产业推进等方面介绍了我国工业互联网智能设备的相关推进情况，从技术层面阐述了工业互联网智能设备防护策略，结合我国发展实际情况提出了建设工业互联网智能设备网络安全保障体系的针对性建议。

一、工业互联网智能设备网络安全保护工作任重道远

（一）工业互联网智能设备网络安全形势不容乐观

随着工业互联网智能设备在各行各业的普及与应用，暴露出一系列安全问题，相关网络安全事件时有发生，工业互联网智能设备网络安全形势不容乐观。2020年比较典型的案例有：2020年4月，西门子多款工业设备受Linux内核漏洞SegmentSmack的影响；2020年4月，新型物联网（Internet of Things，IoT）“僵尸”网络Mozi感染了1.5万台IoT设备；2020年6月，美国国土安全部和国际信息系统审计师（Certified Information Systems Auditor，CISA）ICS-CERT警告称超10亿台互联网连接设备中存在Ripple20漏洞；2020年7月，美国Treck公司的网络协议软件库存漏洞波及全球数亿台物联网设备；2020年7月，低功耗蓝牙协议出现重连接漏洞，超10亿台物联网设备受到影响；2020年7月，固件安全公司Eclypsium透露“BootHole”漏洞可致超10亿台设备安装隐形恶意软件；2020年7月底，日本电气公司NEC多款设备被曝存在大量的安全漏洞；2020年8月，HDL自动化系统中的漏洞使IoT设备易被远程“劫持”；2020年12月，GE Healthcare的100多种医疗设备受到安全漏洞影响。2021年比较典型的案例有：2021年1月，亚马逊家庭安全公司摄像头——Ring被曝泄露用户详细数据；2021年1月，ADT Blue家庭安全摄像头中新发现的安全漏洞可被用来截获音频和视频流；2021年3月，网络攻击者攻破多国Verkada品牌视频监控摄像头；2021年3月，安全公司Avas发现俄罗斯6000多个摄像头可公开访问，部分涉及工业企业和关键基础设施；2021年3月，施耐德智能电表被曝存在会导致电表离线的严重安全漏洞。

（二）工业互联网智能设备网络安全风险简要分析

工业互联网智能设备集成通用嵌入式操作系统及应用软件，实现感知、决策、控制等功能，设备智能化使生产工业互联网智能设备和产品直接暴露在网络攻击之下。设备由机械化向高度智能化转变，产生了嵌入式操作系统+微处理器+应用软件的新模式，将带来以下安全风险：攻击直达设备，由控制系统向工业互联网智能设备蔓延，攻击范围逐渐扩大，扩散速度逐步增加，漏洞影响扩大，由特定型号设备向海量通用设备转变。新的安全需求包括设备自身安全机制、海量设备身份信任管理、木马病毒综合防护、定期整体漏洞修复等。未来，海量的智能设备将直接暴露在网络攻击之下，工业互联网智能设备的安全防护成为关键技术，内嵌安全和漏洞管理将成为研究热点。

二、国外工业互联网智能设备网络安全推进情况

（一）安全监管和安全审查

网络安全审查涉及相关工业设备产品安全性和安全能力审查，设备产品开发、设计、应用等全周期及各环节的安全机制。美国将网络安全审查上升为国家战略和国际竞争手段，其网络安全审查覆盖了政府采购、关键信息基础设施保护、外国投资、供应链，建立了比较完备的审查机构、程序、标准规范。其中，供应链审查制度是美国网络安全审查的重点方向，具有一定的代表性；针对相关技术、设备产品等供应链的安全审查内容和范围逐渐完备，美国发布了一系列强制性安全审查规范并要求企业签署网络安全协议。2000 年，美国要求入侵检测、防火墙、操作系统、数据库管理等方面的产品，必须经过国家信息保障联盟通用准则评估与认证体系框架下的风险评估和认证。2015 年，美国财政部、商务部要求美国国家标准与技术研究院（National Institute of Standards and Technology，NIST）依据相关技术标准开展供应链安全风险审查。2020 年，美国颁布《物联网网络安全改进法案》，禁止联邦机构购买任何不符合最低安全标准的物联网设备，要求 NIST 发布联邦政府使用物联网设备的标准和指南。英国要求相关设备产品通过政府通信总部制定的通信电子安全小组安全认证后才能销售。俄罗斯工业和贸易部重点针对外资进入的战略性产业交易进行安全审查。

（二）安全检测认证

目前，国际网络信息安全认证测评体系趋于稳定，国际通用认证准则逐步建立，信息技术安全评估公共标准（Common Criteria for Information Technology Security Evaluation，CCITSE，简称“CC”）和欧洲创建的信息技术安全评估准则（Information Technology Security Evaluation Criteria，ITSEC）并存。各国的网络安全检测认证大多是由相关机构或协会负责，委托实验室、企业、专业机构具体实施。测评体系通常由 1 个测评认证协调组织、1 个测评认证实体、多个技术检测机构组成。例如，美国由 NIST 管理，授权相关实验室、公司等测评机构，目前只颁发通用准则证书；英国由通信电子安全局管理；德国由信息安全局管理，将检测认证授权商业性评估机构，颁布 ITSEC、CC 两种证书。

世界各国重点围绕设备产品的安全合规、功能、安全保证、可控等方面开展测评认证标准建设，划分功能级别、保证级别满足不同部门、行业、用户的需求。其中，功能、安全保证评估是测评认证的核心内容。国际标准化组织都在建立基于测评的“保护轮廓”，强调功能评估、安全性评估并分别开展定级。国际标准化组织推出的国际通用准则是目前最全面的评价准则，与 ITSEC 一起成为通用测评方法。另外，美国、德国等注重推行国防、政府、商用共享的测评体系，通过划分级别和轮廓，满足不同对象的安全要求。在工业互联网设备安全测评认证方面，国际性机构和一些国家分别建立了各有侧重的认证体系。

1. ISA Secure 认证体系

ISA Secure 认证体系是国际自动化协会安全合规学会推动建立的一套国际认可体系，旨在提供通用的工业设备认证、处理工业设备安全方面的需求、简化业主设备采购流程和设备供应商设备保险流程；ISA Secure 认证体系对工业自动化、控制类产品及系统进行独立认证，保障网络攻击防护能力并消除已知漏洞。

2. NIST 认证体系

NIST 认证体系是指由 NIST 牵头、相关行业主管机构和行业协会参与建立的标准认证体系，涵盖国家标准、行业规范、检测认证；在实施方面，推动形成覆盖电力、天然气、石油、核能等行业的安全标准认证体系，成为美国乃至国际安全界广泛认可的事实标准和权威指南。

3. 莱茵认证体系

莱茵认证体系是由德国技术监督协会（经德国

政府授权和委托）开展的工业设备、技术产品安全认证及质量保证评估审核；可提供嵌入式系统及设备、智能电子设备的认证服务，工业信息技术安全检查、渗透测试、风险分析、安全手册、安全培训等服务，覆盖航空航天、汽车交通、化工、能源、制造业与工业机械、电力等领域。

三、我国高度重视工业互联网智能设备网络安全工作

（一）在顶层设计方面

2017年，《国务院关于深化“互联网＋先进制造业”发展工业互联网的指导意见》提出，建立涵盖设备安全、控制安全、网络安全、平台安全和数据安全的工业互联网多层次安全保障体系，构建工业互联网设备、网络和平台的安全评估认证体系。2018年，工业和信息化部印发《工业互联网发展行动计划（2018—2020年）》，要求建立健全安全管理制度机制，全面落实企业内网络安全主体责任，制定设备、平台、数据等至少10项相关安全标准。2019年，十部门联合印发《加强工业互联网安全工作的指导意见》，该文件提出，加强工业生产、主机、智能终端等设备安全接入和防护，强化控制网络协议、装置装备、工业软件等安全保障，推动设备制造商、自动化集成商与安全企业加强合作，提升设备和控制系统的本质安全。2021年，工业和信息化部印发《工业互联网创新发展行动计划（2021—2023年）》，鼓励重点网络安全企业和工业企业联合攻关，打造具备内嵌安全功能的设备产品。

（二）在标准研制方面

近年来，我国制定了《信息安全技术　网络安全等级保护基本要求 第4部分：物联网安全扩展要求》《信息安全技术　物联网安全参考模型及通用要求》等一系列国家标准、行业标准，对智能设备提出了基础要求和参考规范。另外，全国通信标准化技术委员会及中国通信标准化协会工业互联网特设组（ST8）开展了有关工业互联网标准研制工作。其中，工业互联网智能设备安全相关的《工业互联网平台安全防护总体要求》和《工业互联网设备安全防护要求》正在加紧研制中。

（三）在技术保障方面

我国应构建国家、省、企业三级协同联动的工业互联网安全态势感知与风险监测平台，实时监测联网设备安全状态，提升智能设备安全防护水平。

（四）在产业推进方面

科学技术部、工业和信息化部纷纷设立工业互联网和智能制造相关专项资金，加大智能设备、网络安全等相关技术研究与产业引导。加速培育工业互联网安全人才，指导举办“护网杯”工业互联网安全大赛、工业信息安全技能大赛等一系列竞赛，提升工业互联网安全防护水平、培养工业互联网安全专业人才。

四、工业互联网智能设备网络安全技术防护策略

工业互联网智能设备网络安全技术防护策略具体应从操作系统/应用软件安全与硬件安全两个方面出发，部署安全防护措施。

（一）操作系统/应用软件安全

1. 固件安全增强方面

工业互联网智能设备供应商需要采取措施对设备固件进行安全增强，阻止恶意代码传播与运行。工业互联网智能设备供应商可从操作系统内核、协议栈等方面进行安全增强，并力争实现对于设备固件的自主可控。

2. 漏洞修复加固方面

工业互联网智能设备操作系统与应用软件中出现的漏洞对于设备来说是最直接也是最致命的威胁。设备供应商应对生产现场中常见的设备与装置进行漏洞扫描与挖掘，发现操作系统与应用软件中存在的安全漏洞，并及时对其进行修复。

3. 补丁升级管理方面

相关企业应密切关注重大现场工业互联网智能设备的安全漏洞及补丁发布，及时采取补丁升级措施，并在补丁安装前对补丁进行严格的安全评估和测试验证。

（二）硬件安全

1. 硬件安全增强方面

对于接入网络的工业互联网智能设备，应支持基于硬件特征的唯一标识符，为包括联网平台在内的上层应用提供基于硬件标识的身份鉴别与访问控制能力，确保只有合法的设备才能接入网络并根据既定的访问控制规则向其他设备或上层应用发送或读取数据。另外，工业互联网智能设备应支持将硬件级部件（安全芯片或安全固件）作为系统信任根，为现场设备的安全启动及数据传输机密性和完整性保护提供支持。

2. 运维管控方面

工业互联网智能设备生产企业应在现场网络重要控制系统的工程师站、操作员站和历史站部署运维管控系统，实现对外部存储器（例如 U 盘）、键盘和鼠标等使用 USB 接口的硬件设备的识别，对外部存储器的使用进行严格控制。同时，企业应注意部署的运维管控系统不能影响生产控制区各系统的正常运行。

五、工业互联网智能设备网络安全相关对策建议

（一）加强工业互联网智能设备安全风险管理，建立漏洞合作共享机制

一方面，我国应加强对装备、电子信息、交通等工业互联网重点行业智能设备和相关服务的安全审查，并鼓励重点行业企业与第三方安全服务商进行合作，定期开展安全风险评估，做好事前防范工作。另一方面，我国应建立工业互联网智能设备安全漏洞合作共享机制，漏洞是发生智能设备安全事件的首要风险，相关企业应与工控设备厂商加强合作，及时获取设备相关信息，一旦发现安全漏洞应第一时间在行业内分享该信息，降低可能带来的安全损失。

（二）提速工业互联网智能设备标准指南研制，建立重点行业设备供应商目录

目前，我国针对物联网设备、移动智能终端设备相继出台了一系列标准规范指南。然而，针对工业互联网智能设备安全尚无明确的标准指南，已有的安全规范无法完全满足工业互联网智能设备的特性需求，亟须构建工业互联网智能设备安全标准体系框架，在标准体系框架下建立健全有关设备评估检测、设备防护相关标准指南，为相关企业开展工业互联网智能设备安全防护工作提供相关参考。另外，针对工业互联网重点行业企业开展摸底调研工作，建立重点行业设备供应商目录。

（三）提升内生安全防护水平，加速国产化进程，力争实现自主可控

一方面，企业应研制内生安全工业互联网智能设备，对于海量异构、多种类的工业互联网智能设备，传统补偿式的安全防护技术手段无法完全解决安全问题，需要从硬件安全（芯片安全）、系统安全、接入安全、传输安全、用户数据安全等层次提升工业互联网智能设备的内生安全防护能力，应用推广内生安全的工业互联网智能设备。另一方面，我国应着力提升国产工业互联网智能设备性能和质量，持续加大技术创新研发的支持力度，加强个人用户和企业用户对工业互联网智能设备的信任程度，力争实现自主可控。

（四）强化工业互联网智能设备安全监测感知，提升安全防护能力

国家应加强对工业互联网智能设备安全漏洞的管控，不断完善国家、省、企业三级协同联动的工业互联网安全态势感知与风险监测平台，持续对公网在线物联网设备做好实时监测工作，对工业互联网智能设备相关的漏洞进行收集、分析、研判、通报，进一步提高我国应对工业互联网智能设备网络安全

威胁的能力和风险管理水平。

（五）构建工业互联网智能设备安全评估认证体系，定期开展检测评估工作

国家应加紧研究制定工业互联网智能设备安全评估认证体系，形成相应的标准指南，一方面，我国应定期组织第三方评测机构针对工业互联网重点行业企业工业互联网智能设备开展安全检测评估工作，及时发现存在的安全问题，形成整改方案并督促其按期整改；另一方面，企业应定期开展自评估工作，防患于未然，提升企业自身工业互联网安全防护水平。

六、结束语

工业互联网智能设备安全防护形势日趋严峻，国内外针对工业互联网智能设备安全防护事件不断涌现，从政策、标准、技术、产业等层面采取措施加以防范，并取得了一定的成效，我国应提高警惕和完善相关防护措施，充分借鉴国外典型国家的有益举措，强化工业互联网智能设备安全防护，全面提升智能设备安全防护水平，为工业互联网持续健康有序发展保驾护航。

（中国信息通信研究院　刘晓曼）

国外工业互联网安全态势简析

近期，全球范围内针对工业互联网重要领域的安全事件频繁发生，影响范围广泛，造成的经济损失严重，引起美国、日本等国家的高度关注并采取了一系列行之有效的举措，力图从国家、产业、行业、企业各个层面做好全面安全防护部署，有效防范、积极应对工业互联网安全事件、提升综合安全防护水平，为制造业数字化转型保驾护航。

一、工业互联网安全事件接连发生，为全球国家敲响安全警钟

当前，工业互联网加速向各行业渗透应用，在带来前所未有的数字红利的同时，也成为网络攻击者、勒索组织等的重点攻击目标，全球范围内的安全形势更加严峻，主要呈现以下3个特点。

（一）勒索软件渗透重点领域

工业重点领域被勒索组织锁定，索取高额赎金，造成产线停摆、影响企业生产运营，甚至影响国民正常生活和经济运转。2021年4月14日，勒索组织利用一种名为“Cring”的勒索病毒“变种”，成功加密了某欧洲制造商的工业流程控制服务器，最终导致两家生产工厂被迫关停。2021年5月4～5日，欧洲能源技术供应商（挪威公司Volue）遭勒索攻击，200个城市水处理设施提供的基础设施应用被迫全部关闭，影响范围覆盖全国约85%的居民。2021年5月8日，美国最大的输油管道控制系统遭受勒索软件攻击，关闭了约8851千米长的输油管道，该条管道承载着美国东海岸45%的燃料供应。2021年5月26日，美国最大的音频设备制造商BOSE遭勒索软件攻击，造成部分重要数据泄露。2021年8月11日，意大利能源集团ERG遭受勒索软件攻击，致使其ICT基础设施出现中断。2021年8月26日，泰国第三大航空公司曼谷航空遭受勒索软件攻击，被窃取200多吉比的数据。2021年10月25日，德国汽车零配件龙头企业遭勒索攻击，生产系统瘫痪。2021年12月9日，澳大利亚电力供应商CS Energy遭勒索软件攻击，破坏了其公司网络设备。2021年12月12日，北美大型天燃气供应商Superior遭遇勒索软件攻击，暂时将系统和应用程序下线，避免出现更大的损失。2022年1月29日，德国主要燃料储存供应商Oiltanking GmbH Group遭受网络攻击，造成燃油供应中断。

（二）网络攻击者盗取数据

网络攻击者瞄准工业重要行业信息系统发起强势攻击，致使大量敏感数据遭到恶意泄露，对客户和企业均造成严重影响。2021年5月22日，印度航空公司约450万名客户的数据遭网络攻击者窃取，窃取的数据包括客户姓名、信用卡账号和护照信息。2021年5月28日，日本富士通Project Web信息共享工具遭网络攻击者入侵，致使日本大量敏感数据泄露。2021年6月11日，大众汽车旗下汽车品牌奥迪遭到攻击，泄露了来自美国和加拿大的客户信息。2021年7月14日，韩国军工头部企业接连遭受网络攻击者攻击，泄露大量机密文件。2021年7月20日，石油头部企业沙特阿美发生数据泄露，涉及多个炼油厂内部系统项目文件、客户名单与合同等。2021年12月8日，丹麦风力涡轮机头部企业维斯塔斯风力系统公司遭网络攻击并导致数据泄露，所泄露的文件数量达7700多个。

（三）网络攻击者攻击生产部门

核工业、能源、电力等领域备受网络攻击者青睐，一旦发生安全事件，就会出现波及范围广、影响程度深的问题，需大量时间修补恢复。2021 年 5 月 31 日，全球最大肉类供应商 JBS 遭非法攻击，受影响的系统包括美国分部和澳大利亚分部，部分工厂暂停作业。2021 年 7 月 9 日，伊朗国家铁路系统遭网络攻击，造成网站服务中断，导致火车站爆发前所未有的混乱局面。2021 年 11 月 7 日，美国科罗拉多州的电力公司 DMEA 遭受网络攻击，未经授权的第三方访问了内部网络系统，导致 DMEA 失去了 90% 的内部网络功能。2021 年 11 月 12 日，澳大利亚供水设施被植入非法软件长达 9 个月，多个供水商信息系统存在控制缺陷，网络攻击构成重大安全风险。2022 年 1 月 29 日，欧洲港口石油设施被非法攻击，致使油轮无法靠港，油价飙升至近 7 年新高。

二、以安全事件为导向，全球掀起工业互联网安全保障体系建设新浪潮

当前，国外主要国家十分关注工业互联网安全发展新形势、新局面，从能源、电力、工控、国防工业等重点领域发力，从国家、产业、行业、企业多层面多措并举，查漏补缺，掀起工业互联网安全保障体系建设新浪潮。

（一）持续完善工控系统、电力、能源等行业网络安全立法，密集发布针对性法规文件强化法律保障

2021 年 3 月 16 日，美国立法团队提出《2021 年美国国土安全部工业控制系统增强法案》，该法案将巩固美国网络安全与基础设施安全局在保护关键基础设施（尤其是工业控制系统）免受网络威胁上的主导作用。2021 年 4 月 29 日，美国参议院提出《通过透明和持久再投资保护关键电路板和电子产品法案》，捍卫国防部的印刷电路板供应链安全。2021 年 5 月 25 日，美国众议院国土安全委员会通过《管道安全法案》，明确了运输安全管理局、网络安全和基础设施安全局的职责，提出了“加强管道安全监督”等一系列保护管道基础设施的要求，保护管道基础设施免受网络攻击、恐怖袭击和其他威胁。2021 年 7 月 6 日，日本政府通过一项新法律来提升网络安全意识，并以此为根本来修订各个部门的法律，主要涉及电力、铁路、电信等重点行业。2021 年 7 月，美国众议院密集通过多项网络安全法案，重点关注关键基础设施和工业控制系统网络安全，《网络安全漏洞修补法案》授权美国国土安全部为识别 IT 和工业控制系统（Industrial Control Systems，ICS）产品漏洞的补救方案引入竞争机制；《CISA[1] 网络演习法案》旨在加强应对针对性关键基础设施的网络攻击的准备和定期开展针对恢复能力的测试和评估；《2021 年工业控制系统能力增强法案》要求提高识别和应对 ICS 威胁的能力，并与 ICS 社区共享漏洞信息；《网络感应法案》要求能源部建立一个项目用于大容量电力系统产品的网络安全测试；《能源紧急领导法案》和《通过公私合作伙伴关系加强电网安全法案》两项法案旨在保护能源行业免受网络攻击。2021 年 8 月 4 日，美国参议院颁布《基础设施投资和就业法案》，将投资约 20 亿美元用于保护关键基础设施和公共设施，助力政府、私营部门和相关企业应对重大网络攻击事件。2021 年 8 月 31 日，美国众议院通过《年度国防政策法案》，该法案提出，将投入 104 亿美元用于 2022 年国防部网络安全建设。2021 年 11 月 5 日，美国总统拜登正式签署《两党基础设施建设法案》，将投入近 20 亿美元用于网络安全建设。2021 年 12 月 7 日，美国众议院通过《2022 财年国防授权法案》，该法案要求美国国防部部长应重点分析美军开展网络攻防行动，部署信息网络、工控网络、武器系统等方面的网络安全运维。

1. CISA（Cybersecurity Information Sharing Act，网络安全信息共享法案）。

（二）出台国家层面文件，相关文件中明确提出工业互联网安全细分领域的要求，确保国家制造业数字化安全平稳过渡

2021 年 5 月 12 日，美国总统拜登签署名为《改善国家网络安全行政命令》，以加强网络安全和保护联邦政府网络，包括移除威胁信息共享的障碍、联邦政府网络安全现代化、增强软件的供应链的安全、成立网络安全审查委员会等 9 个方面的内容。2021 年 10 月，新加坡政府发布《网络安全战略 2021》，提出加强数字基础设施的安全与弹性是政府的重要责任，确保能源、医疗保健等关键信息基础设施的平稳运行。2021 年 12 月 15 日，英国政府发布《国家网络空间战略 2022 版》，制定了面向未来的五项优先行动，其中，在工业网络安全方面指出，须构建英国的工业能力与开发框架从而确保未来技术的安全。

（三）借助出台工业互联网安全相关行政命令、管理办法、指导方针、指令要求等，进一步细化完善管理体系

2021 年 7 月 20 日，美国运输安全管理局发布管道行业网络安全新规——突出防范勒索攻击，防止勒索软件对 IT 系统和 OT 系统的已知威胁，制订并落实网络安全应急和恢复计划，并进行网络安全架构设计审查。2021 年 10 月上旬，印度电力部和中央电力管理局发布了电力行业网络安全指导方针，概述了提高电力部门网络安全水平所需采取的行动。2021 年 11 月 10 日，美国网络安全和基础设施安全局为水务和化学工业制定指令，以保护这些行业的关键基础设施免遭网络威胁。2021 年 12 月 2 日，美国运输安全管理局发布了铁路行业网络安全指令，要求铁路和轨道交通集团采取措施加强网络安全，及时向联邦政府报告网络安全事件。

（四）有计划、有组织地在重点领域推动工业互联网安全相关行动计划和倡议活动，以点带面形成积极的防护局面

2021 年 4 月 5 日，美国国防部启动一项新的漏洞披露计划，以识别国防工业基地承包商网络中的漏洞。2021 年 4 月 6 日，美国国土安全部发起为期 60 天的网络安全冲刺计划，重点治理勒索软件、工业控制系统、运输系统与选举安全等问题。2021 年 4 月 20 日，拜登政府推出美国“电网百日安全计划”，以鼓励美国电力公司在网络攻击日益加剧的情况下加强网络安全保护。2021 年 8 月 3 日，美国发布“工业控制系统网络安全倡议”，基于工业控制系统本身可靠性、可用性和功能安全性的需求采取安全防护措施。2021 年 8 月 25 日，美国总统拜登举行网络安全峰会，发出改善国家网络安全“行动呼吁”，着重提出能源、交通运输和制造业等关键行业企业应升级网络防护水平。2021 年 8 月 25 日，美国能源部将启动工业控制系统网络安全计划并扩展至天燃气管道领域。2022 年 1 月 12 日，欧洲关键基础设施保护参考网络发布水安全计划，为水务公司提供制定供水系统安全计划所需的信息、工具和具体实施措施，以提高水务系统的整体安全性。2022 年 1 月 27 日，美国白宫、环境保护署和网络安全与基础设施安全局联合发布工业控制系统网络安全倡议——水和废水部门行动计划，将创建一个由水务行业领导者组成的工作组，启动事故监测试点计划，改善供水系统的网络安全。

（五）为全力应对日益严峻的网络安全形势、满足产业快速发展需求，增设工业互联网安全相关机构中心、网站和关键职位

2021 年 6 月 10 日，意大利内阁会议批准设立网络安全中心以应对日益严重的网络安全形势，支持工业、技术和科学技能的发展，促进创新和发展项目，保护国家利益、国家服务和基本智能免受网络威胁的弹性。该中心将与欧洲工业、技术和研究网络安全能力中心相互协同，帮助提高欧洲在这一领域的战略自主权。2021 年 6 月 22 日，美国参议院确认首位白宫国家网络总监，领导白宫新设立的国家网络总监办公室，统筹美国数字防御战略的制定和实施，组织协调美国联邦政府各职能部门的相关网络工作。2021 年 6 月 25 日，欧盟提议组建联合网络机构以提高成员国应对不断增加的网络攻击的能力，有效预防、遏制和应对大规模网络攻击事件和危机。2021 年 7 月 15 日，美国政府推出打击勒索攻击新举措——建立专门网站并出重金悬赏，整合来自所有政府机构的勒索软件资源，为个人、企业和其他组织提供有用的资源。

（六）政府、组织机构等从自身需求出发推出工业互联网安全相关标准指南，着重细化制定控制系统、设备和反勒索软件攻击等领域的安全防护标准

2021 年年初，美国国防部发布《控制系统安全要求指南》，旨在简化和统一基于风险管控的方法来管理控制系统的网络安全。2021 年 4 月 20 日，WiThe Fido 联盟发布了 Fido 机载设备协议新物联网标准，旨在通过更简单、更强大的认证，为工业物联网行业提供一种快速、安全的方式。2021 年 6 月 29 日，美国国家标准与技术研究院发布针对勒索软件攻击的新指南和网络安全框架草案，提供有关如何防御恶意软件、发生攻击时的操作，以及如何从中恢复的建议。2021 年 7 月 21 日，美国能源部发布网络安全能力成熟度模型 2.0，更新一系列用于解决关键基础设施网络安全问题的措施。2021 年 8 月 20 日，美国石油学会发布新版管道控制系统网络安全标准，这将有助于保护美国的关键管道基础设施，加强数字和运营控制系统的保障。2021 年 11 月 29 日，美国国家标准与技术研究院发布《物联网网络安全指南》，旨在将物联网设备纳入联邦系统，完善其风险管理流程。2022 年 1 月 11 日，北约能源安全卓越中心发布《关键能源基础设施工控网络保护指南》，对关键能源基础设施的安全性、可靠性、性能进行了分析。

（七）工业互联网安全关注度持续走高，加大资金砝码为安全防护能力建设奠定牢靠基础

2021 年 6 月 1 日，美国总统拜登提议 2022 财政预算新增 7.5 亿美元用于帮助机构从 SolarWinds 网络攻击者攻击中恢复，美国网络安全与基础设施安全局获得 21 亿美元的拟议预算，比 2020 年增加了 1.1 亿美元。2021 年 11 月 15 日，美国国土安全部实施网络安全新规，高薪吸引网络安全人才，以应对美国不断增多的网络安全事件，保护美国关键基础设施免受网络攻击。

（八）优势互补、合作共赢已成为发展主旋律，国家间、政府部门间、企业间或与高校等机构或组织建立合作关系，更好、更快、更高效地推动工业互联网安全发展

2021 年 3 月 9 日，美国白宫与证券交易委员会、国家环境保护局、能源部等合作制定关键基础设施保护计划，初步范围将集中在国防、天然气、电力、管道、水资源等领域。2021 年 4 月 6 日，意大利嵌入式板和系统开发商 EuroTech 与美国 GlobalSign 签署合作协议，进一步深化物联网安全技术研发，将在工业物联网供应链中尽早嵌入强大的可验证设备身份和完整性证明。2021 年 4 月 15 日，韩国工业自动化公司 W-Eng 与智能安全解决方案提供商 HIMA 合作提供工业安全解决方案和实施工业安全项目。2021 年 5 月 17 日，美国国家安全局与摩根州立大学合作解决汽车网络安全漏洞。2021 年 5 月 27 日，欧日峰会发布联合声明，加强在数字政策、安全及技术方面的合作，双方承诺扩大在工业、科学研究及数字空间领域的合作，通过加强安全和隐私保护促进跨境数据安全流动。2021 年 6 月 25 日，美国国家安全局宣布将转型成一个更加公共的机构，通过与部分私营部门合作，借助网络安全协作中心制定应对重大网络攻击的安全措施。2021 年 6 月 30 日，美国国土安全部和网络安全与基础设施安全局合作开发 5G 与物联网态势感知系统，以增强现有平台的态势感知能力，并高效发现一切具有潜在风险的 5G 组件及物联网设备。2021 年 7 月 12 日，思科和 Senai-SP 合作护航巴西产业数字化转型，双方将加强在工业自动化、5G 和网络安全等领域合作，重要举措包括在 Senai 工业 4.0 开放实验室实施通信、连接和网络安全解决方案。2021 年 8 月 16 日，工业网络安全公司 Naval Dome 与荷兰皇家壳牌的海上部门合作形成研究报告，全面阐述了如何保护钻井平台及其安全关键控制系统。2021 年 8 月 23 日，美国和新加坡达成一致意见，扩大在金融、国防等领域的网络安全合作。2022 年 1 月 11 日，美国纽约电力局宣布与网络安全公司 IronNet、亚马逊网络服务公司合作，全面加强电网安全防御能力。

（九）工业企业、网络安全企业等聚焦当前安全防护需求，推出针对性、刚需性工业互联网安全解决方案

2021 年 4 月 1 日，美国 OT 安全公司 ThreatGEN 推出新的工业网络安全解决方案，主要针对工业控制系统和操作技术方面，着力解决困扰工业网络安全的持续性问题。2021 年 5 月 4 日，趋势科技推出业内首个工业控制系统用户端防护方案 TXOne StellarProject^{TM}，可提供原生 ICS 用户端防护，设备无须联网便可通过最低授权政策防范恶意程序攻击。2021 年 8 月 5 日，美国网络安全公司 Nozomi 推出安全托管服务提供商精英计划，这是业内首个针对运营技术和物联网托管安全服务的完整计划。2022 年 1 月 11 日，霍尼韦尔与旗下网络安全公司 Acalvio Technologies 联合推出操作技术网络安全解决方案——霍尼韦尔威胁防御平台，以实现威胁检测中的高检测率和低误报率。

（十）工业互联网安全人才需求逐年攀升，匹配发展需要增设相关岗位，可通过竞赛演练选拔高精尖重要的懂安全技术的人才

2021 年 5 月 5 日，美国国土安全部宣布拟新增 200 名网络安全专业人员，以此遏制影响美国企业的勒索软件攻击以及国外间谍活动。2021 年 6 月中旬，美国国防部举办年度竞赛以加强国家网络安全，该活动是国防部最大的年度网络训练演习。2021 年 11 月 16 日，北美电力可靠性公司组织开展针对大容量电力系统和其他关键基础设施的网络安全演习活动，致力于加强信息共享、快速有效响应并及时恢复。2021 年 12 月 1 日，美国网络安全和基础设施安全局宣布任命首批 23 名网络安全咨询委员会委员，委员来自国防、制造业、化工等领域。2022 年 1 月 14 日，欧盟针对成员国芬兰的一家虚拟电力公司进行了一次模拟网络攻击演习，以测试成员国的网络防御能力。

（十一）产业各方深耕工业互联网安全热点、产业研究和前沿追踪，研究形成相关白皮书或报告

2021 年 3 月 10 日，美国工业互联网联盟发布支持工业物联网解决方案可信度的多重独立安全等级体系结构方法白皮书，多重独立安全等级是汽车、航空电子、工业自动化、国防和关键基础设施等领域提高网络安全保障能力的理想选择。2021 年 7 月 6 日，美国联邦能源管理委员会和北美电力可靠性公司发布《SolarWinds 及其相关供应链的攻击——对北美电力行业的教训白皮书》，特别强调须对北美电力行业的供应链攻击和安全事件保持足够警惕。2021 年 8 月 16 日，工业网络安全公司 Naval Dome 与荷兰皇家壳牌的海上部门合作形成研究报告，全面阐述了如何保护钻井平台及其安全关键控制系统。2021 年 11 月 25 日，欧盟网络与信息安全局发布《铁路网络安全——网络风险管理的良好实践》，该文件指出，欧洲铁路企业和基础设施管理人员须以系统的方式应对网络风险。2022 年 1 月 11 日，国际自动化协会和全球网络安全联盟与特约作者加里•拉斯维尔共同发布《为企业实施工业网络安全计划白皮书》，该白皮书涵盖了如何准备工业网络安全计划、相关计划成本与收益等内容。

三、结束语

在全球工业互联网加速向各行各业渗透应用的同时，安全事件时有发生，安全的重要性逐渐凸显，为应对当下严峻的形势，全球主要国家积极采取应对措施，从国家、产业、行业、企业各层面布局，加速制定完善出台相关的政策文件，研制发布重要细分领域的安全标准指南，推出有针对性的工业互联网安全解决方案，持续完善工业互联网安全人才培养与选拔，产业各方形成工作合力发布工业互联网安全相关白皮书或报告等，全球工业互联网安全防护体系正在日益完善。

（中国信息通信研究院　刘晓曼）

我国网络安全法律体系的“四梁八柱”

一、概述

当前，我国已基本确立有关网络安全的法律法规和政策体系，已搭建完网络安全法律体系的“四梁八柱”，已出台众多配套的规章制度，正在加快制定部分配套的规章制度。从网络安全视角看，《中华人民共和国网络安全法》《中华人民共和国数据安全法》《中华人民共和国个人信息保护法》《中华人民共和国刑法》可称为“四梁”，《全国人民代表大会常务委员会关于维护互联网安全的决定》《全国人民代表大会常务委员会关于加强网络信息保护的决定》《中华人民共和国保密法》《中华人民共和国密码法》《中华人民共和国电子签名法》《最高人民法院、最高人民检察院关于办理侵犯公民个人信息刑事案件适用法律若干问题的解释》《最高人民法院、最高人民检察院关于办理非法利用信息网络、帮助信息网络犯罪活动等刑事案件适用法律若干问题的解释》《最高人民法院关于审理利用信息网络侵害人身权益民事纠纷案件适用法律若干问题的规定》可称为“八柱”。其中，3 个司法解释不属于狭义的法律，但具有法律效力，因此，可被纳入广义上的法律体系。本文仅针对与网络安全直接相关的法律展开梳理和阐述。此外，我国还有大量网络安全行政法规、部门规章、规范性文件和政策文件，以及其他非网络安全类法律法规条款和文件中也涉及网络安全相关内容，这些规定和要求也是我国网络安全法律法规体系的重要组成部分。本文所称网络安全为广义的网络安全，除通常所包括的网络攻击、网络入侵之外，还包括网络犯罪、网络运行安全、网络信息内容安全、网络数据安全、个人信息保护、保密和密码工作等。

二、早期网络安全法律规定

自从有了计算机、信息系统和互联网，网络安全问题就时刻伴随、无处不在。20 世纪 90 年代，我国开始部署计算机信息系统，针对这些信息系统的入侵活动成为被打击的对象。因此，《中华人民共和国刑法》在被修订时，在第二百八十五条至第二百八十七条增加了有关计算机信息系统罪的规定，开辟了我国网络安全法律的先河。

随着互联网浪潮兴起，为了兴利除弊，促进我国互联网的健康发展，维护国家安全和社会公共利益，保护个人、法人和其他组织的合法权益，2000 年 12 月，第九届全国人民代表大会常务委员会第十九次会议通过《全国人民代表大会常务委员会关于维护互联网安全的决定》。该决定重点针对利用互联网实施违法犯罪的行为做了规定。我国网络安全治理早期，另一部与网络安全相关的法规是《中华人民共和国电子签名法》，该法于 2004 年 8 月第十届全国人民代表大会常务委员会第十一次会议通过，在 2015 年 4 月和 2019 年 4 月两次进行修正。电子签名用于识别签名人身份并表明签名人认可其签名的内容。我国依据《中华人民共和国电子签名法》设立了大量电子认证服务机构，这些机构为网络上法律身份的确认和数据内容的抗抵赖性提供服务。

我国的《中华人民共和国刑法》在 1997 年修订后，一直到 2009 年 2 月通过的《中华人民共和国刑法修正案（七）》（以下简称《刑法修正案（七）》）才再次对网络安全犯罪做出新规定，《刑法修正案（七）》在第二百五十三条后增加一条，作为第二百五十三条之一，主要针对“国家机关或者金融、电信、交通、教育、医疗等单位的工作人员，违反国家规定，将本单位在履行职责或者提供服务过程中获得的公民个人信息，出售或者非法提供给他人”的犯罪行为做出处罚规定，该条同时对单位犯此罪的情况做出规定。同时，《刑法修正案（七）》在第二百八十五条中增加两款规定，主要针对侵入计算机信息系统、非法获取计算机信息系统数据、对计算机信息系统实施非法控制、提供专门用于侵入或非法控制计算机信息系统的程序或工具做出处罚。

保密领域的工作涉及大量网络数据保密性问题，因此也属于广义的网络安全范畴。在此领域，2010年4月，我国通过了《中华人民共和国保守国家秘密法》，该法是在1988年颁布的版本上进行修订的。此次新修订的《中华人民共和国保密法》为适应网络信息时代要求，首次增加了对存储、处理国家秘密的计算机信息系统的规定。

三、近十年的网络安全法律规定

针对近十年来的网络安全新形势，我国及时调整法律体系。2012年12月，第十一届全国人民代表大会常务委员会第三十次会议通过《全国人民代表大会常务委员会关于加强网络信息保护的决定》，该决定重点针对公民个人电子信息保护做出规定，虽然只有十二条，但第一次确立了“收集、使用公民个人电子信息，应当遵循合法、正当、必要的原则，明示收集、使用信息的目的、方式和范围，并经被收集者同意”等原则，后续出台的《中华人民共和国网络安全法》《中华人民共和国数据安全法》《中华人民共和国个人信息保护法》等法律与该决定一脉相承。

为适应新形势要求，正确审理利用信息网络侵害人身权益民事纠纷案件，《最高人民法院关于审理利用信息网络侵害人身权益民事纠纷案件适用法律若干问题的规定》于2014年6月由最高人民法院审判委员会第1621次会议通过。其中，《全国人民代表大会常务委员会关于加强网络信息保护的决定》是上述司法解释的上位法依据。

在刑法领域，2015年8月，《中华人民共和国刑法修正案（九）》补充了大量有关网络安全的相关规定。《中华人民共和国刑法修正案（九）》对刑法第二百五十三条之一做出修改，不再单独强调“国家机关或者金融、电信、交通、教育、医疗等单位的工作人员”违反国家有关规定向他人出售或者提供公民个人信息，而是适应我国各类个人信息泄露来源众多的情况，强调“违反国家有关规定，将在履行职责或者提供服务过程中获得的公民个人信息，出售或者提供给他人的，依照前款的规定从重处罚。”《中华人民共和国刑法修正案（九）》在第二百八十五条中增加一款作为第四款：“单位犯前三款罪的，对单位判处罚金，并对其直接负责的主管人员和其他直接责任人员，依照各该款的规定处罚。”该款规定弥补了之前未对以单位形式进行前三款犯罪做出规定的漏洞。同样的情况，《中华人民共和国刑法修正案（九）》在第二百八十六条中增加一款作为第四款：“单位犯前三款罪的，对单位判处罚金，并对其直接负责的主管人员和其他直接责任人员，依照第一款的规定处罚。”针对刑法第二百八十六条，《中华人民共和国刑法修正案（九）》做出了补充，新增加一条作为第二百八十六条之一，主要针对“网络服务提供者不履行法律、行政法规规定的信息网络安全管理义务，经监管部门责令采取改正措施而拒不改正”的情形做出处罚规定，包括：致使违法信息大量传播的；致使用户信息泄露，造成严重后果的；致使刑事案件证据灭失，情节严重的；有其他严重情节的。

另外，《中华人民共和国刑法修正案（九）》做出较大补充的是在第二百八十七条后增加两条，作为第二百八十七条之一、第二百八十七条之二。第二百八十七条之一重点处罚利用信息网络实施犯罪的一系列行为，包括：设立用于实施诈骗、传授犯罪方法、制作或者销售违禁物品、管制物品等违法犯罪活动的网站、通信群组的；发布有关制作或者销售毒品、枪支、淫秽物品等违禁物品、管制物品或者其他违法犯罪信息的；为实施诈骗等违法犯罪活动发布信息的。第二百八十七条之二重点处罚“明知他人利用信息网络实施犯罪，为其犯罪提供互联网接入、服务器托管、网络存储、通信传输等技术支持，或者提供广告推广、支付结算等帮助”的行为。

《中华人民共和国刑法修正案（九）》还专门在第二百九十一条之一中增加一款与网络虚假信息相关的规定，即对“编造虚假的险情、疫情、灾情、警情，在信息网络或者其他媒体上传播，或者明知是上述虚假信息，故意在信息网络或者其他媒体上传播，严重扰乱社会秩序的”进行处罚。

综上所述，《中华人民共和国刑法》针对网络安全犯罪的规定主要集中在第二百五十三条、第二百八十五至第二百八十七条以及《中华人民共和国刑法修正案（九）》新增加第二百九十一条之一。在2017年11月通过的《中华人民共和国刑法修正案（十）》和2020年12月最新一次修正的《中华人民共和国刑法修正案（十一）》均未有网络安全犯罪方面的新规定。

为配合《中华人民共和国刑法修正案（九）》有关个人信息保护的规定，2017年5月，《最高人民法院、最高人民检察院关于办理侵犯公民个人信息刑事案件适用法律若干问题的解释》发布，该司法解释重点针对刑法第二百五十三条之一中与公民个人信息相关的“提供公民个人信息”“违反国家有关规定”“情节严重”等规定进行释义。2019年10月，《最高人民法院、最高人民检察院关于办理非法利用信息网络、帮助信息网络犯罪活动等刑事案件适用法律若干问题的解释》发布，刑法第二百八十六条之一、第二百八十七条之一、第二百八十七条之二进行释义。2020年12月，最高人民法院审判委员会第1823次会议通过修正版的《最高人民法院关于审理利用信息网络侵害人身权益民事纠纷案件适用法律若干问题的规定》，以适应《中华人民共和国民法典》通过后的新形势。

在广义的网络安全领域，《中华人民共和国网络安全法》做出了系统规定，成为我国网络安全领域第一部全面规范网络空间安全管理问题的基础性法律，是我国网络空间法治建设的重要里程碑。《中华人民共和国网络安全法》确立了网络空间安全管理的三大原则，即网络空间主权原则、网络安全与信息化发展并重原则和共同治理原则。《中华人民共和国网络安全法》第八条规定，国家网信部门负责统筹协调网络安全工作和相关监督管理工作，国务院电信主管部门、公安部门和其他有关机关依法在各自职责范围内负责网络安全保护和监督管理工作，正式将网络安全“1+*X*”监管机制法制化。

《中华人民共和国网络安全法》规定了网络安全领域的方方面面，包括网络安全战略制定、国际交流与合作、网络信息传播、网络举报、标准体系、技术创新、安全认证检测和风险评估、宣传、教育、培训等一般规定；重点规定了网络运行安全，包括网络安全等级保护、网络产品与服务（特别是网络关键设备和网络安全专用产品）、网络实名制、网络可信身份战略、网络安全事件应急预案、网络攻击、网络安全信息共享等，并用九条内容规定运行安全中的重点环节即关键信息基础设施，其中特别规定了“关键信息基础设施的运营者采购网络产品和服务，可能影响国家安全的，应当通过国家网信部门会同国务院有关部门组织的国家安全审查”以及“关键信息基础设施的运营者在中华人民共和国境内运营中收集和产生的个人信息和重要数据应当在境内存储。因业务需要，确需向境外提供的，应当按照国家网信部门会同国务院有关部门制定的办法进行安全评估”，该法规奠定了有关供应链安全和个人信息出境的法理基础。《中华人民共和国网络安全法》提高了违法行为的处罚标准，加大了处罚力度，多处规定“处违法所得一倍以上十倍以下罚款，没有违法所得的，处一百万元以下罚款”和“责令暂停相关业务、停业整顿、关闭网站、吊销相关业务许可证或者吊销营业执照”，并规定违法将承担民事责任、治安处罚和刑事责任以及“受到刑事处罚的人员，终身不得从事网络安全管理和网络运营关键岗位的工作”。

在密码领域，2019 年 10 月，第十三届全国人大常委会第十四次会议审议通过《中华人民共和国密码法》，这是我国首次针对密码进行立法。《中华人民共和国密码法》第四条规定，要坚持党管密码根本原则，依法确立密码工作领导体制，并明确中央密码工作领导机构，即中央密码工作领导小组（国家密码管理委员会），对全国密码工作实行统一领导。《中华人民共和国密码法》明确对密码实行分类管理，规定核心密码用于保护国家绝密级、机密级、秘密级信息，普通密码用于保护国家机密级、秘密级信息，商用密码用于保护不属于国家秘密的信息。《中华人民共和国密码法》突出了与《中华人民共和国网络安全法》《中华人民共和国保密法》等的衔接，在商用密码管理和相应法律责任设定方面，与《中华人民共和国网络安全法》的有关制度，如强制检测认证、安全性评估、国家安全审查等做了衔接；同时，鉴于核心密码、普通密码属于国家秘密，在核心密码、普通密码的管理方面与《中华人民共和国保密法》做了衔接。

在数据安全领域，2021 年 6 月，第十三届全国人大常委会第二十九次会议通过了《中华人民共和国数据安全法》。这部法律是我国数据领域的基础性法律，也是国家安全领域的一部重要法律。《中华人民共和国数据安全法》贯彻落实总体国家安全观，聚焦数据安全领域的风险隐患，加强国家数据安全工作的统筹协调，确立了数据分类分级管理、数据安全审查、数据安全风险评估、监测预警和应急处置等基本制度。《中华人民共和国数据安全法》第五条规定“中央国家安全领导机构负责国家数据安全工作的决策和议事协调，研究制定、指导实施国家数据安全战略和有关重大方针政策，统筹协调国家数据安全的重大事项和重要工作，建立国家数据安全工作协调机制”。上述规定明确了国家安全机构负责统筹数据安全整体工作，包含线上线下数据。同时，《中华人民共和国数据安全法》第六条又规定“国家网信部门依照本法和有关法律、行政法规的规定，负责统筹协调网络数据安全和相关监管工作”，即涉及网络领域的数据安全工作由网信部门统筹，相当于“大统筹”和“小统筹”的关系。

在个人信息保护领域，2021 年 8 月，第十三届全国人大常委会第三十次会议表决通过的《中华人民共和国个人信息保护法》，是我国第一部个人信息保护方面的专门法律。《中华人民共和国个人信息保护法》第四条第一款关于“个人信息”的定义与《中华人民共和国网络安全法》《最高人民法院、最高人民检察院关于办理侵犯公民个人信息刑事案件适用法律若干问题的解释》中的定义基本相同，区别是前者在定义中增加了“不包括匿名化处理后的信息”的规定。《中华人民共和国个人信息保护法》构建了以“告知—同意”为核心的个人信息处理规则，对“大数据杀熟”、大型互联网平台特别义务、个人信息跨境流动等热点领域进行了规定。并大幅提高违法成本，例如，对情节严重的“最高可处五千万元以下或者上一年度营业额百分之五以下罚款，并可以责令暂停相关业务或者停业整顿、通报有关主管部门吊销相关业务许可或者吊销营业执照”。为了加强个人信息保护监管执法的协同配合，《中华人民共和国个人信息保护法》明确了国家网信部门在个人信息保护监管方面的统筹协调作用，并对其统筹协调职责做出具体规定。

四、结束语

本文重点关注与网络安全强相关的法律，但《中华人民共和国民法典》《中华人民共和国电子商务法》《中华人民共和国消费者权益保护法》等重点不在网络安全方面的法律也有相关的重要规定，在实践中起到重要作用，这些法律共同构成了一个完整的体系。未来，这个体系也必将越来越完善，必将在中国特色社会主义法律体系建设中做出重要贡献。

（中国信息通信研究院　陈其云）

美国电网网络安全推进情况与分析

一、美国电网安全冲刺计划内容简析

2021 年 4 月，美国政府敲定了“电网百日安全计划”（以下简称“计划”）的最终细节，以鼓励美国电力公司在网络攻击日益加剧的情况下，在未来 100 天内加强针对网络攻击者的网络安全保护。

该计划的核心原则是激励美国电力公司安装复杂的新型监控设备，以更快的速度发现网络攻击者，并与美国政府广泛共享这些信息。该计划的内容可以概括 4 个方面。一是要求美国电力公司确定关键节点加以安全防护。确定关键节点是重点，这些节点如果受到攻击，可能会对整个电网造成巨大影响。二是强调数据流通和分享的范围。该计划明确了收集的所有数据能够在整个联邦政府之间广泛共享。三是采取激励措施强化安全防护。该计划是自愿性的，提出了一系列激励措施，以激励美国电力公司签署协议，这会比强制执行带来更少政治上的干扰。例如，农村合作组织等较小的电力公司可以获得政府资助，以支付新的安全设备和软件费用。四是建立合作关系共同为电网安全建设贡献力量。美国能源部将和美国网络安全与基础设施安全局，以及其他合作伙伴协调，在其当前角色和职权范围内采取某些行动，以保护电力公司、市政自来水公司、天然气管道运营商和其他公司使用的计算机网络安全。

二、美国电力行业网络安全形势与举措

近期，美国电力能源领域频繁遭受网络安全攻击，经济损失严重，甚至危害国家安全，形势不容乐观。例如，在 2021 年 1 月，SolarWinds 供应链受攻击，影响了美国国土安全部、能源部、国家核安全管理局等多个美国政府机构；再如，在 2021 年 2 月，美国德州电力公司奥斯汀能源公司发布警告称有网络攻击者利用电力中断事件进行诈骗。

美国为构建全面可靠的电力行业安全保障体系，在法规、政策、标准、技术等方面积极开展了一系列工作，具体工作如下。

（一）美国相继推出电力能源行业网络安全相关法规，力图最大限度地减少电网遭受网络攻击行为

美国电力能源行业网络安全防护体系尚不完善，美国政府试图从立法层面提升对电力能源的重视程度，力图最大限度地减少电网遭受网络攻击的行为。2007 年，美国总统签署了《2007 年能源独立和安全法案》，该法案旨在推动美国减少能源依赖性和实现整个供应链安全。2019 年 6 月 27 日，美国参议院通过了《保障能源基础设施方案》，该方案旨在加强业界合作，通过对能源基础设施采取有效的网络安全防护策略，最大限度地降低美国能源电网遭受网络攻击的风险系数。

（二）美国电力能源行业网络安全政策持续加码，以全面保障网络安全为终极目标

美国将电力能源行业网络安全保护工作纳入政府重要工作事项，从政策层面不断细化完善。2006 年，美国能源部发布了《关于实现能源领域控制系统安全的 2006 年路线图》，该文件提出了政府及电力公司的信息安全建设项目和目标。2011 年，美国能源部编制了《实现能源传输系统信息安全路线图》，该文件明确指出了信息安全是确保电网有效运行、保障智能电网发展的关键性因素，需要政府部门、

研究机构、各利益相关方等协同努力，以保障电网的安全。2018 年，美国能源部制订了《能源行业网络安全多年计划》，以期减小网络安全风险，同时发布了未来五年的目标计划。2020 年 5 月初，美国发布《确保美国大容量电力系统安全》的行政令，禁止美国购买对国家安全造成风险的海外电力设备，并授权能源部长甄别相关实体和采取适当行动。

（三）美国电力行业网络安全标准指南逐步完善，更好地指引相关企业开展安全保障行动最佳实践

美国电力行业相关机构积极推动电力网络安全标准的研制工作。2014 年，北美电力可靠性公司与美国能源部、美国国家标准与技术研究院（National Institute of Standards and Technology，NIST）编制了《电力安全风险管理过程指南》，该文件提供了网络安全风险管理的指导方针。2014 年，NIST 编制并进一步修订了《智能电网信息安全指南》，该文件提出了智能电网信息安全分析框架，为研究、设计、研发和实施智能电网技术组织或单位提供了指导性工具。2020 年 9 月，美国联邦能源管理委员会和北美电力可靠性公司发布《电力公司网络安全事件响应与恢复最佳实践》，其目的是帮助电力行业完善网络攻击事故响应和事故恢复计划，有助于确保大规模电力系统在发生网络安全事故时的可靠性。

（四）美国产业界关注电力行业网络安全技术突破，通过设立安全实验室开展专项研究工作

美国已在电力行业网络安全领域开展技术研究多年，通过设立安全实验室开展专项研究工作，其中比较典型的有太平洋西北国家实验室、爱达荷国家实验室和桑迪亚国家实验室：太平洋西北国家实验室是美国能源部所属的国家综合性实验室，主要解决美国在电力、环境和国家安全等方面最紧迫的问题；爱达荷国家实验室是为美国能源部在能源研究、国家防御等方面提供支撑的应用工程实验室，通过与电力行业密切合作，进一步加强了对电网可靠性和控制系统安全的研究，桑迪亚国家实验室是美国能源部与美国电话电报公司的子公司——桑迪亚公司联合管理的多计划实验室，它制订了电力行业网络安全防护系列标准指南。

三、我国电力行业网络安全存在的问题

电力是国民经济的命脉，对国民经济、社会生产生活起着极为重要的作用。电力企业的信息化水平不断提高的同时，其安全防护能力建设亟须同步加速。当前，我国电力行业网络安全体系建设暴露出一系列问题，主要表现在以下 3 个方面。

（一）重发展轻安全，安全保障体系建设滞后

电力行业相关企业安全意识薄弱，安全方面的投入占比少之又少，没有将安全保障体系建设前置，导致埋下很多潜在的安全隐患，人力、物力方面未做好充分的规划，致使安全保障体系严重滞后于整体信息化建设。

（二）安全管理机制不健全，安全管理框架欠缺

目前，我国电力行业网络安全管理工作主要依据《电力安全信息管理制度》开展，其中，安全评估、安全应急等细分方向的管理机制仍较为缺乏，在实际工作实施开展中存在较大难度。

（三）安全防护技术难以抵抗强劲的安全威胁，技术防御体系构建任重道远

近年来，电力行业网络系统越发成为网络攻击者青睐的对象，有组织大规模的网络安全攻击层出不穷。网络攻击者和勒索者之所以能轻松逾越网络安全屏障，是因为电力行业网络安全防御体系十分薄弱，能轻易被破防。另外，电力行业网络系统由于建设初期安全投入较少，存在大量的安全隐患。

四、对我国下一步的有益启示和建议

近年来，电力行业已成为网络攻击的重灾区，美国高度重视电力行业网络安全防护工作，致力于构建覆盖供应链全要素的安全防护体系，我国应充分借鉴美国在电力行业的先进做法和有益经验，并结合我国发展现状和存在的现实问题，全面构建我

国电力行业网络安全防护体系。

（一）开展跨部门协作，打好"法规建设"和"政策建设"组合拳，完善电力行业网络安全顶层设计

结合美国近年来在电力行业出台的系列法规和政策文件，我国应充分立足国家发展的实际，借助跨部门合作等模式，进一步完善电力行业网络安全顶层设计。一方面，深入电力行业开展网络安全调研工作，推动构建电力行业网络安全法规体系，明确整个供应链各相关方的法规义务，提升电力行业网络安全防护水平。另一方面，我国针对电力行业网络安全的相关政策还有待完善，相关部门加强跨部门协作力度，可加紧细化相关安全管理机制，为电力行业重点企业建设网络安全防护体系提供指导。

（二）电力行业网络安全管理部门应履行监管责任，相关企业应落实主体安全责任

一方面，电力行业主管部门应履行监督管理责任，按照职责对行业内企业的网络安全工作开展指导和监督。另一方面，电力行业相关企业应明确网络安全责任部门和责任人，建立健全网络安全风险评估、安全审计等制度，建立安全事件报告和问责机制，加大在网络安全方向的投入，部署有效安全技术防护手段，保障电力企业的网络安全。

（三）进一步细化研制电力行业网络安全标准，构建电力行业网络安全评估认证体系

我国电力行业各方力量已研制发布一系列网络安全标准，但结合安全防护实际不难发现，还有待进一步细化完善安全评估、安全测试等相关标准。另外，我国应研制发布电力行业网络安全评估认证体系，定期对电力行业企业开展安全检测评估工作，督促企业落实整改相关问题，防范网络安全攻击行为，降低潜在安全风险，进一步提升电力行业的网络安全防护水平。

（四）建立电力行业企业级网络安全风险监测与态势感知平台，将"事前防御"环节摆在重要位置

我国电力行业网络安全攻击事件虽不频繁发生，但仍不容小觑，电力行业企业应逐步建立起网络安全风险监测与态势感知平台，持续完善电力行业网络安全技术手段，强化威胁感知、风险预警、攻击溯源等技术能力，主动将关口前移，将事前防御工作落实到位。

（五）全面做好电力行业供应链网络安全防护工作，谨防"漏网之鱼"

针对电力行业的网络安全攻击呈现的新特点、新模式和新形势，只有持续夯实网络安全技术基础才能做到有备无患。目前，我国电力行业网络安全防护体系硬实力还较为薄弱，应建立国家级实验室开展针对性研究工作，不断突破现有技术的瓶颈，将边缘计算、区块链、数字孪生等新技术应用到电力行业网络安全防护工作中来，有效应对新型网络安全攻击行为。

（六）提升电力行业网络安全技术防护硬实力，有效应对新型网络安全攻击行为

由美国此次暴露出的配电环节网络安全事件可知，发电、输电、配电各个环节的网络安全防护工作均需做到位，否则牵一发而动全身，造成的后果不堪设想。电力行业整个供应链涉及的参与方都应提升网络安全防护意识，各方应形成工作合力，以实际行动谨防"漏网之鱼"，构筑电力行业网络安全防护基石。

五、结束语

纵观全球电力行业网络安全态势，网络攻击者和勒索者们发起一波又一波的网络安全攻击，安全形势十分严峻复杂。以美国为代表的发达国家以安全事件为驱动，加速布局本国电力行业网络安全体系建设，并取得有益进展。近年来，我国电力行业发展迅猛，电力行业数字化转型步伐加快，与此同时，也暴露出了一系列突出的安全问题，成为制约电力行业持续健康有序发展的障碍，我国应充分借鉴美国的积极举措，并结合我国的发展实际和存在的问题，全力推动构建电力行业网络安全保障体系，为电力行业数字化转型高效平稳发展筑牢安全保护屏障。

（中国信息通信研究院　刘晓曼）

国际核工业领域的网络安全形势与相关分析

近年来，全球针对核工业领域发起的网络安全攻击层出不穷，核工业领域已成为网络攻击战的重灾区。因此，我国应加强网络安全部署，构建安全可靠的核工业网络安全综合防护体系。

一、近期核工业领域的网络安全事件分析

2021 年 4 月，“网络战场”迎来了核设施网络攻击，被攻击国是伊朗，纳坦兹核设施遭到破坏性攻击。

此次攻击的特点体现在 3 个方面。一是攻击时间精准。时任伊朗总统哈桑·鲁哈尼在伊朗核技术日的线上纪念活动中下令启动纳坦兹核设施内的近 200 台 IR-6 型离心机，仅过去一天，纳坦兹核设施的配电系统就发生故障。二是攻击面扩大。此次攻击不仅破坏了离心机，还破坏了电力系统，引发爆炸，导致地下设施停电。三是攻击损失较大。此次攻击彻底破坏了核设施内部的安全电气系统，伊朗至少要花费 9 个月才能恢复该厂的铀生产。

由此事件可反映出核工业领域四大网络安全问题：一是安全攻防对抗意识亟须提升；二是国际安全形势严峻复杂，不容小觑；三是针对国家级的安全攻击行为防护水平远远不够；四是安全技术手段建设有待加强。

二、核工业领域网络安全事件及相关分析

2018 年 6 月初，法国公司 Ingerop 受到了网络攻击者攻击。网络攻击者窃取与法国核电站计划相关的机密文件数据高达 65GB，这些文件包括核电站计划、监狱，以及有轨电车网络的蓝图、千余名 Ingerop 工作人员的个人信息等。

可以发现如今国际网络攻击呈现以下变化：一是网络攻击的对象已经从传统的 IT 系统扩大到关键基础设施；二是网络攻击的目的已经从获取经济利益转变为政治利益服务；三是网络攻击的发起从普通的网络攻击者组织行为变成国家行为；四是网络攻击造成的影响已经从虚拟世界扩大到现实世界，甚至影响到一国执政当局的合法性。

三、全球主要国家在核工业领域的网络安全举措

放眼全球，以美国、加拿大为代表，其高度关注核工业领域网络安全防护工作，积极采取有益举措，具体如下。

（一）借助核实验室持续开展网络安全工作，加大资金投入，积极部署长期发展规划

2018 年 5 月 16 日，加拿大核实验室在弗雷德里克顿举行国家网络安全创新中心启动仪式，核实验室宣布未来 5 年将为该中心投入约 300 万美元用于设备购置和基础设施升级，已将网络安全研究确定为未来 10 年七项战略举措之一。

（二）国际标准组织密切关注核工业网络安全，发布标准明确要求提供参考模式

2019 年，国际电工委员会发布《核电厂—仪器和控制系统—网络安全要求》（IEC 62645）。该标准侧重于避免或尽可能降低基于计算机的系统和可编程逻辑设备遭受的网络攻击对核安全和核电厂运行的影响，明确核电厂中信息技术系统的设计、开发和运行相关的网络安全要求并提供相关指导。

（三）深入开展核工业领域网络安全产业研究，提升核设施网络安全防护水平

2018 年 9 月 5 日，美国核威胁倡议组织公布了第四版核安保指数报告——《建立保证、问责和行动框架》，该报告指出核工业界必须持续投资，加强所有核设施的网络安全。2021 年 4 月 8 日，卡内基国际和平研究院发布了《中美网络与核稳定》报告，该报告阐述了核系统的网络风险，以及中美两国有关的战略背景，梳理了影响核指挥、控制与通信系统的 4 种网络行动及其风险，提出了增强战略稳定性、缓解核系统网络风险的措施。

四、对我国核工业领域网络安全的思考与建议

近年来，核工业领域信息化、数字化进程提速，但与此同时，核工业领域面临的网络安全威胁形势也日趋严峻。为有效应对强劲的网络安全攻击，我国从不同层面推行了相关举措。我国高度重视核工业网络安全工作，2017 年 9 月 1 日，第十二届全国人大常委会第二十九次会议通过《中华人民共和国核安全法》，对核设施、核材料及相关放射性废物采取充分的预防、保护、缓解和监管等安全措施。2018 年 5 月，国家发展和改革委员会等四部委联合发布《关于进一步加强核电运行安全管理的指导意见》，该文件指出，将网络安全纳入核电安全管理体系，加强能力建设，保障核电厂网络安全。

我国虽已在核工业领域出台相关法规政策，但面临如此严峻的网络安全形势，核工业网络安全建设工作仍任重道远，仍须继续完善网络安全防护体系，应充分结合国外主要国家的有益做法，基于我国发展实际，进一步加强核工业领域网络安全防护部署，具体建议如下。

（一）提升全民网络安全攻防意识，发布针对性政策鼓励开展核工业网络安全体系建设工作

我国在核工业领域普遍存在“轻安全、重发展”的现象，亟须提升网络安全意识，出台针对性的政策文件推动核工业网络安全体系建设。一是从国家层面加紧发布核工业网络安全针对性政策文件。国家层面应高度重视核工业发展，随着工业互联网在核工业的普及应用，暴露出许多网络安全问题，安全事件一旦发生，其产生的安全损失难以估量，因此，亟须出台专门的网络安全发展行动计划或实施指南，全面指导核工业产业相关方部署网络安全防护工作。二是借助网络安全专题培训和宣贯教育等模式提升安全攻防意识。核工业相关企业人员的网络安全防护意识薄弱，应定期开展网络安全专题培训和宣贯教育活动，并要求全员参加，通过考核等模式将网络安全知识普及到核工业企业员工的日常工作中来。

（二）定期组织开展攻防演练和复盘演习，不断强化我国核工业网络安全实战能力

为有效应对核工业网络安全攻击事件，我国要提升实战能力。一是针对我国重点核工业基础设施定期开展攻防演练和复盘演习。一方面建立核工业网络安全靶场，组织开展模拟演练安全攻防实操；另一方面结合国际近年来在核工业发生的网络安全事件，全真模拟复盘演练，并总结经验教训，防止在关键节点出现类似的安全事件，提升我国核工业网络安全实战水平。二是培养专业型网络安全人才。人才是网络空间战的核心力量，我国核工业网络安全人才紧缺，无法满足核工业的发展需求，因此，我国应重点培养专业型网络安全人才，通过校企合作、在部属高校设立专门学科等模式加快网络安全人才培养，向核工业输送实战型网络安全人才。

（三）深入实施检查评测工作，及时发现核工业网络安全隐患，将防护关口前移

核工业网络安全隐患极有可能被网络攻击者或相关组织加以利用并发起网络安全攻击，因此，防护关口前移是十分必要的。一是推动建立核工业网络安全评估认证体系。构建核工业网络安全防护体系标准框架，形成相应的核工业网络安全评估认证体系，组织支撑机构、安全企业、科研院所等对评

估测试、安全认证等标准的制定，形成国家标准和行业标准，为后续开展安全检测评估工作提供标准依据。二是深入实施检查评测工作，及时发现安全问题，并做好整改工作。工业和信息化部、能源局等核工业相关监管部门组织第三方机构等专业力量深入核工业现场和企业内部开展安全检测评估工作，及时发现安全问题，督促相关企业做好安全整改工作，梳理形成安全检测评估报告反馈至监管部门，为制定针对性政策文件提供参考依据。

（四）加大关键核心技术产品的研发力度和技术保障，从根源上提升核工业网络安全防护水平

国家间的网络安全对抗愈演愈烈，其根本是技术实力的角逐。一是攻关保障核工业网络安全关键核心技术产品。我国在核工业网络安全领域仍有上升空间，因此，我国亟须加大在核工业网络安全领域的资金投入，设立专项资金，持续研究安全关键核心技术产品，充分将5G、区块链、数字孪生等新技术与核工业网络安全技术相结合，创新安全技术产品，提升安全防护综合水平。二是搭建核工业行业企业网络安全态势感知与风险监测平台。鼓励核工业相关企业建立企业级安全态势感知与风险监测平台，全网扫描监测公网在线设备，实时发现安全隐患，及时在行业内通报，实现信息共享，最大程度降低可能带来的安全损失，强化安全技术保障能力。

（五）充分调动产业各方力量密切协作，共筑核工业网络安全防护屏障

核工业网络安全防护体系的建设离不开产业各方的密切配合。一是依托相关组织开展核工业垂直领域的网络安全研究与实践工作。为进行核工业网络安全工作，可成立相关组织，然后动员产业各方力量积极参与，开展核工业网络安全产业研究工作，征集核工业网络安全解决案例，通过安全沙龙、企业调研等方式深入核工业安全实践。二是建立联合实验室和研究中心，深入推广核工业网络安全实践工作。核工业相关企业、安全企业等应加强合作，通过建立联合实验室和研究中心等方式构建核工业网络安全防护体系，并推出系列核工业网络安全防护产品和解决方案，借助安全企业提供安全服务，筑牢核工业网络安全屏障。

五、结束语

近年来，一些国家在核工业领域不断遭到网络安全攻击，安全形势十分严峻。因此，我国应加速推动构建符合我国核工业发展实际的网络安全保障体系，夯实核工业数字化转型的根基，为核工业健康有序发展保驾护航。

（中国信息通信研究院　刘晓曼）

数据科技创新赋能“通信 + 支付 / 金融”业务

在《“十四五”数字经济发展规划》政策指引下，我国数字经济在数字基础设施、数据要素、产业数字化转型、数字产业化、公共服务数字化、数字经济治理等领域市场空间广阔。

中国联通作为我国数字经济建设者中的国家队、主力军、排头兵，聚焦大联接、大计算、大数据、大应用、大安全，为构建数字中国提供有力支撑。

联通支付有限公司数据科技团队践行中国联通集团的新战略，立足公司“通信 + 支付 / 金融”业务，基于支付行业所构建的场景、消费者、企业商户、合作企业交易闭环，通过大数据、人工智能、机器学习、隐私计算及融合创新等技术手段，创新打造“数据产品开放孵化平台”，以数据挖掘技术驱动，场景应用量化价值为抓手，贯穿形成数据挖掘、场景应用、效果反馈、产品孵化、场景再应用、产品沉淀全流程、自动化生产流水线，真正实现数据资产化、数据产品化、数据价值化的高效转化能力。数据产品开放孵化平台如图 1 所示。

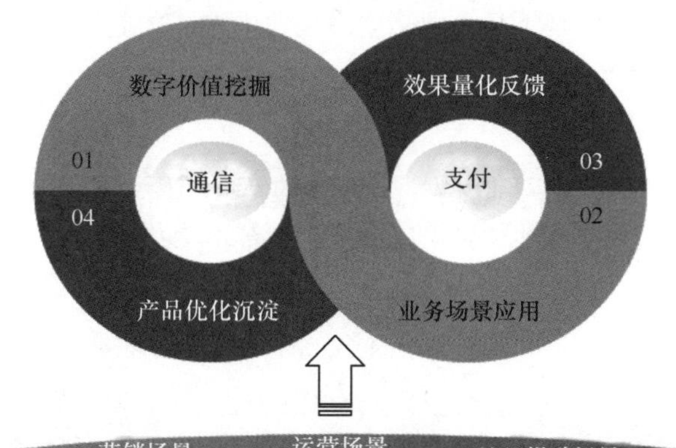

图 1 数据产品开放孵化平台

联通支付数据科技团队通过数据产品开放孵化平台对业务、场景、用户、交易各维度数据价值挖掘，已初步搭建完成数据资产库，涵盖身份资质、行为偏好、履约能力、信用历史、通信行为和支付行为六大类，语音、短信、交易、出行、资产、借贷、社交网络等 30 多项细分项，合计 2300 多个特征标签，基于团队模型、策略能力对数据资产进行深加工，打造各类数据科技产品服务通信、金融领域，涵盖营销、风控、运营、合规管理和经营效能提升等全业务场景。创新支撑公司主业高质量发展，通过创新数据产品，助力发展普惠金融，赋能实体经济，助力国家数字经济发展。

一、大数据科技，护航公司金融业务高质量发展

在智能化时代，数据正在成为金融业基本业务单元和重要资产，金融业务的关键在于数据经营，所以数据挖掘、应用能力已成为企业的核心竞争力。

联通支付有限公司数据科技团队在合规合法的前提下，充分挖掘集团、公司内外部数据，并运用随机森林、孤立森林、XGboost、层次分析法和逻辑回归等模型算法打造大数据产品——“小鱼分”。“小鱼分”根据不同业务场景衍生多个子产品，服务赋能金融业务风险管理、用户全生命周期运营及其他创新业务场景。

（一）金融业务风险管理场景方面

“小鱼分”通过数字化方式重塑风险识别、风险计量、风险监测、风险评估、风险控制和风险报告等环节，可细分 7 个子产品应用于贷前、贷中和贷后全流程，例如，贷前反欺诈、贷前信用评估、贷前定额定价，贷中调额调价、贷中风险预警，贷后

用户风险分级、贷后催收策略。“小鱼分”的应用使公司金融分期、金融信贷等业务实现风险审批全流程线上化，实现秒级实时风险决策，风险识别和控制水平处于市场可比同类业务上游水平。

（二）用户全生命周期运营场景方面

“小鱼分”通过数据驱动方式贯穿用户获取、促活、转化、增粘、交叉营销完整用户旅程，产品秉承用户画像最小颗粒度原则，精准洞察用户各类特征和偏好，配合搭载智能营销策略引擎系统，将各类文案、图片、视频、活动等营销措施，精准、实时、智能化地推送至特定用户，真正实现千人千面。该产品目前已服务于联通集团的 16 个营销活动，并广泛应用于支付公司金融分期、金融信贷、商户支付等业务场景，取得了显著效果，相较随机营销，基于客群洞察的精准营销端到端转化率提升 60 倍，投资回报率提升 3 倍以上，实时断点营销较常规离线营销转化提升 1.5 ～ 3 倍。

（三）其他业务场景创新方面

与此同时，“小鱼分”不断新增子产品，聚焦细分场景，拟通过有效评估集团通信用户信用价值，助力集团信用免押业务和消费优惠减免业务，从而带动集团终端、话费、网费等消费，促进交易达成，助力主业维系用户。

为实现多元、多维数据合规引入应用，不断打磨“小鱼分”产品，数据科技团队积极推进与个人持牌征信机构——朴道征信和百行征信的合作，基于自身团队数据科技能力优势，结合持牌征信机构海量数据、合规主体优势，联合共建大数据风控模型，在不断提升“小鱼分”产品能力和行业影响力的同时，借助朴道征信和百行征信已对接的全量银行机构为抓手，积极推进“小鱼分”对外输出，通过赋能中小银行机构普惠金融业务，服务实体经济。

二、AI 技术驱动，赋能集团智慧网络建设

随着 4G、5G 业务的高速发展，流量的快速增长导致大量的小区指标超过预警门限，网络质量下降，需提前、有效解决拥塞，确保用户高质量感知。同时，随着 5G 应用的不断扩大，如何评估 4G、5G 的网络质量，针对高负荷和低负荷的小区进行主动优化，是未来关注的重点方向。传统的基于 ARIMA 模型、Prophet 和机器学习算法的模型，在处理大规模时序数据时，存在模型误差较大且泛化性差的问题。

联通支付数据科技团队基于深度学习方法，通过自定义 MLP 模型结对 MR 指标数据进行精准预测，打造 License 智能调控数据产品，及时捕获基站间的潮汐效应，对 License 进行拆闲补忙支撑网随人动，实现 License 调配的精准化和价值最大化。

License 智能调控数据产品基于时间窗口设置样本高效提取方法，快速生成样本数据供模型训练和预测使用。使用 MLP+ ResNet + Dropout 构建深度学习模型，使用学习率 warm up 和衰减机制，加强模型的鲁棒性。通过对模型压缩方法，降低模型参数量达到模型性能和预测时长的平衡，方便线下部署使用。

该产品已应用服务于中国联通某省分公司，完成空口上行业务流量（吉比特）、空口下行业务流量（吉比特）、下行 PRB 平均利用率（%）指标进行有效预测，并取得“上行流量可节约 38.82%，下行流量可节约 24.07%”现状成效 。License 智能调控数据产品方案及效果如图 2 所示。

三、基于隐私计算大数据联邦学习平台，实现金融数据安全流通探索

随着人工智能在各行各业的应用落地，现代社会正在逐渐意识到数据所有权的重要性，《中华人民共和国数据安全法》于 2021 年 9 月开始正式实施，《中华人民共和国个人信息保护法》于 2021 年 11 月起开始实行，公民隐私安全正面临着前所未有的挑战，数据安全和隐私保护已成为国家关注的重点。

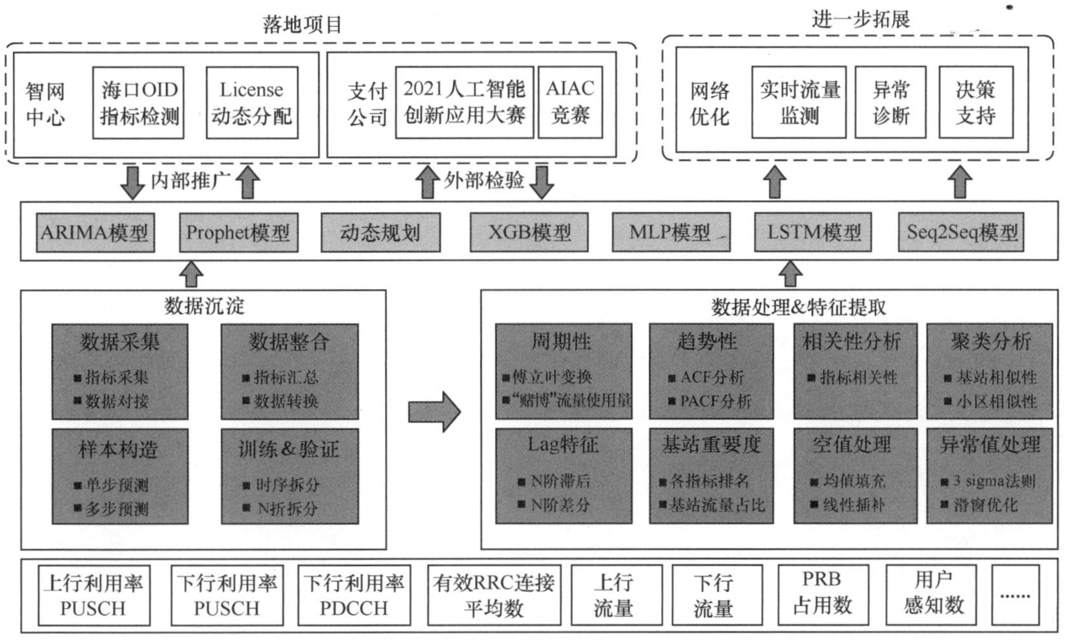

图 2 License 智能调控数据产品方案及效果

随着数据安全相关的法律架构越来越完善，数据在不同组织间收集和分享数据会变得越来越困难。特别在金融、电信领域会涉及高度敏感的数据，这些高度被保护的数据不能被共享。因此，在金融领域如何在保证数据“可用而不可见”的情况下进行建模和行为判断是一个亟须解决的问题。

联通支付有限公司数据科技团队创新探索大数据联邦学习平台，通过对联邦学习、安全多方计算（同态加密）的相关理论和技术研究实践，研发面向金融领域的基于隐私计算联邦学习算法和模型，在金融领域的应用，从而具备安全合规融合多方数据价值的能力，解决信用审查维度偏小且没有体系化，监督预警不能及时体现等问题，着力解决外部攻击威胁、内部安全风险、数据交换威胁、合规治理风险，避免出现数据鸿沟及信息孤岛，盘活第三方机构数据资源价值。

数据科技团队在隐私计算大数据联邦学习平台的探索，致力完成如行业创新攻关，助力金融行业数据合规安全应用和流通，为我国数字产业化繁荣发展贡献力量。

（联通支付有限公司 韦雪松）

5G 技术与行业应用发展篇

5G产业发展与展望

一、中国市场引领全球 5G 发展

中国国内 5G 产业与市场在 2021 年取得显著成绩，已成为全球 5G 发展的“火车头”。根据工业和信息化部的统计数据，截至 2021 年年底，中国的电信运营商新增 5G 基站 65.4 万座，全国 5G 基站总数已达 142.5 万座。5G 手机 2021 年出货量达 2.66 亿部，占全部手机出货量的 75.9%。网络和终端的快速发展带动了国内 5G 用户的快速增长，推动了数据流量消费的持续上升。截至 2021 年年底，5G 手机终端连接数达到了 5.18 亿个，移动互联网月户均接入流量（Dataflow Of Usage，DOU）达到 13.36GB，12 月的 DOU 达到 14.72GB，创历史新高。

中国 5G 产业和市场的蓬勃发展，为 5G 在全球市场的加速注入了强大动力，使全球 5G 产业生态不断成熟，终端、网络和服务都取得了显著进展。根据 Strategy Analytics 数据，在全球前十名的 5G 手机厂商中，中国厂商已占八席，全球 5G 终端出货量实现同比增长 128%。截至 2021 年第四季度，5G 手机已占全球手机出货量的 53%。随着更多的电信运营商开始利用中低频段扩展 5G 网络覆盖，5G 网络人口覆盖率迅速上升，除了中国、韩国，美国、日本、德国、法国、西班牙等市场的 5G 网络人口覆盖率也已达到或接近 80%。在终端和网络发展的推动之下，全球 5G 用户发展呈起飞之势，Strategy Analytics 数据显示，截至 2021 年年底，全球 5G 用户数超过 7.8 亿，占全球蜂窝通信用户总数的 9.5%。这表明全球 5G 发展将在未来几年维持高速增长。Strategy Analytics 预计 2026 年全球 5G 用户达到蜂窝通信总用户数的 36%，连接收入达到蜂窝通信连接收入的 57%，成为全球主流的移动通信技术。

在 5G 消费者业务稳定发展的同时，各国电信运营商及垂直行业合作伙伴也都对 5G 在垂直行业市场的应用前景寄予厚望，进行了积极广泛的探索。工业和信息化部数据显示，截至 2021 年 11 月末，我国已建成 5G 行业虚拟专网、混合专网超过 2300 个，“5G + 工业互联网”在建项目超过 1800 个，在采矿、钢铁、电力等 10 个重点行业形成远程设备操控、机器视觉质检等 20 个典型应用场景，赋能千行百业转型升级成效显著。

德国、英国、日本、韩国等主要工业化国家还为 5G 行业应用分配了局域专用频谱，支持垂直行业用户申请专用频率、自建 5G 专网，促进 5G 垂直行业应用的发展。局域专用频谱的分配激发了产业界对 5G 行业部署的热情，扩展了市场的想象空间，有望吸引更广泛的产业参与，从而促进 5G 与行业应用深度融合。部分已为或计划为 5G 行业应用分配局域专用频谱的国家或地区见表 1。

表 1　部分已为或计划为 5G 行业应用分配局域专用频谱的国家或地区

国家或地区	频段	状态
法国	2570MHz ～ 2620 MHz（目前用于 4G，未来可用于 5G）	2019 年 5 月开放申请
中国香港	24.25GHz ～ 27.5 GHz 27.5GHz ～ 28.35 GHz	2019 年 7 月开放申请
德国	3700MHz ～ 3800 MHz	2019 年 11 月开放申请
	24.25GHz ～ 27.5 GHz	2021 年 1 月开放申请
英国	3800MHz ～ 4200 MHz 1800 MHz 2300 MHz 24.25GHz ～ 26.5 GHz （仅用于室内）	2019 年 12 月开放申请

（续表）

国家或地区	频段	状态
日本	28.2GHz ～ 28.3 GHz	2019 年 12 月开放申请
	2575MHz ～ 2595 MHz	* 供 NSA[1] 模式下部署
	4600MHz ～ 4900 MHz	LTE[2] 网络用
	28.3GHz ～ 29.1 GHz	2020 年 12 月开放申请
芬兰	2300MHz ～ 2320 MHz	2020 年 7 月开放申请
	24.25GHz ～ 25.1 GHz	2021 年 4 月开放申请
澳大利亚	24.7GHz ～ 25.1 GHz 和 27.5GHz ～ 29.5 GHz	2020 年 11 月开放申请
	25.1GHz ～ 27.5 GHz，在已分配的区域之外	2021 年 5 月开放申请
瑞典	3760MHz ～ 3800 MHz 24.25GHz ～ 25.1 GHz	2021 年 11 月开放申请
韩国	28.9GHz ～ 29.5 GHz 4720MHz ～ 4820 MHz	2021 年 11 月开放申请
中国台湾	4.8GHz ～ 4.9 GHz	技术实验中
荷兰	3400MHz ～ 3450 MHz 3750MHz ～ 3800 MHz	预计 2022 年 9 月开放申请

1. NSA（Non-Stand Alone，非独立组网）。
2. LTE（Long Term Evolution，长期演进技术）。
资料来源：各监管机构、Strategy Analytics

二、全球移动通信产业发展呈现新的特点

观察 2021 年全球 5G 发展，我们可以发现，全球移动通信产业呈现一些新的动向与特点。

在消费者市场，随着 5G 业务的逐渐展开，各国主要电信运营商开始探索新型业务模式，希望突出 5G 的体验优势，提升用户价值。以韩国电信运营商为代表的部分东亚电信运营商，积极发展内容业务，或与内容提供商紧密合作，或加大自制内容的投入，通过将优质内容与 5G 业务捆绑，提升了 5G 业务的吸引力和用户黏性。而部分欧洲电信运营商则聚焦于 5G 优秀的用户体验，推出了基于速率体验定价的不限流量资费计划，利用 5G 显著高于 4G 的速率体验，吸引用户向 5G 迁移，保持并推高每用户平均收入（Average Revenue Per User，ARPU）值。还有部分电信运营商，希望利用 5G 可与光纤宽带媲美的速率体验，发挥无线接入部署灵活的特点，将 5G 作为宽带接入“最后一公里”的解决方案，从而提升在宽带固定市场的竞争力，并扩大 5G 的市场空间。

这些新的业务模式都以优质的连接体验为基础。另外，随着这些新模式逐渐被消费者接受，消费者也必然对网络连接提出更高的要求。例如，在芬兰，主要电信运营商推出基于速率体验的资费模式，选择 300Mbit/s 及以上资费计划的用户比例从 2018 年上半年的 2% 增长到了 2021 年上半年的 13%。这就需要电信运营商保持对新技术的持续投入，推动网络、终端及业务应用的协调发展，满足消费者不断提升的体验需求。

在 5G 行业市场，局域专用频谱的发放开启了百花齐放的新局面。不仅电信运营商对这一市场寄予厚望，希望借行业 5G 开启新的增长空间，传统的行业解决方案提供商、系统集成商、新兴的互联网和云计算巨头也对 5G 行业市场给予了极大关注。例如，传统工业自动化巨头西门子已经开发自有的 5G 产品，计划为用户提供包括网络和终端设备在内的全套 5G 方案，并将其与自己的工业自动化解决方案融合，形成新一代“工业 4.0”方案。公有云市场领袖 AWS 也推出了自己的专用 5G 方案（AWS Private 5G），将专用 5G 连接作为 AWS 云服务的一部分供企业用户选择订购。韩国互联网巨头 Naver 的云计算分支公司——Naver Cloud 日前也宣布，将利用韩国的专用 5G 频谱为提供定制的专用 5G 网络服务，成为韩国首家专用 5G 网络运营商。

这种百花齐放的局面能够更好地适应行业市场长尾化、定制化的需求，加快 5G 与行业解决方案的融合，助推各行业的数字化转型。但是，非传统电信行业玩家的进入也将抢占传统电信运营商的市场空间，使电信运营商在行业市场面临陷于管道化困境的风险。

在技术进步和地缘政治因素的双重推动之下，5G 网络设备市场出现新的动向。一方面，以华为为

代表的中国厂商凭借持续大量的研发投入和规模庞大的本地市场，克服地缘政治因素的不利影响，在全球5G市场持续保持领先；另一方面，以开放接口和虚拟化为主要特征的开放无线接入网（Open Radio Access Network，Open RAN）架构也正在受到越来越多的关注。日本的乐天移动、美国的 DISH Wireless、德国的 1&1 等新兴移动运营商，开始用 Open RAN 架构建设自己的移动通信网络。而 Vodafone、Orange、Deutsche Telekom、Telefonica、TIM 等欧洲主流电信运营商也对 Open RAN 给予极大关注，公布了发展和部署 Open RAN 的初步时间表。在 Open RAN 冲击无线接入网市场的同时，核心网虚拟化水平也在被不断提升，开始出现基于公有云厂商平台的移动核心网部署。德国 Telefonica、瑞士 Swisscom 等电信运营商先后宣布将基于 AWS 的混合云部署 5G SA 核心网。美国 AT&T 更是宣布将 5G 核心网及其整个技术团队转移至 Microsoft Azure 云平台，而美国的新兴运营商 DISH Wireless 则决定基于 AWS 云平台部署包括核心网与无线接入网在内的整个网络基础设施。这些发展表明，面对 IT 化、虚拟化的大潮，作为电信网络设备产业“护栏”的专用软硬件生态正在出现裂痕与缝隙。这些缝隙如果持续扩大，将对传统上较为封闭的电信网络设备市场产生巨大冲击。中国、美国代表性互联网公司与电信运营商营收和利润的对比如图 1 所示。

三、5G 时代有望成通信行业转型升级的重要阶段

当前，互联网产业的发展和 ICT 技术的融合使移动通信产业面对的市场格局和产业生态发生巨大的变化，而移动通信的技术发展也面临基础理论进步停滞的窘境，移动通信行业的发展正面临前所未有的挑战。在最核心的空中接口技术领域，4G、5G 技术的频谱效率已经非常接近香农信息论确定的理论极限。虽然通过采用更高的频段、更大的带宽、更多的射频通道和天线单元等手段可以进一步提升系统的性能，但也可能会付出相当大的工程代价，且应用场景存在较大局限。

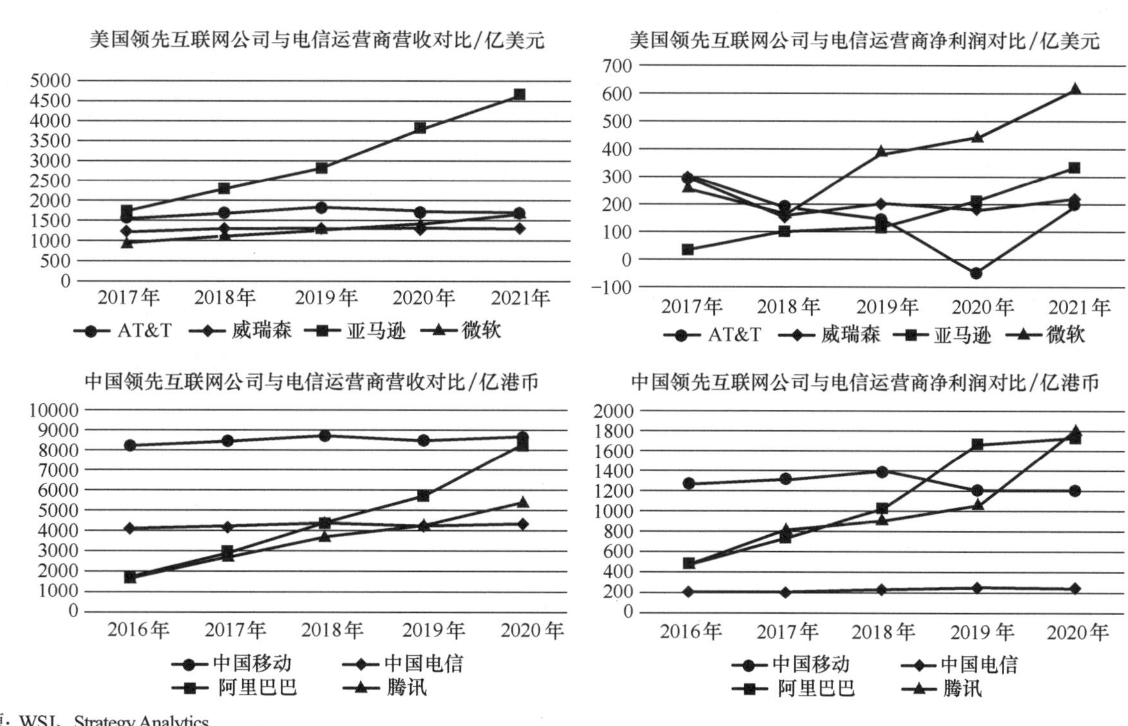

资料来源：WSJ、Strategy Analytics

图 1 中国、美国代表性互联网公司与电信运营商营收和利润的对比

另外，互联网产业的蓬勃发展在带动流量消费增长、不断对网络容量提出新要求的同时，极大地抢占了消费者通信信息消费的份额，压缩了传统通信行业的市场空间，制约了通信行业的内生性增长能力。Strategy Analytics 预测，未来 5 年，全球移动运营商在消费者市场的业务收入不但不会增长，还可能出现年均 0.1% 的下降。目前，行业领先的电信运营商普遍寄希望于垂直行业市场，期望扩展业务领域，实现可持续增长。但垂直行业市场并不都是所谓的“蓝海”，电信运营商将在一个相对陌生的市场，面临多方的激烈竞争。

截至 2021 年年末，拥有公有云业务的三大国际互联网巨头——Microsoft、Alphabet 和 Amazon 已分列全球上市公司市值排行榜的第二、第三和第五位，三者的市值总和超过 6 万亿美元，仅 Microsoft 的市值就约为 AT&T 的 5 倍、Deutsche Telekom 的 10 倍。在市值远超电信企业的同时，互联网公司在业务收入、净利润等方面均开始超越电信运营商，并保持更高的增长速度。

未来 10 年，如果这种趋势不发生显著变化，则必然会影响电信运营商对新技术的长期投入能力和对产业链的影响力。为适应市场环境与产业生态的变化，电信企业必然需要重新定位自身在全球 ICT 产业链中的角色，确定新的技术路线和商业模式，并根据新的战略定位推动自身组织架构、人力资源和技术能力的转型升级。这一过程可能恰逢 5G 业务在全球市场的推广与成熟。可以说，行业的重新定位与转型升级，以及在转型过程中如何保持营收规模和产品服务的竞争力将是电信运营商在 5G 时代面临的主要挑战。

为应对这一挑战，实现平稳转型，电信运营商需要充分发挥 5G 的体验优势，保持用户基数和收入规模的相对稳定。同时，我们应发挥 5G 的技术特点，积极探索新的市场空间及与各界产业伙伴的竞合模式，进而确定自身在新时期 ICT 产业链中的角色与定位，从而为技术路线和商业模式的转型奠定基础。在这一过程中，5G 有望发挥重要的保驾护航作用，成为电信行业转型升级的“敲门砖”，并最终迎来更灿烂的 6G 时代。

（Strategy Analytics　杨光）

"5G + 工业互联网"的市场发展态势与路径

工业互联网是新一代信息通信技术与实体经济深度融合的产物和具体承载，汇聚集成了移动通信、大数据、人工智能等信息通信先进成果，打造形成数字化、网络化、智能化发展的重要基础设施。5G具备高速率、低时延、大连接的特性，与工业互联网连接多样性、性能差异化及通信多样化的需求高度契合，是工业互联网网络演进升级的关键使能技术。5G和工业互联网融合发展的本质在于通过利用以5G为代表的新一代信息通信技术实现对人、机、物、系统等的全面连接，进一步提升传统基础设施的智能化水平。

近年来，"5G＋工业互联网"迅猛发展，在众多行业迅速落地，已经成为经济社会数字化转型的重要驱动力量。

一、"5G + 工业互联网"的发展已经处于发展驱动力转换的关键拐点

截至2021年10月，我国"5G＋工业互联网"建设项目超过1800个；端到端网络切片等新型关键网络技术加快落地，建成全球规模最大的5G独立组网网络；具有影响力的工业互联网平台超过100家，连接设备超过7600万台；在钢铁、矿山、港口等十大重点行业，涌现了20个典型应用场景，技术潜能加速释放，为全行业利用"5G＋工业互联网"进行数字化转型提供了良好路径，有力推动了以数字化、网络化、智能化为核心的企业数字化转型和高质量发展。然而，从数字产业化角度来看，供需两侧仍然处于磨合期，虽然业界称其为"冰火两重天"：供给侧的国家和各地相关政府、相关机构、众多工业互联网企业，热情高涨、积极推动；需求侧的工业企业谨慎参与的状态有所缓解，但距离全国行业的规模应用还有一定距离。

"5G＋工业互联网"供需失衡固然与"5G＋工业互联网"处于发展初期有关，但其根本原因仍然在于供给侧没有正确认识"5G＋工业互联网"市场本身的发展特征。在"5G＋工业互联网"处于市场发展驱动力转换拐点的关键时刻，厘清"5G＋工业互联网"内生驱动发展的动力及可能的突破口，对于我国经济社会的数字化转型尤为重要。

可喜的是，越来越多的新生力量开始认识到、切实感受到"5G＋工业互联网"对推进行业数字化转型，实现高质量发展的独特价值。这些新生力量既包括积极开展数字化转型的传统企业，也包括积极投入"5G＋工业互联网"这一新型领域的消费互联网企业，例如，大数据、人工智能新型企业，以及高校和科研机构。传统力量与新生力量的相互碰撞，众多成功案例表明，"5G＋工业互联网"发展的驱动力已经由政策驱动力向市场驱动力转换。当市场驱动力成为"5G＋工业互联网"发展驱动的主要力量时，我国工业企业的高质量发展必将展现全新的面貌。

二、"5G + 工业互联网"市场的发展态势

（一）"5G + 工业互联网"市场仍然处于发展初期，距离全行业普遍应用还有一段距离

从时间维度看，"5G＋工业互联网"发展的时间历程较短。国务院2007年发布《国务院关于积极推进"互联网＋"行动的指导意见》，2019年我国向四

家电信运营商发放5G牌照，“5G＋工业互联网”的发展仅有数年时间，制造业整体上对于“5G＋工业互联网”应如何赋能产业转型升级还处于观望和探索阶段。

从供需角度看，供需两侧整体上处于磨合期。供需两侧对于“5G＋工业互联网”的发展方式、落地模式存在一定程度的认识偏差，造成需求侧难以判别“5G＋工业互联网”是否能提升企业的生产管理水平，实现降本增效。2020年“5G＋工业互联网”整体能力发展评级分布如图1所示。

（二）可复制性弱是“5G＋工业互联网”市场不同于消费互联网的显著特征

消费互联网通过一款高度标准化的软件产品提供给个人用户，具备从商机到收益的市场闭环特征。由于工业场景的复杂性和“千企千面”的个性化需求，所以工业互联网基本不具备通过一款标准产品就能满足不同行业需求的能力，甚至在多数情况下，即便在同一行业，工业互联网产品也不具备规模化应用的能力。因此，相比消费互联网产品，工业互联网产品或项目多数是场景化的，可复制性比消费互联网产品要弱很多。

通常，“5G＋工业互联网”市场的产品或项目要求供给侧：①必须具备需求侧涉及的生产工艺等专业领域知识；②拥有恰当的、能够解决需求侧需求的专业产品/工具；③通过较高的技术服务水平满足需求侧的个性化要求。然而，“5G＋工业互联网”市场的供给侧很难同时具备上述3个条件，这也是“5G＋工业互联网”市场的产品或项目可复制性弱的根源。

“5G＋工业互联网”市场的产品或项目可复制性弱很难通过资本市场的力量解决。因此，“5G＋工业互联网”项目的建设成本高，进一步压制了需求侧的增长，拉长了“5G＋工业互联网”市场的成熟周期。

“5G＋工业互联网”市场的产品或技术服务可复制性的提高可能更依赖于企业数字化产业链的分工重构和生态形成。

（三）需求侧尚不具备规模建设“5G＋工业互联网”的条件

制造业整体上可以建设“5G＋工业互联网”，实现转型升级的前提是：自身在自动化、数字化、信息化和人才方面已经具备了一定水平。但相关数据表明，2018年，我国工业企业设备数字化率仅为45.9%，数字化设备联网率为48.4%，企业通过通信技术实现不同层级互联互通的比例低于20.3%。

国家统计局数据显示，2019年中小型工业企业约占工业企业总数量的98%，贡献了我国60%的国内生产总值（Gross Domestic Product，GDP）、50%的税收和80%的城镇就业。但中小型企业在工业互联网领域的人才储备、可投入资金存在明显短板，目前难以承受建设“5G＋工业互联网”项目的投资。

因此，从整体上看，我国工业企业需要补足在自动化、数字化、网络化、信息化方面的短板；在建设投资可负担性、人才储备方面难以规模建设“5G＋工业互联网”。

但需要注意的是，在宏观层面，需求侧在自动化、数字化、网络化、信息化方面的短板，不是“5G＋工业互联网”全行业普遍应用的主要制约力量。在微

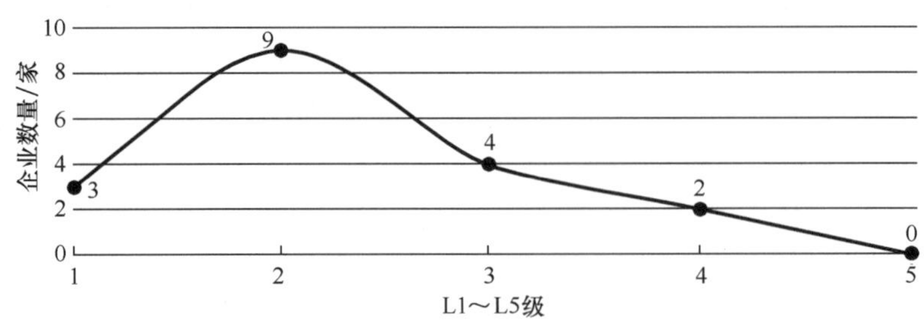

工业互联网发展水平分为L1～L5共5个层级，L5为最高级别。

图1　2020年“5G+工业互联网”整体能力发展评级分布

观层面，需求侧在自动化、数字化、网络化、信息化方面的短板提出对“5G + 工业互联网”供给产品的高要求，将使那些具有技术优势的“5G + 工业互联网”产品供给个体企业，获得空前的市场“蓝海”和行业优势地位。

（四）供给侧自身能力与需求侧要求还有较大差距

1. 5G 技术工程落地能力需要加强

在工业控制现场，因为 5G 通信协议不适用 ISA-95 标准定义的第 1 层的运动控制和现场控制，所以 5G 网络主要用于满足 ISA-95 标准（对应 GB/T 20720）第 2 层及以上层的控制需求。通过用户端口功能（User Port Function，UPF）下沉的方式，5G 构建的工厂内网端到端的平均网络时延已经降到 20ms 以下，通过网络优化，可进一步降到 10ms 左右，已经满足工厂内过程控制对网络时延的要求，即基本满足对照 ISA-95 标准第 2 层及以上层的时延要求。网络层面目前面临的主要是 5G 网络与企业的生产工控网络的融合问题，例如，5G 网络如何构建工业环网、非确定 IT 网络和确定性操作技术（Operation Technology，OT）网络的融合等。企业系统与控制系统的集成模型如图 2 所示。

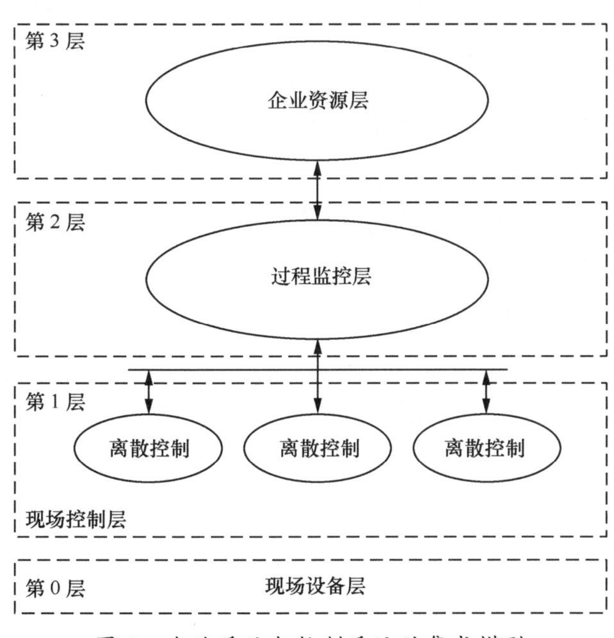

图 2 企业系统与控制系统的集成模型

工业互联网平台供给侧存在的主要问题在于没有满足需求侧对可定制、轻量化的要求，其原因在于供给侧以 IT 的思路做 IT 和 OT 融合的项目，主要表现如下。

① 需求侧要求的是能够搭建解决生产单一环节、单一产线问题的工业互联网平台。因为这会增加供给侧产品维护成本，所以供给侧很难为客户提供“量身定制”的工业互联网平台解决方案。

② 需求侧对工业互联网平台的要求是能够解决具体的生产问题，而供给侧常常因为不了解工业现场的生产工艺、业务逻辑，很难为客户提供与之适配的工业互联网平台。

③ 需求侧提出“数据不出厂区”的要求，因此，供给侧提供的工业互联网平台必须具备私有化部署的技术特性。但由于成本和技术实施难度高，供给侧推动平台私有化部署的意愿较低。

④ 需求侧对 OT 域数据及 IT 域数据的互联互通具有强烈需求，但 OT 域数据采集涉及不同工业协议的工业设备。目前，供给侧提供商多来自 IT 领域，对工业设备、工业控制系统开展互联互通活动时，在数据采集的稳定性、解耦性等关键技术环节存在短板，影响了项目建设的最终成效。

虽然 5G 发展迅猛，被众多企业采用，但 5G 属于新生技术力量。从技术生态角度看，5G 技术工程化的生态，使项目落地的建设成本高、维护成本高，不能有效地挖掘落地场景，发挥 5G 最大的价值。

2. 商业模式

供给侧必须认识到“5G + 工业互联网”的市场推广模式与消费互联网存在的显著差异：消费互联网借助资本力量 + 地面推广从而快速占领市场的商业模式不适用于工业互联网市场。工业互联网市场属于面向企业的市场。面向企业的市场的项目建设决策链长度、建设周期远大于面向普通消费者的市场，对产品稳定性、售后服务及时性的要求也远高于面向普通消费者的市场。

需求侧能够为“5G + 工业互联网”创造的新价

值付费，但不会为“5G＋工业互联网”的技术先进性付费。供给侧需要扭转当前以“技术先进性”为核心的市场落地策略，转向以解决“工业现场数生产调度与生产联动”为核心的市场落地策略。

对于整个“5G＋工业互联网”产品和技术服务供给侧而言，最急迫的是转变“简单化”“挣快钱”的发展观念。目前，“5G＋工业互联网”产品和技术服务供给侧只把“5G＋工业互联网”产品和技术服务简单地理解为信息系统，而没有深刻地理解“5G＋工业互联网”产品和技术服务应当为企业创造价值的本质。

三、“5G＋工业互联网”的市场发展推进路径

（一）“5G＋工业互联网”在制造业市场落地的首要场景

生产管理层是“5G＋工业互联网”在制造业市场发展落地的首要场景。在工业现场，尤其是制造企业，企业的经营管理活动分为运营管理层和生产管理层两个层次，即传统意义上的IT层和OT层。IT层的数字化、信息化程度要高于OT层。IT层的核心是数据互联互通，进而实现基于数据分析的企业辅助决策。在实施层面，IT层的易实施性也优于OT层。相反，在数字化、信息化、可实施性上不占优势却直接承担制造企业价值创造的OT层，通过“5G＋工业互联网”实现降本增效的意愿更强烈，困难也更大。

“5G＋工业互联网”建设项目要考虑生产管理层的特点。这些特点包括生产管理层的组织方式、工序特征、技术可承受度等。脱离具体生产管理层对象的接受度将直接影响“5G＋工业互联网”建设项目的建设成效。

（二）“5G＋工业互联网”是制造业数字化转型的核心“软装备”

工业互联网的本质是一个工业软件产品：通过采集生产经营数据、分析数据，融合专业领域知识，再反向控制物理实体实现价值创造。与传统地专注于单个或多个生产环节的工业软件相比，工业互联网对生产环节覆盖的广度、深度要远远高于传统工艺软件，具体表现如下。

① 在广度上，工业互联网不仅承担了制造执行系统（Manufacturing Execution System，MES）软件对人员、资源分配、计划安排与执行等生产联动与调度的功能，而且把生产装备的联动控制也纳入工业互联网的功能范畴。

② 在深度上，工业互联网不仅注重对单个生产环节的充分感知、实时决策和反馈控制，而且更加注重对整体正常环节的充分感知、实时决策、反馈控制。受益于工业互联网的开放性，先进的专业知识及时融入工业互联网的控制逻辑，快速提升制造业企业的经济效益。

因此，“5G＋工业互联网”是制造业数字化转型、数字孪生工厂的核心“软装备”。

（三）标准化开发平台＋个性化技术服务的技术发展模式

“5G＋工业互联网”建设项目可复制性差的主要原因在于制造业现场的个性化需求。个性化需求直接增加了项目资金，延长了实施周期及投资回报期。标准化开发平台＋个性化技术服务的技术发展模式是提高“5G＋工业互联网”建设项目可复制性的有效手段。

① 标准化开发平台聚焦“5G＋工业互联网”建设项目的共性需求：网络接入管理、数据存储管理、工业物联模块、工业控制模块，以及用于能力输出的对外接口模块。

② 基于标准化开发平台提供的底座能力，通过技术服务满足客户的个性化需求。满足制造业现场个性化需求的技术服务可由标准化开发平台提供商完成，也可由第三方合作伙伴完成。

标准化开发平台＋个性化技术服务的技术发展模式不仅有效降低了项目的建设成本，而且有利于

通过专业化分工的方式建立更加完善的“5G＋工业互联网”建设项目交付生态，推动“5G＋工业互联网”健康有序发展。

（四）生产管理组织方式是“5G＋工业互联网”发挥最大效用的重要因素

作为一种技术手段，“5G＋工业互联网”是制造业数字化转型的有力工具。但数字化转型的成败取决于生产组织方式、人才、技术、管理方式等多种因素。先进的生产力需要与之适配的生产关系。例如，抚顺新钢铁在实践“5G＋工业互联网”推动传统钢铁冶金企业数字化转型的过程中，通过优化工作内容，重新梳理工作衔接的方式，改变了不符合数字化转型的生产组织方式，取得了良好的成效。因此，针对数字化企业对生产组织方式、部门岗位设置、工艺改进等要求，优化现有生产组织方式对发挥“5G＋工业互联网”的最大效用具有重要意义。

四、结束语

目前，“5G＋工业互联网”正处于由政策驱动力转向市场内生驱动力的关键发展拐点。市场驱动力成为主要驱动力时才标志着“5G＋工业互联网”成为行业数字化转型的主力军，价值创造的新生力量。

“5G＋工业互联网”全面完成发展驱动力的转换，依赖“5G＋工业互联网”产品和技术服务供给侧和需求侧的共同努力，但主导力量依赖于“5G＋工业互联网”产品和技术服务供给侧。“5G＋工业互联网”产品和技术服务供给侧需要正确理解“5G＋工业互联网”市场的技术模式和商业模式。

“5G＋工业互联网”全面完成发展驱动力的转换，依赖“5G＋工业互联网”产品和技术服务生态的形成。目前，“5G＋工业互联网”产品和技术服务生态还不能满足行业对“5G＋工业互联网”产品和技术服务的要求。

虽然“5G＋工业互联网”发展面临不小的困难，但从“5G＋工业互联网”落地项目体现的价值来看，“5G＋工业互联网”的快速发展趋势已经不可阻挡。

（中讯邮电咨询设计院有限公司
辛荣寰　李兴林　程景浩）

F5G技术的发展及趋势分析

一、F5G的起源及发展概述

2020年，欧洲电信标准协会第五代固定网络（F5G）行业规范组正式将以10吉比特无源光网络（10Gbit/s Passive Optical Network，10Gbit/s PON）、第六代无线网络技术（Wi-Fi 6）为基础的千兆光纤宽带接入网络和以200Gbit/s/400Gbit/s、光业务单元—光传送网（Optical Service Unit—Optical Transport Network，OSU—OTN）、光交叉连接等为基础的端到端全光网络定义为F5G。

欧洲电信标准协会从全光纤联接（Full Fiber Connection，FFC）、增强型超高带宽（enhanced Fixed Broadband，eFBB）和保障可靠体验（Guaranteed Reliable Experience，GRE）3个维度定义了F5G R1的国际标准。

FFC包括光联万物，即光纤到机器、光纤到房间、光纤到桌面；新型光分配网络（Optical Distribution Network，ODN）架构、工艺和技术。

eFBB包括接入网以10Gbit/s PON、Wi-Fi 6来提升性能和优化成本，保持持续领先；传输网以200Gbit/s/400Gbit/s OTN/以太网敏捷传送网获得大带宽和高性能，并具备成本优势。

GRE包括以软件定义网络/网络功能虚拟化为代表的可编程能力；以动态编排和自动化的网络控制为代表的敏捷性；以开放应用程序接口为代表的互通性；以毫秒为代表的低时延。

我国光纤宽带网络经历了宽带中国、光网城市等以全光纤网络建设为特征的实施阶段。国家发挥各部门作用，持续开展网络提速降费和电信普遍服务工作，全社会合力共同推进光纤宽带网络基础设施的发展。截至2021年6月底，我国光纤接入端口总计达9.2亿个，在所有宽带接入端口中占比93.5%，比2020年同期提升1.4个百分点。全国光纤接入能力普遍超过百兆，并进一步向千兆以上速率升级。我国支持千兆光网接入的10Gbit/s PON及以上端口规模超过360万个，已经具备覆盖1.6亿户家庭的能力，覆盖范围约占全国家庭总数的三分之一。覆盖广泛的基础光纤宽带网络为F5G千兆网络的发展奠定了良好基础。

2021年3月24日，工业和信息化部进一步印发《“双千兆”网络协同发展行动计划（2021—2023年）》，提出以下网络建设目标：用3年时间，基本建成全面覆盖城市地区和有条件乡镇的“双千兆”网络基础设施，实现固定和移动网络普遍具备“千兆到户”能力；千兆光网和5G用户加快发展，用户体验持续提升；增强现实/虚拟现实、超高清视频等大带宽应用进一步融入生产生活，典型行业千兆应用模式形成示范；千兆光网和5G的核心技术研发和产业竞争力保持国际先进水平，产业链、供应链现代化水平稳步提升；“双千兆”网络安全保障能力显著增强。

F5G作为新基建的重要组成部分，为信息通信行业带来前所未有的前景和机遇，还将作为智能制造、智慧交通等融合基础设施的关键支撑。中国各电信运营商率先行动开展F5G建设，并且创新产品套餐，快速形成新型网络基础设施，促进智能应用发展、催生新经济增长点。

二、F5G 面临的挑战——千兆全光接入建网

全光接入已经成为业界共识，F5G 千兆全光接入已成为主流趋势。同时，F5G 对固定网络的能力提出更高的要求，面临的关键挑战如下。

（1）多业务承载弱

传统网络建设为了保障差异化服务级别协议（Service Level Agreement，SLA），通过“烟囱式”网络分别接入家庭和其他高价值对商企用户场景，多个网络叠加导致运维复杂、成本高。如果能利用一张全光接入网络承载所有业务场景接入，同时保障差异化 SLA，将能有效解决投资回报率（Return On Investment，ROI）问题。

（2）网络成本高

网络成本高主要体现在基础设施的 ODN 和有源设备光线路终端及光网络终端。

（3）ODN 部署

无源光网络的 ODN 是全光网的重要环节，占总投资的 70% 以上，传统的 ODN 部署方式需要专业的人员，通过多道工序，耗费大量的时间，才能完成现场掏纤熔接等复杂的工作，效率低下且质量难以保障。

（4）10 吉比特以太网无源光网络升级

10Gbit/s EPON 是实现千兆宽带的最佳方案。传统的 10Gbit/s EPON 升级模式需要新增 10Gbit/s EPON 板卡及外置合波器件，增加中心局站点空间及能耗，同时需要改造光纤连接，导致运维复杂。

（5）Wi-Fi 体验差

Wi-Fi 穿墙能力弱，无法 100% 覆盖；Wi-Fi 干扰大导致用户体验速率远小于入户带宽；时延高和丢包率高导致 4K 视频无法通过 Wi-Fi 进行稳定的承载。

（6）运维效率低

传统网络建设以设备为中心，用户体验无法得到有效保障，基于投诉驱动、依赖上门维修的人工经验来定位和处理问题，属于被动低效的运维模式，严重制约了网络运维效率和用户满意度的提升，加之电信运营商的网络资源不可视，用户对家庭宽带网络缺乏感知，电信运营商也缺乏有效的用户维系手段等问题，导致离网率居高不下。

三、F5G 的关键特征

相比第 4 代网络，F5G 在联接容量、带宽和用户体验 3 个方面均有质的提升，其上下行速率高达 10Gbit/s，时延降低到微秒级，联接数提升了 100 倍以上。其中，F5G 全光网通过全光接入、全光锚点、全光交换、全光自动驾驶等技术实现用户确定性体验，打造智慧城市“光立交”。

（一）“1ms”时延圈

F5G 通过全光接入、全光锚点、全光交换等技术，基于光纤高可靠、高性能、易部署、大容量等特性，以算力、运力的有效协同和扁平化的网络架构，实现边到云、云到云、边到边的“1ms”确定性网络时延，满足智慧城市业务的品质联接需求。同城、异城两地数据中心之间的“1ms”时延，犹如城际间“一小时交通圈”，通过全光节点的无损品质交换，实现数据中心之间的高速数据交互，政务、金融等专线用户时延敏感业务的超低时延传输。

（二）确定性网络联接

基于端到端的全光网络像城市内的高速轨道交通网，具有架构极简、链路超宽及经济节约的特点。F5G 以确定性的全光锚点布局解决接入段的不确定性问题，实现全光网与智慧城市业务在网络边缘侧的连接，打通了向终端用户侧延伸的“最后一公里”，保障了确定性接入和确定性时间。全光交换使传输时延从毫秒级降低到微秒级，网络“0”丢包率和 99.9999% 可靠性，实现确定的最短传输路径，最低的网络时延。全光自动驾驶通过智能化的管控调度和网络动态的实时感知以预测性的运维，使整个网络资源弹性化、支撑业务自动化、资源自动化、维护自动化，最大化地提升业务体验的感知。

四、F5G 推动构筑全光智慧城市

全光智慧城市以 F5G 全光智能底座为基础，融合物联网、云计算、人工智能等信息技术，形成立体感知、全域协同、精确判断和持续进化、开放的智慧城市系统，通过智能交互、智能联接、智能中枢、智慧应用共同构筑智慧城市全场景应用。

智能交互使智慧城市拥有了“五官”和“手脚”。它联通物理世界和数字世界，让软件、数据和人工智能算法在云、边、端自由流动。“城市大脑”“一网通办”“一网通管”等建设强化城市智能设施统筹布局和共性平台应用，其核心能力是通过云边协同操作系统让各场景海量的物联网实时数据接入，尤其是大量新型基础设施的运行数据，使资源、数据、云服务、生态和 AI 协同起来，面向人、事、物就近提供交互能力，满足各级城市管理的需求，提供丰富、及时的应用，让智慧城市可感知、能执行。

智能联接使智慧城市拥有了“躯干”，其本质是通过通信技术强化联接能力，联接智能中枢和智能交互。智能联接从联接人到联接物，再到联接应用、联接数据。智慧城市内外部资源与能力的有效联接，需要 5G、光纤这样的物理联接提供千兆接入，满足个性化业务的不同时延和可靠性需求，建立统筹数据、业务、技术、运营的智慧城市数字底座，使被联接的人、物、设备都可变为可相互交互的“数字物种”，实现资源与价值的有效转化，将智慧带到城市的每一个场景，实现全场景、全触点、无缝覆盖、随身体验的“沉浸式千兆体验”。

智能中枢为智慧城市构建了“大脑”和决策系统，是海量数据的汇聚点，为数据、算力、算法和智慧应用提供足够的能力支撑，使智慧城市海量数据和政企用户全业务全域互通，实现数据的全域共享，支撑人工智能发挥价值。智能中枢向下统接智能联接，向上驱动行业应用，强化关键共性能力整合和统一赋能，对各式各样的数据（数字、文字、图像、符号等）进行筛选、梳理、分析，并加入基于常识、行业知识及因果关联的判断，形成智能分析、决策和辅助行动，助力实现各行业的全场景智慧。

智慧应用使智慧城市更加“智慧”，是智慧城市价值的呈现，通过政府、企业和行业参与者协同创新，加速信息通信技术与行业知识的深度融合，共同构建智慧城市发展生态，重构体验、优化流程、使能创新，让居民幸福感更强，让企业生产效率更高，让行业创造力更强。

五、F5G 业务能力评价

全光智慧城市打造确定性大带宽、低时延、高可靠、快速敏捷的品质运力，在业务关键质量指标（Key Quality Indicator，KQI）和网络关键绩效指标（Key Performance Indicator，KPI）上，对各领域 F5G 业务场景的网络性能和用户体验进行评估。

（一）业务 KQI

F5G 高效综合运力评估，提供面向“云、网、业务”场景的高品质保障服务能力，从时延、带宽、可用性、开通时间和智能调度五大维度定义业务 KQI。

时延：打造“1ms”时延圈，以云配网、以网促云，可满足智慧城市各类联接场景低时延的创新应用需求。

带宽：实现“三千兆”全光接入、“T 级带宽”全光锚点，可提供端到端超高带宽运力保障。

可用性：从“尽力而为”到“确定性体验”，实现 99.999% 高可用率，为智慧城市的安全运行保驾护航。

开通时间：云光一体、协同控制、统一编排，实时按需获取云、网资源，提供“分钟级”业务极速开通服务。

智能调度：将光连接到园区、楼宇、房间、机器和桌面，通过 AI 技术，应用光网智能管控平台，可提供自动化、自助化的业务体验，以及差异化服务能力和主动式运维及故障预判，实现网络从人工操作到工具辅助执行，再到自助决策的全流程智慧运营。

（二）网络 KPI

与历代固定网络不同，F5G 在网络性能方面具有质的飞跃，具备超高网络接入速率、超低时延、海量联接等一系列优良特性，不仅可以催生云虚拟现实、云游戏、云桌面、超高清视频等新兴业务，提升数字生活的质量，推动数字经济的发展，而且可以渗透到工业生产领域，开启信息网络技术与工业生产融合发展的新篇章。

面向业务体验提升和推进网络能力提升，从网络接入技术、网络覆盖率、网络保护技术、电层转发跳数和网络管控技术五大维度定义网络 KPI。

网络接入技术：从同步数字序列 / 多业务传送平台到光传送网，接入速率从 Mbit/s 到 Gbit/s，再到 Tbit/s，不断提升，满足全业务带宽需求。

网络覆盖率：以业务接入全光锚点距离衡量连接密度，通过业务价值区域完善覆盖，当接入距离小于 2km 时，在资源预留的情况下，可实现天级业务的快速开通。

网络保护技术：接入侧和网络侧不同的单双链路组合，可为智慧城市业务配置不同的保护等级，提供可承诺的可用性。

电层转发跳数：基于光传送技术实现光层的一跳直达，有效减少不必要的电层转发，不仅能降低网络建设的成本，还可为业务提供更低的时延。

网络管控技术：通过引入智能化管控，提供快速业务创建、业务资源实时可视，基于时延、可用率等策略按需计算路径，并感知网络故障等能力，同时管控系统遵循标准定义的北向接口，支持对接上层协同层或者应用层，实现跨层、跨域业务及云网业务协同发放管理。

六、F5G 的意义——构建新生态

在我国经济正处于经济增速放缓、结构调整、新旧动能转换的关键期，F5G 可破解产业发展困境，成为促进经济增长、优化结构和转换动力的触发点，同时极大改善民生。F5G 将支撑新一轮消费升级，同时将推动新型产业生态发展，塑造核心技术和关键装备优势成熟。

以智慧城市为例，依靠多种 ICT 一体化协同发展，政府、行业、企业等社会主体共同参与建设。同时，带动上下游产业相互融合，催生更多的新技术、新业态、新场景和新应用，通过探索这些商业应用场景，促进“F5G+应用”的进一步深化与进化，构筑更大的生态系统平台，将最具确定性的极致网络体验带到更广泛的应用领域中，为每个用户带来前所未有的高品质沉浸式体验，加速千行百业的数字化转型，促进千兆产业的持续健康发展。

联接的价值与联接数的平方呈正比。以 5G、F5G 等超宽带网络为基础的智能联接网络，通过全要素、全产业链、全价值链的全面联接，赋能传统行业数字化转型，提高全要素生产率，带动通信产业链上下游的发展，释放数字对经济发展的放大、叠加和倍增作用，有力支撑构建以国内大循环为主体、国内国际双循环相互促进的新发展格局。

应用场景可包括“F5G+数字政府”“F5G+数字医疗”“F5G+数字金融”“F5G+企业上云”“F5G+智慧教育”“F5G+视频直播”“F5G+平安城市”和 F5G 商业模式。

F5G 实现了网络连接向数据连接、服务连接和智能连接的延伸。跨入“万物互联、千兆传输、微秒可达”的全光智慧城市一定还会产生目前尚未想象到的新应用，进一步丰富人民生活、激发经济生态、提升社会治理水平，更好地构建智慧社会。

（兰州文理学院　董小平
中国联合网络通信有限公司研究院　贾武）

5G 驱动国内手机市场呈现强劲发展活力

2021 年是 5G 手机加速发展的一年，国内手机行业克服芯片供应不足等不利因素，在 5G 技术的驱动下，展现了强劲的发展活力，扭转了国内手机市场自 2017 年以来出货量持续下降的趋势，再现大幅增长。

一、国内手机市场总体情况

（一）国内市场手机出货量增长，增幅高于全球

2021 年，国内手机市场总体出货量为 3.51 亿部，同比增长 13.9%，扭转了国内市场自 2017 年以来持续下降的趋势。与全球智能手机市场相比，我国有效的新型冠状病毒肺炎疫情防控和 5G 换机红利助力国内手机市场更快地从新型冠状病毒肺炎疫情影响中恢复过来，手机出货量增长幅度高于全球，Omdia 统计数据显示，2021 年全球智能手机出货量为 13.39 亿部，同比增长 3.5%。

（二）4G 手机替代 2G 产品，满足现阶段低端市场需求

根据工业和信息化部统计的数据，截至 2021 年年底，国内 2G 和 3G 用户约为 2 亿户，主要是一些老年手机用户。新型冠状病毒肺炎疫情期间的健康码及通信行程卡等应用在全国推行，以及国内部分电信运营商对 2G 和 3G 的陆续退网，导致很多人开始换手机。受限于价格因素或者用户使用习惯，4G 手机需求空间增大。2021 年，国内新上市的 4G 手机有 244 款，同比增长 31.9%，在同期手机上市新机型中占比 50.5%。

二、5G 手机快速普及，整体价位回落

（一）国内 5G 手机出货量占比接近八成

2020 年以来，国内手机市场进入由 4G 向 5G 转换的存量替换时期，2021 年渗透速度进一步加快，5G 手机迎来了高速发展期，出货量占比持续提升，成为当前国内手机市场的主流产品。国内 5G 手机出货量及占比如图 1 所示。2021 年，国内 5G 手机出货量达 2.66 亿部，同比增长 63.5%，出货量占比由 2020 年 52.9% 提升至 75.9%，并远高于全球的 40.6%（Omdia 统计数据）。

图 1　国内 5G 手机出货量及占比

（二）价位在 1000 ～ 1999 元的手机成为 5G 手机的主流产品

当前，受元器件成本、网络覆盖范围、市场需求等多因素影响，千元以下的 5G 手机较少，但手机向中低价格段推移的趋势明显。2021 年，按国内市场 5G 手机出货量统计，占比最高的价格区间已由 2000 ～ 2999 元下移至 1000 ～ 1999 元，覆盖消费群体范围进一步扩大。5G 手机各价格区间分布情况如下：1000 元以下占比不足 1%；1000 ～ 1999 元的 5G 手机出货量占比由 2020 年的 16.2% 增长至 2021 年的 39.1%；2000 ～ 2999 元的 5G 手机出货量占比由 2020 年的 35.6% 降至 24.4%；3000 ～ 3999 元的 5G 手机出货量占比由 2020 年的 18.4% 降至 14.2%；4000 ～ 4999 元的 5G 手机出货量占比由 2020 年的 11.1% 降至 3.6%；5000 元及以上的 5G 手机出货量占比与 2020 年基本持平。国内市场 5G 手机价格区间分布如图 2 所示。

三、竞争格局调整，中低端市场竞争加剧

（一）行业格局变动，市场集中度较高

2021 年，国内手机市场受 5G 换机潮来临、芯片等核心元器件短缺等多种因素影响，行业格局发生重大变化。华为手机受限于外部环境影响，2021 年推出的新机型全部为 4G 手机，华为手机业务影响较大，出货量也大幅下降，市场份额快速缩减。荣耀系列脱离华为独立经营，2021 年推出荣耀 50 系列、荣耀 60 系列、荣耀 X30 系列等共计近 20 款新产品，市场份额快速增长。受竞争格局变动影响，头部厂商的份额也在调整，市场集中度随之变动。2021 年，国内 5G 手机市场排名前五的厂商出货量合计份额为 81%。

（二）国产品牌厂商在中低端市场竞争焦灼

在 5000 元以下的中低端市场中，各厂商频繁发布新产品，按产品进网统计，OPPO、vivo、小米、荣耀、Realme 新上市产品数量均超过了 20 款，各厂商同价位产品配置相似、性能趋同，从市场份额到产品影响力均呈现势均力敌的竞争状态。从出货量份额来看，几个主流国产品牌均呈现不同程度的增长，填补华为退出的部分市场空间。

小米、OPPO、vivo 等主流国产品牌厂商在努力冲向高端，vivo 的 X70 Pro、小米的 12 Pro、OPPO 的 Find N、荣耀的 Magic4 Pro 售价均在 5000 元以上，但国产品牌手机在高端市场上增长乏力，竞争力略显不足，在国外品牌强势竞争下，国产品牌在高端市场的份额持续缩减。2021 年，5000 元以上的 5G 手机中，国产品牌手机出货量占比为 21.9%，比 2020 年下降 11.1 个百分点，比 2019 年下降 48.6 个百分点。

四、产品性能持续优化升级，折叠屏为技术创新亮点

（一）持续提升性能仍是增强用户黏性的必要手段

在竞争日趋激烈的背景下，手机厂商不断推出或升级产品，产业链上的新技术和新产品快速应用在手机新产品中，推动智能化水平持续升级。处理器从 7nm 向 6nm、5nm 发展，制造工艺更先进，2021 年采用 6nm 和 5nm 芯片的 5G 手机出货量占比分别为 21.6% 和 24.5%，更有一些新产品采用更先进的 4nm 处理芯片。摄像头后置三摄成为标配，2021 年，后

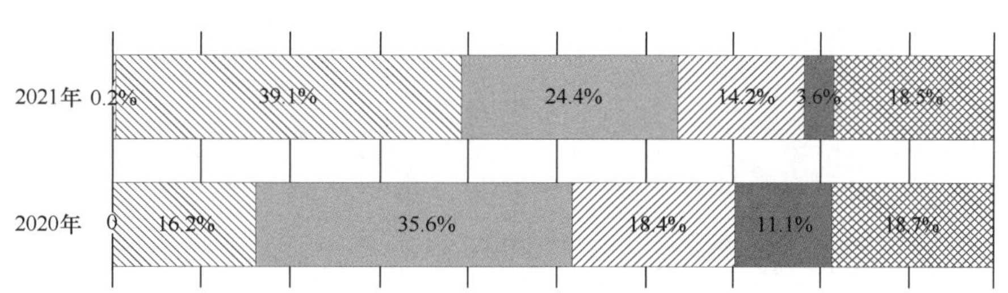

图 2　国内市场 5G 手机价格区间分布

置三摄 5G 手机的出货量占比为 60.3%，另有约 20% 的 5G 手机摄像头采用后置四摄或后置五摄，旗舰机型的主摄像头的像素多在 6400 万像素以上，市场上不乏 1 亿像素的手机。在手机续航能力方面，在逐渐提升电池容量的同时，越来越多的手机支持快速充电，2021 年国内 5G 手机上市的新产品中，70% 的新产品支持快速充电功能。

（二）折叠屏手机突破外观和功能限制引领技术创新

早在 2019 年，三星就推出了多款折叠屏手机，受价格高昂、技术不够成熟等因素的影响，国内没有大规模量产折叠屏手机。2020 年以来，多家厂商跟进折叠屏手机，折叠屏手机成为高端手机的新卖点。截至 2021 年年底，在国内市场上，三星、华为、小米、OPPO 等 9 家手机厂商推出 18 款折叠屏手机，出货量由 2020 年的 17 万部快速增长至 2021 年的 151 万部。多款折叠屏手机起步价降至万元以内，例如，华为 P50 Pocket 系列的起步价为 8988 元，三星 ZFlip 系列的起步价为 7599 元，小米 MIX FOLD 手机起步价为 6999 元，OPPO Find N 起步价为 7699 元，相比折叠屏手机发展初期的万元价格，门槛已大幅降低。

五、2022 年国内手机市场正向驱动与负面影响并存

（一）换机需求、产品优化、5G 行业应用发展均对手机行业发展起到积极的推动作用

1. 需求侧

消费者从 4G 向 5G 升级的驱动力将持续。工业和信息化部统计数据显示，截至 2021 年年底，国内 4G 移动电话用户达 10.69 亿户，5G 移动电话用户达 3.55 亿户，依然以 4G 用户为主，尤其是对于使用 2018 年以前购买手机的部分用户，存在较大的换机需求。

2. 供给侧

随着手机厂商的竞争白热化，厂商更加关注消费者需求，新产品更丰富。另外，在元宇宙等概念的驱动下，3D 交互、AR / VR 的产品技术创新功能或者交互形式有望被引入手机产品之中。5G 与大数据、人工智能等关联技术领域结合，激活了工业、商业、交通等诸多行业，也对 5G 手机的需求起到一定的刺激作用。

（二）国内手机市场受到多重影响

一是国内外经济环境面临很多不确定性。全球通胀、供应链短缺、国际形势等问题短期内难以解决，经济环境对手机行业带来一定冲击。

二是新型冠状病毒肺炎疫情持续影响手机及上游供应链的生产进度，芯片等关键器件缺货现象依然存在，导致手机成本高，影响 5G 手机向更低价位段推移。

三是在存量竞争背景下，换机周期延长影响手机的需求量。中国移动终端实验室公布的报告显示，我国手机用户的换机周期平均达到 25.3 个月，呈不断延长的趋势，给手机出货规模增长带来压力。

（中国信息通信研究院　闫雪梅　王伟华）

5G 在工业企业中的应用

2018 年，“发展工业互联网平台”首次被写入《政府工作报告》；2019 年《政府工作报告》明确提出，“打造工业互联网平台，拓展‘智能 +’，为制造业转型升级赋能”；2020 年《政府工作报告》提出，“发展工业互联网，推进智能制造”；2021 年《政府工作报告》提出，“要发展工业互联网，搭建更多共性技术研发平台，提升中小微企业创新能力和专业化水平”；2022 年《政府工作报告》提出，“要加快发展工业互联网，培育壮大集成电路、人工智能等数字产业，提升关键软硬件技术创新能力和供给能力”。由此可以看出我国对工业互联网发展的重视程度。

一、“5G +工业互联网”构建企业数字化基础设施

“5G +工业互联网”是构建以“网络 + 数据 + 算法 + 算力”为核心特征的关键数字化基础设施，是新一轮科技革命、工业革命的重要驱动力，不断催生新产业、新业态和新模式，成为经济社会发展的强劲引擎。在我国，“5G +工业互联网”肩负起助力行业突出重围、实现高质量发展的重任。垂直行业应用是“5G +工业互联网”的主战场。5G 要满足诸多面对消费者市场的鲜明需求，具体需求如下。

① 业务个性化、多样化需求是“5G +工业互联网”在工业垂直领域全面落地面临的首要问题，也是解决问题的突破口。典型的工业场景下，通常是多种企业应用协同合作完成生产任务，这就要求“5G + 工业互联网”既要满足单一业务的个性化需求，又要满足作业链协同的需要。网络与业务的融合能力是工业垂直领域的核心诉求。只有这一诉求被满足，“5G + 工业互联网”才能实现由单点到生产链的突破，才能实现由政策驱动到业务内生驱动的转变。

② 确保核心数据安全。确保核心数据安全是“5G +工业互联网”在工业垂直领域落地的基础。数据安全在工业领域主要体现在数据不出园区、核心数据完全私有等方面。数据安全性会深刻影响“5G + 工业互联网”的部署形式。

③“5G +工业互联网”是新一代智能制造的工业智慧底座。“5G +工业互联网”通过提供智能化的产品和服务，重构工业垂直领域数据的感知、连接、汇聚、融合、分析、决策、执行和安全等各个环节，推动垂直行业进入一个全面感知、高速传输、智能处理和万物智联的新生产体系。

场景化应用不仅是当前“5G +工业互联网”落地生根的主要形式，也是推动“5G +工业互联网”由边缘辅助业务深入承接企业核心业务的必经阶段。工业各领域数字化水平参差不齐、需求繁杂的应用场景，要求 5G 和工业互联网聚焦工业垂直领域的共性需求和个性化需求：通过共性需求沉淀能力，赋能个性化的场景应用，为工业垂直领域提供高性价比的产品和服务。数据互通、以“数据 + 模型”为基础的生产工艺优化、远程控制、设备健康管理、供应链管理优化、基于地理信息系统（Geographic Information System，GIS）、三维可视化的安全监管、基于“物联网 + 数据”分析的售后服务等是“5G + 工业互联网”在垂直行业场景化应用的主要形态，不断推动垂直行业的数字化转型。

二、5G 在工业企业中的应用场景概述

（一）5G 专网赋能

1. 痛点需求

① 传统工业设备厂商的格局和市场决定了工业网络不够开放。大多数的工业协议的结构设计是私有、封闭的。对外接口被设备厂商严格控制，缺乏弹性和不够灵活，后期扩展和其他厂商接手调整的难度较大。

② 工业网络涉及有线、无线设备，加之庞大的设备量，上行、下行速率往往较落后，因此，工业网络难以融合新技术的变革，阻碍了现有技术的升级。

③ 工业场景对可靠性和稳定性有较高的要求，而无线传输的可靠性、稳定性不具备突出优势。同时，无线网络被入侵和干扰的风险较高，网络安全得不到保障。

2. 具体应用

① 随着工业互联网的发展，越来越多的车间设备，例如，机床、机器人、自动引导小车（Automated Guided Vehide，AGV）等开始接入工厂内网。传统工厂有线网络的可靠性较高和带宽较大，但是灵活性较差；无线网络的灵活性较高，但是可靠性、覆盖范围、接入数量等存在不足。因此，兼具大带宽和广连接特点的 5G 成为设备接入和通信的新选择。

② 目前，设备多用 Wi-Fi 进行通信，但同频段设备数量过多时，信号会受到干扰。与 Wi-Fi 相比，5G 网络的优势为带宽更大、传输速率更快、时延更低、支持同时接入的设备更多、通信的抗干扰性更强，非常适合 AGV 等对时延要求较高的设备。

③ 网络切片是 5G 网络的一个重要特征，一张物理网络可以虚拟出不同的子网络，以满足工业领域不同业务的应用场景要求。整个 5G 网络还支持端到端的编排管理，可以根据不同的业务要求进行弹性扩张或者收缩。不同用户可以根据自己的需求自行选择中国联通的 5G 虚拟专网、5G 混合专网、5G 独立专网。对于数据敏感型的特殊行业客户，可以使用基于面对企业和面对消费者两张核心网下的独立专网模式。

（二）“5G+MEC”赋能大规模数据传输及边缘计算

1. 痛点需求

从前，我们可以通过有线传输和无线传输对图像、视频等大规模数据进行传输，但无线传输时延较高。如今，我们可以通过 5G 网络传输，并实时在云端进行三维重建、AI 识别分析等，可将分析结果实时返回现场，指导现场的生产。

2. 具体应用

（1）高清视频监控

“5G + MEC+ 视频监控 +AI”等技术可以提升企业的智能化水平。AI 分析包括火焰烟雾识别、工服及安全帽佩戴分析、人脸识别等多种场景。视频智能识别基于深度学习算法，通过“人工模型 + 机器学习模型”的方式进行深度学习、训练与优化，不断提升系统识别视频的能力。

（2）机器视觉检测

AI 进行缺陷检测已经应用到很多行业。过去，这一方式由于数据量大，图像传到服务器分析的时间较长，如今，通过 5G 则可以将高清产品图像快速发送到云端服务器，实时进行 AI 分析并反馈结果。

（3）AR/VR 远程指导

利用 5G 低时延的特性及 AR/VR 技术，通过网络实现一线人员和后台专家的远程连线，快速高效地解决问题。

三、5G 在钢铁行业的应用

（一）行业特点

中国钢铁行业从推动信息化及两化融合工作开始，经过了近 20 年的探索，钢铁企业信息化及两化融合已经从生产环节延伸到服务环节，从企业内部延伸到上下游产业，提升了整个钢铁产业链的协同发展水平。钢铁行业仍然具备生产流程长、生产工艺复杂、供应链冗长等特征。

（二）痛点需求

由于钢铁行业企业存在生产设备智能化程度低、协同生产弱、能耗污染大、现场网络管理能力差等痛点，所以我国钢铁行业整体呈现大而不强的特点。

（三）典型应用场景

1. 废钢等级智能预测

基于“5G＋边缘计算”提供软件即服务（Software as Service，SaaS），将人工智能技术应用在传统钢铁企业的废钢回收场景中，对整批废钢的等级进行智能预测。产品将对废钢卸货场景中的数据信息进行采集与智能分析，实现边缘侧废钢的等级预测和数据信息可视化。边缘数据和智能算法能够统一在核心云平台进行管理，云平台集成了图像数据标注功能、AI 算法的训练功能及废钢等级预测的结果展示功能。废钢等级智能预测网络架构示意如图 1 所示。废钢行业的客户痛点与解决方案见表 1。

2. “5G＋铁水罐”智能调度

铁水罐智能调度系统如图 2 所示，该系统实现铁水从高炉到转炉的生产过程自动化，尽量减少人工参与，提高生产效率，实现降本增效。在生产

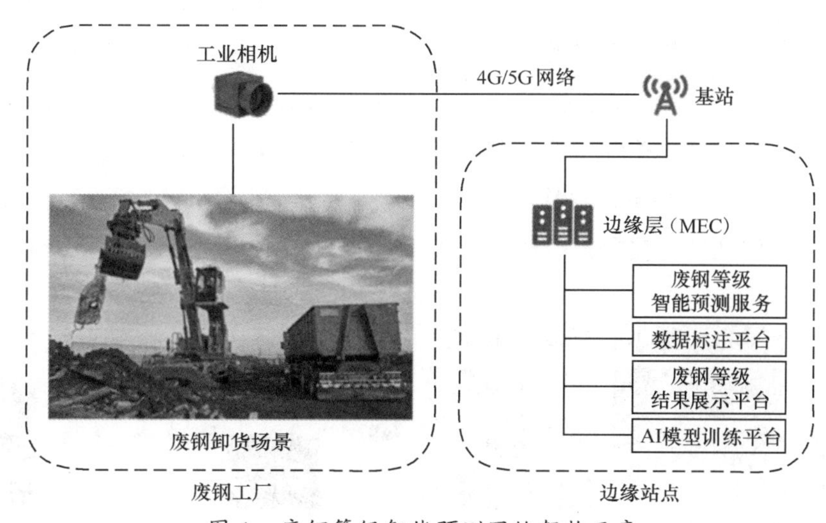

图 1　废钢等级智能预测网络架构示意

表 1　废钢行业的客户痛点与解决方案

客户痛点	解决方案
传统制造企业在工业互联网化、数字化需求强劲的市场中，缺乏低时延、全方位的解决方案	通过整合互联网服务和边缘应用，利用 AI 技术为用户提供全方位的工业 SaaS
传统废钢等级判定依靠专业人员，培训周期长、成本高	使用人工智能技术，可以学习废钢等级的预判方法并对废钢卸货场景中的整批废钢等级进行快速预判
传统废钢等级判定过程存在较大的主观性，缺乏一致性，同时人工主导的判定易滋生腐败	通过复读机视觉技术，建立科学客观的预测模型，可以有效避免人工主观性对判定过程的影响
基于互联网的数字化工厂解决方案存在时延高、安全性差的问题	通过边缘网络专有切片的方式，提升传输安全性，保障用户的数据安全
基于 Wi-Fi 等干扰大、信号不稳定、覆盖面小的特点，传统模式无法满足企业在无线传输上的需求	通过提供基于边缘网络、4G/5G 无线技术和边缘存储的边缘工业方案，打通工业总线，解决制造行业数据传输的痛点
企业采用数据及模型管理平台的成本高，同时投入后使用率低	通过提供基于边缘网络和边缘存储的标注平台及模型管理平台，可有效降低采购成本
工厂信息化建设水平较低，机房等级低，常因断电等因素造成工业机房异常，影响生产，给企业造成损失	基于边缘数据中心，提供可靠稳定的基础设施环境，提供具有服务等级保障的基础架构平台
采用按年计费的模式，一次性成本高，无法根据使用量调整，成本投入大	按需付费、按量使用的模式为企业提供更灵活、更经济的服务模式

管理上，该系统配合制造执行系统（Manufacturing Execution System，MES）实现生产过程管理精细化、生产计划可执行和生产数据可追溯。

3.“5G＋焦化厂”应用场景

期望系统达到效果：现场操作无人化，集中至中控室统进行远程操控。

焦化厂痛点分析：推焦机需要精确对准，提高定位精度。目前，采用码牌识别定位，焦炉热胀冷缩造成定位标牌位移，影响定位效率。现场操作室操作环境恶劣，长时间作业会影响作业的效率，需要将现场“去人化”和“少人化”。

5G 协同控制优势分析：5G 具有低时延、大带宽的特性，为设备控制系统指令下发和执行提供“零”时延保障，为操作员提供第一视角的高清视频，保障远程操控精准和实时性，提高系统的整体智能化作业管理水平。“5G＋焦化厂”控制系统网络示意如图 3 所示。

4. 能耗管理

能耗管理是指对企业的供水、供电、供气等相关能源的统一监控管理，搭建能耗分析平台，为能耗监控和分析提供有效的依据，实现数据的集中化管理，达到提质、增效、降本、减存的目的。能耗管理产品架构如图 4 所示。

四、5G 在电子行业的应用

（一）行业特点

电子行业的特点为细分种类众多，产品间差异大；生产强调专业化、自动化、高技术、高产值；产品系列化、多元化，注重新技术应用，产品更新换代快；生产强调成本可控，内部管理能耗低；产品库存品种多、数量大且变化快，库存及物流管理任务繁重；强调产品售后服务和跟踪。

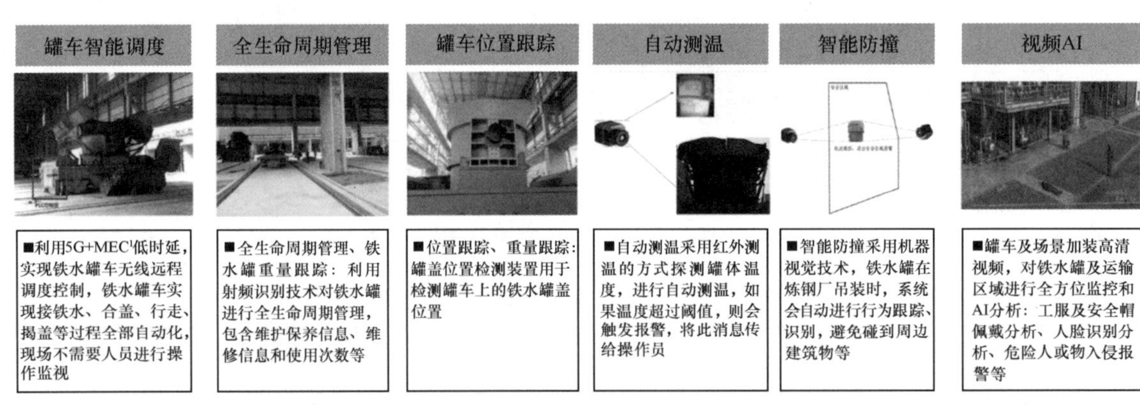

1. MEC（Mobile Edge Computing，移动边缘计算）。

图 2　铁水罐智能调度系统

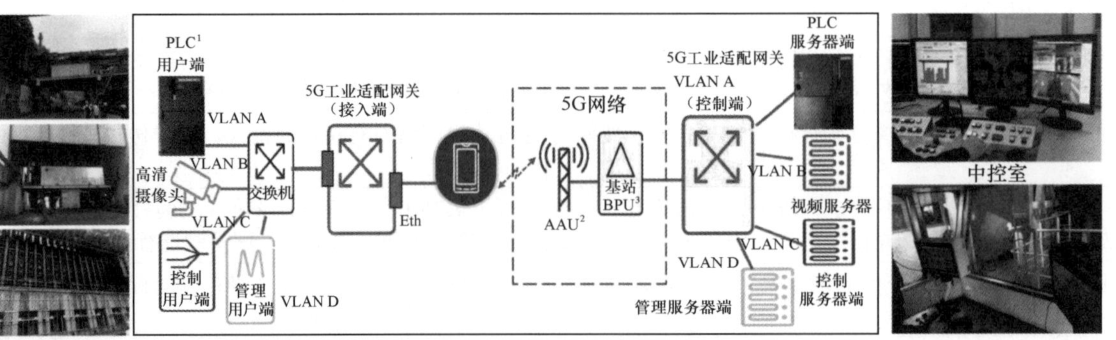

1. PLC（Programmable Logic Controller，可编程逻辑控制器）。
2. AAU（Active Antenna Unit，有源天线单元）。
3. BPU（Branch Processing Unit，分支处理单元）。

图 3 “5G+ 焦化厂”控制系统网络示意

轻量化，低成本

SaaS云化产品，分3年支付服务费用，3年租金=20%×企业自投资部署费用

快部署、易运维

非侵入式施工，可带电安装，无风险，一周完工，远程运维，在线升级

标准化，案例多

标准服务、标准功能、标准资费，目前平台用户多于85家，涵盖各行业企业用户

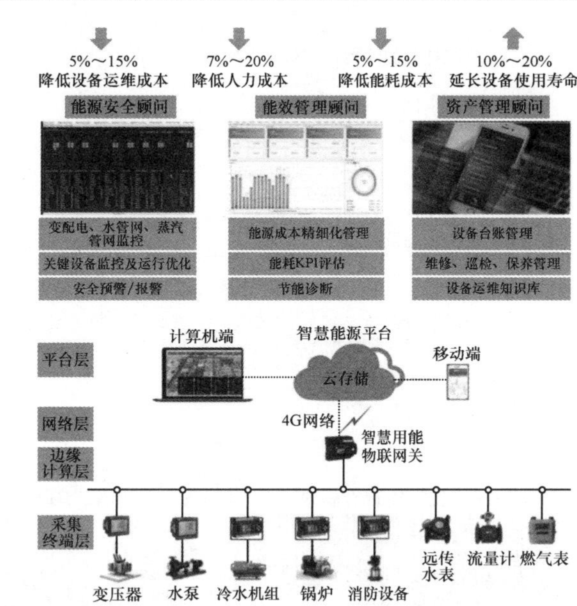

图 4　能耗管理产品架构

电子产业区域分布见表 2。

表 2　电子产业区域分布

区域名称	主要省（直辖市）	重点城市	布局具体行业及重点产品
珠江三角洲	广东	广州、深圳、东莞、中山、顺德、珠海	家用电器、视听产品、通信、计算机及外部设备
	福建	福州、厦门	计算机及外部设备、微电子、软件、家用电器
长江三角洲	上海、江苏、浙江	上海、杭州、南京、苏州、无锡、常州	集成电路制造、测试等，通信、计算机装配，电子元器件类产品，视听产品等
环渤海地区	北京、天津、河北、辽宁、山东	北京、天津、石家庄、沈阳、大连、青岛	通信、计算机、集成电路设计、微电子、软件、家用电子电器类产品等
中西部地区	川渝地区	成都、重庆、绵阳	电视机、软件、光电子、通信设备
	陕西	西安、宝鸡、咸阳	彩管、电视机、冰箱、程控交换机、偏转线圈
	湖北、湖南	武汉、长沙	光电子、彩管等显示器件

（二）痛点需求

电子行业除了产品的预装、总装生产，还有零部件的生产需要管理。因此，产品的生产类型多，工艺复杂。电子行业管理痛点如图 5 所示。

（三）典型应用场景

电子行业典型应用场景如图 6 所示。

1. “5G+ 工业监控”

5G 具有大带宽、低时延的特性，为工业环境下的高清视频传输提供基础保障，可以及时、有效、全面地掌握企业生产的实时状况，借助 AI 视频分析功能，可以实现人脸识别、告警识别、人员操作行为分析等，减少产线停机时间，提升生产管理水平。工业监控平台如图 7 所示。

2. “5G+ 合规性监测”

基于 5G 的合规性监测提供包含各类视觉传感硬件设备和视觉监控平台的统一接入管理和运营管控，提供人员穿戴行为、机器设备状态、物料存放处理、操作工艺工序、环境场地监管，以及用户定制化的各类异常事件识别等各类适配需求的智能分析算法。“5G+ 合规性监测”示意如图 8 所示。

3. “5G+AI 质量检测”

电子行业对产品质量的要求一直很严格，利用

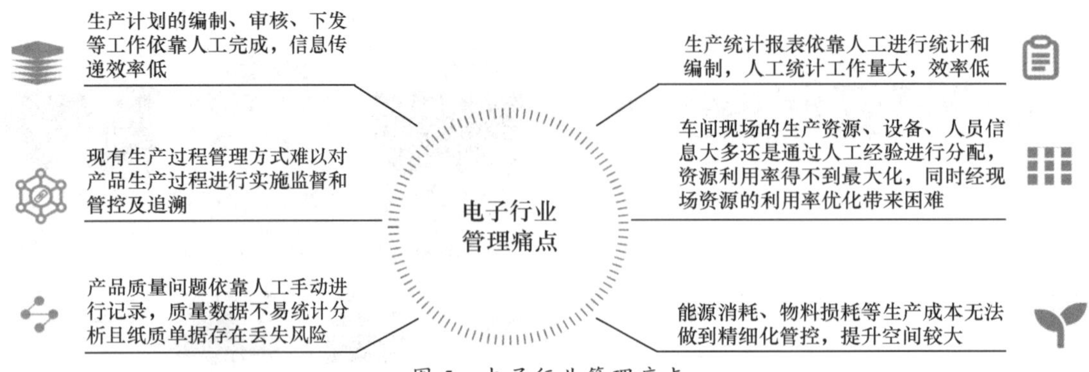

图 5　电子行业管理痛点

图 6　电子行业典型应用场景

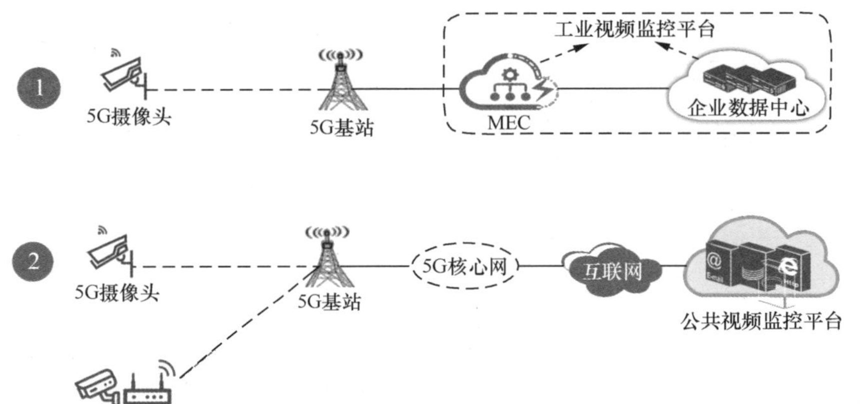

图 7　工业监控平台

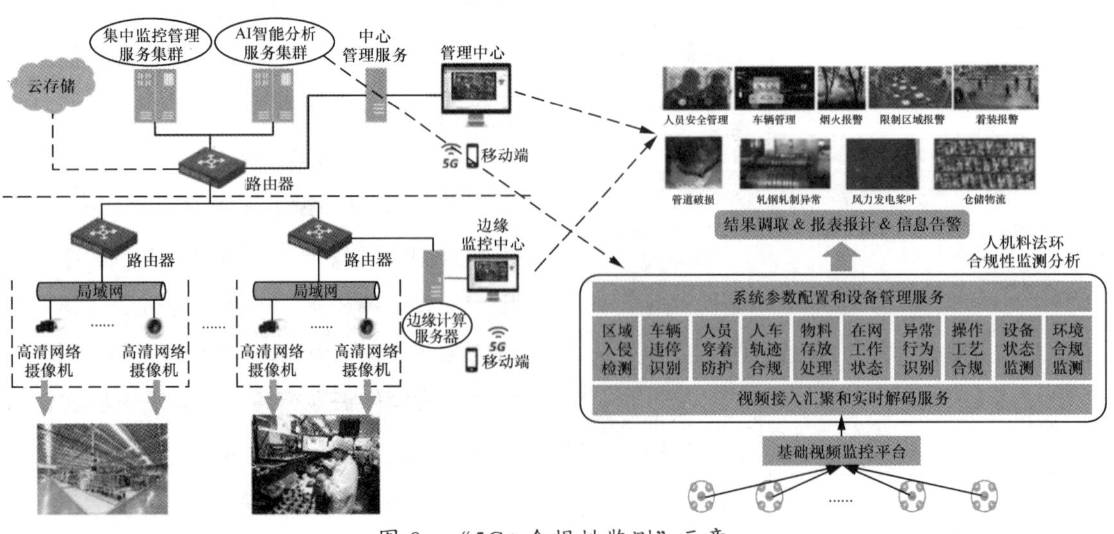

图 8　“5G+ 合规性监测”示意

"5G +AI" 技术可以高效地实现 PCB[1] 质量检测、整机外观检测、包装箱条码检测、印刷品外观检测、部件外观检测、接线端子、PIN 针检测等，提升每个环节的检测精度和检测效率，减少人员带来的判断误差，提高整体产品质量。"5G+AI" 可应用的检测场景见表 3。"5G+AI" 质量检测示意如图 9 所示。

表 3 "5G+AI" 可应用的检测场景

序号	主要场景	检测内容
1	PCB 质量检测	线路断开、IC 残缺、掉油、油墨擦花、油墨垃圾、油墨不均等
2	整机外观检测	划痕、污渍、异物、磨损等
3	包装箱条码检测	条码漏贴、条码贴外、条码贴错、条码破损等
4	印刷品外观检测	划痕、污渍、异物、平整度等
5	部件外观检测	划痕、污渍、异物、水口残留、毛刺等
6	接线检测	插错、漏插、未插紧等

五、5G 在采矿行业的应用

（一）行业特点

随着我国社会经济的快速发展，我国对于煤矿能源的需求量不断增加，而采矿技术的应用是决定生产效率与安全性的主要因素。近年来，我国各主要煤矿产区的能源存储量明显减少，而新型清洁能源的开发与利用尚处于初级阶段，采矿行业痛点如图 10 所示。因此，加强采矿技术现状及发展趋势的研究极为重要，必须引起相关部门和技术人员的高度重视。

（二）痛点需求

① 信息化体系的行业标准不健全，采矿行业企业矿井信息化建设各自为政、企业没有统一的数据标准，企业各自摸索建设，造成智能化矿井建设五花八门，阻碍了智能化矿井的规模化发展。

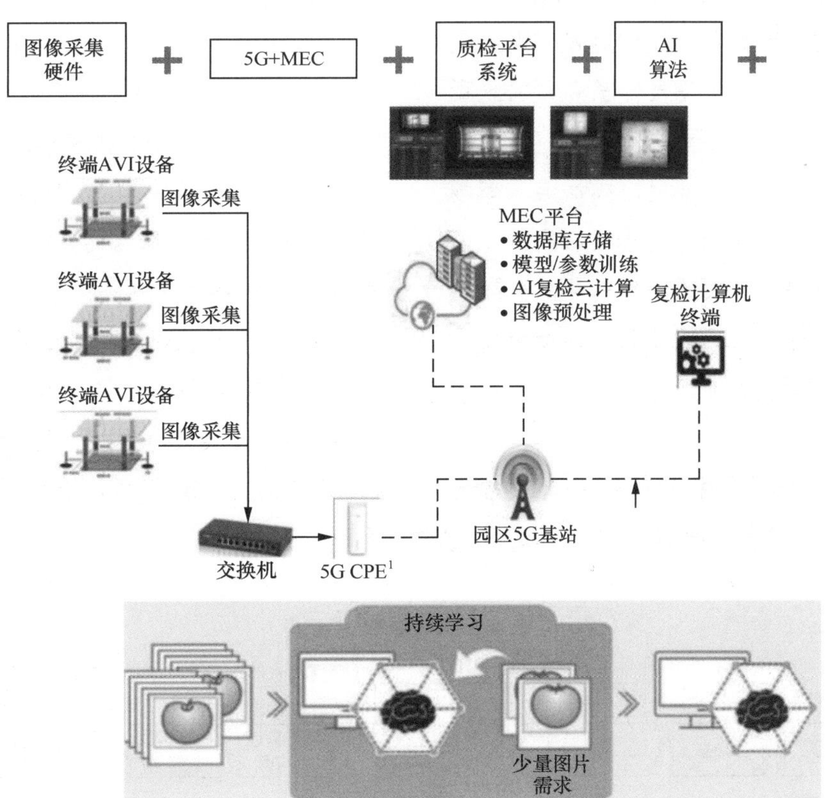

1. CPE（Customer Premise Equipment，客户前置设备）。

图 9 "5G+AI" 质量检测示意

1. PCB（Printed Circuit Board，印制电路板）。

图 10 采矿行业痛点

② 企业对煤矿安全生产各子系统的认知与软件开发水平存在差异，导致对数据挖掘利用的深度参差不齐，矿井综合自动化平台不能达到矿井安全生产的实际要求。

③ 综合自动化平台与矿井现有的管理模式不匹配，无法实现有效结合。专业维护人员的设置及人员技术水平与综合自动化平台的运作不匹配。

（三）典型应用场景

1. “5G＋视频分析”

视频监控被广泛应用于煤矿井下作业场所。随着煤矿智能化建设的不断深入，视频监视应用的范围将更广泛。目前，煤矿井下需要传输视频的场所主要包括皮带机的中部、机头尾、落煤点、受煤点，机电硐室的配电室、配电点、泵房、排水点，车场的前部、中部、后部，采煤工作面的架载视频、采煤机的机载视频，掘进工作面的机载视频，瓦斯抽放采钻场，机器人巡检设备机载视频，以及需要智能识别的井下其他重要场所。

2. “5G＋远程采矿”

现场挖掘机的控制信号和视频信号直接通过5G网络传到控制中心平台，整体控制信号时延为20ms。驾驶员带上VR眼镜后，视觉、听觉及安全防护等效果与在原驾驶室操作基本相同，通过手中的遥控器或者远程遥控操作舱远程作业。

3. “5G＋数据传输”

运煤皮带沿线覆盖5G网络，沿线设备经过5G改造（内嵌模组或者加装防爆网关），提升了数据传输效率，为巡检机器人的应用提供通信基础，从而有效代替人员巡检。同时，5G的高可靠和低时延可实现多条皮带的联动运行。

4. “5G +无人值守”

“5G +无人值守”场景发挥5G网络低时延的特点，为变电所、水泵房、瓦斯抽放等场所的远程操控、“5G＋无人值守”提供技术基础，避免了有线网络覆盖不全和线缆故障等，从而避免发生断网问题，满足了远程控制的场景应用。“5G +无人值守”场景示意如图11所示。

5. “5G＋智能化煤矿辅运系统”

该系统实现车辆精确定位、远程调度、红绿灯路口管控、超速抓拍、驾驶员管理、车辆全寿命追踪等应用。“5G＋智能化煤矿辅运系统”如图12所示。

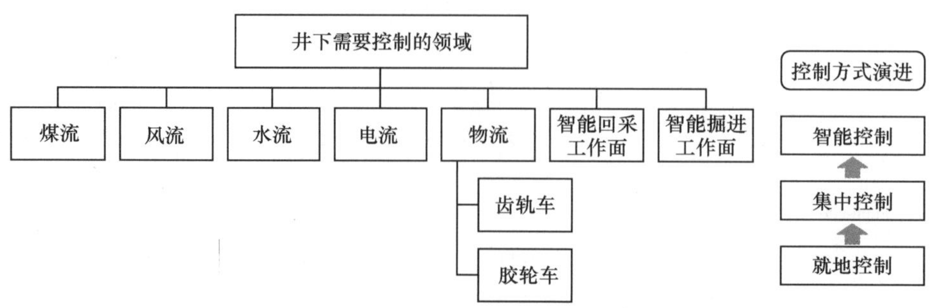

图 11 “5G+ 无人值守”场景示意

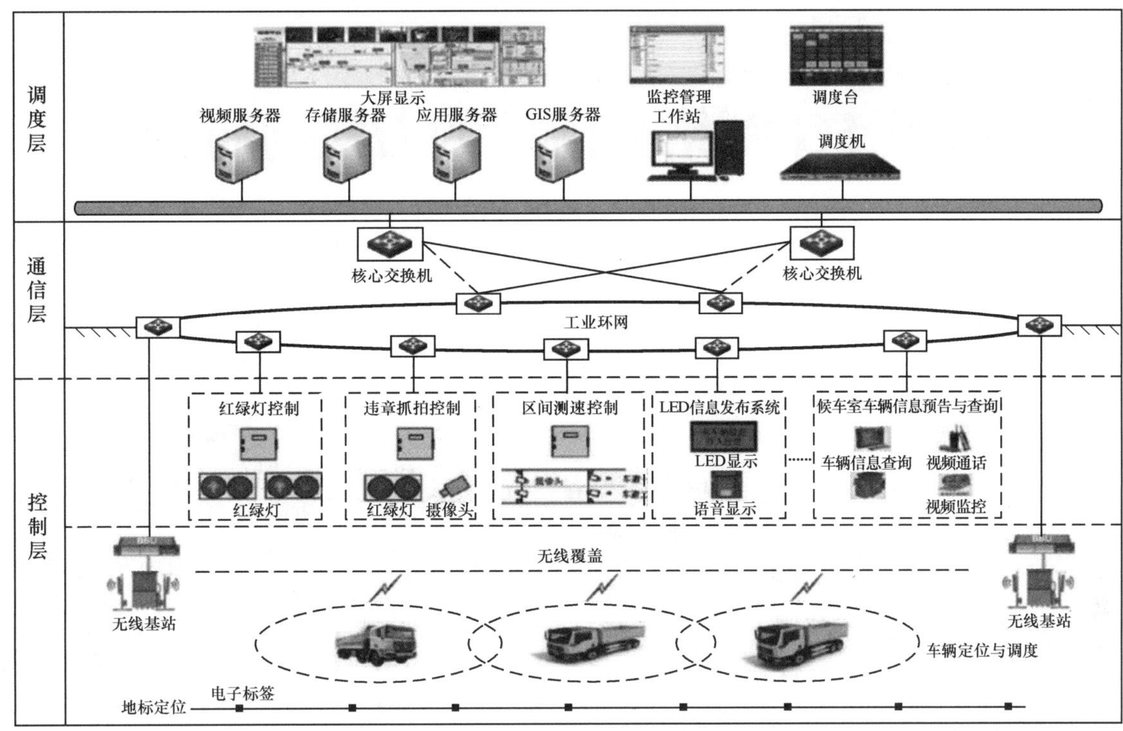

图 12 “5G+ 智能化煤矿辅运系统”

六、结束语

5G 本身是一张网，这张网可以承载不同的业务。在当前的工业场景中，5G 往往替代生产现场原有的内网，如果想发挥 5G 的价值，就需要运营商、自动化设备制造商等各环节协作。通过了解各个行业的生产环节，挖掘不同行业、不同企业的个性化需求，在此基础上搭建基于 5G 的业务，充分发挥 5G 优势，这才是“5G + 工业互联网”在工业领域发展的长久之计。

（天津联通产业互联网研究院 张金喆）

提升5G网络分流比的方法与研究

2021年是中国5G对消费者业务发展的关键年，天津联通5G网络建设持续完善，已实现城区连续覆盖、郊区重点区域覆盖。但受各种影响，天津联通5G业务发展有所滞缓，且4G流量仍持续增长，5G未能有效实现分流，出现4G低网速高负荷、5G高网速低负荷的矛盾，难以提升用户体验。因此，如何快速提高5G网络的价值，提升5G网络的分流比，有效促进5G用户迁移，帮助用户更快、更好地使用5G网络，已成为天津联通的重点工作。

5G网络是下一代产业转型的重要引擎，5G网络不仅要“建好”，更要“用好”，只有这样，才能推动5G高质量发展，真正彰显和发挥5G价值。5G分流比是评估5G综合运营能力的重要指标，也是衡量5G综合发展水平的“尺子”。

天津联通联合多部门成立专题项目组，通过深入分析天津5G网络分流比的关键影响因素。聚焦网络提升、市场发展两个维度，同心聚力、联合攻坚，最终实现5G网络分流比突破20%的阶段目标。

一、深入分析，明确方向

项目组深入分析影响5G网络分流比的因素，对5G网络分流比进行了科学的指标分解，形成四大影响指标，十大提升举措，开发出5G网络分流比预测公式，使市场营销和网络建设工作精准落地。提升5G网络分流比的措施可总结为“三多一高”：更多的5G终端用户，更多的5G登网用户，更多的5G网络驻留，更高的5G用户均接入流量（Dataflow Of Usage，DOU）。5G网络分流比如图1所示。

二、网质提升，优化体验

一张高质量的5G网络是推动5G流量快速增长、提升5G网络分流比的强大基础和坚实保障。秉持用得上、用得好的目标，天津联通开展了网络质量提升专项工作，精准定位网络问题，以增强覆盖、

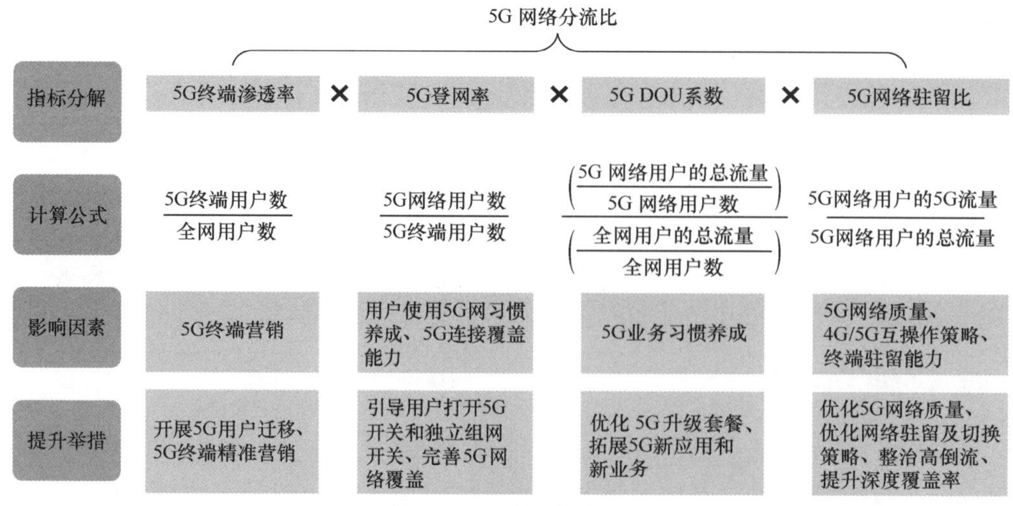

图1 5G网络分流比

网络重耕、参数优化、倒流整治和波束调优等手段，高效提升 5G 网络驻留比。

（一）增强覆盖

精准分析 5G 终端聚集分布模型，优先进行高流量、高价值区域 5G 网络完善，快速提升价值场景室内 5G 网络覆盖能力，提升 5G 用户体验，引导用户持续驻留在优质 5G 网络上。针对 4G 高流量、高负荷却没有 5G 网络覆盖的区域，加快 5G 基站建设，提高网络覆盖率。

（二）网络重耕

由于 5G 独立组网（Standalone，SA）的时延更低、速率更快，能给用户带来更好的体验，所以天津联通快速推动 5G 网络从 NSA/SA 的双模组网方式向 SA 的单模组网演进，SA 升级后，5G 网络驻留比提升明显。同时，天津联通积极推动原本用于 4G 网络的 2.1GHz 频段重耕，将该频段部分带宽用于 5G 网络，主要提升农村广覆盖、楼宇等室内场景下的 5G 覆盖质量。此举效果明显，不仅提升了 5G 网络分流比，还降低了 4G 网络负荷，保障了 4G 用户体验。

（三）参数优化

针对有 5G 覆盖但 4G 流量高而 5G 流量低的区域，天津联通开展网络优化，通过 5G 接入门限下探、小包业务到 5G、功率提升、优化节能策略等参数优化措施，延长 5G 用户驻网 5G 时间等，进一步提升 5G 网络驻留比和分流比。

（四）倒流整治

针对 5G 高倒流小区，通过天面调整、下倾角和机械角调整，逐站进行优化，保持 4G/5G 协同发展。

（五）波束调优

当前，室内 5G 网络更多采用宏站进行覆盖，部分区域存在室内覆盖不足的现象。利用有源天线单元（Active Antenna Unit，AAU）的波束来进行定位，可以精准定位到室内弱覆盖区域，再通过智能调整 AAU 的波束方向的方式来提升室内 5G 网络覆盖，同时提升 5G 网络驻留比。

三、精准营销，全面覆盖

天津联通在市场侧围绕用户服务和业务营销，通过利用运营域（Operation Support System，简称 O 域）和业务域（Business Support System，简称 B 域）大数据进行系统级建模，对用户进行精准画像，建立全用户匹配策略来构建 5G 营销场景化运营体系，为营销人员提供精准数据支撑。天津联通采取线上和线下结合的方式，针对不同用户群开展精准营销工作：线上通过短信、外呼、微信公众号、朋友圈广告、媒体等渠道，推送 5G 网络优势介绍、系统升级指南等内容；线下充分发挥营业厅渠道优势，通过海报、台卡、展架等方式宣传，对营业员组织技能培训，做到人人懂 5G，并且开发业务系统弹窗提醒功能，在用户办理业务时主动营销，以多样化手段提升 5G 登网率。

（一）开关营销

基于深度数据包检测（Deep Packet Inspection，DPI）数据识别 5G 终端用户的 5G、SA 开关状态，天津联通采用市网协同构筑有效牵引 5G 双开关打开能力，识别开关未打开和常驻区域有 5G 覆盖重合的目标用户，引导用户打开 5G 开关和 SA 开关，精准推动 NSA 用户重新登网，及时推动 5G NSA 用户通过升级手机版本、打开 SA 开关等方式，使用户用上更快、更好的 5G SA 网络；通过打开 5G 开关赠送流量活动使用户体验 5G 高速网络并持续打开 5G 开关。

（二）用户迁移

基于用户终端、DOU、每用户平均收入（Average Revenue Per User，ARPU）、换机周期、业务量、用户特征、业务喜好、业务体验等数据，通过机器学习算法预测 4G 终端用户的 5G 换机潜力值，从中筛选潜力较高的用户，特别是 4G 高流量用户，针对潜力较高的用户进行精准营销，联合终端厂商，开展 5G 手机入网优惠活动，加速此类用户向 5G 用户迁移。

（三）网业匹配

优化 5G 套餐产品体系，针对使用非 5G 套餐的

5G 网络用户，通过营销活动，利用各类优惠、权益活动，解决用户担心费用高的问题，引导用户升级 5G 套餐、体验速率更高的 5G 网络。

（四）终端升级

为尽快推动 NSA 用户重新登网 5G，天津联通针对 SA 开关非默开的 5G 终端，推动终端厂商升级。

四、行业赋能，创新应用

5G 网络不仅在改变千家万户，也在赋能千行百业，通过连接和应用，发挥“乘法”作用，加速各行业数字化转型的进程。天津联通一直致力于 5G 业务创新，广泛开展了 5G 网络在智慧城市、智能制造、智慧港口、智能电网、智能车联网、智慧商圈、智慧医疗、智慧教育、智慧文旅和智慧媒体等领域的试点示范。行业应用的深入拓展将为 5G 流量增长和未来发展带来更强大的动力。

五、结语

通过市场、网络协同作战，构筑“端、网、业”协同能力，从网络数据出发助力市场营销精准化、高效化。截至 2021 年 12 月底，天津 5G 网络驻留比已突破 60%，5G 网络分流比已突破 20%，效果显著。未来，天津联通将进一步优化市场营销策略，网络优化和覆盖补充并举，坚定不移地推进移动业务 5G 化，持续聚焦打造 5G 精品网络，推动孵化创新应用，助力千行百业实现数字化转型。

（中国联合网络通信有限公司天津市分公司　董树森）

5G 在挥发性有机物（VOCs）防治中的应用

随着我国社会经济的快速发展，生态环保问题日益突出，生态环境治理也越来越受到国家和社会的广泛重视。大气环境治理是生态环保的重要内容，在大气污染物方面，以臭氧（O_3）和细颗粒物（PM2.5）为主的环境问题逐渐显现，而挥发性有机物（Volatile Organic Compounds，VOCs）是形成臭氧和细颗粒物污染的重要前体物。国家陆续出台相关政策，将 VOCs 列为“十四五”重点控制的四项污染物之一，并把多个省（自治区、直辖市）纳入 VOCs 减排考核范围。本文梳理了 VOCs 防治的现状和建立立体化监管体系的必要性，并从网络和应用两个层面介绍了 5G 与 VOCs 防治的结合方式。

一、VOCs 防治的现状

（一）VOCs 排放对大气环境影响的现状

VOCs 是形成 PM2.5 和 O_3 的重要前体物，对气候变化也有影响。近年来，我国 PM2.5 污染控制取得积极进展，但 PM2.5 超标现象依然普遍。京津冀及周边地区源解析结果表明，当前阶段有机物（Organic Matter，OM）是 PM2.5 的最主要组成成分之一，占比达 20% ～ 40%。其中，二次有机物占 OM 的比例为 30% ～ 50%，主要是由 VOCs 转化生成的。

自 2015 年开始，PM2.5 年均浓度呈逐年下降趋势的同时，O_3 的日最大 8 小时第 90 百分位数则呈逐年上升趋势。从天津市不同区（县）每日 11 ～ 18 时 O_3 污染高发时段均值来看，2015年，天津市各监测点位高污染时段均值为 110 ～ 148μg/m^3，2019 年则上升到 140 ～ 167μg/m^3。在 2018 年全年污染天气下，以 O_3 为首要污染物的天数首次超过 PM2.5，成为制约达标天数增加、持续改善环境空气质量的重要制约因素。研究表明，VOCs 是现阶段重点区域生成 O_3 的主控因子，是细颗粒物和臭氧协同控制的关键因素。

（二）VOCs 管控治理现状

自 2012 年起，国家及各省（自治区、直辖市）陆续发布了一系列法规、标准和政策，将 VOCs 污染防治正式纳入大气污染治理的重要工作中。2012 年，生态环境部、发展和改革委员会、财政部联合发布《重点区域大气污染防治“十二五”规划》，要求全面展开 VOCs 污染防治工作，开展重点行业治理，完善 VOCs 污染防治体系。2013 年，《国务院关于印发大气污染防治行动计划的通知》中要求，将 VOCs 纳入排污费征收范围。2018 年，国务院发布了《打赢蓝天保卫战三年行动计划》，确定以京津冀及其周边地区、长三角地区、汾渭平原等区域为重点，组织实施 VOCs 专项整治，着力补齐 VOCs 污染防治短板。2019—2022 年，国家相继发布了一系列重要的政策法规文件，这些文件提出，加快推进重点行业 VOCs 的污染防治工作。《重点行业挥发性有机物综合治理方案》分析了当前 VOCs 污染治理的形势和问题，明确了石化、化工、工业涂装、包装印刷、油品储运销等重点行业和工业园区 / 产业集群的 VOCs 综合治理任务。

虽然近年来国家及天津市加大了对 VOCs 的治理力度，但是相对于对颗粒物、二氧化硫、氮氧化物的污染防治，对 VOCs 的污染防治仍然较为薄弱，VOCs 管理基础薄弱、源头控制力度不足、无组织排放问题突出，治污设施简易低效且运行管理不规范，特别是对于 VOCs 污染排放企业较集中的园区和产业集群更是缺乏有效的管控、监测溯源和预警措施。VOCs 的污染防治已成为我国大气环境治理的短板，同时 VOCs 也是影响空气质量达标的关键因素。

二、园区基于 5G 的精细化立体监管的必要性

我国大气污染防治工作目前已经进入“深水区”，持续改善环境空气质量难度巨大，必须创新环境管理模式，开展基于 5G 的大气污染防治精细化管理，抓重点，分析城市、园区污染的主要成因，坚持问题导向，建立空气质量精细化管理框架、精准治污管控体系，同时以精准减排技术为支撑，PM2.5 和 O_3 协同控制，以 VOCs 减排为目标，持续改善空气质量。

对工业产业园区的污染源、风险源进行实时有效的监测监控，可改善园区的整体环境质量，并通过风险预警模型预测危险发生的时间、地点、类型和危害程度，自动给出合理的处置和规避风险的措施建议，进而提高园区环境监管能力及风险抵御能力，控制其对周边区域环境的安全威胁，这些已经成为产业园区加强自身环境保护和全面发展的重中之重。由于缺乏实时、有效的监控和管理设施，所以政府监管部门不能及时、全面地掌握园区的空气质量情况、VOCs 排放情况、废水排放情况、河流水质情况等必要信息，无法实时监控、精准预测、快速溯源和分级处置环境污染事件。

在此背景下，VOCs 管控治理需要采用新兴的云计算、大数据、5G 移动物联网、空间地理信息集成等新一代信息技术，把传感设备应用到各种环境监控对象中，通过云计算技术将环保领域与物联网整合起来，同时借助 5G 移动物联网技术，将人类社会与环境业务系统紧密联系起来，以更加精细和智能的方式实现园区环境管理和决策的智慧化。VOCs 管控治理示意如图 1 所示。

三、网络部分 5G 与 VOCs 防治的结合

（一）5G 的创新性

传统的大气环境监测通常采用固定方式部署信息采集点和摄像头，但对于整个园区来讲，区域面积大，采用固定方式部署点位多、投资大、取电难，同时也造成采集设备常年暴露在室外，有易损坏、维护难、成本高等问题。

随着 5G 技术的出现，其大带宽、低时延、广连接的特性，很好地满足了移动方式下的数据信息采集和反向控制，因此，促使“5G + 走航监测”“5G + 无人机监测”成为先进的快速诊断技术。这类技术很好地解决了传统固定方式投资大、易损坏、维护难、成本高等问题，为环保监测、日常巡检、应急等应用提供了及时有效的决策支持。工业园区 VOCs 精细化立体监管系统采用当前先进的走航车和无人机进行监测，5G 技术可以协助解决以下问题。

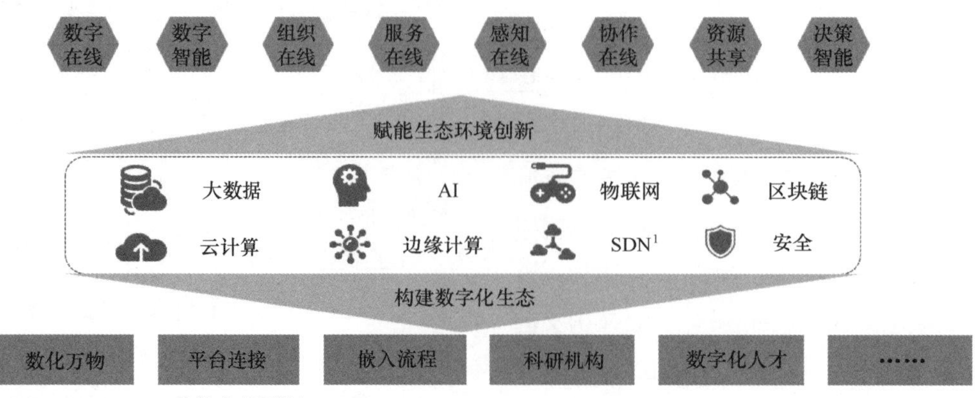

1. SDN（Software Defined Network，软件定义网络）。

图 1 VOCs 管控治理示意

① “5G + 边缘计算” 对园区起到拉近距离、降低时延、本地计算节省带宽、数据隔离保障安全的作用，“5G + 边缘计算” 的部署可满足区域对环境污染溯源与成因分析边缘智能的数据处理、分析决策的需求。“5G + 走航车” 和 “5G + 无人机” 搭载的监测设备的数据信息采集，尤其是无人机 / 走航车的动作控制，需要低时延的指令到达，5G 网络保证了其时效性，实现了基于轻量数值模型的多点跟踪污染成因溯源算法。

② 开发环境污染物溯源分析数据模型。技术人员通过部署 “5G + 边缘计算”，进行环境风险的快速预警，满足区域对环境污染溯源与成因分析边缘智能的快速数据处理、实时分析决策的需求。该模型可以解决空气质量评估、污染溯源及污染精准防控问题，提高了效率，降低了成本，提升了区域的环境空气质量。

③ 5G 可解决走航车和无人机移动方式的数据采集和动作执行问题。5G 的大带宽能够保证 4K 及 8K 高清视频实时回传且不受距离限制，5G 的大带宽、低时延特性保证了监控质量和应急指挥调度的时效性。

我们利用 5G 技术，通过 PM2.5/VOCs“5G + 走航车” 和 “5G + 无人机” 监测，提高了监测环境空气质量的手段，增强了环境空气质量异常点位的原因排查和突发事件的应急监测能力，既满足了常规监测需求，又满足了应急机动的需求。

5G 技术检测示意如图 2 所示。

（二）整体拓扑结构

拓扑结构分为智慧环境感知层、智慧网络层、智慧支撑技术层和智慧信息管理层 4 层。拓扑结构包含 5G 虚拟专网、立体监管系统和软件精细化管控系统 3 个部分。拓扑结构如图 3 所示。

四、5G与VOCs 防治的结合

（一）5G 专网环境空气质量自动监测系统

5G 专网环境空气质量自动监测系统依据国家标

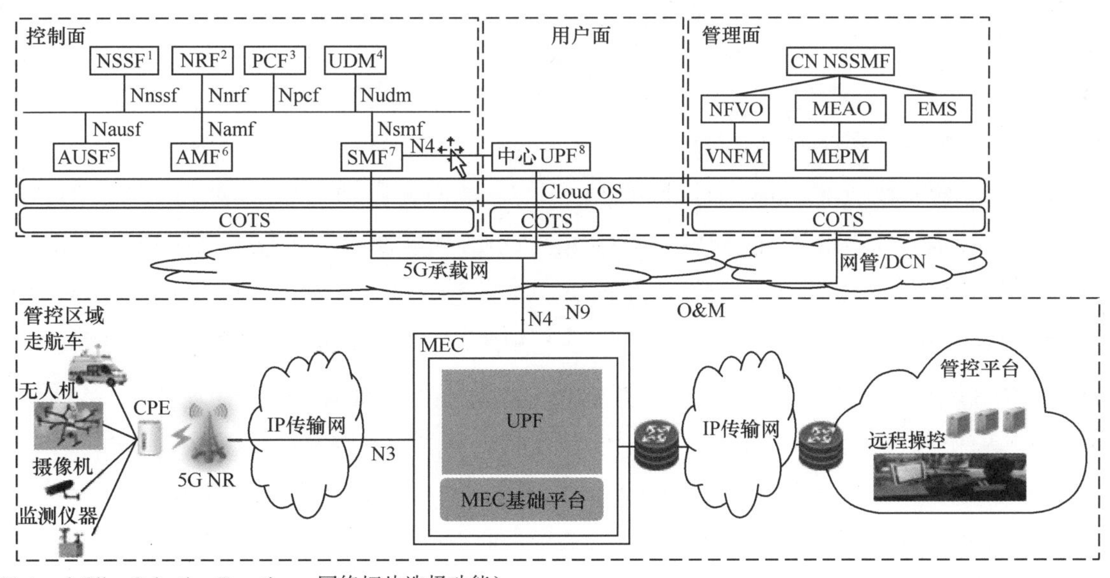

1. NSSF（Network Slice Selection Function，网络切片选择功能）。
2. NRF（Network Repository Function，网络仓储功能）。
3. PCF（Policy Control Function，策略控制功能）。
4. UDM（Unified Data Management，统一数据管理）。
5. AUSF（Authentication Server Function，认证服务器功能）。
6. AMF（Authentication Management Function，认识管理功能）。
7. SMF（Session Management Function，会话管理功能）。
8. UPF（User Plane Function，用户功能）。

图 2　5G 技术检测示意

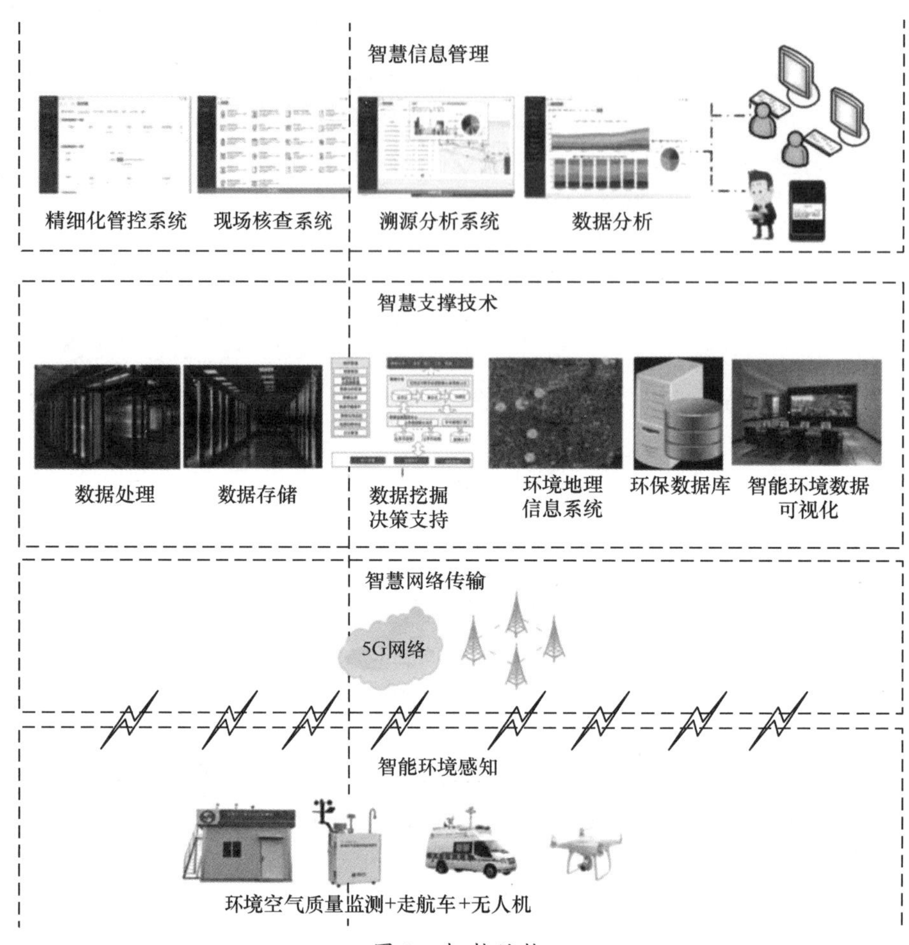

图 3　拓扑结构

准，结合空气质量新标准监测能力建设要求，遵照环境空气质量监测点位布设技术规范，布设环境大气质量监测点进行环境大气质量监测。该监测系统集数据采集、数据审核、统计分析、报告发布和地图于一体，通过 5G 专网实时发布监测数据及空气质量指数（Air Quality Index，AQI），应用于环境空气质量监测、工业园区和环评监测等。

（二）5G 专网环境空气质量自动监测微型站

5G 专网环境空气质量自动监测微型站是一套以自动“测—控”为核心的系统。该系统分别利用电化学法原理的气体传感器与激光散射原理的颗粒物传感器实时监测 NO_2、SO_2、CO、O_3、TVOC、PM2.5、PM10 等，同时系统集成了气象模块监测环境中的温度、湿度等气象参数，并配备视频监控系统同步监控现场的实时环境。

（三）“5G＋自动走航监测”

“5G＋自动走航车监测”系统的核心设备是 VOCs 快速质谱分析仪、颗粒物激光雷达和常规数据监测设备，车辆一边行驶一边实时监测几百种 VOCs、大气颗粒物和常规数据监测因子，快速全面了解区域的 PM2.5/VOCs 浓度水平及特征因子，实现区域及企业画像，锁定问题区域、问题企业及问题工段，为精准管控提供技术支撑。“5G＋自动走航车监测”系统具有极强的机动性，运行过程中可采用走航及驻车两种测量模式，大气监测车凭借其出色的机动性、配置灵活性，在环境监测中发挥出较多优势。

（四）“5G＋无人机”

通过5G专网，“5G＋无人机”在目标区域进行低空巡检，快速获取工业园区上方、排烟气口、危险区域的污染物分布数据；通过高清镜头 / 热成像仪实时监控、拍照或录像、自动识别隐蔽生产作业活动与夜间活动。另外，“5G + 无人机”可以搭载 GPS 精准定位，为目标地点及每一组污染与图像数据提供精确的经纬度坐标、高度与时间戳。

五、预计实施成效

5G专网解决了移动监测的难题，提高了监测的灵活性、使用率和监测效率，同时结合云计算、大数据和深度学习等信息化技术，集 VOCs 精细化管控、总量核算、绩效评估、污染问题诊断及解决方案提出于一体，直接应用于工业园区 VOCs 管控和污染减排控制，实现信息化手段，提升环境精细化管理水平。

对重点行业 VOCs 治理技术进行评估，建立 VOCs 污染控制技术人工智能知识库，搭建基于语义分析技术的深度学习平台，不断完善形成企业 VOCs 污染问题自动诊断知识库，提出全过程深度减排技术，并通过闭环精细化智能管理模式评估治理情况，为精准施策提供依据。

工业园区污染地图可直击重点污染区域。利用“5G + 自动走航车监测”和“5G + 无人机”监测技术手段，对园区、重点区域、居民投诉等敏感区域大气污染物（包括 O_3、NO_x、VOCs 各类组分、颗粒物等）进行走航监测，绘制园区污染地图，直击重污染区域。

O_3 敏感性分析，锁定 O_3 控制关键前驱物。大气 O_3 污染是一种典型的二次光化学污染，O_3 的主要前体物包括 VOCs、NO_x、CO 等。其中，VOCs 和 NO_x 是其最主要的前体物。对污染地区进行 O_3 敏感性分析，可准确判断其前体物的种类，为 O_3 溯源、制定 O_3 控制策略提供科学依据。

六、结束语

天津联通结合工业园区、行业污染排放特征和 VOCs 物质光化学反应活性等，建立基于 5G 专网的 VOCs 精细化管理系统，研究精准减排可行技术，帮助制定国家及省市级园区 VOCs 重点行业的准入及排放监管相关政策；强化工业园区 VOCs 企业的统一管理，建立一企一档，明确企业 VOCs 源谱、识别特征污染物、重污染天气应急预案，并通过大数据和人工智能的手段，形成污染问题自动诊断和污染技术知识库，引导 VOCs 重点行业整体升级和环保产业的发展，提升工业园区 VOCs 企业的整体精细化管理和防控水平。

与此同时，“5G + 自动走航车监测”和“5G + 无人机”的投用，是发力“新基建”、加速 5G 赋能高质量发展、打造具有高新特色“互联网 +”新型智慧园区的一次有效尝试。基于 5G 专网 VOCs 精细化管控项目的实施，我们会持续为园区服务对象创造绿色、和谐、智能的发展环境努力，持续为园区服务对象提供高效、便捷、个性化的发展空间。

（天津联通产业互联网研究院　韩奇志）

自动驾驶商业化运营探索及前景展望

随着全球范围内5G、物联网、大数据及人工智能等技术快速发展，汽车、交通等传统产业与电子、通信、互联网等新兴行业正持续加速深度融合。作为多产业跨界融合的创新载体和典型应用，自动驾驶汽车在全球范围内已进入快速发展期，自动驾驶的商业化运营探索也正在全面铺开。以北京市为代表，北京市目前已发布《北京市智能网联汽车政策先行区自动驾驶出行服务商业化试点管理实施细则（试行）》，这一文件的出台标志着我国自动驾驶的发展实现从测试示范迈入商业化试点探索新阶段；另外，北京市还出台了《北京市智能网联汽车政策先行区乘用车无人化道路测试与示范应用管理实施细则》，因此，北京成为国内首个开启乘用车无人化运营试点的城市。

从商业化发展趋势看，相比于C端私人自用，B端企业/G端公共部门对自动驾驶技术价格的容忍度更高，网约车、物流运输、公共交通、环卫、矿区等领域已率先推进自动驾驶的商业化运营探索。从技术应用的难易情况及受法律法规的影响来看，自动驾驶的商业化运营探索整体上遵循“先封闭后开放、先载货后载人”的原则。根据此原则来梳理商业化运营的路径，大概率率先实现商业化运营落地的将是封闭/半封闭区域中的简单场景，例如，停车场内的自动泊车、封闭/半封闭园区内的物流运输等；其次是固定线路的干线物流、末端配送、环卫、公交通勤等；再次是共享模式下的分时租赁、网约车、共享出行等；最后是私人场景下的自动驾驶。自动驾驶商业化落地主要应用场景及落地顺序预测如图1所示。

一、封闭/半封闭区场景下的商业化运营探索

在封闭/半封闭区域内，自动驾驶的行驶环境相对简单，作业流程标准化程度较高，更容易体现自动驾驶高效率的优势。其中，比较常见的应用场景有自动泊车、无人货运、无人清扫等。

（一）自动泊车

因泊车时车速较低，大幅降低了技术实现的难度，使自动泊车（Automated Valet Parking，AVP）有望成为首先落地的商业化应用场景。中金公司预测，至2024年，我国L3/L4级自动驾驶泊车系统新车装

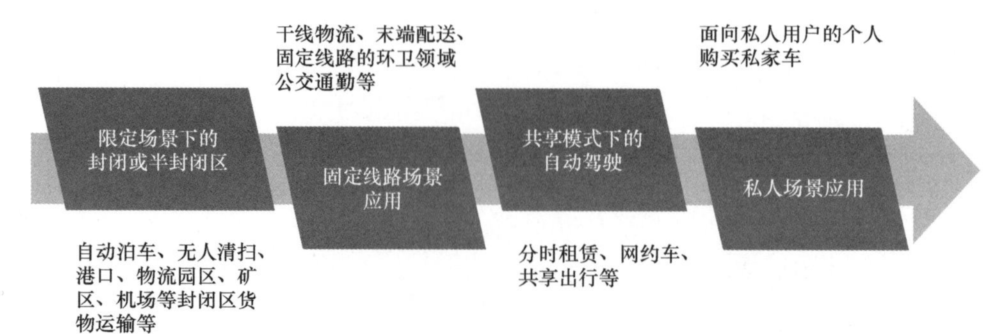

图1　自动驾驶商业化落地主要应用场景及落地顺序预测

配率有望达到 9% 以上；参照截至 2020 年末全国私人汽车的保有量、新增量，以及目前单套 L3/L4 级 AVP 系统的价格等数据，预计 2024 年我国 AVP 的潜在市场空间有望达 800 亿元。

目前，市面上已有 2 种实现自动泊车的路线。一种是以博世和戴姆勒为代表的车辆和基础设施协同的技术路线，主要通过对停车场安装感应设施、远程平台和通信保障，并使停车场智能基础设施与汽车自动驾驶技术密切配合实现自动泊车功能。这种模式主要通过向停车场提供相应的智慧基建解决方案，以及为车厂提供含自动泊车等相关功能的自动驾驶解决方案，促进相应车辆销售实现盈利。另一种是以初创企业 STEER Tech 为代表的单车智能驾驶系统技术路线，不需要对停车场进行改造，在原有车辆的基础上，利用线控技术和传感器，添加一个包含摄像头的计算模块，依靠车辆自身完成自动泊车。这种模式主要通过将相应系统作为前装功能或后装功能提供给车企或经销商实现盈利。

（二）无人货运

封闭/半封闭区的无人货运多出现在矿区、港口、物流园、机场等运行区域规范、行进路线单一、道路环境简单的场所。这些区域的货物吞吐量大、业务量高，运输费用在整体成本中占比较高，对自动驾驶的需求更为迫切。无人货运一方面将能实现无人化安全运行，另一方面还可降低人力成本。封闭/半封闭区的无人货运潜在市场空间巨大，综合蔚来资本及罗兰贝格等机构数据，我国无人货运在矿区和港口场景落地的市场规模分别将达 220 亿元和 60 亿元。

封闭/半封闭区无人货运的代表性企业有智加科技、希迪智驾和跃薪智能等，它们的主要商业模式是通过向相关场区（矿山、港口、物流园、机场等）提供整体自动化方案等技术服务，并获取相应费用。

（三）无人清扫

随着城市化进程加快，结构化道路不断增多，市容环境标准持续提高，保洁强度和人工清扫难度将不断加大，市场规模和企业人工成本也将继续上升。根据智能车联的数据，目前国内半公开道路清扫市场的规模高达 2100 亿～ 3000 亿元。无人清扫通过物联网、云平台等，在自动驾驶环卫车、智能垃圾桶与垃圾运输车之间实现数据交互，完成垃圾清扫、搜集、转运等作业，有效满足企业降本增收提质的要求。蔚来资本及罗兰贝格等机构估算，未来无人清扫应用成熟后，国内市政环卫领域的潜在市场空间有望达 110 亿元。

当前，无人清扫的代表性企业有智行者和女娲机器人等，它们的主要商业模式是通过售卖自动驾驶环卫车辆、提供配套解决方案等方式获得收入。

二、固定路线场景下的商业化运营探索

相对于封闭区域来说，固定线路的场景应用对自动驾驶的要求提高了一个等级，其运行区域更广，路线更长，交通复杂程度相对更高，法律法规的限制也更多。目前，固定线路场景的自动驾驶应用主要有干线物流、末端配送和公交通勤等。

（一）干线物流

随着经济增长和网购普及，近年来货运需求旺盛，2020 年全国公路货运量达 342.64 亿吨，占货运总量的比重高达 73.93%。中金公司估算，2020 年全国公路运输总费用达 6.1 万亿元，其中，城际货运占比过半，潜在市场规模超 3.3 万亿元。但在供给方面，传统长途货运存在运输效率不高、有效里程偏低、货车司机不足等问题。交通运输部数据显示，截至 2018 年年底，我国营运货车数量为 1355.82 万辆，已连续 5 年下降；截至 2019 年 5 月，我国货车司机数量为 1800 万人，同样连续 5 年下降，总体缺口率为 16.5%，部分地区甚至达 20% 以上，行业供需矛盾突出，有望推动高速干线物流场景快速落地。具有自动驾驶功能的物流车辆代替有人驾驶的货车、重卡，完成货物在仓库间的物流运输，将有效应对司机不足的问题，节省人力成本和提升运输效率。

与此同时，自动驾驶在干线物流落地，还可以减少司机因疲劳驾驶或操作失误而导致的事故[1]。在物流干线运输的场景中，自动驾驶火车 / 重卡主要行驶在高速路上，且行驶路线往往固定。相比于城市道路，高速路路况较为规整，一般不会出现行人、非机动车混行的场面，安全性将得以提升。

根据蔚来资本及罗兰贝格等机构的估算，随着自动驾驶在跨城物流应用的成熟，国内相应的潜在市场空间有望达 7000 亿元。

目前，自动驾驶干线物流的商业模式主要有 3 种，不少头部企业综合采用其中 2 种甚至 3 种模式进行商业化探索。一是提供自动驾驶技术服务，按里程 / 时间收取相应费用的模式，以宏景智驾、智加科技、赢彻科技和主线科技为代表，例如，宏景智驾定位为产业链中自动驾驶“技术中枢”的角色，提供一体化的自动驾驶软硬件解决方案，实现盈利。二是提供自动驾驶货运服务，按里程收取相应费用的模式，以图森未来、智加科技、赢彻科技和主线科技为代表，例如，图森未来创建无人驾驶货运网络，接入自有的自动驾驶卡车，为货主提供货运服务，实现盈利。三是向主机厂购买自动驾驶重卡后，为物流车队客户提供自动驾驶重卡整车租赁服务，按里程 / 时间收取租赁费用的模式，以主线科技为代表。

（二）末端配送

末端低速无人配送车辆具有产品技术稳定性高、应用场景高频多发、商业模式清晰等优点，被一致认为是可以率先实现突破的自动驾驶产业细分市场。同时，2020 年以来新型冠状病毒肺炎疫情在全球范围大流行，末端配送方式需要升级，以充分满足新型冠状病毒肺炎疫情防控的要求，减少人员接触，降低感染风险。这在客观上促进了末端无人配送发展提速。综合辰韬资本、蔚来资本及罗兰贝格等机构的估算数据，未来无人车在末端配送的应用成熟后，国内相应的潜在市场空间有望达 840 亿元。

目前，自动驾驶末端配送的商业模式主要有 3 种，一是向下游企业提供车辆销售、租赁、软硬件解决方案，并收取产品费用的模式，以易咖智车、PIX 和超星未来等为代表。例如，易咖智车以销售线控底盘为主，其主要客户目前有京东、阿里、驭势科技等。

二是结合场景方需求，为其提供配送、广告等服务，并收取相应服务费的模式，以白犀牛、智行者、毫末智行等为代表。例如，白犀牛聚焦于为商超、零售、生鲜、药品等商家提供配送服务，以按单计费等多种形式收取配送服务费，目前，其已与永辉超市在上海嘉定合作，进行常态化运营。

三是以服务集团内部电商业务，进行内部结算为主的模式。以京东、阿里、美团为代表。例如，美团在北京布局，为旗下的美团买菜、美团 MAI SHOP 提供生鲜产品配送服务，目前已覆盖 20 多个小区，累计配送超 3.5 万单，自动驾驶里程已近 300000 千米。

（三）公交通勤

公交车是循环行驶在固定路线，承载旅客出行的机动车辆。近年来，公交行业面临客运量减少[2]、驾驶员招聘难[3]、人工成本高[4]等突出问题，运用自动驾驶技术，在设定好的路线上实现无人运行，将有效解决驾驶员招聘难、传统公交人力成本高等问题。随着自动驾驶技术的成熟，乘客在公交车上还能接受更为广泛的公交服务，提升乘车体验。

综合麦肯锡、中国电动汽车百人会、智研咨询、观研报告网等机构的数据，2018 年，我国城市公交

1. 世界卫生组织 2017 年提供的数据显示，全世界每年约有 125 万人死于交通相关的事故，其中 90% 以上的事故是人为操作失误造成的。根据麦肯锡的估算，自动驾驶将减少美国 90% 的交通事故。
2. 新增地铁线、网约车、共享单车等丰富了人们的日常出行方式，大幅分流了公交车的客运量。
3. 公交驾驶员需要 A3 及以上的驾照，门槛较高，工作性质比较单一且强度较高，近年来，选择公交驾驶职业的人员在不断减少。
4. 根据中国电动汽车百人会的调研，在公交运营中，人员成本占到整体运营成本的 75% ～ 85%。

保有量为 67.3 万辆，预计未来公交保有量会保持在 70 万辆以上。目前，传统公交车售价约为 40 万元，每台公交车通过线控化技术、加装传感器等方式改造为自动驾驶公交车，总投入约为 60 万元，随着技术成熟和规模化应用，预计自动化的成本逐步下降。至 2040 年前后，我国公交车对自动驾驶技术的应用率有望达 69%。综合相关数据，预计 2021—2040 年，我国自动驾驶公交的潜在市场空间有望超 1500 亿元。

目前，自动驾驶技术在公交场景的商业运营探索刚起步，仅河南郑州等少数地方的自动驾驶公交车正式进入试运营阶段，行业内较为成熟的商业模式还未出现。预计未来自动驾驶科技公司将与公交车生产企业合作，通过在传统公交车上加载传感器等进行改装，或者直接设计专门的自动驾驶公交车，支持公交公司提供自动驾驶公交服务。

三、共享模式下的商业化运营探索

在未来出行场景下，传统出租车将逐渐被具有自动驾驶功能的网约出租车所替代，运营平台将依据消费需求、车辆状态、道路情况等提供共享出行服务，统一调配行驶路线，提升运输效率。在此基础上，自动驾驶网约车能够节省大量人力成本，其大面积应用将降低消费者对私家车的购买需求，从而提升整体交通通勤效率。根据蔚来资本和罗兰贝格等机构的数据，我国自动驾驶网约车的潜在市场空间将达 3500 亿元。

目前，国际上 Waymo、优步等企业已启动自动驾驶网约车运营，同时，通用、丰田、福特、大众等传统汽车巨头也在加紧布局向出行服务商转型。在国内，滴滴、文远知行、小马智行、百度、AutoX 等企业也在纷纷开展自动驾驶网约车的试运营服务。目前，自动驾驶网约车已形成以下 2 种主流商业模式。

一是自动驾驶企业基于自有车辆，通过合作 / 自主运营的方式，直接对外提供自动驾驶网约车服务。例如，国内百度与长沙先导产业投资公司、湘江智能科技创新中心成立湖南阿波罗智行，在长沙提供自动驾驶网约车服务；小马智行在广州成立自主运营团队，提供自动驾驶网约车服务等。

二是自动驾驶企业向出租车公司 / 网约车平台提供技术服务。例如，AutoX 向深圳鹏程电动出租汽车公司提供无人出租车技术和平台，由该出租汽车公司自主负责场地和车辆运营服务；元戎启行为联合曹操出行在杭州投放运营车辆提供 L4 级自动驾驶全栈解决方案。

四、私人场景下的商业化运营探索

面向私人场景的商业化运营探索尚处于起步阶段，目前，特斯拉在这一领域走在前列，其正在执行的商业模式为车辆销售 + 软件安装和升级 + 高级连接服务 + 充电服务。以国产特斯拉 Model 3 为例，车辆定价约为 32.8 万元，用户购买车辆后，可结合自身需要，选择不开通 / 开通不同等级的 AutoPilot 功能；根据用户选择开通的等级不同，收费在 2.78 万～ 5.6 万元。同时，特斯拉在重写完全自动驾驶算法后，自动驾驶系统能力从 L2 进化至 L4，用户可选择支付 1 万美元进行升级。另外，还有空中下载技术选装包（2000 美元）、高级连接服务（9.99 美元 / 月）、超级充电站服务等可供用户选择。

另外，特斯拉还提出了自动驾驶网约车众包服务的商业运营设想，即车主将闲置的特斯拉自动驾驶车辆加入特斯拉旗下的自动驾驶打车服务及共享平台中，特斯拉从每一单自动驾驶网约车服务中，提取服务费的 25% ～ 30%。

五、小结

自动驾驶在各场景的潜在市场空间及商业模式探索见表 1。

表 1 自动驾驶在各场景的潜在市场空间及商业模式探索

场景	潜在市场空间 / 亿元	商业模式
自动泊车	800	• 向停车场提供相应的智慧基建解决方案 • 为车厂提供含自动泊车等相关功能的自动驾驶解决方案
无人货运	矿区：220 港口：60	• 向相关场区（矿山、港口、物流园、机场等）提供整体自动化方案等技术服务
无人清扫	110	• 向环卫部门售卖自动驾驶环卫车辆，提供配套解决方案
干线物流	7000	• 提供自动驾驶技术服务，按里程 / 时间收取相应费用 • 提供自动驾驶货运服务，按里程收取相应费用 • 为物流车队客户提供自动驾驶重卡整车租赁服务，按里程 / 时间收取租赁费用
末端配送	840	• 向配送企业提供车辆销售、租赁、软硬件解决方案等 • 结合场景方需求，为其提供配送、广告等服务 • 服务集团内部电商业务，进行内部结算
公交通勤	75	• 商业模式仍在探索，提供解决方案、销售车辆等均有可能成为未来方向
Robotaxi	3500	• 自动驾驶企业基于自有车辆，通过合作 / 自主运营的方式，直接对外提供自动驾驶在各场景的潜在市场空间及商业模式探索服务 • 自动驾驶企业向出租车公司 / 网约车平台提供技术服务
私家车	万亿级	• 车辆销售 + 软件安装和升级 + 高级连接服务 + 充电服务 • 自动驾驶网约车众包服务：车主将闲置车辆加入自动驾驶打车服务及共享平台，平台方按单收取服务费

（北京英维塔科技有限公司　梁张华）

Luneburg 透镜天线组网——新业务推广疑难场景解决新方法

信号覆盖是一切无线智能应用的基础。物联网、无人驾驶、智慧城市等应用的发展对无线网络信号质量和覆盖的强度与广度提出了更高的要求。然而，针对空旷的高速道路、地形复杂的老旧别墅区、业务量繁重的密集居民区等场景，负荷过重、站址建设困难无疑是一道难以逾越的墙，将各种智慧技术隔在高墙之外。本文基于市场业务推广建设遇到的问题，梳理了多种常见的疑难场景，针对这些场景提出了相应的解决方案并进行了实验，旨在为后续网络建设优化过程中遇到的问题提出一种新的解决思路与方案。

一、国内外多波束透镜现状和发展趋势

Luneburg 透镜最早是在 1944 年由德国数学家鲁道夫·卡尔·卢纳伯格（Rudolf Karl Lüneburg）提出的。Luneburg 透镜天线原理示意如图 1 所示。

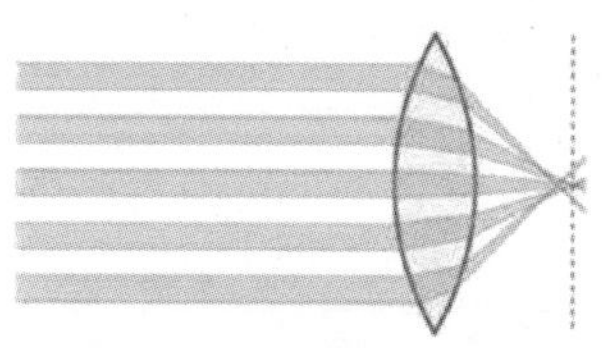

（a）传统透镜　（b）Luneburg透镜

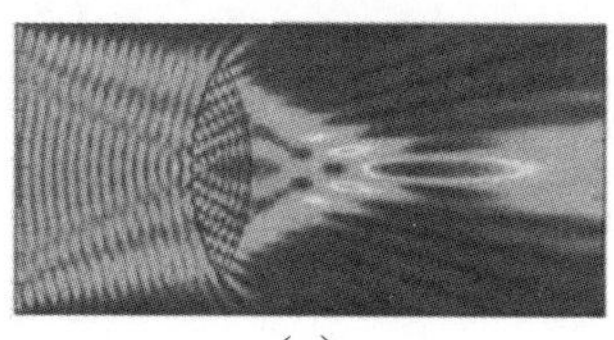

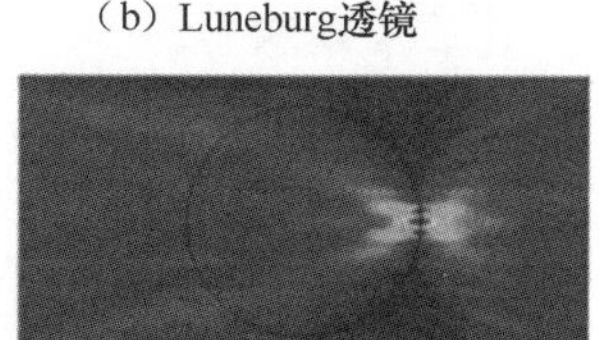

（c）　（d）

图 1　Luneburg 透镜天线原理示意

Luneburg 透镜天线的原理是利用多层介质球体的折射特性，将单个天线单元的低增益、宽波束的电磁波信号汇集成高增益、窄波束的电磁波信号，该工作原理与光学透镜聚焦原理相似。

Luneburg 透镜天线在国外应用的发展大体可以分为以下 3 个阶段。

① Luneburg 透镜天线经历了“轴对称透镜天线—一个中心点对称—多中心点对称”的发展过程，逐步提升天线 X 参数和电调移相器电调来控制波形畸变。

② Luneburg 透镜天线的技术革新是从轴对称透镜天线单纯提升参考信号接收功率（Reference Signal Receiving Power，RSRP）和实现多波束到目前多中心点对称提升设备效率一倍以上。

③ Luneburg 透镜天线经历了“机械调整下倾角—机械电调下倾角—每个波束独立移相器电调下倾角”的技术演进，实现区域的精细化覆盖。

我们可利用 Luneburg 透镜天线的这些特性，对天线波形进行一些传统天线难以做到的波束赋形，从而有针对性地对一些传统天线覆盖的疑难场景进行改善。

二、无人驾驶道路弱覆盖问题解决方案

（一）问题成因

近郊和远郊地区存在不少空旷区域，这些地区除了一两条主干道路，其余空间都是荒地，有的区域甚至数千米才配备一个基站，在这种场景下，光电缆的安装工作十分困难，然而车联网、无人驾驶、智慧监控等业务均需要该区域有较好的信号覆盖才能开展工作。解决此类场景弱覆盖问题除了耗费大量人力、物力增加站点，一般情况下并无较好的办法。

（二）解决思路

本文利用 Luneburg 透镜天线改变波形解决了此

类问题。

本文利用多层介质球体的折射特性，将单个天线单元的低增益、宽波束的电磁波信号汇集成高增益、窄波束的电磁波信号，提高增益的同时改善了远端信号衰弱的问题。单波束窄带高增益波形示意如图 2 所示。

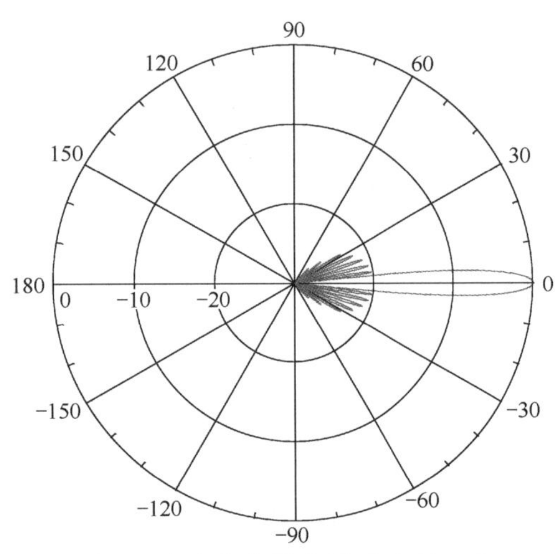

图 2 单波束窄带高增益波形示意

此类道路场景多数为直线道路场景，除了道路并无有效覆盖目标，使用传统天线覆盖时，水平方向上覆盖范围为 120° 左右，大部分的信号会打向两边荒地区域，从而造成能量浪费。该种天线通过减少天线水平波宽的方式提高了增益和利用率，大大增加了该场景下的信号强度，减少了覆盖相同场景所需要的成本投资。

（三）实验案例

本文选择了天津市津晋高速上的一段区域作为实验位置。

实验路线为津晋高速的一段弱覆盖区域，两端站点间距为 5.3km，两端站点期间并无站点覆盖，弱覆盖问题严重，中间区域 RSRP 已经降低至 –115dBm 以下，在这种信号强度下，正常数据通话已成问题，更无法使用无人驾驶这种对信号强度要求更高的业务。

在该场景下，本文选用了上述天线，针对左右两个基站扇区进行了天线改造，并相应调整了 PA 和 PB 等相关参数，同时腾退两台 L900 设备，针对该区域进行覆盖信号强度改善效果明显，最差区域覆盖 RSRP 也已高于 –110dBm，平均 RSRP 已达到 –90.99dBm。在该信号强度下，各项智慧应用均可以正常使用，不会再出现无服务响应等问题。

（四）总结

本次实验结果十分成功，不仅信号质量得以提升，射频拉远单元（Remote Radio Unit，RRU）设备利用率、业务量等数据也有较大提升。通过多级实验验证，单个新型天线覆盖范围最大可达 2.5km，即两个站点最大可覆盖 10km 的道路。依照现网站点分布足以满足该条件，且除了天线本身费用，无其他成本，经计算，该处问题点的解决至少每年可以节约 27.5 万元的经济成本，起到降本增效的作用。

三、智慧家居深度覆盖差问题解决方案

（一）问题成因

部分城区地带存在不少老旧的别墅区，这些别墅都是私人区域，缺少公共区域建设站点，内部站点建设无法进入，因此，只能依靠外部宏站站点进行信号覆盖。别墅的房间结构较大，对信号强度的要求较高，而且一些早期建设的别墅区楼间距过小，深度覆盖极易出现问题。然而居住在这里的居民往往经济情况良好且住房面积较大，是智慧家居等产品重要的潜在客户，过差的网络会对产品销售产生较大影响，使用户对产品本身的质量产生怀疑。

（二）解决思路

本文利用 Luneburg 透镜天线波束赋形特点，将信号旁瓣增益降至最低，之后压缩波束的水平波瓣，使其获得更高的增益和更强的远端覆盖特性。为克服该波束带来的水平覆盖范围减小的问题，采用了多波束并行排列的方式补充覆盖，以达到在兼顾覆盖范围的同时提高增益的目的。Luneburg 透镜天线平面效果如图 3 所示。

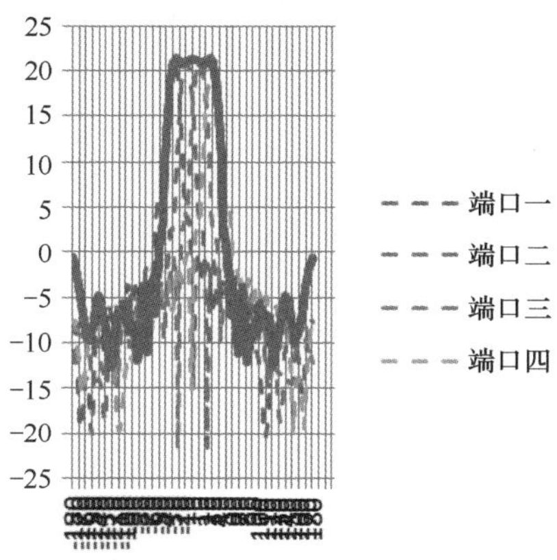

图 3　Luneburg 透镜天线平面效果

此类别墅区场景建筑物多数高度在 10m 左右，因此，对于一般的挂高 30m 左右的天线来说，只会产生较少的折射，无须考虑多波束带来的上行干扰问题。本文选择了天津市近郊区域的一片密集别墅区域作为实验对象，该区域由于小区内无法建设站点，所以只能通过外部宏站覆盖，中国联通和中国移动两家运营商采取了两种不同的组网方式。

其中，中国联通采用了两个 40m 左右管塔作为宏站，建于该小区西南方向和东南方向两个角落进行交叉覆盖。该种组网方式的优点是拥有较大高度差，从而提升了深度覆盖率，缺点是双宏站覆盖导致别墅区内存在切换带导致用户接收信号质量较差，单基站又不足以覆盖整个别墅区。

中国移动采用了在小区内部一个塔楼位置放置美化天线的方式进行网络覆盖。该方式的优点是信号较为纯净且距离覆盖目标较近、损耗小，缺点为高度差不足，天线较矮，难以覆盖别墅北侧区域及深度覆盖率更差。

本文采用 Luneburg 透镜天线改造中国联通设置的西南侧站点，并关闭了东南侧站点，使用西南侧站点单独覆盖。

（三）总结

本次实验结果圆满地解决了该区域的弱覆盖问题，并因此发现了该天线的另一种作用——整合站址资源。这对现网站点规划来说十分重要。站址资源的整合不仅可以节约大量的建设成本和维护成本，还可以有效解决各个站点之间的干扰和频繁切换的问题，相信这对于其他同类场景的后续组网有重要的参考价值。

四、负荷过高网络拥塞问题解决方案

（一）问题成因

繁华的城市伴随着拥挤的街道和密集的居住人口。随着无线网络各项业务的发展，人们使用手机娱乐的方式逐渐丰富，人们所使用的流量激增。大家在观看网络视频直播时，随着观看人数的增加，网络越来越卡顿，而这种现象在演出现场、大学宿舍、密集居民区等场景尤为常见，如果一个基站的负荷达到极限，就要建设更多的站点来共同分担业务流量。随着基站密度的提升，不仅建设维护成本越来越高，站点间的相互干扰也愈发强烈，导致站点的工作效率越来越低，用户的体验较差。

（二）解决思路

本文通过利用 Luneburg 透镜天线改变垂直波宽与多层网络组网的方式解决了此类问题。

网络拥塞的场景多发生在繁华的城市，高楼林立是其显著特点，利用这些高层楼顶可以有效覆盖各类目标。传统天线受波形导致的最小辐射范围的限制，一旦天线高度过高，将无法覆盖近端场景。本文利用 Luneburg 透镜天线强大的波束赋形能力，将天线垂直波宽扩展为原来 3 倍的长度，从而大幅减少了“灯下黑”现象，垂直波宽影响示意如图 4 所示。

根据水平和垂直面覆盖模型可计算出如下数据。

$CD=2\times[H/\cos(90-\delta)]\times\tan(\theta w/2)$

$OA=H\times\tan(90-\delta-\theta/2)$

$OB=H\times\tan(90-\delta+\theta/2)$

$S=\pi\times(OB-OA)\times CD/4$

由上述计算可得，相同的增益天线半功率垂直波宽较宽天线虽然水平波宽只有一半的情况下，有效覆盖面积增加约一倍，安装相同覆盖面积计算：相同增益天线，垂直波宽增加一倍，站址投资减少 3/4，极大地节约了站址投入成本。随后，本文将该

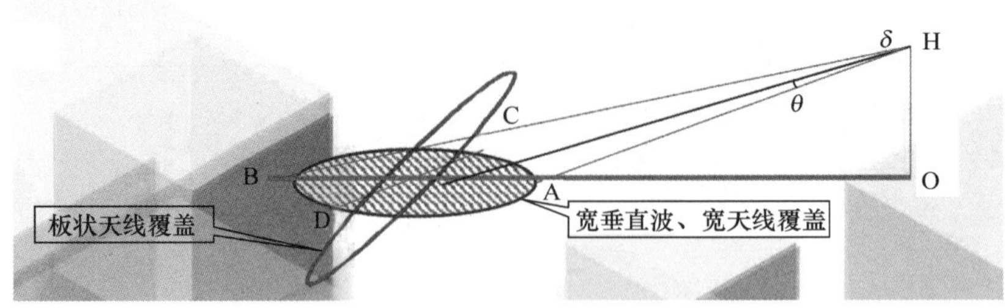

图 4 垂直波宽影响示意

理论特性投入实际应用中验证。

（三）实验案例

我们选择一个人口密集居民区，其周边多个站点负荷较高，小区内部尤其是中心区域信号相当复杂。本次实验通过改造西南侧高层站点（60m 左右），并汲取了上一个实验站点经验，提前评估了容量，以此为依据新增了 4 台 RRU 设备，对该区域进行了整体覆盖并相应调整了 PA、PB 等相关参数。针对该区域进行覆盖，改造后，信号强度改善明显，通过指标观察，周边站点业务流量数量明显下降，小区内信号稳定，网络质量提升明显。后续我们利用双层网络与多波束技术，Luneburg 天线单个站点最多可以承载 8 台 RRU 设备，容量为普通站点的 4 倍，极大地节约了站址资源并提升了密集区域单个站点最大负荷数。在该信号质量下，各项常规业务均可以正常使用，不会再出现网络拥塞现象。

（四）总结

本次实验结果改善明显，不仅信号质量得以提升，而且 RRU 设备利用率和业务量等项数据亦有较大提高。该区域原本依靠周边 5 个小区站点交替覆盖，共使用 15 台 RRU 设备，本次实验改造后，该小区仅利用该实验站点和周边两个站点即可有效覆盖该场景，共使用 10 台设备，节约 3 个站址资源、5 台设备资源，预计节约成本 26 万元，起到降本增效的作用。

五、结束语

Luneburg 透镜天线并非万能天线，恰恰相反，Luneburg 透镜天线的本质是利用 Luneburg 透镜的折射特性，将天线波形与波宽调整为普通天线难以达到的极限距离，以适应特殊的场景，并达到传统天线做不到的覆盖效果。

爱因斯坦曾说过：“我不憧憬未来，因为未来很快就将成为现在。”5G 技术应用、智慧城市、无人驾驶、无线网络的未来已经向我们走来，而我们要做的，唯有“仰望星空，脚踏实地”，用最坚实可靠的无线网络基础，去迎接更美好的未来。

（天津联通 高桐 王立宇 宋鹏）

5G 在智慧校园中的应用

第五代移动通信技术（5G）是具有高速率、低时延和大连接特点的新一代移动通信技术，是实现人机物互联的网络基础设施。

国际电信联盟定义了 5G 的三大类应用场景，即增强移动宽带、超高可靠低时延通信和海量机器类通信。增强移动宽带主要面向移动互联网流量爆炸式增长，为移动互联网用户提供更加极致的应用体验；超高可靠低时延通信可满足面向工业控制、远程医疗、自动驾驶等对时延和可靠性具有极高要求的垂直行业应用需求；海量机器类通信主要满足智慧城市、智能家居、环境监测等以传感和数据采集为目标的应用需求。

5G 技术在交通、医疗、家居、企业、农业、学校等领域的应用与融合，催生社会出现越来越多的智能化和智慧化场景。5G 落实在教育领域，集中表现为智慧校园的诞生。本文简单论述了 5G 与智慧校园相关概念与整体架构，介绍了 5G 在智慧校园中的主要应用场景。

一、“5G+ 智慧校园”

智慧校园是指以依托先进的计算机技术、网络技术、通信技术和传感技术，以物联网为基础，将教学、科研、管理和校园生活进行充分融合的一种生态。科技让师生享受到更加人性化的智能生活，推动了学生学习方式、教师教学方式的变革，实现无处不在的网络学习环境、融合创新的网络科研机制、透明高效的校务治理和方便周到的校园生活。智慧校园的特征主要体现在：综合运用物联网、大数据、人工智能等新兴技术；构建智能感知环境，构建新式的教务课堂空间，智能识别老师学生群体的学习、工作场景和个体特性；促进教学、管理、生活和文化的流程优化；提升教育人才培养质量和教育管理决策水平；建立“可认知、可诊断、可分析、可自愈”的新式校园生态。

5G 时代要实现智慧校园的目标，需要整合各类智能技术。通过一套多种技术制式的泛在基础网络、基于物联网络和感知终端设备的基础设施层，汇聚校园基础数据库和校园大数据规划的数据支撑层，五大能力的平台能力层，覆盖教学、教研、教育管理、评价、家校共育、区域治理、终身学习及教育公共服务等业务应用层，从而为学生、教师、家长、教育管理人员、技术人员提供智能化的支持服务和解决方案。

“5G + 智慧校园”将依托 5G 网络大宽带、低时延、大连接三大特性，实现教学质量提升、资源优质共享、校园智慧管理等核心目标，基于 5G、边缘计算、大规模天线技术、AI 融合四大关键技术，打造 5G 智慧教育整体架构。一张专网、一个智慧平台及多类核心应用，打造新型教育信息化体系，实现学校新一代云、网、端相结合的新型基础设施建设。

“5G + 智慧校园”整体架构如图 1 所示。

二、5G 在智慧校园中的应用

5G 可以针对教育领域的不同场景、不同服务对象按需提供定制服务，建立新型智慧教育体系，例如，5G 智慧课堂、“5G +AI”视频安防等。

（一）5G 智慧课堂

5G 智慧课堂以信息技术与教育教学深度融合为

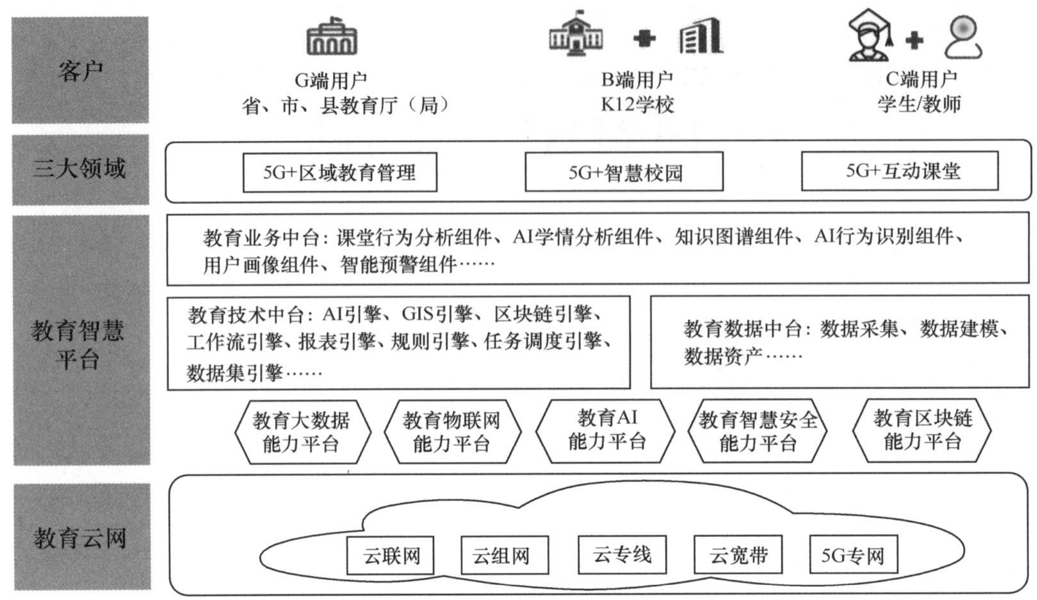

1. GIS（Geographic Information System，地理信息系统）。

图 1 “5G+ 智慧校园”整体架构

突破口，以学习者为中心的新型教学环境，通过从设备到数据全面打通、从教学活动到数据评价全面融合，实现差异化教学和个性化学习，全力打造“教学环境数字化、教学过程数字化、教学资源数字化、学情分析智慧化”的“四化”未来智慧教室。教学环境数字化是指智慧教室空间借助物联网技术为师生提供全新的数字化教学环境；教学过程数字化是指教、学、管、评、测的教学全过程均通过服务平台管理；教学资源数字化是指教师的教学视频可一键上传至资源平台，形成本校资源库，方便学生随时随地学习；学情分析智慧化是指教师可以快速掌握学生的薄弱知识点，为教师开展因材施教的精准教学提供有力支撑。

5G 智慧课堂让超高清晰度教学音视频的实时传输成为可能，通过联通 5G 网络，以远程互动教学、常态化直录播、网络教研、教师听课 / 评课等应用为核心，为师生提供全流程的教学支持。同时，5G 智慧课堂利用智慧教室终端，开展远程教师教研培训，实现音视频和文字内容的深度交互，助力教育资源优质的学校帮扶教育资源薄弱的学校。5G 智慧课堂可以实现跨校区的特色课程、素质拓展课程共享使用；为各级管理者提供实时动态数据监测，辅助科学决策；助力城乡、学校之间差距的有效弥合；推动实现教育资源均衡发展，让更多师生共享优质教育资源。

联通 5G 网络为 5G 智慧课堂提供专递课堂、名师课堂和名校网络课堂的各类应用，5G 智慧课堂架构示意如图 2 所示。

（二）“5G+AI”视频安防

AI 视频安防系统通过联通 5G 网络，将校园室内外的监控摄像头通过现有的有线方式传送至教育局机房移动边缘计算（Mobile Edge Computing，MEC）平台上，通过部署于平台上的 AI 视频监控分析软件对监控视频进行分析，实现表情识别、行为检测、轨迹跟踪、热点管理、体态属性识别等多种典型应用，建立事前快速预警、事后有据可寻的校园安全管理体系，有效满足学校对安全管理的需求。

同时，AI 智能摄像头抓取超高清图片，利用 5G 高速实时回传能力，结合 MEC 技术、边缘计算等多种手段对多目标面部特征点的识别实现情感计算，通过教育大数据平台，得出各班级学生专注度指数趋势图，实现对教学质量、学生学习状态的辅助判断，调整老师的教学方法，提高学生的学习效能。“5G+AI”视频安防架构示意如图 3 所示。

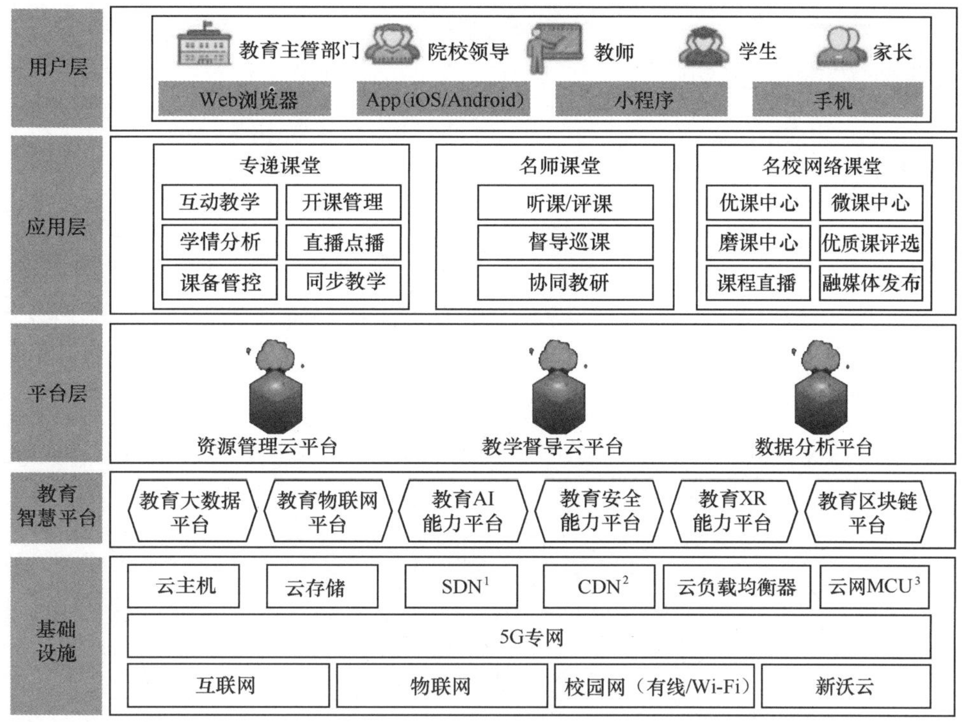

1. SDN（Software Defined Network，软件定义网络）。

2. CDN（Content Delivery Network，内容分布网络）。

3. MCU（Micro Control Unit，微控制单元）。

图 2　5G 智慧课堂架构示意

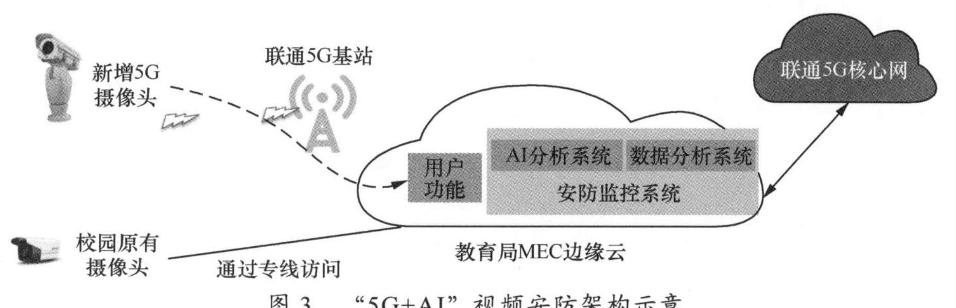

图 3　“5G+AI”视频安防架构示意

（三）5G 教育物联平台

随着学校侧的教育物联网设备越来越多，大多数学校的设备采用人工管理的模式，维护成本高，设备利用率低。教育装备物联平台包含水、电、气、空调采集信息等，利用联通 5G 网络，为校园物联网终端设备赋予高可靠的连接，实现全场景、全方位、全天候的监控与管理。教育装备物联平台提供无感知数据采集、设备基本信息管理、设备故障上报、终端上网行为管理及可视化数据看板等功能，实现物联感知设备信息化运维，对校园能耗管理提供节能减排策略，构建绿色节能校园。

（四）5G 教育大数据平台

教育大数据分析基于数据整合管理平台，实现对校内结构化数据、非结构化数据（教学过程数据、音视频数据）及校外资源数据进行全量数据采集、建立校本数据仓库，资源整合、互联互通、信息共享、数据标准制定。5G 教育大数据网络架构示意如图 4 所示，我们通过系统的可扩展设计，与学校现有的教务系统、综合素质评价系统、德育管理系统、教学管理平台、教学互动系统、校园监控系统等进行对接，利用 5G 专网，将采集的数据传输到 MEC 边缘云平台，实现信息的互联互通和共享利用，避免形成“信息孤岛”。

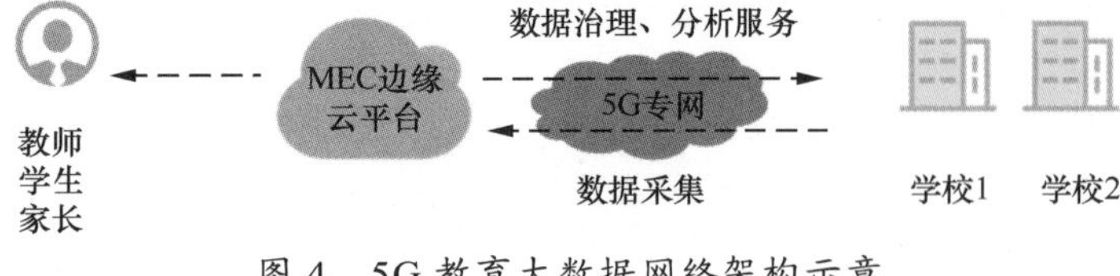

图 4 5G 教育大数据网络架构示意

三、结束语

5G 技术的飞速发展给学校的数字化建设带来新的发展契机，5G 对教育领域的融入和赋能也是未来教育现代化实现的根本途径。联通将以实现教育信息化 2.0 为目标，基于物联网、5G、云计算、大数据及人工智能等新一代信息技术，持续推动智慧校园的探索实践，持续推进教育信息基础设施转型升级和信息化应用标杆学校规模建设，助力学校做好教育信息化基础设施的顶层规划设计，打造面向未来教育的智慧学校，推进教育信息化从碎片化建设向系统性建设转变，让现代新型校园变得更智慧，打造一个高效、科学、智能的智慧校园生态体系，让广大师生真正感受到 5G 时代特有的魅力，充分享受 5G 技术为学校生活带来的便利。

（天津联通产业互联网研究院　赵晨）

专家视点与专题研究篇

创新是 6G 研究的基点

随着 5G 商用的大规模部署，全球业界开启对 6G 进行探索研究。

当前，6G 正处于需求和技术研究的早期，需求分析观点繁多，技术开拓方向也多，6G 研究存在以下十大关键问题。

一、超宽带不是 6G 亮点，频谱效率更值得研究

目前，5G 的峰值速率可以突破 1Gbit/s，已经与光网速度接近，在 5G 网络中引入毫米波频段后网速会更快。

目前，5G 的大带宽内容发展相对滞后，终端的计算能力和生成虚拟现实 / 增强现实（Virtual Reality/Augmented Real）VR/AR 的高门槛也制约了大带宽内容的产生和出现。目前，5G 还难以复制 4G 时代。

从 2G 到 5G，每一代移动通信都以带宽扩展为目标，且每一代峰值速率提高 1000 倍。6G 是否还有继续追求比 5G 速率高 1000 倍的必要呢？频谱是值得研究的，尤其是要提升频谱效率，以此应对频谱扩展的压力，6G 的平均下载速率达到 1Gbit/s 的量级就可以满足使用需求。

二、元宇宙难成 6G 的支点

虽然元宇宙需要 6G 技术，但元宇宙难以成为 6G 发展的支点。元宇宙是从想象的虚拟空间加载到现实空间，它模糊了虚拟世界和现实世界的界限。狭义的元宇宙是基于 VR/AR/MR（Mediated Reality，介导现实）的技术升级，整合了用户化身、内容生产、社交互动、在线游戏、虚拟货币支付等网络空间。元宇宙技术是 5G、云计算、人工智能、虚拟世界、区块链、虚拟货币等技术的融合，并且虚拟化应用离不开 VR 头显设备。

元宇宙需要 6G 技术。元宇宙的全息显示，做实时交互时峰值吞吐量可达到 150Gbit/s，就算 100 倍的压缩，平均吞吐量也要达到 1.5Gbit/s，而且用户是全方位、多角度的全息交互，这时可能会同时承载上千个并发数据流，因此，用户的总吞吐量可能要达到 Tbit/s，交互时延要小于 1ms，这种情况下，5G 支持不了应用，就可能需要 6G 来支撑。

但是 6G 需要元宇宙吗？元宇宙主要面向消费应用，未来也可能发展到产业应用，然而目前元宇宙的商业模式相对于社交媒体和 VR/AR 没有根本性变化，而且只存在于小众市场，至少不是 6G 的刚需。

三、超宽带与减碳之间要找平衡点

由于 5G 是高频段、多天线的，所以 5G 单基站的功耗会比 4G 单基站多一倍，从能效角度看，由于 5G 单基站的业务总容量是 4G 的 24 倍，所以 5G 单基站的能效是 4G 的 12 倍。6G 的频段更高、蜂窝更密集，网络能耗比 5G 更大。

目前，碳排放的压力越来越大，信息通信业的碳排放更多关注数据中心，事实上，通信网络与用户设备才是未来的碳排放重点。双碳是 6G 研究的难点。天地通信融合的目标增加了 6G 系统的复杂性，增加了 6G 减碳的难度，像 Open RAN 虽具有通用性和灵活性，但是也付出了能效或者实时性的代价，因此减碳需要从 6G 网络体系架构的创新入手。

四、行业应用是 6G 研究的重点

To B 和 To C 的应用需求是不一样的，5G 并没有针对 To B 的应用做重点研究，将 5G To C 的系统架构和设备直接搬到 5G To B，既不科学也不合理。工业互联网应该成为 6G 的研究重点，需要符合低时延和确定性的要求，To B 要作为 6G 的研究重点，在架构和管理上提出创新性方案。

因为 6G 频率高、带宽大，基站会下沉到车间，所以中小企业有可能在生产现场部署基站，6G 需要为工业应用划分专用的频率，哪怕这个频率不是直接给企业，也要在运营商中区分哪些频率用于通信、哪些频率用于工业应用。

五、AI 在 6G 应用的落脚点应放在信道处理上

AI 技术在 6G 的应用，应该聚焦在怎么利用 AI 分析信道特性，而不是信源特性。5G 时代，AI 主要应用在运维管理方面，但只是在原有人工智能的基础上外加功能，而 6G 则希望落脚在原生的 AI 应用上。

AI 在 6G 应用的落脚点应该放在信道处理而非信源处理上，建议主攻重点为一层到三层的低层，以及控制面，而不是主攻应用层。

六、低频段挖潜应该是 6G 研究的着力点

如果要 6G 做到全频段接入，既不现实也不合理。6G 成本高的原因是频谱太多、太复杂。Sub 6G 或者毫米波以下的低频段，是 6G 的合适选择，应该作为 6G 频率的主攻方向。

6G 需要考虑与卫星通信的频谱兼容问题，而且工业应用是 6G 的重要方向，应当为 6G 工业应用分配专用频率。

七、星地融合困难

目前地球表面移动通信的面积覆盖率只有 6% 左右，有 94% 的面积还没有覆盖到，但 94% 的面积只占 6% 的人口，用传统的移动通信技术去覆盖显然是不经济的。但是从国防、应急和发展海洋经济等方面，又需要移动通信信号遍及全球每一个角落。

将天基互联网融合到地面移动通信系统，是低成本、广覆盖的解决方案。移动通信要从原来地面的移动通信网络扩展到非地面网络，面临诸多挑战。

一是即便低轨卫星离地面 600km ～ 700km，但时延比原来大得多，需要考虑重新设计物理层、介质访问控制（Medium Access Control，MAC）层和无线链路层。二是小区覆盖的半径大，低轨卫星小区可能达上百千米，会对终端的随机接入设计产生影响。三是多普勒频移很大，需要考虑多普勒频偏补偿。四是低轨卫星过顶服务的时间可能是分钟级，需要有特殊的移动性管理方式。

八、空天地海通信一体化是 6G 卖点而非热点

对 6G 的研究，可以加深我们对空天地海通信一体化的研究。

空天地海通信一体化的技术还没有发展到拐点，通过集成非地面网可以实现星地融合通信，还可以推动统一的空中接口协议和统一的地面核心网。但空天地海通信一体化很难成为运营商业务的热点，因为受众人群少，6G 运营商无法依靠这些应用获取收入。

九、低成本的智简网络是 6G 研究的痛点

从 1G 到 5G，移动通信系统的复杂性不断升级，抵消了技术进步带来的成本下降。由于成本居高不

下，在5G时代，中国电信和中国联通走上了联合建网之路。6G需要更注重核心网的研究，因为6G不但业务类型多，而且管理更复杂。6G要以架构简单、运维方便、云网协同、智能开放、安全可靠和低成本为目标做智简网络。

十、创新是6G研究的基点

5G的基本技术在十年前甚至更早就有理论基础了，现在6G需要从基础理论做起，需要更多的创新。

虽然国家层面重视6G的研究，但是也要认识到，不能因为竞争就不深入对6G的需求研究，就不下决心做长期、颠覆性的原创技术研究，我们不可急于跟国外抢进度，不应脱离市场需要，不能在技术发展上处于被动。我们需要有不受外界左右的定力，并应坚持开放合作。

（中国工程院院士　邬贺铨）

中国信息通信领域法治建设发展与展望

2021年是中国经济社会发展具有里程碑意义的一年，站在“两个一百年”奋斗目标的历史交汇点，面对网络强国、制造强国、数字中国战略赋予的重要使命，面对波谲云诡的国际形势和日益错综复杂的外部环境，中国信息通信业踔厉奋发、笃行不怠，深入践行全面依法治国理念，积极推进信息通信领域法治建设，在个人信息保护、数据安全治理、网络平台规范，以及新技术新业态监管等领域取得重大进展和显著成效，为经济社会高质量发展提供了有力的制度保障。

一、个人信息保护进入新的历史阶段

2021年8月20日，十三届全国人大常委会第三十次会议表决通过了《中华人民共和国个人信息保护法》（以下简称《个人信息保护法》），并于2021年11月1日起正式施行。这是我国个人信息保护领域的首部专门性法律规定，立法坚持问题导向、积极响应社会需求，对个人信息保护各项制度作出了全面规定，为深入开展我国个人信息保护和监督管理工作提供了坚实有力的法律保障。与此同时，《个人信息保护法》有效弥补了我国个人信息保护领域法律体系的重大缺失，与此前已经出台施行的《中华人民共和国网络安全法》《中华人民共和国数据安全法》《中华人民共和国电子商务法》《中华人民共和国民法典》《中华人民共和国刑法》等相关法律法规配合衔接，共同构建形成我国个人信息保护领域的顶层设计，搭建起我国个人信息保护的法律制度体系框架。

《个人信息保护法》共计八章七十四条。在有关法律的基础上，《个人信息保护法》进一步细化、完善了个人信息保护基本原则和处理规则，明确了个人信息处理活动中的权利和义务边界，健全了个人信息保护工作体制机制，确立了我国个人信息保护的基本制度规则。这既是我国个人信息保护领域的专门立法，也是一部综合性、系统性的法律。从适用范围来看，《个人信息保护法》既规定了在境内处理自然人个人信息的活动适用，还规定了一定的域外适用效力，在“属地主义”管辖的基础上，进一步向“属人主义”扩展。从适用主体来看，《个人信息保护法》不仅适用于企业、组织、公民，还适用于国家机关，并通过专节强化国家机关的特别义务。从保护对象来看，《个人信息保护法》将个人信息划分为“一般个人信息”和“敏感个人信息”，并设置了专门的章节对“处理敏感个人信息”作出了更加严格的监管要求。

二、数据安全治理顶层设计基本形成

2021年是中国数据安全治理的关键一年。2021年6月10日，全国人大常委会表决通过《中华人民共和国数据安全法》（以下简称《数据安全法》），并于2021年9月1日正式施行。作为我国数据治理领域的基础性法律和首部专门立法，《数据安全法》从法律层面完善了我国数据安全治理的顶层设计，在现有相关法律法规的基础上补充和完善了我国数据治理的基本制度框架，进一步界定了数据及数据安全的内涵，完善了数据安全监管机制，明确了数据安全治理的重点制度规则，推动数据治理向多领域深度融合、多维度管用兼顾、多元化共同参与发展，为我国数据治理工作明确了方向。

《数据安全法》共计五十五条，立足于当前我国数据治理面临的问题和挑战，在《中华人民共和国国家安全法》《中华人民共和国网络安全法》等现有法律法规的基础上，针对社会各界广泛关注的数据安全领域的重点问题建章立制，构建了我国数据治理的“四梁八柱”。一是首次在立法中明确了国家建立数据分类分级保护制度，提出了“重要数据”和“国家核心数据”的概念，对于“重要数据”，应采用目录管理的方式，对于关系国家安全、国民经济命脉、重要民生、重大公共利益等“国家核心数据”，应实行更加严格的管理制度。二是健全完善了数据领域安全预警和应急处置机制，规定有关部门加强数据安全风险信息的获取、分析、研判、预警工作，要求开展数据处理活动时应加强风险监测。三是确立了数据安全审查制度，要求对影响或者可能影响国家安全的数据处理活动进行国家安全审查。四是明确数据安全保护义务，规定数据安全保护总体要求，在开展数据处理活动时应当按照法律法规的规定，开展数据处理活动及研究开发数据新技术，应当有利于促进经济社会发展等，并对数据交易活动作出规范。五是完善了跨境数据流动管理制度，在《中华人民共和国网络安全法》的基础上针对重要数据的跨境流动管理进行了补充和完善，进一步规定其他数据处理者在境内运营中，收集产生的重要数据的“出境安全管理办法”由国家网信部门会同国务院有关部门制定。

三、网络平台监管执法力度空前提升

在数字经济时代，互联网发展催生了大量平台经济体，平台企业成为新的生产交换关系的主体，平台经济成为新的社会生产组织形态，超出了传统跨国公司的概念范畴，成为驱动数字经济发展的重要力量。当前，我国网络平台发展总体态势向好，在经济社会发展中起到了重要作用。但与此同时，部分平台企业发展不规范的问题也逐步凸显，平台领域资本无序扩展趋势明显，市场不正当竞争行为频发。强化网络平台治理成为2021年我国信息通信领域法治建设的一项重要工作。

贯彻落实党中央、国务院重要决策部署，有关部门积极采取措施，持续提升网络平台监管力度和执法频度。

（一）多措并举规范网络平台不正当竞争行为

一方面，加快推进平台经济领域不正当竞争和垄断法律规则改革。《国务院反垄断委员会关于平台经济领域的反垄断指南》的发布，为平台经济领域经营者依法合规经营提供了明确的指引；国家市场监督管理总局发布的《禁止网络不正当竞争行为规定（公开征求意见稿）》，全国人大常委会审议的《中华人民共和国反垄断法（修正草案）》，均对网络平台不正当竞争和垄断行为进行了约束。另一方面，国家和地方监管部门开展了一系列针对网络平台的执法活动。例如，国家市场监督管理总局对阿里巴巴集团做出行政处罚决定，认定其构成滥用市场支配地位行为，并对其处以182.28亿元的罚款，腾讯、美团等头部平台企业也先后因涉嫌垄断被行政处罚。

（二）持续强化网络平台对特殊群体权益的保护要求

有关部门以网络平台为抓手，积极完善未成年人、老年人、平台劳动者等特殊群体的网络保护规则。《教育部等六部门关于联合开展未成年人网络环境专项治理行动的通知》等文件发布，通过开展专项整治，督促平台企业落实未成年人网络权益保护责任。工业和信息化部等部门发布《互联网网站适老化通用设计规范》《移动互联网应用（App）适老化通用设计规范》，解决了老年人使用智能终端产品过程中遇到的困难。国家市场监督管理总局联合有关部门印发《关于落实网络餐饮平台责任 切实维护外卖送餐员权益的指导意见》，要求切实维护外卖送餐人员的正当权益。

（三）加强平台在网络信息内容治理中的主体责任

2021年，国家互联网信息办公室等部门针对公众账号、网络直播等新业态信息内容管理的痛点、难点问题，持续完善相关制度，先后制修订了《互联网用户公众账号信息服务管理规定》《网络直播营销管理办法（试行）》《互联网用户账号名称信息管理规定（征求意见稿）》等法律法规和管理规定，进一步压实网络平台内容管理主体责任。

四、新技术新业态监管取得突破进展

当前，以人工智能、5G网络、云计算、区块链等为代表的新技术快速发展，催生了一系列新应用新业态，但也带来了很多新问题新挑战，亟须进行规范和监管。2021年，我国快速推进新技术新应用领域的法律政策制定，出台了首部算法推荐服务管理规定，软硬法兼施推进人工智能治理，不断完善车联网顶层设计，在多个领域取得重大突破，逐步形成国际竞争优势。

总体来看，新技术新业态监管主要体现在以下3个方面。

（一）出台全球第一部系统、全面规范算法推荐服务的法律规定

2021年12月，国家互联网信息办公室等四部门联合发布《互联网信息服务算法推荐管理规定》（以下简称《规定》），对算法推荐服务作出全面规范。作为中国乃至全球首部算法领域专门性、系统性的法律文件，《规定》立足算法技术和应用发展实践，通过法律制度解决了现实社会中存在的诸多难点问题。《规定》首次界定了应用算法推荐技术，要求算法推荐服务提供者坚持主流价值导向，不得利用算法推荐服务从事违法活动或者传播违法信息。同时，《规定》明确保障了用户算法知情权，要求具有舆论属性或者社会动员能力的算法推荐服务提供者履行备案手续。

（二）中央和地方政府软硬规范并进，推进人工智能治理

落实《中华人民共和国民法典》人格权益保护理念，《最高人民法院关于审理使用人脸识别技术处理个人信息相关民事案件适用法律若干问题的规定》发布，明确了滥用人脸识别技术处理人脸信息行为的性质和应当承担的法律责任。国家新一代人工智能治理专业委员会发布《新一代人工智能伦理规范》，将伦理道德融入人工智能全生命周期，提出了增进人类福祉、促进公平公正、保护隐私安全、确保可控可信等6项基本伦理要求。与此同时，地方政府积极开展人工智能立法探索，深圳市人大常委会发布《深圳经济特区人工智能产业促进条例（草案）》，旨在率先通过立法推动人工智能产业高质量健康发展，促进人工智能与各产业领域深度融合发展。

（三）健全完善车联网法规政策顶层设计，强化智能网联汽车数据安全保护

为落实有关要求，工业和信息化部等部门积极制定车联网法规标准体系，印发《工业和信息化部关于加强车联网网络安全和数据安全工作的通知》，在网络安全和数据安全基本要求、加强智能网联汽车安全防护等6个方面提出了17项具体要求。此外，相关部门还先后发布《车联网（智能网联汽车）网络安全标准体系建设指南（征求意见稿）》和《关于加强车联网（智能网联汽车）网络安全工作的通知（征求意见稿）》等，要求加强车联网网络安全、平台安全、数据安全防护，构建相关网络安全标准体系。

五、我国信息通信领域法治建设展望

“十三五”期间，我国信息通信业实现了跨越式发展。2021年，我国信息通信业高质量发展又取得新成效，不仅建成了全球最大规模光纤和移动通信网络，实现网络、产业、应用全球领先优势，还在信息通信法治建设方面取得了重大进展。当前，

我国已开启全面建设社会主义现代化国家新征程，“十四五”规划指出，要“构建与数字经济发展相适应的政策法规体系”。展望未来，随着数字经济持续发展和在我国国内生产总值（Gross Domestic Product，GDP）中的占比不断提升，信息通信业将承担更加重要的历史使命，更需要通过法治手段营造一个开放、健康、安全的数字生态。一方面，随着个人信息保护、数据安全治理等领域的基本立法出台，相关顶层制度设计已经形成，下一步需要研究制定个人信息评估审计、数据跨境流动等配套规定和实施细则，持续健全相关制度体系；另一方面，针对数字时代新技术新业态的发展变化，也要适时开展针对性的立法和监管工作，为实现良法善治提供法治保障。

（国家互联网应急中心　谢祎

中国信息通信研究院　何波）

中国移动算力网络推动“东数西算”工程向纵深发展

当前，随着新一轮科技革命和产业变革的不断深入，新技术、新业态、新场景和新模式不断涌现，驱动技术和数据成为除劳动、资本、土地之外新的生产要素。庞大的数据处理和价值挖掘离不开算力，算力已经成为信息社会的核心生产力，将直接影响数字经济的发展速度，直接决定社会智能的发展高度。一个以算力为核心生产力的时代已经到来。

我国准确把握算力时代脉络，顺应数字经济发展大势，提出要加快智能化综合性数字信息基础设施建设，实施“东数西算”工程，打通经济社会发展的信息“大动脉”，推动数字经济与实体经济融合发展。

中国移动作为信息通信领域的头部运营商，充分发挥央企“网络强国、数字中国、智慧社会”建设主力军的作用，积极落实国家“新基建”和“东数西算”战略，构建以算力为中心的新型信息基础设施。2021 年 11 月 2 日，在中国移动全球合作伙伴大会上，中国移动携手华为、中兴通讯、浪潮、飞腾、新华三、英特尔等合作伙伴，共同发布《中国移动算力网络白皮书》，提出了“算力网络”全新发展理念，并联合向业界提出算力网络发展倡议，掀起了算力网络发展新高潮。中国移动将以 5G 和算力网络为基础，构建“连接 + 算力 + 能力”的新型信息服务体系。

一、“东数西算”是国家在算力时代布局的重要工程

随着我国数字经济蓬勃发展，全社会数据总量呈爆发式增长，数据存储、计算、传输和应用的需求大幅增长，数据中心已成为支撑各行业“上云用数赋智”的重要新型基础设施。但我国数据中心大多分布在东部地区，由于土地、能源等资源日趋紧张，在东部大规模发展数据中心难以为继。而我国西部地区资源充裕，特别是可再生能源丰富，具备发展数据中心、承接东部算力需求的潜力。

为推进我国数据中心一体化布局，推动我国数据中心协同化和规模化发展，优化资源配置，提升资源使用效率，2020 年 4 月至 2021 年 7 月，我国围绕数据中心的算力统筹规划，连续发布了一系列政策，提出了以“东数西算”为核心的多层次、一体化数据中心全新布局。2022 年 2 月 17 日，国家发展和改革委员会、工业和信息化部等四部门联合批复，同意在京津冀、长三角及内蒙古自治区、甘肃等 8 地启动建设国家算力枢纽节点，并规划了 10 个国家数据中心集群，这标志着我国“东数西算”工程正式拉开序幕。

“东数西算”工程的启动，是国家将数据中心的整体布局与能源、气候、经济、网络等因素统筹规划的结果，将有助于解决数据中心东西部供需失衡的问题，同时将推动我国数据中心差异化、互补化、协同化和规模化发展，有利于发挥区域优势，形成规模效应，避免重复投资。

二、中国移动以网强算，推动“东数西算”工程走向纵深

（一）算力网络产生的时代意义

过去，我国打造了以 4G/5G 为代表的领先网络技术，推动了移动互联网经济的高速发展。面对新

一轮数字经济发展浪潮，信息网络正从以网络为核心的信息交换，向以算力为核心的信息数据处理转变。我国充分利用在网络基础上的领先优势，以网强算，发展算力网络。这将具有很强的现实意义和战略意义。

首先，在“后摩尔定律时代”，器件的计算能力提升速度减缓，存在单点算力瓶颈，利用网络形成算力集群优势，可有效突破单点算力性能极限，支撑国家“东数西算”工程的发展；其次，我国当前自主算力和芯片的技术基础还相对薄弱，短期内难以达到国际先进工艺和性能水平，以网强算可提升国内算力整体规模，使我国在当前的算力技术基础上支撑高性能业务的发展；最后，当前社会提供计算服务的主体众多，社会算力的整体利用率较低，利用网络和可信计算等相关技术可吸纳社会算力，组成“云、网、边、端”立体化的算力网络，实现对算力的智能调度和优化，这有助于实现算力供给侧改革，并带来全新的算力服务范式。

（二）中国移动算力网络的概念和内涵

中国移动敏锐洞察时代大势，深度把握行业趋势，主动拥抱产业变革，大力推动技术发展和服务创新，充分发挥通信网络运营商的领先优势，以网强算，积极探索算网融合新技术，推动算网一体化发展，提出了“算力网络”的全新理念。

算力网络是以算为中心，以网为根基，网、云、数、智、安、边、端、链（ABCDNETS）等深度融合，并提供一体化服务的新型信息基础设施。算力网络的目标是实现“算力泛在、算网共生、智能编排、一体服务”，逐步推动算力成为与水电一样，可“一点接入、即取即用”的社会级服务，达成“网络无所不达、算力无所不在、智能无所不及”的愿景。

面向社会更广泛的业务需求，算力网络在提供算力和网络的基础上，融合“ABCDNETS”八大核心要素，其中，云、边、端作为信息社会的核心生产力，共同构成多层立体的泛在算力架构；网络作为连接用户、数据和算力的桥梁，与算力的深度融合，共同构成算力网络的新型基础设施；大数据和人工智能是影响社会数智化发展的关键，算力网络需要通过融数注智，构建“算网大脑”，打造统一、敏捷、高效的算网资源供给体系；区块链作为可信交易的核心技术，是探索基于信息和价值交换的信息数字服务的关键，是实现算力可信交易的核心基石；安全是保障算力网络可靠运行的基石，需要将“网络＋安全”的一体化防护理念融入算力网络体系中，形成内生安全防护机制。

水利发展离不开水网，电力发展离不开电网，算力发展离不开“算力网络”。为了让用户享受“随时随地”的算力服务，发展算力网络需要重构网络，使其形成继水网、电网之后国家新型基础设施，打造“一点接入、即取即用”的社会级服务，最终实现网络无所不达、算力无所不在、智能无所不及。

三、中国移动算力网络推动“东数西算”发展的三大方向

围绕数网、数纽、数链、数脑、数盾五大要素，精准匹配国家“东数西算”发展要求，中国移动将从三大方向稳步推进算力网络建设。

（一）方向一：面向“东数西算”，完善算力网络布局

面向“东数西算”工程建设“4+4”国家枢纽节点的布局规划，推动数据中心规模化、集约化、绿色化发展，按需建设省级区域节点，灵活部署边缘算力节点，改造升级“老旧小散”数据中心，推进网络互联互通与架构优化，算力枢纽节点间实现网络直连，边缘算力节点间分支网络按需高效组网，加快云网融合与多云的协同发展，形成东西协同、多层次、立体化的算力体系，支撑“东数西算”的业务场景。

（二）方向二：面向CHBN，构建“算网大脑”实现一体化服务

“东数西算”工程的成功实施依赖于与之匹配的业务场景。中国移动面向个人移动业务、家庭业务、

政企业务、新兴业务（Customer，Home，Business，New，CHBN）四大市场，深度挖掘“东数西算”等业务场景需求，按照“先内部再外部、先存量再增量”的思路，先行推动自有业务、自有系统升级改造，实现“东数西存”“东数西训”“东数西算”，再积极引导第三方业务从东部向西部迁移。此外，中国移动还将充分挖掘“东数西算”的潜在优势，面向CHBN加快建立并完善算网资源接入和一体化调度机制，构建“算网大脑”，推进网、云、数、智、安、边、端、链等多要素的一体化供给和服务。

（三）方向三：面向技术创新，打造原创技术策源地

算力网络是算力和网络两大学科融合发展的科技制高点，是我国主导提出的重大原创技术体系，必将产生大量原创性技术成果。中国移动将与“产学研”各界开展联合攻关，从技术、标准、产业等多方面加速算力网络技术创新与应用创新，积极打造原创技术策源地，力争在两大方面取得重大技术突破。一方面，期望突破传统的网络模型，攻关算力路由、在网计算等重大关键技术；另一方面，期望突破传统冯·诺依曼计算架构存储墙问题，攻关存算一体、算力原生等重大关键技术。

中国移动的算力网络建设是支撑国家网络强国、数字中国、智慧社会战略的基础，是对接国家规划、落实“东数西算”工程部署的重要支撑，是推动国家新型基础设施建设走向纵深的全新路径，将有力推动数字经济持续健康发展。中国移动将着力打造算力网络新型基础设施，发展“连接＋算力＋能力”的新型信息服务体系，促进资源、要素的高效汇聚、流动、共享，支撑数字经济不断做强、做优、做大。

（中国移动研究院　段晓东）

F5G 赋能数字经济

一、数字经济概述

新型冠状病毒肺炎疫情全球蔓延，对经济活力影响较大，再加上保护主义、单边主义上升，供应链短缺等因素的冲击，经济、科技等格局发生深刻调整。在此背景下，数字经济表现出较好的韧性，数字经济与实体经济融合，在线办公、泛娱乐、智慧医疗、智慧教育和智能制造等新业态加速创新，对社会经济发展所带来的巨大推动力，成为支撑宏观经济发展的新动能。

数字经济是以数字化的知识和信息作为关键生产要素，以数字技术为核心驱动力量，以现代信息网络为重要载体，通过数字技术与实体经济深度融合，不断提高经济社会的数字化、网络化和智能化水平，加速重构经济发展与治理模式的新型经济形态。数字经济具体包括四大部分：一是数字产业化，即信息通信产业，包括电子信息制造业、电信业、软件和信息技术服务业、互联网行业等；二是产业数字化，即传统产业应用数字技术所带来的产出增加和效率提升部分；三是数字化治理，包括多元治理，以“数字技术＋治理”为典型特征的技术和管理结合等；四是数据价值化，包括数据采集、数据标准、数据确权、数据标注、数据定价、数据交易、数据流转和数据保护等。我国已经把数据作为与土地、劳动力、资本和技术等并列的生产要素。以第五代固定网络（The 5th Generation Fixed Networks，F5G）和 5G 为代表的新一代信息网络为数据提供传输能力，对数字经济快速增长起关键支撑作用。

2022 年 1 月，国务院印发《“十四五”数字经济发展规划》，规划提出：我国数字经济核心产业增加值占 GDP 的比重，将由 2020 年的 7.8% 增加到 2025 年的 10%；我国千兆宽带用户 2025 年将增加到 6000 万户，比 2020 年的 640 万户大幅增长 837.5%；我国工业互联网应用的普及率到 2025 年将达到 45%，比 2020 年的 14.7% 大幅提升 30.3%；我国在线政务服务实名用户数到 2025 年要达到 8 亿户，对比 2020 年 4 亿户的规模，要实现翻倍；我国的 IPv6 活跃用户将由 4.6 亿户增加到 8 亿户，增长 73.9%；软件和信息技术服务业的规模将由 8.16 万亿元增加至 14 万亿元，增长 71.6%；全国网上零售额将由 11.76 万亿元增加到 17 万亿元，增长 44.6%；电子商务交易规模将由 37.21 万亿元增加到 46 万亿元，增长 23.6%。

二、F5G 的发展和现状

在数字化进程中，网络已成为必要的数字基础设施。固定网络产业与无线网络产业的发展相似，两大产业的发展演进均始于模拟信号时代，通信技术演进如图 1 所示。固定网络产业存在国际电信联盟、电气与电子工程师协会、欧洲电信标准协会、宽带论坛等多个标准组织、多种媒介并存、代际演进不清晰的情况。

2020 年 2 年，欧洲电信标准协会成立第五代固定网络工作组（ETSI ISG F5G），旨在为固定网络演进的结构化方法奠定基础，建立代际规划，并推动 F5G 网络向尽可能多的行业扩展。ISG F5G 的重要目标是促进光联万物（Fibre To The Everywhere and Everything，FTTE）的发展，以实现完整的端到端愿

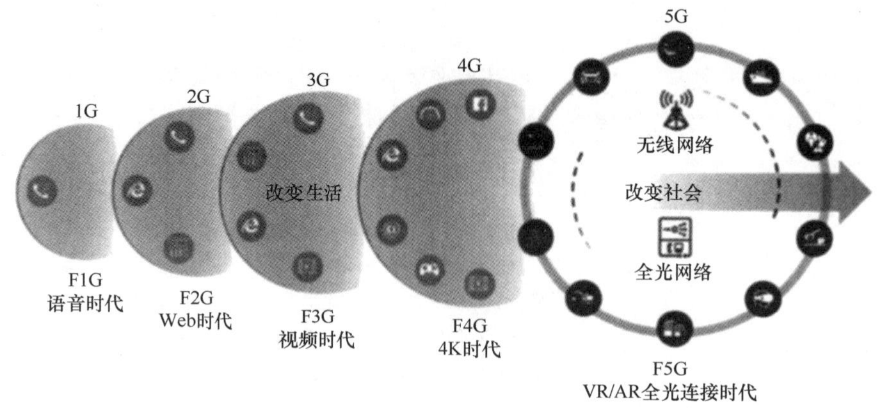

POTS[1]+2.5Gbit/s ADSL[2]+10Gbit/s VDSL[3]+40Gbit/s GPON+100Gbit/s 10Gbit/s PON+200Gbit/s/400Gbit/s

注：1. POTS（Plain Old Telephone Service，普通传统）。

2. ADSL（Asymmetric Digital Subscriber Line，非对称数字用户线）。

3. VDSL（Very High-Bit-Rate Digital Subscriber Line，甚高比特率数字用户线）。

图 1 通信技术演进

景，但它也考虑了其他互补的“最后一公里”技术，例如 Wi-Fi 6、Wi-Fi 6E 和 5G。F5G 网络的特点是增强型固定宽带、全光纤连接、可保证的极致体验。

增强型固定宽带支持固定网络中对大带宽的需求，使每个用户的对称访问带宽超过千兆。

全光纤连接可用于扩展光网络的场景和光纤连接设备的数量。F5G 将光纤连接从光纤到户（Fibre To The Home，FTTH）扩展到更广阔的应用空间（包括商业和垂直用户），以提供无处不在的连接。因此，连接数量比 FTTH 等效数量增加了 10 倍以上，实现了全光纤连接，可保证极致体验的需要。光纤技术是支持和确保高质量数据传输、将数据包丢失和时延水平降至微秒级的手段。

F5G 面向固定接入场景，为个人、家庭、政企用户等室内接入业务提供稳定的光纤连接，并为 5G 提供光底座支撑。5G 面向无线接入场景，适合室外、移动接入业务。两者共同构成双千兆接入网络，互为补充，为数字经济的发展奠定了坚实的基础。

2020 年 9 月，国务院常务会议确定加快新型消费基础设施建设，第五代固定网络千兆宽带与 5G 网络共同构成双千兆接入网络连接，助力千兆城市建设。截至 2021 年 6 月底，我国光纤接入（光纤到户 / 到办公室）端口总计达 9.2 亿个，在所有宽带接入端口中占比 93.5%，比 2019 年同期提升 1.4 个百分点。全国光纤接入能力普遍超过百兆，并进一步向千兆以上速率升级。截至 2021 年 6 月底，我国支持千兆光网接入的 10Gbit/s 无源光纤网络（Passive Optical Network，PON）及以上端口规模超过 360 万个，已经具备覆盖 1.6 亿户家庭的能力，覆盖范围约占全国家庭总数的三分之一。在光网络领域，我国贡献了全行业约 1/3 的核心专利和 60% 的关键标准，在多个标准组织中占据核心席位，实现 F5G 网络自主可控。

三、F5G 的网络能力

F5G 网络架构基于软件定义网络和网络虚拟化，将业务平面与底层平面解耦。F5G 网络涵盖了以 10Gbit/s PON、Wi-Fi 6、FTTE 为基础的千兆宽带接入网络，和以 200 Gbit/s 或 400 Gbit/s、下一代光传送网（Next Generation Optical Transport Network，NG OTN）等为基础的全光传送网络。F5G 在网络基础能力方面包括超大带宽、快响应（低时延、低抖动）、超大容量、高密连接、高可靠性、高可用性、高安全性、高频谱利用率等。F5G 在网络运营方面引入大数据和人工智能，从业务场景和需求出发，构建网络业务的自动调度、自动开通体系，使网络业务能通过网络形态、业务策略、业务网络适配、资源编排、自动激活等驱动网络业务的智能化，满足智选需求、优化实时感知、保障用户体验、缩短调度开通时限、提升用户感知，达到面向业务和用户的全过程闭环管理。

四、F5G 赋能数字经济的应用场景

F5G 网络将推动光纤网络覆盖部署进一步延伸，一方面从光纤到户延伸到每个房间；另一方面延伸到垂直行业和生产场景，例如，光纤到园区、光纤到桌面或到工厂的机器，设备实现光联万物，赋能数字经济。

F5G 的应用场景主要包括面向 C 端的生活场景，例如，超高清视频 / 虚拟现实、直播、云游戏等在内的泛娱乐业务及智能家居等；还面向 B 端的垂直行业场景，例如智慧教育、智慧医疗、智能制造、智能交通等。

（一）超高清视频 / 虚拟现实

在生活场景中，泛娱乐的整体投资热度最高，泛娱乐应用中日活跃用户数量较多的业务是超高清视频。超高清视频包括 4K 视频、8K 视频、虚拟现实视频等。

虚拟现实技术是一种采用三维交互逻辑的成像技术类别。虚拟现实技术的核心结构主要由环境模拟系统、环境感知系统及环境传感系统构成。除了虚拟现实视频，虚拟现实业务还包括虚拟现实游戏等对网络时延要求高的强交互形式的应用。云化虚拟现实（Cloud VR），是指将云计算的理念及技术引入 VR 业务应用中，借助高速稳定的承载网络，云端的显示输出和声音输出等经过编码压缩后传输到用户终端，实现 VR 业务的内容上云、渲染上云。

传输技术和网络技术的匹配度决定了 Cloud VR 沉浸体验能达到的程度。从体验提升的维度来看，Cloud VR 业务的演进可分为发展早期阶段、入门体验阶段、进阶体验阶段和极致体验阶段 4 个阶段。可普遍获取的软硬件较高水准作为 Cloud VR 业务的衡量基准，目前处于从发展早期阶段向入门体验阶段发展的时期，进阶体验阶段和极致体验阶段的用户对家庭网络带宽的需求分别达到 560Mbit/s、1520Mbit/s，端到端时延在 10ms 以内，丢包率＜ 10^{-6}。分析光纤到户不同制式下用户可获得的带宽可知，吉比特无源光网络（Gigabit Passive Optical Network，GPON）可受限开通少量阶段 2 的 Cloud VR；10Gbit/s 以太网无源光网络（Ethernet Passive Optical Network，EPON）、10Gbit/s GPON 可大规模开通阶段 2 的 Cloud VR；50Gbit/s PON 可大规模开通阶段 3 和阶段 4 的 Cloud VR。大规模开通阶段 2 的 Cloud VR，光线路终端（Optical Line Terminal，OLT）上行端口应使用 4×10GE；大规模开通阶段 3 的 Cloud VR，OLT 上行端口应使用 2×100GE；大规模开通阶段 4 的 Cloud VR，OLT 上行端口应使用 2×400GE。

虚拟现实、增强现实和混合现实统称为扩展现实。扩展现实除了带来更多的信息量，使更多的计算在云端完成，这个变化一方面要求网络能提供更低的时延和更大的带宽，特别是上行带宽；另一方面，要求网络和云更加协调和融合，成为按需的具备存储、计算和信息传递的“智能管道”。F5G 网络可以更好地满足这些需求。

（二）智能家居

智能家居是以住宅为平台，基于物联网技术，由硬件（智能家电、智能硬件、安防控制设备等）、软件系统、云计算平台构成的一个家居生态圈，可实现用户远程控制设备、设备间互联互通、设备自我学习等功能，能够通过收集、分析用户行为数据为用户提供个性化的生活服务。

随着智能家居逐渐由单品智能向场景化智能发展，用户期望智能家居之间的联动能力更强，在场

景化使用中提供更为舒适、智能、便捷的智能家居体验。但是从目前智能家居市场现状的表现来看，仍然存在着设备商、运营商 / 服务提供商之间各自独立的生态圈，智能家居互联互通壁垒现象是较为严重的问题。2021 年 12 月，中国通信标准化协会与中国家用电器协会共同成立的智能家居互联互通标准联合工作组（CHEAA/CCSA JWG1），发布了业内首个双编号标准——《智能家居系统跨平台接入与身份验证技术要求》，旨在统一不同智能家居系统间的设备发现、连接、身份验证和接入配电网等必要交互过程，使不同厂商、不同平台的智能家居设备可以跨平台进行网络接入和身份验证，企业还可在该标准的基础上自定义拓展特性，家居设备可基于该标准接入任何满足标准要求的生态平台，用户可依据个人偏好选择智能家居入口。我们调研在智能家居领域发挥积极作用的运营商，发现运营商的智能家居品组合中排名前三位的产品是：智能安防 / 安全产品（占比 100%）、智能能源（占比 79%）、智能扬声器（占比 76%）。F5G 作为大带宽、低时延、高密连接、高可靠性的传输网络，促进了超高清视频监控等智能安防产品的普及，实现智能终端与云平台信息的快速传输。

智能家居领域较为高昂的前期成本仍然是一个关键的壁垒，近 70% 的运营商 / 服务提供商要求用户预付硬件费用。虽然硬件价格持续下降，但是多数运营商仍然难以承担设备的成本。运营商提供具有内置智能家居功能的路由器 / FTTR 终端、机顶盒将变得越来越普遍。F5G 的智能物联网路由器和支持语音交互的机顶盒作为智能家居的入口，不仅可加快智能家居设备的普及，还将帮助运营商在不需要新增额外设备的情况下，增加服务价值。随着人工智能技术的发展，语音交互 / 人工智能助理在家庭生活中无处不在，服务提供商对人工智能助理也在加快投入。我们调研在智能家居领域发挥积极作用的运营商，2019 年有 62% 的运营商提供智能家居语音交互功能，2020 年该比例增加到 82%，2021 年该比例增加到 90%。尽管运营商在不断地建立用户信心，但是有 52% 的运营商仍然没有提供关于其智能家居数据隐私和透明度方法的信息。运营商和智能家居服务提供商应加强其数据透明度战略，提供更多有关其数据收集、存储和加密政策的信息，以解决当前的隐私和安全问题，并将数据价值化。

（三）智慧教育

2018 年，教育部发布《教育信息化 2.0 行动计划》，指出要通过信息化实现“互联网 +”条件下的区域教育资源均衡配置机制，缩小区域、城乡、校际的差距，缓解教育数字鸿沟问题，实现公平而有质量的教育，推动新技术支持下教育的模式变革和生态重构。2019 年，教育部办公厅发布《关于“智慧教育示范区”建设项目推荐遴选工作的通知》，旨在协同地方政府、教育行政部门与信息技术市场，建立智慧教育试点工作。2021 年 7 月，教育部等五部门联合印发《关于推进教育新型基础设施建设构建高质量教育支撑体系的指导意见》，推动教育领域以网络、平台、资源、校园、应用和安全为重点的新型基础设施建设，夯实智慧教育发展的数字底座。

在传统教育的基础上，智慧教育是应用云计算、大数据、人工智能等新兴互联网功能的信息化新式教育。智慧教育丰富了教学形式，打造了个性化、精细化、沉浸式教学，提高了课堂教学效果，增强了学生学习兴趣，从而提升了学习效率。智慧教育形成互动课堂、校园办公、分析网络、虚拟现实课堂等场景。以虚拟现实课堂为例，与传统授课方式相比，虚拟现实课堂更加直观、更具有趣味性，学生们可以在模拟的教室中直接参与三维教学内容，并进行互动，还可以在线上与老师和同学协作，不受地理位置限制。虚拟现实课堂可以让学生“穿越”到特定的历史时期，亲身体验事件的发生经过，也可以虚拟展现人类心脏、近距离观察等。F5G 的超大带宽、快响应（低时延、低抖动）、超大容量促进了虚拟现实课堂、互动课堂的落地。

此外，光网络、大数据技术的应用，使教育信息和数据采集更加广泛和高效，为教育的管理和决策提供了有力的支持。我国已建成覆盖学生、教师、学校三大教育要素的国家教育基础数据库，全国所有学校“一校一码”，教师与学生“一人一号”，实现了跟随业务的动态数据采集。截至 2021 年 6 月底，教育部共累计收集了 500TB 以上的基础数据和业务数据，汇集学生数据 4.75 亿人次，教职工数据 1880 万人次，学校数据 62 万多所。

（四）智慧医疗

2020 年，国家卫生健康委员会印发了《关于进一步完善预约诊疗制度加强智慧医院建设的通知》，指导各地和各医院在疫情常态化防控下，加强智慧医院建设，加快建立线上线下一体化的医疗服务新模式，不断增强人民就医获得感。发挥互联网医疗服务在巩固疫情防控成果和改善医疗服务中的积极作用，持续推动预约诊疗、智慧医院、互联网诊疗和互联网医院的快速健康发展。2021 年 12 月，由工业和信息化部、国家卫生健康委员会等 10 部门联合发布的《“十四五”医疗装备产业发展规划》指出智慧医疗、医疗物联网和智能医疗设备的重要性。“十四五”规划期间，我国将运用 F5G、5G 改造提升医疗卫生健康网络基础设施，构建新型数字基础设施和医疗平台，支撑有序有效的分级诊疗。

智慧医疗是指以电子健康档案、医院信息系统为基础，综合运用物联网、互联网、云计算、大数据等技术，构建医疗信息共享的交互平台，实现患者、医疗机构、医务人员和医疗设备的互动，智能匹配医疗资源。智慧医疗应用场景包括远程监护、远程会诊、远程影像、远程手术和虚拟现实医疗等。

F5G 的快响应（低时延、低抖动）、超大带宽和高可靠性促进了大带宽远程影像、远程手术和虚拟现实医疗的落地，具体展现为：在远程影像场景下，为保障医学影像的实时传输，时延需要小于 20ms，带宽需要大于 800Mbit/s，为实现不同科室间多点互联、信息传输，还需实现海量机器交互；在远程手术场景下，为实现机器人远程手术，时延需要小于 10ms，且对于抗干扰性提出了更高的要求，从而保证可靠性达到 99.999%，同时，网络带宽需求达到千兆，以实时传输超高清视频；在虚拟现实医疗场景下，医疗机构将每位患者的器官三维模型上传至病历系统服务器，与患者的身份、病情等其他信息相匹配，并与相关的虚拟现实设备连接，即可建立基于虚拟现实的电子病历系统。该系统可以展示患者的身体三维模型、诊断记录、手术记录、医嘱等，患者可以通过移动设备扫描二维码来访问该系统，并利用虚拟现实设备浏览携带自身健康信息的三维模型。

（五）智能制造

2021 年 12 月，工业和信息化部等七部门联合印发《“十四五”智能制造发展规划》，指出通过选取“全国两化融合发展指数”综合反映“两化深度融合发展”实际成效，到 2025 年，“全国两化融合发展指数”要达到 105。《“十四五”智能制造发展规划》明确提出“两步走”：到 2025 年，规模以上制造业企业大部分实现数字化、网络化，重点行业骨干企业初步应用智能化；到 2035 年，规模以上制造业企业全面普及数字化、网络化，重点行业骨干企业基本实现智能化。

智能制造以数据为核心要素实现全面连接，构建起全要素、全产业链融合的新制造体系和新产业生态；通过人、机、物全面互联的新型网络基础设施，形成智能化发展的新兴业态和应用模式。智能制造的三大主要细分场景包括大数据收集、远程监测与精准控制，具体如下。

1. 大数据收集

在工业生产过程中，自动化设备会实时产生大量数据，并通过传感器等实现实时收集、反应和预测，从而形成全过程端到端的大数据。2021 年，以钢铁及石化工业为代表的流程制造业，正在努力实现从数字化交付到数字化运营的全方位数字化转型目标。数字化集成平台可有效搜集、管理、共享工程信息，并将设计、采购、施工、调试等阶段产生的数据、文档、模型以标准数据格式提交给企业。

2. 远程监测

远程监测主要应用于工业生产中人工无法作业或难以作业的场合。实现远程监测需要超高清视频提供视觉支持，F5G 的高传输速率可以满足超高清视频回传的要求，网络带宽需求通常不小于 500Mbit/s，同时满足不超过 10ms 的时延要求。2021 年，受新型冠状病毒肺炎疫情的影响，在急于减少开销和停机时间的情况下，虚拟现实业务在设备运行维护和质量控制说明、远程专家协助、流程指导、沉浸式设计等方面实现落地。

3. 精准控制

通信技术可以满足工厂内信息采集及大规模机器间的通信需求，利用毫秒甚至是微秒级别低时延技术为工业机器人与机器设备之间带来实时互动和协调，提供高效精准的工业控制。

通用电气公司正在其全球研究中心主导 100Gbit/s 的高速机器间互联（Machine to Machine，M2M）网络落地，以适应正在指数级增加的工业大数据需求，激发工业生产力的进一步提升。F5G 的工业光网络实现机器与服务器连接（Machine to Server，M2S），实现机器与操作显示终端连接，从而达到人、设备与信息系统三者之间的强实时互通。与传统工业以太网 / 工业总线相比，工业光网络具有更强的抗电磁干扰性、更大的带宽、更稳定的微秒级别的时延、更高并行度的拓扑、更灵活的随需部署，可以简化工业装备与生产线架构，支持以数字化模型通信实现驱控测高度协同，实现胜任高度柔性生产的组合产线。在工业光网络中还需要研究一些关键技术，例如网络切片技术、融合网络架构、工业网络安全体系、工业网络监测体系、工业网络标准化、工业无源光网络等，以便根据不同的制造业领域需求形成更具针对性的解决方案。

（六）其他场景

F5G 赋能数字经济还有许多场景，例如智慧政务、智慧交通、智能电网和智慧矿山等。

1. 智慧政务

智慧政务是指在数字化政务的基础上，进一步利用物联网、政务云、移动终端、政务信息等新兴网络技术的新一代政务办公模式。政府作为公共服务的供给方，正在加快建设新一代的信息基础设施，推进原有基础设施的数字化、智能化升级改造，营造促进数字化转型发展的良好外部环境，实现从单一电子政务到数字智慧治理的转型阶段。F5G 在网络侧引入网络切片，可支持微秒级时延，满足政府网络的保密与高可靠性及政务云智能优化的需求。此外，由于政府单位对传输数据的安全性有较高的要求，F5G 抗干扰、高安全等特性可有效保障政府内部通信的安全性，同时也维护和保障了国家信息的安全。

2. 智能交通

智能交通通过数据分析、收集和传输，为园区及城市交通管理系统赋能。以智能交通管理系统为核心的新一代智能交通在全球迅速发展，其市场可细分为应急管理系统、高级旅客信息系统、高级公共交通系统、高级交通收费系统和高级交通管理系统。智能交通的发展，例如市政管理、道路车流调度与行车安全保障等，对光网络能力提出高要求，需要借助 F5G 的大带宽、低时延、大连接来实现。随着车辆自动化技术不断迭代升级，智能交通对数据传输带宽的需求不断提升，从而对光通信市场起到显著的促进作用。

3. 智能电网

智能电网是一种优化配电控制和电力存储的智慧供应系统。智能电网利用双向数据传输来提高用户端电力供应的效率。传统电网只有单向供电的功能，缺乏了智能电网根据用电需求实时调整并协调供电厂低成本运作的能力。智能电网需要高密度连接、高可靠性、高安全的 F5G 网络，以实现高覆盖分布式电源的电力分配和数据采集。

4. 智能矿山

智能矿山通过低时延、高可靠的矿井实时感知、智能监测系统与机械化的采矿作业设备的融合，提高矿山资源开采、分拣、运输的效率，提升安全生产水平。智慧矿山的高清视频、传感器监控、数据中心及远程设备控制需要高密度连接、高可靠性、高可用性、低时延的F5G网络。

五、F5G与新基建

网络设施是创新和业务效率的促成因素，投资宽带网络对经济增长和整体市场竞争力有积极影响：国际电信联盟对200多项宽带影响研究的分析指出，宽带普及率提高10%，GDP增长率在0.25%～1.5%。经济合作与发展组织估计，宽带普及率提高10%可以使劳动生产率提高1.5%。欧洲投资银行的一项研究表明，宽带速率翻倍可促进GDP增长0.3%。

F5G网络具备超大带宽、超大容量、高密度连接、高可靠性、高可用性、高安全、低时延、低抖动、端到端切片等优势，可为泛在算力资源提供覆盖广泛、灵活高效的超强运力保障，可以快速高效地将“东数”运送到“西算”，助力国家“东数西算”战略实施，提升跨区域算力调度水平。

F5G的应用对光模块、光器件、光纤光缆、光通信设备，以及网络运营、设计、建设等光通信整个产业链的发展产生比较明显的拉动效应，F5G网络是新型基础设施建设的重要组成部分，“新基建”不仅是促进我国经济发展的一种措施，更是我国产业结构调整的重要支撑。

六、展望

为了应对经济下行压力，迎接国际格局重塑挑战，各国纷纷调整政策，数字经济正向全面化、智能化、绿色化方向发展。推进F5G与数字经济的深度融合，孵化新模式新业态，培育“光联万物”的F5G智慧生态，在生活、家庭、教育、医疗、政务、警务等民生领域形成示范性应用，逐步赋能制造、交通、矿山、能源、物流等千行百业，提升数字经济在三次产业的渗透率，缩小城乡数字基础设施和数字经济发展能力差距，协同推进数字产业化和产业数字化转型，更好地建设数字中国。

（中国联合网络通信有限公司研究院　程海瑞　贾武）

海洋光通信网络技术与应用分析

摘要：本文分别从海洋光通信网络的设备构成、关键技术、发展趋势和应用现状等方面对海洋光通信网络技术进行研究和探讨。

关键词：海洋光通信；关键技术

一、引言

海洋光通信网络是以海底光缆为传输载体进行信息通信的光通信网络。海洋光通信网络目前承载了全球95%以上的国际通信信息的传输，是国际信息交互的重要载体和基础网络。随着新型业务和应用对国际数据流量带宽需求的持续增长，海洋光通信网络所起到的重要作用越发凸显，也推动了一系列新技术的发展。

二、海洋光通信网络的设备构成

海洋光通信网络是应用于国际跨洋、大陆与近海岛屿，以及海洋岛屿间的海底光缆通信网络。海洋光通信网络的主要设备包括水下设备和岸上设备：水下设备一般由海底光缆、中继器和分支单元构成，中继器可实现光信号的放大，分支单元用于实现多个站点之间的网络互联；岸上设备一般由海底光缆线路终端设备、线路监测器设备、远供电源设备和网络管理控制构成。海洋光通信网络的设备构成如图1所示。

三、海洋光通信网络的关键技术

海洋光通信网络以波分复用（Wavelength Division Multiplexing，WDM）光传输技术为基础，其关键技术均为各构成单元的核心技术，包括线路传输技术、线路监测技术、远供电源技术和管理控制技术。其中，海底光缆、中继器和分支单元的相关技术为线路传输技术的一部分。

（一）线路传输技术

线路传输技术的研究和发展热点主要包括高阶调制技术、多载波复用技术、灵活栅格技术、新型光纤光缆技术、C+L波段传输技术和空分复用技术。

1. 高阶调制技术

高阶调制技术可以有效提升频谱利用效率，在相同的频带宽度内，达到更高的单芯光纤传输容量。但高阶调制码型也会使单通道光信噪比（Optical Signul Noise Ratio，OSNR）随波特率的提高线性增加，导致传输距离显著缩短。通过理论计算可以得出，200Gbit/s 16-QAM调制码型对OSNR的要求

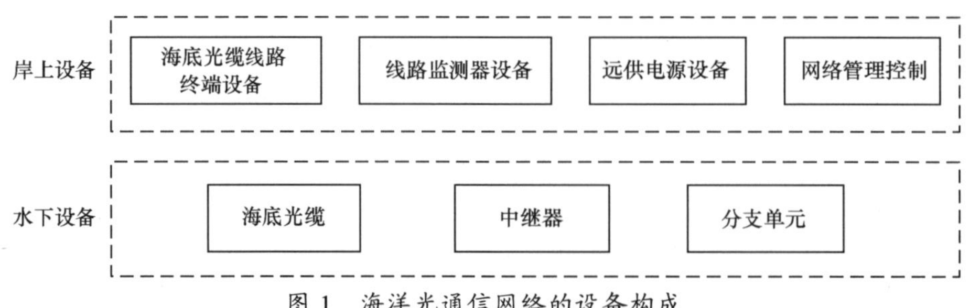

图1　海洋光通信网络的设备构成

比 100Gbit/s QPSK 高 7dB，而 400Gbit/s 64-QAM 调制码型对 OSNR 的要求比 100Gbit/s QPSK 高 14.5dB。因此，高阶调制技术在海洋光通信网络中，对应不同的传输距离场景，应结合传输带宽需求，采用不同的调制码型。

2. 多载波复用技术

多载波复用技术本质上是将多个光子载波组合形成一个超级信道，并将超级信道作为一个整体进行传输和交换。多载波复用技术可以有效提高频谱效率，满足超高速大容量光传输的需求，控制光子载波的数量、带宽、调制格式，能够实现可变速率和带宽的光传输与交换。从目前整体发展来看，在线路侧实现 400Gbit/s 及以上速率的传输技术中，多载波复用技术已成为主要方式。

3. 灵活栅格技术

在超100Gbit/s 光传输技术中，由于频谱效率的提升和 OSNR 的限制，传统的波分复用（Wavelength Division Multiplexing，WDM）系统中规定的 50GHz 或 100GHz 的固定信道间隔已不能满足超高速光传输技术的要求。因此，灵活栅格技术被引入超 100Gbit/s 光传输技术中，使信道的频谱宽度可随着超高速光传输信号的频谱宽度进行调整。为了支持灵活频谱交换，灵活栅格技术引入了谱隙的概念，即将频谱划分为多个较小的谱隙，并根据业务速率等参数分配任意数量的连续谱隙。ITU-T G.694.1 规范已对灵活栅格频谱格式进行了定义，目前 400Gbit/s 及以上速率的传输均可利用灵活栅格技术，频率间隔由传统的 50GHz 调整至满足子载波信号波特率的 37.5GHz 甚至更小或者 75GHz 甚至更大（以 6.25GHz 为基础单位），进一步提高系统的频谱效率。ITU-T G.694.1 定义的灵活栅格频谱格式如图 2 所示。

4. 新型光纤光缆技术

光纤衰减系数是光纤最重要的特性参数，决定了光纤通信的中继距离。国际标准 ITU-T G.654E 规定，1550nm 区域的光纤衰减系数为 0.15dB/km ～ 0.19dB/km。大有效面积 G.654 光纤用于海缆通信系统，分 A、B、C、D 4 个子类。增大光纤的有效面积，可以提高光纤对非线性效应的抑制能力，降低非线性效应。光纤的有效面积是指光纤中承载光信号的圆柱形光柱的截面积，有效面积越大，入纤光功率的强度就会越低。大有效面积光纤的非线性系数可降低至常规单波光纤的 25% ～ 50%。但有效面积的增加，会导致色散斜率的升高，而 N×100Gbit/s 及以上 WDM 系统采用的相干检测和电色散补偿技术，使系统的色散容限很大（超过±50000ps/nm），可忽略有效面积增加带来的色散影响。

5. C+L 波段传输技术

为满足通信容量的要求，宽带掺铒光纤放大器（Erbium-Doped Fiber Amplifier，EDFA）已成为密集波分复用（Dense Wavelength Division Multiplexing，DWDM）系统中的关键技术之一。虽然拉曼光纤放大器因其具有更大的带宽，已取得了长足的进步和发展，但是 EDFA 因高实用性、高可靠性及低成本等因素，仍是光通信系统中的主流光纤中继（放大）器。放大带宽、优化噪声特性仍是 EDFA 研发的重点，EDFA 通过并行结构设计，可以得到更大的放大器带宽（能实现 C 波段和 L 波段的放大），显著提高光通信系统的传输能力。C 波段和 L 波段带宽及有效波长的关系如图 3 所示。

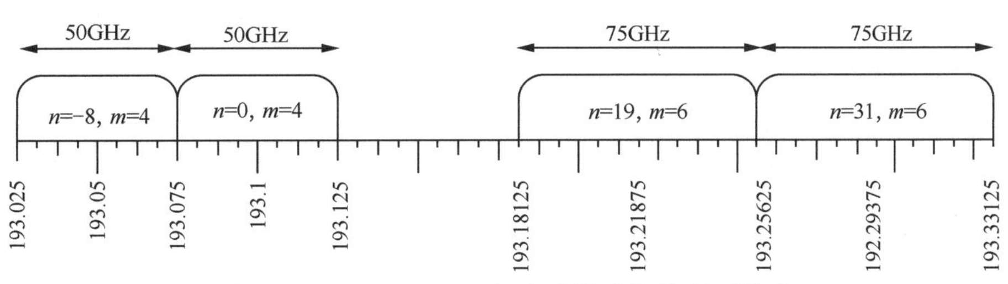

图 2 ITU-T G.694.1 定义的灵活栅格频谱格式

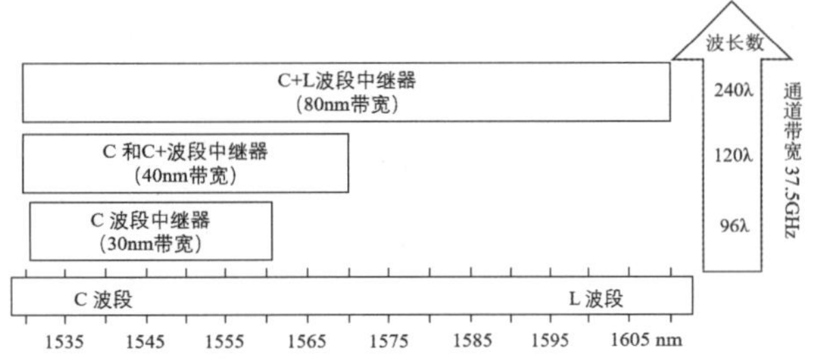

图 3 C 波段和 L 波段带宽及有效波长的关系

6. 空分复用技术

空分复用（Space Division Multiplexing，SDM）技术是解决超大传输容量的重要候选技术，提供了新的光传输复用维度。空分复用技术包括多芯复用、模式复用和两者相结合的多芯多模复用，以及基于轨道角动量的复用方式。其中，基于多芯少模复用方式成为光传输容量提升的重要研究方向。以四芯光纤为基础的光通信系统是当前应用研究的热点，并在传输距离上取得了一定的突破。但从总体上看，空分复用技术仍处于实验室研究和探索阶段，在海洋光通信网络的部署方面需求显现。四芯光纤通信系统如图 4 所示。

（二）线路监测技术

线路故障监测定位与性能监控技术主要包括网元管理系统（Element Management System，EMS）及海底设备的线路监控系统。其中，EMS 可实现对站内网元设备的集中监控，线路监控系统可用于检测海底中继器的光纤情况。在海缆和中继器出现故障的情况下，线路监控系统可以自动告警并给予故障定位。

网络监测手段主要基于分布式光纤传感技术，其原理是将传输光纤作为传感敏感元件和传输信号介质，通过分析注入系统的探测信号与回传信号，得到整个网络的特定性能值，并依据该值的大小或变化情况，掌握整个系统的状态。光纤线路在检测中，海洋光通信网络使用中继器完成信号的放大，引入自发辐射噪声，并经逐级放大积累后对回传信号的探测产生影响，导致传统的光时域反射仪在海底信息网中受到很大的限制。因此网络监测手段需要采用相干光时域反射技术，使用相干光检测的方式来探测回传信号。在海底场景中，外界环境相对稳定，温度和压强都不会剧烈改变，但在光电传输系统的故障点会有不同程度的温度或应力变化，可以据此布设基于光时域反射的分布式光纤温度传感系统，完成对传输线路故障的监测和定位。

（三）远供电源技术

国际跨洋海底光缆通信的传输距离一般较长，需要采用有中继器的海洋通信技术。其中，海底光缆中的中继器需要岸上的端站供电设备进行远程供电。远供电源技术也是决定系统传输距离和光缆系统传输带宽容量的一个重要技术。

远供电源系统出于简化电压变换和减小供电单元体积的考虑，采用高压恒直流的供电方式，将标准的 48V 电源转换，并通过海缆中的远供导体向海

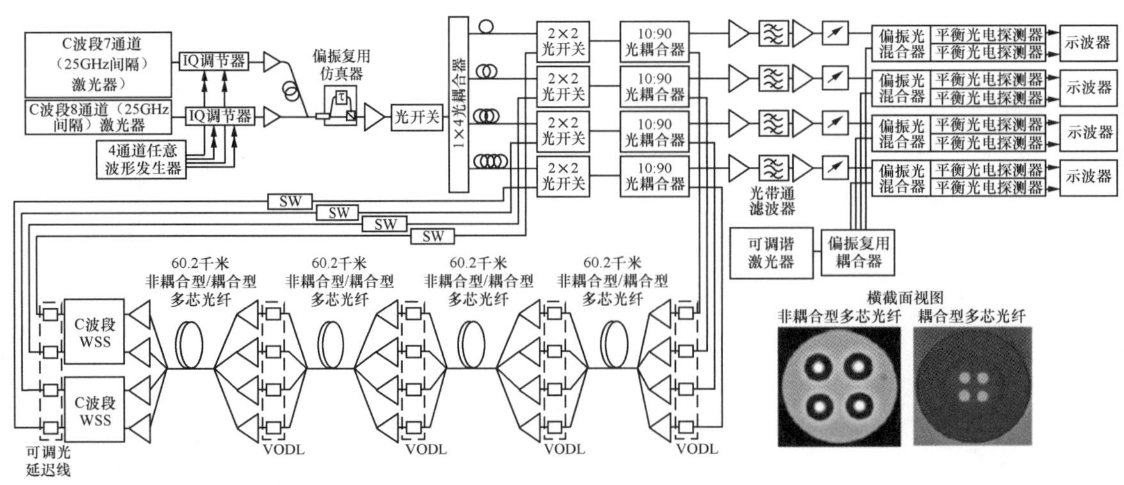

图 4 四芯光纤通信系统

底中继设备等供电。远端供电系统的设计一般要求岸基站输出千伏量级直流高压电（额定电压可达15kV）。远供电源系统可采用单端或双端供电方式供电。采用双端供电方式时，远供电源系统支持供电倒换功能，一端发生故障，另一端自动转换为单端供电。同时，根据海洋通信网络应用场景的不同，远供电源系统支持串联和并联两种供电方式：并联供电方式具备可分支的能力，可应用于海洋通信网络的分支型系统中，网络供电能力强且供电效率高；串联供电方式的技术相对成熟，抵抗海底光缆故障能力较强且故障定位较容易，更适用在普通链型海洋通信网络中。

（四）管理控制技术

管理控制技术的主要发展方向为开放解耦技术，其中Open ROADM是近年来的主要推动标准。Open ROADM的目标是制定完全分解和开放的可重构光分插复用器（Reconfigurable Optical Add-Drop Multiplexer，ROADM）系统。组成ROADM系统的各个部件可以来自不同的厂商，通过标准的控制接口由软件定义网络控制器控制，实现线路系统的互联互通。光转换单元（Optical Transform Unit，OTU）采用完全标准化的FEC算法、调制码型设计，保证不同厂商的OTU之间互通。

为了实现ROADM系统的完全开放，Open ROADM定义了详细的线路参数、OTU接口参数，以及网管相关的要求。Open ROADM也定义了详细的YANG模型，包括公共模型、设备模型、网络拓扑模型和业务模型。网络拓扑模型基于互联网工程任务组制订的Interface to Routing Systems（I2RS）模型，同时参考了ITU-T M.3100规范中CTP/TTP定义。Open ROADM自推进以来，其完全解耦的方案使系统及软件复杂性大幅增加，虽然已经进行过多次试验验证，但截至目前还没有规模化的商用案例。总体来说，Open ROADM的设备解耦方案及南向模型设计非常全面但也最复杂，规模商用前还需要解决很多问题。Open ROADM的设备解耦方案及南向模型如图5所示。

四、海洋光通信网络技术的发展趋势

近年来，海洋光通信技术不断发展，向着更大带宽、更长距离、更智能、更开放的方向逐步演进。

（一）更大带宽

超100Gbit/s线路技术、C+L双波段传输、空分复用等技术成为研究和应用热点，共同推动海洋光通信系统向更大带宽的方向演进。其中，在超

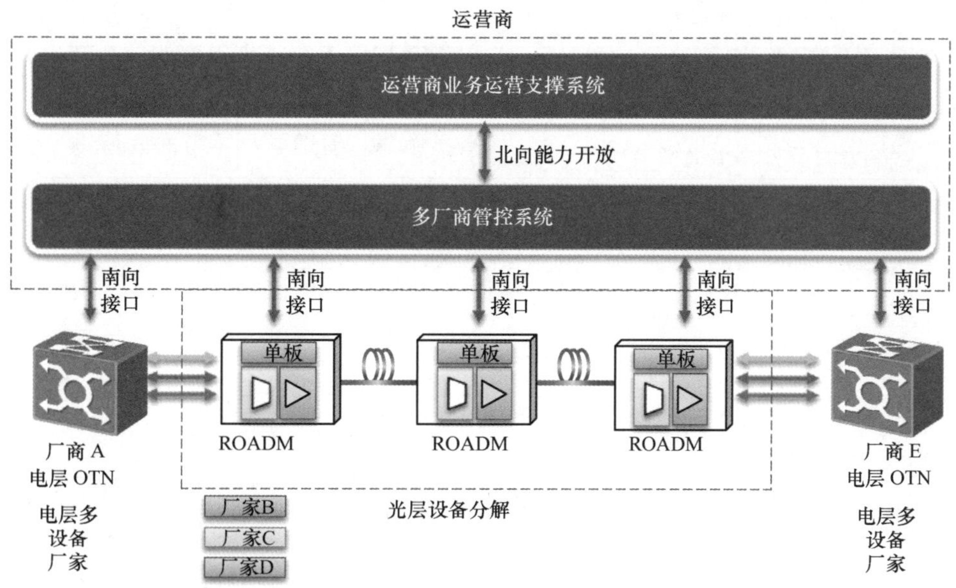

图5 Open ROADM的设备解耦方案及南向模型

100Gbit/s 线路技术方面，高阶调制、多载波复用、灵活栅格等技术的发展，使超 100Gbit/s 线路技术基于不同系统容量和传输距离的要求，更好地提供差异化实现方案。在 C+L 双波段技术方面，通过提高放大器带宽的方式，实现了 C 波段和 L 波段的功率放大，显著提高系统的传输带宽。在空分复用技术方面，采用复用纤芯数量提高传输容量的同时，对远供电源并无更高要求，已具备应用部署能力。

（二）更长距离

100Gbit/s 和超 100Gbit/s 线路传输性能的持续优化，以及大有效面积低损耗光纤的大规模应用，使海洋光通信系统的传输距离显著提升。随着高速线路传输技术的发展，100Gbit/s 线路 OSNR 容限水平已与 10Gbit/s 线路传输性能水平相当，超 100Gbit/s 线路 OSNR 容限和传输性能也在持续优化和提升。同时，采用大有效面积低损耗光纤，可进一步降低线路衰耗，减少中继数量，并有效降低非线性效应对系统的影响，可大幅提高传输距离。

（三）更智能

系统管控、智能运维及线路实时故障监测定位等子系统和功能应用到海洋光通信网络中，有效提升了网络智能化水平。其中，在系统管控和智能运维一体化方面，网管系统可实现对网络中设备的集中管理和性能监控。同时，采用大数据分析等应用，可实现故障分析、性能趋势分析和流量预测等智能运维。在线路实时故障监测定位方面，线路监控系统可实现对海缆和中继器性能的实时监测，并实现在发生故障情况下的自动切换、告警和故障定位，有效提高网络故障时的业务快速恢复能力和网络健壮性。

（四）更开放

在海洋光通信网络建设方面，互联网厂商和运营商逐步推进网络开放。从 2015 年开始，大型互联网公司 Google、Facebook、阿里巴巴、腾讯等通过开源平台和项目，结合产业界力量在数据中心互联场景中率先部署开放光网络设备。AT&T、中国电信等发起组织或联盟进行开放光网络的标准化和应用推广。通过网络开放，创新产业生态，提升网络自主能力，实现快速创新与演进，海洋光通信网络建设将向着开放解耦的方向持续推进。

五、海洋光通信网络的应用现状

海洋光通信网络是国际间信息通信的主要传输载体，系统设计寿命要求达到 25 年。截至目前，全球约有 450 条海底光缆及其海洋光通信系统。TeleGeography 的报告显示，全球 95% 以上的国际数据通过海底光缆传输。我国自 1993 年开通第一个海洋光通信系统（中日海底光缆系统），并通过多年的发展，现已实现与北美洲、亚洲沿海国家、欧洲和非洲等重点国家和区域的海洋光通信网络互联。

从当前成熟的技术应用来看，按照典型 12 纤对光缆，每根光纤采用 80 波 100Gbit/s 技术的海洋光通信系统，总容量可达 96Tbit/s，可满足大多数国际信息通信场景的需要。但由于建设模式、政策、市场、需求等因素的共同影响，海洋光通信网络的发展还存在很多不平衡、不充分的问题。另外，我国企业在海洋光通信网络建设中的市场份额还较低。从应用需求来看，海洋光通信网络承载的主要信息已由国际电信运营商数据业务转变为互联网内容数据业务，全球数据中心互联成为海缆建设的主要需求。从整体应用效果来看，海洋光通信网络在传输距离、传输带宽、可靠性等方面优势显著，但在满足新业务需求、开放解耦等方面尚待进一步提升。

六、结束语

目前，海洋光通信网络技术已较为成熟，正向着更大带宽、更长距离、更智能、更开放的方向逐步演进。面对海洋光通信网络的建设发展机遇，我国企业也需要结合自身技术实力并抓住发展机遇，加强国际合作，更多地参与到海洋光通信网络建设和运营中。

（中国信息通信研究院　赵鑫　汤瑞　汤晓华）

2022年融合通信新业务发展特征及思考

一、通信新业务的提出

随着全球进入数字经济时代，电信业务新概念层出不穷，通信新业务范畴不断扩展。本文认为通信新业务不仅包括5G和新型互联网交换中心等单一电信业务属性的更新迭代，还包括交互式网络电视（Internet Protocol Television，IPTV）、5G消息、车联网和物联网等多种业务组合的新应用，具体包括以电信业务市场开放等为典型代表的电信新模式，以电信业务为核心的多种产品/服务表现形式的“互联网+”电信新业态。通信新业务如果按照与电信业务属性由高到低的相关度排名，分别是电信新业务、电信新应用、电信新模式和电信新业态。

二、通信新业务发展特征分析

（一）通信新业务的核心要素是基础设施和资源

通信基础设施包括公用电信网、专用电信网、广播电视传输网和互联网。按照区域，通信基础设施可以划分为国内通信设施和国际通信设施。其中，国内通信设施是用于开展国内通信业务所需的节点设备和将它们连接起来的传输网络。相关设备与传输网络主要包括光缆、电缆、金属线、业务节点设备、传输线路设备、微波站、国内卫星地球站等物理资源。国际通信设施是用于开展国际通信业务所需的节点设备和将它们连接起来的传输网络，主要包括国际通信出入口（具体包括国际通信信道出入口、国际通信业务出入口和国际通信区域出入口）和国际传输网（从境内的国际通信信道出入口至境外国家和地区间进行通信的有线、无线和卫星等电信设施）。国际传输网主要包括国际陆缆、国际海缆、陆地入境站、海缆登陆站、国际地面传输通道、国际卫星地球站、卫星空间段资源、国际传输通道的国内延伸段。

通信资源不仅包括无线电频率、卫星轨道位置、电信网码号等用于实现电信功能且有限的传统电信资源，还包括提供互联网服务的标识解析、IP地址和域名等重要基础互联网资源。

（二）通信新业务的分类标准交叉融合

如前所述，广义的通信新业务包括电信新业务、电信新应用、电信新模式和电信新业态。它们的具体分类标准如下。

① 电信新业务和电信新应用的分类依据主要为《电信业务分类目录（2015年版）》，具体业务分类标准参考如下。

维度1：按照业务表现形式可以分为文本、图片、语音、数字和视频等。

维度2：按照业务承载网络可以分为固定网、移动网、数据网和互联网等。

维度3：按照业务提供的服务形式可以分为网络和平台等。

维度4：按照业务提供主体可以分为基础电信业务和增值电信业务等。

② 电信新模式的分类标准主要是指商业模式的创新，主要分类标准由客户价值、企业资源和能力、盈利方式搭建的三维立体模式决定。

③ 电信新业态的分类标准主要是GB/T 4754—2017《国民经济行业分类》，由“互联网+”在具体行业的实际应用中确定。

（三）通信新业务的影响要素呈现三足鼎立态势

技术、市场和政策是影响通信新业务的三大核心要素。其中，以 AI、区块链、大数据、AR/VR、云计算、物联网、超级计算、量子信息、元宇宙等为代表的新一代信息通信技术，是影响通信新业务创新的核心动力。以服务为本质的电信业务，需要以实际用户市场需求为导向。可以说，市场是检验通信新业务可行性的试金石。为保护用户权益，维护市场秩序，保障国家、社会及用户安全，需要出台配套的法律、行政法规、部门规章等管理政策。需要说明的是，政策是引导通信新业务健康有序发展的重要保障。

（四）通信新业务的发展趋势错综交融

在数字产业化和产业数字化的双轮战略驱动下，以数据传输、计算和存储为核心服务的云网基础设施成为数字经济的底座，以物联网、车联网、电子商务、互联网金融等为代表的融合电信新业态加速产业数字化创新进程，“云 +X”等电信新应用不断涌现，以 5G、新型互联网交换中心为代表的电信新业务将探索电信网和互联网经营的边界；同时，部分基础电信业务和增值电信业务向民营企业和外资企业开放经营的电信新模式将进一步激发市场活力。

三、通信新业务国家发展战略演进路径分析

通过梳理 1989—2022 年国务院《政府工作报告》发现，政府提及与通信相关的概念不断扩展，呈现一条清晰的电信新业务、电信新应用、电信新模式和电信新业态的管理演进路径，这条路径可分为 3 个阶段：第一阶段即“通信基础设施阶段”；第二阶段即“宽带融合的信息网络阶段”，第三阶段即“新一代信息技术与互联网 + 融合的数字经济阶段”。各个阶段的具体特征如下。

第一阶段（1989—1999 年）：通信基础设施阶段。1989 年《政府工作报告》首次提出加强通信等基础设施建设，随后第一个 10 年，“通信”以“基础设施”的身份标签相继出现在《政府工作报告》中。在这一阶段，通信新业务以电信新业务为主，具体表现在电信业务种类从固定网业务扩展到移动网业务和互联网业务，从语音业务拓展到数据业务。

第二阶段（2000—2009 年）：宽带融合的信息网络阶段。在第二个 10 年期间，《政府工作报告》提出“宽带信息网络”“第三代移动通信（2006 年）”“宽带通信与网络”“三网融合（2009 年）”等与通信相关的概念。在这一阶段，通信新业务呈现以电信新业务和电信新应用为主的网络融合特征。

第三阶段（2010—2020 年）：新一代信息技术与“互联网 +”融合的数字经济阶段。在第三个 10 年期间，《政府工作报告》相继提出“物联网”“信息技术产业”“大数据”“人工智能”“云计算”“信息化和工业化融合”“新一代信息基础设施”（2014 年）“互联网 +”“第五代移动通信”和“数字经济治理”等 20 多个与通信相关的概念。在这一阶段，通信业务呈现以电信新应用、电信新业态和电信新模式为主的技术、网络和平台应用融合发展的特征，即面向不同行业特征的用户，以新一代信息通信技术为核心创新动力，以融合信息网络提供各种业务运营和管理平台服务。

四、通信新业务行业管理相关思考

（一）分级分类协同管理

如前文所述，通信新业务主要涉及电信新业务、电信新应用、电信新模式和电信新业态，在实际业务管理工作中，注意区分“非电信业务”和“违规电信业务”。其中，电信新业务和电信新应用的主要管理依据是《中华人民共和国电信条例》（2016 年修订）、《电信业务经营许可管理办法》等，主管行业部门为工业和信息化部；电信新模式主要包括不同电信业务经营主体联合经营的方式，主管部门多为工业和信息化部，如果涉及跨界的电信新业务，则还需要遵守相关行业管理规定；电信新业态多为《电信业务分

类目录》中电信业务与传统行业的结合，主管部门为工业和信息化部与对应的传统行业主管部门。

（二）降低市场准入门槛

电信新模式主要体现在降低市场准入门槛，通过梳理历史相关管理政策大体可将其分为3个层面：一是审慎推进部分基础电信业务面向非电信行业国有企业开放运营，例如，向石油、电力、广电和中信网络企业开放“国内互联网传送数据业务”和“国内通信设施服务业务”等基础通信设施业务；二是分阶段推进部分基础电信业务面向民营企业开放运营，比照增值电信业务进行管理，例如，无线寻呼业务、甚小地球站（Very Small Aperture Terminal，VSAT）通信业务、通过转售方式提供的蜂窝移动通信业务等；三是稳步推进增值电信业务面向外资开放运营，例如，在部分自贸区开放有序推进放开信息服务（仅限应用商店）、互联网接入服务业务（仅限为用户提供互联网接入服务）和国内互联网虚拟专用网业务等增值电信业务的外资股比限制。需要注意的是，在数字经济时代，通信新业务需要积极开展电信服务业开放发展和创新发展的差异化探索，发挥示范带动作用。

（三）优化行政审批流程

在数字经济时代，加强数字经济治理的重要举措之一就是提高行政审批工作的效率。行政审批是行政审核和行政批准的合称，行政批准通常是指行政许可。依据《中华人民共和国行政许可法》《中华人民共和国行政处罚法》《国务院办公厅关于全面实行行政许可事项清单管理的通知》等相关法律、行政法规和规章制度等管理文件，我国自2001年开始推行行政审批改革以来，采取全面实行行政许可事项清单管理，不断深化“放管服”改革，优化营商环境，不断明晰行政许可权力边界、规范行政许可运行，稳步推进政府数字经济治理体系的完善和治理能力的提升工作。

因此，通信新业务在遵守对所有涉企经营许可事项实行全覆盖清单管理的要求下，可以参照自贸区管理方式，分级分类采取直接取消审批、审批改为备案、实行告知承诺和优化审批服务4种方式分类推进行政审批改革，形成跨地区、跨行业、可复制和可推广的制度创新示范。

针对通信新业务而言，依据2022年2月《国务院办公厅关于全面实行行政许可事项清单管理的通知》要求，取消原有新型电信业务（即本文所提的电信新业务）的“核准备案”管理方式。在分级分类协同管理的前提下，建议主管行业部门及时掌握新设企业的情况：一方面，督促有关企业按规定履行备案手续，对未按规定备案或者提交虚假备案材料的企业要依法调查处理；另一方面，对直接涉及国家安全、公共安全、公共利益，以及直接关系人身健康、生命财产安全等活动，按照法定条件予以批准的电信新业务和新应用，纳入监管范畴，落实放管结合要求，按照“谁审批、谁监管，谁主管、谁监管”的原则，切实履行监管职责，坚决纠正“以批代管”“不批不管”问题，防止出现监管真空问题。

（四）搭建全链条监管机制

为有效引领电信新业务、新应用、新模式和新业态健康有序发展，坚持放管结合，夯实监管责任，健全事前、事中、事后全链条、全流程的监管机制，提升市场主体创新力。

积极运用大数据、物联网、人工智能等技术为监管赋能，探索形成通信新业务市场主体全生命周期监管链，主要管理参考依据如下。

1. 事前管理

聚焦于市场准入的相关管理文件，主要参考依据有《中华人民共和国行政许可法》《电信业务经营许可管理办法》《工业和信息化部行政许可实施办法》《关于全面实行行政许可事项清单管理的通知》《中华人民共和国电信条例》（2016年修订）等方面的法律、行政法规和规章制度等相关管理文件。与行政许可事项对应的监管事项，要纳入“互联网+监管”平台监管事项动态管理系统。

2. 事中管理

聚焦于用户权益、市场竞争、服务质量和安全等方面的相关管理文件，主要参考依据有《中华人民共和国反外国制裁法》《中华人民共和国反不正当竞争法》《中华人民共和国反垄断法》《中华人民共和国网络安全法》《中华人民共和国数据安全法》《中华人民共和国个人信息保护法》《中华人民共和国外商投资法》《中华人民共和国电子商务法》《中华人民共和国电子签名法》《中华人民共和国行政处罚法》《关于加强和规范事中事后监管的指导意见》《公平竞争审查制度实施细则》等法律、行政法规和规章制度等相关管理文件。

3. 事后管理

聚焦于用户权益保护，主要参考依据有《中华人民共和国行政许可法》《中华人民共和国企业破产法》《中华人民共和国个人信息保护法》《关于在自由贸易试验区开展“证照分离”改革全覆盖试点的通知》《关于加强和规范事中事后监管的指导意见》和《电信业务经营许可管理办法》等方面的法律、行政法规和规章制度等相关管理文件。

（五）完善业务监管手段

数字经济治理要求借助人工智能、大数据和区块链等新一代数字技术实现监管机制创新。对新业务、新应用、新模式和新业态实行包容审慎监管，引入“沙盒监管”模式，为业态创新提供安全空间。深入推进“互联网＋监管”，通过不断更新通信相关的法律、行政法规、部门规章制度、标准、规范等监管手段，提升监管通信新业务的能力，搭建立体监管体系。同时，加强监管数据共享，运用大数据、人工智能、增强实现／虚拟现实／混合现实等新一代数字技术进行通信新业务风险预警评估。坚持政府主导、企业自治、行业自律、社会监督，健全多元共治、互为支撑的协同监管格局。

（中国信息通信研究院　马思宇　陈辉）

超级 SIM 卡能力概述及应用场景介绍

2021 年 3 月 11 日，十三届全国人大四次会议表决通过了《中华人民共和国国民经济和社会发展第十四个五年规划和 2035 年远景目标纲要》（简称“十四五”规划）的决议。其中，“加快数字化发展，建设数字中国”是推动未来社会转型的重要纲要之一，“十四五”规划中提出“迎接数字时代，激活数据要素潜能，推进网络强国建设，加快建设数字经济、数字社会、数字政府，以数字化转型整体驱动生产方式、生活方式和治理方式变革”。

中国移动超级用户标志模块（Subscriber Identity Module，SIM）卡基于高安全、低成本、卡空间开放的硬件基础，在系统层支持搭载各类卡应用，实现虚拟网络中的手机号、账号、身份、虚拟资产等信息，与现实世界实体 SIM 卡、人、物的安全连接，可为千行百业场景中各类安全认证需求注智赋能。超级 SIM 卡基于以上天然属性、硬件基础和系统能力，成为国家数字化转型浪潮中的信息化基础设施，助力中国移动实现用户身份鉴权由 CT 领域向 IT 领域延伸。

一、超级 SIM 卡能力概述

（一）超级 SIM 卡定义

SIM 卡是用户在使用全球移动通信系统（Global System for Mobile Communication，GSM）、通用移动通信系统（Universal Mobile Telecommunications System，UMTS）、长期演进技术（Long Term Evolution，LTE）或 5G 网络进行通信（例如打电话、发短信）时参与鉴权及身份认证的通信模块，通信网络可通过 SIM 卡标识用户。

2016 年开始，SIM 卡进入超级 SIM 卡时代。超级 SIM 卡基于通用集成电路卡（Universal Integrated Circuit Card，UICC）规范打造，不再只扮演通信鉴权模块的多功能 SIM 卡，通过硬件升级具备更强大的算力与更大的内存，通过搭载卡应用支持功能拓展，逐步增加数字证书、国密算法等能力。目前超级 SIM 卡已迭代到 3.0＋版本，具备更强运算能力，且支持 BIP 通道[1]，为卡应用下载提供更高速、便捷的通道。

（二）超级 SIM 卡架构

中国移动超级 SIM 卡技术架构包括硬件层、片内操作系统（Chip Operating System，COS）层、应用基础能力层和应用层 4 个部分。

（1）硬件层：定义 SIM 卡物理层访问接口、输入 / 输出（Input/Output，I/O）、中央处理器（Central Processing Unit，CPU）、存储器、协处理器等。

（2）COS 层：定义 SIM 卡内存管理和文件系统等基础处理、各类安全机制、SIM/ 全球用户识别卡（Universal SIM，USIM）逻辑功能、空中短信传输协议控制。

（3）应用基础能力层：定义类属编程（Generic Programming，GP）应用管理，实现应用程序提供在卡内下载、安装、删除的管理和存储等服务，实现用户卡与外部设备通信的指令报文，以及包含鉴权和加密机制的安全信道会话机制；定义安全空间管理，在卡内划分不同的安全区域以承载不同的行业应用；定义应用和安全域的生命周期管理，提供各类应用程序接口（Application Programming Interface，API）供上层应用调用。

1. BIP 通道是 SIM 卡和业务平台建立数据连接的通道。

（4）应用层：主要承载各类应用，包含各类行业应用（例如公交、金融、校企等）及中国移动自有应用（SIM 盾、SIM 快捷确认等），应用可预置也可动态加载。

超级 SIM 卡技术架构如图 1 所示。

（三）超级 SIM 卡基础能力

1. 提供 API 交互能力

超级 SIM 卡支持 SIM API、USIM API、UICC API、GP API、HCI API，可供上层应用调用。

（1）SIM、UICC 及 USIM API：提供访问 SIM、UICC、USIM 的文件系统接口，提供将应用注册到超级 SIM 卡应用工具箱的接口及发送主动式命令的接口。

（2）GP API：为应用提供服务，包括持卡人验证、应用个人化或安全服务等，还可为应用提供卡内容管理服务，包括卡锁定、应用生命周期状态更新等。

（3）HCI API：为非接触应用提供 HCI 协议相关的服务接口。

2. 支持多种国密算法

国密算法是国家密码局制定标准的一系列算法，包括对称加密算法、椭圆曲线非对称加密算法、杂凑算法等。超级 SIM 卡基于硬件可加密的物理特性，支持各类国密算法，并可通过 API 方式供上层应用调用。超级 SIM 卡目前支持的国密算法包括 SM1、SM2、SM3、SM4、DES/3DES（Data Encryption Standard/Triple DES）、AES（Advanced Encryption Standard）、RSA（Ron Rivest，Adi Shamir，Leonard Adleman）、HMAC（Hash-based Message Authentication Code）等。

3. 支持 RAM/RFM 空发技术

远程应用管理（Remote Application Management，RAM）是指通过短信息服务（Short Message Service，SMS）、超文本传输安全协议（Hyper Text Transfer Protocol over SecureSocket Layer，HTTPS）等传输协议以空中方式对超级 SIM 卡中的安全域及应用进行远程卡内容管理，包括安全域创建、安全域个人化、

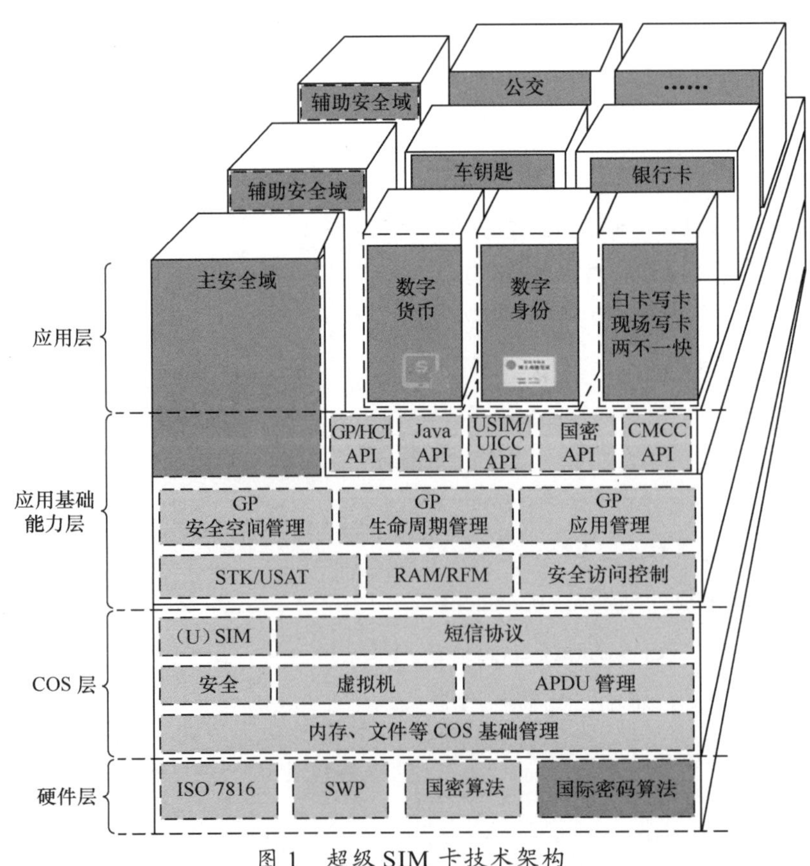

图 1 超级 SIM 卡技术架构

应用下载、应用安装、应用个人化、应用删除等。

远程文件管理（Remote File Management，RFM）是指通过 SMS 数据短信、HTTPS 等传输协议以空中方式对超级 SIM 卡中文件系统进行远程管理，包括文件创建、文件读写、文件激活 / 去激活、文件大小调整、文件删除等。

超级 SIM 卡支持 RAM 和 RFM 功能，符合 3G 个百分点 TS 31.116 规范要求。

4. 具备客户端访问安全控制机制

超级 SIM 卡是访问控制规则文件的存储介质，基于限制手机客户端访问 USIM 卡的安全控制机制，可阻止客户端对超级 SIM 卡中资源的非授权访问，并防止针对超级 SIM 卡的拒绝服务攻击。

5. 提供用户可用的应用存储空间

用户可用的应用存储空间至少 500k 字节，供下载卡应用及保存应用个人化数据（例如密钥等），用户可用 RAM 空间至少为 15.5k 字节。

6. 支持 BIP 通道能力

BIP 通道是超级 SIM 卡和服务器进行通信的基础通道，它使用 BIP 作为基础通信协议。BIP 是承载无关协议，是 3G 个百分点 TS 31. 111 规范中提出的一种面向连接的传输协议。协议支持 GSM、码分多址、UMTS、NG-RAN 等移动网络，使用 Open Channel、Close Channel、Send Data、Receive Data、Get Channel Status 等主动式命令和 Data Available、Channel Status 等事件，允许超级 SIM 卡和服务器建立基于 IP 的数据连接。超级 SIM 卡支持基于 BIP 的 HTTPS，为满足基于 BIP 的大数据量传输场景，手机终端需能正确响应超级 SIM 卡的 BIP 请求。

7. 支持丰富的 STK 弹窗交互能力

STK（SIM Application Toolkit）是一系列卡与终端进行交互的指令集，包括卡应用弹框（对应 DISPLAY TEXT 指令）、密码输入框（对应 GET INPUT 指令）等。STK 弹窗可以实现拉起 H5 页面、输入验证码等多种样式的业务功能需求。

二、超级 SIM 卡应用场景介绍

（一）超级 SIM 卡产品体系

中国移动互联网公司基于超级 SIM 卡安全芯片、近场通信（Near Field Communication，NFC）交互、拉起 H5 小程序等能力，构建以安全产品、NFC 产品、卡应用创新产品为基础的超级 SIM 产品体系，面向 B 端行业客户和 C 端用户提供标准化解决方案和应用产品，实现超级 SIM 卡价值和规模的并行发展。超级 SIM 产品体系如图 2 所示。

（二）超级 SIM 卡行业应用情况

1. 安全行业：安全网关

（1）产品介绍

超级 SIM 安全网关基于超级 SIM 卡号卡身份认证能力，结合零信任安全理念，采用最新软件定义边界（Software Defined Perimeter，SDP）架构，通过安全访问网关，实现行业客户在任意终端、任意地点、

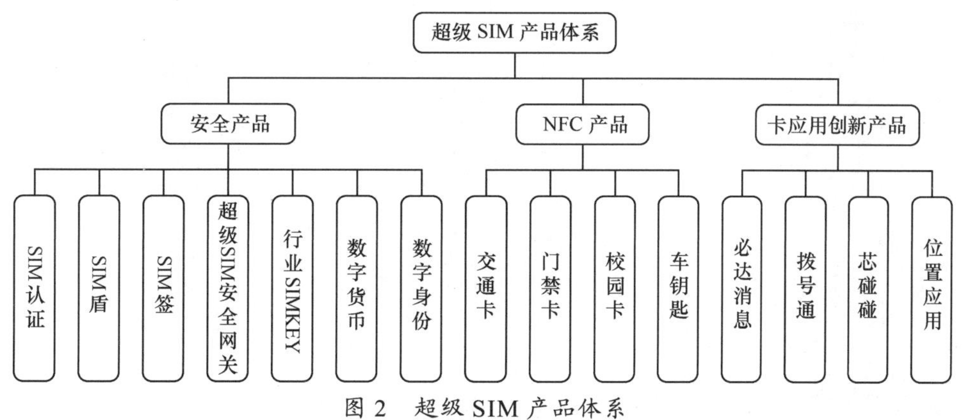

图 2　超级 SIM 产品体系

任意网络以正确的权限，安全、高效地接入访问企业业务，让行业客户上云、用数、赋智更安全、更简单、更有价值。

（2）行业痛点

目前网络安全防护方面主要面临以下挑战。

① 数字化趋势下，业务系统增多、网络环境复杂、用户终端入口多，导致业务暴露面广，网络安全防护风险高。

② 使用角色、群体复杂，传统账密认证存在撞破风险，网络流量无法实名化。

③ 访问权限过大且固化，缺乏访问日志留痕，访问行为不可视、不可控。

（3）产品优势

① 身份安全：超级 SIM 卡承载 CA 证书认证身份，提供授权认证服务。

② 网络安全：单包授权（Single Packet Authorization，SPA）实现网络隐身，收敛暴露面。

③ 权限安全：用户访问权限动态精准管控。

④ 数据安全：端到端数据全程加密传输。

⑤ 终端安全：终端安全沙箱支持一机双域。

（4）应用场景

超级 SIM 安全网关主要向党政军、公检法、金融、教育、医疗等行业客户提供服务，应用场景包含 5G 专网准入、办公业务安全访问、终端数据安全保护、内网权限管控、内外网统一访问控制、业务云化安全访问、多数据中心统一安全访问等。

超级 SIM 安全网关架构如图 3 所示。

2. NFC 行业：一卡通行

（1）产品介绍

超级 SIM 卡 NFC 应用是中国移动面向 C 端用户高频刚需场景，利用超级 SIM 卡 NFC 近场交互能力和运营商号卡关联能力，利用安全加密芯片存储加密钥匙串，支持读取分析，进而验证用户身份，可面向智慧出行、智慧社区、智慧校园、车联网、小额消费支付等行业领域打造的应用级产品。

（2）行业痛点

目前行业线下业务产品的二维码、终端钱包、传统实体卡方案等都存在局限性，例如二维码方案需要网络及扫码设备配合使用，信息易泄露、易被篡改，安全性差；终端钱包方案数据迁移麻烦，无法跨品牌，需有电支持；实体卡存在易损坏、易丢失、易破解、成本高等问题。

（3）产品优势

超级 SIM NFC 应用基于号卡体系认证，防篡改，

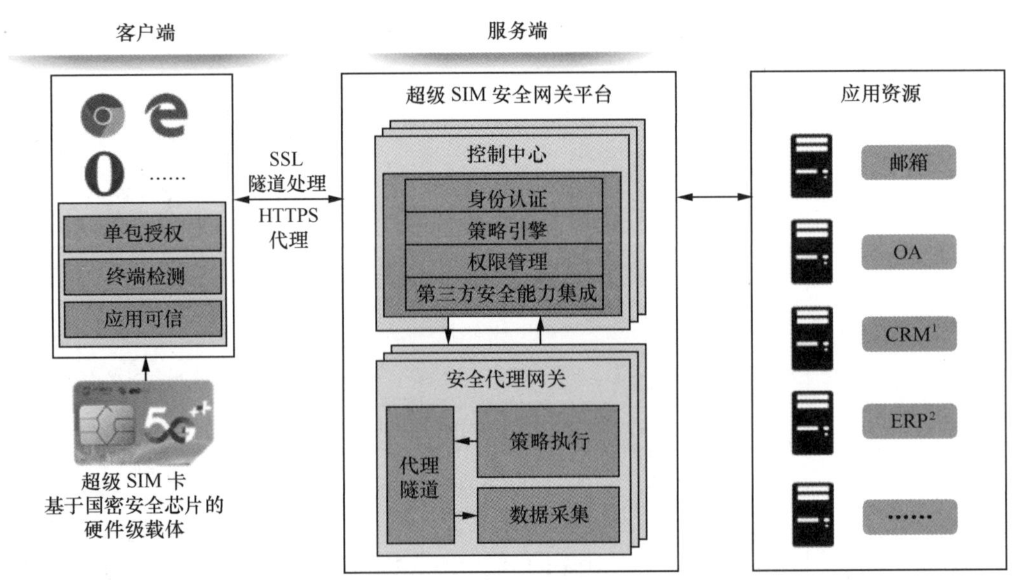

注：1. CRM（Customer Relationship Management，客户关系管理）。
2. ERP（Enterprise Resoure Planning，企业资源计划）。

图 3　超级 SIM 安全网关架构

不易伪造，一卡一机一码，可改善传统线下业务产品方案的不足，且用户操作简便，可快速覆盖用户的“衣食住行”，具体包括以下优势。

① 使用便捷，可快速通行。

② 扩展性好，可兼容传统线下业务方案，系统改造量简单。

③ 换机无顾虑，支持不同终端的数据迁移。

④ 动态更新，支持线上业务开通迭代，无须跑线下。

（4）应用场景

① 智慧出行：超级 SIM 交通卡方案目前已落地广东、江苏等 7 个地区，用户量初具规模。

② 智慧社区：提供智慧社区门禁解决方案，覆盖小区、单元、家庭门禁，实现“一卡走三门”，已在全国 31 个省（自治区、直辖市）落地，覆盖 4000 多个小区。

③ 智慧校园：已与新开普合作打造“校内＋校外”一卡通行，已落地广东、山东等 8 个地区。超级 SIM 校园卡业务流程如图 4 所示。

④ 车联网：推进超级 SIM 卡与车联网融合，在“钥匙＋安全＋消息”3 个方面构建布局，已与比亚迪、广汽等车企完成系统对接和技术验证。

⑤ 防疫应用：已实现刷超级 SIM 卡展码，可实现一次刷卡、两项核验、快速通行，即将在江苏、江西落地。

3. 应急行业：必达消息

（1）产品介绍

必达消息是基于超级 SIM 卡底层能力，以顶层、必现、可交互的方式，提供类似来电的最高优先级、可长时间持续展示直至用户点击的 SIM 卡消息必达机制，目前包含必达 SIM 消息、必达 H5 消息、普通 SIM 消息、普通 H5 消息、短信 5 种产品形态。

（2）行业痛点

目前传统消息触达渠道存在以下几个问题。

① 低触达。接收信息渠道多，信息量大，且传统信息方式感知度低，易被淹没。

② 用户流失。传统信息交互性、延展性体验差，以纯文字展示居多，用户接收信息后无法直接抵达活动页面，导致用户流失。

③ 入口深。传统推广信息多数依附于其他 App 应用推送，需要用户下载安装，过程烦琐。

④ 易泄露。传统信息无安全性保障，缺少通信过程保护，易泄露个人重要信息，例如诈骗信息。

⑤ 效率低。乡村传统信息以公告、电话为主，耗时耗力，且通知不到位，效率低，例如党员通知。

（3）产品优势

必达消息基于卡应用功能，实现消息强触达、直达业务场景、消息记录可回溯，以解决传统消息单一、易忽略、弱安全等问题，具体包括以下优势。

① 智能回落机制保证触达：根据终端支持情

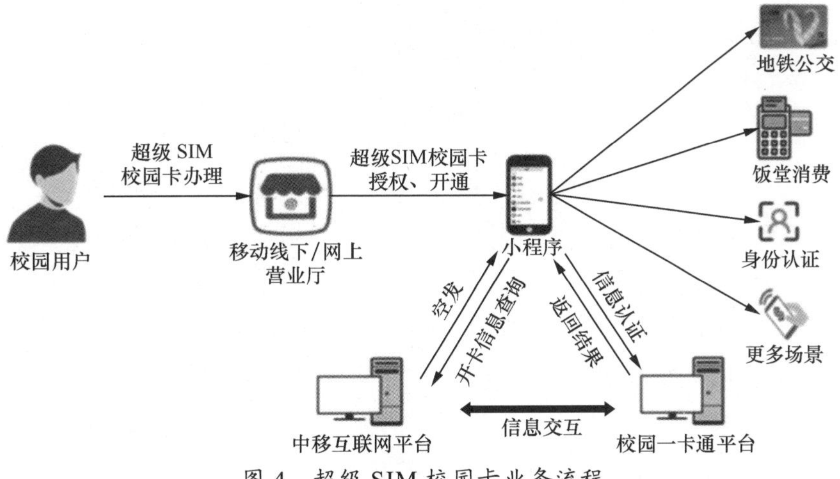

图 4　超级 SIM 校园卡业务流程

况，提供完善的消息 / 短信回落方案，实现消息全覆盖。

② 高优先级顶层强触达：与来电一样属于高优先级，置顶消息弹窗持续显示直至用户点击为止，确保用户看得见。

③ 低门槛：不需要下载安装任何应用。

④ 强交互：支持拉起 H5 页面、快应用、App 下载和跳转。

⑤ 即时反馈：实时捕捉用户阅读操作结果。

⑥ 精准分析：支持统计消息触达成功率，分析用户阅读情况。

（4）应用场景

必达消息主要面向 2B2C 企业政务、2B2E 企业办公等客户，可重点应用于应急局、气象局、疾控、乡村办公等场景，例如台风预警、防疫登记、传唤通知、停课通知、交通指引、医院急召、电路抢修、紧急通知等。必达消息目前已与多级应急管理机构开展合作试点，应用于应急响应、应急管理领域。

4. 黄页行业：拨号通

（1）产品介绍

拨号通基于超级 SIM 卡应用捕捉用户通话行为，在用户拨打企业服务号码时直接拉起服务页，让用户快速便捷获取自助服务，实现拨号盘即入口，为政企提供新的入口触达用户。

例如用户拨打企业服务号时，例如 95338，可快速打开企业自助服务页，快速进行线上业务查询或办理。

拨号通产品形态如图 5 所示。

（2）行业痛点

当前用户在拨打企业号码（例如，客服热线、售后热线）时，常遇到热线难拨通、等待时间长等问题，前往线下营业厅或门店更面临费时、费力、成本高的问题，因此，用户服务获取困难问题亟须解决。

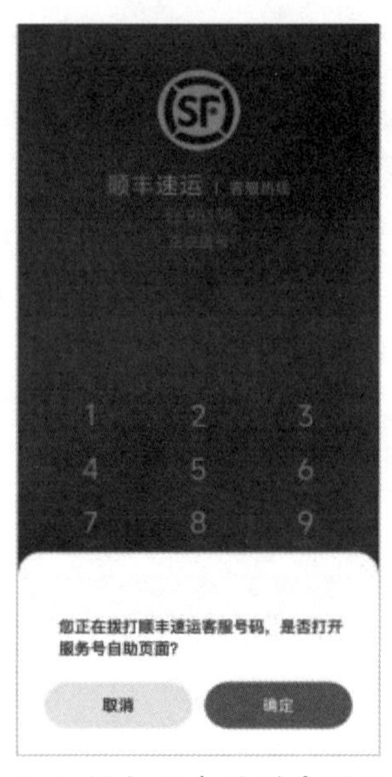

（a）拨打服务号弹窗界面　（b） 跳转自助服务页

图 5　拨号通产品形态

（3）产品优势

拨号通解决了用户目前服务热线接入的痛点需求，实现拨号盘即入口。

① 告别热线难拨通。

② 减少等待时长。

③ 快速获取企业云服务。

（4）应用场景

应用于企业官方服务号码，在拨号不通、接入慢、中老年人获取在线服务困难的场景下，以拨号盘为入口，用户拨打热线号码可直接获取自助服务页，快速获取线上服务。

应用于企业专属服务场景，提供超短号服务，根据用户归属，在拨号后接入特定专属服务页。

5. 线下取号：芯碰碰

（1）产品介绍

芯碰碰基于超级 SIM 卡 NFC 近场通信、安全芯片、加密算法及运营商独有的号卡关联能力，用户线下“滴”卡获取手机号，结合手机号关联的用户大数据、身份信息、信用、业务权限等，实现业务从线下转到线上。

（2）行业痛点

对标行业内其他终端厂商，没有可商用取号方案，为满足用户需求，中国移动结合运营商独有的号卡关联能力，创新地提出线下取号方案。

（3）产品优势

超级 SIM 芯碰碰基于号卡体系认证，防篡改，不易伪造，一卡一密，具有以下特点。

① 便捷性高：随身携带，不易丢失。

② 可用性高：无网、无电、熄屏状态均可使用。

③ 高安全：高安全方案，防篡改，一卡一密，一次有效，卡片挂失即失效。

④ 接入简便：多种集成方式，快速升级；不需要额外开发 CPU 卡应用。

（4）应用场景

可广泛应用于行程码、健康码通行，基于手机号码权限的门禁、访客、快递柜取件、会员卡、小额消费等场景。

在防疫应用方面，已实现刷超级 SIM 卡展示防疫核验健康码行程卡。通过 NFC 触碰读头，可展示用户健康码行程卡整合页面，实现一次刷卡、两项核验、快速通行目标，即将在江苏、江西落地。“芯碰碰”防疫核验产品形态如图 6 所示。

6. 电子围栏：位置应用

（1）产品介绍

位置应用基于超级 SIM 卡获取位置信息和响应卡事件能力，在获取用户授权的情况下，通过获取与当前基站信息关联的地理位置，在设置电子围栏或触发事件上报方式，应用到如考勤打卡等与位置相关的业务场景。

（2）行业痛点

目前行业常用的基于位置定位服务，是基于卫星定位的全球定位系统（Global Positioning System，GPS）技术，例如美国 GPS、中国北斗等。

GPS 定位相比于基站定位精度更高，但在实际使用过程中，存在室内等网络信号差的地方定位难，且具有易破坏性，难于鉴别是否人为。

例如，用户可以通过修改手机系统定位，轻松实现虚拟位置定位模拟，在考勤打卡等场景中可以很容易进行作假，而考勤类应用难以检测和规避。

（3）产品优势

位置应用基于 LBS[2] 基站定位技术，相比 GPS 来说具备以下优势。

① 具备天然的不可篡改性，无法进行虚拟定位模拟，真实度高。

② 覆盖范围广，基站信号覆盖范围内均可实现。

③ 可实现分钟级定位，信号切换、网络波动等多种时机可触发位置事件。

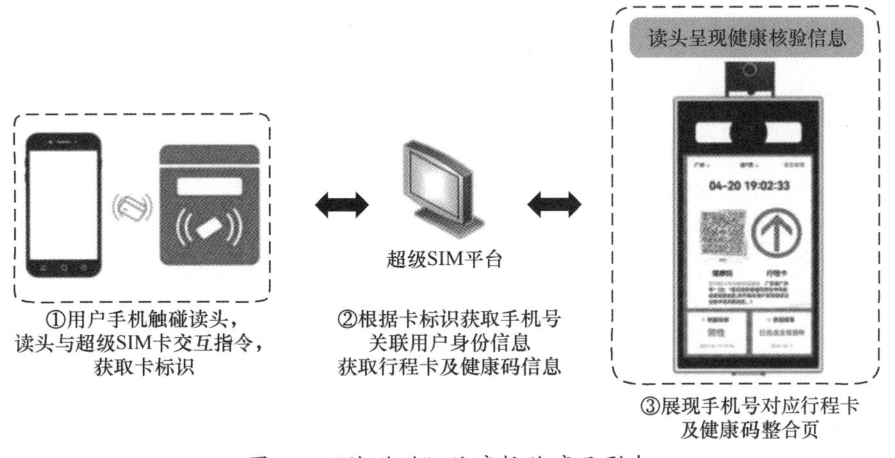

图 6 “芯碰碰”防疫核验产品形态

2. LBS（Location Based Services，基于位置的服务）。

（4）应用场景

位置应用可用于考勤打卡、电子围栏、区域应急通知、人员定位、货物跟踪、车辆调度等业务场景。

三、结语

超级 SIM 卡作为运营商已有硬件设施的全面升级换代产品，依据其天然属性和丰富能力，未来在国家网络安全、政府应急下达、民众起居住行等千行百业中可发挥的价值和优势具有极大发展空间。

在现有数十亿级存量用户规模的基础上，中国移动将积极推进超级 SIM 卡发行流程，完成全民超级 SIM 卡普及，提升政企对超级 SIM 卡认知，拓展更丰富的业务场景并由此衍生出更多的行业应用，推动超级 SIM 卡成为各种应用场景的基础安全底座，成为在全社会数智化转型中安全领域的新基石。

（中移互联网有限公司　庄严　杨汉坤　蒋周良）

联通支付赋能金融数字化转型建设

中国联通数字化转型围绕“强赋能、强治理、强运营”三大工作主线展开，全面提升数字化能力，赋能智慧运营。在新用户发展、老用户维系方面，传统“合约”模式确实起到了拉动销量、稳定用户的作用，但是存在预存门槛较高、用户违约率高等问题。随着中国信贷消费迅速增长，在扩大内需、刺激消费的大背景下，以消费信贷促进通信业务发展成为通信业务新的增长点，3 家通信运营商纷纷布局“通信 + 金融”的新发展模式，例如联通“沃分期”、电信“橙分期”、移动“和包”等，有效降低了用户 5G 换机、合约门槛，提升了用户黏性与每用户平均收入（Average Revenue Per User，ARPU）值，同时拉动了终端、泛终端销售。

随着“通信 + 金融”业务的深入，传统业务系统架构已经不足以支撑金融业务的发展，联通支付有限公司以统一支付金融能力集建设为抓手，深度参与联通智慧中台建设，实现了原生“通信 + 支付 / 金融”内嵌集团中台的建设模式，助力集团数字化转型。

一、联通支付有限公司金融的自研之路

联通支付有限公司成立之初坚持核心系统自主可控战略，坚持自主研发关键核心系统，目前总体系统自主研发率高达 94%。回顾联通支付有限公司 10 年研发的发展历程，从最初的“厂商干”，到后来的“一起干”，最终实现了现在的“自己干”3 次跨越。

沃支付架构 1.0：联通支付有限公司成立之初，通过采购成型三方支付系统进行系统集成，实现了传统第三方支付业务流程系统支撑。

沃支付架构 2.0：联通支付有限公司启动核心业务系统自主研发替代，研发模式从厂商支撑转向自主研发。

沃支付架构 3.0：自 2018 年起，联通支付有限公司启动基于容器云平台的沃支付架构 3.0 平台研发。统一技术栈、工具链，统一接口协议，全面拥抱云原生架构，对关键核心业务系统、公共组件、二方库进行统筹、重构，形成“四横两纵”支付系统架构。四横：技术支撑域、领域服务、业务应用域、渠道整合域。两纵：主要对安全防护和 IT 运营相关系统进行综合统筹。沃支付架构 3.0 示意如图 1 所示。

二、联通智慧中台建设

联通智慧中台建设以前期各省（自治区、直辖市）分散形成的“沃受理”“沃行销”等分散能力平台为基础，整合各省（自治区、直辖市）业务受理能力，启动联通业务支撑系统中台化集约建设。在完成业务受理系统集中管理的基础上，联通进一步归并各省业务受理触点，形成中国联通 App、掌沃通、随沃行、创新头条四大 App 业务触点。中国联通依托智慧中台五大核心能力，实现了“IT 系统五经六脉疏通、数据血液千场万景贯通、敏捷赋能三个一切畅通”的整体目标，实现关键核心业务系统自研，加速了业务数字化转型。

联通智慧中台从 2020 年启动建设，到 2021 年全面实施，目前涵盖五大中台、48 个能力中心、31 省（自治区、直辖市）全面接入。其中，公众中台聚焦公众业务受理，主要有订单中心、产商品中心、清算中心、活动中心、资源中心等 19 个能力中心组

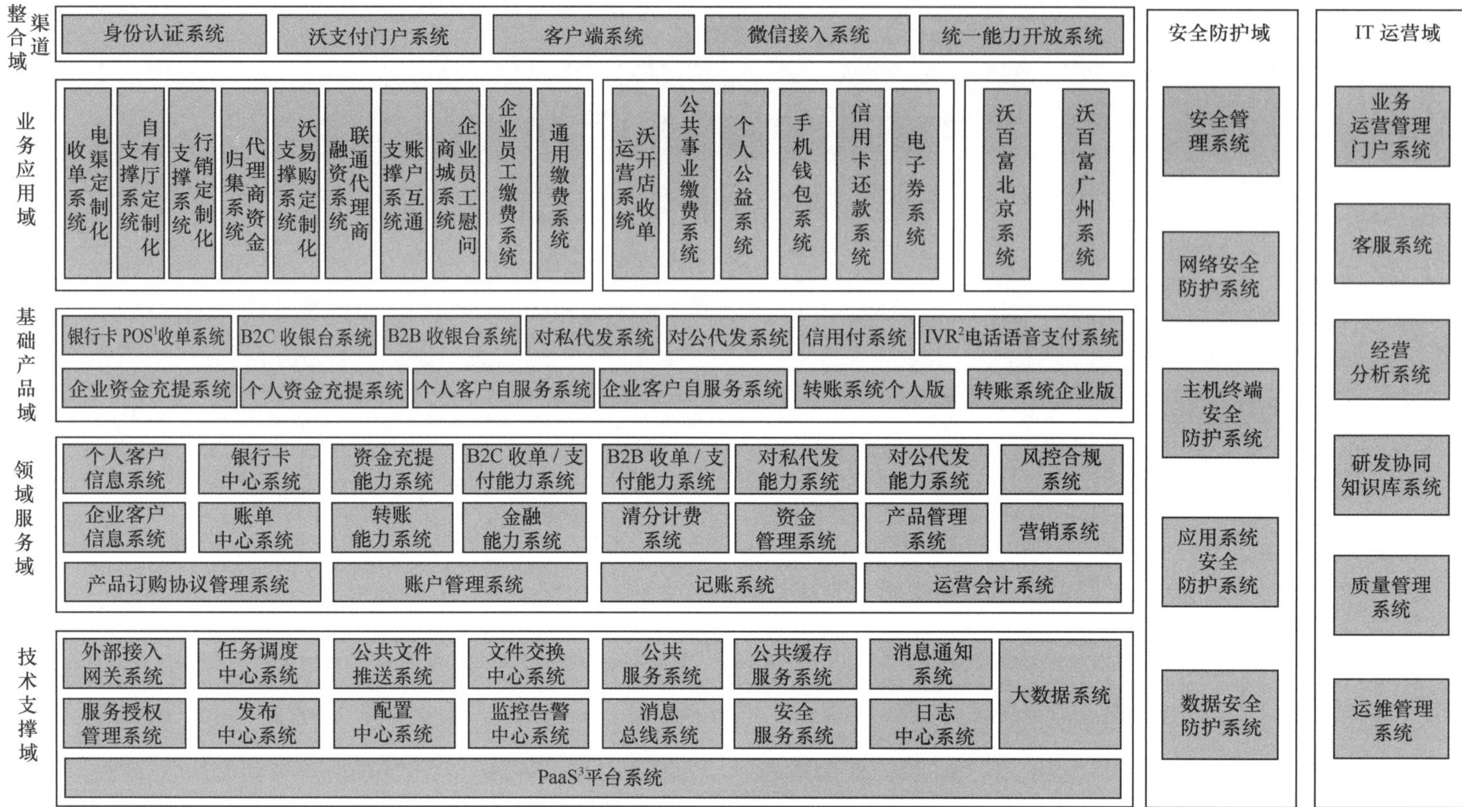

注：1. POS（Point of Sale，销售终端）。

2. IVR（Interactive Voice Respone，互动式语音应答）。

3. PaaS（Platform as a Service，平台即服务）。

图 1 沃支付架构 3.0 示意

成，支撑公众业务受理的线上、线下渠道，包括联通 App、随沃行应用、各省（自治区、直辖市）二级研发公众号与小程序等触点；政企中台主要面向政企业务受理，主要有账务中心、订单中心、客户中心等，主要支撑政企业务数字化升级，解决要客、商企客户的客户资料、商机协同、订单流转、账单跟踪等；网络中台面向联通网络建设、管理、运维能力支撑，涵盖基础基站信息管理、宽带端口管理、工单调度等核心能力；数据中台主要实现数据集约上云，面向各中台能力，实现数据场景赋能，包括大数据基础平台、数据采集、标签管理、统一数据出口等；管理中台主要面向各中台能力后台管理能力，实现人员、财务、流程的集约化管理管控能力支撑。

三、支付金融与智慧中台建设

联通支付有限公司深入参与了联通智慧中台的建设，从中台设计之初既全面启动各场景、触点的支付流程梳理、重构设计工作，与联通软件研究院组建联合团队，针对线上、线下各业务场景调研分析，结合五大中台架构设计，形成统一支付金融能力集整体设计，建设金融分期、扫码、聚合支付、MIS-POS 支付等统一支付金融能力，一点对接各金融机构、第三方支付公司；实现了“原生”支付金融能力，支撑联通 App、掌沃通、营业厅台席等各触点渠道。联通支付有限公司实现了一点支撑全渠道、全业务、全场景金融赋能，实现金融能力横向拉通，快速赋能、能力共享。同时，北向对接联通集团收入管理、财务等管理系统，收付、财务稽核闭环。

四、支付金融能力集

支付金融能力集主要解决以下 3 个分散的问题。①集约化支付金融能力，解决分散对接金融机构问题。在智慧中台建设之前，各省（自治区、直辖市）分散对接各金融机构、第三方支付公司，各省（自治区、直辖市）需要对接多个支付公司，重复开发、重复接入，各省（自治区、直辖市）分别开立多个第三方支付账户，对于支付的流程、客户体验不统一，分散对接也缺乏与金融机构、第三方支付机构的议价权，不利于业务快速创新。

② 标准化支付运营能力，解决客户分散运营问题。支付运营上的分散，一方面客诉处理流程分散，用户支付异常客诉受理流程分散、处理速度缓慢；另一方面用户的退款订单因为第三方账户资金结算之后余额不足等问题，不能及时给用户退款造成用户升级投诉、客户感受下降。

③ 闭环资金收付与资金稽核，解决分散财务管理问题。分散的财务管理对联通集团财务统一管控各省（自治区、直辖市）资金回笼带来较大的阻力，在途资金和分散结算、对账、稽核等无法快速开展，财务资金管理存在较大的风险，难以做到颗粒归仓。

支付金融能力集由联通支付有限公司与联通软件研究院联合团队承建，初期涉及统一收银、资金清结算、资金管理、结算管理、支付网关、资金账户管理、商户管理、分期业务管理能模块。支付金融能力集如图 2 所示。

收银台：统一支付收银台设计，实现对于支付业务流程、用户体验的统一，通过模块化、配置化收银台设计，实现扫码、聚合支付、软件开发工具包（Software Development Kit，SDK）支付、银行卡收单、金融分期支付等多种支付方式，通过集约化管理实现一点、一次接入。对中国联通 App 和营业厅基站子系统（Base Station Subsystem，BSS）的统一接入，实现了线上线下触点的全面支撑赋能。

支付网关：聚合各第三方支付公司、金融机构、银网联能力，实现了支付金融能力一点对接中台能力，支付订单信息与业务订单信息的数据打通。

资金管理、结算管理：实现了集团收入管理、财务系统的一点对接，集约管控资金收支，闭环业务信息与支付信息，实现了资金集中稽核。

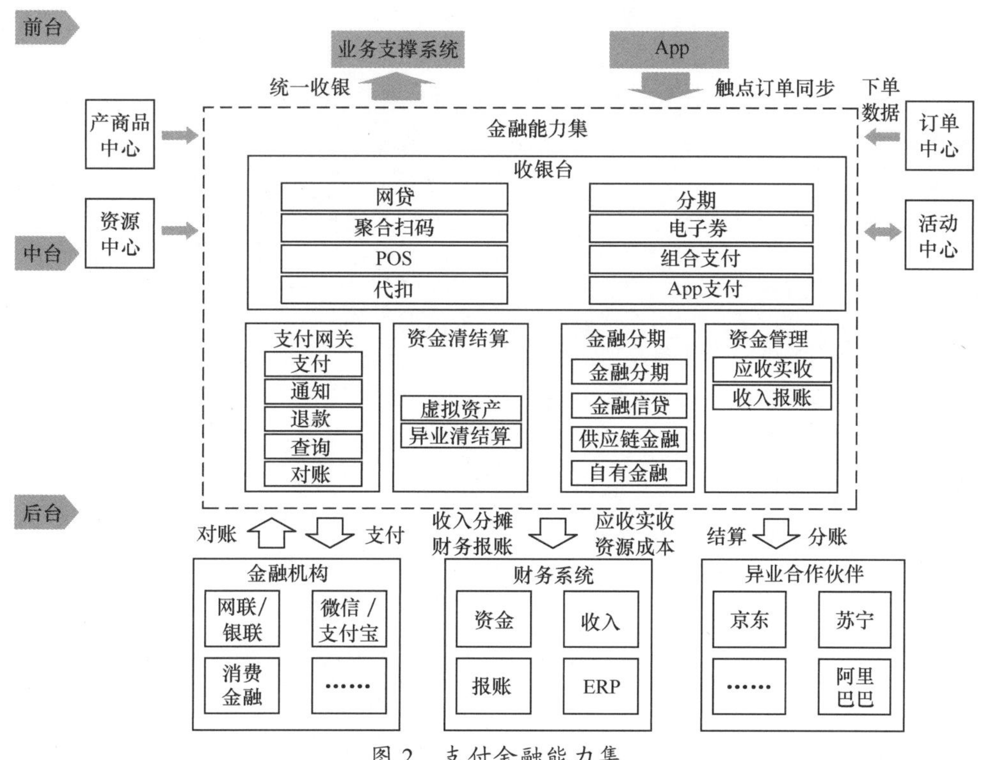

图 2　支付金融能力集

资金清结算：对各金融机构、第三方支付账户实现了统一集中化运营管理。统筹集约第三方支付账户使用，实现了账户存留资金、手续费成本的统一管理。

金融分期业务管理：针对金融分期的业务特殊性，在开展金融分期业务的场景、产品、分期期数、合约期、合作金融能力提供方进行细化管理，限制金融分期支付工具使用场景，降低金融分期业务开展的合规风险，避免金融支付工具滥用。

资金管理：对于资金应收、应付信息进行汇总记账，对接集团财务系统实现财务稽核自动化。

通过支付金融能力集建设，由联通支付公司统一对接各金融机构、第三方支付公司，各业务通过天擎能力集一点接入，便于快速业务创新。同时支付金融能力集的建设实现了第三方支付账户的集约化运营，解决客户支付问题集中运营，统一运营流程，通过集中退款、对账等异常处理流程，解决了无法及时退款、异常处理等问题，提升了客户体验。通过集中对接财务系统、资金管理、收入管理系统，财务通过管理中台一点可视化收入稽核，业务订单信息与资金流实现了全流程闭环，大幅降低了资金稽核的成本投入。

五、发展情况与展望

支付金融能力集的建设从2020年9月启动，于2021年6月初步建成上线，主要建设分3条线：通过统一中国联通App支付能力集约，实现了联通线上触点支付业务的集中对接；通过掌沃通业务集中化迁移，结合前期的营业厅资金归集项目，实现了线下流量的全量支撑；通过对接中国联通App饭票业务、虚拟运营商缴费等项目接入，实现了对于集团外异业商户的支撑。

目前，支付金融能力集支撑联通业务发展已经初现成效，日均支付交易量500万单，月日峰值交易700万单，实现金融分期、政企分期业务的突破发展。

支付金融能力集构建于集团天宫数字化基座之上，通过一年半时间的建设已实现支付业务的正常支撑，但是仍然存在不足之处，例如，系统稳定性需要进一步加强、系统灾备建设与异地多活建设等难题亟须突破，对于支付订单数据智能化分析与应用等仍需进一步探索。

（联通支付有限公司　尚广林）

助力新基建提档加速 江苏移动布局算力网络服务

建设数字信息基础设施是对促进数字经济发展提出的具体要求。在数字信息基础设施中，算力网络是重要一环，也是衡量数字经济发展水平的重要指标。

发展算力网络，离不开支撑算力的数据中心等基础设施，也少不了提供连接服务的高速网络。中国移动江苏公司（以下简称江苏移动）基于网络优势，制定“5+13+X”布局规划，在南京、苏州、无锡、扬州、淮安建设超大型数据中心，在13个设区市建设中型数据中心，在全省区县部署边缘算力节点，全力推动算力成为与水、电一样“一点接入、即取即用”的社会级服务，更好地赋能经济发展、丰富人民生活。

中国移动长三角（苏州）数据中心内部机架

科学布局 夯实算力网络发展“底座”

中国移动董事长杨杰在接受采访时表示，加快算力网络创新发展，将有利于充分发挥我国在通信领域的领先优势，全面提升信息通信产业的自主创新能力和国际竞争力。具体来说，算力网络是我国率先提出的一种原创性技术理念，指依托高速、移动、安全、泛在的网络连接，整合网、云、数、智、安、边、端、链等多层次算力资源，提供数据感知、传输、存储、运算等一体化服务的新型信息基础设施。

国家规划包含长三角生态绿色一体化发展示范区数据中心集群在内的10个国家数据中心集群。苏州市吴江区是长三角一体化示范区的重要组成部分。在吴江区，中国移动长三角（苏州）云计算中心二期项目马上进入实际运营阶段，将成为吴江助力长三角数据中心集群建设的重要应用场景。目前，该中心可为用户提供各类云计算和移动业务服务，吸引华为、腾讯、阿里等互联网企业“落户”。未来，它将与成渝、内蒙古、贵州、甘肃、宁夏等8个国家算力枢纽节点以骨干直连的方式，把大量东部数据以极低的时延向西部传送。

中国移动长三角（南京）数据中心外景

在南京，中国移动长三角（南京）云计算中心部署了某头部互联网企业华东核心节点，使其华东地区的视频、线上会议运行更稳定。该中心也是中国移动5G网络云华东中心节点之一，面向江、浙、沪、皖、赣、闽地区用户提供5G普遍服务，吸引多家互联网企业在此部署华东区域中心。

在无锡，另一家头部互联网企业华东核心节点落户中国移动长三角（无锡）云计算中心，它将承载其华东地区智能交通与车联网云服务平台，在数据存储计算、车辆安全、可视化运营等方面，助力打造数智化交通体系。该中心是中国移动国干核心节点及移动大云华东中心节点之一，以骨干路由的方式直连各省公司，目前已承载移动云、江苏移动IT云和咪咕视讯等服务。

此外，江苏移动还在扬州、淮安规划建设超大型数据中心。未来，这五大数据中心将作为“东数西算”工程中的“东数”集中地，以极低的网络时延将“东数”传送至“西算”中心，为高质量的公有云、智慧工厂、数字金融、互联网会议、VR游戏等服务保驾护航。

在13个设区市和区县，江苏移动也布局了中型数据中心和边缘算力节点，目前已建成数据中心41个，边缘算力节点8000个，投产机架数4.1万架，可承载服务器超80万台，算力中心总带宽达62T，提供算力2450 PFLOPS(每秒一千万亿次浮点运算)。

科学布局数据中心的同时，江苏移动以网强算，全力推动算网一体发展。目前，江苏省内移动5G基站已达7万个。凭借品质优良的5G网络和高效便捷的全光网络，依托南京、苏州、无锡、淮安的骨干节点，打通与全国30个省市自治区的网络传输通道，实现高速直连，数据互访不绕转，网络时延由以前最大的12毫秒下降到目前不超过5ms，形成苏南和苏中3ms、苏北5ms传输时延圈，提升江苏与长三角地区及西部算力资源之间的互访质量，更好地服务“东数西算”。

中国移动长三角（无锡）数据中心

创新拓展 深耕算力网络应用“示范田”

激发算力需求、加快应用创新，对算力网络生态建设及健康发展而言也至关重要。在此方面，江苏移动规划打造中心级、现场级、边缘级三类算力服务产品，形成随时、随地、随需、随形的算力网络服务能力。

具体来说，中心级算力产品依托大型数据中心为用户提供服务，适用公有云、智慧金融、智慧城市等场景；现场级算力产品通过将算力设备下沉至用户侧，保证数据不出现场，适用自动驾驶、智能制造、AR/VR游戏等场景；边缘级算力产品则基于本地数据中心，为用户提供就近、安全的标准化算力服务。

以阿里斯顿热能产品（中国）有限公司为例，该企业是一家意大利外商独资企业，出于支撑其中国区业务信息化发展和数据安全的考虑，需要更稳定、更有效的业务测试和开发环境，因此对IT系统的容量和弹性提出了更高要求。结合企业生产管理场景，江苏移动为其规划了中心级算力产品服务，通过“云主机+云专线”部署方式，将原来部署在企业托管机房物理服务器上的系统、数据等，全部迁移、托管至中国移动长三角（无锡）云计算中心，既能充分利用公有云强大的资源能力，进行业务弹性扩容、资源调度，又获得了安全保障以及完善的运维监控和自动化服务。

在中国石化仪征化纤公司，基于企业厂区内安防监控视频实时回传的安全管控需求，江苏移动在5G专网全面覆盖厂区的基础上，通过设备下沉至厂区，为企业提供现场级算力产品服务，支撑实时回传的高清视频数据的高性能计算，所有数据不出厂区，安全有保障。厂区安全负责人表示，此举降低了企业对安全管理的人力投入，使安全巡查工作由人工完全转为数字化。下阶段，双方将基于现场级算力产品服务，在厂区内部署无人机安防，实现无人机摄制画面实时传输，深度赋能企业数字化安全管理。

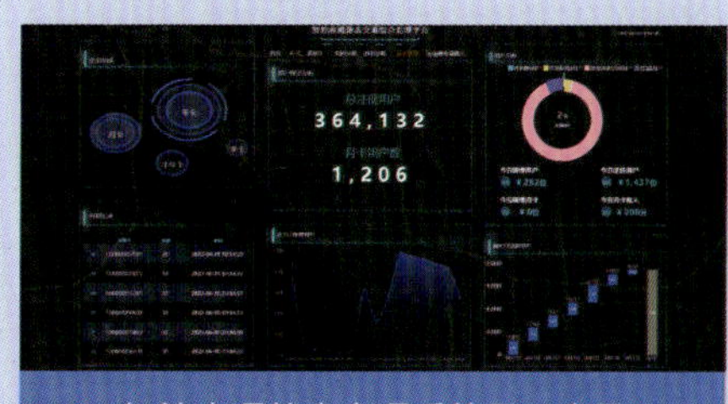

智泊南通静态交通系统显示大屏

落地南通崇川区的智泊南通静态交通系统则是依托江苏移动边缘算力服务，打造出的新型交通综合管理产品。通过5G智能综合巡检小车上的摄像头实时收集停车信息，快速上传至江苏移动部署在南通本地的节点机房，将车牌信息和精确位置数据比对，实现车辆与泊位绑定，或判断其是否违章停放，分析结果同步反馈至智泊南通静态交通系统。此过程在本地边缘计算层即可完成，满足停车管理过程在实时业务、应用智能、安全与隐私保护等方面的基本要求。

为推动算力网络成为“一点接入、即取即用”的社会级服务，最终实现“网络无所不达、算力无所不在、智能无所不及”的愿景，江苏移动将在中国移动集团公司指导下，依托中国移动紫金（江苏）创新研究院、东南大学等单位的科研力量，持续完善数据中心基础设施、算力服务资源池、网络互联互通等规划建设，推动算力网络服务在人工智能、物联网、区块链、AR/VR等重点场景的落地。预计2035年，江苏移动五大数据中心及13个设区市算力中心、边缘算力的终局规划容量将达17.4万机架，可容纳348万台服务器，提供总算力10388 PFLOPS。

ABOUT US
公司简介

中贝通信集团股份有限公司成立于1992年，是专业从事通信网络技术服务的高新技术企业。公司业务以5G网络建设为主，含网络规划与设计、网络优化与维护和EPC总承包，同时深化推进5G行业信息化应用、智慧城市与ICT系统集成业务。

中贝通信集团2018年11月在上海证券交易所主板上市，拥有交换、传输、无线网络、光通信、数据与存储、电源供电等专业工程师近1000名，其中一、二级建造师与项目经理近300名；配备各类系统测试仪表和车辆机械装备1000多台（套）；业务区域涉及全国二十多个省、自治区直辖市，形成了南方、北方、中部、西南、西北、东部六大业务区，面向全国主要省市设置了二十多个办事处/事业部为客户提供驻地服务。公司着力开展国际业务EPC总承包，目前已设立八家海外公司，涵盖中东、东南亚、非洲等区域，逐步形成武汉管理中心、北京营销中心、香港国际中心三足鼎立协同发展的经营格局。

2020年公司逐步并购武汉恒讯通与荆门锐择，布局光模块和波分产品与元器件；和广州世炬、福建安科讯在5G微小站与室分系统达成战略合作，与葛洲坝、中交二航局、湖北交投、湖北广电等在新基建领域形成战略合作伙伴关系，同时引进战投持续深化5G网络建设与行业应用服务。

TRADE QUALIFICATION
行业资质

通信工程施工总承包	一级资质
通信信息网络系统集成	甲级资质
信息系统集成及服务	二级资质
电子与智能化专业承包	一级资质
安防工程	一级资质
对外通信工程	承包资质
通信网络代维	甲级资质
有线通信规划设计专业	甲级资质
工程咨询	甲级资质
通信行业工程勘察	甲级资质
通信建设工程企业安全生产服务	甲级资质
通信行业工程设计	甲级资质

BUSINESS DOMAIN
业务领域 

通信网络建设

4G/5G移动通信网络、交换与智能系统网络、光网络传输系统、光缆线路与通信基础设施、通信网络优化与维护、通信网络规划与设计。

通信与信息化集成

5G行业应用、信息化系统集成、专用通信网络集成、建筑智能化系统集成、智能交通系统集成、智慧城市等总承包。

国际业务总承包

在“一带一路”沿线多个国家，提供通信网络建设、数据网络建设和智能化与信息化等项目总承包服务。

附录 A

《"十四五"信息通信行业发展规划》解读

2021 年 12 月，工业和信息化部发布《"十四五"信息通信行业发展规划》(以下简称"《规划》")。《规划》包括四大部分、26 条发展重点、近 3 万字，描绘了信息通信行业的发展蓝图，是未来五年加快建设网络强国和数字中国、推进信息通信行业高质量发展、引导市场主体行为、配置政府公共资源的指导性文件。

与以往的五年规划相比，本次《规划》一方面进一步凸显了信息通信行业的功能和定位：是构建国家新型数字基础设施、提供网络和信息服务、全面支撑经济社会发展的战略性、基础性和先导性行业。另一方面进一步强化了坚持新发展理念、坚持系统观念方面的有关要求：一是《规划》全面对接国家关于新发展阶段、新发展理念和新发展格局的战略构想和相关规划体系，提出行业高质量发展新思路，设定六大类 20 个量化发展目标；二是《规划》确定了 5 个方面 26 项发展重点和 21 项重点工程，首次明确提出了加强跨地域跨行业统筹协调的重点任务，并通过增加工程数量进一步明确了任务落地实施的重点和抓手。

《规划》适应信息通信行业内涵扩大和结构变迁的新情况，牢牢把握高质量发展这个主题，内容上呈现以下亮点。

一是《规划》内涵范围与"十三五"相比呈现持续扩大的趋势。基础设施已从以信息传输为核心的传统电信网络设施，拓展为融感知、传输、存储、计算、处理为一体的，包括"双千兆"网络等新一代通信网络基础设施、数据中心等数据和算力设施、以及工业互联网等融合基础设施在内的新型数字基础设施体系。网络和信息服务也从电信服务、互联网信息服务、物联网服务、卫星通信服务、云计算及大数据等面向政企和公众用户开展的各类服务，向工业云服务、智慧医疗、智能交通等数字化生产和数字化治理服务新业态扩展。

二是《规划》系统总结了行业发展取得的瞩目成绩，同时也梳理了现阶段仍存在的几点不足。"十三五"期间，我国信息通信行业总体保持平稳较快发展态势，行业综合实力再上台阶、网络供给和服务能力显著增强、行业管理和改革开放持续深化、安全保障能力不断提升，为下一个五年发展奠定良好基础。同时，面向新阶段我国经济社会高质量发展新要求和满足人民日益增长的美好数字生活新需要，在信息基础设施区域布局、信息通信技术融合应用和产业生态、行业管理能力、网络安全和应急保障四个方面还存在一些短板和弱项，这也将是"十四五"时期信息通信行业着力补短板强弱项的重要方向。

三是《规划》概括了行业"十四五"面临的新形势，认为机遇仍大于挑战。信息通信行业面临 5 个"新"形势，即新使命、新动能、新空间、新要求、新挑战，这是基于国家宏观环境、行业自身定位和行业发展态势作出的综合判断。从宏观环境看，我国发展仍然处于重要战略机遇期，同时，国际环境日趋复杂，不稳定性不确定性明显增加，国家发展将进入高质量发展阶段，将加快构建"双循环"新发展格局，行业发展必须融入这一战略大局，承担起相应的使命责任。从行业自身看，随着信息通信技术与经济社会融合步伐的加快，信息通信行业在经济社会发展中的地位和作用更加凸显，新阶段、新特征和国家战略新安排，要求信息通信行业承担攻克相关领域技术难题、培育壮大国内新型消费市场、促进全球信息通信领域紧密联动的历史使命，成为夯实数字社会的新底座，成为满足人民美好生活需要、驱动新一轮内生性增长的新动能。在加快新型数字基础设施建设、支撑全社会数字化转型过程中，行业将打开新的增长空间，同时在新兴业态的跨领域协同监管以及网络安全保障能力提升等方面也将面临一些新要求、新挑战。

四是《规划》确立了行业高质量发展新思路和基本原则。高质量发展既是经济社会进入新发展阶段的外部要求，也是行业自身可持续发展的内在要求。《规划》全面贯彻落实党和国家关于新发展阶段、新发展理念和新发展格局的战略构想，在“指导思想”部分提出了“以推动高质量发展为主题”的总体思路，并从方法论、战略和战术 3 个层面进一步阐述，要求处理好供给与需求、发展与安全、政府作用与市场作用三对重要关系。《规划》提出要把握好 3 个战略要点，抓好 5 个着力点。3 个战略要点承前启后兼具延续性和前瞻性，一是强调牢牢把握扩大内需这个战略基点，二是在坚定不移推动制造强国、网络强国建设基础上，补充和强调了数字中国建设，三是着重强调要加快推进经济社会数字化发展。5 个着力点分别指向新型数字基础设施建设、新技术研发和应用推广、新型行业管理体系建立完善、行业服务质量提升和安全保障能力增强5个方面。《规划》提出的 7 项“基本原则”，既强调要坚定不移地贯彻创新、协调、绿色、开放、共享五大发展理念，又强调要坚持依法治理和守法经营，坚守网信安全发展底线。

五是《规划》体系化梳理了行业发展定量目标，提出的 20 个量化目标中“新基建”相关指标占比较高。《规划》在“发展目标”部分提出了到 2025 年“行业整体规模进一步壮大，发展质量显著提升”“成为建设制造强国、网络强国、数字中国的坚强柱石”的总体目标，并具体从“通信网络基础设施能力、数据与算力设施能力、融合基础设施能力、数字化应用水平、行业治理和用户权益保障能力、网络与数据安全保障能力、绿色发展水平”7 个方面提出分项目标。《规划》还以表格形式集中列出了六大类共 20 个量化目标，与“十三五”《规划》相比有不少新变化。一是指标体系进行了重新梳理，共设总体规模、基础设施、绿色节能、应用普及、创新发展、普惠共享 6 个大类，新设类别进一步强调和呼应了创新引领、绿色环保、惠民共享几项基本原则，更符合当前阶段发展特点和要求。二是指标选取方面有继承有更新，相比“十三五”《规划》保留了 5 个、调整了 7 个、新增了 8 个指标，其中新增指标主要体现在 5G、千兆光网、工业互联网等新型数字基础设施部署和应用方面。

六是《规划》瞄准发展目标、聚焦问题短板，分别从新型数字基础设施、数字化发展、行业管理、安全保障以及跨地域跨行业统筹协调 5 个方面，提出了 26 项“十四五”期间行业发展和管理的重点方向。

第一，新型数字基础设施建设方面。按照国家国家发展和改革委员会有关表述，新型基础设施主要包括信息基础设施、融合基础设施、创新基础设施。结合新发展阶段信息通信行业范畴拓展的实际情况，《规划》将信息基础设施和数字形态的融合基础设施归为新型数字基础设施，作为行业“十四五”期间布局“新基建”的落脚点。《规划》提出 5 项重点任务，包括全面部署 5G、千兆光纤网络、IPv6、移动物联网、卫星通信网络等新一代通信网络基础设施，统筹优化数据中心布局，构建绿色智能、互通共享的数据与算力设施，积极发展工业互联网和车联网等融合基础设施，加快构建并形成以技术创新为驱动、以新一代通信网络为基础、以数据和算力设施为核心、以融合基础设施为突破的新型数字基础设施体系。

第二，数字化发展空间拓展方面。《规划》从需求和供给两个角度，提出 5 项重点任务。一是从扩大内需、培育新型信息消费角度，提出应聚焦各行业各领域数字化发展需求，加大5G、大数据、人工智能等新技术应用力度，深入拓展数字化生产、生活和社会治理新应用，包括线下生活服务的融合化、智能化、无人化升级，信息服务的无障碍化改造和普及应用，互联网生产服务的和工业互联网的融合创新，数字化社会治理，数字化疫情防控等。二是从深化供给侧结构性改革、提高供给能力角度，提出为了发挥海量数据优势，应在安全可信数据空间建设、数据流通和交易规则建立、数据要素市场培育、工业大数据融合创新等方面发力，推进数据要素流动和应用创新。同时，为了发挥5G等信息通信技术优势，将围绕关键技术攻关、终端产品研发和融合应用探索，优化产业发展环境，加强产业链协同创新，完善数字化服务应用产业生态。

第三，行业管理体系构建方面。聚焦管主体、管资源、管行为3个方面，《规划》提出了深化“放管服”改革、构建新型行业管理体系的6项重点任务。在管主体方面，在“十三五”期间，全国电信业务经营许可持证主体由3万家增长至10万余家的基础上，提出需要继续推进行业改革开放，同时进一步简政放权，优化市场许可准入，为企业松绑减负，营造更好的营商环境。在管资源方面，针对电信网码号、域名、IP地址、工业互联网标识等基础资源，提出要进一步提升追踪溯源能力，实现科学监管、精准监管、智慧监管。对已成为经济社会发展关键要素的海量数据，要从制定完善数据确权、开放、流通和交易的制度入手，强化跨部门数据共享，推动数据从“持有者”向“使用者”的流动。在管行为方面，针对扰乱市场竞争秩序、侵害用户权益等违法违规问题，提出要综合利用行政处罚、信用管理等手段，加强市场监测巡查，加大执法监督力度，树立监管权威，营造公平竞争市场秩序。

第四，安全保障体系和能力建设方面。围绕国家网络安全工作“四个坚持”基本原则和防范化解重大网络安全风险的工作主线，《规划》提出着力完备网络基础设施保护和网络数据安全体系，持续提升新型数字基础设施安全管理水平，打造繁荣发展的网络安全产业和可信的网络生态环境，全面提升行业网络安全应急处置，构建国家网络安全新格局等6项重点任务，以支撑国家网络安全新格局形成。《规划》将行业关键信息基础设施及新型数字基础设施安全保障提到新的战略高度，通过深化网络安全防护和风险管理、防范遏制重大网络安全事件，提升行业关键信息基础设施及新型数字基础设施保障水平。《规划》首次将创新发展网络安全产业作为重要任务之一，通过开展创新示范应用、繁荣网络安全产业生态培育工程等措施，进一步提升网络安全产业核心技术掌控水平，为网络安全保障提供扎实支撑，为数字经济健康发展保驾护航。

第五，跨地域跨行业统筹协调方面。《规划》从贯彻落实国家提出的统筹国内国际两个大局，深入实施区域重大战略、区域协调发展战略出发，提出4项重点任务。首次明确提出了跨地域统筹协调中行业要承担的重点任务，强化了对国家重点区域发展战略、乡村振兴战略、“一带一路”倡议等的衔接落地，具体从区域统筹、城乡协调、国际国内市场布局3个方面提出了具体任务。此外，还强调了统筹发展和绿色发展的理念，提出要强化信息基础设施规划与其他规划衔接，要深化基础设施跨行业共建共享，进一步明确了基础设施跨行业融合共建、提高资源利用效率的方向和思路。

七是为保障规划落地实施、切实指导行业主体开展各项重点工作，《规划》还提出了21项重点工程，每一项重点工程都提出了具体的建设内容，将重点任务细化到操作层面。在建设新型数字基础设施部分设置了5G网络部署、数据中心高质量发展、移动通信核心技术演进和产业推进等9个重点工程。拓展数字化发展空间部分设置了通信大数据应用创新、5G应用创新和产业生态培育2个重点工程。构建新型行业管理体系部分设置了互联网“聚源”、市场监管“聚力”、应急通信“聚能”等5个重点工程。

全面加强网络安全保障体系和能力建设部分设置了5G和工业互联网安全创新、网络安全技术产业生态培育、网络安全智慧大脑4个重点工程。加强跨地域跨行业统筹协调部分设置了新一轮电信普遍服务1个重点工程。

八是为保证任务、工程等高效落地实施，《规划》从法制建设、政策和资金支持、人才队伍建设、统筹实施4个方面提出了具体保障措施。

第一，法制建设方面。鉴于《中华人民共和国数据安全法》《中华人民共和国个人信息保护法》《关键信息基础设施安全保护条例》等法律法规已于近期正式发布，《规划》提出要严格落实好，同时提出积极推动行业期盼多年的《电信法》立法工作。此外，《规划》提出要加强法治宣传教育培训，系统推进普法工作，提升信息通信领域依法行政能力和水平。

第二，政策和资金支持方面。《规划》针对监管力量薄弱问题，再次提出推动建立信息通信行业部、省、市三级管理体制，争取行业管理机构向地市一级延伸。针对建设资金不足问题，提出希望发挥国家级政府投资基金、社会资本产业投资基金、地方专项资金等作用，加大对5G、工业互联网等数字基础设施发展的支持。针对偏远地区网络覆盖存在市场失灵的问题，提出强化资金保障和政策支持。同时，提出深化产融合作等若干举措，引导金融机构加大对信息通信重点领域和薄弱环节的支持力度。

第三，人才队伍建设方面。针对复合型人才和专业型人才紧缺问题，《规划》提出建立完善多层次人才合作培养模式、依托各类引才引智计划集聚国内外高层次人才等举措。针对人才激励问题，提出推动国家人才发展重大项目对信息通信行业人才队伍建设的支持、建立多元化人才评价和激励机制等举措。

第四，统筹实施方面。为强化落地实施取得实效，《规划》提出要坚持有效市场和有为政府相结合的基本原则，并提出加强地方规划和企业规划与本规划的衔接，建立部省、部际及部企沟通协调机制，开展规划实施情况动态监测和评估等方面举措。

《规划》描绘的信息通信行业五年发展蓝图振奋人心。全行业应沿着规划指引的目标，紧抓数字化发展的历史机遇，直面困难和挑战，汇聚起行业高质量发展的强大合力，一步一个脚印，努力把规划蓝图变为美好现实，为全面建设社会主义现代化国家开好局、起好步做出重要贡献。

一图读懂《5G应用“扬帆”行动计划（2021—2023年）》

5G融合应用是促进经济社会数字化、网络化、智能化转型的重要引擎。为贯彻落实习近平总书记关于加快5G发展的重要指示精神，大力推动5G全面协同发展，深入推进5G赋能千行百业，促进形成“需求牵引供给，供给创造需求”的高水平发展模式，驱动生产方式、生活方式和治理方式升级，培育壮大经济社会发展新动能，工业和信息化部、中央网信办、国家发展改革委、教育部、财政部、住房和城乡建设部、文化和旅游部、国家卫生健康委员会、国务院国有资产监督管理委员会、国家能源

局等十部门联合发布《5G应用"扬帆"行动计划（2021-2023年）》。

指导思想

以习近平新时代中国特色社会主义思想为指导，全面贯彻党的十九大和十九届二中、三中、四中、五中全会精神

立足新发展阶段，贯彻新发展理念，构建新发展格局，面向实体经济主战场，面向经济社会数字化转型需求

统筹发展与安全，遵循5G应用发展规律，着力打通5G应用创新链、产业链、供应链，协同推动技术融合、产业融合、数据融合、标准融合

打造5G融合应用新产品、新业态、新模式，为经济社会各领域的数字转型、智能升级、融合创新提供坚实支撑

基本原则

坚持需求牵引

坚持创新驱动

坚持重点突破

坚持协同联动

总体目标

2023年

我国5G应用发展水平显著提升，综合实力持续增强。打造IT（信息技术）、CT（通信技术）、OT（运营技术）深度融合新生态，实现重点领域5G应用深度和广度双突破，构建技术产业和标准体系双支柱，网络、平台、安全等基础能力进一步提升，5G应用"扬帆远航"的局面逐步形成。

一图读懂——工业互联网专项工作组 2021 年工作计划

工业互联网专项工作组 2021年工作计划

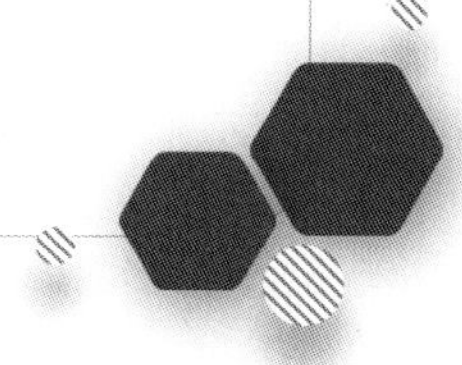

为贯彻落实《工业互联网创新发展行动计划（2021-2023年）》，扎实做好“十四五” 工业互联网开局工作，工业互联网专项工作组发布2021年工作计划

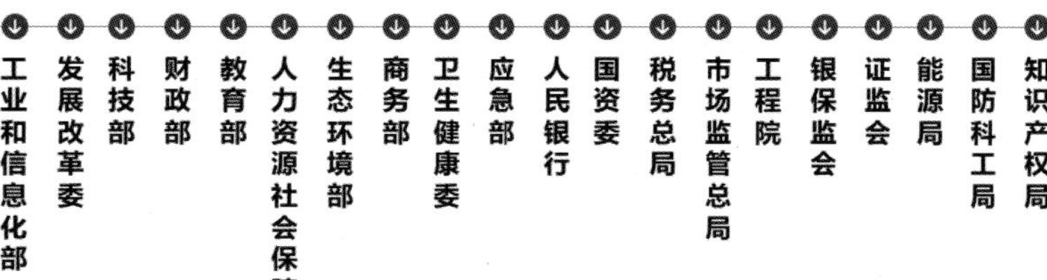

工业互联网专项工作组

- 工业和信息化部
- 发展改革委
- 科技部
- 财政部
- 教育部
- 人力资源社会保障部
- 生态环境部
- 商务部
- 卫生健康委
- 应急部
- 人民银行
- 国资委
- 税务总局
- 市场监管总局
- 工程院
- 银保监会
- 证监会
- 能源局
- 国防科工局
- 知识产权局

基础设施建设

网络体系强基行动

深化“5G+工业互联网”	• 打造3-5个5G全连接工厂示范标杆 • 发布“5G+工业互联网”10大重点行业领域、20大典型应用场景 • 研究形成5G工业专用频率规划方案
推进企业内网升级	• 研究制定工业互联网园区网络建设指南
开展企业外网建设	• 组织实施新型基础设施建设工程，积极支持5G网络等新型基础设施建设
加快工业设备网络化改造	• 发布30个工业互联网网络信息模型

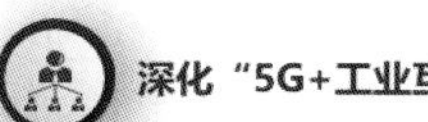

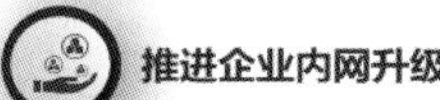

标识解析增强行动

完善标识体系建设　**加速标识规模应用推广**　**强化标识生态支撑培育**

- 实施《**工业互联网标识管理办法**》
- 引导企业建设二级节点**不少于20个**，推动灾备节点、递归节点上线试运行
- 推动建设**不少于5个**基于标识解析的区块链融合节点
- **标识注册总量达150亿**，部署**不少于300万枚**主动标识载体

平台体系壮大行动

- **加快平台建设**
- **提升平台技术供给质量**
- **加快工业设备和业务系统上云上平台**
- **提升平台应用服务水平**
- **加快平台推广应用**
- **深化多层次平台试验验证**
- **培育平台创新解决方案**

- 培育**15个**跨行业跨领域综合型工业互联网平台

- 发布一批中央企业工业互联网平台

- 遴选**10个左右**面向特定技术领域的专业型工业互联网平台

- 推动**10万家以上**企业实现工业设备和业务系统云化迁移

数据汇聚赋能行动

建设工业互联网大数据中心体系：基本完成**国家工业互联网大数据中心**建设，建设一批分中心

培育高质量工业APP：新增**超过10万个**工业APP。完成**10个典型工业APP**应用和服务的建设和推广

推动平台间数据互联互通：推动机理模型和工业APP的跨平台调用与订阅

持续深化"工业互联网+安全生产"：编制并印发**危化品、矿山、烟花爆竹**行业"工业互联网+安全生产"行业行动指南

融合应用创新

新型模式培育行动

工业互联网新模式推广

开展工业互联网集成创新应用试点示范

- 组织召开**1-2次**垂直行业工作现场会
- 遴选**100个左右**工业互联网试点示范项目

融通应用深化行动

加强大中小企业融通发展

加快一二三产业融通发展

持续开展行业融合应用试点示范

高水平组织工业互联网相关活动

- 持续完善**工业互联网平台创新应用推广中心**
- 发布一批**工业互联网与细分行业融合发展实施指南**
- 指导台升**工业互联网大会、全球工业互联网大会、中国“5G+工业互联网”大会**

技术创新突破

关键标准建设行动

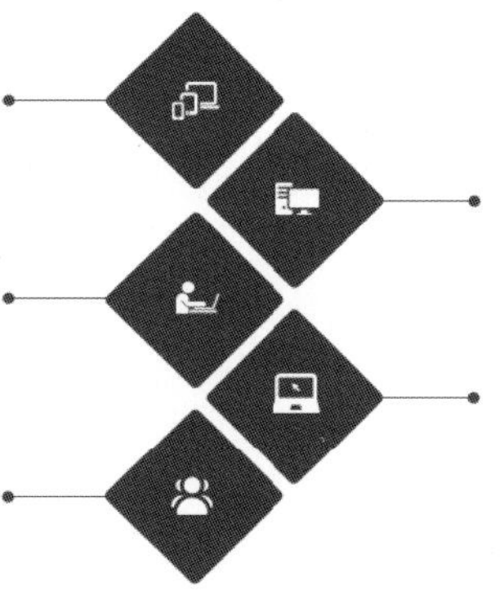

强化工作机制

- 推进工业互联网标准规划体系研究及相关政策措施落实

研制关键标准

- 新提出**20**项工业互联网标准立项建议，完成**20**项标准制定

加强国际合作

- 加强与国际产业推进组织的技术交流与标准化合作

完善标准体系

- 编制**《工业互联网综合标准化体系建设指南》（第2版）**

实施工业互联网标准推广

- 推进工业互联网标准在重点行业和企业中应用

技术能力提升行动

提升关键技术攻关能力

- 布局**5G**、**边缘计算**、**工业互联网操作系统**、**时间敏感网络（TSN）**、**标识解析**等相关技术研发与产品研制
- 加强**知识产权信息服务**支撑

产业生态培育

产业协同发展行动

- 培育领先企业
- 强化主体协作
- 开展产业示范基地建设
- 建设平台应用创新推广中心
- 建设工业互联网示范区

加快建设**工业互联网创新中心**

聚焦“5G+工业互联网”，新增遴选**2-3**个**工业互联网产业示范基地**

支持建设**1-2**个“**5G+工业互联网**”**融合应用先导区**

研究编制《工业互联网示范区建设指南》

开放合作深化行动

营造开放多元包容的发展环境

- 推动多边、区域等层面政策和规则协调

全面推动多领域、深层次国际合作

- 推动**国内外企业、机构**在工业互联网领域开展务实合作
- 支持国内外企业在**自由贸易试验区、服务业扩大开放综合试点**等区域开展新模式新业态先行先试

安全保障能力

安全保障强化行动

依法落实企业网络安全主体责任　**加强网络安全供给创新突破**　**促进网络安全产业发展壮大**

强化网络安全技术保障能力　**开展企业网络安全能力贯标**

- 在**15个省份**开展工业互联网企业网络安全分类分级管理试点工作
- 指导省级平台完善功能建设，推动**31个省级平台实现与国家平台完成对接**，实现工业互联网安全监测服务能力全国覆盖

- 加快完善工业互联网**安全测试验证环境、攻防演练靶场、安全漏洞库、基础资源库**等能力建设

政策保障措施

加强组织实施 ▶

- 召开工业互联网专项工作组**第三次会议**
- 完成对工业互联网产业示范基地的**发展质量评价**

- 形成工业互联网**产业运行监测指标体系**
- 发布2021年工业互联网**发展成效指数和评估报告**

健全数据管理 ▶

- 持续推动《工业数据分类分级指南（试行）》落实
- 有序开展《数据管理能力成熟度评估模型》**国家标准贯标**

拓宽资金来源 ▶

- 组织实施**2021年工业互联网创新发展工程**
- 推动国家制造业转型升级基金按照市场化原则，对工业互联网领域的项目**加快投资**

- 引导**产融合作试点城市**支持工业互联网产业发展。开展工业互联**网专项对接活动**

- 引导金融机构创新发展符合工业互联网企业特点的**金融产品体系**

加大人才保障 ▶

- 滚动发布工业互联网领域**人才需求预测报告**和**紧缺人才需求目录**
- 发布**《教育部关于印发<职业教育专业目录（2021年）>的通知》**。在**电子与信息**大类设置工业互联网技术高职专科和高职本科专业，在**装备制造**大类设置工业互联网工程高职本科专业和工业互联网应用高职专科专业，完成拟招生专业备案工作

- **优化工业互联网领域本科专业设置。**支持各高校在有关一级学科下自主设置工业互联网相关二级学科或交叉学科

监制：工业和信息化部办公厅、信息通信管理局
制作：中国信息通信研究院

一图看懂《“十四五”智能制造发展规划》

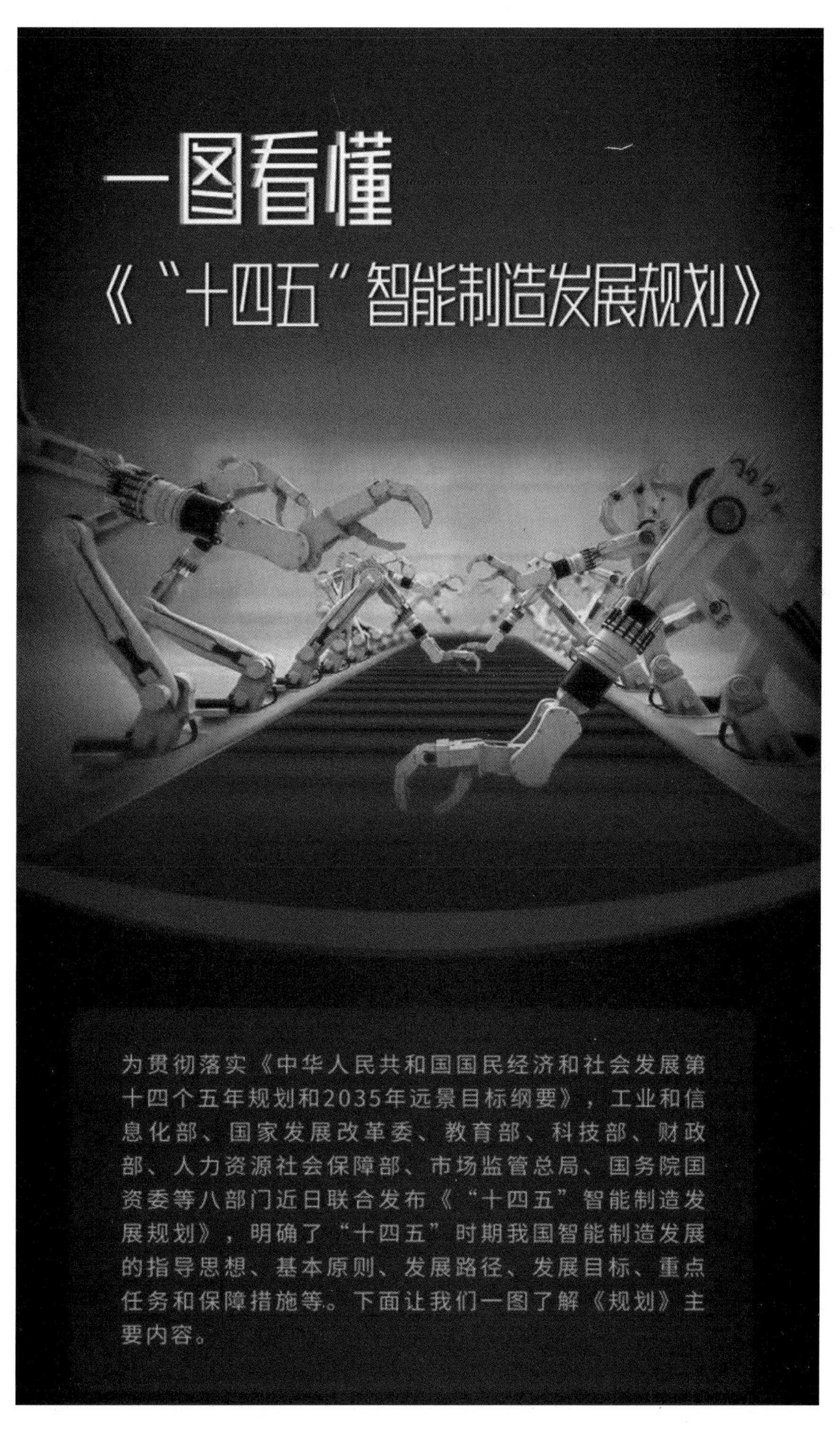

指导思想

以习近平新时代中国特色社会主义思想为指导，全面贯彻党的十九大和十九届二中、三中、四中、五中、六中全会精神，立足新发展阶段、贯彻新发展理念、构建新发展格局，深化改革开放，**统筹发展和安全**，以**新一代信息技术与先进制造技术深度融合**为主线，深入实施**智能制造工程**，着力提升**创新能力、供给能力、支撑能力和应用水平**，加快构建**智能制造发展生态**，持续推进制造业**数字化转型、网络化协同、智能化变革**，为促进制造业高质量发展、加快制造强国建设、发展数字经济、构筑国际竞争新优势提供有力支撑。

基本原则

坚持系统推进

发展路径

立足**制造本质**，紧扣**智能特征**，以**工艺、装备为核心**，以**数据为基础**，依托**制造单元、车间、工厂、供应链**等载体，构建虚实融合、知识驱动、动态优化、安全高效、绿色低碳的**智能制造系统**，推动制造业实现数字化转型、网络化协同、智能化变革。

发展目标

到2025年 规模以上制造业企业大部分实现数字化网络化，重点行业骨干企业初步应用智能化。

到2035年 规模以上制造业企业全面普及数字化网络化，重点行业骨干企业基本实现智能化。

2025年的主要目标

——转型升级成效显著。70%的规模以上制造业企业基本实现数字化网络化，建成500个以上引领行业发展的智能制造示范工厂。制造业企业生产效率、产品良品率、能源资源利用率等显著提升，智能制造能力成熟度水平明显提升。

——供给能力明显增强。智能制造装备和工业软件技术水平和市场竞争力显著提升，市场满足率分别超过70%和50%。培育150家以上专业水平高、服务能力强的智能制造系统解决方案供应商。

——基础支撑更加坚实。建设一批智能制造创新载体和公共服务平台。构建适应智能制造发展的标准体系和网络基础设施，完成200项以上国家、行业标准的制修订，建成120个以上具有行业和区域影响力的工业互联网平台。

重点任务

01

加快系统创新，增强融合发展新动能

一是攻克4类关键核心技术，包括：基础技术、先进工艺技术、共性技术以及人工智能等在工业领域的适用性技术。

二是构建相关数据字典和信息模型，突破生产过程数据集成和跨平台、跨领域业务互联，跨企业信息交互和协同优化以及智能制造系统规划设计、仿真优化4类系统集成技术。

三是建设创新中心、产业化促进机构、试验验证平台等，形成全面支撑行业、区域、企业智能化发展的创新网络。

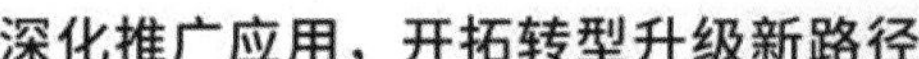

02 深化推广应用，开拓转型升级新路径

一是建设智能制造示范工厂，建设智能场景、智能车间和智能工厂，培育推广智能化设计、网络协同制造、大规模个性化定制等新模式。

二是推进中小企业数字化转型，加快实施中小企业数字化促进工程，支持专精特新“小巨人”企业发挥示范引领作用。

三是拓展智能制造行业应用，针对细分行业特点和痛点，制定实施路线图，建设行业转型促进机构，组织开展经验交流和供需对接等活动，总结推广智能制造新技术、新装备和新模式。

四是促进区域智能制造发展，鼓励探索各具特色的区域发展路径，加快智能制造进园区，支持建设一批智能制造先行区。

03

加强自主供给，壮大产业体系新优势

一是大力发展智能制造装备，主要包括4类：基础零部件和装置、通用智能制造装备、专用智能制造装备以及融合了数字孪生、人工智能等新技术的新型智能制造装备。

二是聚力研发工业软件，引导装备制造商、高校、科研院所、用户企业、软件企业等联合开发研发设计、生产制造、经营管理、控制执行等工业软件。

三是着力打造系统解决方案，包括面向典型场景和细分行业的专业化解决方案，以及面向中小企业的轻量化、易维护、低成本解决方案。

04

夯实基础支撑，构筑智能制造新保障

一是深入推进标准化工作，持续优化标准顶层设计，加快基础共性和关键技术标准制修订，加快标准贯彻执行，积极参与国际标准化工作。

二是完善信息基础设施，主要包括网络、算力、工业互联网平台3类基础设施。

三是加强安全保障，推动密码技术应用、网络安全和工业数据分级分类管理，加快建设工业互联网安全技术监测服务体系，建立技术防护体系和安全管理制度，培育安全服务机构。

四是强化人才培养，研究制定智能制造领域职业标准，开展大规模职业培训，建设智能制造现代产业学院，培养高端人才。
"六大行动"
智能制造技术攻关行动
智能制造示范工厂建设行动
行业智能化改造升级行动
智能制造装备创新发展行动
工业软件突破提升行动
智能制造标准领航行动

保障措施
强化统筹协调
加大财政金融支持
提升公共服务能力
深化开放合作

中华人民共和国个人信息保护法

（2021年8月20日第十三届全国人民代表大会常务委员会第三十次会议通过）

目　录

第一章　总则
第二章　个人信息处理规则
第一节　一般规定
第二节　敏感个人信息的处理规则
第三节　国家机关处理个人信息的特别规定
第三章　个人信息跨境提供的规则
第四章　个人在个人信息处理活动中的权利
第五章　个人信息处理者的义务
第六章　履行个人信息保护职责的部门
第七章　法律责任
第八章　附则

第一章　总则

第一条　为了保护个人信息权益，规范个人信息处理活动，促进个人信息合理利用，根据宪法，制定本法。

第二条　自然人的个人信息受法律保护，任何组织、个人不得侵害自然人的个人信息权益。

第三条　在中华人民共和国境内处理自然人个人信息的活动，适用本法。

在中华人民共和国境外处理中华人民共和国境内自然人个人信息的活动，有下列情形之一的，也适用本法：

（一）以向境内自然人提供产品或者服务为目的；

（二）分析、评估境内自然人的行为；

（三）法律、行政法规规定的其他情形。

第四条　个人信息是以电子或者其他方式记录的与已识别或者可识别的自然人有关的各种信息，不包括匿名化处理后的信息。

个人信息的处理包括个人信息的收集、存储、使用、加工、传输、提供、公开、删除等。

第五条　处理个人信息应当遵循合法、正当、必要和诚信原则，不得通过误导、欺诈、胁迫等方式处理个人信息。

第六条　处理个人信息应当具有明确、合理的目的，并应当与处理目的直接相关，采取对个人权益影响最小的方式。

收集个人信息，应当限于实现处理目的的最小范围，不得过度收集个人信息。

第七条　处理个人信息应当遵循公开、透明原则，公开个人信息处理规则，明示处理的目的、方式和范围。

第八条　处理个人信息应当保证个人信息的质量，避免因个人信息不准确、不完整对个人权益造成不利影响。

第九条　个人信息处理者应当对其个人信息处理活动负责，并采取必要措施保障所处理的个人信息的安全。

第十条　任何组织、个人不得非法收集、使用、加工、传输他人个人信息，不得非法买卖、提供或者公开他人个人信息；不得从事危害国家安全、公共利益的个人信息处理活动。

第十一条　国家建立健全个人信息保护制度，

预防和惩治侵害个人信息权益的行为，加强个人信息保护宣传教育，推动形成政府、企业、相关社会组织、公众共同参与个人信息保护的良好环境。

第十二条　国家积极参与个人信息保护国际规则的制定，促进个人信息保护方面的国际交流与合作，推动与其他国家、地区、国际组织之间的个人信息保护规则、标准等互认。

第二章　个人信息处理规则

第一节　一般规定

第十三条　符合下列情形之一的，个人信息处理者方可处理个人信息：

（一）取得个人的同意；

（二）为订立、履行个人作为一方当事人的合同所必需，或者按照依法制定的劳动规章制度和依法签订的集体合同实施人力资源管理所必需；

（三）为履行法定职责或者法定义务所必需；

（四）为应对突发公共卫生事件，或者紧急情况下为保护自然人的生命健康和财产安全所必需；

（五）为公共利益实施新闻报道、舆论监督等行为，在合理的范围内处理个人信息；

（六）依照本法规定在合理的范围内处理个人自行公开或者其他已经合法公开的个人信息；

（七）法律、行政法规规定的其他情形。

依照本法其他有关规定，处理个人信息应当取得个人同意，但是有前款第二项至第七项规定情形的，不需取得个人同意。

第十四条　基于个人同意处理个人信息的，该同意应当由个人在充分知情的前提下自愿、明确作出。法律、行政法规规定处理个人信息应当取得个人单独同意或者书面同意的，从其规定。

个人信息的处理目的、处理方式和处理的个人信息种类发生变更的，应当重新取得个人同意。

第十五条　基于个人同意处理个人信息的，个人有权撤回其同意。个人信息处理者应当提供便捷的撤回同意的方式。

个人撤回同意，不影响撤回前基于个人同意已进行的个人信息处理活动的效力。

第十六条　个人信息处理者不得以个人不同意处理其个人信息或者撤回同意为由，拒绝提供产品或者服务；处理个人信息属于提供产品或者服务所必需的除外。

第十七条　个人信息处理者在处理个人信息前，应当以显著方式、清晰易懂的语言真实、准确、完整地向个人告知下列事项：

（一）个人信息处理者的名称或者姓名和联系方式；

（二）个人信息的处理目的、处理方式，处理的个人信息种类、保存期限；

（三）个人行使本法规定权利的方式和程序；

（四）法律、行政法规规定应当告知的其他事项。

前款规定事项发生变更的，应当将变更部分告知个人。

个人信息处理者通过制定个人信息处理规则的方式告知第一款规定事项的，处理规则应当公开，并且便于查阅和保存。

第十八条　个人信息处理者处理个人信息，有法律、行政法规规定应当保密或者不需要告知的情形的，可以不向个人告知前条第一款规定的事项。

紧急情况下为保护自然人的生命健康和财产安全无法及时向个人告知的，个人信息处理者应当在紧急情况消除后及时告知。

第十九条　除法律、行政法规另有规定外，个人信息的保存期限应当为实现处理目的所必要的最短时间。

第二十条　两个以上的个人信息处理者共同决定个人信息的处理目的和处理方式的，应当约定各自的权利和义务。但是，该约定不影响个人向其中任何一个个人信息处理者要求行使本法规定的权利。

个人信息处理者共同处理个人信息，侵害个人信息权益造成损害的，应当依法承担连带责任。

第二十一条　个人信息处理者委托处理个人信息的，应当与受托人约定委托处理的目的、期限、处理方式、个人信息的种类、保护措施以及双方的权利和义务等，并对受托人的个人信息处理活动进行监督。

受托人应当按照约定处理个人信息，不得超出约定的处理目的、处理方式等处理个人信息；委托合同不生效、无效、被撤销或者终止的，受托人应当将个人信息返还个人信息处理者或者予以删除，不得保留。

未经个人信息处理者同意，受托人不得转委托他人处理个人信息。

第二十二条　个人信息处理者因合并、分立、解散、被宣告破产等原因需要转移个人信息的，应当向个人告知接收方的名称或者姓名和联系方式。接收方应当继续履行个人信息处理者的义务。接收方变更原先的处理目的、处理方式的，应当依照本法规定重新取得个人同意。

第二十三条　个人信息处理者向其他个人信息处理者提供其处理的个人信息的，应当向个人告知接收方的名称或者姓名、联系方式、处理目的、处理方式和个人信息的种类，并取得个人的单独同意。接收方应当在上述处理目的、处理方式和个人信息的种类等范围内处理个人信息。接收方变更原先的处理目的、处理方式的，应当依照本法规定重新取得个人同意。

第二十四条　个人信息处理者利用个人信息进行自动化决策，应当保证决策的透明度和结果公平、公正，不得对个人在交易价格等交易条件上实行不合理的差别待遇。

通过自动化决策方式向个人进行信息推送、商业营销，应当同时提供不针对其个人特征的选项，或者向个人提供便捷的拒绝方式。

通过自动化决策方式作出对个人权益有重大影响的决定，个人有权要求个人信息处理者予以说明，并有权拒绝个人信息处理者仅通过自动化决策的方式作出决定。

第二十五条　个人信息处理者不得公开其处理的个人信息，取得个人单独同意的除外。

第二十六条　在公共场所安装图像采集、个人身份识别设备，应当为维护公共安全所必需，遵守国家有关规定，并设置显著的提示标识。所收集的个人图像、身份识别信息只能用于维护公共安全的目的，不得用于其他目的；取得个人单独同意的除外。

第二十七条　个人信息处理者可以在合理的范围内处理个人自行公开或者其他已经合法公开的个人信息；个人明确拒绝的除外。个人信息处理者处理已公开的个人信息，对个人权益有重大影响的，应当依照本法规定取得个人同意。

第二节　敏感个人信息的处理规则

第二十八条　敏感个人信息是一旦泄露或者非法使用，容易导致自然人的人格尊严受到侵害或者人身、财产安全受到危害的个人信息，包括生物识别、宗教信仰、特定身份、医疗健康、金融账户、行踪轨迹等信息，以及不满十四周岁未成年人的个人信息。

只有在具有特定的目的和充分的必要性，并采取严格保护措施的情形下，个人信息处理者方可处理敏感个人信息。

第二十九条　处理敏感个人信息应当取得个人的单独同意；法律、行政法规规定处理敏感个人信息应当取得书面同意的，从其规定。

第三十条　个人信息处理者处理敏感个人信息的，除本法第十七条第一款规定的事项外，还应当向个人告知处理敏感个人信息的必要性以及对个人权益的影响；依照本法规定可以不向个人告知的除外。

第三十一条　个人信息处理者处理不满十四周岁未成年人个人信息的，应当取得未成年人的父母或者其他监护人的同意。

个人信息处理者处理不满十四周岁未成年人个

人信息的，应当制定专门的个人信息处理规则。

第三十二条　法律、行政法规对处理敏感个人信息规定应当取得相关行政许可或者作出其他限制的，从其规定。

第三节　国家机关处理个人信息的特别规定

第三十三条　国家机关处理个人信息的活动，适用本法；本节有特别规定的，适用本节规定。

第三十四条　国家机关为履行法定职责处理个人信息，应当依照法律、行政法规规定的权限、程序进行，不得超出履行法定职责所必需的范围和限度。

第三十五条　国家机关为履行法定职责处理个人信息，应当依照本法规定履行告知义务；有本法第十八条第一款规定的情形，或者告知将妨碍国家机关履行法定职责的除外。

第三十六条　国家机关处理的个人信息应当在中华人民共和国境内存储；确需向境外提供的，应当进行安全评估。安全评估可以要求有关部门提供支持与协助。

第三十七条　法律、法规授权的具有管理公共事务职能的组织为履行法定职责处理个人信息，适用本法关于国家机关处理个人信息的规定。

第三章　个人信息跨境提供的规则

第三十八条　个人信息处理者因业务等需要，确需向中华人民共和国境外提供个人信息的，应当具备下列条件之一：

（一）依照本法第四十条的规定通过国家网信部门组织的安全评估；

（二）按照国家网信部门的规定经专业机构进行个人信息保护认证；

（三）按照国家网信部门制定的标准合同与境外接收方订立合同，约定双方的权利和义务；

（四）法律、行政法规或者国家网信部门规定的其他条件。

中华人民共和国缔结或者参加的国际条约、协定对向中华人民共和国境外提供个人信息的条件等有规定的，可以按照其规定执行。

个人信息处理者应当采取必要措施，保障境外接收方处理个人信息的活动达到本法规定的个人信息保护标准。

第三十九条　个人信息处理者向中华人民共和国境外提供个人信息的，应当向个人告知境外接收方的名称或者姓名、联系方式、处理目的、处理方式、个人信息的种类以及个人向境外接收方行使本法规定权利的方式和程序等事项，并取得个人的单独同意。

第四十条　关键信息基础设施运营者和处理个人信息达到国家网信部门规定数量的个人信息处理者，应当将在中华人民共和国境内收集和产生的个人信息存储在境内。确需向境外提供的，应当通过国家网信部门组织的安全评估；法律、行政法规和国家网信部门规定可以不进行安全评估的，从其规定。

第四十一条　中华人民共和国主管机关根据有关法律和中华人民共和国缔结或者参加的国际条约、协定，或者按照平等互惠原则，处理外国司法或者执法机构关于提供存储于境内个人信息的请求。非经中华人民共和国主管机关批准，个人信息处理者不得向外国司法或者执法机构提供存储于中华人民共和国境内的个人信息。

第四十二条　境外的组织、个人从事侵害中华人民共和国公民的个人信息权益，或者危害中华人民共和国国家安全、公共利益的个人信息处理活动的，国家网信部门可以将其列入限制或者禁止个人信息提供清单，予以公告，并采取限制或者禁止向其提供个人信息等措施。

第四十三条　任何国家或者地区在个人信息保护方面对中华人民共和国采取歧视性的禁止、限制或者其他类似措施的，中华人民共和国可以根据实际情况对该国家或者地区对等采取措施。

第四章　个人在个人信息处理活动中的权利

第四十四条　个人对其个人信息的处理享有知情权、决定权，有权限制或者拒绝他人对其个人信息进行处理；法律、行政法规另有规定的除外。

第四十五条　个人有权向个人信息处理者查阅、复制其个人信息；有本法第十八条第一款、第三十五条规定情形的除外。

个人请求查阅、复制其个人信息的，个人信息处理者应当及时提供。

个人请求将个人信息转移至其指定的个人信息处理者，符合国家网信部门规定条件的，个人信息处理者应当提供转移的途径。

第四十六条　个人发现其个人信息不准确或者不完整的，有权请求个人信息处理者更正、补充。

个人请求更正、补充其个人信息的，个人信息处理者应当对其个人信息予以核实，并及时更正、补充。

第四十七条　有下列情形之一的，个人信息处理者应当主动删除个人信息；个人信息处理者未删除的，个人有权请求删除：

（一）处理目的已实现、无法实现或者为实现处理目的不再必要；

（二）个人信息处理者停止提供产品或者服务，或者保存期限已届满；

（三）个人撤回同意；

（四）个人信息处理者违反法律、行政法规或者违反约定处理个人信息；

（五）法律、行政法规规定的其他情形。

法律、行政法规规定的保存期限未届满，或者删除个人信息从技术上难以实现的，个人信息处理者应当停止除存储和采取必要的安全保护措施之外的处理。

第四十八条　个人有权要求个人信息处理者对其个人信息处理规则进行解释说明。

第四十九条　自然人死亡的，其近亲属为了自身的合法、正当利益，可以对死者的相关个人信息行使本章规定的查阅、复制、更正、删除等权利；死者生前另有安排的除外。

第五十条　个人信息处理者应当建立便捷的个人行使权利的申请受理和处理机制。拒绝个人行使权利的请求的，应当说明理由。

个人信息处理者拒绝个人行使权利的请求的，个人可以依法向人民法院提起诉讼。

第五章　个人信息处理者的义务

第五十一条　个人信息处理者应当根据个人信息的处理目的、处理方式、个人信息的种类以及对个人权益的影响、可能存在的安全风险等，采取下列措施确保个人信息处理活动符合法律、行政法规的规定，并防止未经授权的访问以及个人信息泄露、篡改、丢失：

（一）制定内部管理制度和操作规程；

（二）对个人信息实行分类管理；

（三）采取相应的加密、去标识化等安全技术措施；

（四）合理确定个人信息处理的操作权限，并定期对从业人员进行安全教育和培训；

（五）制定并组织实施个人信息安全事件应急预案；

（六）法律、行政法规规定的其他措施。

第五十二条　处理个人信息达到国家网信部门规定数量的个人信息处理者应当指定个人信息保护负责人，负责对个人信息处理活动以及采取的保护措施等进行监督。

个人信息处理者应当公开个人信息保护负责人的联系方式，并将个人信息保护负责人的姓名、联系方式等报送履行个人信息保护职责的部门。

第五十三条　本法第三条第二款规定的中华人民共和国境外的个人信息处理者，应当在中华人民共和国境内设立专门机构或者指定代表，负责处理个人信息保护相关事务，并将有关机构的名称或者代表的姓名、联系方式等报送履行个人信息保护职责的部门。

第五十四条　个人信息处理者应当定期对其处理个人信息遵守法律、行政法规的情况进行合规审计。

第五十五条　有下列情形之一的，个人信息处理者应当事前进行个人信息保护影响评估，并对处理情况进行记录：

（一）处理敏感个人信息；

（二）利用个人信息进行自动化决策；

（三）委托处理个人信息、向其他个人信息处理者提供个人信息、公开个人信息；

（四）向境外提供个人信息；

（五）其他对个人权益有重大影响的个人信息处理活动。

第五十六条　个人信息保护影响评估应当包括下列内容：

（一）个人信息的处理目的、处理方式等是否合法、正当、必要；

（二）对个人权益的影响及安全风险；

（三）所采取的保护措施是否合法、有效并与风险程度相适应。

个人信息保护影响评估报告和处理情况记录应当至少保存三年。

第五十七条　发生或者可能发生个人信息泄露、篡改、丢失的，个人信息处理者应当立即采取补救措施，并通知履行个人信息保护职责的部门和个人。通知应当包括下列事项：

（一）发生或者可能发生个人信息泄露、篡改、丢失的信息种类、原因和可能造成的危害；

（二）个人信息处理者采取的补救措施和个人可以采取的减轻危害的措施；

（三）个人信息处理者的联系方式。

个人信息处理者采取措施能够有效避免信息泄露、篡改、丢失造成危害的，个人信息处理者可以不通知个人；履行个人信息保护职责的部门认为可能造成危害的，有权要求个人信息处理者通知个人。

第五十八条　提供重要互联网平台服务、用户数量巨大、业务类型复杂的个人信息处理者，应当履行下列义务：

（一）按照国家规定建立健全个人信息保护合规制度体系，成立主要由外部成员组成的独立机构对个人信息保护情况进行监督；

（二）遵循公开、公平、公正的原则，制定平台规则，明确平台内产品或者服务提供者处理个人信息的规范和保护个人信息的义务；

（三）对严重违反法律、行政法规处理个人信息的平台内的产品或者服务提供者，停止提供服务；

（四）定期发布个人信息保护社会责任报告，接受社会监督。

第五十九条　接受委托处理个人信息的受托人，应当依照本法和有关法律、行政法规的规定，采取必要措施保障所处理的个人信息的安全，并协助个人信息处理者履行本法规定的义务。

第六章　履行个人信息保护职责的部门

第六十条　国家网信部门负责统筹协调个人信息保护工作和相关监督管理工作。国务院有关部门依照本法和有关法律、行政法规的规定，在各自职责范围内负责个人信息保护和监督管理工作。

县级以上地方人民政府有关部门的个人信息保护和监督管理职责，按照国家有关规定确定。

前两款规定的部门统称为履行个人信息保护职责的部门。

第六十一条　履行个人信息保护职责的部门履行下列个人信息保护职责：

（一）开展个人信息保护宣传教育，指导、监督个人信息处理者开展个人信息保护工作；

（二）接受、处理与个人信息保护有关的投诉、举报；

（三）组织对应用程序等个人信息保护情况进行测评，并公布测评结果；

（四）调查、处理违法个人信息处理活动；

（五）法律、行政法规规定的其他职责。

第六十二条　国家网信部门统筹协调有关部门依据本法推进下列个人信息保护工作：

（一）制定个人信息保护具体规则、标准；

（二）针对小型个人信息处理者、处理敏感个人信息以及人脸识别、人工智能等新技术、新应用，制定专门的个人信息保护规则、标准；

（三）支持研究开发和推广应用安全、方便的电子身份认证技术，推进网络身份认证公共服务建设；

（四）推进个人信息保护社会化服务体系建设，支持有关机构开展个人信息保护评估、认证服务；

（五）完善个人信息保护投诉、举报工作机制。

第六十三条　履行个人信息保护职责的部门履行个人信息保护职责，可以采取下列措施：

（一）询问有关当事人，调查与个人信息处理活动有关的情况；

（二）查阅、复制当事人与个人信息处理活动有关的合同、记录、账簿以及其他有关资料；

（三）实施现场检查，对涉嫌违法的个人信息处理活动进行调查；

（四）检查与个人信息处理活动有关的设备、物品；对有证据证明是用于违法个人信息处理活动的设备、物品，向本部门主要负责人书面报告并经批准，可以查封或者扣押。

履行个人信息保护职责的部门依法履行职责，当事人应当予以协助、配合，不得拒绝、阻挠。

第六十四条　履行个人信息保护职责的部门在履行职责中，发现个人信息处理活动存在较大风险或者发生个人信息安全事件的，可以按照规定的权限和程序对该个人信息处理者的法定代表人或者主要负责人进行约谈，或者要求个人信息处理者委托专业机构对其个人信息处理活动进行合规审计。个人信息处理者应当按照要求采取措施，进行整改，消除隐患。

履行个人信息保护职责的部门在履行职责中，发现违法处理个人信息涉嫌犯罪的，应当及时移送公安机关依法处理。

第六十五条　任何组织、个人有权对违法个人信息处理活动向履行个人信息保护职责的部门进行投诉、举报。收到投诉、举报的部门应当依法及时处理，并将处理结果告知投诉、举报人。

履行个人信息保护职责的部门应当公布接受投诉、举报的联系方式。

第七章　法律责任

第六十六条　违反本法规定处理个人信息，或者处理个人信息未履行本法规定的个人信息保护义务的，由履行个人信息保护职责的部门责令改正，给予警告，没收违法所得，对违法处理个人信息的应用程序，责令暂停或者终止提供服务；拒不改正的，并处一百万元以下罚款；对直接负责的主管人员和其他直接责任人员处一万元以上十万元以下罚款。

有前款规定的违法行为，情节严重的，由省级以上履行个人信息保护职责的部门责令改正，没收违法所得，并处五千万元以下或者上一年度营业额百分之五以下罚款，并可以责令暂停相关业务或者停业整顿、通报有关主管部门吊销相关业务许可或者吊销营业执照；对直接负责的主管人员和其他直接责任人员处十万元以上一百万元以下罚款，并可以决定禁止其在一定期限内担任相关企业的董事、监事、高级管理人员和个人信息保护负责人。

第六十七条　有本法规定的违法行为的，依照有关法律、行政法规的规定记入信用档案，并予以公示。

第六十八条　国家机关不履行本法规定的个人信息保护义务的，由其上级机关或者履行个人信息保护职责的部门责令改正；对直接负责的主管人员和其他直接责任人员依法给予处分。

履行个人信息保护职责的部门的工作人员玩忽职守、滥用职权、徇私舞弊，尚不构成犯罪的，依法给予处分。

第六十九条　处理个人信息侵害个人信息权益造成损害，个人信息处理者不能证明自己没有过错的，应当承担损害赔偿等侵权责任。

前款规定的损害赔偿责任按照个人因此受到的损失或者个人信息处理者因此获得的利益确定；个人因此受到的损失和个人信息处理者因此获得的利益难以确定的，根据实际情况确定赔偿数额。

第七十条　个人信息处理者违反本法规定处理个人信息，侵害众多个人的权益的，人民检察院、法律规定的消费者组织和由国家网信部门确定的组织可以依法向人民法院提起诉讼。

第七十一条　违反本法规定，构成违反治安管理行为的，依法给予治安管理处罚；构成犯罪的，依法追究刑事责任。

第八章　附则

第七十二条　自然人因个人或者家庭事务处理个人信息的，不适用本法。

法律对各级人民政府及其有关部门组织实施的统计、档案管理活动中的个人信息处理有规定的，适用其规定。

第七十三条　本法下列用语的含义：

（一）个人信息处理者，是指在个人信息处理活动中自主决定处理目的、处理方式的组织、个人。

（二）自动化决策，是指通过计算机程序自动分析、评估个人的行为习惯、兴趣爱好或者经济、健康、信用状况等，并进行决策的活动。

（三）去标识化，是指个人信息经过处理，使其在不借助额外信息的情况下无法识别特定自然人的过程。

（四）匿名化，是指个人信息经过处理无法识别特定自然人且不能复原的过程。

第七十四条　本法自 2021 年 11 月 1 日起施行。

中华人民共和国数据安全法

（2021 年 6 月 10 日第十三届全国人民代表大会常务委员会第二十九次会议通过）

目录

第一章　总则
第二章　数据安全与发展
第三章　数据安全制度
第四章　数据安全保护义务
第五章　政务数据安全与开放
第六章　法律责任
第七章　附则

第一章　总则

第一条　为了规范数据处理活动，保障数据安全，促进数据开发利用，保护个人、组织的合法权益，维护国家主权、安全和发展利益，制定本法。

第二条　在中华人民共和国境内开展数据处理活动及其安全监管，适用本法。

在中华人民共和国境外开展数据处理活动，损害中华人民共和国国家安全、公共利益或者公民、组织合法权益的，依法追究法律责任。

第三条　本法所称数据，是指任何以电子或者其他方式对信息的记录。

数据处理，包括数据的收集、存储、使用、加工、传输、提供、公开等。

数据安全，是指通过采取必要措施，确保数据处于有效保护和合法利用的状态，以及具备保障持续安全状态的能力。

第四条　维护数据安全，应当坚持总体国家安全观，建立健全数据安全治理体系，提高数据安全保障能力。

第五条　中央国家安全领导机构负责国家数据安全工作的决策和议事协调，研究制定、指导实施国家数据安全战略和有关重大方针政策，统筹协调国家数据安全的重大事项和重要工作，建立国家数据安全工作协调机制。

第六条　各地区、各部门对本地区、本部门工作中收集和产生的数据及数据安全负责。

工业、电信、交通、金融、自然资源、卫生健康、教育、科技等主管部门承担本行业、本领域数据安全监管职责。

公安机关、国家安全机关等依照本法和有关法律、行政法规的规定，在各自职责范围内承担数据安全监管职责。

国家网信部门依照本法和有关法律、行政法规的规定，负责统筹协调网络数据安全和相关监管工作。

第七条　国家保护个人、组织与数据有关的权益，鼓励数据依法合理有效利用，保障数据依法有序自由流动，促进以数据为关键要素的数字经济发展。

第八条　开展数据处理活动，应当遵守法律、法规，尊重社会公德和伦理，遵守商业道德和职业道德，诚实守信，履行数据安全保护义务，承担社会责任，不得危害国家安全、公共利益，不得损害个人、组织的合法权益。

第九条　国家支持开展数据安全知识宣传普及，

提高全社会的数据安全保护意识和水平，推动有关部门、行业组织、科研机构、企业、个人等共同参与数据安全保护工作，形成全社会共同维护数据安全和促进发展的良好环境。

第十条　相关行业组织按照章程，依法制定数据安全行为规范和团体标准，加强行业自律，指导会员加强数据安全保护，提高数据安全保护水平，促进行业健康发展。

第十一条　国家积极开展数据安全治理、数据开发利用等领域的国际交流与合作，参与数据安全相关国际规则和标准的制定，促进数据跨境安全、自由流动。

第十二条　任何个人、组织都有权对违反本法规定的行为向有关主管部门投诉、举报。收到投诉、举报的部门应当及时依法处理。

有关主管部门应当对投诉、举报人的相关信息予以保密，保护投诉、举报人的合法权益。

第二章　数据安全与发展

第十三条　国家统筹发展和安全，坚持以数据开发利用和产业发展促进数据安全，以数据安全保障数据开发利用和产业发展。

第十四条　国家实施大数据战略，推进数据基础设施建设，鼓励和支持数据在各行业、各领域的创新应用。

省级以上人民政府应当将数字经济发展纳入本级国民经济和社会发展规划，并根据需要制定数字经济发展规划。

第十五条　国家支持开发利用数据提升公共服务的智能化水平。提供智能化公共服务，应当充分考虑老年人、残疾人的需求，避免对老年人、残疾人的日常生活造成障碍。

第十六条　国家支持数据开发利用和数据安全技术研究，鼓励数据开发利用和数据安全等领域的技术推广和商业创新，培育、发展数据开发利用和数据安全产品、产业体系。

第十七条　国家推进数据开发利用技术和数据安全标准体系建设。国务院标准化行政主管部门和国务院有关部门根据各自的职责，组织制定并适时修订有关数据开发利用技术、产品和数据安全相关标准。国家支持企业、社会团体和教育、科研机构等参与标准制定。

第十八条　国家促进数据安全检测评估、认证等服务的发展，支持数据安全检测评估、认证等专业机构依法开展服务活动。

国家支持有关部门、行业组织、企业、教育和科研机构、有关专业机构等在数据安全风险评估、防范、处置等方面开展协作。

第十九条　国家建立健全数据交易管理制度，规范数据交易行为，培育数据交易市场。

第二十条　国家支持教育、科研机构和企业等开展数据开发利用技术和数据安全相关教育和培训，采取多种方式培养数据开发利用技术和数据安全专业人才，促进人才交流。

第三章　数据安全制度

第二十一条　国家建立数据分类分级保护制度，根据数据在经济社会发展中的重要程度，以及一旦遭到篡改、破坏、泄露或者非法获取、非法利用，对国家安全、公共利益或者个人、组织合法权益造成的危害程度，对数据实行分类分级保护。国家数据安全工作协调机制统筹协调有关部门制定重要数据目录，加强对重要数据的保护。

关系国家安全、国民经济命脉、重要民生、重大公共利益等数据属于国家核心数据，实行更加严格的管理制度。

各地区、各部门应当按照数据分类分级保护制度，确定本地区、本部门以及相关行业、领域的重要数据具体目录，对列入目录的数据进行重点保护。

第二十二条　国家建立集中统一、高效权威的数据安全风险评估、报告、信息共享、监测预警机制。国家数据安全工作协调机制统筹协调有关部门加强数据安全风险信息的获取、分析、研判、预警工作。

第二十三条　国家建立数据安全应急处置机制。发生数据安全事件，有关主管部门应当依法启动应急预案，采取相应的应急处置措施，防止危害扩大，消除安全隐患，并及时向社会发布与公众有关的警示信息。

第二十四条　国家建立数据安全审查制度，对影响或者可能影响国家安全的数据处理活动进行国家安全审查。

依法作出的安全审查决定为最终决定。

第二十五条　国家对与维护国家安全和利益、履行国际义务相关的属于管制物项的数据依法实施出口管制。

第二十六条　任何国家或者地区在与数据和数据开发利用技术等有关的投资、贸易等方面对中华人民共和国采取歧视性的禁止、限制或者其他类似措施的，中华人民共和国可以根据实际情况对该国家或者地区对等采取措施。

第四章　数据安全保护义务

第二十七条　开展数据处理活动应当依照法律、法规的规定，建立健全全流程数据安全管理制度，组织开展数据安全教育培训，采取相应的技术措施和其他必要措施，保障数据安全。利用互联网等信息网络开展数据处理活动，应当在网络安全等级保护制度的基础上，履行上述数据安全保护义务。

重要数据的处理者应当明确数据安全负责人和管理机构，落实数据安全保护责任。

第二十八条　开展数据处理活动以及研究开发数据新技术，应当有利于促进经济社会发展，增进人民福祉，符合社会公德和伦理。

第二十九条　开展数据处理活动应当加强风险监测，发现数据安全缺陷、漏洞等风险时，应当立即采取补救措施；发生数据安全事件时，应当立即采取处置措施，按照规定及时告知用户并向有关主管部门报告。

第三十条　重要数据的处理者应当按照规定对其数据处理活动定期开展风险评估，并向有关主管部门报送风险评估报告。

风险评估报告应当包括处理的重要数据的种类、数量，开展数据处理活动的情况，面临的数据安全风险及其应对措施等。

第三十一条　关键信息基础设施的运营者在中华人民共和国境内运营中收集和产生的重要数据的出境安全管理，适用《中华人民共和国网络安全法》的规定；其他数据处理者在中华人民共和国境内运营中收集和产生的重要数据的出境安全管理办法，由国家网信部门会同国务院有关部门制定。

第三十二条　任何组织、个人收集数据，应当采取合法、正当的方式，不得窃取或者以其他非法方式获取数据。

法律、行政法规对收集、使用数据的目的、范围有规定的，应当在法律、行政法规规定的目的和范围内收集、使用数据。

第三十三条　从事数据交易中介服务的机构提供服务，应当要求数据提供方说明数据来源，审核交易双方的身份，并留存审核、交易记录。

第三十四条　法律、行政法规规定提供数据处理相关服务应当取得行政许可的，服务提供者应当依法取得许可。

第三十五条　公安机关、国家安全机关因依法维护国家安全或者侦查犯罪的需要调取数据，应当按照国家有关规定，经过严格的批准手续，依法进行，有关组织、个人应当予以配合。

第三十六条　中华人民共和国主管机关根据有关法律和中华人民共和国缔结或者参加的国际条约、协定，或者按照平等互惠原则，处理外国司法或者执法机构关于提供数据的请求。非经中华人民共和国主管机关批准，境内的组织、个人不得向外国司法或者执法机构提供存储于中华人民共和国境内的数据。

第五章　政务数据安全与开放

第三十七条　国家大力推进电子政务建设，提高政务数据的科学性、准确性、时效性，提升运用数据服务经济社会发展的能力。

第三十八条　国家机关为履行法定职责的需要收集、使用数据，应当在其履行法定职责的范围内依照法律、行政法规规定的条件和程序进行；对在履行职责中知悉的个人隐私、个人信息、商业秘密、保密商务信息等数据应当依法予以保密，不得泄露或者非法向他人提供。

第三十九条　国家机关应当依照法律、行政法规的规定，建立健全数据安全管理制度，落实数据安全保护责任，保障政务数据安全。

第四十条　国家机关委托他人建设、维护电子政务系统，存储、加工政务数据，应当经过严格的批准程序，并应当监督受托方履行相应的数据安全保护义务。受托方应当依照法律、法规的规定和合同约定履行数据安全保护义务，不得擅自留存、使用、泄露或者向他人提供政务数据。

第四十一条　国家机关应当遵循公正、公平、便民的原则，按照规定及时、准确地公开政务数据。依法不予公开的除外。

第四十二条　国家制定政务数据开放目录，构建统一规范、互联互通、安全可控的政务数据开放平台，推动政务数据开放利用。

第四十三条　法律、法规授权的具有管理公共事务职能的组织为履行法定职责开展数据处理活动，适用本章规定。

第六章　法律责任

第四十四条　有关主管部门在履行数据安全监管职责中，发现数据处理活动存在较大安全风险的，可以按照规定的权限和程序对有关组织、个人进行约谈，并要求有关组织、个人采取措施进行整改，消除隐患。

第四十五条　开展数据处理活动的组织、个人不履行本法第二十七条、第二十九条、第三十条规定的数据安全保护义务的，由有关主管部门责令改正，给予警告，可以并处五万元以上五十万元以下罚款，对直接负责的主管人员和其他直接责任人员可以处一万元以上十万元以下罚款；拒不改正或者造成大量数据泄露等严重后果的，处五十万元以上二百万元以下罚款，并可以责令暂停相关业务、停业整顿、吊销相关业务许可证或者吊销营业执照，对直接负责的主管人员和其他直接责任人员处五万元以上二十万元以下罚款。

违反国家核心数据管理制度，危害国家主权、安全和发展利益的，由有关主管部门处二百万元以上一千万元以下罚款，并根据情况责令暂停相关业务、停业整顿、吊销相关业务许可证或者吊销营业执照；构成犯罪的，依法追究刑事责任。

第四十六条　违反本法第三十一条规定，向境外提供重要数据的，由有关主管部门责令改正，给予警告，可以并处十万元以上一百万元以下罚款，对直接负责的主管人员和其他直接责任人员可以处一万元以上十万元以下罚款；情节严重的，处一百万元以上一千万元以下罚款，并可以责令暂停相关业务、停业整顿、吊销相关业务许可证或者吊销营业执照，对直接负责的主管人员和其他直接责任人员处十万元以上一百万元以下罚款。

第四十七条　从事数据交易中介服务的机构未履行本法第三十三条规定的义务的，由有关主管部门责令改正，没收违法所得，处违法所得一倍以上十倍以下罚款，没有违法所得或者违法所得不足十万元的，处十万元以上一百万元以下罚款，并可以责令暂停相关业务、停业整顿、吊销相关业务许可证或者吊销营业执照；对直接负责的主管人员和其他直接责任人员处一万元以上十万元以下罚款。

第四十八条　违反本法第三十五条规定，拒不配合数据调取的，由有关主管部门责令改正，给予警告，并处五万元以上五十万元以下罚款，对直接负责的主管人员和其他直接责任人员处一万元以上十万元以下罚款。

违反本法第三十六条规定，未经主管机关批准向外国司法或者执法机构提供数据的，由有关主管部门给予警告，可以并处十万元以上一百万元以下罚款，对直接负责的主管人员和其他直接责任人员可以处一万元以上十万元以下罚款；造成严重后果的，处一百万元以上五百万元以下罚款，并可以责令暂停相关业务、停业整顿、吊销相关业务许可证或者吊销营业执照，对直接负责的主管人员和其他直接责任人员处五万元以上五十万元以下罚款。

第四十九条　国家机关不履行本法规定的数据安全保护义务的，对直接负责的主管人员和其他直接责任人员依法给予处分。

第五十条　履行数据安全监管职责的国家工作人员玩忽职守、滥用职权、徇私舞弊的，依法给予处分。

第五十一条　窃取或者以其他非法方式获取数据，开展数据处理活动排除、限制竞争，或者损害个人、组织合法权益的，依照有关法律、行政法规的规定处罚。

第五十二条　违反本法规定，给他人造成损害的，依法承担民事责任。

违反本法规定，构成违反治安管理行为的，依法给予治安管理处罚；构成犯罪的，依法追究刑事责任。

第七章　附则

第五十三条　开展涉及国家秘密的数据处理活动，适用《中华人民共和国保守国家秘密法》等法律、行政法规的规定。

在统计、档案工作中开展数据处理活动，开展涉及个人信息的数据处理活动，还应当遵守有关法律、行政法规的规定。

第五十四条　军事数据安全保护的办法，由中央军事委员会依据本法另行制定。

第五十五条　本法自 2021 年 9 月 1 日起施行。

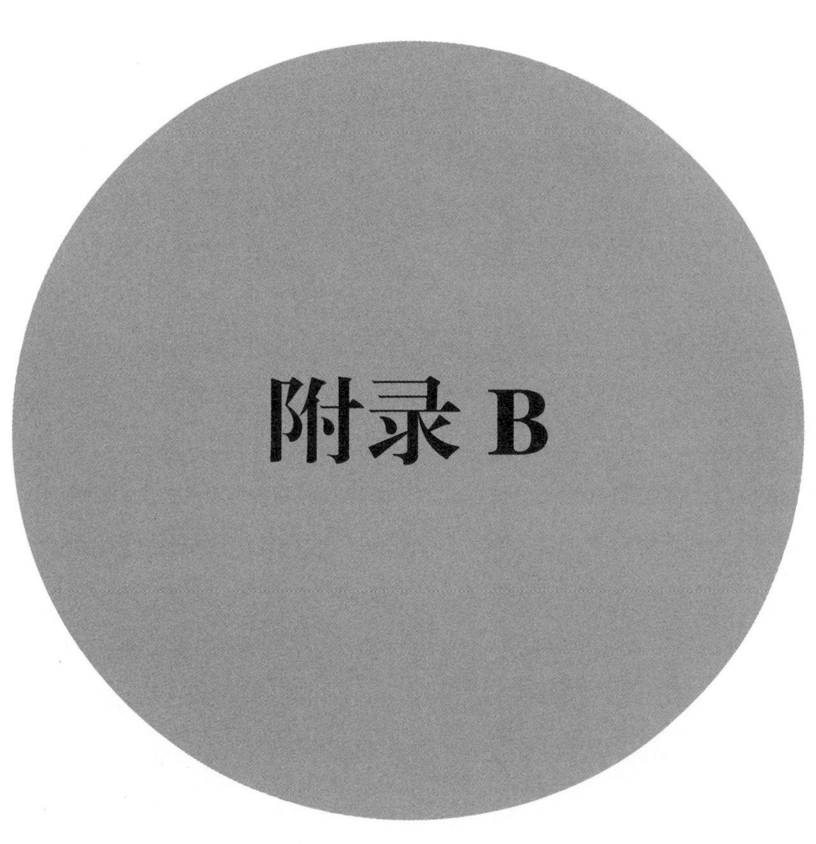

附录 B

2021年通信业统计公报

2021年，我国通信业全面贯彻党的十九大及十九届一中、二中、三中、四中、五中、六中全会精神，深入落实党中央、国务院决策部署，积极推进网络强国和数字中国建设，5G和千兆光网等新型信息基础设施建设覆盖和应用普及全面加速，为打造数字经济新优势、增强经济发展新动能提供有力支撑。行业发展质量和增长水平进一步提升，实现“十四五”良好开局。

一、行业保持稳中向好运行态势

（一）电信业务收入稳步提升，电信业务总量较快增长

经初步核算[1]，2021年电信业务收入累计完成1.47万亿元，比2020年增长8.0%，增速同比提高4.1个百分点。按照上年价格计算的电信业务总量达1.7万亿元，同比增长27.8%。

2016—2021年电信业务收入增长情况如图1所示。

图1 2016—2021年电信业务收入增长情况

（二）数据及互联网业务收入平稳增长，仍是主要收入来源

2021年，固定数据及互联网业务实现收入2601亿元，比2020年增长9.3%，在电信业务收入中占比由2020年的17.4%提升至17.8%；移动数据及互联网业务实现收入6409亿元，比2020年增长3.3%。

2016—2021年固定数据及互联网业务收入发展情况如图2所示。

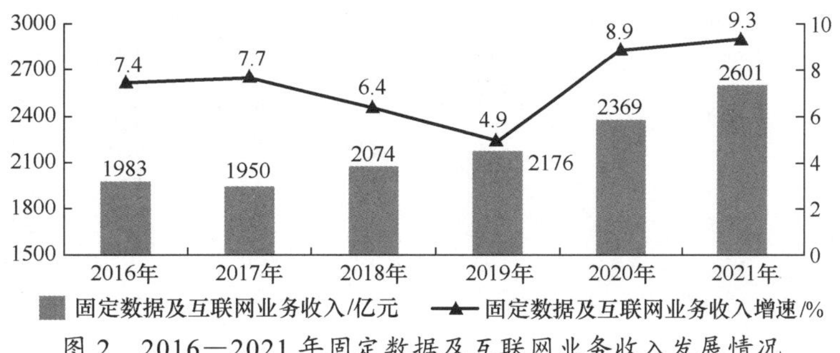

图2 2016—2021年固定数据及互联网业务收入发展情况

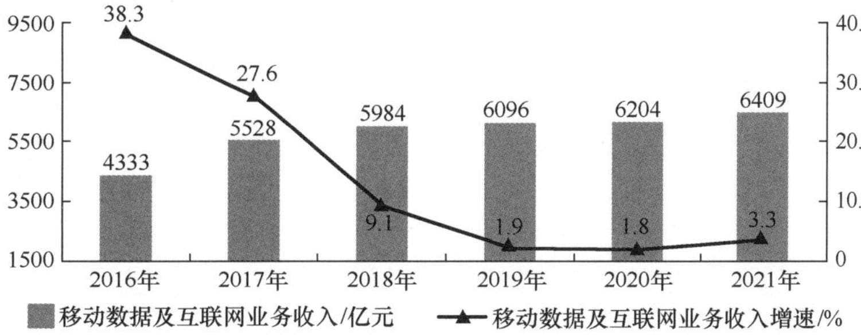

图3 2016—2021年移动数据及互联网业务收入发展情况

2016—2021 年移动数据及互联网业务收入发展情况如图 3 所示。

（三）新兴业务实现快速增长，对业务拉动作用增强

云计算、大数据等新兴业务发展加速，2021 年实现相关业务收入 2225 亿元，比 2020 年增长 27.8%，在电信业务收入中占比由 2020 年的 12.8% 提升至 15.2%。其中，数据中心、云计算、大数据业务比 2020 年分别增长 18.4%、91.5% 和 35.5%。

2016—2021 年固定增值业务收入发展情况如图 4 所示。

（四）语音业务收入持续下滑，占比不断缩小

互联网应用对话音业务替代效应持续显现，2021 年，三家基础电信企业完成固定语音和移动语音业务收入 224 亿元和 1155 亿元，比 2020 年分别下降 9% 和 3%，在电信业务收入中总占比 9.4%，占比较 2020 年回落 1.2 个百分点。

2016—2021 年话音业务收入发展情况如图 5 所示。

二、新型基础设施用户规模迅速扩大

（一）移动电话用户规模小幅增长，5G 用户数快速扩大

2021 年，全国电话用户净增 4755 万户，总数达到 18.24 亿户。其中，移动电话用户总数 16.43 亿户，2021 年净增 4875 万户，普及率[2] 为 116.3 部 / 百人，比 2020 年年末提高 3.4 部 / 百人。其中，4G 移动电话用户为 10.69 亿户，5G 移动电话用户[3] 达到 3.55 亿户，二者占移动电话用户数的 86.7%。固定电话用户总数 1.81 亿户，2021 年净减 121 万户，普及率降至 12.8 部 / 百人。

2011—2021 年固定电话及移动电话普及率发展情况如图 6 所示。

2021 年各省（自治区、直辖市）移动电话普及率情况如图 7 所示。

（二）百兆及以上宽带接入用户占比持续攀升，千兆用户加快发展

截至 2021 年年底，三家基础电信企业的固定互联网宽带接入用户总数达 5.36 亿户，2021 年净增 5224 万户。其中，100Mbit/s 及以上接入速率的用户为 4.98 亿户，2021 年净增 6385 万户，占总用户数的 93%，占比较 2020 年年末提高 3.1 个百分点；1000Mbit/s 及以上接入速率的用户为 3456 万户，比 2020 年年末净增 2816 万户。

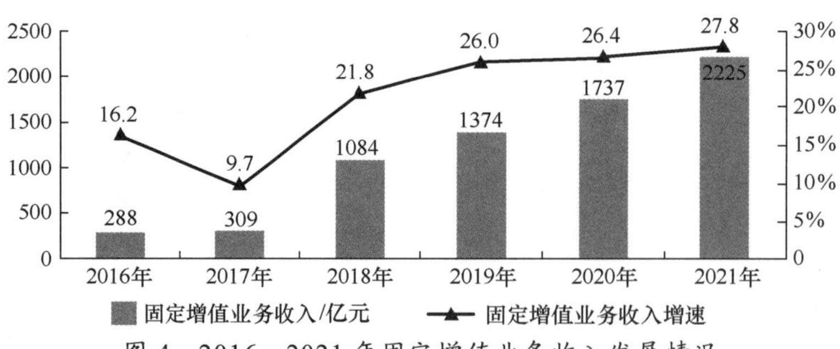

图 4　2016—2021 年固定增值业务收入发展情况

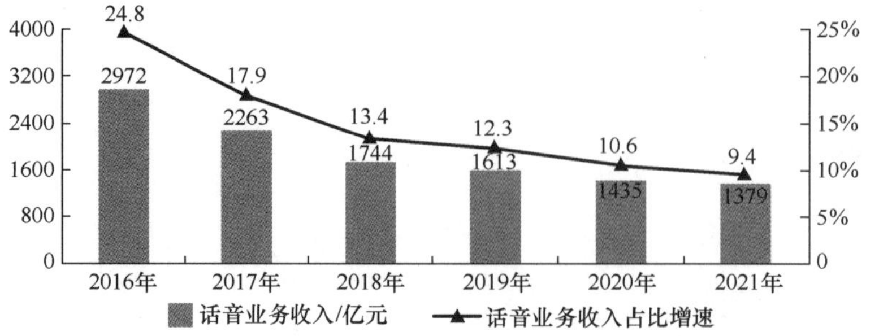

图 5　2016—2021 年话音业务收入发展情况

2020 年和 2021 年固定互联网宽带接入速率用户占比情况如图 8 所示。

（三）农村宽带用户较快增长，增速保持两位数

截至 2021 年年底，全国农村宽带用户总数达 1.58 亿户，2021 年净增 1581 万户，比 2020 年年末增长 11%，增速较城镇宽带用户高出 0.4 个百分点。

2016—2021 年农村宽带接入用户及占比情况如图 9 所示。

（四）新业态蓬勃发展，蜂窝物联网用户和 IPTV 规模持续扩大

截至 2021 年年底，三家基础电信企业发展蜂窝物联网用户 13.99 亿户，2021 年净增 2.64 亿户，其中，应用于智慧公共事业、智能制造、智慧交通的终端用户占比分别达 22.4%、18.1%、15.6%。发展 IPTV（网络电视）用户总数达 3.49 亿户，2021 年净增 3336 万户。

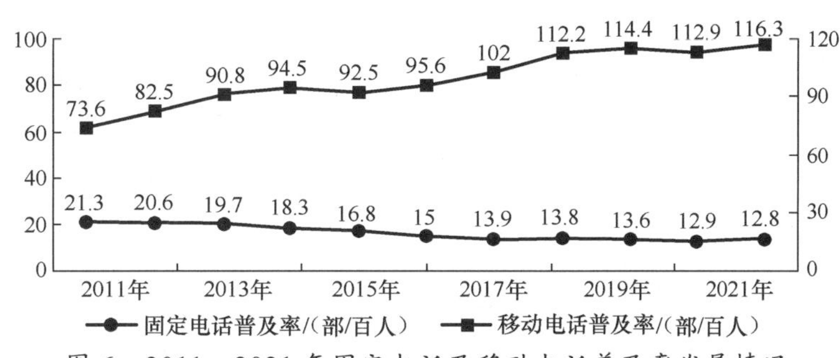

图 6 2011—2021 年固定电话及移动电话普及率发展情况

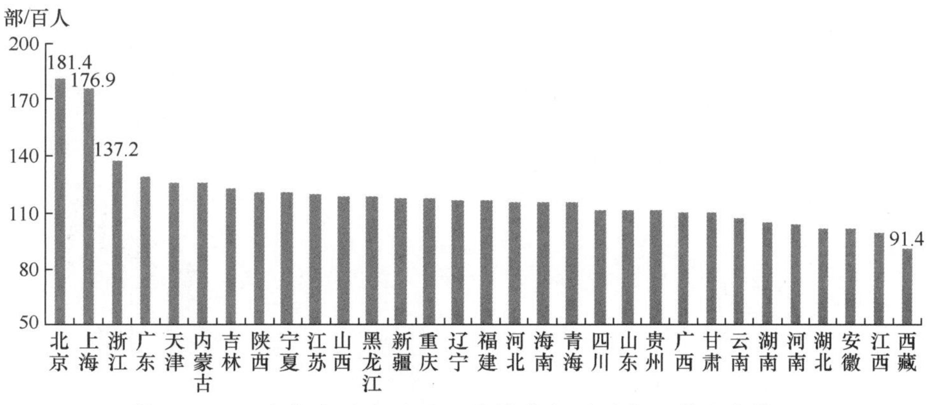

图 7 2021 年各省（自治区、直辖市）移动电话普及率情况

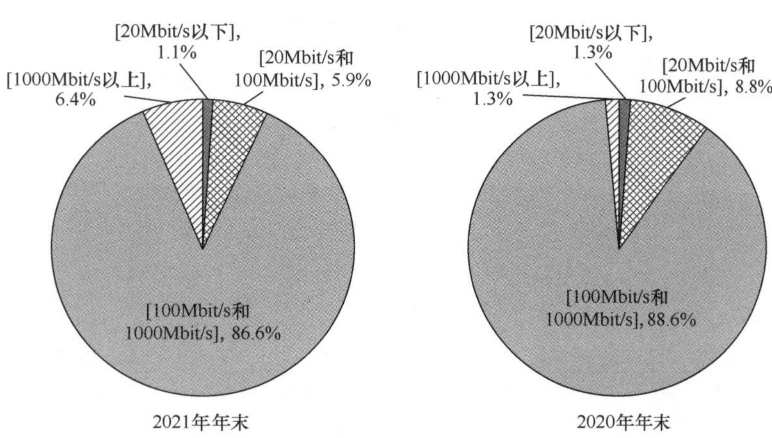

注：分组下限在内

图 8 2020 年和 2021 年固定互联网宽带各接入速率用户占比情况

三、移动互联网流量保持快速增长

（一）移动互联网流量快速增长，月户均流量（DOU）创新高

2021 年，移动互联网接入流量达 2216 亿吉比，比 2020 年增长 33.9%。2021 年移动互联网月户均流量（DOU）达 13.36GB，比 2020 年增长 29.2%；12 月当月 DOU 达 14.72GB/ 户，创历史新高。其中，手机上网流量达到 2125 亿吉比，比 2020 年增长 35.5%，在移动互联网总流量中占比为 95.9%。

2016—2021 年移动互联网流量及月户均流量（DOU）增长情况如图 10 所示。

2021 年移动互联网接入当月流量及当月 DOU 情况如图 11 所示。

（二）移动短信业务量收不同步，话音业务量增速转正

2021年，全国移动短信业务量比 2020 年减少 1%，移动短信业务收入比 2020 年增长 6.6%，移动短信业务量收增速差从 2020 年的 15.4% 下降至 7.6%。2021 年，全国移动电话去话通话时长 2.27 万亿分钟，比 2020 年增加 1.1%。

2016—2021 年移动短信业务量和收入增长情况如图 12 所示。

2016—2021 年移动电话用户和通话量增长情况如图 13 所示。

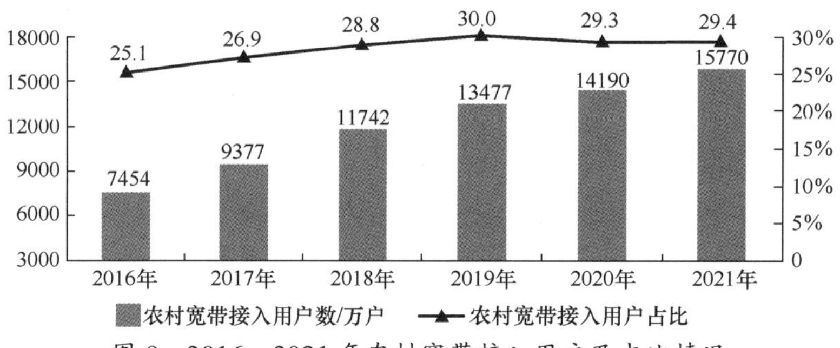

图 9 2016—2021 年农村宽带接入用户及占比情况

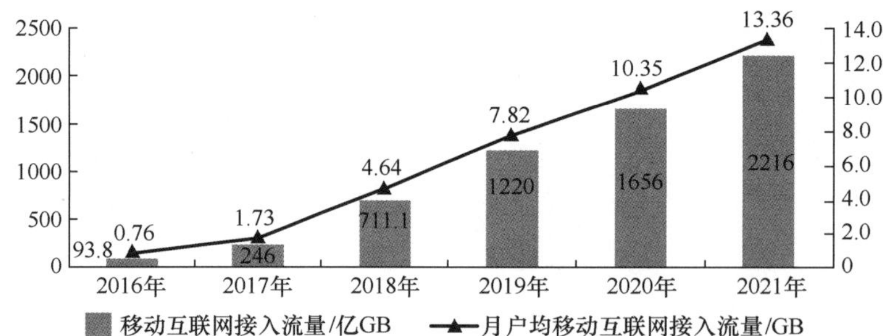

图 10 2016—2021 年移动互联网流量及月户均流量（DOU）增长情况

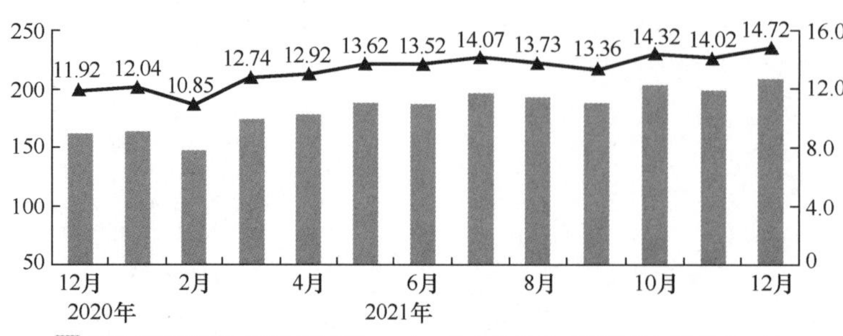

图 11 2021 年移动互联网接入当月流量及当月 DOU 情况

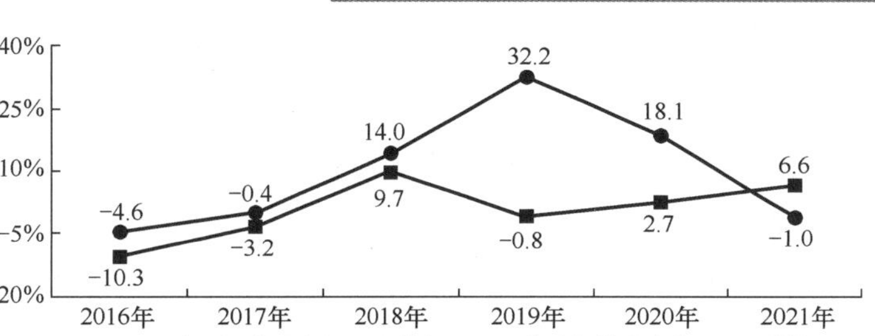

图 12 2016—2021 年移动短信业务量和收入增长情况

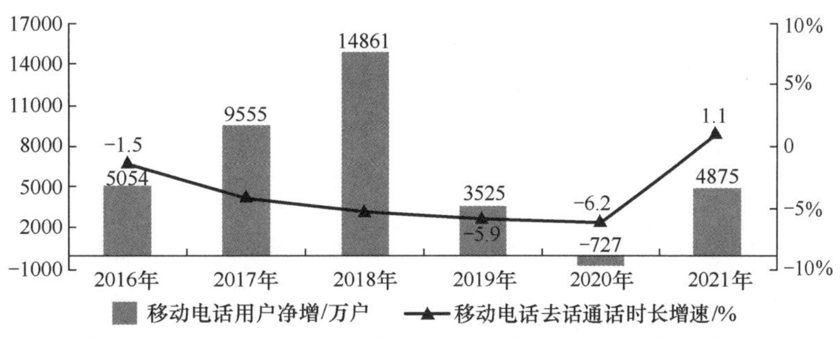

图 13 2016—2021 年移动电话用户和通话量增长情况

四、网络基础设施持续演进升级

（一）固定资产投资与上年基本持平，5G 投资占比近半

2021 年，三家基础电信企业和中国铁塔股份有限公司共完成电信固定资产投资 4058 亿元。其中，移动通信的固定资产投资额为 1943 亿元，占全部投资的 47.9%；5G 投资额达 1849 亿元，占全部投资的 45.6%，占比较 2020 年提高 8.9 个百分点。

（二）网络基础设施优化升级，全光网建设深入推进

2021 年，新建光缆线路长度 319 万千米，全国光缆线路总长度达 5488 万千米；其中，长途光缆线路、本地网中继光缆线路和接入网光缆线路长度分别达 112.6 万千米、1874 万千米和 3502 万千米，接入网光缆线路长度比 2020 年净增达 297 万千米，进一步保障和支撑用户服务质量。截至 2021 年年底，互联网宽带接入端口数达到 10.18 亿个，比 2020 年年末净增 7180 万个。其中，光纤接入（FTTH/O）端口达到 9.6 亿个，比 2020 年年末净增 8017 万个，占比由 2020 年年末的 93% 提升至 94.3%。

2016—2021 年互联网宽带接入端口发展情况如图 14 所示。

（三）5G 网络建设加快，网络覆盖持续推进

2021 年，全国移动通信基站总数达 996 万座，2021 年净增 65 万座。其中，4G 基站达 590 万座，5G 基站为 142.5 万座，2021 年新建 5G 基站超 65 万座。

2016—2021 年移动电话基站发展情况如图 15 所示。

五、东、中、西部地区协调发展

（一）分地区电信业务收入份额保持稳定

2021 年，东部地区电信业务收入占比分别为 51.1%，比 2020 年提高 0.1 个百分点；中部、西部地区占比分别为 19.6%、23.8%，占比均与 2020 年持平；东北地区占比为 5.5%，比 2020 年下降 0.1 个百分点。

2016—2021 年东、中、西、东北部地区电信业务收入比重如图 16 所示。

（二）各地区百兆及以上固定互联网宽带接入用户占比均达较高水平

截至 2021 年年底，东、中、西、东北地区

100Mbit/s 及以上速率固定互联网宽带接入用户分别达到 21261 万户、12512 万户、13077 万户、2998 万户，在本地区宽带接入用户中占比分别达到 92.6%、94.1%、92.6%、93.3%，占比较 2020 年分别提高 3.7 个、3.3 个、2.3 个、2.1 个百分点。

2019—2021 年东、中、西、东北地区 100Mbit/s 及以上速率固定宽带接入用户渗透率情况如图 17 所示。

（三）中部地区移动互联网流量增速全国领先

2021 年，东、中、西、东北地区移动互联网接入流量分别达到 947 亿吉比、494 亿吉比、655 亿吉比、120 亿吉比，比 2020 年分别增长 35.3%、38.2%、29.7%、28.9%，中部增速比东部、西部和东北增速分别高出 2.9 个、8.5 个和 9.3 个百分点。12 月当月，西部当月户均流量达到 16.45GB/ 户·月，比东部、中部和东北分别高出 1.94GB、2.34GB 和 4.98GB。

2019—2021 年东、中、西、东北地区移动互联网接入流量增速情况如图 18 所示。

注释

[1] 本公报中 2021 年数据均为初步统计数，2020 年及之前年份采用年报决算数据。各项统计数据均未包括香港特别行政区、澳门特别行政区和台湾省。部分数据因四舍五入的原因，存在总计与分项合计

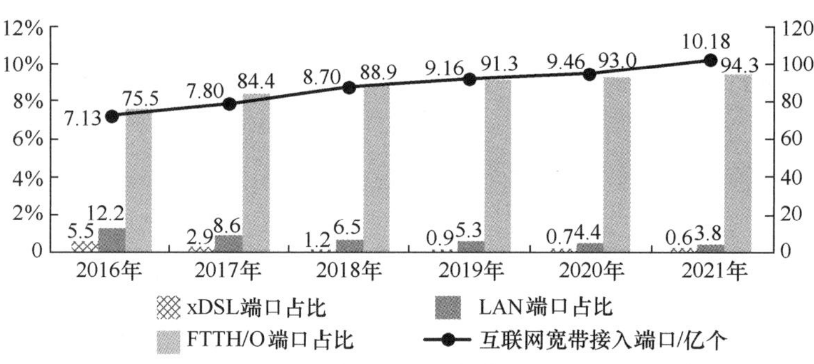

图 14　2016—2021 年互联网宽带接入端口发展情况

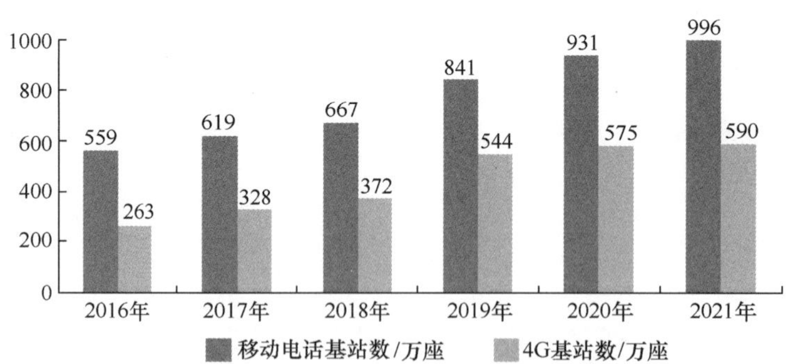

图 15　2016—2021 年移动电话基站发展情况

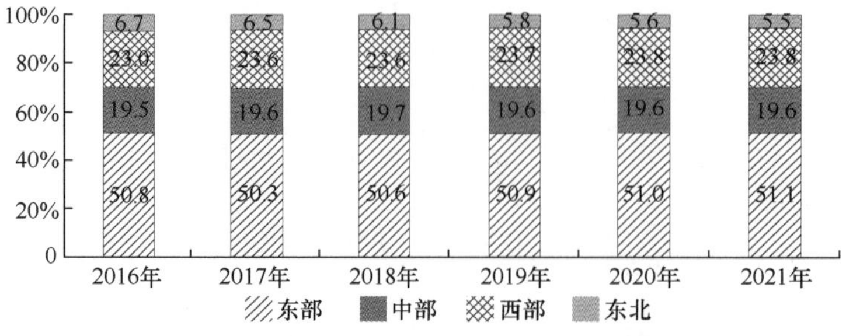

图 16　2016—2021 年东、中、西、东北部地区电信业务收入比重

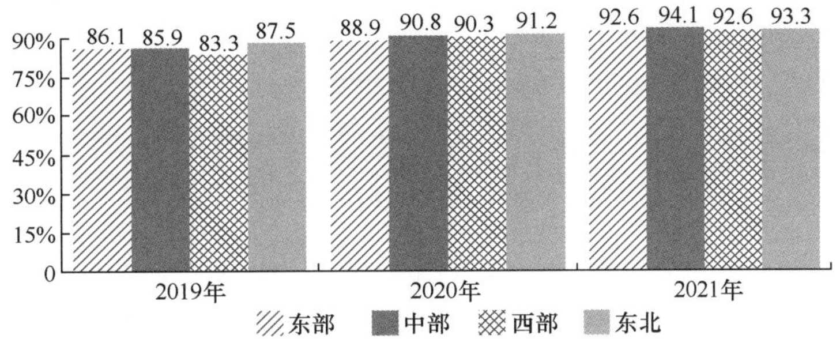

图 17　2019—2021 年东、中、西、东北地区 100Mbit/s 及以上速率固定宽带接入用户渗透率情况

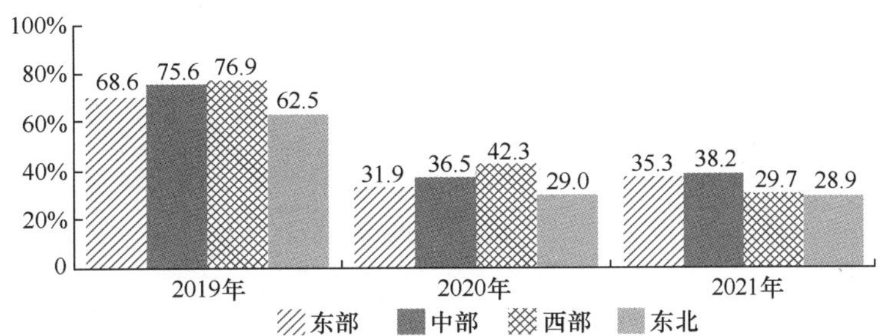

图 18　2019—2021 年东、中、西、东北地区移动互联网接入流量增速情况

不等的情况。

[2] 计算普及率使用的全国人口数据，来源于国家统计局发布的 2021 年年末人口数。

[3] 本公报中根据统计调查制度规定口径、结合 5G 网络建设进展情况，对 5G 用户口径进行调整。“5G 移动电话用户数”，指报告期末在通信计费系统拥有使用信息，占用 5G 网络资源的在网用户。2021 年月度曾发布的“5G 手机终端连接数”，指报告期内连接到移动通信网络（3G/4G/5G）的 5G 手机终端用户。

2021 年 1—12 月通信业主要指标完成情况（一）

指标名称	单位	1—12 月累计	比上年同期增长 /%
电信业务总量（按上年不变价）	亿元	16960	27.8
电信业务收入	亿元	14650	8.0
其中：固定通信业务收入	亿元	5382	15.4
其中：固定增值业务收入	亿元	2225	27.8
固定数据及互联网业务收入	亿元	2601	9.3
其中：移动通信业务收入	亿元	9268	4.2
其中：移动数据及互联网业务收入	亿元	6409	3.3
移动短信业务收入	亿元	429	6.6
电信利润总额	亿元	2077	9.0
税费总额	亿元	637	−2.6
固定资产投资完成额	亿元	4058	−0.3
移动互联网接入流量	亿吉比	2216	33.9
移动短信业务量	亿条	17619	−1.0
固定电话主叫通话时长合计	亿分钟	933	−9.0
移动电话去通话时长合计	亿分钟	22691	1.1

注：1. 固定电话主叫通话时长和移动电话通话时长均包含相应的 IP 电话通话时长。
　　2. 固定资产投资含中国铁塔股份有限公司。

2021 年 1—12 月通信业主要指标完成情况（二）

指标名称	单位	本月末到达	比 2020 年年末净增（+）、减（-）
固定电话用户合计	万户	18070	-121
移动电话用户合计	万户	164283	4875
其中：移动互联网用户	万户	141565	6713
其中：手机上网用户数	万户	141340	6741
互联网宽带接入用户	万户	53579	5224
其中：xDSL 用户	万户	283	-21
FTTH/O 用户	万户	50551	5136
其中：100M 速率以上用户	万户	49848	6385
1000M 速率以上用户	万户	3456	2816
其中：城市宽带接入用户	万户	37808	3643
农村宽带接入用户	万户	15770	1581
IPTV（网络电视）用户数	万户	34852	3336
蜂窝物联网终端用户数	万户	139922	26358
固定电话普及率	部 / 百人	12.8	-0.1
移动电话普及率	部 / 百人	116.3	3.4

注：1. 比上年年末净增采用 2020 年年终决算数据计算得到。

2. 普及率全国人口采用 2021 年年末人口数，各省人口采用 2020 年第七次全国人口普查数据计算得到。

2021年12月电话用户分省情况

单位：万户

	固定电话用户	移动电话用户
全 国	18070.1	164282.5
东 部	8547.5	71298.0
北 京	485.2	3972.0
天 津	331.1	1745.1
河 北	671.1	8643.5
上 海	642.0	4398.8
江 苏	1205.5	10179.5
浙 江	1152.3	8859.6
福 建	707.2	4824.3
山 东	1107.5	11248.5
广 东	2072.2	16267.8
海 南	173.7	1158.9
中 部	2969.5	37981.4
山 西	262.7	4126.0
安 徽	541.0	6192.6
江 西	474.0	4496.8
河 南	677.5	10352.6
湖 北	445.9	5871.1
湖 南	568.3	6942.3
西 部	5292.1	43301.9
内蒙古	203.7	3016.9
广 西	422.9	5511.4
重 庆	608.0	3751.1
四 川	1918.6	9338.9
贵 州	239.5	4269.9
云 南	268.8	5045.7
西 藏	80.3	333.4
陕 西	661.0	4777.8
甘 肃	301.2	2744.7
青 海	136.3	680.5

（续表）

	固定电话用户	移动电话用户
宁 夏	48.0	866.1
新 疆	403.8	2965.4
东 北	1261.0	11701.2
辽 宁	568.0	4975.2
吉 林	376.1	2966.5
黑龙江	316.9	3759.5

2021 年第四季度通信业主要通信能力

指标名称	单位	本季末到达	比 2020 年年末净增
光缆线路长度	千米	54880728	3188677
其中：长途光缆线路长度	千米	1126421	8498
移动电话基站数	万个	996	65
互联网宽带接入端口	万个	101785	7180
其中：光纤（FTTH/O）端口	万个	95994	8017

注：比 2020 年年末净增采用 2020 年年终决算数据计算得到。

2021 年第四季度通信水平分省情况

	固定电话普及率 /（部 / 百人）	移动电话普及率 /（部 / 百人）
全 国	12.8	116.3
北 京	22.2	181.4
天 津	23.9	125.9
河 北	9.0	115.8
山 西	7.5	118.2
内蒙古	8.5	125.4
辽 宁	13.3	116.8
吉 林	15.6	123.2
黑龙江	9.9	118.0
上 海	25.8	176.9
江 苏	14.2	120.1
浙 江	17.8	137.2
安 徽	8.9	101.5
福 建	17.0	116.1
江 西	10.5	99.5
山 东	10.9	110.8
河 南	6.8	104.2
湖 北	7.7	101.7
湖 南	8.6	104.5
广 东	16.4	129.1
广 西	8.4	109.9
海 南	17.2	115.0
重 庆	19.0	117.0
四 川	22.9	111.6
贵 州	6.2	110.7
云 南	5.7	106.9
西 藏	22.0	91.4
陕 西	16.7	120.9
甘 肃	12.0	109.7
青 海	23.0	114.9

（续表）

	固定电话普及率 /（部 / 百人）	移动电话普及率 /（部 / 百人）
宁 夏	6.7	120.3
新 疆	16.0	117.5

注：普及率=用户 / 人口数×100；全国人口采用2021年年末人口数，各省人口采用2020年第七次全国人口普查数据计算得到。

（工业和信息化部）

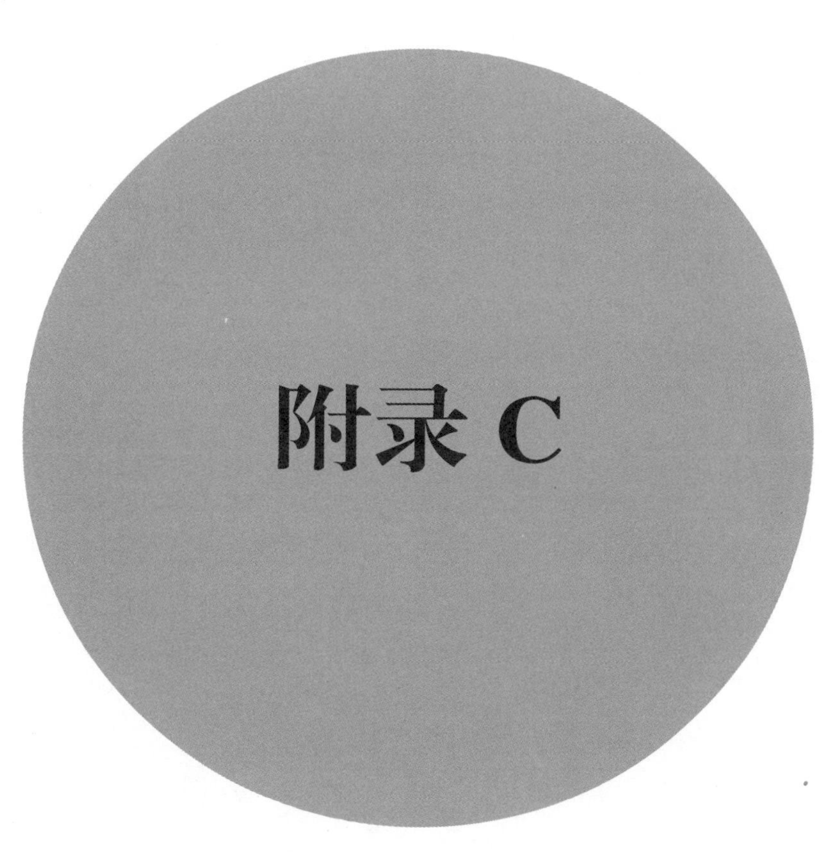

附录 C

中国通信企业协会团体标准情况表

序号	标准编号	标准名称
1	T/CAICI 37—2022	信息通信工程监理服务计费规则
2	T/CAICI 36.2—2022	智慧灯杆 支撑子系统 第 2 部分：通信子系统
3	T/CAICI 36.1—2022	智慧灯杆 支撑子系统 第 1 部分：供电子系统
4	T/CAICI 35—2022	无线网传播模型校正规程
5	T/CAICI 34—2022	移动通信基站勘察设计信息模型技术规范
6	T/CAICI 33—2021	通信网络设备维修企业服务能力评定规范
7	T/CAICI 32—2021	通信网络优化企业服务能力评定规范
8	T/CAICI 31—2021	数据中心基础设施维护企业服务能力评定规范
9	T/CAICI 30—2021	通信网络代维企业服务能力评定规范
10	T/CAICI 29—2021	移动通信规划系统软件功能要求
11	T/CAICI 28—2021	移动通信基站勘察软件功能要求
12	T/CAICI 27—2021	通信工程可行性研究和勘察设计项目招投标文件编制指南
13	T/CAICI 26—2021	Cloud RAN 无线网工程技术规范
14	T/CAICI 25—2021	5G BBU 集中机柜技术规范
15	T/CAICI 24.1—2020	智慧灯杆系统测试方法 第 1 部分：总则
16	T/CAICI 23.1—2020	智慧灯杆总规范 第 1 部分：框架、场景和总体要求
17	T/CAICI 22—2020	智慧灯杆设计导则
18	T/CAICI 21—2020	通信建筑气体灭火系统用气瓶检测规程
19	T/CAICI 20—2020	通信建筑消防物联网通用技术规程
20	T/CAICI 19—2019	通信用预制成端引入光缆组件技术规范
21	T/CAICI 18—2019	室外光缆接头盒技术规范
22	T/CAICI 17—2019	平面光波导型光分路器规范
23	T/CAICI 16—2019	光缆交接箱智能门禁系统技术规范
24	T/CAICI 15—2019	ADSS 光缆用非交联黑色耐电痕聚烯烃护套料规范
25	T/CAICI 14—2019	通信电缆光缆用聚酰胺护套料规范
26	T/CAICI 13—2019	通信电缆光缆用阻水纱规范
27	T/CAICI 12—2019	光纤松套管用不锈钢带材规范
28	T/CAICI 11—2019	塑料光纤槽道规范
29	T/CAICI 10—2019	金属网格式电缆桥架规范
30	T/CAICI 9—2019	光缆分纤箱技术规范

（续表）

序号	标准编号	标准名称
31	T/CAICI 8—2019	光纤配线架技术规范
32	T/CAICI 7—2018	光缆用黑色聚乙烯护套料技术规范
33	T/CAICI 6—2018	通信基站隔离式雷电防护系统工程设计与施工验收规范
34	T/CAICI 5—2018	通信基站隔离式雷电防护装置试验方法
35	T/CAICI 4—2018	通信基站隔离式雷电防护系统技术要求
36	T/CAICI 3—2018	通信行业梯次利用锂离子动力电池经营企业管理规范
37	T/CAICI 2—2018	通信用梯次电池管理系统（BMS）要求
38	T/CAICI 1—2018	通信用 48V 磷酸铁锂梯次电池组技术要求和检验方法

ICT中国（2021）案例

“城市创新规划”案例（共计 20 个）				
序号	申报项目	申报单位	主创人员	参与人员
1	聚焦智慧电厂“345战略”，实现行业智慧化转型	深圳市能源环保有限公司 上海诺基亚贝尔股份有限公司	上海诺基亚贝尔有限公司：郑岩 深圳市能源环保有限公司：陈联宏	深圳市能源环保有限公司：钟日钢、王超、许洪滨、杨飞、王润、解鹏飞、赖昊明 上海诺基亚贝尔有限公司：林侃、李留海、高飞、徐朝军、吴志华、王权
2	文山州综合交通运输运行协调和应急指挥中心（TOCC）项目	中移系统集成有限公司	李东生、张建星	任世杰、杨飞、石陆、吴明锋、罗仕伟、龚林东
3	构建 5G Capital 千兆网络城市，打造全球领先 5G 精品网	中国联合网络通信有限公司北京市分公司 华为技术有限公司	北京联通：杨力凡 华为：陈传飞	北京联通：杨鹏、马德旺、郭宇、王焯、吕轩、刘岩、肖洁 华为：朱慧敏、万斐、黄庭安、李志敏、郭平、荆凯
4	基于 OLT 内置 MEC 的智慧工地方案	中国联通有限公司山东分公司 山东省聊城市住房和城乡建设局 中兴通讯股份有限公司	中兴：索煜东	聊城联通：王新宾、张洪波 中兴：衡云军、陈宗琮、陈必多
5	PON+，南京双千兆城市典型案例	中国电信股份有限公司南京分公司 中兴通讯股份有限公司	中兴：朱永兴 南京电信：左明	中兴：衡云军、陈宗琮、王磊、严梅娟、李明生、田松岩、赵苏、汤楠、刘延军 南京电信：任圣云、程振声、张念宏、张耀群
6	湖北省大数据能力平台项目	烽火通信科技股份有限公司	季小庭、柯曾勇	韩旭、徐文俊、袁学海、朱智、赵晓飞、王康、赵震、张新政、李光、边晓林、吕雨成、孙磊、杜博雅
7	中国社区 - 智慧顺庆	浪潮通信技术有限公司	刘伟、房健	栗刚、何涛、谢玲伟
8	首创高科旗下专业化园区——中关村集成电路设计园 IC PARK	北京首创高科技发展有限公司	裴潳、安侠睿	/
9	洛阳市“十四五”智慧城市发展规划	中移系统集成有限公司	王静、雷浩	刘紫君、李志伟、王璟璇、司阳、柴剑、付瑞红、王婷、杜鹏、王少博、吴昊、杨松
10	华为“智慧玄武”5G 消息数字政务应用	华为技术有限公司	华为：徐亚涛、李婧	南京市玄武区政府：韩春云 南京市玄武区南京视觉与网络智能技术研究院：邹铁彬 江苏移动：张贵勇、顾宏明、黄何、曹腾 华为：殷震、孟屿

（续表）

“城市创新规划”案例（共计 20 个）				
序号	申报项目	申报单位	主创人员	参与人员
11	雄安新区容东片区智能城市专项规划	广州杰赛科技股份有限公司	孙广波、孟新予	谭云婷、方慧霆、吕聪敏、马占军、李建中、刘仲明、熊珊、李水宏、叶杨、严亮、欧阳秉炎、宫辉、刘晓东
12	盐城市政府信息资源二期项目	中电万维信息技术有限责任公司	张宝玉、刘博	张亮亮、齐文辉、许渭善、裴武刚、达选成、田永艳、朱天成、王华龙、韦应虎、刘兴伟、杨文辉、牛一童
13	武汉市应急管理信息化发展规划（2019—2022 年）	湖北邮电规划设计有限公司	陈晓静、陈佳阳	李劲、黎萍、陈起凤、魏彦斌
14	武汉市新型智慧城市顶层规划（2020—2022）	湖北邮电规划设计有限公司	陈晓静、申杰	夏雯 黄淼
15	恩施州应急管理局应急指挥基础支撑系统	中国移动通信集团湖北有限公司恩施分公司	汪洋、黄琳	龚静、王彬、谢雨骁、李论、陈婷
16	来凤县智慧城市视频监控和大数据运营中心软硬件设备及网络租赁服务项目	中国移动通信集团湖北有限公司恩施分公司	吴成贵	马红霞、杨丽娟、邓代勇、王彬、谭凯、张祥强、张海军、田浩江、肖华安、姜烨
17	城市智慧停车方案	湖北广电网络工程建设有限责任公司	肖翔	唐必健
18	达拉特旗数字化转型社区治理项目	中移系统集成有限公司	张胜、高强	付泰、杨振国、李兆初、任旭伟
19	亳州市党建引领信用村建设服务平台	亳州市数据资源管理局	/	/
20	亳州市邻长信息平台应用系统	亳州市数据资源管理局	/	/
说明：上述编号 1 ～ 8 为最佳案例，编号 9 ～ 20 为优秀案例				

“技术创新应用”案例（共计 68 个）				
序号	申报项目	申报单位	主创人员	参与人员
21	多元数据挖掘及云化架构的移动网络方案支撑系统及应用平台	中国联合网络通信有限公司研究院 中讯邮电咨询设计院有限公司	中国联合网络通信有限公司研究院：程新洲 中国联合网络通信有限公司研究院：迟永生	中讯邮电咨询设计院有限公司：钟志刚 中国联合网络通信有限公司研究院：曹晓冬、吴洋、高洁、董润莎、张涛、张恒、晁昆、郝若晶、张亚南、张帆、曹丽娟 中国联通重庆分公司：李明欣
22	“5G+ 低轨卫星”网络融合创新业务	中国联合网络通信有限公司研究院 航天科工空间工程有限公司	中国联通：王光全 航天科工：李艳彬	中国联通：朱斌、胡悦 航天科工：何建炜、王崇、张悦城、王浩铭

（续表）

“技术创新应用”案例（共计68个）				
序号	申报项目	申报单位	主创人员	参与人员
23	C-V2X道路安全与效率解决方案	香港应用科技研究院有限公司	庄哲义、苏栋哲	陈航、柴宇梁、冯佳时、黄朗曦、李易瞳、夏华、周子淦、张燕冰
24	数据中心“AR千里眼”远程运维服务	中企网络通信技术有限公司	中企通信团队	中企通信团队
25	万向新元5G+AR新型智慧工厂项目	万向新元科技股份有限公司	徐翀	张书园、张婷婷、李友栋、朱震环、赵志刚、邱雪、陈立祥、薄海伟、秦乃曦
26	5G通信模组SIM8262G-M2	芯讯通无线科技（上海）有限公司	/	/
27	5G异构融合数据赋能智能交通创新应用	中国联通研究院 沈阳航空航天大学 武汉大学	沈阳航空航天大学：赵亮 武汉大学：曹越	中国联通研究院：程新洲、徐乐西、张恒、晁昆、成晨 沈阳航空航天大学：范纯龙、石峻岭、林娜、张德园 武汉大学：李俊娥、严飞、赵波、庄园
28	天津港5G+北斗+AI新一代无人自动化集装箱码头项目	中国移动通信集团天津有限公司	陈奇志、钱程	柳宁、郑嘉宝、李秋楠、柴浩、谭仪妮、谢中伍、娄承圭、李杨
29	大数据与服务业深度融合——包裹跟踪定位服务	中国铁塔股份有限公司广西壮族自治区分公司	刘小宁、卢绍英	邓露、张弛、李丽芝、黄冠雄
30	曲靖数字经开水环境监管平台	中国电信股份有限公司曲靖分公司	杨梓誉、王鹏	王铁龙、黄艳、吴克荣、邝显扬、董思楠
31	重大事件保障平台	上海诺基亚贝尔股份有限公司	林侃	李留海、李瑞壮、李亮
32	内循环液冷散热技术在5G通信产品上的应用	上海诺基亚贝尔股份有限公司	蔡华	夏燕、祁宁
33	玉溪新兴钢铁5G数字孪生透明工厂	中国电信股份有限公司玉溪分公司 玉溪新兴钢铁有限公司	玉溪电信：刘恒 玉溪新兴钢铁有限公司：王前斌	玉溪电信：黄鹏、尚英霞、付建云、姜雷、史云瑞 云南电信：李慕刚、陈栋 玉溪新兴钢铁有限公司：陈世贤、李凡明、李知银、乐锦、金银辉
34	医药供应链信息平台	中移动信息技术有限公司	黎智韬、蔡小海	邹伟政、杨莹、罗毅豪、江政弘、王利利、陈舒贤
35	广铁联合中国移动、中兴通讯打造5G智慧高铁车地通讯	广州铁路科技开发有限公司 中兴通讯股份有限公司 中移物联网有限公司	广铁：汪志伟 中国移动：黄海晖 中兴：陈新宇	广铁：黄毅、陈亮、方毛仔 中国移动：祝捷、师文清、曾晓文、陈海波 中兴：蔡建楠、叶建阳、刘瑞、杨蕤
36	华为公网专用5GtoB风筝方案创新应用	华为技术有限公司	刘雨馨、姚云韵	胡春哲、王怀齐、崔宾、高燕、刘皓

（续表）

“技术创新应用”案例（共计 68 个）				
序号	申报项目	申报单位	主创人员	参与人员
37	《舞上春》云演播	华为技术有限公司	袁立、张晓冬	李斌、郑甲、刘雪、卜佳楠、陈峡、王志远、赵财兵、唐志林
38	基于“5G+ 工业互联网”的马钢智慧料厂项目	华为技术有限公司 飞马智科信息技术股份有限公司 中国联合网络通信有限公司马鞍山市分公司	华为：李文嘉 飞马：邹昱 联通：陈刚	华为：王鹏、高跃跃、彭露露、高亭亭 飞马：梁越永、裴秋平、王铗、郑瀚、周道付 联通：李辉、许翔、苏俊、钱汀
39	场景化宽带创新应用	中国电信股份有限公司云南分公司 华为技术有限公司	云南电信：杜自力、顾都	华为：汪伊明、李志伟、李衍伟、马强德、张彧、易溪林、王文峰、刘仁杰
40	SPN 细粒度切片	中国移动研究院 华为技术有限公司	刘颖	/
41	旌德县人民医院智能云网项目	中国电信股份有限公司安徽分公司 华为技术有限公司	安徽电信：蒋辉、洪伟	安徽电信：王维、边江涛、郑兴宇、沈明权、姜乐、黄炜 华为：何升旺、郎睿、庄秀玲、马琳、俞泽俊、刘淑英、鲁楠
42	新一代绿色有机硅光棒技术项目	江苏亨通光导新材料有限公司	田国才	陈伟、王友兵、胡付俭、劳雪刚、杜森
43	5G 前传单芯片全集成调顶技术	江苏科大亨芯半导体技术有限公司	郑家骏	王明辉、吴敏洁、卓越、戚勇、杨建军
44	SPN 小颗粒硬切片技术及应用	中国移动通信有限公司研究院 中国移动通信集团北京有限公司 中兴通讯股份有限公司	刘爱华、韩柳燕	虞春鸣、王强、赵福川、周文端
45	贵州液冷实验局	中国电信股份有限公司研究院 中兴通讯股份有限公司	中国电信：赖世能 中兴：赵俊鹏	中兴：衡云军、胡龙斌、胡俊劼、陶文强、刘帆、卢贤军
46	“全民拍”基层治理服务平台（新华社 & 中兴通讯）	新华融合媒体科技发展（北京）有限公司 中兴通讯股份有限公司	新华社：贺大为 中兴：王全	新华社：梁恒、高洁、朱文哲、王晖、张海磊、李典 中兴：陈新宇、周小军、柳勤、周琴芬、梁恒、张萍、岳玉媛
47	中兴通讯、陕西联通、陕煤集团 5G+ 智能一体化网络解决方案（黄陵矿业二号矿）	中国联合网络通信集团有限公司陕西分公司 黄陵矿业集团有限责任公司 中兴通讯股份有限公司	中兴：陈新宇 中国联通陕西分公司：李辉	陕西联通：张健、李守卿 中兴：王全、蔡建楠、朱建军、潘振春、马伟、杨蕤、缪永生、张帆、孙新国 陕西煤业化工集团公司黄陵矿业有限公司：薛国华 陕西煤业化工集团公司智引科技有限公司：冯炫
48	中兴通讯 NodeEngine 智简园区专网解决方案	中兴通讯股份有限公司	黎云华	唐雪、顾玉辉、卢学峰、王文懿、布宇、张志新、赵琼鹰、张维奇、封超、倪以发、马立军、倪燕子
49	5G 智慧医疗应用	中国电信股份有限公司四川分公司 四川大学华西医院 中兴通讯股份有限公司	胡成功、张骥	赵雁名、刘志峰、胡加琪、罗云、白小鹏、卢旭东、朱大成、刘敏、韦永祺

（续表）

“技术创新应用”案例（共计 68 个）				
序号	申报项目	申报单位	主创人员	参与人员
50	基于北斗 /AIS 的澜沧江 - 湄公河航运物流信息管理大数据综合平台	工业和信息化部网络安全产业发展中心（工业和信息化部信息中心）	杨桢、朱祥云	胡欣、刘龙、郭建超
51	联通大数据可视化和中后台能力底座——智慧数	中国联合网络通信集团有限公司	宋雨伦、谢云龙	樊利安、朱润亚、王昊然、胡杰、刘江山、张涛、周志国、吕烨、肖威、张权、魏巍、邢玮、彭庆凯
52	5G+MEC（边缘计算）	赛特斯信息科技股份有限公司	赵著行、王立中	席梦男、王朝
53	“天翼云图”数字零售平台赋能 5G 信息消费扩容提质	中国电信股份有限公司全渠道运营中心	郭勇、张小刚	张旭、吴昊、张南鹏、裴忠芸、樊华、王波、尚天元、张昊、魏媛、陈鑫、孙佳静、肖健、陈哲斌
54	5G+Wi-Fi“无感认证”服务在星级酒店的实践	中国电信集团有限公司政企信息服务事业群	徐守峰	崔冬亮、宋贤明、张莉、博扬、李伟
55	小通医链	中国通用技术（集团）控股有限责任公司	刘昆、刘海舟	陈宇玲、王志军、黄永佳、李锐、杨超
56	中邮器材数字化供应链运营平台	中国邮电器材集团有限公司	李勇、董刚	孙欣、陈曦、李婧、解静雅、陈稳、李鹏、康琨、何秋卓、朱丽娟、吴谦、宋戈、陈明、龚宏睿
57	5G+MEC+ 切片智慧施工远程监控一体化系统	中国联合网络通信有限公司 北京宜通科创科技发展有限责任公司 北京电信规划设计院有限公司	向磊、季文翀	成湘龙、冯霄鹏、陶咏志、仇祎博、马振东、栾晓鹏、马营营、狄晓靓、杨鹏、刘茵、刘玮、杨海涛、王飞
58	SPN 智能网络部署方案	中国移动通信集团浙江有限公司 中兴通讯股份有限公司	薄开涛、肖红运	程龙、欧雪刚、邹开璞、岳朝虎、周文端
59	L505 LTE CAT1 通讯模组	上海移柯通信技术股份有限公司	江亮、董镕春	曹君欢、李勇、徐平衡、游建、尤保斌、连陈晨、汤寿军、徐惠、苏光臣
60	阵列服务器云手机搭建 A 个百分点测试平台	深圳市瑞驰信息技术有限公司	王剑锋	赖如金、李宏明
61	通信模组 A7680C	芯讯通无线科技（上海）有限公司	/	/
62	C-RAN 机房	广东海悟科技有限公司	程竑理、吕东建	王水平、黄小巧、林浩东、丘岳喜、喻稳根、徐朝臣、蔡上钦
63	面向 5G 应用的诺笔有声——数智课堂解决方案	上海诺基亚贝尔股份有限公司	张赟、吴凌琛	谈左吉、唐宁、蒋建军、黄峰、李安瑾、张诗洁、陈海军、张传送
64	晋南钢铁集团 5G+ 工业互联网项目	联通（山西）产业互联网有限公司 华为技术有限公司	联通：张宇 华为：张亮	联通：张宇、刘冠宏、潘德荣、张歆超、白宇杰、白浪、许强 华为：张亮、秦波、黄秋炎、关佐峰、贺彦哲、谢意
65	OTN P2MP 精品专线创新	中国联合网络通信有限公司广东省分公司 华为技术有限公司	广东联通：骆益民 华为：刘玺	广东联通：徐远钿、薛松荃、赵桂标、庄飚、蔡一鸿、江永杰、黄志新 华为：吴钰麟、梁伟豪、杨志昆、张寒、刘晓妮、罗凯

（续表）

“技术创新应用”案例（共计 68 个）				
序号	申报项目	申报单位	主创人员	参与人员
66	超光自贸岛	中国电信股份有限公司海南分公司 华为技术有限公司	海南电信：王之滨 华为：杨志东	海南电信：韩军、王庆军、许南京、陈碧珠 华为：陈祎靖、马乐、金鑫、雷伟平、张彬、勾万强
67	上海电信 & 华为联合打造多云聚合平台	中国电信股份有限公司上海分公司 华为技术有限公司	许晓超	/
68	广东移动大湾区全光网金管道创新	中国移动通信集团广东有限公司 华为技术有限公司	广东移动：罗伟民 华为：靳玉志	广东移动：潘毅、李学敏、王应波、何宁、钟学然、敖贵丽、林恩宇、梁巍 华为：周军、胡大雷、邹龙庆、梁海锋、许通
69	华为全云化核心网助力中国联通实现全网一朵云，落地 toB 行业应用	华为技术有限公司	郭传光	/
70	国家水资源广东省监控中心建设	广东省电信规划设计院有限公司	周宏成、余煜东	代爱民、陈建、陈佳松、罗云龙、熊文念、钟伟兰、丁辉
71	ICT 智能视频云平台	湖北公众信息产业有限责任公司	申三燕、童亚男	吴军、江名玮、叶立志、刘畅、王新强、彭雄科、王洁、谢支鹏、高澄、郭振兴、李慧斌、胡娅玲、童俊伟
72	5G 切片编排	亿阳信通股份有限公司	胡宏强、程晶	朱友祯、张东、刘峰、董贵欣、马刚刚
73	云化量子安全服务中间件解决方案	中兴通讯股份有限公司	王继刚、祁娟	王庆、郝振武、魏立平、王名福
74	基于云原生技术的视频中台	中兴通讯股份有限公司	华新海、聂胜军	郑清芳、辛国成、毕崇文、王家林、卢建、林雷、莫滔、邓硕、杨丹、潘云川、游波、谢泽强、夏怡纯
75	贵州移动渠道系统分布式数据库创新应用项目	中国移动通信集团贵州有限公司 中兴通讯股份有限公司	贵州移动：李庆辉 中兴：赵培	贵州移动：朱希伟、董宇、班正波、刘娟 中兴：张校逸、秦延涛、朱业、叶飞、夏彬、赵巍、王旭升
76	中兴通讯 5G+ 智慧电网创新方案在南方电网的成功应用	中国移动通信集团广东有限公司广州分公司 中兴通讯股份有限公司	胡浩、束裕	曹长江、汪竞飞、韩营、朱红建、陈乐、王宁、景晓玺、魏天兵、陈永波、何光明、司长伟、黄成富
77	ElasticNet UME-NIA 智动运维解决方案	中兴通讯股份有限公司	赵丁、沈毅	严海波、董蕾、张健健、沈远、陈洪杰、常海杰、韩飞、接铭、潘春锦、杨栋辉、王仕豪、陈昭、尚子渊
78	5G 政企专网及行业应用的产品化解决方案	中国联合网络通信集团有限公司	陈锋、洪林梦涵	舒帅东、陈海、李天锡、李张铮、卢春生、连慧、严燕燕、温太标、王哲坤、林智铭、王征
79	基于 5G 车路协同的智能驾驶关键技术研究及应用示范	中国联合网络通信集团有限公司	周光涛、邱佳慧	联通智网科技：程军峰、辛亮、刘子旭、赵晓宇、杨海军 联通智网创新中心：蔡超、冯毅、陈斌、张香云、林晓伯、夏小涵 联通集团政企客户事业部：澹台新谱、李玲

（续表）

“技术创新应用”案例（共计 68 个）				
序号	申报项目	申报单位	主创人员	参与人员
80	徐工基于 5G 的全价值链智能工厂项目	中国联合网络通信集团有限公司	周斌、董明	付斐、蒋海涛、于谦、吴承谕、丁杰、张智尧、滕维维、胡敬宇、张明、夏雪
81	湖北电信 ITV 业务管理平台	湖北公众信息产业有限责任公司	郑言勇、王其军	尹冰琳、刘军、安进静、童亚兰、廖小雨、张伟、刘威、蔡海翔、刘人群
82	聚翼智慧社区	湖北公众信息产业有限责任公司	周水琴、王雨立	尹冰琳、黄屹、朱丽、罗国伟、冉海全、张卫、张宏涛、汪曼、田康
83	智慧体育（赛事）应用平台研究与开发	湖北邮电规划设计有限公司	陈晓静、丁晏飞	龙婧、谢安琪、胡文、汪俊杰
84	十堰市重大建设项目管理平台	中国移动通信集团湖北有限公司十堰分公司	周诗仲、晏涛	赵欣、刘远航、李蒙蒙、戴新德、程鹏、冉从元、马康康、李同国、聂路雨、李怡峥、蒋京山、曾兆奇
85	机床产品全生命周期智能工业解决方案	中国通用技术（集团）控股有限责任公司	刘海舟	陈宇玲、王志军、于春明、邓庆野、元海、于海波、郭崇宇、王鑫、山博
86	软件造价评估 SaaS 平台（嘉量云）	中通服软件科技有限公司	仲兆祥、朱玉	郭琼琼、张笑闻、顾敏会、高娃、金宇成、傅祯卿、张翠玲、江志兵、江燕、吴春松
87	通服云平台	中通服软件科技有限公司	王欣、何晶	涂勇、何平、何治伟、邱赟、黄勝豹、韩凤伦、孔亚男、彭天祥、段凤琴、雷燕妮、吴召军
88	中国联通数字化转型大流量 A 个百分点营销直播平台关键技术研究及应用	中国联合网络通信集团有限公司	郭林、张明光	李立新、赵锡成、武宗涛、焦茜、杨萌、廖慧、唐娅荔、马永亮、李娜、尹为强、周雪、杨德泉、李相隆
说明：上述编号 21 ～ 58 为最佳案例，编号 59 ～ 88 为优秀案例				

“解决方案”案例（共计 134 个）				
序号	申报项目	申报单位	主创人员	参与人员
89	5G 电源整体解决方案	深圳市金威源科技股份有限公司	冉永华	冼业明
90	基于泛智能终端上云 5G 智慧健康管理	世纪龙信息网络有限责任公司	李宇光	纪柱、牛力、杨云、刘航、陆文燕、胡敏慧、邓智勇、邝嘉鸿、荣晓婷、蒋佩兰、黄婧妍、孙诗萌、陈金燕
91	5G 消息行业解决方案	江苏永鼎股份有限公司	张瑶、连英群	张瑶、连英群
92	5G+ 智慧交通项目	北京电信规划设计院有限公司	沈俊鹏、李海军	李家京、黄小兵、李启旺、宝得、宋攀、常建平、贾晓光、邓浩东、范启伟
93	兴安盟 5G+ 智慧农业示范项目	中国联合网络通信有限公司智能城市研究院 北京电信规划设计院有限公司	中国联合网络通信有限公司智能城市研究院：李良、王题	联通智能城市研究院：杜忠岩、冯婷婷、闫石、谢梦楠 北京电信规划设计院有限公司：胡雅静、苑磊、毕盛楠、王珏、乌恩奇、杨华新、杜伟、辛立峰、王得毅、闫震

（续表）

"解决方案"案例（共计 134 个）				
序号	申报项目	申报单位	主创人员	参与人员
94	贵州省地质灾害防治指挥平台建设项目初步设计	北京电信规划设计院有限公司	岳斌、任永学	马媛媛、袁夕征、王娟、刘亭
95	塔里木河智慧河长管理信息系统项目设计	北京电信规划设计院有限公司	詹天仪、匡桂喜	吴泽滨、赵天奇、何明、韩嘉、安超、马振东、魏至胜、张志强、温涛、王衍娇、王志东、周延松、肖然
96	广西柳工 5G 智能远程遥控项目	中国电信股份有限公司柳州分公司	韦丹玲、李松	欧阳美玲、韦庆新、刘鸿飞、唐宇、苗青、唐涛、罗俊、陆晓迪、黄雯婷、周政、冯晓东、王慧莲、梁秋平
97	基于 5G+MEC 技术的荣程钢铁智慧工厂创新应用解决方案	中国移动通信集团天津有限公司	陈奇志、崔澜涛	梁军、柳宁、冯剑、汪春、马铁伟、高骏
98	森林草原火灾实时监测预警系统	中国铁塔股份有限公司黑龙江省分公司	陈志坚	王立鹏
99	基于云平台的区域级医疗废物监管系统解决方案	安徽电信规划设计有限责任公司	李琳、刘杰	李羽、丁蓝、朱和、李小伟、韩亚、邓学杰、王森、梁少鹏、陆应康、胡成志、张兆祥、王凯、徐婷
100	诺基亚贝尔和云南移动联合案例——智慧机房	上海诺基亚贝尔股份有限公司 中国移动通信集团云南有限公司	云南移动：赵胃森 NSB：高洁	云南移动：赵皓然、孙磊 NSB：邓斌、赵兴、周春明、谢忠明、张滨、刘日兴、徐进
101	福建移动互联网内容运营分析系统案例	中国移动通信集团福建有限公司 上海诺基亚贝尔股份有限公司	福建移动：杨琨琨 上海诺基亚贝尔：郭炜	福建移动：张明军、陈海虹、蔡鸿祥、陈倩雯、黄栋、黄椿亮、许孟彦 上海诺基亚贝尔：裴尧、兰宇、徐俊、刘向明、雷波
102	遵义市中医院（新院）全光智慧医疗解决方案	上海诺基亚贝尔股份有限公司	刘奕、虞险云	向正权、王昱、冯阳飞、赵波、王中亚、张恒、时珣
103	工信部信创建设案例	深圳市金蝶天燕云计算股份有限公司	高尚、朱晓武	惠迪、李锋、王清龙、刘进
104	北京市大兴区人民医院智能医院信息化建设项目系统集成项目	中移系统集成有限公司	焦罡、朱玉柱	孙海涛、张兵欣、程小倩、李晓龙、陈红燕、贾仑、黄利利
105	5G+ 智慧诉服与庭审	中移系统集成有限公司	林鹏、李鹏磊	徐成国、王江洪、朱建勋、李兆初、张驰、张军
106	江西庐山风景名胜区 5G+ 智慧旅游解决方案	中移系统集成有限公司	江海滨、赵霄祥	张光耀、范循安
107	中国移动 OneZone 智慧社区解决方案	中移系统集成有限公司	张胜、李贤标	陶念、杨振国、平卫伟、章季瑜、付泰
108	山东联仁数据可视化系统及其他定制化工具开发项目	中移系统集成有限公司	常鹏飞、齐怀超	焦瑞芳、李永宏、刘永强、寇俊楠、周洲、李茹娜、邱鑫、杨能杰、佘光伟、张静宜、王胜利

（续表）

"解决方案"案例（共计 134 个）				
序号	申报项目	申报单位	主创人员	参与人员
109	基于 5G+ 机器视觉和 AR 的识别检测应用研究	深圳市日海飞信信息系统技术有限公司 飞腾信息技术有限公司 航空工业成都飞机工业（集团）有限责任公司	航空工业成都飞机工业（集团）有限责任公司：隋少春 深圳市日海飞信信息系统技术有限公司：吴彤	航空工业成都飞机工业（集团）有限责任公司：邓晓春、崔志卓、胡一博 深圳市日海飞信信息系统技术有限公司：王征宇、王宇彤、丁晋文、印贵权
110	基于 5G+AI 全场景智能社区综合解决方案	中国移动智慧家庭运营中心（中移（杭州）信息技术有限公司）	浦贵阳	李磊、陈进利、赵媛、程平、王亚莱、汪柳青、冯首川、李英、童夏、赵璇、李禄、张栋宇、范子瑜、常小龙
111	基于高通量 Ka 卫星的林草生物多样性监测系统	中国卫通集团股份有限公司	中国卫通集团股份有限公司：董坤 延庆自然保护地管理处：胡巧立	中国卫通集团股份有限公司：孙志昆、张晓、顾环宇、李妍、郝帅玲、赵晨、田锟、刘阳
112	多星统一测控平台	中国卫通集团股份有限公司	杨旭、杨学猛	赵悦、张东旭、王俊杰、马晓亮、刘强、宋铮、张哲晓、徐天津、沈慧婷、杜祥、李修贤、冯朝辉
113	绿盟反欺诈解决方案	绿盟科技集团股份有限公司	绿盟科技反诈产品团队	绿盟科技反诈产品团队
114	中国移动总部集中经营分析系统——深度分析云助力中移动经营决策	天津南大通用数据技术股份有限公司	李保锋、孙云吉	白军奎
115	辽宁鞍钢 5G+ 工业互联网智慧工厂项目	中国移动通信集团辽宁有限公司 鞍钢集团信息产业有限公司	鞍钢集团信息产业有限公司：刘佳伟 中国移动通信集团辽宁有限公司：崔铎	中国移动通信集团辽宁有限公司：李伟、刘爱冰、张照和、石讳、周柳筠、张大军 鞍钢集团信息产业有限公司：翟宝鹏
116	基于云原生的中国移动磐基 PaaS 平台解决方案	中移动信息技术有限公司	陈国、张春	赵淳、魏宝辉、郑文雯、任林、黄鹏翔、车旭、赵梦瑶、王晓晨、任意君、解云涵、卢城、钟卿、冯乐天
117	适老化搜索服务方案	中移动信息技术有限公司	刘静娴	熊剑廷、蔡丹丹、钟庆
118	5G 全场景 Massive MIMO	华为技术有限公司	李欣、陈丹青	何甜甜、谭东炜、刘仁桂、彭俊、郭平、荆凯
119	华为智能化多天线（4-8-M）解决方案	华为技术有限公司	黄振杰	仇政、陈丹青、荆凯、吕鹏、徐建民、许晓红、徐卫中、李刚、熊地、毛希、孟令娜
120	华为 5G 室内分布式 Massive MIMO 解决方案	华为技术有限公司	刘延芳、王奇	何立波、陈丹青、俞奇灿、荆凯、王荣、王奇、刘延芳、彭劲东、罗纪、陈敏
121	华为 5G 新通话解决方案	华为技术有限公司	张潇	张力波、王春林、朱登云、李雪娇、李姗、陈伟贤

（续表）

“解决方案”案例（共计 134 个）				
序号	申报项目	申报单位	主创人员	参与人员
122	华为 5G Core 磐石方案	华为技术有限公司	黄彦晖、钱昊	胡春哲、王怀齐、崔宾、刘皓、宋雪涛、高燕、彭悦
123	中国移动基于 IPv6+ 的云专网 SDN 创新解决方案	中国移动通信有限公司 华为技术有限公司	中国移动：白立荣、万奇	中国移动：李振强、张庚、程伟强、唐本亭、杨海俊、姜文颖、纳磊 华为：林毅、叶晓明、左萌、王若豪、郭强、舒志龙
124	中国联通干线全光基础网	中国联合网络通信集团有限公司 华为技术有限公司	中国联通：吕洪涛 华为：周军	中国联通：陈强、马小梅、唐晓强、张佳琳 华为：周家乐、李涛、梁海昱、杨明华、毛正、朱思敏、金胜、钟凯、戴佩
125	浙江移动 & 华为数智化故障中心项目	华为技术有限公司	崔永锋、冯朴夏	郎丰彪、黄小涛
126	中化蓝星星火有机硅 5G 智慧工厂	江西蓝星星火有机硅有限公司 江西电信九江分公司 华为技术有限公司	杜晓松	蓝星星火：杜晓松、高星、程国军 九江电信：杨文清、吴杰、吕良春 华为：刘航、李琦、蒋相坤、杨俊凯、刘世缘
127	武汉地铁集团 5G 智慧城轨项目	华为技术有限公司 中国移动通信集团湖北有限公司 武汉地铁集团	武汉地铁：朱东飞 湖北移动：李健	湖北移动：毛骞、郑晶、靳起浩、蔡雯 武汉地铁：李世刚、杨烨、洪婷 华为：曹亚东、赵志高、顾永刚、何涛、邓文凯、徐战胜
128	山东联通东营胜利油田 5G+ 智慧油田项目	中国联合网络通信有限公司东营市分公司 华为技术有限公司	李国庆	联通：张传礼、赵磊、王建伟、卜小琳、张明、盖湘涛、梁海生 华为：马旭波、孙国强、周建国、朱彦峰
129	庞庞塔煤矿“5G+ 智能矿山”案例	联通（山西）产业互联网有限公司 华为技术有限公司	联通：张宇 华为：张亮	联通：李艺、张宇、刘冠宏、薛亚勇、高雪峰、白浪、许强 华为：张亮、秦波、黄秋炎、关佐峰、贺彦哲、邓飞
130	5G+ 智慧航空强度检测示范项目	华为技术有限公司	华为：汪洋 上海移动：蒋志江	强度所：刘冰、郑建军 中移动：鲁嘉俊、刘振宇、李颖 华为：许鹏拓、白晨、蹇飒、王红莲、张小华、杨博臣
131	自动驾驶网络（ADN）解决方案	华为技术有限公司	徐东兵、高贵东等	徐东兵、高贵东等
132	陕西移动预制模块化数据中心项目	中国移动通信集团陕西有限公司 华为技术有限公司	王吉明、赵恒	移动：李晖、郑重华、曾强、田程军、郝峻、范炜、梁赉、梁新、毛进立 华为：于冲、李涛、吴思、黄涛、宁宇
133	基于新华三智能数字平台的机场应急管理解决方案	新华三技术有限公司 广东机场白云信息科技有限公司	新华三：翟志东 广州白云信息：罗军	新华三：翟志东、孙志超、李文甲、李腾飞、马臻、瞿壮、官文丰、杨竟成 广州白云信息：程宇、邓健威、李宇昂、李佳欣、徐鸣晖、莫肇銮

（续表）

“解决方案”案例（共计 134 个）				
序号	申报项目	申报单位	主创人员	参与人员
134	智能网络运维大脑	亿阳信通股份有限公司	陈瑞芳、吴京川	王克冬、张志刚、李曼、贾艳、李杰、刘兵、刘亚梅、李俊珠、金博、高彦夫、丁俊峰
135	地铁智慧运维平台	亿阳信通股份有限公司	王永安	陈寿明、刘曦雨、赵洪志、华文、张国华、吴青青、赵金龙
136	分户用电管理及收费系统	亿阳信通股份有限公司	张贵来	马义、梁天超、韩磊、吴琦、肖春雨、李林
137	贺州市综治视联网组网解决方案	中国电信股份有限公司	钟远平	蒋政雄、陶睿、廖添辉、刘绍亮、张剑锋、傅勇、郭荣波、韦斌、廖智翔、胡聪、邓文万、易柳清、覃钰涵
138	飞翼智巡网联无人机智能巡检创新项目	中通服软件科技有限公司	陈世昊、李锋	黄刚、麦振明、黄毅斌、甘永展、杨记明、邝家强、张远辉、苏国流、程锡东、韦广强、梁信才、谢梦莹、王鑫
139	港口 5G 自动化生产	中国联合网络通信有限公司天津市分公司 天津港信息技术发展有限公司 中兴通讯股份有限公司	中兴：丁成远、梅清理	中兴：姜永湖、仲昕、宋宝义、孙世琦、王亚锁、刘兆麟 天津联通：何凯、靳冰祎、王莉莉 天津港：姜嘉旗、陈鹏、朱益锋、郑德浩
140	云仓数配——四川电信生态化运营供应链	中国电信股份有限公司四川分公司 中通服供应链管理有限公司四川分公司 中兴通讯股份有限公司	四川电信：陈浩、张骥	四川电信：岳江平、赵雁名、杨东、刘志峰 中通服供应链管理有限公司四川分公司：余强、王光雷 中兴：白小鹏、卢旭东、李溦、钟钰、杨扬
141	全屋光纤组网解决方案	中兴通讯股份有限公司	赵秋原、熊钢	衡云军、陈宗琮、张海军、施军、王鹏、李凤洋
142	ATG 地空互联通讯方案	中兴通讯股份有限公司	柏燕民、唐雪	顾翔、柏钢、胡凯伟、刘爽、韩营、刘伟伟、申建华、赵羽、郭阳、何勃、赵志勇
143	中兴 PowerPilot 节能方案	中兴通讯股份有限公司	张晨红、季尹禹	陈利军、范英鹰、朱立会、位子阳、马俊青、乔黎明、郭远功、范海瑞、郭雅俊、王仕豪、刘蕊、张波、王栋、郭琳
144	疫情下的云网络服务方案	中兴通讯股份有限公司	张健、冯培轩	洪功存、蒋永忠、张大勇、宋玉林、蒋国兵、张宏伟、张力伟、蔡方寒、蒋军、张宁、贾佳
145	中兴通讯承建的湖南省省级电子政务统一云平台政务	中兴通讯股份有限公司	张滨、杨牧	杨明、刘荆虎、徐云、李武锋、董良慧、胡婷、王侃、张凌
146	宝钢湛江钢铁 5G 专网智慧钢厂	中国联合网络通信集团有限公司	施玉晨、陈沁茗	陈孟尝、莫俊彬、潘桂新、闻屏、邢燕、邓安民、易阳峰、成静静、陈坚光、李彬、王伟豪、刘子建、徐舒

（续表）

“解决方案”案例（共计 134 个）				
序号	申报项目	申报单位	主创人员	参与人员
147	移网与人工智能结合的智慧运维技术在通信网络运维中的应用与实践	中国联合网络通信集团有限公司	霍明德、刘韧	重庆联通：及莹、周国语、翁国栋、翁栋、尹劲松、李好 中国联通研究院：程新洲、徐乐西
148	河钢石钢“智慧园区”建设解决方案	卓信通信股份有限公司	梁岩柏、安鹏菲	毕研伟、杨旭、朱二刚、孟玉昆、崔丽涛、孙哲、王少男
149	湖北移动火神山医院5G 远程医疗建设项目	中国移动通信集团湖北有限公司	涂剑锋	/
150	武钢 5G＋全连接工厂项目	中国联合网络通信有限公司湖北省分公司	刘影、李捷	李鹏、吴远、易正杰
151	东风岚图 5G+ 智慧园区及智慧工厂项目	中国联合网络通信有限公司湖北省分公司	李捷、陈沁	李力、冯阳、吴远、程诗佳
152	G5021 石渝高速丰涪段车路协同智慧高速	大唐高鸿数据网络技术股份有限公司	陈山枝、毕海洲	张杰、彭帆、许鹏、吴桐、林鲲鹏、何玲、王奇、张连栋、董书霞、陈融、吴艳光、傅宁、贾佳、白玉
153	智慧校园解决方案	河北电信设计咨询有限公司	王兆伟	白太振、耿朋进、王建忠、陈子轩、吴迪、于佳、石玮岩、杜一帆、袁淑华
154	长城汽车荆门分公司5G+ 智慧工厂	浪潮通信技术有限公司	魏琨、鞠幸兴	张鹏、赵金、田洪新
155	武商广场：5G+MEC智慧综合体助力武汉疫后商业复苏	中国电信股份有限公司武汉分公司	中国电信全渠道运营中心：张旭 武汉电信：罗进	中国电信全渠道运营中心：吴昊 武汉电信：杨汉立、陈亮、周剑、魏坤
156	陆合基安达煤业矿用5G 通信系统案例	联通（山西）产业互联网有限公司 华为技术有限公司	联通：张宇 华为：张亮	联通：张宇、刘冠宏、潘德荣、秦紫凡、高雪峰、薛亚勇、王丽萍 华为：张亮、秦波、黄秋炎、关佐峰、贺彦哲、邓飞
157	12345 政务热线推进社会治理现代化的研究与运用	中国电信股份有限公司云南百事通信息分公司	段勇、张红杰	陈志刚、李明杰、何昌蔓、高博文、杨耿雁
158	曲靖智慧停车云数据综合管理服务平台及等级保护建设采购项目	中国电信股份有限公司曲靖分公司	杨梓誉、王铁龙	曾艳、林迎春、吴瑛、黄艳、王鹏、吴克荣、张琳玉嵘
159	张江人工智能岛 5G边缘计算应用案例	上海诺基亚贝尔股份有限公司	周国栋、刘长文	陆诚刚、任云涛、展国常、周同、田鑫童
160	智慧物流园区一体化解决方案	深圳市顺丰综合物流服务有限公司	顺丰 3C 行业解决方案团队	顺丰 3C 行业解决方案团队
161	RDMS 鲁邦通智物云管理平台解决方案	广州鲁邦通物联网科技有限公司	黄毅	/
162	中国移动大数据行业应用服务平台	中移动信息技术有限公司	张帆	周辉、李岩、张黎

（续表）

"解决方案"案例（共计 134 个）				
序号	申报项目	申报单位	主创人员	参与人员
163	中国移动流程智能化（IPA）平台	中移动信息技术有限公司	刘春林、伍奇	覃强、李天波、夏倩倩、曹雨薇、许佩莹、雷海涛、杨光、任晓军、陈宏俊、张毅、陈思、陈明罡、何莹
164	飞书必达——行程码验证短信推送方案	中移动信息技术有限公司	熊剑廷	刘静娴、蔡丹丹、钟庆
165	中国移动基于华为 iBRAS 的家宽端到端质量分析平台	中国移动通信有限公司 中国移动通信集团北京有限公司 华为技术有限公司	张施磊	/
166	华为 FTTR 全光网络解决方案	华为技术有限公司	周军、冯志山	易溪林、李志伟、刘波、张波、罗威、吴显理、朱卫东、唐友国
167	湖南移动 5G ToB 运营中心	华为技术有限公司	高军、王冕	熊邵飞、胡腾飞、张宇、谢泽龙
168	云南移动全光智慧城市创新	中国移动通信集团云南有限公司 华为技术有限公司	云南移动：撒倩 华为：王文峰	云南移动：葛松海、冯毅、刘伯涛、段毅、杜宏伟、李灿 华为：王栩、段斐、钟阳光、杜坤、唐树宏
169	天津移动智慧云网一体方案	中国移动通信集团天津有限公司 华为技术有限公司	张秋实	/
170	华为智能云网解决方案	华为技术有限公司	华为数据通信产品线智能云网解决方案团队	/
171	SPN 切片解决方案	中国移动通信集团云南有限公司 华为技术有限公司	刘颖	/
172	F5G（OTN+OLT）超级站点	华为技术有限公司	袁勇强、冯国杰	李涛、杨明华、杜坤、张艳庆、李从奇、谭晶鑫、兰磊、黄康勇、秦霁、范侃、管冬根、张绍友、蔡东升
173	华为品质宽带解决方案	华为技术有限公司	周勇	/
174	华为核心网自动驾驶网络解决方案	华为技术有限公司	赵琰琰	/
175	华为电信云原生解决方案	华为技术有限公司	姚云韵	/
176	黑龙江移动 2020 年数据安全管控平台项目	北京东方通网信科技有限公司	周春楠、赵贵阳	付芙钧、孙健、史彬宇、李洪彬
177	5G+ 智慧校园教学解决方案	广州爱浦路网络技术有限公司	吕东	周远长、秦海、梁勇、廖雪松、苏国章、王健、吴云普、王丹、韦翠芙、吴志勇、黄华容、张溢泓

（续表）

“解决方案”案例（共计 134 个）				
序号	申报项目	申报单位	主创人员	参与人员
178	深圳国际生物谷坝光核心启动区智能交通系统建设项目	广州杰赛科技股份有限公司	李国、劳基峰	李杰、李梅、刘仲明、王金超、杨春、夏梦、黄一峰、熊国庆、张云龙、揭玉明
179	5G 前传 MWDM 波分解决方案	江苏亨通光电股份有限公司	郝祥勇	吴敏、王斌、马钧、江传奇、周卫江、朱鸿明、窦方勇
180	新华三智慧机场解决方案	新华三技术有限公司	翟志东、孙志超	李子威、赵飞、王君菠、王瑞祥、傅振宇、赵仙、李文甲、李腾飞、马臻、王晓丽、马云梓、辛龙超、曾海贵
181	新华三智慧机场数字机坪解决方案	新华三技术有限公司 飞友科技有限公司	新华三：翟志东 飞友科技：宜彤	新华三：孙志超、李文甲、李腾飞、马臻、王瑞祥、王晓丽、傅振宇 飞友科技：张重阳、杨杰、康健、汪明明、赵斌、方海宝
182	首都智慧机场案例	新华三技术有限公司	李子威、王君菠	赵飞、王瑞祥、辛龙超、赵仙、吴畏、王泽宁、高国义、张晓阳、翟志东、孙志超、李文甲、李腾飞、马臻
183	新华三甘肃智慧水利解决方案	新华三技术有限公司	司一夫、陈阳	刘兴隆、罗剑、张凯、朱明承、丁明
184	新华三 5G 未来工厂解决方案	新华三技术有限公司	吕杭榕、应彬	鲍爱钢、贾启胜、陈鼎、张海洋、徐鹏、杨学金、陈伟才、刘樟富、钟航、王伟栋、潘伟伟、张华、张涛
185	智慧城轨解决方案	新华三技术有限公司	李欣、于志胜	王君菠、王瑞祥、李韦、张楠、刘冠举、郑上闽、侯山鹏、辛龙超、吕飞、张一琛、童修品、籍锦程、李功
186	轨道机器人在通信行业无人值守机房的应用	亿阳信通股份有限公司	杨峰、邱勇	张华、李相林、邓成林、宋文全、屈鑫、曹立伟、张涛、邓心怡、薛淋文、黄书畅
187	数智化供应链管理优秀解决方案	亿阳信通股份有限公司	杨峰、龙永勇	晋桃花、邱勇、游震、兰浩升、马继军、倪俊波、李明、雷玉梅、黄培
188	传输工作台	亿阳信通股份有限公司	张颖慧、于化谱	朱友祯、张东、冯海超
189	福建移动云安全办公实践	中国移动通信集团福建有限公司 中兴通讯股份有限公司	福建移动：黄海辉 中兴：夏泽金	福建移动：林霖、林志云、林康敏、沈克苹 中兴：王松松、廖勇、赖昭奎、陈红领、许奕斌、谢子富、徐芳、卓王波
190	浙江移动 B 域系统数据库自主创新解决方案	中国移动通信集团浙江有限公司 中兴通讯股份有限公司	浙江移动：王晓征 中兴：赵培	浙江移动：郭岳、潘宇虹、周勋、孙占峰；中兴：周成、张校逸、秦延涛、马群、吕伟初、马成明、叶飞
191	5G CDN 解决方案	中兴通讯股份有限公司	张宇、朱伟	方晖、衡云军、尹芹、刘群、程申粱、周宇阳、张一頔
192	中兴通讯 iCube 云网一体解决方案	中兴通讯股份有限公司	陈新宇、王全	武广维、叶建阳、朱建军、蔡建楠、刘西亮、柳勤、杨蕤、安静、刘瑞、黄燕

（续表）

"解决方案"案例（共计134个）				
序号	申报项目	申报单位	主创人员	参与人员
193	"软件定义集成"的5G系统自动化集成解决方案	中兴通讯股份有限公司	胡兵、朱静	周雪银、陈璇、沈飞、陆晓燕、王毅、范东明、杜宇、刘举明
194	智慧监理现场管理系统	中邮通建设咨询有限公司	龚平	崔昊、蔡杰、葛浩、刘橹、周浩
195	冬奥园区"5G&北斗&C-V2X"智能车联网系统业务应用	中国联合网络通信集团有限公司	刘琪、宋蒙	许幸荣、梁鹏、王题、夏俊杰、高枫
196	中国一拖5G+AI+视觉质检项目	中国联合网络通信集团有限公司	吕智莹、冯征	王凯、尚新峰、乔涛、金晖、田中波、刘建明
197	长江大学校园疫情防控综合管理系统采购项目	中国电信股份有限公司荆州分公司、 中国电信股份有限公司湖北分公司	龚道威、宋军	胡祥、万选、周爱晟、童安波
198	武汉市武昌医院云平台建设工程	中国电信股份有限公司武汉分公司	程燕玲	徐波、冉松、罗浩、程燕玲、严黎亮、刘瑞祥、张珣、易恒聪、水荣生
199	智学堂在线培训平台	湖北公众信息产业有限责任公司	关海卿、齐昌成	王升锋、卜岳、张勇、常乐、李羊琴、涂鼎
200	中国电信医疗云专区（湖北节点）	湖北邮电规划设计有限公司	闻琛阳、胡建英	袁舒莲
201	湖北省健康医疗大数据中心暨公共卫生应急管理平台建设项目初步设计	湖北邮电规划设计有限公司	李厚望、田野	张凯书、徐继晖、吴慧芳、鄢文、石先智、曾旻等 湖北省卫生健康委员会：邱杰、巴才国等
202	湖北省发展和改革委员会全省发改系统信息化建设项目	湖北邮电规划设计有限公司	熊瑰、罗骁	张凯书、徐继晖、辛鑫
203	智慧新洲问津云及指挥中心建设工程项目	湖北邮电规划设计有限公司	张凯书、罗骁	徐继晖、辛鑫、吴慧芳、熊瑰、李厚望
204	"一部手机游湖北"全域智慧文旅综合服务平台项目（初设）	湖北邮电规划设计有限公司	李晓娜	蒋大鹏、彭捷、陶娟、张丽丽、沈慧平、计超
205	武汉市智慧城市基础平台（一期）项目初步设计方案	湖北邮电规划设计有限公司	陈晓静、杨俊峰	刘思思、陈然、郝君毅
206	数字体育解决方案	湖北邮电规划设计有限公司	陈晓静、杨兴	范雅政、王瑾、关乔波
207	第31届世界大学生夏季运动会赛事信息系统服务	湖北邮电规划设计有限公司	陈晓静、胡文	向冲、肖文平、高伟、龙婧、陈然、翟创、袁梓溢、吴王骞、张博扬、朱麟友
208	建始县国有长岭岗林场森林防火（资源监管）系统建设项目	中国移动通信集团湖北有限公司恩施分公司	刘婷婷、付希	王鑫、刘婷婷、付希、尹素芬、王彬、谭凯

（续表）

“解决方案”案例（共计 134 个）				
序号	申报项目	申报单位	主创人员	参与人员
209	仙桃市大数据中心云平台扩容升级采购项目	中国移动通信集团湖北有限公司江汉分公司	张军、何成龙	翁秀松、彭军超、陈涌、李杰、危义韩
210	洪湖市政法智能化建设项目	中国移动通信集团湖北有限公司荆州分公司	王强、刘顺	周露、田祎
211	钟祥市交通运输局源头治超项目	中国移动通信集团湖北有限公司荆门分公司	崔志远、王蓉丽	祝甫平、杨红艳、田纪龙、唐小龙、陈帅、李超、别必隽
212	产业金融服务平台解决方案	中国联合网络通信有限公司湖北省分公司	卢海敏	陈翌、王俊、姜坤、程长澍
213	川气东送管道重点高后果区智能安全监控技术服务项目	中国铁塔股份有限公司湖北省分公司	彭小妹	习明海、陶冶、崔汉军、王和民
214	湖北长江新螺段白鱀豚国家级自然保护区信息化服务租赁项目	中国铁塔股份有限公司湖北省分公司	王和民、余功华	王海 、张晶、郭星、廖志军、陆海涛、段星月、谢丰
215	襄阳汉江国家湿地公园视频监控系统服务项目一期	中国铁塔股份有限公司湖北省分公司	谢涛、郝会珍	杨力、邓晓君、李鸣
216	自然资源动态监管平台	中国铁塔股份有限公司湖北省分公司	杨艳红、兰峰	左星光、李春燕
217	TCO 最优 700M 网络建设方案 700M 网络建设方案	中信科移动通信技术股份有限公司	陈博、李楠	王利、李家和、张海波、曾宪铎、方乐明、李翔、陈宇明、王玉森、常璐、王东锋、韩冰、廖镭鸣、周禄江
218	芯云一体化物联网安全解决方案	大唐电信科技股份有限公司	王勇、贾小勇	徐桂、徐俊峰、孙煜
219	楚大智能装备智能远程运维项目	浪潮通信技术有限公司	魏琨、冯景	柯晨光、张鹏、童旭东、鞠幸兴、赵金
220	北京交通大学基于 5G 的车载物联网框架研究项目	浪潮通信技术有限公司	赵金、李梦飞	赵金、李梦飞、田洪新
221	人工智能算法模型及训练数据的安全威胁分析平台	上海观安信息技术股份有限公司	崔磊、魏国富	王文君、王运翔、王征、张卫纲、张宇宁、邹静洁、段蒙浩、刘兵
222	智慧建造，提升精细管理——北京大兴国际机场南航基地项目智慧建造应用	中国新兴集团有限责任公司	邹士亮、沈鹏	李铁良、李栋、佟向前、赵庆凯、苏志国、李作军、焦中岭、袁慧、张晓冉、王志兴
说明：上述编号 89 ～ 156 为最佳“解决方案”案例，编号 157 ～ 222 为优秀“解决方案”案例				

（续表）

“企业创新先锋”案例（共计 10 个）				
序号	申报项目	申报单位	主创人员	参与人员
223	“云藏”藏文搜索引擎平台	海南州云藏藏文信息技术有限公司	才洛	多杰拉旦、多科、拉吉卓玛、却多杰、拉玛杰、公宝加羊、索南多杰、曼拉太、夏吾卓玛、德青措、勒毛措、多杰、仁青
224	蓝鲸宽带卫星通信系统	南京控维通信科技有限公司	魏武、赖海光	郑成辉、曾晓光、石锋、汤善东
225	金蝶 Apusic 应用服务器中间件解决方案	深圳市金蝶天燕云计算股份有限公司	成勇斌、韦永森	江海军、邝云星、张小春、黄小满、马震、陈勇辉、邱子杰、陈帆、周惠娟、王晶
226	基于 CMBaaS 区块链服务平台的代维记账链	中移动信息技术有限公司 中国移动通信集团山东有限公司	叶可可、朱祥磊	张晶、方有轩、刘磊、陈籽和、陈莹、王雪龙、郑旭晓、赵思远、曹树鹏、张树新、董坤厚、董猛、杨璐
227	立体通三维互联网技术及裸视三维智慧膜	深圳市立体通技术有限公司	季楠、翟宝莲	陆先锋、管茜莉、黄秋华、潘江、陈曦、祁圣慧、李炜、刘峰顺、沈振帅、朱翊、周建文、谭贻茂、欧阳辉
228	优音云坐席	北京优音通信有限公司	黄瑜、武传霞	韩子敬、巨伟平、虎雷、赵坤、付宽宽、白圆圆、张立新、朱小东、胡啸、吕升海、周颖、陈磊
229	WD-MIMO+5G 单缆覆盖系统	北京唯得科技有限公司	吕世光、张静轩	魏自远、魏家增、江其、张小龙、杨秋林、吴佩霖、刘威
230	珠江三角洲水资源配置工程融合调度监控中心项目	广东省电信规划设计院有限公司	周宏成、余煜东	代爱民、陈建、陈佳松、罗云龙、熊文念、钟伟兰、丁辉、黄晓路、吴延顺
231	新一代光导直读 NB-IoT 智能远传水表项目	杭州芯象半导体科技有限公司	张国松、冯文	胡剑锋、张腾翔、邓敬贤、黄少波、陈良应、汤俊烨、李晓玲、尹程功、王飞、南洋
232	中国联通国际漫游用户自服务系统	中国联合网络通信集团有限公司	万玉海、双程	李彤、赵越、李希金、张伦泳、乔自知、王磊、赵静、乌云霄、马昱、盛璟、刘派、鲁峥、林子彦
说明：上述编号 223 ～ 226 为最佳“企业创新先锋”案例，编号 227 ～ 232 为优秀“企业创新先锋”案例				

优秀创意 / 组织单位（共计 4 个）	
序号	单位名称
1	中国国际广告有限公司
2	中邮国际展览广告有限公司
3	湖北省通信行业协会
4	江苏省通信行业协会

注：上述单位及项目排名不分先后。

（中国通信企业协会）

广 告 索 引

前 插

A1　江苏亨通光电股份有限公司

A2-A5　中国电信股份有限公司

A6-A9　中国移动通信集团有限公司

A10-A13　中国联合网络通信有限公司

A14　中移动金融科技有限公司

A15　中国联合网络通信有限公司江西省分公司

专题单位

B1-B4　中国电信股份有限公司北京分公司

B5-B8　中国移动通信集团北京有限公司

B9-B12　中国电信股份有限公司上海分公司

B13-B16　中国联合网络通信有限公司上海市分公司

B17-B20　中国移动通信集团广东有限公司

B21-B24　中国联合网络通信有限公司广东省分公司

B25-B28　中国移动通信集团浙江有限公司

B29-B32　中国联合网络通信有限公司福建省分公司

B33-B36　中移互联网有限公司

B37-B40 中国联合网络通信有限公司天津市分公司

B41-B44 中国联合网络通信有限公司吉林省分公司

B45-B48 咪咕文化科技有限公司

B49-B52 联通支付有限公司

B53-B56 中讯邮电咨询设计院有限公司

B57-B60 长飞光纤光缆股份有限公司

B61-B64 南京邮电大学

跨页

C1-C2 烽火通信科技股份有限公司

C3-C4 中国卫通集团股份有限公司

C5-C6 中国电信股份有限公司四川分公司

C7-C8 中国移动通信集团四川有限公司

C9-C10 中国联合网络通信有限公司四川省分公司

C11-C12 中国电信国际有限公司

C13-C14 中国移动国际有限公司

C15-C16 中国联通(香港)运营有限公司

C17-C18 中国电信股份有限公司福建分公司

C19–C20	中国联合网络通信有限公司河南省分公司
C21–C22	中国联合网络通信有限公司浙江省分公司
C23–C24	中国电信股份有限公司河北分公司
C25–C26	中国联合网络通信有限公司湖南省分公司
C27–C28	中国联合网络通信有限公司海南省分公司
C29–C30	中移物联网有限公司
C31–C32	中国移动通信集团设计院有限公司
C33–C34	中时讯通信建设有限公司

中插

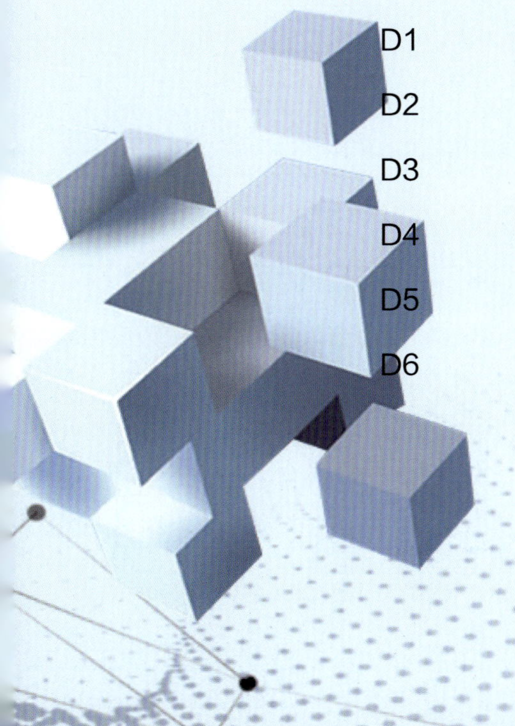

D1	天翼物联科技有限公司
D2	天翼电子商务有限公司
D3	中国移动通信集团江苏有限公司
D4	博浩科技有限公司
D5	中浙信科技咨询有限公司
D6	中贝通信集团股份有限公司

后插

E1	联通视频科技有限公司
E2	恒安嘉新（北京）科技股份公司
E3	元道通信股份有限公司
E4	广东省通信产业服务有限公司
E5	广东南方通信建设有限公司
E6	广西壮族自治区通信产业服务有限公司
E7	广东长实通信科技有限公司
E8	中邮建技术有限公司

元道通信股份有限公司（以下简称“元道通信”），于2008年9月正式成立，是全国性、综合型的通信技术服务企业，主要面向中国移动、中国电信、中国联通等通信运营商和通信基础设施运营商中国铁塔，以及华为、爱立信等通信设备制造商提供包括通信网络维护与优化、通信网络建设在内的通信技术服务。

经过十余年的深耕细作，公司的服务区域已覆盖新疆、黑龙江、重庆、河北、北京等全国 30 个省（自治区、直辖市）。获得优秀合作单位、最佳合作伙伴、抗疫情保通信先进代维合作单位等诸多奖项，自2014年起便连续获得“用户满意企业”“通信网络维护服务支撑先进单位”“通信网络维护服务管理创新先进单位”等荣誉。

公司自2012年被认定为高新技术企业，围绕主营业务，拥有软件著作权 160 余项。公司2009年在深圳市设置研发中心，拥有专业的研发团队和完善的研发体系，能够综合运用信息化管控手段实现通信技术服务与新技术的深度融合，提升服务质量，满足客户需求，在业内具有较强的竞争力。

依托多年在通信技术领域积累的运营和开发经验，公司在提供系统运维等传统服务之外，深度挖掘客户需求，为客户定制化开发信息通信技术产品。同时，公司与时俱进地把握 5G、互联网、大数据等建设机遇，将通信技术应用的服务范围拓展至智慧园区、智慧城市、行业数字化等其他领域，为客户提供多元化、一体化的通信服务。

公司将始终坚持“专业、专心、专注”的核心经营理念，依靠高科技创新驱动，持续聚焦并满足客户需求，在通信技术服务方面为客户提供更强有力的支持，实现技术创新与客户需求的双轮驱动，全力创造企业价值。

经营资质

通信网络代维企业能力评定证书	综合代维专业甲级	电力工程施工总承包	叁级
通信网络代维企业能力评定证书	线路专业甲级	承装（修、试）电力设施许可证	四级
通信网络代维企业能力评定证书	基站专业甲级	钢结构工程专业承包	叁级
通信工程施工总承包	壹级	建筑工程施工总承包	叁级
信息通信建设企业服务能力证书	甲级	有线广播电视工程服务认证证书	
施工劳务资质不分等级		安防工程企业资质等级证书	叁级
安全生产许可证		信息技术服务标准符合性证书	叁级

资质名称	等级
通信工程施工总承包	一级
电子与智能化工程专业承包	一级
广东省安全技术防范系统设计、施工、维修资格证	一级
音视频集成工程企业资质	一级
音视频智能系统集成工程资质	一级
信息系统安全集成服务资质	一级
信息系统安全运维服务资质	一级
软件安全开发服务资质	一级
建筑装饰装修工程专业承包	一级
建筑智能化系统设计专项	甲级
信息通信网络系统集成企业服务能力	甲级
通信网络优化企业能力评定证书	甲级
CMMI5（软件能力成熟度模型集成）	5级
消防设施工程专业承包	二级
公路交通工程（公路机电工程分项）专业承包	二级
机电工程施工总承包	三级
建筑装修工程设计专项	乙级
市政公用工程施工总承包	三级
钢结构工程专业承包	三级
建筑工程施工总承包	三级
城市及道路照明工程专业承包	三级
环保工程专业承包	三级
电力工程施工总承包	三级
ITSS信息技术服务运行维护标准符合性成熟度	三级
防雷工程能力评价证书	C级
承装（修、试）电力设施许可证	承装类四级 承修类四级 承试类四级
企业行业信用等级证书——施工领域 系统集成领域 用户管线领域 运维服务领域	AAA
高新技术企业	\
广东省计算机信息系统安全服务备案证	\
建筑施工安全生产许可证	\
通信工程建设企业安全生产合格证	\
增值电信业务经营许可证ICP——互联网信息服务业务 互联网数据中心业务	\
广东省有线广播电视台工程设计（安装）许可证	\
中国电信无线网络协优企业资质证书	\
劳务派遣经营许可证	\
施工劳务不分等级	\
ISO9001:2015标准质量管理体系认证	\
ISO14001:2015标准环境管理体系认证	\
ISO45001:2018标准职业健康安全管理体系认证	\
ISO20000-1:2018信息技术服务管理体系认证	\
ISO27001:2013信息安全管理体系认证	\
连续23、24、25年广东省守合同重信用企业	\
通信网络代维（外包）——基站专业 线路专业 综合代维专业 铁塔专业 装维一体化专业 无线网络设备维修专业	\

企业介绍 COMPANY INTRODUCTION

广东南方通信建设有限公司，是国内专业的信息通信服务提供商，是中国通信服务旗下国有大型骨干企业。公司自1993年10月成立以来，追求卓越，不断创新，为客户与行业创建卓越价值。近年紧随新一代信息技术发展，公司稳步转型，聚焦泛在智能网络服务，云产业一体化服务、智慧社会综合服务三大特色业务板块，基于自身网云一体核心能力打造一站式综合智慧服务解决方案，提供4G/5G网络建设及场景应用、数据中心、云计算、新型智慧城市、产业互联网等领域咨询、设计、建设、维护、运营全生命周期服务。

地址：广州市中山大道华景路1号南方通信大厦24-25楼　　电话：020-38637788　　邮编：510630

广西壮族自治区通信产业服务有限公司（以下简称中国通信服务广西公司）于2007年7月正式成立，注册资本1.92亿元，是中国通信服务股份有限公司（HK552）在广西壮族自治区设立的省级全资子公司。

公司致力于为运营商、政府机构及其他集团客户、海外客户提供信息通信产业全方位、一体化解决方案，满足客户多元化信息需求。公司可提供的产品及服务涵盖“网络建设服务”“业务流程外包服务”及“应用、内容及其他服务“3个板块，其中包括设计、施工、监理、网络维护、设施管理、装饰装修、IT应用服务、语音增值、互联网增值服务及其他专业。目前，广西公司下设5家专业子（分）公司、14个地市分公司，业务范围立足广西区市县，辐射至周边其他省、市乃至东南亚，具有完善的本地一体化服务网络和一支优秀的属地化交付运营服务团队，是广西信息化领域生产性服务业的主导企业。

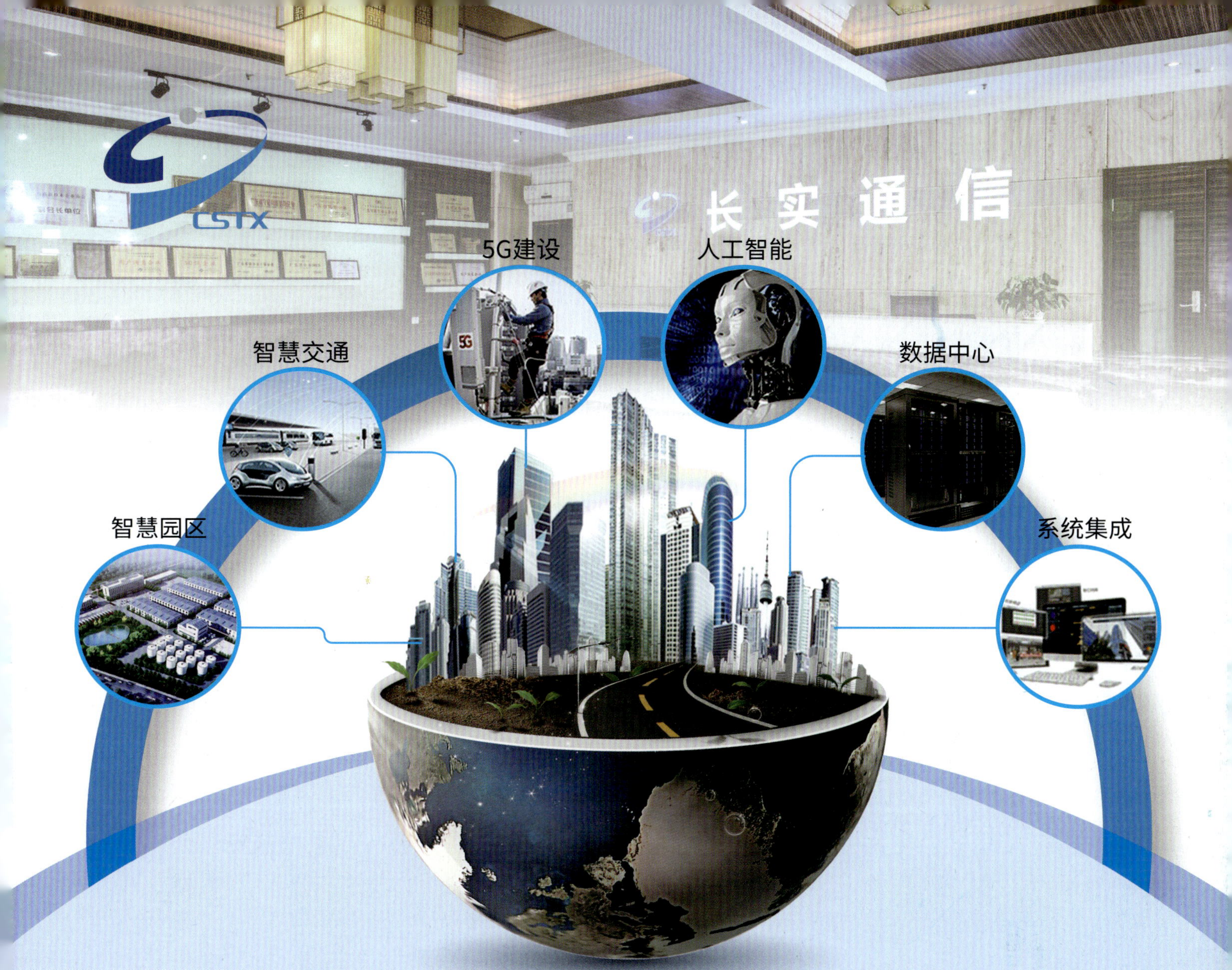